أجنحة المعرفة

قراءة موضوعية في الموسوعة الحسينية

بيت العلم للنابهين

ص. ب ١٤/٥٧٣٣ المزرعة ـ بيروت ١١٠٥٢٠٧٠ لبنان ـ هاتف ٠١/٥٥٠٩٩٢

الدكتور نضير رشيد الخزرجي

أجنحة المعرفة

قراءة موضوعية في الموسوعة الحسينية

بيت العلم للنابهين

بيروت ـ لبنان

بسم الله الرحمن الرحيم

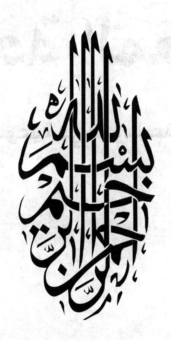

مقدمة الناشر

بسم الله الرحمٰن الرحيم

ما الذي يجمع كلّ هذه الكلمات التي خطّت في تقريض هذا الكم من الكبير من أجزاء دائرة المعارف الحسينية؟

ما الذي يجمع كلّ هؤلاء الكتّاب الذين لم يبخلوا بآرائهم وأفكارهم وقراءاتهم لهذه الأجزاء؟

ومنهم كثير لا ينتمي لمذهب أهل البيت عليهم السلام؟

لماذا لم يرفضوا الكتابة أو يعتذروا؟

أسئلة راودتني وأنا أحضّر أوراقي وأستل يراعي لأكتب مقدمة لهذا الكتاب، باحثاً عن مفردات أسوّد بها هذه الصفحات البيضاء، وفي لحظات البحث والحيرة اقتحم ذاكرتي خبر قرأته منذ أيام في إحدى الصحف، يتحدث عن مشاركة وفد فاتيكاني يزور العراق في مسيرة على الأقدام، منطلقةً من مدينة الناصرية، ومتجهة إلى كربلاء لزيارة الإمام الحسين عليه السلام في يوم الأربعين، ولقد سار أعضاء الوفد الذي ترأسه المونسنيور ليبيريواندرياتا، لمسافة كيلو مترإلى جانب الزوار برفقة رجال دين مسيحيين عراقيين، ولقد عبّر رئيس الوفد عن هذه المشاركة بكلمات صرّح بها قائلاً : "من الجميل أن تتزامن زيارتنا أور الأثرية مع رحلة

المسلمين في العراق إلى زيارة أربعينية الإمام الحسين عليه السلام في كربلاء، ونحن في طريقنا إلى مدينة أور، رأينا الزائرين وهم يتوجهون مشياً على الأقدام إلى كربلاء، وبذلك نكون معاً على نفس الخطوات"[1]. فأضاف إلى أسئلتي سؤالاً آخر، ما الذي يدفع هذا الوفد الفاتيكاني لهذه المشاركة في شعيرة كربلائية، لا في مؤتمر ثقافي أو منتدى فكري حول الإمام الحسين عليه السلام كما هو السائد والمتبع حتى اليوم.

أعتقد أن الإجابة على هذه التساؤلات تكمن في أمور هي :

١ ـ إن قضية الإمام الحسين عليه السلام تزداد حضوراً وفاعلية يوماً بعد يوم في أذهان وقلوب المحبين الموالين لأهل البيت عليهم السلام رغم محاولات البائسين والخائبين الساعين لمحوها بالإعلام تارة أو بالعنف تارة أخرى.

٢ ـ إن قضية الإمام الحسين عليه السلام تتوسع عالمياً مع مرور الأيام لتحتل مساحات كبرى من قلوب غالبية بني البشر رغم محاولات الحكام وعلماء السوء الساعين لخنقها ومحاصرتها في بقعة جغرافية محدودة، أو تخصيصها بقوم أو فئة أو مذهب دون سواه.

٣ ـ لم تعد قضية الإمام الحسين عليه السلام مجرد حدث تاريخي لدى غير الموالين أو التابعين لمذهب أهل البيت عليهم السلام، بل هم باتوا اليوم أكثر إيماناً بها كنهضة عادلة لمصلحة البشرية جمعاء، لاسيما أن أهدافها كانت لأجل رفض الظلم والاعتداء على دين الله السماوي وتشويه مبادئه السمحاء النبيلة في إسعاد الناس دنيا وآخرة، وإقامة العدل، وإحقاق الحق.

---

(١) جريدة السفير البيروتية، العدد ١١٧، ١٦/١٢/٢٠١٣م.

٤ ـ إن الإمام الحسين عليه السلام أصبح رمزاً ثورياً مطلقاً تخبو أمامه كل الرموز الأخرى، وبات لدى المظلومين إلى أي دين انتموا نهجاً يُتبع، ونبراساً يستضيء به كل أبي النفس، راقي الفكر، عظيم الأخلاق، انتمى إلى مذهب أهل البيت أم لم ينتم، مسلماً كان أو غير مسلم.

وهذا الكتاب هو بمثابة عنوان عريض لهذه الحقيقة الناصعة البياض، لأنه يجمع بين دفتيه عشرين تقريضاً لعشرين جزءاً من أجزاء دائرة المعارف الحسينية، جادت بها قرائح رجال فكر ودين وعلم وسياسة، من كل الديانات، عرباً وأكراداً، وأوروبيين، وروسيين، وتايلنديين، وأفارقة، عارضين فيها آراءهم وقراءاتهم في أجزاء من دائرة المعارف الحسينية العملاقة، معرّجين على قضية الإمام الحسين عليه السلام ليعبّروا بكلماتهم عن ودّهم وحبّهم له، وإيمانهم بعدالة قضيته التي حفظت الإسلام من التحريف والتشويه، بالدم الطاهر الذي سال في كربلاء يوم العاشر من محرّم.

ولا أغالي إذا ما قلت أن لهذه الموسوعة المباركة الدور الهام في يومنا هذا في تحقيق كل الأمورالتي تحدثت عنها أعلاه.

هذا الكتاب من إعداد وتأليف جناب الدكتور الفاضل نضير الخزرجي، التي تفضل بجمع هذه التقاريض، وأشرف على ترجمة ما كان بغير اللغة العربية منها، مزيناً هذه التقاريض بدراسات قيّمة عن كل جزء من الأجزاء المقرّضة والتي نُشرت في العديد من الصحف والمجلات العالمية والمواقع الالكترونية، وهو الجزء الثالث في هذا السياق بعد أشرعة البيان وقبله نزهة القلم.

قبل الختام لا بد من توضيح أمر ألا وهو أن بعض الكتّاب أشاروا في

سياق حديثهم إلى عدد أجزاء الموسوعة الصادرة فأشار البعض إلى ٧٦ جزءاً والبعض الآخر إلى أكثر من ذلك بقليل أو أقل بقليل، وهذه الأرقام تؤشر إلى أجزاء الموسوعة الصادرة في ذلك الوقت، فالرقم اليوم وصل إلى ٨٦ جزءاً، وقد أشرنا في بعض الصفحات إلى ذلك في الهامش، وربما أغفلنا الإشارة في صفحات أخرى، فاقتضى التوضيح.

في الختام نقدم هذا الكتاب إلى القارئ الكريم كمساهمة منا في نشر مبادئ الإمام الحسين عليه السلام الذي قدم النفس والولد من أجل الأمة كل الأمة في ذلك الوقت، وأرادها أن تكون كذلك بعد استشهاده سلام الله عليه، وهذا ما يهدف إليه مؤلف دائرة المعارف الحسينية سماحة آية الله الشيخ الدكتور محمد صادق محمد الكرباسي دام ظله في جهده المتواصل الذي لا تثنيه ولم تثنه، ولن تثنيه كل العقبات التي تعترضه عن متابعة عمله وقد بلغ بأجزاء دائرته الـ ٨٠٠ مجلد أو أكثر، فهنيئاً له هذا الذخر العظيم، وهنيئا للأمة الإسلامية بإنجازه العظيم هذا.

١٧/ صفر/ ١٤٣٥هـ

٢١/ كانون الأول/ ٢٠١٣م

توطئة

تعتبر القراءة الموضوعية لكتاب ما نوعاً من أنماط الأدب المنثور الذي يدخل في خانة السهل المستصعب، فمن السهل أن يطالع الكاتب مصنفاً ثم يستعرضه بأسلوب موضوعي ليقدم للقارئ انطباعاته ورؤاه وملاحظاته، ولكن الصعوبة تكمن في فن العرض الموضوعي، فمنهم من يقدم الكتاب ملخصاً، ومنهم من يسلط الضوء على جانب معين منه، ومنهم من يستعرض العناوين مع بعض الملاحظات، وكلها داخلة في أنماط القراءة الموضوعية، ولكن أصعبها أن يخرج القارئ من القراءة الموضوعية بفهم عام لمحتوى الكتاب وفحواه حتى من دون الحاجة للرجوع إلى أصل الكتاب ومطالعته بخاصة إذا كان الكتاب من سلسلة المؤلفات التحقيقية البعيدة عن الإنشاء والحشو وزوائد الكلام.

وهذا ما حاولت فيه خلال تعاملي مع أجزاء دائرة المعارف الحسينية لمؤلفها الفقيه آية الله الدكتور الشيخ محمد صادق الكرباسي الذي يمثل فلتة ونادرة في عالم التأليف المتنوع الأغراض والمناحي، فكل جزء من أجزاء الموسوعة الحسينية المنطوية على ستين باباً من أبواب العلم المنحصرة في بوتقة النهضة الحسينية، هو في حقيقته كتاب بحثي وتحقيقي، وكلما أخذ الكتاب هذا المنحى كلما صعبت القراءة الموضوعية واحتاجت إلى صبر

وحنكة ودراية في إظهار معالم الكتاب ومحتوياته في كلمات مسطورة على صفحات عدة تتقبلها طاقة القارئ الحقيقي.

واعتمدت في القراءة على الملاحظة والتجربة الشخصية، ودرس الحوادث اليومية التي نمر بها في سياق القراءة بما يتلاءم والسياق العام للكتاب، والعناوين الفرعية التي أضعها في المقالة الدالة على محتوى الكتاب من باب "الرسالة تعرف من عنوانها"، وقد يعترض البعض على الأسلوب الذي أستخدمه في الكتاب من خلال بيان التجارب الشخصية، ولكن هذا الأسلوب هو الآخر فن من فنون أدب الكتابة التي تجمع بين التجربة الشخصانية والقراءة الموضوعية للكتاب، وهي وإن بدت في ظاهرها دعاية شخصية لمعد القراءة الموضوعية، ودعاية لصاحب الكتاب إن كانت القراءة تضمنت بيان تجارب للمؤلف في الحياة اليومية، ولكن استعراض القصص الشخصية في قراءة موضوعية، إنما هو من باب (في التجارب علم مستحدث)[1] كما يقول بذلك أمير الحق والكلام علي بن أبي طالب عليه السلام، فالتجربة الشخصية إن ظلت حبيسة صدر صاحبها، تبقى تجربة سجينة، وتأخذ حريتها وتشع بفائدتها إن تعاطاها الآخرون وشاركوه ولو بالقراءة أو السمع، لأنَّ بيانها لابد وأن يترك أثراً طيباً في النفوس، كما أن الأسلوب القصصي أو تضمين الموضوع القصة والتجربة الشخصية يعزز الفهم لدى القارئ ويحبب إليه قراءة الموضوع بكامله ويغرز الموضوع في تلافيف مخه ويعلق في صفحة ذاكرته، وهذا ما يبتغيه الكاتب كما هو مراد المؤلف الذي يريد بالموضوع أن يقفز من مطاوي المجلدات إلى

---

(١) شرح نهج البلاغة: ٢٠/٢٥٩، حكمة ٢٤، ابن أبي الحديد عبد الحميد بن محمد المدايني، دار العلم للملايين، بيروت ـ لبنان.

أذهان القراء لتتسع مساحة الفائدة، كما استطعنا في مثل هذه الأحوال أن نحرر مجلدات الموسوعة الحسينية من أقفاص المكتبات العامة وأكشاكها ونعرضها لقارئ الصحيفة والمجلة والموقع الكهربي في وريقات بأسلوب موضوعي أدبي قصصي، وهو ما سعيت إليه، ويمكن درك الأمر من خلال مطالعة سريعة لوسائل الإعلام المختلفة التي نشرت عشرين قراءة موضوعية لعشرين جزءاً من الموسوعة الحسينية بين مطاوي هذا الكتاب.

ولأن النهضة الحسينية فيها حياة البشرية وحاضرها ومستقبلها في دنياها وأخراها، فإن المؤلف سعى إلى إشراك الآخرين في تناول كأس الحياة والخلود ليس فقط من خلال التشجيع على الكتابة والتأليف وإنما على المشاركة في طباعة الكتاب، صحيح أن أثمان الطباعة لا تسد الجهد المبذول والأموال المبذولة في لملمة التراث الحسيني والتحقيق فيه، ولكنها تبقى مشاركة طيبة يحصل على خيرها المتبرع أو المتبرع عنه في حاضر الحياة الأولى وفي الثانية، ولذلك فإن من ديدن المؤلف أن يفرد صفحة واحدة لبيان المتبرع في طباعة ذلك المجلد كجزء من رسالة شكر الخالق عبر شكر المخلوق، ولهذا نجد سلسلة من المتبرعين للأجزاء العشرين التي تضمنها هذا الكتاب، على سبيل المثال: الأمانة العامة للعتبة الحسينية في كربلاء المقدسة، الأمانة العامة للعتبة العباسية في كربلاء المقدسة، مؤسسة بهمن الخيرية في الكويت، ومن الكويت مسجد المرحوم الحاج محمد رضا البهبهاني، ومن الكويت أيضاً عن روح الفقيد آية الله السيد محمد رضا الشيرازي، ومن البحرين الوجيه الحاج نزار فخر عن روح والده الحاج سعيد فخر ووالدته الحاجة أمينة إبراهيم عبد العال، إضافة إلى ثلة من المؤمنين في المدينة المنورة.

وهذا الكتاب من حيث عملنا فيه كسابقيه: (نزهة القلم.. قراءة نقدية في الموسوعة الحسينية) و(أشرعة البيان.. قراءة موضوعية في الموسوعة الحسينية) يضم قراءة موضوعية متنوعة الأغراض لعشرين جزءاً كنت قد كتبتها على فترات بدءاً من الجزء الأول من كتاب "الحسين في السنّة" التي وزعت على وسائل الإعلام يوم الأربعاء ٤/٦/٢٠٠٨م، وانتهاءً بقراءة الجزء الأول من "معجم المشاريع الحسينية" التي نشرت يوم الثلاثاء ١٧/ ٨/ ٢٠١٠م.

ولما كان كل جزء قد ضم مقدمة لأحد أعلام البشرية باللغة التي يتحدث بها، كأن تكون اللغة أردوية أو پنجابية أو انكليزية أو فارسية أو عربية أو ولفية، وغيرها، فإننا سبقنا قراءتنا لذلك الجزء بإيراد الترجمة العربية للمقدمة الأجنبية مع شرح السيرة الذاتية للعَلَم، حتى يكون القارئ باللغة العربية على دراية بما خطّه ذلك العَلَم عن النهضة الحسينية ورائدها الإمام الحسين عليه السلام، ورأيه بدائرة المعارف الحسينية ومؤلفها المحقق الكرباسي، ورؤيته لجزء الموسوعة الحسينية الذي كتب فيه وعنه المقدمة.

وكما في النزهة والأشرعة، ألحقت بالكتاب مجموعة من المتفرقات والملاحق المتضمنة للمقالات والتقريضات والأخبار واللقاءات ذات العلاقة، من أجل أن تعم الفائدة أولاً، وعملاً بمبدأ التوثيق المعرفي ثانيا، وكان التوفيق الإلهي هو الآخر قد سيق إليّ ليخط قلمي الأخبار والتقارير والإستطلاعات وعموم الحوارات الإعلامية.

ثلاثية الولاء المقدس

من ملازمات التأليف والتصنيف في عالم اليوم أن يهدي الكاتب أو المؤلف ما خطّه يمينه إلى حبيب أو حبيبة كتعبير عن الشكر والتقدير والعرفان، وهو أمر حسن، وقد تعارفت عليه أقسام الدراسات العليا في الجامعات والكليات حيث تنصح طالب الدراسات العليا إلى حد الفرض أن يشير في بداية الرسالة أو الأطروحة إلى أسماء الذين ساهموا في إنجاح منجزه العلمي خلال رحلة البحث والتنقيب والكتابة والتنضيد، من أصغر متعلم إلى أكبر عالم، وتقديم الشكر لهم، في محاولة من الجامعة لخلق روح التواضع لدى طالب العلم وعدم التعالي على الآخرين.

الفقيه المحقق الدكتور محمد صادق الكرباسي، عمد في أجزاء دائرة المعارف الحسينية منذ صدور الجزء الأول من ديوان القرن الأول عام ١٤١٤هـ (١٩٩٤م) وحتى يومنا هذا إلى تصدير كل جزء بثلاثية أسميتها (ثلاثية الولاء المقدس)، وهي ثلاثية تلازم الإنسان المسلم ما دام حيّا، ثلاثية قائمة على مقدس التوحيد والنبوة والإمامة، وإذا اختلفت المدارس الإسلامية في المقدس الثالث، فإنها متفقة جميعاً على الولاء لأهل البيت عليهم السلام وحبّهم، ولذلك فإن الجميع يتفيأ ظلال خيمة ثلاثية الأعمدة المقدسة.

وصارت هذه الثلاثية لدى المحقق الكرباسي بمثابة الإهداء، وما

أعظمه، وما أجمله عندما يتصدر الكتاب بالحمد لخالق البرية والصلاة على سيد البرية والسلام على خير البرية.

وربما وجد المرء اختلافاً في التاريخ بين صدور الكتاب والإهداء، وربما كان الفاصل الزمني كبيراً، وهذا الاختلاف حاكٍ عن الفاصلة الزمنية بين المخطوط والمطبوع، وهذه واحدة من ميزات المحقق الكرباسي الذي يظل يحقق ويكتب دون أن يبالي بضيق ذات اليد، وإذا توفرت المادة أرسل الجزء أو مجموعة أجزاء إلى المطبعة، ولهذا وفي كثير من الأحيان تخرج من تحت سنابك المطابع مجموعة أجزاء من دائرة المعارف الحسينية، وقد بلغت الأجزاء الصادرة حتى نهاية العام ٢٠١٢م ٧٧ مجلداً من مجموع أكثر من سبعمائة مجلد، والأعداد قابلة للارتفاع بشكل مضطرد.

ويلاحظ في التصدير والإهداء النثر الموزون مع وحدة القافية والروي، لتضفي على الإهداء جمالية فوق جمالية ثلاثية الحمد والصلاة والسلام نفسها، وحيث إن الثلاثية تتصدر الجزء الأول من كل باب من أبواب الموسوعة الحسينية الستين، فإن الكتاب الذي بين أيديكم يضم سبع ثلاثيات لسبعة أبواب جديدة.

* الحسين في السُّنَّة (ج١):

الحمد لله ربّ العالمين

والصلاة على خاتم المرسلين

والسلام على آله الغرِّ الميامين

لندن: صيف ١٤٠٨هـ = ١٩٨٧م

١٤

*** معجم أنصار الحسين.. الهاشميون (ج١)**

تفرَّدت يا ذا المعالي والجود بالربوبية والتمحيص

وبُعثتَ يا أبا القاسم رحمة للناس دون تخصيص

ونُزِّهتم يا سادتي ومواليّ عن الدنس والتنقيص

لندن: شتاء ١٤٢٢هـ ـ ٢٠٠٢م

*** ديوان السريع**

الحمد لله الذي في الإجابة سريع

والصلاة على أبي القاسم خير شفيع

والسلام على خيرة أولياء الله السميع

لندن: شتاء ١٤١٩هـ ـ ١٩٩٩م

*** معجم أنصار الحسين.. النساء (ج١)**

سيدي لك الشكر والثناء على كل فيض

وعلى نعمة الانتماء لسيّد السماوات والأرض

وعلى التوفيق بالولاء لأصحاب الحوض

لندن: صيف ١٤٢٣هـ ـ ٢٠٠٣م

*** ديوان القرن الثاني عشر (ج١)**

سبحانك يا إلهي يا مَن وعده حق

أُصطُفيتَ يا مختار يا مَن قوله الصدق

تعاليتم سادتي يا مَن هم صفوة الخلق

لندن: خريف ١٤١٨هـ ـ ١٩٩٨م

*** المدخل إلى الشعر الأردوي**

رحماك يا خالق يا فاطر يا مبدع يا حيّ

وشفاعتك يا محمد يا مَن هديتنا من الغيّ

ورضاكم يا مَن بولايتكم نجتاز الصراط بلا عيّ

لندن: خريف ١٤٢٠هـ - ١٩٩٩م

*** معجم المشاريع الحسينية (ج١)**

ثنائي على مَنْ سبقت رحمتُه مِنْ عرشه المعروش

وصلاتي على مَنْ فضله على العالمين غير مخدوش

وسلامي على مَنْ ولاؤهم في القلب دوماً منقوش

لندن: شتاء ١٤٢٢هـ - ٢٠٠١م

من كل مقدمة دمعة

على الرغم من أن استحصال مقدمة لشخصية غير مسلمة عن أجزاء الموسوعة الحسينية ليس بالأمر الهيّن، وقد يأخذ من راعي دائرة المعارف الحسينية جهداً استثنائيا، لا يدركه إلا المتابعون لعمله الدؤوب، فإنه يصرّ على أن يخرج الجزء من الطباعة حاملاً لمقدمة لواحدة من الشخصيات التي تعتبر علماً في مجتمعها، لوثوقه بأن ما تتضمنه المقدمة سيصبح وثيقة تاريخية تضاف إلى سجل النهضة الحسينية، مع حرصه الدائم على تعدد اللغات والأجناس والمذاهب والأديان، ويظهر الجدول التالي الأهمية المرجوة، حيث تضم حقوله المتسلسلة: اسم الجزء المقروء وعدد صفحاته واسم العلم الذي كتب فيه مقدمة ولغته وبلده ومعتقده.

الرقم	الكتاب	الصفحة	المقيم	اللغة	البلد	المعتقد
١	الحسين في السُّنّة ج١	٦٠٤	المفتي محمد خان قادري	البنجابية	باكستان ـ لاهور	مسلم حنفي بريلوي
٢	معجم أنصار الحسين.. الهاشميون ج١	٤٥٤	الوزير جاسم محمد جعفر	العربية	العراق ـ بغداد	مسلم إمامي
٣	المدخل إلى الشعر الحسيني ج٢	٦٢٠	البروفيسور جورج قنازع	العربية	فلسطين ـ حيفا	مسيحي

الرقم	الكتاب	الصفحة	المقيّم	اللغة	البلد	المعتقد
٤	معجم أنصار الحسين.. الهاشميون ج٢	٦٢٠	الأستاذ جاغديش جانغبهادور دوكواه	السنسكريتية	جنوب أفريقيا ـ لندن	هندوسي
٥	ديوان الأبوذية ج٧	٤٨٣	البروفيسور قاسم محمد أوغلو كريموف	آذرية روسية	آذربايجان ـ موسكو	مسلم إمامي
٦	ديوان السريع	٥٧٠	پير خدر سليمان الجرواني	العربية	العراق ـ دهوك	إيزيدي
٧	ديوان الأبوذية ٨	٥١٣	الدكتور حُنين محمود القدو	الشبكية	العراق ـ الموصل	مسلم شبكي إمامي
٨	معجم أنصار الحسين.. الهاشميون ج٣	٤٠٦	الريشما ستار جبار حلو	العربية	العراق ـ العمارة	مندائي صابئي
٩	معجم أنصار الحسين.. النساء ج١	٥١١	الشيخ محمود عبد الفتاح جلال	العربية	مصر ـ لندن	مسلم حنفي
١٠	ديوان القرن ١٢ ج١	٥٣٠	الأب سهيل بطرس قاشا	العربية	العراق ـ الموصل	مسيحي سرياني
١١	المدخل إلى الشعر الأردوي	٥٣٠	الدكتور جاگجيت سنكه تونك	البنجابية	الهند ـ برمنجهام	سيخي
١٢	تاريخ المراقد ج٥	٥٩٤	الدكتور ونديداد گلشني	فارسية قديمة	إيران ـ لندن	زردشتي

الرقم	الكتاب	الصفحة	المقيّم	اللغة	البلد	المعتقد
١٣	ديوان القرن ١٢ ج٢	٥١٣	الأب بولس عقل	العربية	لبنان ـ بيروت	مسيحي ماروني
١٤	معجم المصنَّفات الحسينية ج٢	٥٧٧	العلامة خورشيد أنور الجوادي	البشتوي	باكستان ـ خيبر	مسلم إمامي
١٥	ديوان القرن ١٢ ج٣	٤٠٦	المستشار أرشد الهرمزي	تركية استانبولية	تركيا ـ أنقرة	مسلم حنفي
١٦	ديوان الأبوذية ج٩	٦٤٠	الدكتور سوامي گوتم نانجي مهاراج	السنسكريتية	الهند ـ مهاراشترا	بوذي
١٧	ديوان القرن ١٠ ج٢	٤٤٥	الأديب مصطفى الجهاني	العربية	ليبيا ـ لندن	مسلم مالكي
١٨	ديوان الأبوذية ج١٠	٥٥٠	التربوي ناصر الدين جهلان	العربية	الجزائر ـ قرارة	مسلم اباضي
١٩	ديوان القرن ١١ ج٢	٥١٨	الوزير عبد القادر بو قرينة	العربية	الجزائر ـ الجزائر	مسلم مالكي
٢٠	معجم المشاريع الحسينية ج١	٤٢٠	الشريف الحسن حيدرة الحسني، الدكتور محمد علي حيدرة الحسني	الفولانية	السنغال ـ داكار	مسلم إمامي

المفتي محمد خان قادري

* المفتي محمد خان بن شودري فيروز الدين القادري.
* مفتي المذهب الحنفي البريلوي في مدينة لاهور.
* ولد في ١/١/١٩٤٩م في بلدة شكر گره بمحافظة سيالكوت في باكستان.
* نشأ ودرس في مسقط رأسه وأنهى التعليم الابتدائي والمتوسط في مدرسة المحلية الحكومية حتى الصف الثامن.
* درس التعليم الابتدائي الديني في الجامعة المحمدية النورية في بلدة بهكهي منذي بهائوالدين.
* واصل دراسته الدينية العليا في الجامعة النظامية في دهلي دروازه في لاهور.
* نال شهادة الإفتاء والحديث من الجامعة النظامية في لاهور.
* واصل التدريس في الجامعة النظامية في لاهور.
* تولى رئاسة جامعة منهاج القرآن في لاهور.
* أسس الجامعة الإسلامية في مدينة لاهور وتولى فيها الرئاسة والتدريس.
* تولى مسؤوليات عدة منها:

- عضو اللجنة القرآنية الحكومية.
- عضو لجنة الاتحاد بين المسلمين الحكومية.

ـ عضو لجنة البرامج التدريسية وتنظيم الدراسة في المدارس السنية البريلوية.

ـ له رحلات علمية في عدد من البلدان كالعراق والسعودية والمملكة المتحدة.

* كتب في علوم شتى وصنّف نحو ٢٠٠ كتاب.

موسوعة موضوعية عديمة النظير[1]

(الحسين في السنة ج١)

بسم الله الرحمان الرحيم

من المأثور أنَّ الرزق قسمان، قسم يبحث الإنسان عنه وقسم يبحث عن الإنسان، ولقد نالني نصيب عظيم لأتشرّف بالكتابة عن الإمام الحسين عليه السلام ذلك الإمام الذي أقام الدنيا ولم يقعدها ولو بعد أربعة عشر قرناً، وكان نصيبي الأوفر إذ إنني أكتب عن أول جزء من أجزاء "الحسين في السُّنَّة" والذي هو باب من أبواب الموسوعة الحسينية (دائرة المعارف الحسينية) المترامية الأطراف والتي ذاع صيتها وعلا مقامها بين أرباب المعرفة وأُلي النُّهى، والأهم في ذلك أنه أول الأجزاء التي بدأ سماحة المؤلف في صياغتها[2].

إنني إذ أتشرّف بهذه الكتابة عن ساحة أبي الأحرار الذي طهّر - مِن على أرض العراق العزيزة علينا بدمائه الزكيّة ودماء أهل بيته الأطهار وأنصاره الكرام - المجتمع الإسلامي آنذاك والذي ساد فيه الفساد

---

(١) أصل المقدمة باللغة البنجابية.

(٢) كانت بداية التأليف مساء يوم الجمعة ليلة السبت الحادي عشر من شهر محرّم الحرام عام ١٤٠٨هـ، الموافق للخامس من أيلول (سبتمبر) عام ١٩٨٧م.

الإداري والانحراف الفكري وشاع الاضطهاد والظلم من بلاط الحاكمين على رقاب المسلمين باسم الإسلام وباسم دين جدّه المصطفى عليه وعلى آله آلاف التحية والسلام، فكانت نهضة الإمام الحسين عليه السلام شمساً منيرة في أُفق سماء الإسلام انطلقت شرارتها من كربلاء المقدسة وعمّت أرجاء العالم بقسميه الإسلامي واللاإسلامي، فأطاحت بذلك أنظمة الظلم منذ ذلك التاريخ وإلى يومنا هذا، فأصبح العراق بحسينه وعليّه وآلهما قبلة الأحرار ومهوى أفئدة المفكّرين منذ أن أسّس والده الإمام أمير المؤمنين عليه السلام أول عاصمة كبرى في الكوفة والتي قادت العالم الإسلامي بفكرها الوقّاد منذ القرون الأولى وحتى اليوم، فكان خلاص العراق بل وغيره على يد جهابذة من أرباب الفكر والمعرفة الذين تخرّجوا من مدرستهما.

إن الحسين عليه السلام كما ورد في الحديث النبوي الشريف: "مصباح هدى وسفينة نجاة وإمام خير ويُمن وعزّ وفخر وبحر علم وذُخر"[1]. ومما لاشك فيه أن الأهداف التي رسمها سيد الشهداء عليه السلام بمنهجيتها أفضل السُّبل لخلاص الأمم من براثن الجهل والظلم والعنصرية والجمود الفكري الذي نعاني منه في هذه الأيام وهو من وراء معظم المتاهات التي أصيبت بها الأمة.

إن الأهداف التي وضعها الإمام الحسين عليه السلام نصب عينيه في انتفاضته العاشورائية لجديرة بأن تُدرس بإمعان، حيث إنها لم تأت عن فراغ لأنها فرغت عن لسان الوحي المتمثل بجدّه الرسول المصطفى صلى الله عليه وآله وسلم وطُبّقت على

---

(١) عيون أخبار الرضا: ١/ ٦٢، وقريب منه في فرائد السمطين: ٢/ ١٥٥، ح: ٤٤٧، والحديث مما رآه النبي محمد صلى الله عليه وآله وسلم في معراجه مكتوباً على يمين العرش.

أرض الواقع من خلال ممارسات وصيّه علي المرتضى عليه السلام[1] ومن بعده نجله الأكبر الحسن المجتبى عليه السلام[2]، ومن هنا جاءت محبوكة غير قابلة للرد، بل تؤخذ كأصل من أصول الحياة إذا ما أُريد للسعادة أن تأخذ مجراها في أُفق الإنسانية لتطبّق على الشعوب التي اضطُهدت على مرّ العصور، ومن هنا نجد أن الموسوعة الحسينية "دائرة المعارف الحسينية" بأجزائها الستمائة[3] جاءت لتضع دراسة شاملة عن كل ما من شأنه أنه حسيني الانتساب، ولتضع أهداف الإمام المفدّى أبي عبد الله الحسين عليه السلام محور الحوار والدراسة وتنقية تلك الأهداف من الشوائب التي يمكن أن تلحقها من خلال تراكمات الزمان ومخلّفات الحكام والمتربّصين بهذا الدين الحنيف وقياداته، ولقد جاءت هذه الموسوعة المباركة بارقة أمل لكل شعوب العالم لتعرف حقيقة هذا القائد العظيم الذي لم تنطفئ جذوته ولن تنطفئ ما دام للحياة نُسْغ يجري في شرايينها وما دام العقل له دَور في حياة الشعوب.

---

(١) علي المرتضى: هو ابن إبي طالب عبد مناف بن عبد المطلب الهاشمي القرشي (٢٣ق.هـ ـ ٤٠هـ)، ولد في جوف الكعبة واستشهد في محراب مسجد الكوفة، أول المؤمنين وأول الأئمة الإثني عشر، شارك في الحروب كلها الا تبوك حيث خلَّفه النبي صلى الله عليه وآله على المدينة، تولى الإمامة بعد رحيل النبي محمد صلى الله عليه وآله سنة ١١هـ كما تولى الخلافة سنة ٣٥هـ بعد وفاة الخليفة عثمان بن عفان، نقل العاصمة إلى الكوفة المشرفة، قاتل الناكثين والقاسطين والمارقين في الجمل وصفين والنهروان، قعّد أسس النظام السياسي في عهده لمالك الأشتر، وضع قواعد النحو والصرف والخط وعلم الجبر والرياضيات وغيرها من العلوم، إشتهر بكتابه نهج البلاغة.

(٢) الحسن: هو ابن علي بن أبي طالب الهاشمي (٣ ـ ٥٠هـ) ولد في المدينة المنورة وفيها مات بالسم ودفن في مقبرة البقيع، الإمام الثاني من أئمة أهل البيت عليهم السلام، تولى الإمامة والحكم عن أبيه عام ٤٠هـ وعاصمته الكوفة، أبرم صلحاً مع معاوية عام ٤١هـ حفاظاً على الرسالة الإسلامية، وعاد إلى مسقط رأسه حتى رحيله.

(٣) تعدّت أجزاء الموسوعة الحسينية السبعمائة مجلد.

إن أبواب الموسوعة الستين ومجلداتها الستمائة لدليل على فاعلية هذه النهضة المباركة في نفوس الأمم والشعوب على مرّ العصور، ومَن أجدى من أبي عبد الله الحسين عليه السلام أن تُحرَّر فيه موسوعة كبرى لتكون مرجعاً لمن أراد معرفة صاحبها، وتكون رائدة لكل من تتوق نفسه للخير والعمل الصالح، والمُضي على سبيل الإنسانية من بابها الأوسع، وما لفت نظري في هذه الموسوعة أنها أخذت على عاتقها البحث عن كل ما يرتبط بهذا الإمام العظيم من قريب أو بعيد، بحيث أصبحت مرجعاً هاماً لمن يريد أن يغترف المعارف الحسينية من نبعها الأصيل، والأهمية تكمن في أنها موضوعية وعلمية وبشكل حديث قلَّ نظيره إن لم يُعدم، وهذه أول موسوعة معرفيّة موضوعية تصدر في تاريخنا الحديث بل والقديم، تخصّ شخصية واحدة متعددة المعارف والمناهل.

لقد قمت بمطالعة الجزء الأول من الحسين في السُنّة، فوجدته كما وصفه سماحة المؤلف مقدمة تمهيدية للدخول في صُلب الموضوع، ولكن هذا التمهيد حاز على سبق علمي موضوعي ليس له نظير، حيث تحدّث عن علوم الحديث بكل موضوعية، وأسَّسَ لعلم الحديث ستة علوم يرتكز عليها فَهْم الأحاديث الواردة عن الرسول محمد صلى الله عليه وآله وسلم وعن آله الأطهار عليهم السلام، وقد تمكن سماحة المؤلف من بيان معالم كل علم ومميزاته بشكل علمي، مما يمكن أن يُتّخذ هذا الكتاب جزءاً من منهج الحوزات العلمية والجامعات ذات التخصص في علوم الحديث، ولقد أبدع سماحة المؤلف في ذلك حيث أشفع كلامه بالبيان والبرهان فزاده تألّقاً، فلابد أن يكون له أثر كبير في مجال الدراسة والتحقيق، وإني بدَوري أشدّ على يد سماحته على مواصلة الدرب بهذه المنهجية الفريدة التي انتهجها، سائلا المولى عزّ وجل

أن يُلهمه الصبر على ركوب الصعاب، فقد أثلج صدور المؤمنين في موضوعيته الحكيمة ومنهجيته الرشيدة وبالأخص في المقدمة التي خطّها يراعه على هذا الباب، حيث فيها الجمّ الكثير من التحقيقات العلمية الرصينة.

وفي الختام لا يسعني إلا أن أرفع آيات الشكر والتقدير على ما أقدمَ عليه سماحته خدمة للبشرية جمعاء، حيث الكل ينتظر فَهْم الواقع المُعاش وفَهْم الماضي التليد، ويميّز بين ما هو حقٌّ وباطل، إنه سبحانه وتعالى من وراء القصد.

المفتي محمد خان قادري

رئيس الجامعة الإسلامية في لاهور

١٣ محرم ١٤٢٩هـ الموافق لـ ٢٢/١/٢٠٠٨م

كيف نجنّب الأمة صدور
"آيات شيطانية" ثانية؟

تبدأ العلوم في حركتها التطورية والإنمائية مثلما هي حركة قطعة الثلج الهاوية من قمة جبل، فكلما اقتربت من سطح الأرض ازدادت حجما، وإذا ما اعترضتها الصخور تشظّت كرة الثلج إلى كرات أصغر، والأخيرة تكبر لتتشظّى هي الأخرى إلى كرات أصغر وتكبر في حركتها المتواصلة، وهكذا هو حقل العلم، كلما طال الزمن كبر الحقل وتفرع إلى علوم جانبية ورئيسية، وهذه بدورها تتطور إلى علوم أخرى وهكذا دواليك، لكن كرات العلوم تختلف عن كرات الثلج فهي لا تنتهي عند سطح معين، فإنها في حركة دؤوبة باتجاهات مختلفة، يساعدها التكاثف الزمني والمعرفي في انفجارات بركانية علمية متتالية لا تعرف لأحمالها من مستقر، إذا خمدت لفترة تفجرت ثانية بحجم أكبر وبحركة متسارعة، يعجز حتى العلماء عن مواكبتها.

وبقراءة أولية لكل حقل من حقول العلم منذ نشأته حتى يومنا هذا، نجده يبدأ ببذرة ربما تكون مبثوثة في قاع ذهن المرء ثم تنمو تحت أشعة التفكير وبماء الحركة المتواصل المنساب على تربة خصبة من العقل

المتفتق، فتشق طريقها إلى أرض الواقع فكرة تستوي على سوقها لتتصاعد أغصانها إلى عنان العلم، فتأتي ثمارها للبشرية كل حين.

ولعل علم الحديث من أنصع الصور الدالة على التطور الذي لحقه منذ أن بذر الرسول محمد ﷺ حبّته، فإذا كان يصعب الوقوف على تاريخ عدد من العلوم من حيث النشأة وظروفها ورجالها الأوائل، فإن علم الحديث هو واضح المعالم، فهو علم حيوي يبحث في السُّنَّة التي هي المصدر الثاني بعد القرآن الكريم، وهي الشارحة لآياته، حيث هي محط اهتمام كبير من قبل علماء المسلمين لبيان أحكام الإسلام، لكن المدارس الإسلامية اختلفت في مديّات السنَّة على مستوى الأشخاص والزمن، فبينما اقتصر البعض على سنّة النبي محمد ﷺ، وسَّعها البعض الآخر إلى سنّة الصحابة، وقصرها البعض على سنّة النبي محمد ﷺ وأهل بيته فاطمة عليها السلام وبعلها علي عليه السلام وابنيها الحسن والحسين عليهما السلام وتسعة أئمة من صلب الإمام الحسين عليه السلام إلى القائم المهدي عليه السلام[1]. ومن حيث الزمن اقتصر البعض على عام ١١ هجرية وهو عام رحيل النبي محمد ﷺ، ومدَّدها البعض إلى عهد الصحابة باعتبارهم الناقل الأول للحديث النبوي، وبدء مرحلة الاجتهاد، ومدَّدها البعض الآخر إلى عام ٣٢٩هـ وهو عام الغيبة الكبرى للإمام المهدي المنتظر عليه السلام، وبدء مرحلة النيابة العامة للفقهاء ومعها انطلقت مرحلة الاجتهاد.

والتطور الذي حصل في مسيرة السنّة ومدارسها الفقهية بحثها الدكتور

---

(١) المهدي: هو محمد بن الحسن العسكري عليه السلام، المولود في سامراء سنة ٢٥٥هـ، وهو الإمام الثاني عشر من أئمة الإمامية، له غيبتان صغرى وكبرى، الأولى بدأت عام ٢٦٠هـ والثانية سنة ٣٢٩هـ، وهو ينتظر خروجه ليملأ الأرض قسطاً وعدلاً بعدما تملأ ظلماً وجوراً.

الشيخ محمد صادق محمد الكرباسي في ثلاثة أجزاء من سلسلة "الحسين والتشريع الإسلامي"[1] ضمن مجلدات دائرة المعارف الحسينية التي تفوق أعدادها الستمائة[2]، وفي الجزء الأول من سلسلة "الحسين في السنّة" يناقش الفقيه الكرباسي تفريعات علم الحديث، مؤصلاً لبعضها ومبدعا في بعضها الآخر، صدر عام ٢٠٠٨م في ٦٠٤ صفحات من القطع الوزيري، عن المركز الحسيني للدراسات في لندن.

شجرة علوم

من الثابت أن المال الجامد كلما أخذت منه نقص، لكن العلم كلما أخذت منه ازداد نماءً، فالمال أشبه بالركام، والعلم أشبه بالحفرة، ينقص الأول بالأخذ بينما تتعمق الثانية، وعلم الحديث اندكت جذور شجرته في عمق الفكر الإسلامي، فصار علوما جمة، تناولها المحقق الكرباسي بالبحث في علوم ستة:

أولاً: علم دراية الحديث: يتناول نص الحديث وموازين قبوله أو رفضه.

ثانياً: علم رجال الحديث: يتناول أحوال الراوي بما يؤدي إلى قبول قوله أو رفضه.

ثالثاً: علم تأصيل الحديث: يتناول كشف دواعي وملابسات صدور الحديث.

---

(١) حتى نهاية عام ٢٠١٢م صدر من سلسلة الحسين والتشريع الإسلامي أربعة أجزاء.

(٢) تعدت السبعمائة مجلد.

رابعاً: علم تصنيف الحديث: يتناول أحوال المؤلفات التي وضعت في الحديث.

خامساً: علم تاريخ الحديث: يتناول إنشاء وتطور الرواية وتوقيت صدورها.

سادساً: علم رواية الحديث: يتناول عملية نقل الحديث من شخص لآخر.

ولا شك أنَّ الاهتمام بعلم الحديث وتفريعاته على قدر كبير من الخطورة في الفقه الإسلامي، فعليه يتوقف عمل الأمة كأفراد ومجموعات وأمم، وعلى أوتاد هذا العلم دالت حكومات وزالت أخرى، ومن ديدن المحقق الكرباسي أن يؤصِّل لكل باب من أبواب الموسوعة الحسينية الستين بمقدمة مستفيضة عن ذلك الباب تمهد الطريق للولوج إلى باحة الموضوع.

تفسير لا نسخ

وإذا كان علم الحديث ينطوي على تفريعات، فانَّ علم الدراية وهو أحد تفريعاته، فيه من التفريعات ما تنفتح على تفريعات أخرى، وهذه المتوالية العلمية واحدة من مصاديق قول الإمام جعفر بن محمد الصادق[1] عليه السلام (ت ١٤٨هـ): (إنما علينا أن نلقي إليكم الأصول وعليكم

(١) جعفر بن محمد الصادق: هو حفيد علي بن الحسين بن علي بن أبي طالب عليه السلام (٨٣ ـ ١٤٨هـ) ولد في المدينة المنورة وفيها قضى نحبه مسموما ودفن في مقبرة البقيع، الإمام السادس من أئمة أهل البيت عليهم السلام تولى الإمامة بعد أبيه الباقر عليه السلام سنة ١١٣هـ، وخلفه إبنه الإمام موسى الكاظم، تخرج من مدرسته الكثير من العلماء في العلوم كافة، وإليه يُنسب فقه أهل البيت عليهم السلام.

أن تفرِّعوا)[١]، أو قول الإمام علي بن موسى الرضا[٢] عليه السلام (ت ٢٠٣هـ): (علينا إلقاء الأصول وعليكم التفرُّع)[٣]، ولذلك نقرأ في باب علم الدراية التفريعات التالية: الدراية، قوة النص وسلامته، أقسام الحديث، أصناف النقل، تصنيف الرواية، طرق الوصول إلى السنّة، التعادل والتراجيح، وحي السُّنَّة، التأويل في الحديث، النسخ في الحديث، معالجة الرواية بالانجبار، أدب الحديث، حجّية النص، مقومات قبول قول الراوي، مقارنة نص الحديث مع المناهل الأخرى، كيف نفهم السُّنَّة؟ المصطلحات، والتعامل مع السُّنَّة.

فالسّنَّة التي هي عدل القرآن الكريم تقوم إما بتخصيص عموم القرآن، أو تقيد مطلقه، أو تبيّن مجمله، أو تنسخ حكمه، ولا تنسخ تلاوته، وحتى بخصوص نسخ الحكم، فان الموضوع على قدر كبير من الخطورة، ولذلك يرى البحاثة الكرباسي أن: "مثل هذا النسخ أعني نسخ حكم الآية بالسنّة المتواترة يحتاج إلى إمعان ودقة حتى لا يقع المرء في ما وقع فيه بعض المفسرين لآيات القرآن وادَّعوا النسخ فيها لمجرد التنافي في النظرة الأولى، والكثير منهم أطلق النسخ على موارد

---

(١) الحدائق الناظرة في أحكام العترة الطاهرة: ١/١٣٣، يوسف البحراني، مؤسسة النشر الإسلامي لجماعة المدرسين، قم المشرفة ـ إيران.

(٢) علي بن موسى الرضا: هو حفيد جعفر بن محمد (١٤٨ ـ ٢٠٣هـ) ولد في المدينة المنورة ومات بالسم في طوس في خراسان، تولى الإمامة بعد أبيه سنة ١٨٣هـ، أصبح ولياً للعهد في عصر المأمون العباسي سنة ٢٠١هـ، خلفه في الإمامة ابنه الإمام محمد الجواد، من آثاره: الرسالة الذهبية في الطب، العلل، وصحيفة الرضا.

(٣) بحار الأنوار: ٢/٢٤٥، محمد باقر المجلسي، مؤسسة الوفاء، بيروت ـ لبنان، ط٢، ١٤٠٣هـ ـ ١٩٨٣م.

من التخصيص أو التقييد فيما بين الآيات، وأطلق أيضاً على التفسير فيما بين الآيات والسنَّة".

فالمراد من النسخ في القرآن في تصوره ومن حيث التطبيق هو: "نسخ الحكم دون التلاوة بمعنى أن الآية لا تلغى كونها جزءاً من القرآن، إلا أن الحكم الذي تضمنته هو الذي يُلغى، وأما سائر أنواع النسخ أي نسخ كونها آية، والمعبر عنه بنسخ التلاوة، أو نسخ التلاوة والحكم معاً فهذا مما لا نقرّه ولا يقرّه إجماع المسلمين حيث يؤدي إلى التحريف المرفوض"، ويذهب الكرباسي أبعد من ذلك ليقرر: "وإنني بالذات أتحفظ على مسألة نسخ الآيات بالسنّة".

حلقة وصل

يمثل الراوي حلقة وصل بين المصدر الأول والمتلقي، وتتعدد الحلقات بتعدد الرواة أو سلسلة الحديث، ودخل الراوي وشؤونه وحيثياته كأحد علوم الحديث ويطلق عليه علم الرجال، ولهذا أهميته العظمى، لأن الحلقة إذا اعتراها الوهن أو ضعفت أو ضاعت في سلسلة الحديث تعرض الحديث أو الرواية إلى الوهن والضعف، فعلم الرجال هو مفصل هام يحرك سياق علم الحديث في الاتجاهات السليمة. من هنا فإنَّ البحاثة الكرباسي يناقش هذا العلم ضمن الموضوعات التالية: الرجال، أهلية النقل، التعديل والتجريح، ألفاظ التزكية، ألفاظ الجرح، الدقة في المدح والقدح، طرق التوصل إلى الجرح والتعديل، تشخيص الراوي، حل المشتركات، والتصحيحات العامة.

ولا يقصر علم الرجال اختصاصه على الذكور دون الإناث، فهو من

باب الغلبة أو المجاز، وإلا فهناك نساء راويات مثل زوجات النبي محمد ﷺ كأم سلمة[1] وعائشة[2]، فضلا عن أن فاطمة الزهراء[3] عليها السلام، من وجهة نظر المدرسة الإمامية واحدة من قنوات السنّة الشريفة، وكانت ابنتها زينب[4] بنت علي عليه السلام من الراويات، لأن الأصل فيه هو أهلية نقل الحديث بغض النظر عن الجنس، على أن حمل الحديث مسؤولية خطيرة وكبيرة، لأن الراوي كما يؤكد الكرباسي: "يحمل حملاً ثقيلا وهي عملية نقل الأحكام سواء أكانت من نوع التشريع أو العقيدة أو الأخلاق أو

(١) أم سلمة: هي هند بنت حذيفة (سهيل) بن المغيرة بن عبد الله المخزومية (٣١ق.هـ - ٦١هـ)، أسلمت مع زوجها عبد الله بن عبد الأسد بن هلال المخزومي، وهاجرت معه إلى الحبشة والمدينة المنورة، تزوجها الرسول ﷺ بعد استشهاد زوجها في أحد سنة ٢ للهجرة، وهي صاحبة رأي وعقل، توفيت في المدينة ودُفنت في البقيع، لها في كتب الحديث ٣٧٨ حديثا، روى عنها من الصحابة: أبو سعيد الخدري، أنس بن مالك، وعبد الله بن عباس، وغيرهم، ومن التابعين: سعيد بن المسيب، عامر الشعبي، وعطاء بن أبي رباح، وغيرهم.

(٢) عائشة: هي إبنة أبي بكر عبد الله بن أبي قحافة عثمان، التيمية القرشية (٩ ق.هـ - ٥٨هـ) وكنيتها أم عبد الله، ولدت في مكة المكرمة وتوفيت في المدينة المنورة، نقمت على الخليفة عثمان بن عفان المقتول سنة ٣٥هـ، ثم ألّبت على الإمام علي وقادت معركة الجمل في البصرة سنة ٣٦هـ وقعت في الأسر وأرجعها الإمام إلى المدينة، لها في كتب الحديث ٢٢١٠ روايات.

(٣) فاطمة الزهراء: هي إبنة محمد بن عبد الله بن عبد المطلب الهاشمية، ولدت في مكة في ٢٠/٦/٨ق، وأمها خديجة بنت خويلد القرشية، ألمَّ بها اليتم وهي في الخامسة من عمرها، هاجرت إلى المدينة المنورة في ١٢/٣/١هـ، نزلت عليها وفي أهل البيت آية التطهير، وشاركت أباها في عمليات خدماتية في المعارك والحروب، تعتبر أول مؤلفة في الإسلام أودعت في تصنيفها مجموعة من المعارف، اشتهرت بخطبتها في مجلس الخليفة أبي بكر، عانت بعد رحيل والدها ﷺ وماتت في ٣/٦/١١هـ وقبرها في الغرفة المجاورة لمرقد أبيها.

(٤) زينب الكبرى: هي إبنة علي بن أبي طالب الهاشمية (٦ - ٦٢هـ)، ولدت في المدينة المنورة وماتت في القاهرة وقبرها يُزار، تزوجها ابن عمها عبد الله بن جعفر الطيار، لها مواقف مشهودة في كربلاء والكوفة والشام، قال فيها الإمام علي السجاد عليه السلام: أنت يا عمّه عالمة غير معلّمة، وفهمة غير مفهّمة.

التاريخ أو سائر الأمور الأخرى التي ترتبط بالإنسان بواقعه المعاش عبر العلاقات الست: علاقته بخالقه، وعلاقته بنفسه، وعلاقته بمثيله، وعلاقته بالمجتمع، وعلاقته بالدولة، وعلاقته بالبيئة".

وينبغي أن تتوفر في الناقل العقل والرشد والأمانة والضبط، ومن الأمانة أن يكون الناقل صادقا وإن كان فاسقا في مورد آخر، فالمرء لا يخلو من أخطاء، وبتقدير الكرباسي أن: "القول بأن الفسق عنصر واحد لا يتجزأ مردود بأن العقلاء بل الفقهاء يعتمدون على قول الأطباء الفاسقين بل غير المسلمين في قبول أقوالهم في الطب ولا يناقشون في ذلك بأنهم عدول أم فساق"، كما يعتقد الكرباسي: "إن العقيدة بشقيها الإسلام والإيمان ليسا شرطين أساسيين في أهلية النقل والرواية".

وإذا كان التقليد قائما على مستوى عامة الناس، فإنه غير قائم عند علماء الشريعة في التعامل مع الرواية ونقلها، فإذا ما صرح السلف أن ما يرويه من أحاديث هي عن ثقات فلا تنسحب ثقته على المتأخرين من العلماء فيعزفوا عن البحث في الحديث وسنده ورجاله، فإذا كان اجتهاد السلف أوصلهم إلى توثيق مروياتهم، فان في الخلف ربما من هو أفقه، وحسب رأي الفقيه الكرباسي: "ولو صرح أحد بأنه لا يروي إلا عن ثقات فلا يعني وجوب اتباعه في ذلك، بل هو رأيه، وغاية ما في المسألة أنه يوثق كل الذين روى عنهم، فان تطابقت المباني فيها وإلا فلا حجة له"، ويعبر الكرباسي عن استغرابه لأن: "الكثير من الرجاليين والفقهاء وربما غيرهم أيضاً يأخذون كلام السلف بأنه حجة ويلزمون أنفسهم لما يَرَوْنَ فيهم من القدسية التي لا يمكن تجاوزها، مع العلم أن في المتأخرين من هو أكثر منهم فقها ودراية".

تأسيس وتأصيل

وعلم تأصيل الحديث هو واحد من التفريعات العلمية المستحدثة والقاضي بالكشف عن دواعي صدور الحديث، لما لها من تأثير كبير في فهم متن الحديث وما يترتب عليه من أحكام، ولذلك فان الكاتب يبحث هذا العلم ضمن التفريعات التالية: التأصيل، تعدد مسار الرواية، الوضع في الحديث، سوء الفهم، البدعة وأقسامها، الغلو والنصب، نوعية النقل، دواعي صدور الحديث، توقيت الصدور ومكانه، وإلغاء الآخر.

ويكشف البحث في الظروف المحيطة بالحديث، حقيقة الوضع والتزوير والتحريف الذي لحق بالروايات المنسوبة إلى السنّة، والشيخ الكرباسي إذ يؤكد حصول التحريف في السنّة ينفيه كليا عن القرآن، ويعتبر الجدال العقيم عن تحريف القرآن لا يعدو كونه نقاشا لا صلة له بوضع الأحاديث وتزويرها، حيث إن: "إجماع الأمة عقد على عدم وجود أي تحريف في كتاب الله، وما ورد من النقاش في تحريف القرآن فهو من ورود بعض الروايات الضعيفة أو بالأحرى الموضوعة، أو من قول ما نسب إلى بعض الصحابة، وهو مردود إجمالا وتفصيلا، ومن ادعى ذلك فعليه شخصيا أن يتحمل تبعات رأيه، ويعود في جوهره إلى الدس في الروايات والوضع في الأحاديث التي وردت في المقام".

ولاشك أن الأساس في الوضع نابع عن المنع في تدوين الحديث، ولو تم تحرير الأحاديث في قرطاس بدلا من حفظها في الصدور والمنع عن التذاكر بها بين المسلمين، لما ظهر كتاب "الآيات الشيطانية" لسلمان رشدي[1] المستند في معظمه إلى روايات وأحاديث موضوعة

_____

(١) سلمان رشدي: هو ابن أنيس أحمد رشدي، ولد في بومباي سنة ١٩٤٧م وفيها نشأ ودرس في=

متوزعة بين مطاوي كتب الحديث، جمعها ونضّدها أدبيا، بل إن إطلاق وصف الصحيح أو الصحاح على كتب الحديث إشعار بوجود أحاديث كاذبة ومحرفة ومزورة، وكان الرسول محمد ﷺ قد نبّه الأمة إلى الوضع الذي حصل في عهده ومن بعده، حينما خطب في حجة الوداع قائلا: "قد كثرت عليّ الكذّابة وستكثر بعدي، فمن كذّب عليّ متعمداً فليتبوأ مقعده من النار فإذا أتاكم الحديث عنّي فاعرضوه على كتاب الله وسنّتي فما وافق كتاب الله وسنّتي فخذوا به، وما خالف كتاب الله وسنّتي فلا تأخذوا به"[١].

وقد يذهب الغلو بالبعض إلى خلق أحاديث داعمة لهذه الشخصية أو تلك، ويذهب العداء والنصب بالبعض إلى اختلاق أحاديث طاعنة بهذه الشخصية أو تلك، وإذا كان النصب اختص بمن يناصب العداء لأهل بيت النبوة ﷺ ويبغضهم، فان الغلو حصل من كل المذاهب الإسلامية، ولهذا قال الرسول الأكرم محمد ﷺ في الإمام علي بن أبي طالب عليه السلام: "يهلك فيك اثنان: مُحِبٌّ غالٍ ومُبْغِضٌ قالٍ"[٢]، وهذا النص جار في مفعوله إلى يوم القيامة وإن ألبسه البعض جلباب الولاء وألبسه البعض الآخر جلباب البراء، فالغلو مهلكة والبغض مهلكة.

=كاتدرائية جون كونن، انتقل إلى بريطانيا للدراسة الجامعية في كامبردج وتخرج منها سنة ١٩٨١م، أديب روائي، استهل عمله الروائي بقصة غريموس، ثم تبعها بـ "أطفال منتصف الليل"، وفي عام ١٩٨٨م نشر روايته الآيات الشيطانية التي أثارت جدلاً كبيرا، من مؤلفاته: ابتسامة جكور، الجنون، وجوزيف أنطون (مذكرات).

(١) بحار الأنوار: ٢/ ٢٢٥.

(٢) منهاج السنة النبوية: ٦: ٣٦١، ابن تيمية أحمد بن عبد الحليم الحراني، مكتبة ابن تيمية، القاهرة ـ مصر، ١٤٠٦هـ ـ ١٩٨٦م.

أنصاف علم

إذا كان تنظيم المكتبات العامة علما قائما بذاته يدرس في المعاهد العلمية، فمن باب أولى أن التصنيف يأخذ علما مستقلا بذاته، فان المصنفات مادة المكتبات نفسها، ولما كان الحديث المادة الثانية إلى جانب القرآن المنزل، فان المصنفات الحديثية الكثيرة، هي بحر وعلم واسع، وقد بحثها الفقيه الكرباسي في العناوين التالية: التصنيف، في ظلال التصنيف، مقارنة، شروط توثيق الكتاب. على أن علم التصنيف لا يختصر بالمقروء، فهو يشمل الأقراص الممغنطة والمدمجة وغيرها حسب تطور العلم.

وأخذت المجاميع الحديثية مسميات عدة، فربما سميت الكتاب وتارة الأصل وثالثة النوادر، ورابعة المصنف، ولا ينبغي أن يؤخذ بها دون تمحيص حتى وإنْ كان مؤلفها أو جامعها علماً من أعلام الأمة يشار له بالبنان، لأن الأصل التحقق من صحة الرواية، والتثبت من نسبة الكتاب إلى كاتبه، ومدى اعتبار المجاميع، ومدى اعتبار كتب الحديث ونصوص الروايات، وملاحظة النسخ المختلفة والمقارنة بينها، وملاحظة التحريف، ولذلك فانَّ المؤلف ينتقد: "أنصاف الخطباء وأنصاف الكتاب ـ الذين ـ يعتمدون على بعض النصوص الملحونة ويقومون بتوجيه الناس نحو تلك المفاهيم المغلوطة دون أن يتعبوا أنفسهم التحقيق في ذلك، وربما لعدم قدرتهم على ذلك، أو لأنهم من أولئك النفر الذين بنيت فكرتهم على اللحن ومارسوا أعمالهم طيلة حياتهم على مفاهيم مغلوطة نقلت إليهم عبر الآباء والأجداد أو الخطباء والوعاظ، أو المؤلفين والكتاب".

تاريخ العلوم

لكل علم تاريخ، ودراسة تاريخ العلم وظروفه وملابساته هو بحد ذاته علم، ودراسة علم تأريخ الحديث وتفريعاته من دراية ورجال ورواية وتأصيل وتصنيف، يبحثها الكرباسي في العناوين التالية: التأريخ، نشأة علوم الحديث والتأليف فيها، نشأة علم الدراية، التأليف في علم الدراية، نشأة علم الرجال، التأليف في علم الرجال، نشأة علم الرواية، التأليف في علم الرواية، نشأة علم التأصيل، التأليف في علم التأصيل، نشأة علم التصنيف، التأليف في علم التصنيف، نشأة علم تأريخ الحديث، والتأليف في علم تأريخ الحديث.

ومن البديهي أن علم الدراية نشأ على يد النبي محمد ﷺ فهو صاحب مادته الأولى، وهو الذي: "وضع اللبنة الأولى لهذا العلم وذلك بتنبيه الأمة بل الفقهاء والرواة إلى أن هناك من يُكذّب عليه"، ويرجح الكرباسي أن يكون أبان بن تغلب الكوفي(١) المتوفى سنة ١٤١هـ هو أول من كتب في علم الدراية.

أما علم الرجال فيرى المؤلف: "أن أئمة أهل البيت عليهم السلام كانوا المبادرين إلى وضع أسس هذا العلم"، ويشار إلى أن عبيد الله بن أبي

---

(١) أبان بن تغلب الكوفي: هو حفيد رباح، يكنى أبان بأبي سعيد، وينتمي بالولاء إلى قبيلة جرير بن عبادة البكري، ولذلك يقال له الجريري البكري، من أهل الكوفة وفقهائها، كان من أصحاب الأئمة السجاد والباقر والصادق عليهم السلام، وفي وفاته قال الصادق عليه السلام: "رحمه الله، أما والله لقد أوجع قلبي موت أبان"، كان إذا قدم المدينة تقوضت إليه الخلق، وأخليت له سارية النبي ﷺ، كان ضليعاً في علوم القرآن والفقه والحديث والأدب واللغة والنحو، وكان يحفظ ثلاثين ألف حديث، من مصنفاته: غريب القرآن، القراءات، والفضائل.

رافع[1] وهو من أصحاب الإمام علي عليه السلام هو أول من صنف في علم الرجال.

ويعود علم الرواية في نشأته إلى يوم مبعث النبي محمد في ٢٧/ ٧/ ١٣ ق.هـ، وهو مَن أمر بتدوين أحاديثه، وهو القائل لعبد الله بن عمرو السهمي[2] بعد أن نهته قريش عن ذلك، وقد أومأ صلى الله عليه وآله وسلم بإصبعه إلى فمه: "اكتب فوالذي نفسي بيده ما خرج منه إلا حقا"[3]، وكان الإمام علي عليه السلام وفاطمة الزهراء عليها السلام وعدد من الصحابة ممن دون الحديث في حياة النبي صلى الله عليه وآله وسلم وبعدها.

ويرتبط علم التأصيل من حيث النشأة بالنصوص وتوثيقها، على أن هذا العلم أخذ موقعه المناسب بالنسبة إلى القرآن الكريم تحت عنوان أسباب النزول، وحسب الكرباسي: "إنَّ بدايات هذا العلم رافقت العهد الأول من الإسلام إذ إن العقلية التي فكرت في البحث عن أسباب نزول الآيات القرآنية، لا يمكنها أن تتغاضى عن سبب صدور الروايات"، على أنَّ

---

(١) عبيد الله بن أبي رافع: من أعلام الإمامية في القرن الأول الهجري، واسم أبيه أسلم وقيل إبراهيم القبطي، وغلبت عليه الكنية وكان من موالي رسول الله أسلم في مكة ومات سنة ٤٠هـ، وعبيد الله ابنه كان من خواص أصحاب أمير المؤمنين وكاتبه وخازن بيت ماله، وقد شهد معه حروبه الثلاث الجمل وصفين والنهروان، وله كتاب تسمية من شهد مع علي الجمل وصفين والنهروان من الصحابة، كما له كتاب قضايا أمير المؤمنين.

(٢) عبد الله بن عمرو السهمي: هو حفيد العاص بن وائل السهمي (٧ق.هـ - ٦٥هـ)، ولد في مكة المكرمة وأسلم سنة ٨هـ، وكان مع معاوية في حرب صفين، وولي الكوفة من قبله، سكن الفسطاط بمصر وعمي بصره في آخر حياته، وقيل مات فيها سنة ٦٣هـ وقيل في غيرها.

(٣) سنن أبي داود: ٤٠٣، ح: ٣٦٤٦، أبو داود سليمان بن الأشعث السجستاني، بيت الأفكار الدولية، الرياض، السعودية، ١٤٢٠هـ - ١٩٩٩م.

التأليف في علم التأصيل جاء في وقت متأخر، وكثرت الدراسات بعد منتصف القرن الرابع عشر الهجري.

ولعلم التصنيف في نشأته ارتباط وثيق بتاريخ التدوين، وهو متأخر رتبة عن التدوين لأنه من نتائجه، ويشار إلى أن الشيخ الطوسي محمد بن الحسن(١) من أوائل من ألَّف في علم التصنيف في كتابه الفهرست، حيث ثبّت اسم الكاتب وحاله والكتاب وحاله.

ويرتبط علم تأريخ الحديث من حيث النشأة بإيراد الراوي لظروف روايته من حيث التوقيت والمكان وظروف الراوي والمروي عنه وغير ذلك، وملاحظة كل العوامل المحيطة تساعد الباحث على فهم النص والتعامل بعلمية مع المتن والسند، وهذا العلم حديث من حيث الطرح، وهو وإنْ كان لم يستقل تماما بعد ولكن نواته بدأت تظهر من خلال المناقشات في مختلف علوم الحديث.

آداب وسنن

ولا تشذ الرواية عن القاعدة العلمية، فهي في نظر المحقق الكرباسي علم مستقل بذاته، فيبحثها في الأبواب التالية: آداب الرواية، استحباب الرواية، المروي عنه، المعصومون.

وهذا العلم ليس جديدا على علماء الحديث والفقه من حيث المحتوى، ولكن الجديد فيه هو تأصيله كعلم مستقل، فإذا كان الباحث يناقش آداب الرواية والراوي، فهذه من المسائل الأخلاقية التي استقل علم

---

(١) الطوسي: هو محمد بن الحسن (٣٨٥ ـ ٤٦٠هـ) من فقهاء الإمامية وأعلامها، ولد في خراسان وعاش في بغداد ومات في النجف، من مصنفاته: النهاية، الخلاف، والمبسوط.

الأخلاق ببحث جوانب منها، فبالتالي لا بأس أن تستقل الرواية بعلم من باب أن التخصص مدعاة لفتح أبواب علمية جديدة مفيدة للبشرية، فالرواية كما يقرر الكرباسي: "بها قوام الدين، وعليها اعتماد الأمة، فلا بد أن لا تنقطع المعارف الإلهية عن الأمة".

باكورة الموسوعة

كما يعد علم الحديث هو باكورة العلوم الإسلامية، فانَّ هذا العلم كان هو المدخل إلى قلب الدكتور الشيخ محمد صادق الكرباسي للنهوض في تأسيس دائرة المعارف الحسينية (حمد) ـ بقلب الحروف الأولى ـ والكتابة في النهضة الحسينية، وبخاصة باب "الحسين في السنّة"، حتى وصلت المجلدات المطبوعة إلى ٤٤ جزءاً[١].

وعلى ضوء ما ورد في هذا الجزء وبيان لحركة علم الحديث وتفريعاته من العلوم، فإنَّ المؤلف في الأجزاء التالية من هذه السلسة سيتناول موقع الإمام الحسين عليه السلام في السنّة الشريفة والروايات التي جاءت فيه، مع بحثها من كل جوانبها وفق معايير علم الحديث الذي اختطه لنفسه، والمنهاج الذي يراه مناسبا.

وهذا المنهاج عبّر المفتي محمد خان قادري، عن شديد إعجابه به عند قراءته النقدية للكتاب، والملحقة بالكتاب باللغة البنجابية، حيث أكد رئيس إدارة الجامعة الإسلامية في مدينة لاهور الباكستانية، أنني: "قمت بمطالعة الجزء الأول من الحسين في السُنّة، فقد وجدته كما وصفه سماحة المؤلف مقدمة تمهيدية للدخول في صُلب الموضوع، ولكن هذا التمهيد حاز على

---

(١) بلغ المطبوع حتى نهاية ٢٠١٢م ٧٧ جزءاً.

سبق علمي موضوعي ليس له نظير، حيث تحدّث عن علوم الحديث بكل موضوعية، وأسَّسَ لعلم الحديث ستة علوم يرتكز عليها فَهْم الأحاديث الواردة عن الرسول محمد ﷺ وعن آله الأطهار ﷺ، وقد تمكن سماحة المؤلف من بيان معالم كل علم ومميزاته بشكل علمي، مما يمكن أن يُتّخذ هذا الكتاب جزءاً من منهج الحوزات العلمية والجامعات ذات التخصص في علوم الحديث، ولقد أبدع سماحة المؤلف في ذلك حيث أشفع كلامه بالبيان والبرهان فزاده تألّقاً، فلابد أنْ يكون له أثر كبير في مجال الدراسة والتحقيق"، وأبدى المفتي قادري سروره للإنتاج العلمي للكرباسي، مضيفا: "وإني بدَوري أشدُّ على يد سماحته على مواصلة الدرب بهذه المنهجية الفريدة التي انتهجها، سائلا المولى عز وجل أن يُلهمه الصبر على ركوب الصعاب، فقد أثلج صدور المؤمنين في موضوعيته الحكيمة ومنهجيته الرشيدة وبالأخص في المقدمة التي خطّها يراعه على هذا الباب، حيث فيها الجمُّ الكثير من التحقيقات العلمية الرصينة".

وأضاف المفتي قادري في بيان إلهامات النهضة الحسينية، لقد: "أصبح العراق بحسينه وعليّه وآلهما قبلة الأحرار ومهوى أفئدة المفكّرين منذ أن أسّس والده الإمام أمير المؤمنين ﷺ أول عاصمة كبرى في الكوفة والتي قادت العالم الإسلامي بفكرها الوقّاد منذ القرون الأولى وحتى اليوم، فكان خلاص العراق بل وغيره على يد جهابذة من أرباب الفكر والمعرفة الذين تخرّجوا من مدرستهما"، مؤكدا في الوقت نفسه، أن: "هذه الموسوعة المباركة جاءت بارقة أمل لكل شعوب العالم لتعرف حقيقة هذا القائد العظيم الذي لم تنطفئ جذوته ولن تنطفئ ما دام للحياة نَسْغٌ يجري في شرايينها وما دام العقل له دَور في حياة الشعوب"، وما لفت نظر

الشيخ قادري أن دائرة المعارف الحسينية: "موضوعية وعلمية وبشكل حديث قلَّ نظيرها إن لم يُعدم، وهذه أول موسوعة معرفيّة موضوعية تصدر في تاريخنا الحديث بل والقديم، تخصّ شخصية واحدة متعددة المعارف والمناهل".

ولا أرى أن المفتي محمد خان قادري حاد عن جادة الحقيقة، فهي شهادة مفتي وأستاذ، فهذا الجزء، كما وجدته بمثابة منهاج دراسي علمي يضيف جديدا إلى المناهج الدراسية في المعاهد والجامعات الإسلامية.

الأربعاء ٢٠٠٨/٦/٤م.

الوزير جاسم محمد جعفر طوزلو

* جاسم بن محمد بن جعفر طوزلو.
* ولد في قضاء طوزخورماتو في صلاح الدين سنة ١٩٥٨م في أسرة موالية لأهل البيت عليهم السلام.
* نشأ ودرس في مسقط رأسه ونال من جامعة السليمانية الشهادة الجامعية (بكالوريوس هندسة مدنية) سنة ١٩٨١م، كما نال الشهادة العالية (ماجستير هندسة مدنية في الهياكل المسلحة) سنة ١٩٩٨م.
* مارس شهادته في إدارة وتخطيط وتنفيذ الكثير من المنشآت والوحدات السكنية.
* ساهم في تأسيس شركة بنيان نور للمقاولات الإنشائية ونفذت منشآت عمرانية وكهربائية وميكانيكية.
* له دراسات وبحوث علمية متعددة.
* هاجر من العراق بعد معاناة سياسية وساهم مع مجموعة من كوادر التركمان في تشكيل الإتحاد الإسلامي لتركمان العراق سنة ١٩٩١م، وأصبح نائب الأمين العام لدورات انتخابية عدة.
* مارس العمل السياسي والإعلامي، وكتب في صحافة المعارضة.
* عاد إلى العراق يوم ٢٠٠٣/٣/٩م وساهم في النظام السياسي الجديد الذي تشكل في ٢٠٠٣/٤/٩م.
* تولى وزارة الإعمار والإسكان في الحكومة الانتقالية عام ٢٠٠٥م.

* تولى وزارة الشباب والرياضة في حكومة المالكي الأولى عام ٢٠٠٦م والثانية عام ٢٠١٠م ولازال.

إستنارة الفكر البشري[1]

(معجم أنصار الحسين.. الهاشميون ج١)

بسم الله الرحمن الرحيم

﴿وَيَسْـَٔلُونَكَ عَنِ ٱلرُّوحِۖ قُلِ ٱلرُّوحُ مِنْ أَمْرِ رَبِّي وَمَآ أُوتِيتُم مِّنَ ٱلْعِلْمِ إِلَّا قَلِيلًا﴾[2].

صدق الله العلي العظيم

الحمد لله رب العالمين والصلاة والسلام على أشرف الأنبياء وخاتم المرسلين أبي القاسم محمد المصطفى وعلى آله الطيبين الطاهرين وأصحابه الكرام المنتجبين، وبعد:

التاريخ حوادث احتضنت الأوراق جزءاً منها وطوت الصحف جزءاً آخر وتناقلتها الأمم انعكاساً لالتزام المبدأ لفتح ما طوي منها لتحديد مسيرة المستقبل واستنباط دروس الماضي وعبره، فلم تكن كتابة التاريخ وتناقل حوادثه برغم صعوباته إلا أمانة للخيرين.

كتابة التاريخ ليست مجرد توثيق لمراحل السنين بل هي معيار لاستنارة الفكر البشري في الإفادة الجادة من تجربة أبطاله، لذا كانت الوثائق التاريخية من أعظم وثائق التمحيص والتحليل، إن خطَّي التاريخ النقلي

---

(١) أصل المقدمة باللغة العربية كما وردت.

(٢) سورة الإسراء: ٨٥.

والتحليلي يمثلان فائدة كبيرة، كل في اتجاه مستقل أو مترابط، لقد عملت فلسفة كتابة التاريخ على دراسة وبحث العلاقة القائمة بين الحوادث ومسبباتها، وكلاهما يمثلان جزءاً مهماً من الحراك الفكري والعملي لعجلة الحياة.

إن التاريخ الإسلامي وما حمل من قيم إنسانية أخلاقية وتربوية جعلته مناراً للهدى، ليس للأمة الإسلامية فحسب وإنما للبشرية جميعاً، أبرقت ضياءه الرسالة المحمدية وأتمت شعاعه السيرة التاريخية العظيمة لأهل بيت النبوة الأطهار عليهم السلام وبالأخص الإمام أبي عبد الله الحسين عليه السلام والمستشهدين معه لأجل تطبيق العدالة المتوخاة على أرض الواقع. وبرغم المرحلة الزمنية القاسية والمحاولات اللئيمة لطيِّ تجربة أهل البيت عليهم السلام المنيرة من التاريخ البشري عامة والإسلامي خاصة إلا أن جهود المخلصين من الكتاب والحفظة ساهمت بشكل مميز في ترجمة تلك التجربة إلى شواهد حية للاستدلال والبيّنة والحقيقة، وبرغم تلك المحاولات إلا أن جزءاً منها لا يخلو من التيه حيناً بين المبالغة في نقل الحدث أو الضعف في ترسيخ المعنى.

إن الجهد الكبير المبذول في خط مفردات هذا الكتاب والقيمة الخلّاقة في محتواه وما يمثّل من أهمية للمرحلة نرى أنه من واجبنا الإنساني أولا والمهني، لكون وزارتنا[1] تعنى بشريحة شبابية مهمة من المجتمع العراقي، أن نساهم بكل ما نستطيع في دعم مشروع هذه الموسوعة العملاقة والتي وضعها سماحة الفقيه الشيخ محمد صادق الكرباسي حفظه الله، وقد حظيتُ

---

(١) إشارة إلى وزارة الشباب والرياضة التي أعيد انتخابه وزيراً فيها بتصديق مجلس النواب العراقي في ٢١/١٢/٢٠١٠م.

بالكتابة عن أول الأجزاء المتعلقة بأنصار الإمام الحسين عليه السلام من الهاشميين، لاستلهامه المهم في كشف غطاء التضليل لتاريخ تلك العينة المهمة من أبناء بيت النبوة وانعكاس تجربتها للمستقبل الذي يمثل الشباب ركنه الأساس في البناء الأخلاقي الإنساني.

لقد عانت التجربة النقلية لتاريخ أهل البيت عليهم السلام من مآزق كبيرة بالذات في دول شمال أفريقيا، تارة بسبب التأثيرات السياسية وأخرى لأسباب الضعف القائم في عملية النشر، مما يحتم خطوة مهمة للأمام بذلك الاتجاه كحق من حقوق المجتمع الإسلامي في التعرف على الحقائق الطبيعية من تاريخ أُمَّته.

واعتقد شخصياً، ولكوني نائب الأمين العام للاتحاد الإسلامي التركماني العراقي(١)، ومثّلت التركمان في حكومَتَي الجعفري(٢) وزيراً للإعمار والإسكان، ووزيراً للشباب والرياضة في حكومة المالكي(٣)

---

(١) أسسها مع أمينها العام الأستاذ عباس البياتي وعدد من التركمان عام ١٩٩١م.

(٢) الجعفري: هو إبراهيم بن عبد الكريم الأشيقر، ولد في كربلاء المقدسة عام ١٣٦٦هـ (٢٠/٦/١٩٤٧م)، مارس الطبابة في العراق، رأس حزب الدعوة الإسلامية العراقي لسنوات طوال، ساهم في تأسيس المجلس الأعلى للثورة الإسلامية في العراق، ساهم في تأسيس مجلس الحكم الانتقالي في العراق وأول رئيس له، عضو الجمعية الوطنية، أصبح نائبا لرئيس جمهورية العراق، ساهم في تأسيس الائتلاف العراقي الموحد، تولى الوزارة كأول رئيس وزراء عراقي منتخب في الفترة (٧/٤/٢٠٠٥م ـ ٢٠/٥/٢٠٠٦م)، وهو عضو مجلس النواب العراقي.

(٣) المالكي: نوري بن كامل بن محمد حسن أبو المحاسن الجناجي المالكي، ولد في قضاء طويريج التابع لمحافظة كربلاء المقدسة، عام ١٣٦٩هـ (٢٠/٦/١٩٥٠م)، مارس التعليم في العراق، ومثّل حزب الدعوة الإسلامية في عدد من مؤتمرات المعارضة، مارس الإعلام، ساهم في تأسيس مجلس الحكم الانتقالي، عضو الجمعية الوطنية، عضو مجلس النواب العراقي، تولى قيادة الحزب خلفا للجعفري في إنتخابات حزبية، رأس الحكومة العراقية الأولى في ٢٠/٥/٢٠٠٦م، والثانية في ٢١/١٢/٢٠١٠م.

الحالية، ولكون التركمان هم امتداد للآذرية الموجودة في شمال إيران وآذربايجان وأتراك أواسط آسيا الذين يمثلون أتباع أهل البيت عليهم السلام، لذا نعتقد أنَّ ترجمة تلك الكتب تمثّل أهمية كبيرة في التواصل الفكري لتنوير الطريق أمام المعرفة الخالصة والإفادة من السيرة للأئمة الأطهار لتلك الشريحة التي تعمل بين أكثر من (٣٠٠) مليون تركي، مما يتطلب إشراكها في مهمة التوعية والاطلاع، وهي تمثل أرضية خصبة بين الأتراك لوجود المذاهب العلوية والبكتاشية واللذين يكنّان الاحترام والتقدير لمذهب الأئمة الأطهار من أهل بيت النبوة صلوات الله عليهم.

جاسم محمد جعفر

وزير الشباب والرياضة في جمهورية العراق

١١/ ١٢/ ٢٠٠٧م

رجال النصرة في ساعة العسرة

تمر على المرء فترات عصيبة يجد نفسه وحيدا فريدا، يلتفت يمنة ويسرة لا يجد من يبث إليه همومه ويشاركه أتراحه، بل لا يجد حتى من يشاركه أفراحه، فتكون لحظات حزنه وفرحه لحظات دهر، طويل ليله مقيمة نجومه، ولجت ضياء سمائه في سمّ خياط الظلام، وقد يجد أهلا وأصحابا لكنَّ شعوراً بالوحدة ينتابه، لأنَّ الأهل ليسوا بأهل لأنْ يكونوا أهلا عن حق وحقيقة، والأصحاب صحبهم التنائي والتباعد، فما أصبحوا عن حق وحقيقة بأصحاب، والأصدقاء صدف عنهم الصدق، فما أصدقوا النصيحة وما أصدقوا الصحبة، فالأهل غير الأهل والأصحاب غير الأصحاب والأصدقاء غير الأصدقاء والناس غير الناس، حتى ليتجلى الشعر المنسوب إلى أبينا آدم(١) بعد فقد عزيزه هابيل(٢) (من الوافر):

---

(١) آدم: هو أبو البشر خلقه الله عام الهبوط سنة ٦٨٨٠ قبل الهجرة النبوية، وقيل ست سنوات قبل الهبوط، وتوفي عام ٩٣٠ من عام الهبوط الموافق للعام ٥٩٥٠ ق.هـ والموافق للعام ٥١٥٠ قبل الميلاد، وبعد عام ماتت زوجته حواء أم البشر، أنزل الله عليه ٢١ صحيفة، للمزيد، راجع: الحسين والتشريع الإسلامي: ١/ ٥٤، محمد صادق الكرباسي، المركز الحسيني للدراسات، لندن ـ المملكة المتحدة، ط١، ١٤٢١هـ ـ ٢٠٠٠م.

(٢) هابيل: هو ابن آدم قُتل سنة ٦٧٤٥ قبل الهجرة النبوية الموافق لعام ٢٣٥ من عام الهبوط وعام ٥٨٢٤ قبل الميلاد، للمزيد، راجع: المدخل إلى الشعر الحسيني: ١/ ١١٩، محمد صادق الكرباسي، المركز الحسيني للدراسات، لندن ـ المملكة المتحدة، ط١، ١٤٢١هـ ـ ٢٠٠٠م.

تغيرت البلاد ومن عليها فوجه الأرض مغبر قبيح
تغير كل ذي لون وطعم وقلّ بشاشة الوجه المليح
أرى طول الحياة علي غما وهل أنا من حياتي مستريح[1]

فالصديق في ساعة العسرة نعمة، والصاحب والنصير في ساعة المحنة خير وبركة، والأهل عند مشتبك الأيام وتزاحم المهام قرة عين وسعادة، لأن الصديق والصاحب والنصير والأهل، كل أولئك يبان معدنهم عند الضيق وإذا ما ادلهمت الخطوب، وهؤلاء في العالمين قليل، وكما يقول أمير البيان والحكمة الإمام علي بن أبي طالب عليه السلام (بحر الطويل الثالث):

وما أكثر الإخوان حين تعدّهم ولكنّهم في النائبات قليلُ[2]

فالأخ والنصير هو الذي جرى وصفه على لسان شاعر من خزاعة (بحر الطويل الثاني):

وليس أخي مَن ودّني بلسانه ولكن أخي مَن ودّني في النوائب
ومَن مالُه مالي إذا كنتُ مُعدماً ومالي له إنْ عضّ دهرٌ بغارب[3]

أنصار أبرار

وفي عرصات كربلاء المقدسة تجلّت أروع صور النصرة وأنقاها،

---

(١) بحار الأنوار: ١١/ ٢٣٤.

(٢) ديوان الإمام علي بن أبي طالب: ١٢٧، إعداد: عبد الرحمن المصطاوي، دار المعرفة، بيروت ـ لبنان، ط٣، ١٤٢٦هـ ـ ٢٠٠٥م.

(٣) روضة العقلاء ونزهة الفضلاء: ٩٩، محمد بن حبان البستي، تحقيق: محمد محيي الدين عبد الحميد، دار الكتب العلمية، بيروت ـ لبنان، ١٣٩٧هـ.
ومثله أنشد أبو سهل موسى بن نصير الرازي المتوفى بعد عام ١٨٩هـ (بحر الطويل الأول):
وليس أخي مَن ودَّني بلسانه وفي الصدر ضد للذي أظهر اللفظ
فإن تك ضيعت الذي كان بيننا بلا ذلة كانت، فعندي لها حفظ
أنظر: إعتلال القلوب: ١٨٤، محمد بن جعفر الخرائطي، تحقيق: حمدي الدمرداش، مكتبة نزار مصطفى الباز، مكة المكرمة، ط٢، ١٤٢٠هـ ـ ٢٠٠٠م.

حين التف جمع قليل من الأنصار والأهل حول الإمام الحسين عليه السلام وهو يقف وحيدا في مواجهة ثلاثين ألف مقاتل جاؤوا من كل حدب وصوب يريدون الحسين عليه السلام أسيراً أو مقتولاً، وهذا الموقف يسجله قائد جيش بني أمية عمر بن سعد الزهري[1] بعدما أنكر عليه أحد أصحابه قتله للإمام الحسين عليه السلام فاعتذر بشجاعة القوم واستقامتهم، فممّا يُنسب إليه (من الكامل):

قومٌ إذا نودوا لدفعِ ملمّةٍ والقوم بين مُدَعَّسٍ ومُكردَسِ
لبسوا القلوبَ على الدروع وأقبلوا يتهافتون على ذَهابِ الأنفسِ[2]

ولم يجانب الزهري الحقيقة، فالثلة المخلصة من أصحاب الحسين عليه السلام وأهل بيته، كانوا خير أنصار وخير أهل، وهو ما أبان عنه الإمام الحسين عليه السلام بقوله الشريف فيهم: (أما بعد: فإني لا أعلم أصحاباً أوفى ولا خيراً من أصحابي، ولا أهل بيت أبر ولا أوصل من أهل بيتي)[3]، فإذا كان الأصحاب في غزوة أحد قد تفرقوا عن رسول الله صلى الله عليه وآله وسلم في أطراف الأرض أيدي سبأ حتى وصل بعضهم ساحل البحر الأحمر، فإنَّ وادي كربلاء جمع الأصحاب والأنصار من كل ملة ودين ومذهب، فكان فيهم العلوي والبكري والعمري والعثماني والمسلم والمسيحي، وفيهم

---

(١) عمر بن سعد الزهري: هو حفيد أبي وقاص مالك بن أهيب الزهري، من قادة الكوفة وأصله من المدينة، ولد عام ٢٣هـ، وقاد جيش بني أمية لحرب الإمام الحسين عليه السلام، قُتل في حركة المختار الثقفي في الكوفة عام ٦٦هـ.

(٢) ديوان القرن الأول: ١/٢٦٨، محمد صادق الكرباسي، المركز الحسيني للدراسات، لندن ـ المملكة المتحدة، ط١، ١٤١٤هـ ـ ١٩٩٤م.

(٣) الكامل في التاريخ: ٣/٤١٦، ابن الأثير محمد الشيباني، تحقيق: أبو الفداء عبد الله القاضي، دار الكتب العلمية، بيروت ـ لبنان، ط١، ١٤٠٧هـ ـ ١٩٨٧م.

الطفل الرضيع كعبد الله ابن الإمام الحسين عليه السلام ومنهم صاحب الشيبة كحبيب بن مظاهر الأسدي.

هؤلاء الأصحاب تولى المحقق والبحاثة الدكتور محمد صادق محمد الكرباسي، ترجمة سيرتهم الذاتية في باب معجم أنصار الحسين وهو أحد الأبواب الستين من دائرة المعارف الحسينية، حيث صدر عام (٢٠٠٨م)، عن المركز الحسيني للدراسات في لندن، الجزء الأول من مجلد "معجم أنصار الحسين.. الهاشميون"، في ٤٥٤ صفحة من القطع الوزيري، حيث يضم هذا الباب ثلاثة أجزاء لتراجم الهاشميين ومثله لغير الهاشميين وللنساء ثلاثة أجزاء.

سارية الشهادة

كل امرئ منقطع عن هذه الدنيا بموته، فالموت حق مكتوب على كل ذي روح ونفس سائلة، لكن الموت يأتي أو يؤتى إليه، والثاني هو العملة النادرة في عالم الشهود المنفتح على عالم الغيب، وإذا أتى شهادة في سبيل الحق، كان أعلى مراتب الموت شرفا، فهو حياة للمرء باطنة وحياة للأمة ظاهرة، وهذه الحقيقة الواقفة على أقدامها سجَّلها القرآن الكريم في مواضع عدة، منها قوله تعالى: ﴿وَلَا تَحْسَبَنَّ ٱلَّذِينَ قُتِلُوا۟ فِى سَبِيلِ ٱللَّهِ أَمْوَٰتًۢا ۚ بَلْ أَحْيَآءٌ عِندَ رَبِّهِمْ يُرْزَقُونَ﴾[(١)].

ولا مهرب عن الموت، فقد: "خط الموت على ولد آدم مخط القلادة على جيد الفتاة"[(٢)]، كما يشبّهه الإمام الحسين عليه السلام، ولكن

(١) سورة آل عمران: ١٦٩.

(٢) مقتل الحسين: ١٦٦، عبد الرزاق الموسوي المقرّم، دار الكتاب الإسلامي، بيروت - لبنان، ط٥ ١٣٩٩هـ - ١٩٧٩م.

الشجاعة كل الشجاعة أن يموت المرء وهو يدافع عن حياض الحق ولا يبالي إن وقع على الموت أو وقع الموت عليه، وكما قال الشاعر أبو الطيب المتنبي[1] (بحر الخفيف):

إذا لـم يـكـن مـن الـمـوت بـدٌّ فمـن العـجـز أن تـموت جبـانـا[2]

ولذلك فحينما خُيِّر الإمام الحسين عليه السلام في كربلاء بين أن يُسلِّم نفسه أو يشرب كأس المنون، قدّم الموت واسترخصه فهو للمؤمن بقضيته عز وافتخار، وحياة الذل عار وشنار، فكانت العزة كل العزة في سلّ السيوف واستقبال الموت، والذلة كل الذلة في تقبل الأسر واستمراء الحياة، وهو القائل: "ألا وإن الدعي ابن الدعي قد ركز بين اثنتين بين السلّة والذلّة وهيهات منّا الذلّة يأبى الله لنا ذلك، ورسوله والمؤمنون، وحجور طابت وطهرت، وأنوف حمية، ونفوس أبية من أن نؤثر طاعة اللئام، على مصارع الكرام.."[3].

ولكن هل الشهادة هدف بذاتها؟

يعتقد الفقيه الكرباسي: "إن الشهادة ليست هدفاً في الشريعة الإسلامية، بل هي أعلى درجة ينالها الذي لا يألو جهدا في إحقاق الحق فيما أمر به الله، إطاعة له وقربة إليه، فالمؤمن لا يخيفه الموت

---

(١) أبو الطيب المتنبي: هو أحمد بن الحسين بن الحسن بن عبد الصمد الجعفي الكوفي الكندي (٣٠٣ ـ ٣٥٤هـ) ولد في الكوفة وقتل في دير العاقول في النعمانية من واسط، قضى صباه بالشام، ومدح أمراء الدولة الحمدانية، تنقل بين الشام والعراق وإيران، كان شاعر حكمة وفروسية، قتل في طريقه من إيران إلى مسقط رأسه على يد فاتك الأسدي.

(٢) ديوان المتنبي: ٤٧٤، دار بيروت للطباعة والنشر، ١٤٠٣هـ ـ ١٩٨٣م.

(٣) مقتل الحسين للمقرم: ٢٣٤.

إذا كان في سبيل الله، ولا يهابه القتال إن كان الهدف من ورائه حقا.."، شريطة أن تكون الشهادة تحت راية إمام حق مبين، لا أنصاف رجال دين قصروا عن بلوغ الصواب كما قصرت ثيابهم عن بلوغ أقدامهم، يلعبون بعقول القصّر يزينون لهم الموت وهم في عزّ الشباب، ويرغّبونهم بنهر من خمر وحور عين كواعب، وهم بعد لم يمتاحوا من عيون الدنيا ولم يجربوا حظهم من حورها، فالشهادة بذاتها ليست هدفا، بخاصة إذا لم تورّث عزّا، وكما يؤكد الفقيه الكرباسي: "إن الذي يهدف للشهادة بذاتها فهو اختيار لا يجوّزه الشرع الإسلامي، إذ الشهادة إحدى الحسنيين: النصر أو الشهادة، فإن تحقق الأول فهو الأولى، وإن لم يتحقق فوسام شرف يكرّم به".

فالشهادة سارية عالية المقام، لا ينال مراقيها إلا من وطّن نفسه على الخير والعمل في سبيل القضية المقدسة لإحقاق الحق والانتصار للمظلومين، وراية الحق هذه رفع رايتها في كربلاء الثلة الطيبة من الأنصار من داخل البيت الهاشمي وخارجه.

شياع خاطئ

شاع في الأدبيات الحسينية، أنَّ عدد من استشهد مع الإمام الحسين عليه السلام هم ٧٢ نفرا، وهذا الرقم صار من الشياع بحيث لا يتعداه كاتب أو شاعر أو خطيب، بل وأصبح عند البعض رقما مقدسا ومباركا، لقدسية الشهادة والشهداء، لكن ما توصل إليه البحاثة الكرباسي في باب معجم أنصار الحسين، يخطّئ من هذا الشياع الخاطئ، فالعدد أضعاف ذلك، وليس هذا من رجم الغيب وإنما من البحث والتنقيب في أمّات

المصادر والمراجع والتحقيق فيها والمقارنة بين النسخ القديمة منها والحديثة، المطبوعة منها والمخطوطة، ولذلك توفرت لديه أسماء جديدة كادت أن تندرس، ولتسهيل المهمة على الباحث والقارئ، قسّم باب الأنصار إلى الأنصار الهاشميين، والأنصار غير الهاشميين، والأنصار النساء، واختص الجزء الأول من المجلد الأول بعدد من تراجم الأنصار الهاشميين، نسبة إلى هاشم بن عبد مناف[1] الجد الثاني للنبي محمد ﷺ وكذا الجد الثاني للإمام علي عليه السلام. وكان من حرص العلامة الكرباسي في ترجمة الشخصية المعنية أن بحث في جذورها عبر الوقوف عند ترجمة الآباء والأمهات وتحديد سنة زواج الوالدين لتعيين سنة ولادة الشخصية أو وفاتها والتثبت من وجودها أو عدمه.

ولم تكن المهمة باليسيرة، فوقوف المؤلف على أدوات علم الرجال والحديث وتبحره في تاريخ النهضة الحسينية مكّنه من استخدام الأدوات العلمية بصورة سليمة، استطاع بها إحياء الرمم من الأسماء المنسية، وترميم النقص في ترجمة الباقين، وإرجاع الكنية إلى إسمها وبالعكس أو فرزها، ويصح عندي القول إن ما أتى به المحقق الكرباسي يرقى لأن ينسب إليه على طريقة تراجم الرجال في العهود الغابرة، فيصار هذا الجزء والأجزاء اللاحقة إلى أخذ عنوان "رجال الكرباسي"، مثلما يقال في

---

(١) هاشم بن عبد مناف: واسمه عمرو بن عبد مناف بن قصي بن كلاب القريشي العدناني، من أهل مكة ولد نحو سنة ٢٤٦ق.هـ، واشتهر بهاشم لتهشيمه الخبز وصناعة الثريد وتوزيعه على أهل مكة لمجاعة أصابتهم، ولي في قريش الرئاسة والسقاية والرفادة، هو أول من سن رحلتي الشتاء والصيف إلى اليمن والشام، مات في غزة نحو سنة ١٣٦ق.هـ، وقبره في مسجد السيد هاشم نسبة إليه، وتُسمى غزة بغزة هاشم.

تراجم رجال الحديث: رجال الطوسي[١] ورجال النجاشي[٢] ورجال بحر العلوم[٣] ورجال الذهبي[٤] ورجال ابن حجر[٥] وغيرهم.

حضور حي

لم يخطئ أبو الفرج الإصبهاني[٦] عندما سمّى كتابه المقاتل بـ "مقاتل الطالبيين" نسبة إلى ذرية أبي طالب المطلبي[٧]، لأن معظم الشهداء من بني هاشم هم من آل أبي طالب، وهذه الصفة انسحبت إلى واقعة كربلاء فكان الشهداء الهاشميون من هذا البيت الطالبي، وحسب تعبير المؤلف: "إن أنصار الإمام الحسين عليه السلام الهاشميين والذين هم من أهل بيته وأقربائه كلهم

---

(١) رجال الطوسي: نسبة إلى الشيخ محمد بن الحسن بن نصر الطوسي (٣٨٥ ـ ٤٦٠هـ).

(٢) رجال النجاشي: نسبة إلى الشيخ أحمد بن علي بن أحمد بن العباس الأسدي (٣٧٢ ـ ٤٥٠هـ).

(٣) رجال بحر العلوم: نسبة إلى السيد محمد مهدي بن مرتضى بن محمد الحسني الطباطبائي (١١٥٥ ـ ١٢١٢هـ)، ويسمى كتابه أيضاً "الفوائد الرجالية".

(٤) رجال الذهبي: نسبة إلى الحافظ محمد بن أحمد بن عثمان الدمشقي الشافعي (٦٧٣ ـ ٧٤٨هـ)، وله أكثر من مصنف في هذا الباب منها "ميزان الإعتدال".

(٥) رجال ابن حجر: نسبة إلى أحمد بن علي بن محمد العسقلاني الكناني (٧٧٣ ـ ٨٥٢هـ)، وله أكثر من مصنف في هذا الباب منها "الإصابة في تمييز الصحابة".

(٦) أبو الفرج الإصبهاني: هو علي بن الحسين بن محمد بن أحمد بن الهيم المرواني الأموي (٢٨٤ ـ ٣٥٦هـ) ينتهي نسبه إلى مروان بن الحكم بن أبي العاص بن أمية، ولد في إصفهان (إصبهان) ونشأ في بغداد وفيها توفي، كان من الأدباء المؤرخين الذين ذاع صيتهم، وله مؤلفات كثيرة: منها أدب الغرباء، المماليك الشعراء، والأغاني.

(٧) أبو طالب المطلبي: هو عبد مناف بن عبد المطلب بن عبد مناف (هاشم) القرشي العدناني (٨٨ق.هـ ـ ٣ق.هـ) ولد في مكة المكرمة وتوفي فيها، تولى عمادة قريش بعد أبيه، وهو من أبطالها والخطباء العقلاء والشعراء الحكماء، وكان ممن كفل ابن أخيه الرسول محمد صلى الله عليه وآله وسلم وحاماه وآمن به دلت على ذلك أشعاره، ودفاعه عنه، كان وقع موته على النبي صلى الله عليه وآله وسلم شديداً وسمي ذلك العام بعام الأحزان لوفاة خديجة بنت خويلد فيه أيضاً، له ديوان شعر مطبوع.

كانوا من أبي طالب دون غيره، فلو أطلقنا عليهم (الطالبيون) لكان عين الحقيقة".

فالطالبيون كان لهم حضورهم الحي في قلب الرسالة الإسلامية بدءاً من جدهم أبي طالب، الذي وقف ينافح عن رسول الله ﷺ ويدافع عنه ويفديه بنفسه وولده، وهو القائل للنبي محمد ﷺ: إذهب يا بن أخي فقل ما أحببت فوالله لا أسلمك لشيء أبداً وأنشأ من البسيط:

والله لن يصلوا إليك بجمعهم ... حتى أوسَّدَ في التراب دفينا
فانفذ لأمرك ما عليك مخافة ... وابشر فقد قرّت بذاك عيونا
ودعوتني وعلمتُ أنّك ناصحي ... ولقد صدقت وكنت قبلُ أمينا
وذكرتَ ديناً لا محالة أنه ... من خير أديان البرية دينا[1]

ناضل آل أبي طالب دون الرسول ﷺ فكان علياً في الميدان وكان جعفرا[2]، وسار على هذا الدرب أبناء علي وجعفر وعقيل، فنصروا الحسين عليه السلام في طف كربلاء، مستلهمين العبر من جدهم أبي طالب الذي أنشأ في الرسول محمد ﷺ عندما استسقى به أهل مكة، من الطويل:

وأبيض يُستسقى الغمامُ بوجهه ... كمال اليتامى عصمة للأرامل
يطوف به الهلّاك من آل هاشم ... فهم عنده في نعمةٍ وتفاضل
كذِبتمْ وبيت الله يبزى محمد ... ولمّا نماصعُ دونه ونقاتل

---

(١) أبو طالب حامي الرسول وناصره: ٥٢، نجم الدين العسكري، مطبعة الآداب، النجف الأشرف ـ العراق، ١٣٨٠هـ.

(٢) جعفر: هو ابن أبي طالب (عبد مناف) بن عبد المطلب بن هاشم (عبد مناف) القرشي العدناني (٣٣ق.هـ ـ ٨هـ) صحابي هاشمي من شجعانهم ولد في مكة واستشهد في مؤتة في الأردن، من السابقين إلى الإسلام، هاجر إلى الحبشة وتولى أمر المسلمين فيها، استشهد في قتال جيش الروم، لقبه الرسول بالطيار لأن الله عوضه عن يديه المقطوعتين بجناحين يطير بهما في الجنّة.

ونسلمه حتى نُصرع حوله ونذهلُ عن أبنائنا والحلائل[1]

حتى إذا ما أخذ الموت أبا طالب اغتم النبي محمد صلى الله عليه وآله وسلم وسمي ذلك العام بعام الأحزان لوفاة أبي طالب وخديجة فيه، حيث فقد المعين والنصير والوقاء.

لقد وجد الإمام الحسين عليه السلام النصرة في ذرية جده أبي طالب، فكانوا نعم الإخوان وأبناء العم ونعم الأنصار، ولذلك فلا غرو أن يزور الإمام جعفر بن محمد الصادق عليه السلام العباس بن علي بن أبي طالب عليه السلام، ويبين في الزيارة حميمية الأخوة بين العباس عليه السلام وأخيه الحسين عليه السلام، فيسلم عليه ويقول: "السلام عليك يا أبا الفضل العباس ابن أمير المؤمنين، السلام عليك يا بن سيد الوصيين، السلام عليك يا بن أول القوم إسلاماً وأقدمهم إيماناً وأقومهم بدين الله وأحوطهم على الإسلام. أشهد لقد نصحت لله ولرسوله ولأخيك فنعم الأخ المواسي، فلعن الله أمة قتلتك، ولعن الله أمّة ظلمتك، ولعن الله أمّة استحلّت منك المحارم وانتهكت حرمة الإسلام، فنعم الصابر المجاهد المحامي الناصر والأخ الدافع عن أخيه، المجيب إلى طاعة ربّه، الراغب فيما زهد فيه غيره من الثواب الجزيل والثناء الجميل، وألحقك الله بدرجة آبائك في جنات النعيم"[2].

شيوخ شباب

ما يلاحظ في الفئات العمرية لشهداء الطف، أن معظمهم من الفتيان والشباب، بل إنَّ شيوخهم كانوا في ساحة الوغى كليوث العرين، تحسبهم

---

(١) أبو طالب حامي الرسول وناصره: ١٠٨.

(٢) مفاتيح الجنان: ٤٥٣، زيارة الحسين عليه السلام يوم عرفة، عباس القمي، انتشارات فيروزآبادي، قم المشرفة - إيران، ذو الحجة ١٤١٧هـ.

من خفة الحركة ونطع السيوف وتساقط الرؤوس شبابا يقطرون فتوة، يخطّون الأرض بأقدامهم ويثيرون غبارها، وبها يرجفون الرجال الصناديد كسعفة في يوم عاصف.

ولأن بعض الأمر كذلك، فانَّ وزير الشباب والرياضة في جمهورية العراق الأستاذ جاسم محمد جعفر، تناول هذا الجزء من الكتاب بقراءة من وحي الواقع الشبابي، لذلك رأى: "إن الجهد الكبير المبذول في خط مفردات هذا الكتاب والقيمة الخلاّقة في محتواه وما يمثل من أهمية للمرحلة نرى أنه من واجبنا الإنساني أولا والمهني، لكون وزارتنا تعنى بشريحة شبابية مهمة من المجتمع العراقي، أن نساهم بكل ما نستطيع في دعم مشروع هذه الموسوعة العملاقة والتي وضعها سماحة الفقيه الشيخ محمد صادق الكرباسي حفظه الله"، وحسب تعبير وزير الشباب والرياضة العراقي: "حظيت بالكتابة عن أول الأجزاء المتعلقة بأنصار الإمام الحسين عليه السلام لاستلهامه المهم في كشف غطاء التضليل لتاريخ تلك العيِّنة المهمة من أبناء بيت النبوة وانعكاس تجربتها للمستقبل الذي يمثل الشباب ركنه الأساس في البناء الأخلاقي الإنساني".

ولأن التاريخ عبرة واعتبار، فإنَّ كتابة التاريخ كما قام في بعضه المحقق الكرباسي عبر تراجم الأنصار، ليس مجرد توثيق لمراحل السنين، كما يعتقد الأستاذ جعفر: "بل هو معيار لاستنارة الفكر البشري في الإفادة الجادة من تجربة أبطاله، لذا كانت الوثائق التاريخية من أعظم وثائق التمحيص والتحليل. إن خطّي التاريخ النقلي والتحليلي يمثلان فائدة كبيرة كل في اتجاه مستقل أو مترابط".

الإثنين ٣٠/٦/٢٠٠٨م

البروفيسور جورج قنازع

* جورج جرجورة بن إيليا قنازع.

* ولد في مدينة الناصرة في فلسطين في أسرة مسيحية في ١٩٤١/٧/٣١م. نشأ ودرس في مسقط رأسه وأنهى فيها الإبتدائية والثانوية سنة ١٩٥٩م.

* واصل دراسته الجامعية في الجامعة العبرية في القدس والتحق بها سنة ١٩٦٢م وحصل على اللقب الأول (بكالوريوس) في موضوعي اللغة العربية وآدابها واللغة الإنكليزية وآدابها.

* حصل في العام ١٩٦٦م على اللقب الثاني (ماجستير) في موضوعي اللغة العربية وآدابها والحضارة الإسلامية.

* واصل الدراسة في الفترة (١٩٦٩ ـ ١٩٧١م) في جامعة كاليفورنيا ـ لوس انجلس (UCLA) وحصل على الشهادة العليا (دكتوراه) في موضوعة "البلاغة والنقد الأدبي عند العرب في القرن الهجري الرابع".

* عاد إلى بلاده واستأنف التدريس في جامعة حيفا.

* تولى عام ١٩٧٢م رئاسة قسم اللغة العربية في جامعة حيفا كأول محاضر عربي يتولى رئاسة قسم أكاديمي في جامعة إسرائيلية، وتكرر التجديد له لسنوات عديدة.

* تولى في الفترة (١٩٨٦ ـ ١٩٩١م) رئاسة المركز اليهودي ـ العربي وهو مركز أبحاث في جامعة حيفا.

* حصل في العام ١٩٨٨م على لقب استاذ مشارك (مساعد بروفيسور) في جامعة حيفا.

* وفي سنة ١٩٩٨م نال كرسي الأستاذية في جامعة حيفا (بروفيسور) ولازال.

* شارك في مؤتمرات علمية كثيرة في الداخل والخارج، ودعي مراراً للتدريس في جامعات أوروبية وأمريكية.

* له دراسات وأبحاث ومؤلفات كثيرة باللغة العربية وبغيرها، ومن كتبه:

ـ دراسات في كتاب الصناعتين لأبي هلال العسكري.

ـ فصول التماثيل في تباشير السرور.

ـ عبيد الله بن الحر الجعفي، أخباره وأشعاره.

أبحاث قيّمة تثري الإنسانية[1]

(المدخل إلى الشعر الحسيني ج٢)

يطيب لي أن أكتب هذه الكلمات لأقدم بها للجزء الثاني ـ المدخل إلى الشعر الحسيني ـ من دائرة المعارف الحسينية، هذا المشروع الضخم الذي يجمع في طياته تاريخ حقبة هامة من الزمن كان لها انعكاساتها الشديدة على ما تلاها من أحداث، كما كان لها أثرها العميق على الحضارة والأدب.

عندما تولى يزيد بن معاوية[2] الخلافة بعد موت والده، وأصبح بذلك الخليفة الأموي الثاني، كان يعلم حق العلم أن المعارضة لتوليه الخلافة لم تنته تماماً، إذ لم يستطع معاوية[3] رغم ما أوتي من دهاء سياسي وقدرة ومال أن يؤمن لولي عهده بيعة جميع قادة المسلمين، بل بقي منهم من ظل

---

(١) أصل المقدمة باللغة العربية كما وردت.

(٢) يزيد بن معاوية: هو حفيد أبي سفيان (صخر) الأموي، ولد عام ٢٥هـ في الماطرون من ضواحي دمشق، تولى الحكم بعد أبيه عام ٦٠هـ، وفي عهده وقعت مأساة كربلاء واستشهاد الإمام الحسين عليه السلام، ثم واقعة الحرة حيث استباح المدينة المنورة، وثالثها ضرب الكعبة بالمنجنيق، مات عام ٦٤هـ، ولم يُعرف له رفات أو قبر، خلفه ابنه معاوية الثاني.

(٣) معاوية: هو ابن أبي سفيان (صخر) بن حرب الأموي العبشمي (١٥ق.هـ ـ ٦٠هـ)، ولي حكم دمشق وعزله الإمام علي عليه السلام وألّب على الإمام علي عليه السلام ودخل في حرب معه وواصل الحرب مع الإمام الحسن عليه السلام، وسيطر على الحكم عام ٤١ وبه تحول الحكم إلى ملوكية وعاصمة ملكه دمشق.

على موقفه من عدم الموافقة على بيعة يزيد، وكان أبرز هؤلاء الحسين بن علي الذي ورث الإمامة عن أخيه الحسن وكان الوارث لحقوق أخيه في الخلافة حسب اتفاق الصلح الذي كان بين الإمام الحسن ومعاوية في عام الجماعة. وكان من الطبيعي أن يعمل يزيد على أخذ البيعة من معارضي خلافته لضمان استقرار حكمه، لكنه اصطدم بمعارضة الحسين التي لم تنحسر، بل ازداد خطرها عندما ظهرت مكشوفة تهدد استقرار الحكم الأموي في جنوب العراق حين كان الحجاز تغلي مراجله وفيه ابن الزبير[1] والمختار الثقفي[2] وغيرهما من الأشراف المعارضين للسلطة الأموية.

عرف يزيد أنه إن لم يأخذ الحسين بالشدة فإنه يعرّض حكمه للخطر، لذلك حشد قواته في وجه الحسين في كربلاء في السنة الأولى من حكمه، وكان من نتيجة ذلك أن قتل الحسين وبعض[3] أهل بيته، ثم أُخذ الباقون سبايا إلى الشام.

هكذا سيطر يزيد على الأوضاع ولكن إلى حين، فقد شهد الحكم الأموي بعد موته مباشرة صراعاً على الحكم انتهى بالانقلاب المرواني[4]

(١) إبن الزبير: هو عبد الله بن الزبير بن العوام بن خويلد القرشي (٢ ـ ٧٣هـ)، ولد في ناحية قباء في المدينة المنورة، له مشاركات في حروب المسلمين، وقف في معركة الجمل ضد الإمام علي عليه السلام، أعلن نفسه حاكما سنة ٦٤هـ وتوسعت حكومته خارج الجزيرة العربية، قتله الحجاج الثقفي في حصار المسجد الحرام.

(٢) المختار الثقفي: هو ابن أبي عبيد بن مسعود (١ ـ ٦٧هـ)، من الطائف سكن المدينة والبصرة وهاجر إلى الكوفة مع أبيه أيام خلافة الإمام علي عليه السلام وفيها قتل، رفع شعار يا لثارات الحسين عليه السلام فقتل قتلة الإمام الحسين عليه السلام، ولي عام ٦٦هـ الكوفة والموصل، قتله مصعب بن الزبير في قصر الكوفة.

(٣) بل جلّهم، راجع في ذلك الأجزاء الثلاثة من كتاب: معجم أنصار الحسين.. الهاشميون، للمحقق محمد صادق الكرباسي، وكذلك الأجزاء الثلاثة من كتاب: معجم أنصار الحسين.. النساء، للكرباسي.

(٤) الإنقلاب المرواني: إشارة إلى مروان بن الحكم بن أبي العاص الأموي (٢ ـ ٦٥هـ) ولد في مكة=

أعقبته فترة من عدم الاستقرار حين ثار ابن الزبير وسيطر على الحجاز وجنوب العراق، وحين كان المختار الثقفي يعمل متعقباً قتلة الحسين للانتقام منهم. ومما لا شك فيه أن هذه الحادثة كانت من بين العوامل الفعالة التي ساهمت بشكل مباشر في سقوط الحكم الأموي ولمّا يمض على تأسيسه قرن واحد من الزمن[١].

كان لمقتل الحسين أثر كبير جداً في الحياة السياسية للمجتمع العربي في تلك الفترة، ولكنه لم يقتصر على ذلك، فالقرون الكثيرة التي توالت منذ حادثة كربلاء ما زالت تحمل أثر ذلك المقتل سياسياً واجتماعياً وأدبياً وحضارياً، ومازال الحدث حياً يتفاعل مع الجماهير ومازالت الجماهير تجد فيه ما يشدها إليه وما تستوحيه منه[٢]، لقد ثار الكثيرون منذ أن ثار التوابون[٣] غضباً لمقتل الحسين محاولين الانتقام له، وقد تمكن المختار الثقفي من الثأر لدم الحسين حين قتل كل من شارك في قتل الحسين في

=المكرمة ومات في دمشق، شهد مع عثمان يوم الدار ومع عائشة يوم الجمل ومع معاوية يوم صفين، تولى ولاية المدينة عام ٤٠هـ، وهو الذي أشار على يزيد بأخذ البيعة من الحسين عليه السلام عام ٦٠هـ، تولى الحكم في دمشق عام ٦٤هـ بعد اغتيال معاوية بن يزيد.

(١) استمر الحكم الأموي في دمشق في الفترة ٤١ ـ ١٣٢هـ.

(٢) للمزيد، راجع: العامل السياسي لنهضة الحسين، للمحقق الكرباسي.

(٣) التوابون: نسبة إلى حركة أهل الكوفة ضد الحكم الأموي بعد استشهاد الإمام الحسين عليه السلام، وشعارهم قوله تعالى ﴿فَتُوبُوٓاْ إِلَىٰ بَارِئِكُمْ فَٱقْتُلُوٓاْ أَنفُسَكُمْ ذَٰلِكُمْ خَيْرٌ لَّكُمْ عِندَ بَارِئِكُمْ فَتَابَ عَلَيْكُمْ إِنَّهُۥ هُوَ ٱلتَّوَّابُ ٱلرَّحِيمُ﴾ البقرة: ٥٤، وكان يقودهم خمسة من أصحاب الإمام علي عليه السلام وهم: سليمان بن صُرد الخزاعي، المُسَيّب بن نجبة الفزاري، عبد الله بن سعد بن نفيل الأزدي، عبد الله بن وال التميمي، رفاعة بن شدّاد البجلي، وكانوا يرومون الثأر من بني أمية لقتلهم الإمام الحسين عليه السلام، دخلوا في مواجهة مسلحة في عين الوردة عام ٦٥هـ مع الجيش الأموي وقائده عبيد الله بن زياد بن أبيه، وخسروا المعركة وقُمعت الحركة، وتقع عين الوردة قرب ناحية البصيرة في مدينة دير الزور السورية عند ملتقى نهر الخابور بالفرات.

كربلاء، ورغم ذلك ظل الحسين رمزاً للشهادة والتضحية في سبيل العدالة الاجتماعية.

ولقد تعدى مقتل الحسين التأثير في المجال الديني ـ السياسي ليحتل بقوة مكانة بارزة في مجال الأدب الذي نراه في اتجاهات مختلفة، في شعر الرثاء وفي وضع الكتب الخاصة بتصوير حادثة المقتل، ثم في الأدب الشعبي الذي تناول هذا الموضوع وأعمل فيه الخيال فجاء غاية في الروعة، نستدل منه على غنى الأدب الشعبي حين يكون الموضوع مؤثراً وحين يعمل الوجدان الشعبي على بلورة الحوادث والشخصيات.

في شعر الرثاء يتضح أن كمية كبيرة من هذا الشعر الذي يرثي الحسين منذ مقتله حتى أيامنا هذه قد تراكمت ليصبح أمامنا عدد هائل من القصائد التي جمع بعضها في كتب خاصة مثل المنتخب في جمع المراثي والخطب لفخر الدين الطريحي[١] أو الدر النضيد في مراثي السبط الشهيد (و فيه أكثر من ستة آلاف بيت من الشعر) لمحسن الأمين العاملي[٢]، ولا عجب أن نجد من الشعراء من أفرد لهذا الموضوع ديواناً خاصاً أو تفرغ له من دون أن يطرق أي موضوع آخر، وقد رثى الشعراء الحسين منذ الحكم الأموي

---

(١) فخر الدين الطريحي: هو فخر الدين بن محمد علي بن أحمد السلمي الأسدي (٩٧٩ ـ ١٠٨٥هـ)، ولد ونشأ في النجف الأشرف، من فقهاء الإمامية، فقيه وأصولي ومفسر ولغوي ورجالي، تتلمذ على والده وعمه الشيخ محمد حسين بن أحمد وغيرهما، من مصنفاته: تحفة الوارد وعقال الشارد، رسالة في ضبط أسماء الرجال، ومجمع البحرين، مات في الرماحية في محافظة الديوانية.

(٢) محسن الأمين العاملي: هو ابن عبد الكريم بن علي بن محمد الحسيني العاملي (١٢٨٤ ـ ١٣٧١هـ) من علماء الإمامية ومجتهديها في بلاد الشام، ولد في قرية شقراء جنوب لبنان، درس في مسقط رأسه وانتقل إلى النجف فدرس على علمائها، ثم انتقل إلى دمشق فأسس فيها عدداً من المشاريع القائمة إلى يومنا هذا منها المدرسة المحسنية، له مؤلفات عدة أشهرها كتاب: أعيان الشيعة، توفي في دمشق ودفن في إحدى غرف الصحن الزينبي.

حين كان الخوف من بني أمية رادعاً أدى بالبعض إلى إخفاء شعره كما فعل عبد الله[1] بن عوف بن الأحمر[2] الذي قال المرزباني[3] عن مرثيته إنها "كانت تخبأ أيام الأمويين، إنما خرجت بعد ذلك".

أما وضع كتب المقاتل فقد بدأ في القرن الهجري الأول كما يبدو، لأن أول كتاب يحمل اسم مقتل الحسين منسوب للأصبغ بن نباتة المجاشعي[4] الذي توفي سنة ١٠٠هـ/ ٧١٩م، كما يقول آغا بزرگ طهراني[5] في كتاب الذريعة إلى تصانيف الشيعة، ثم تلاه جابر بن يزيد الجعفي[6] الذي توفي

---

(١) عبد الله بن عوف بن الأحمر: وقد يقال عوف بن عبد الله بن الأحمر الأزدي، وعند الكرباسي أن الثاني من التصحيف، من أهل الكوفة شهد صفين مع الإمام علي عليه السلام، شاعر حركة التوابين، توفي بعد عام ٦٥هـ.

(٢) أنظر مقالنا (والكلام للدكتور قنازع) عنه بعنوان "عبد الله بن عوف بن الأحمر شاعر التوابين في القرن الهجري الأول" في مجلة الكرمل - أبحاث في اللغة والأدب، الصادرة عن قسم اللغة العربية وآدابها ومعهد دراسات الشرق الأوسط في جامعة حيفا، العدد ١٨ - ١٩، ١٩٩٧ - ١٩٩٨، ص٣٣١ - ٣٥٢. وقد ترجم له المرزباني في معجم الشعراء (تحقيق عبد الستار أحمد فراج، القاهرة ١٩٦٠، ص١٢٦) باسم عوف بن عبد الله بن الأحمر الأزدي.

(٣) المرزباني: هو أبو عبد الله محمد بن عمران بن موسى الخراساني البغدادي (٢٩٧ - ٣٨٤هـ) ولد وتوفي في بغداد، مؤرخ وأديب، من مؤلفاته: تلقيح العقول، المراثي، والرياض.

(٤) الأصبغ بن نباتة المجاشعي: هو حفيد الحارث بن عمرو بن فاتك بن مجاشع بن دارم التميمي الحنظلي الكوفي، من أعلام القرن الأول الهجري، صحب الإمامين علي والحسن عليهما السلام، وشهد معركتي الجمل وصفين، كان من أمراء شرطة الكوفة وفرسان العراق، له في كتب السنة والشيعة أحاديث كثيرة.

(٥) آغا بزرگ طهراني: هو محمد محسن بن علي بن محمد رضا بن محمد حسن المنزوي (١٢٩٣ - ١٣٨٩هـ) من علماء الإمامية، فقيه رجاليٌّ، ولد في طهران، وتوفي في النجف الأشرف، سكن طهران وسامراء والنجف، من مؤلفاته: مصفى المقال، المدنية والإسلام، والدرّ النفيس في تلخيص رجال التأسيس.

(٦) جابر بن يزيد الجعفي: هو حفيد الحارث، ولد في الكوفة وفيها توفي سنة ١٢٨هـ، كان من أصحاب الإمامين الباقر والصادق سكن المدينة لتلقي العلم من الإمام الصادق، ويقال إنه سكن كربلاء مع=

سنة ١٢٨هـ / ٧٤٥م في وضع كتاب يحمل نفس الاسم، ولكن الكتابين ضائعان، وعليه فان مقتل الحسين المنسوب لأبي مخنف[١] (ت ١٥٧/ ٧٧٣م) هو أول كتاب وصلنا من هذه السلسلة الطويلة من كتب المقاتل، وقد طبع مراراً، كما ترجمه المستشرق الألماني هنري فرديناند وستنفلد[٢] (١٨٠٨ ـ ١٨٩٩م) إلى الألمانية وأصدره في جوتنجن[٣] سنة ١٨٨٣م.

بعد أبي مخنف توالى التأليف في مقتل الحسين عبر القرون ثم تجاوز حدود اللغة العربية حين ترجمت بعض هذه المقاتل إلى اللغات الأخرى كالفارسية والأردية والتركية وغيرها، وحين ساهم أبناء هذه اللغات أيضاً بتأليف كتب في هذا الموضوع، هكذا وضع عدد كبير من الكتب التي حمل معظمها في القرون الأولى نفس الاسم "مقتل الحسين" ولكن المؤلفين

=سليمان بن مهران الأعمش وأخذا يقيمان حلقات الدرس حول قبر الإمام الحسين، تتلمذ على الصادقين وتتلمذ عليه أبو حنيفة، من مؤلفاته: التفسير، الفضائل، والنوادر.

(١) أبو مخنف: هو لوط بن يحيى بن سعيد الغامدي الأزدي الكوفي، من محدثي الكوفة ومؤرخيها، توفي عام ١٥٧هـ، من أصحاب الأئمة علي والحسن والحسين وعلي بن الحسين ومحمد الباقر وجعفر الصادق عليهم السلام، عالم بالسير والأخبار، من مصنفاته: مقتل الحسين، فتوح العراق، وفتوح الشام.

(٢) هنري فرديناند وستنفلد: (Heinrich Ferdinand Wüstenfeld) (١٨٠٨ ـ ١٨٩٩م)، مستشرق ألماني ضليع بالأدب العربي والتاريخ، ولد في مدينة موندن (Münden) من توابع غوتينغن (Güttingen) جنوب ألمانيا ومات في هانوفر (Hannover)، درس العقائد واللغات الشرقية في مدينتي غوتينغن وبرلين، نال الشهادة العليا (الدكتوراه) سنة ١٨٣١م، تولى كرسي الأستاذية في جامعة الثانية في الفترة ١٨٤٢ ـ ١٨٩٠م، عمل في إدارة مكتبة الجامعة وتفرغ لدراسة اللغة العربية، نشر الكثير من المؤلفات والترجمات العربية، منها: سيرة ابن هشام.

(٣) جوتنجن: أو غوتنغن (Güttingen)، وهي مركز ولاية غوتنغن في مقاطعة لوَر ساكسوني (Lower Saxony)، يمر منها نهر لين (The Leine)، تبعد المدينة عن برلين ٢٦٠ كيلو متراً بخط مستقيم.

تحولوا تدريجياً إلى أسماء أخرى مثل "معدن البكاء"(١) و"نفس المهموم"(٢) و"الملهوف على قتلى الطفوف"(٣) وغيرها.

يضاف إلى هذه المجموعة الكبيرة من الكتب ما ألحق بها في الحديث عن الثأر كما في شرح الثار في أحوال المختار للشيخ ابن نما(٤)، أو ذوب النضار في شرح الثار للشيخ نجم الدين(٥)، وهو من أحفاد الشيخ ابن نما.

و قد ذكر من بين كتب المقاتل هذه كتاب بعنوان نور العين في مقتل الحسين ونسب لأبي إسحق الاسفراييني(٦)، وآخر بعنوان قرة العين في أخذ ثار الحسين لعبد الله بن محمد(٧)، وهو مؤلف مجهول. يمكن اعتبار كلا

---

(١) معدن البكاء: هو للشهيد الثالث الشيخ محمد صالح بن محمد البرغاني القزويني الحائري (١٢٠٠ - ١٢٦٣هـ) ولد في برغان من قزوين واغتيل في كربلاء المقدسة.

(٢) نفس المهموم: هو للشيخ عباس بن محمد رضا القمي (١٢٩٤ - ١٣٥٩هـ) ولد في قم المقدسة ومات في النجف الأشرف.

(٣) الملهوف على قتلى الطفوف: لإبن طاوُس علي بن موسى الحسيني (٥٨٩ - ٦٦٤هـ) ولد في الحلة وتوفي في بغداد.

(٤) الشيخ ابن نما: هو نجيب الدين أبو إبراهيم محمد بن جعفر بن أبي البقاء هبة الله بن نما بن علي بن حمدون الحلي (٥٦٧ - ٦٤٥هـ)، من أعلام الإمامية وفقهائها، من أساتذة المحقق الحلي، توفي في النجف الأشرف.

(٥) الشيخ نجم الدين: هو جعفر بن محمد بن جعفر بن هبة الله بن نما بن علي بن حمدون الحلي، المتوفى في الحلة سنة ٦٨٠هـ وفيها ولد، من فقهاء الإمامية وأعلامها وشعرائها، من أساتذة العلامة الحلي، من آثاره: مثير الأحزان (مقتل ابن نما)، ذوب النضار في شرح أخذ الثار.

(٦) الاسفراييني: هو إبراهيم بن محمد بن إبراهيم المتوفى يوم عاشوراء سنة ٤١٨هـ، نشأ في اسفرايين، من فقهاء الشافعية، وكان يتمنى أن يموت في نيشابور ليصلي عليه جميع أهل نيشابور، ونقل إلى اسفرايين، سمع عن أبي بكر الاسماعيلي ودعلج بن أحمد السجْزي وغيرهما، وعنه ابو القاسم القُشيري، وأبو بكر البيهقي وغيرهما، وهو أول فقيه لقب بركن الدين، من مصنفاته: جامع الحلي في أصول الدين والرد على الملحدين، ورسالة في أصول الفقه، وغيرهما.

(٧) ولا يخفى أن هناك كتاباً عنوانه قريب من الكتاب المزبور، وفيه قال الشيخ الطهراني: (قرة العين=

الكتابين من الأدب الشعبي الذي تناول موضوع مقتل الحسين وابتعد به كثيراً عن الأحداث التاريخية وأدخل عنصر الخيال والتطور الحماسي الدرامي الحافل بالمفاجآت الذي ينتهي بالنصر المبين على أعداء الحسين. ولقد بينت في دراسة سابقة[1] أن الكتاب الأول لا يمكن أن يكون من تأليف الاسفراييني، لأن فيه ما يدل على أنه قد وضع في القرن الهجري التاسع، في حين كانت وفاة الاسفراييني في القرن الهجري الخامس، أما الكتاب الثاني مجهول المؤلف فقد وضع بعد الكتاب السابق، إذ يذكر مؤلفه في البداية أنه وضعه بعد أن اطلع على كتاب نور العين.

بعد ما تقدم يجب ألا ننسى أن الحسين بن علي بنفسه كان مبدعاً في مجال الأدب، فقد كان خطيباً مصقعاً كما كان شاعراً[2] جمع محمد عبد

=في شرح ثارات الحسين عليه السلام للشيخ علي بن الحسن ابن الشيخ موسى المروي العاملي أبا وجدا، الكاظمي مولدا. أوله: [الحمد لله الذي وعد عباده المظلومين بالنصر على أعدائهم الظالمين] فرغ منه يوم الخميس العشرين من رجب في ١٢٢٧هـ وذكر في آخره اختلاف العلماء، لأجل اختلاف الأخبار، في حسن حال المختار وعدمه، ورجح حسن حاله، وحكى ذلك عن الشيخ جعفر بن نما، والشيخ أحمد الحداد، وصاحب (الدر النضيد) وغيرهم، وذكر فيه ان من تصانيفه (مجمع الفوائد) الذي أورد فيه قضية محاجة ابن الحنفية مع السجاد عليه السلام ومحاكمتهما إلى الحجر الأسود، وهي تزيد على ثلاثة آلاف بيت ولعله أخذ اسم كتابه عن اسم كتاب الشيخ الإمام أبي عبد الله بن محمد، فإنه كتب (قرة العين في شرح ثار الحسين) وذكر في أوله، إنّي بعدما اطلعت على (نور العين في مشهد الحسين) أعقبته بـ(قرة العين) وطبع (قرة العين) هذا مع (نور العين) في ١٢٩٩هـ وطبع مع (مثير الأحزان) في ١٣١٨هـ) الذريعة إلى تصانيف الشيعة: ١٧/ ٧٢.

(١) أنظر:

George J. Kanazi: "The Massacre of Hussein between History and Folklore". Studies in Canonical and Popular Arabic Literature. York Press, Canada. pp.23-36.

(٢) تولى صاحب دائرة المعارف الحسينية مهمة التحقيق في تراث الإمام الحسين في مجال الخطابة وأقواله وأدعيته وشعره، وقد أفرد لهذا الجانب أربعة أبواب من مجموع ستين بابا هي عدد أبواب الموسوعة الحسينية، وهي: الصحيفة الحسينية، حديث الحسين عليه السلام، الحسين عليه السلام حواراته=

الرحيم شعره ورتبه وشرحه في كتاب بعنوان ديوان الحسين بن علي صادر عن دار المختارات العربية في بيروت سنة ١٤١٢/ ١٩٩٢م[1].

هذا الجزء من دائرة المعارف الحسينية الذي نقدم له هو الجزء الثاني من "المدخل إلى الشعر الحسيني" كما في عنوانه، وهو على ضخامته ليس إلا "مدخلاً"، لأن الشعر الحسيني كثير شارك فيه عدد كبير جداً من الشعراء من مختلف الأقطار الإسلامية، أضاف له الشيخ محمد صادق الكرباسي ما قاله شعراء آخرون من أديان ومعتقدات ومن أقطار أخرى، ليصبح الشعر الحسيني بذلك يمثل أصدق تمثيل المشاعر الإنسانية على مختلف مشاربها وميولها، هذه المشاعر التي تلتقي عند هذا الحدث الجلل لتعبر عن موقفها المؤازر لصاحب الشهادة وللقيم التي ضحى بنفسه من أجلها.

وللحقيقة فان ضخامة المادة المتعلقة بهذا الموضوع المركزي لتشير بالضرورة إلى ضخامة الجهد الذي يتطلبه عمل بهذا الحجم. فجمع كل ما يتعلق بالحسين بن علي من أمّات كتب الفقه والسيرة والتاريخ، ثم جمع الشعر الحسيني من بدايته حتى أيامنا، بما في ذلك الشعر الشعبي على اختلاف أوزانه، ثم الشعر الفارسي وغيره مما وعدنا برؤيته مجمعاً في دائرة واحدة من المعارف، كل هذا يدل على الجهد المبارك الذي يقوم به واضع هذه الدائرة من المعارف التي سيتناولها القراء والدارسون، لأنها

=واحتجاجاته، وديوان الإمام الحسين عليه السلام، وقد صدر من هذه الأبواب الجزء الأول والثاني من السيرة الحسينية، والجزء الأول من ديوان الإمام الحسين عليه السلام.

(١) وقد بحثتُ (قنازع) هذا الجانب من شخصية الحسين وتعرضت لهذا الديوان في مقالة لي ستنشر قريباً في مجلة الجمعية الألمانية للدراسات الشرقية (ZDMG).

تجمع بين دفتيها كل ما يريد القارئ أو الباحث معرفته، ولا بد أن يُنتج هذا الجهد المبارك دراسات وأبحاثاً قيمة تثري الإنسانية في بحثها عن حياة أفضل قائمة على القيم والمثل العليا.

نرجو أن نرى دائرة المعارف هذه كاملة بين أيدينا، كما نرجو أن ينعم مؤلفها ومحققها الشيخ محمد صادق الكرباسي بثمرة هذا الجهد المحمود وهذه المأثرة الخالدة.

٢٨/١٢/٢٠٠١م
بروفيسور جورج قنازع
جامعة حيفا

ملاك الشعر وشيطانه
بعيون فقهية معاصرة

تمثل القافية عود الشاعر وربابته في الحضر والبدو يطاوع أوتارها بأنامل مخيلته وشاعريته، فتنفذ الأنغام إلى المسامع بلا استئذان، فتتمايل أغصان النفس حيث تميل القافية بأغراضها الشعرية، دائرة بأصدائها وبضاعتها على محافل العشاق ونوادي المديح ومآتم التوجع وحانات الهجاء وميادين الرجز ودوائر التاريخ، وحيثما دارت الأغراض الشعرية دارت رحى النفوس تشوقا أو تململاً.

والشعر من حيث هو نظم كعقد اللؤلؤ المنضود، أدب رفيع المستوى، والنثر من حيث هو تنظيم للكلمات المنتقاة، أدب بالغ السمو، لكن الشاعر أديب بالفطرة وليس الأديب شاعراً بالفطرة، ولذلك علا كعب الشاعر في سوق الأدب ولم تبر بضاعته وإن قلّت منه الصدور والأعجاز، حيث لم تخل بضاعته من الصدارة والإعجاز، فالشعر النابض بالإحساس بطارية ذاتية الشحن لا تنفد، تشحن متلقيها في كل حين وآن، وإن علا جبلا أو هبط واديا أو امتطى راحلة أو مخر عباب بحر.

وقد يساء فهم الشعر من حيث الإنشاء والإنشاد في نظمه المتعدد الأبعاد، وقد يضرب الشاعر بألف حجارة من سجيل وهو يهيم في واديه السحيق المتعدد الأذرع والآماد، لكن الشعر الحي يظل في عالم الأدب

٧٧

سامقاً مشرئبا بعنقه، يأخذ بمقود الكلمة حيث أراد، يصيب هدفه من حيث تخطئ أبابيل النقاد في رميه بالحاد من كل كلام جارح، وشرطة السلطان في رميه بالخارق من كل سهم مارق.

ولعلَّ أول الإساءة إلى الشعر والشعراء ومن يسبّح بمسبحة النظم، إساءة الفهم إلى نصوص القرآن والسُّنَّة، فتارة تضع بعض الاجتهادات الشاعر تحت شموع القدح فتسمل عينيه لا تكاد تنفعه شمعة، وإن كانت جل قصائده مصابيح في ساحة الأدب، وتارة تضعه تحت مشاعل المدح فترفعه إلى سدرة منتهى الأدب وإن جاء بالمبتذل من الشعر وأساء الأدب إلى ساحة الأدب، فلا تنفعه المنزلة حيث لا براق يعرج به الهوينى، فلا التفريط ينفع الشاعر ولا الإفراط، فالشاعر حيث هو شاعر ناطق عما يجيش في صدره، فإنْ نطق عن الحق نطق صدقا وإن نطق عن الباطل نطق كذبا، والنفس توّاقة إلى الصدق وإن أعجبها المزوق من الكلام الخطل.

وحتى نرى هوية الشاعر على حقيقتها وشخصية الشعر من حيث التاريخ والأغراض والمدارس، والموقف الشرعي من النظم وصولا إلى النظم الحسيني، وما يكتنف هذا العنوان العريض من عناوين فرعية لا تقل أهمية، فان البحاثة والعروضي آية الله الدكتور محمد صادق محمد الكرباسي يضعنا بالصورة الرباعية الأبعاد، في كتابه الجديد (المدخل إلى الشعر الحسيني) في جزئه الثاني الصادر العام ٢٠٠٨م عن المركز الحسيني للدراسات في لندن في ٦٢٠ صفحة من القطع الوزيري.

شرعية النظم

قد يكون الحديث عن شرعية نظم الشعر مما قد فاته قطار البحث والتحقيق، واستقر على حليته بشكل عام، ولكن البعض لا يزال يتمسك

بتفسير ربما يكون خاطئا في فهم النصوص، ومن ذلك نص القرآن الكريم: ﴿وَٱلشُّعَرَآءُ يَتَّبِعُهُمُ ٱلْغَاوُۥنَ﴾[1]، وما بعدها من الآيات، لكن الفقيه الكرباسي يرى أن الآية تشمل فقط أولئك الشعراء الذين: (لا يتورعون عن الطعن بالآخرين وهجائهم ويقومون بالكذب وبث التهم وما إلى ذلك، فإنَّهم بذلك مذمومون، وعليه فإذا تجنبوا ذلك فالذم لا يشملهم حيث إنَّهم لا يتصفون بما ورد عنهم في كلام الله جل وعلا).

في الواقع مع وجود أحاديث تحط من قدر الشعر، لكنها في مجملها تؤاخذ على الشعر غير الملتزم الذي يتعرض لغير الحق والحقيقة، وإلا هناك من النصوص ما تثبت الشعر ونظمه وتنزل من الشاعر منازل عالية من السمو والرفعة، ويكفي أن سيرة النبي وأهل البيت عليهم السلام والصحابة ماضية في تكريم الشعر والشعراء، فهذه زوج النبي عائشة بنت أبي بكر التيمية (ت نحو ٥٨هـ) تروي قول النبي محمد صلى الله عليه وآله وسلم للشاعر حسان بن ثابت[2]: (إن روح القدس لا يزال يؤيدك ما نافحت عن الله ورسوله)[3]، وقال صلى الله عليه وآله وسلم له كذلك: (لا تزال يا حسان مؤيداً بروح القدس ما نصرتنا بلسانك)[4] وذلك بعدما انتهى من إنشاد شعره في بيعة الغدير عام ١٠ للهجرة، حيث أنشد في الإمام علي عليه السلام، من الطويل:

يناديهم يوم الغدير نبيهم بخم واسمع بالنبي مناديا

---

(١) سورة الشعراء: ٢٢٤.

(٢) حسّان بن ثابت: هو حفيد المنذر الخزرجي الأنصاري، (٦٦ق.هـ ـ ٥٤هـ) ولد في المدينة المنورة وفيها مات، من شعراء الدعوة الإسلامية، والمخضرمين الذين أدركوا الجاهلية والإسلام، لم يشهد مع الرسول أية غزوة، من آثاره: ديوان شعره

(٣) فتح الباري بشرح صحيح البخاري: ٦/ ٥٥٤، كتاب المناقب، ح٣٥٣١، ابن حجر العسقلاني أحمد بن علي، المكتبة السلفية، القاهرة، ١٣٧٩هـ.

(٤) بحار الأنوار: ٣٨٨.

إلى أن يقول:

فقال له: قم يا علي فإنني ... رضيتك من بعدي إماماً وهادياً
فمن كنت مولاه فهذا وليه ... فكونوا له اتباع صدق مواليا[1]

وكانت زوج النبي حفصة العدوية[2] تنشد الشعر عند زفاف فاطمة الزهراء عليها السلام لعلي بن أبي طالب عليه السلام، فتقول من السريع:

فاطمة خير نساء البشر ... ومن لها وجه كوجه القمر
فضّلكِ الله على كل الورى ... بفضل من خُصَّ بآي الزمر
زوّجك الله فتى وفاضلاً ... أعني علياً خير من في الحضر
فسرن جاراتي بها إنها ... كريمة عند عظيم الخطر[3]

وهناك الكثير من الأسماء والشعراء ممن أنشد في حضرة الرسول محمد صلى الله عليه وآله، من ذلك: أبو طالب بن عبد المطلب الهاشمي (ت ٣ ق.هـ)، حمزة بن عبد المطلب[4]، أعشى قيس ميمون بن قيس الوائلي[5]، جعفر بن

---

(١) فرائد السمطين: ١/٧٤، أحمد بن محمد الجويني، تحقيق: محمد باقر المحمودي، مؤسسة المحمودي للطباعة والنشر، بيروت ـ لبنان، ط١، ١٣٩٨هـ ـ ١٩٧٨م. حسان بن ثابت وشعره في الغدير: ١، عبد الحسين الأميني، مركز الأبحاث العقائدية، قم المشرفة ـ إيران.

(٢) حفصة العدوية: هي إبنة عمر بن الخطاب بن نفيل العدوي (١٨ق.هـ ـ ٤١هـ) ولدت في مكة، وتزوجها خنيس بن حذافة السهمي الذي أسلم وهاجر الهجرتين واستشهد عام ٣هـ لجراحات في معركة أحد فتزوجها الرسول صلى الله عليه وآله، ماتت في المدينة المنورة ودفنت في البقيع.

(٣) مناقب آل أبي طالب: ٤/٢١، محمد علي بن شهرآشوب المازندراني، تصحيح ونشر: علي المحلاتي الحائري، (نسخة قديمة)، مكتبة المصطفى الالكترونية برقم ١١.

(٤) حمزة بن عبد المطلب: هو حفيد هاشم القرشي (٥٤ ق.هـ ـ ٣هـ)، من سادات قريش ولد في مكة واستشهد في أُحد قرب المدينة المنورة، وقبره يُزار، وصفه النبي صلى الله عليه وآله بأنه أسد الله وأسد رسوله.

(٥) أعشى قيس الوائلي: هو ميمون بن قيس بن جندل، من بني قيس بن ثعلبة الوائلي المتوفى سنة ٧هـ، ويكنى "أبو بصير"، ويقال له أعشى بكر بن وائل، والأعشى الكبير، من شعراء المعلّقات، والطبقة الأولى في الجاهلية، كان غزير الشعر، يغنِّي به، فسمِّي صنّاجةَ العرب، من آثاره ديوانُه.

أبي طالب (ت ٨هـ)، عبد الله بن رواحة الخزرجي(١)، أبو جرول الجشمي(٢)، سواد بن قارب الدوسي(٣)، الخنساء بنت عمرو السلمية(٤)، حميد بن ثور الهلالي(٥)، العباس بن عبد المطلب الهاشمي(٦)، علي بن أبي طالب (ت ٤٠هـ)، وغيرها.

على أنَّ الرسول أنشد الشعر في مواضع عدة، بل يذهب الدكتور الكرباسي إلى رفض الرأي السائد أنَّ الرسول: (إذا كان يريد نقل الشعر أي إنشاده كان يحرفه قليلا حتى لا ينسب إليه قول الشعر)، واستدلاله في ذلك أنه: (ثبت خلافه، والمورد الواحد لا يخصص، وبالأخص إذا

---

(١) عبد الله بن رواحة الخزرجي: هو حفيد ثعلبة الأنصاري، ويُكنى "أبو محمد" والمستشهد بمؤتة سنة ٨هـ، من أمراء الجاهلية وشعرائها وكان يقرأ ويكتب، أسلم وشهد العقبة مع السبعين من الأنصار، وكان أحد النقباء الإثني عشر، شهد بدراً وأُحداً والخندق والحديبية وكان أحد الأمراء الثلاثة في معركة مؤتة في الأردن، وقبره معروف يُزار.

(٢) أبو جرول الجشمي: هو زهير بن صرد، ويقال له أبو صرد السعدي من بني سعد بن بكر، مات بعد ٨هـ، سكن الشام، كان شاعراً مخضرماً، كان رئيس قومه قدم على النبي محمد ﷺ في حنين سنة ٨ للهجرة.

(٣) سواد بن قارب الدوسي: وقيل السدوسي الأزدي المتوفى سنة ١٥هـ، كان في الجاهلية من الكهانة، شاعر ومعبر للرؤيا، أسلم، وله صحبة، وله أخبار، مات بالبصرة.

(٤) الخنساء بنت عمرو السلمية: واسمها تماضر بنت عمرو بن الحارث بن الشريد السلمية المتوفاة سنة ٢٤هـ، من أشعر شواعر الجاهلية، نعت أخاها صخراً، أدركت الإسلام وقدمت مع قبيلتها على الرسول الأعظم ﷺ في المدينة، قُتل أبناؤها الأربعة في القادسية، لها ديوان شعر مطبوع.

(٥) حميد بن ثور الهلالي: هو حفيد عبد الله بن عامر بن أبي ربيعة من هوازن المتوفى بعد عام ٣٥هـ، وكنيته "أبو المثنى"، من شعراء الجاهلية والإسلام، أسلم سنة ٨هـ بعد معركة حُنين، له ديوان شعر مطبوع.

(٦) العباس بن عبد المطلب الهاشمي: هو حفيد هاشم (عمرو) بن عبد مناف القرشي (٥١ق.هـ ـ ٣٢هـ) وكنيته "أبو الفضل" نسبة إلى إبنه، ولد في المدينة المنورة ومات في مكة المكرمة، عم الرسول ﷺ وهو جد العباسيين.

كانت روايته مرسلة ونقل خلافه أيضا)، بل يذهب بعيدا إلى التأكيد: (على فرض ذلك فإنه بحد ذاته دال على ذوقه الشعري وقدرته على التبديل)، وكذلك يرفض قول البعض إنَّ ما كان ينشده الرسول ﷺ هو الرجز، والرجز لا يُعدُّ من الشعر، وعلى صحة القول فقد ثبت إنشاد الرسول لغير الرجز.

يضاف إلى ذلك أنَّ أئمة أهل البيت عليهم السلام ليس فقط لم يمنعوا الشعراء من النظم بل شجعوا عليه، باعتبار أنَّ الشعر وسيلة من وسائل الإعلام وإظهار الحق وإبطال الباطل.

وخلاصة القول في الشعر ونظمه كما يرى الفقيه الكرباسي: (إنَّ الشعر كسائر الكلام بل كسائر الأعمال لا يمكن الحكم عليه بالإطلاق بل هو الآخر يخضع حسب ما يحتويه من المعاني والأغراض إلى الأحكام الخمسة: من الحرمة والكراهة والإباحة والاستحباب وحتى الوجوب تارة كما هو الحال فيما حدث مع شعراء الرسول ﷺ في حربهم مع المشركين حيث كانوا ينفِّذون ما أمر به الرسول ﷺ وابن عمه علي بن أبي طالب عليه السلام في حرب صفين، وأمَّا الشعر بحد ذاته فلا غبار على جوازه).

ملاك الشعر وشيطانه

ولا يخفى أنَّ النظم في الرسول الأكرم وأهل بيته الكرام عليهم السلام، مما لقي تشجيعاً كبيراً من الرسالة الإسلامية، لأنَّ تخليد هذه الشخصيات العظيمة هو في واقع الحال تخليد للقيم التي بشَّروا بها، والخصال الحميدة التي تحلّوا بها، والرسالة السمحاء التي أتوا بها لإخراج الناس من ظلمات الجبت والطاغوت والإنطلاق بهم إلى شواطئ السلام والرفاه، وقد ورد عن

الإمام جعفر بن محمد الصادق عليه السلام: (ما قال فينا قائل بيت شعر حتى يؤيد بروح القدس)[1].

والمفيد ذكره هنا أنه حينما يتم الحديث عن روح القدس يقفز إلى الأذهان المفهوم السائد لدى معشر الأدباء عن (شيطان الشعر)، وأن للشاعر شيطانا يلقِّنه الشعر، ويعتقد المؤلف أنَّ الشيطان هنا هو بمعنى المهارة والحذاقة، فالموروث الشعبي يستخدم مصطلح الشيطان عندما يراد وصف إنسان ماهر أو ذكي وفنان، والشعر من الفن الذي لا يقدر عليه كل إنسان، ولذلك يصح عند الكرباسي: (القول عن الشعر الذي يحمل في طياته الخير إلى هذا المجتمع إنَّ من ورائه ملكاً يلقن ناظمه، كما يصح القول عن الشعر الذي يحمل الشر في طبق من الذهب لمجتمعه إنَّ من ورائه شيطاناً يلقِّنه ذلك، وقد قال الله تبارك وتعالى: ﴿وَإِنَّ ٱلشَّيَـٰطِينَ لَيُوحُونَ إِلَىٰٓ أَوْلِيَآئِهِمْ﴾[2].

ويعظم النظم في الإمام الحسين عليه السلام بوصفه حامل مشعل الرسالة الإسلامية وهو الذي أنقذها من التحريف والضياع، ولولا الدماء الزاكيات التي أريقت على تراب كربلاء لما عرفنا الحق من الباطل ولانهارت أركان الإسلام وأصبح الناس هملا، والدين على ألسنتهم لعقا يدورون ما درَّت معايشهم، وقد ورد عن الإمام الصادق عليه السلام: (ما من أحد قال في الحسين شعراً فبكى وأبكى به إلا أوجب الله له الجنة وغفر له)[3]، وفي بعض الروايات أو تباكى فله الجنة.

---

(١) مكيال المكارم في فوائد الدعاء للقائم: ٢/١٥٧، ميرزا محمد تقي الإصفهاني، تحقيق: علي عاشور، منشورات الأعلمي للمطبوعات، بيروت ـ لبنان

(٢) سورة الأنعام: ١٢١.

(٣) بحار الأنوار: ٤٤/٢٨٢.

على أنَّ الشعر الحسيني يمتاز بخصائص كثيرة أهمها: الإيمان بالمبادئ والقيم، الموضوعية، الذاتية، والعقيدة، فهذه الخصائص هي التي جعلت الشعر الحسيني ينشط في كل مناحي الحياة الأدبية، وحسب تعبير الأديب والأكاديمي العراقي الدكتور إبراهيم العاتي[1]: (يشكل الشعر الحسيني ظاهرة متميزة في الشعر العربي قديمه وحديثه ولم أجد قضية شغل بها الشعراء العرب وتفاعلوا معها بتجرد خالص وإيمان مبرأ من كل الدوافع التي قد تحرك الظواهر الأخرى في الشعر العربي كالمديح والهجاء وغيرهما مثل قضية الإمام الحسين عليه السلام ومأساة كربلاء التي استجاب الشعراء للكتابة فيها منذ وقوعها عام ٦١هـ وحتى اليوم)[2].

وفي الواقع أن لنهضة الإمام الحسين عليه السلام الأثر الكبير في إنعاش الأدب بعامة والشعر بخاصة، ولهذا لم ينظم في شخصية سامية مثلما نظم في الإمام الحسين عليه السلام، لأن القضية الحسينية دخلت في ضمير الإنسان ووجدانه بغض النظر عن جنسيته ومعتقداته، وعند البعض أنَّ الإمام

---

(١) إبراهيم العاتي: هو ابن عبد الزهراء بن عاتي بن حبيب بن بركة العيسى، ولد في النجف الأشرف سنة ١٩٤٩م، أديب وشاعر وجامعي، نشأ في مسقط رأسه وواصل الدراسة الجامعية في دمشق في الفلسفة والإجتماع ونال من جامعة دمشق البكالوريوس سنة ١٩٧٥م، وأكمل الدراسة العليا في القاهرة ونال من جامعة عين شمس سنة ١٩٨٠م الشهادة العالية (الماجستير) في الفلسفة والإجتماع، ومن الجامعة نفسها حصل عام ١٩٨٤م على دكتوراه فلسفة، مارس التدريس في جامعة قسطنطينة وجامعة الأمير عبد القادر للعلوم الإسلامية في الجزائر، ترأس قسم الفلسفة بكلية الآداب والتربية في جامعة ناصر في ليبيا، انتقل للتدريس في لندن في الجامعة العالمية للعلوم الإسلامية منذ عام ١٩٩٢م ويتولى فيها حالياً عمادة الدراسات العليا، كما يواصل منذ عام ٢٠١٢م التدريس في جامعة الكوفة في العراق، من مؤلفاته: الزمان في الفكر الإسلامي، الإنسان في فلسفة الفارابي، والظاهرة الحسينية في الشعر العربي.

(٢) مجلة النور: ٣٩/ ٦٠ بتاريخ صفر ١٤١٥هـ، لندن.

الحسين لم يصن الإسلام فحسب بل صان الوحدة العربية، كما يقول الشاعر المصري المعاصر محمود إبراهيم (بحر الخفيف):

وحدةُ العُرْبِ كم رعاها حسين   وغذتها من الحسين الدماء
وهي اليوم في النفوس رجاء   ويح قومي متى يصح الرجاء[1]

شعر الغزل

ربما كان تغزُّل الشاعر في مطالع قصائده بذات اللواحظ القاتلة والكواعب المرجفة وذات الأستار والخدور وجر الذيول، هو ما حدا بالبعض إلى رفض الشعر بعضا أو كلاً، لكن المؤلف ينظر بعين الفقاهة، ويرى أنَّ الرفض تنقصه المساند الشرعية الداعمة، لأن: (الغزل على نوعين نوع فيه تحديد للمتغزل به، ونوع ليس فيه تحديد، فالأول لا شك في حرمته إذا كانت معروفة ومحترمة في نظر الشرع)، بل ذهب جمع من الفقهاء إلى القول: (بجواز تغزُّل الرجل بزوجته وجواز التغزُّل بالمرأة المجهولة أيضا)، وهذا التغزُّل جاء به الشعراء من الأدباء والفقهاء والصلحاء والأتقياء، وعليه فيخلص الفقيه الكرباسي إلى أنَّ: (مجرد التغزل بالجنس اللطيف من دون تحديد شخصية معينة لا حرمة فيه، كما لا شك بأنَّ التعرض لمفاتن امرأة مؤمنة فيما إذا كانت أجنبية عن الانسان حرام).

ويأخذ المؤلف على اولئك الذي يقطعون بحرمة الغزل كليا، ويرى أنَّ استدلالاتهم منقوصة الشواهد، بل العكس هو الصحيح، ففي القرآن والسنة

---

(١) شبكة العراق الثقافية، من مقالة بعنوان "النهضة الحسينية في الميزان" للكاتب كاظم المسعودي، نشرت في ٣١/١/٢٠٠٧م.

وعمل الفقهاء ما يدعم القول بحلية شعر الغزل، فمن القرآن نقرأ العشرات من الآيات في وصف المرأة ومحاسنها والحور العين ومفاتنها، أما محل النزاع فهو فيما إذا كان الوصف مآلا إلى الفساد، والعقل قبل الشرع يحكم بحرمة الفساد، ويرفض المؤلف تطبيق مفهوم الفاحشة على الغزل في قوله تعالى ﴿إِنَّ ٱلَّذِينَ يُحِبُّونَ أَن تَشِيعَ ٱلْفَٰحِشَةُ فِى ٱلَّذِينَ ءَامَنُوا۟ لَهُمْ عَذَابٌ أَلِيمٌ فِى ٱلدُّنْيَا وَٱلْءَاخِرَةِ ۚ وَٱللَّهُ يَعْلَمُ وَأَنتُمْ لَا تَعْلَمُونَ﴾[1]، لأن وصف الجمال لا يعد من الفاحشة إلا في موارد خاصة، وإلا لما وصف القرآن جمال الحور العين وحسنهن في قوله تعالى: ﴿فِيهِنَّ قَٰصِرَٰتُ ٱلطَّرْفِ لَمْ يَطْمِثْهُنَّ إِنسٌ قَبْلَهُمْ وَلَا جَآنٌّ﴾[2].. ﴿كَأَنَّهُنَّ ٱلْيَاقُوتُ وَٱلْمَرْجَانُ﴾[3] ﴿فِيهِنَّ خَيْرَٰتٌ حِسَانٌ﴾[4].. ﴿حُورٌ مَّقْصُورَٰتٌ فِى ٱلْخِيَامِ﴾[5].. ﴿لَمْ يَطْمِثْهُنَّ إِنسٌ قَبْلَهُمْ وَلَا جَآنٌّ﴾[6].. ﴿مُتَّكِـِٔينَ عَلَىٰ رَفْرَفٍ خُضْرٍ وَعَبْقَرِىٍّ حِسَانٍ﴾[7].

ولو كان الغزل محرما لما ارتضاه الرسول محمد ﷺ عندما كان الشعراء ينشدونه عنده، بل كان يكرمهم زيادة في تعظيم الشاعر ومكانته، فماذا عسى المرء أنْ يقول في "بانت سعاد" لكعب بن زهير المازني[8]،

---

(١) سورة النور: ١٩.

(٢) سورة الرحمن: ٥٦.

(٣) سورة الرحمن: ٥٨.

(٤) سورة الرحمن: ٧٠

(٥) سورة الرحمن: ٧٢.

(٦) سورة الرحمن: ٧٤.

(٧) سورة الرحمن: ٧٦.

(٨) كعب بن زهير المازني: هو حفيد بن أبي سلمى المازني (ق٤٠ق.هـ ـ ٢٦هـ) يكنى بأبي المضرّب، من أهل نجد كان أبوه وجده وخال أبيه وخالته سلمى وأخوه بجير وأخته الخنساء وابنه عقبة وحفيده العوام شعراء، وكان قبل إسلامه يشبب بنساء المسلمين ويهجو الرسالة والرسول فهدر النبي ﷺ دمه، أسلم سنة ٩هـ، جُمِعَ شعره في ديوان مطبوع.

بعد أن كان مهدور الدم لهجائه الإسلام والرسول محمداً ﷺ، وهو ينشد من البسيط:

بانت سعاد فقلبي اليوم متبولُ متيم اثرها لم يُفدَ مكبولُ[1]

ويلاحظ هنا أنَّ الرسول ﷺ عفى عن كعب ونظرائه من الشعراء الذين ناصبوا الإسلام العداء بشعرهم، لأن صاحب الرسالة يدرك جيداً أهمية الشعر وتأثيراته القوية التي تكون في بعض الأحيان أحدّ من شفرة السيف، وهو في الوقت نفسه يقدّر مكانة الشاعر بين قومه ومجتمعه، وهذا ينبيك أنَّ نبي الإسلام إنما جاء رحمة للعالمين وهو صاحب رسالة محبة وسلام، ولا يفرط في طاقات الأمَّة وكفاءاتها حتى وإن كانت من أقطاب النظام السابق حسب مصطلحات اليوم، وهذا ما ينبغي أنْ تدركه كل سلطة حديثة، وأن تأخذ بسنَّة الرسول ﷺ في هذا السبيل، وأن يكون العفو عند المقدرة هو ديدنها شريطة أنْ ترضي في الوقت نفسه شرائح المجتمع المتضررة، لأنَّ الحكم يدوم مع العفو والسماحة وينهار مع الثأر والاستباحة.

وماذا عسى المرء أنْ يقول فيما ينسب لسبط النبي الإمام الحسين بن علي عليه السلام في زوجته الرباب[2] وابنته سكينة[3]، من بحر الوافر:

---

(١) ديوان كعب بن زهير: ٦٠، تحقيق: علي فاعور، دار الكتب العلمية، بيروت ـ لبنان، ١٤١٧هـ ـ ١٩٩٧م.

(٢) الرباب: هي إبنة امرئ القيس بن عدي بن أوس بن جابر الكلبية القضاعية (٦ ـ ٦٢هـ) ولدت في دومة الجندل أو بالقرب منها، أولى زوجات الإمام الحسين عليه السلام دخل بها سنة ١٩هـ وسكنت المدينة المنورة، كانت من خيار النساء أدباً وعقلاً، حضرت واقعة كربلاء، وأولادها: فاطمة الكبرى (٢ ـ ١١٠هـ)، سكينة (٤٢ ـ ١١٧هـ)، رقية (٥٧ ـ ٦١هـ) وعبد الله الرضيع (٦١ ـ ٦١هـ)، خطبها الرجال وامتنعت حتى ماتت.

(٣) سكينة: هي سكينة (أمينة) بنت الحسين بن علي بن أبي طالب الهاشمية (٤٢ ـ ١١٧هـ)، ولدت وماتت في المدينة المنورة، حضرت واقعة كربلاء وقُتل فيها زوجها عبد الله الأكبر ابن الحسن السبط، ولم تتزوج بعده، من كريمات بني هاشم، وسيِّدة نساء عصرها.

لعمرك إنني لأحبُّ داراً تحلُّ بها سكينةُ والربابُ[1]

ولو كان الغزل النزيه محرما لما نظم فيه عليّة فقهاء المسلمين، من حيث إن الناس يأخذون عن الفقيه الفتيا، فهذا مفتي المدينة المنورة عبيد الله بن عبد الله الهذلي[2] يخاطب الحبيبة، من بحر الطويل:

أحبك حباً لو علمت ببعضه لجُدتِ ولم يصعب عليك شديدُ[3]

وهذا فقيه المدينة المنورة ومحدثها عروة بن أذينة[4] يناجي التي يهواها، من بحر الطويل:

إنَّ التي زعمت فؤادك ملَّها خلقت هواك كما خلقت هوى لها[5]

وماذا عن "لأم عمرو" لإسماعيل بن محمد الحِمْيَري[6] (ت ١٧٣هـ)

---

(١) ديوان الإمام الحسين: ١٩٣، محمد صادق الكرباسي، المركز الحسيني للدراسات، لندن ـ المملكة المتحدة، ط١، ١٤٢٢هـ ـ ٢٠٠١م. العمدة في محاسن الشعر وآدابه ونقده: ١/ ٣٥، الحسن بن رشيق القيرواني الأزدي، تحقيق: محمد محيي الدين عبد الحميد، دار الجيل، القاهرة ـ مصر، ط٥، ١٤٠١هـ ـ ١٩٨١م.

(٢) عبيد الله بن عبد الله الهذلي: هو حفيد عتبة بن مسعود الهذلي (ن٢٣ ـ ٩٩هـ) وكنيته أبو عبد الله، من مشاهير فقهاء المدينة المنورة، كان عالماً بأشعار العرب، أخذ العلم عن ابن عباس وابن عمر وأم سلمة وغيرهم، وعنه: الزهري وأبو الزناد وخصيف الجزري وغيرهم، وهو معلم عمر بن عبد العزيز، مات بصيراً.

(٣) العمدة في محاسن الشعر وآدابه ونقده: ١/ ٣٩.

(٤) عروة بن أذينة: هو ابن يحيى بن مالك بن الحارث الليثي، ويلقب "أذينة" وكنيته "أبو عامر" وشهرته "عروة بن أذينه"، من أهل المدينة ويعد من الفقهاء والمحدثين، أصله من وادي تربان على بعد ٢٤كم من المدينة، سكن البصرة فترة، غلب شعره فقهه، مات سنة ١٣٠هـ، له ديوان شعر.

(٥) زهر الأكم في الأمثال والحكم: ١/ ٢٧١، الحسن اليوسي، دار الثقافة، الدار البيضاء ـ المغرب، ط١، ١٤٠١هـ ـ ١٩٨١م.

(٦) إسماعيل بن محمد الحميري: هو حفيد يزيد بن ربيعة بن مفرغ (١٠٥ ـ ١٧٣هـ)، وكنيته أبو هاشم، ولد قرب الرحبة في الشام ونشأ في البصرة وسكن بغداد وفيها مات، وقيل في واسط، ، عرف بالسيد لتطلع أمه لأن يكون سيداً في قومه، كان شاعراً فحلاً، جميل الخطاب، وكان جده يزيد شاعراً=

التي أنشدها في محضر حفيد الرسول ﷺ الإمام جعفر بن محمد الصادق عليه السلام، من بحر السريع:

لأم عمرو في اللوا مربع ... طامسة أعلامها بلقع[1]

وهذا إمام المالكية أبو عبد الله مالك بن أنس الأصبحي[2]، ينشد من (مجزوء الوافر):

سُليمى أجمعت بينا ... فأين لقاؤها أينا

وقد قالت لأترابٍ ... لها زُهرٌ تلاقينا

تعالين فقد طال لـ ... ـنا العيش تعالينا[3]

وهذا فقيه بغداد الشريف المرتضى[4] ينشد للعواذل، من مجزوء الكامل:

بيني وبين عواذلي ... في الحب أطراف الرماح

=أيضاً، هو أحد الثلاثة من أكثر الناس شعراً في الجاهلية والإسلام إلى جانب بشار وأبي العتاهية، اختص بأهل البيت عليهم السلام وذكر فضائل علي عليه السلام نظماً، له ديوان شعر.

(١) ديوان السيد الحميري: ٦٥، إسماعيل بن محمد الحميري، تحقيق: نواف الجراح، دار صادر للطباعة والنشر، بيروت ـ لبنان، ١٩٩٩م.

(٢) مالك بن أنس الأصبحي: هو حفيد مالك بن أبي عامر بن عمر الأصبحي الحميري (٩٣ ـ ١٧٩هـ)، وكنيته أبو عبد الله، ولد ومات في المدينة المنورة، وكان يفتي فيها، إليه تنسب المالكية، صنّف للمنصور العباسي كتاب "الموطأ" في الفقه، من تأليفاته: الوعظ، المسائل، وتفسير غريب القرآن.

(٣) تاريخ مدينة السلام (تاريخ بغداد): ٦/٦٠٦، ترجمة أحمد بن زياد المؤدب (٣١١٧)، الخطيب البغدادي أحمد بن علي بن ثابت، تحقيق: د. بشار عواد معروف، دار الغرب الإسلامي، بيروت ـ لبنان، ط١، ١٤٢٢هـ ـ ٢٠٠١م.

(٤) الشريف المرتضى: الشهير بعلم الهدى، هو علي بن الحسين الموسوي البغدادي (٣٥٥ ـ ٤٣٦هـ) ولد ومات في بغداد وقبره في الكاظمية يُزار، من أعلام الإمامية وفقهائها وأدبائها وشعرائها، تولى نقابة الطالبيين في بغداد، له تصانيف كثيرة منها: الشافي في الإمامة، الأمالي، والغرر والدرر، وله ديوان شعر مطبوع.

أنـا خـارجـي فـي الـهـوى لا حـكـم إلا لـلـمـلاح[1]

وهذا فقيه الشام بهاء الدين العاملي[2] يغازل مائسته، من بحر الطويل:

ومائسة الأعطاف تستر وجهها بمعصمها الله كم هتكت سترا

أرادت لتخفي فتنة من جمالها بمعصمها فاستأنفت فتنة أخرى[3]

وهذا فقيه كربلاء المقدسة نصر الله الحائري[4] يغازل المحبوب من بحر الكامل:

لما تبدى في القبا الأصفر كالشمس في شفق الصباح المسفر[5]

وهذا فقيه النجف الأشرف محمد سعيد الحبوبي[6]، يغازل المحبوبة من البسيط:

---

(١) الوافي بالوفيات: ٢٠/ ٢٣٣، خليل بن أيبك الصفدي، دار إحياء التراث العربي، بيروت ـ لبنان، ط١، ١٤٢٠هـ ـ ٢٠٠٠م.

(٢) بهاء الدين العاملي: هو محمد بن حسين بن عبد الصمد العاملي الحارثي الهمداني (٩٥٣ ـ ١٠٣٠هـ) الشهير بالشيخ البهائي، ولد في بعلبك ومات في إصفهان، سكن قزوين صبياً ثم انتقل إلى هراة واستقر في إصفهان، ومنها جال في البلدان وعاد واستقر فيها حتى مماته، من أعلام الإمامية وأدبائها، تخرج من حلقة درسه جمهرة من العلماء والفقهاء، له اشتغال في علوم كثيرة كالرياضيات والفلك والطب والهندسة إلى جانب الفقه والأصول، زادت مؤلفاته على المائة، منها: مشرق الشمسين في التفسير، الاثنا عشرية في الطهارة والصلاة، والكشكول.

(٣) أعيان الشيعة: ٩/ ٢٤٧، محسن بن عبد الكريم الأمين، مؤسسة الوفاء، بيروت ـ لبنان.

(٤) نصر الله الحائري: هو ابن حسين بن علي الموسوي الفائزي (١١٠٩ ـ ١١٦٨هـ)، فاضل من علماء الإماميّة وأدبائها وشعرائها، كان مدرساً في الحرم الحسيني، له كلمة مسموعة لدى السلاطين، كان مغرماً بجمع الكتب، قُتل باستانبول وهو يسعى للمصالحة والتقريب بين المذهبين السنّي والشِّيعي. من مؤلفاته: آداب تلاوة القرآن، والروضات الزّاهرات، وديوان شعره.

(٥) ديوان نصر الله الحائري: ١٢٥، حسين بن علي الفائزي الحائري، مطبعة الغري، النجف الأشرف ـ العراق، وعنه: المدخل إلى الشعر الحسيني: ٢/ ٤٢، محمد صادق الكرباسي، المركز الحسيني للدراسات، لندن ـ المملكة المتحدة، ط١، ١٤٢٩هـ ـ ٢٠٠٨م.

(٦) محمد سعيد الحبوبي: هو ابن محمود بن قاسم بن كاظم الحسني الحبوبي (١٢٦٦ ـ ١٣٣٣هـ) ولد=

جاءت وليس لها غير الحُلي واشي   والوشي إذ قبلت في سيرها فاشي

ونجلة من نساء الحي لو سفرت   فللنواظر منها نظرة العاشي ^(١)

أغراض متنوعة

يوصف الشاعر بأنه صنو الرسام، فكما أن الرسام يرسم على ورقة أو قطعة قماش ما يرتسم في ذهنه من خيوط الوصف للمشهد الخارجي، فتأتي اللوحة ناطقة بتوقيع الرسام، فإنَّ الشاعر يرسم بفرشاة القافية ما شاهدته عيون وجدانه، فتنطق القصيدة عبر حبال أوتاره الشعورية وصف الحالة، على أنَّ الشاعر يرسم الصورة بمنظار الداخل في حين يرسمها التشكيلي بمنظار الخارج، فتدخل الأولى القلب من أقصر الطرق.

إذن فالوصف كما يقول المؤلف تحت مبحث الأغراض الشعرية: (هو المحور الأساس للشعر... والشعر في الحقيقة فن الوصف) ومنه تتفرع بقية الأغراض الشعرية، على أنَّ الشاعر بشكل عام يرفض التقوقع في نطاق واحد من الأغراض الشعرية، لأنها تتجدد عند الشاعر المبدع كتجدد الماء في النهر الجاري، كما أنَّ الأدب بعامة والشعر بخاصة يُقسَّم حسب الدوائر التي يدور في مساراتها الأديب أو الشاعر، فهناك أدب الثورة وأدب

= في النجف الأشرف، من العلماء الأفاضل والشعراء البارزين برع في نظم الموشحات، أخذ العلم عن محمد حسين الكاظمي، والميرزا حسين قلي، ومحمد طه نجف، ناضل وجاهد لأجل دينه ووطنه وقاد مجموعة كبيرة من العلماء والمجاهدين في الجنوب العراقي للوقوف دون تقدم الجيش البريطاني المحتل وذلك عام ١٣٣٣هـ وقاتلهم في الشعيبة قرب البصرة، مات في الناصرية في طريق العودة ودفن في الصحن الحيدري الشريف في النجف الأشرف.

(١) ديوان الحبوبي: ٣٠٥، محمد سعيد الحبوبي، انتشارات الشريف الرضي، قم المشرفة ـ إيران، وعنه: المدخل إلى الشعر الحسيني: ٢/ ٤٢.

المرأة، وأدب المناسبات، وأدب الملحمة، وأدب التاريخ، والأغراض الشعرية كلها تتداخل في هذه الدوائر، قد تلتقي وقد تتقاطع.

مفردات مختلفة

ونظم الشعر عنوان عام، تتجلى في قصائد الشعراء عناوين كثيرة، فهذه قصيدة هجاء وتلك مديح، وثالثة رثاء، وهلم جرا، هذه العناوين وغيرها يبحثها العروضي الكرباسي في مباحث كثيرة، وكل عنوان له تفريعات متنوعة، من قبيل الرثاء، فهو ينطوي على الندب والتأبين والعزاء والعديد والنعي، ولكل مجتمع مسمياته قد تشترك مع مسميات مجتمع آخر أو تفترق عنها ولكنها في نهاية المطاف تصب في أدب الرثاء، فهذا أبو البقاء الرندي الأندلسي[1]، يندب من البسيط، سقوط أجزاء من الأندلس:

اسأل بلنسية ما شأن مرسية وأين شاطبة أم أين جيّانُ
وأين قرطبة دار العلوم فكم من عالم قد سما فيها له شانُ[2]

وربما توقف البعض عند شرعية سماع الرثاء من المرأة على ميت أو عزيز، وربما ذهب البعض إلى الحرمة، وعند الفقيه الكرباسي ظاهره الجواز إن لم يكن من الخضوع بالقول المنهي عنه في قوله تعالى ﴿فَلَا تَخْضَعْنَ بِٱلْقَوْلِ فَيَطْمَعَ ٱلَّذِى فِى قَلْبِهِۦ مَرَضٌ﴾[3]، وعنده: (لا دليل على حرمة

---

(١) أبو البقاء الرندي الأندلسي: هو صالح بن يزيد بن صالح بن موسى الأندلسي (٦٠١ ـ ٦٨٤هـ)، من الفقهاء القضاة وحفظة الحديث، بربري الأصل من أهل رندة في الأندلس، كان ضليعاً بالرياضيات، من مصنفاته: الوافي، روضة الأنس، وديوان شعر.

(٢) المدخل إلى الشعر الحسيني: ٢/ ٤٧، عن الرثاء: ٤٥، أحمد شوقي بن عبد السلام ضيف، دار المعارف، القاهرة ـ مصر.

(٣) سورة الأحزاب: ٢٢.

مطلقة في الاستماع إلى قولها، ومن قال بالحرمة استثنى الضرورات العرفية مثلما يحدث أن النساء ترثي الآباء والأقارب وهن في حال الجزع والحزن).

ومن المفردات الشعرية الهجاء، وعند الفقيه الكرباسي أن الرسول محمد ﷺ استخدمه في هجاء المشركين، كما استخدمه الإمام علي عليه السلام أثناء حكومته، بوصف الهجاء من أساليب الحرب الدعائية.

ومن المفردات الشعرية: الحدي والروضة والتذييل والتشطير والمسمطات والتوشيح والقافية والتصريع والتقفية والأقواء والقريض، وغير ذلك يتناولها الكتاب في مباحث مستقلة مع شواهد من الشعر.

شعر الوطن والمهجر

ولقد حرص المؤلف على تقسيم المدارس الشعرية حسب الأقطار العربية وتحليلها مع الإشارة إلى الاتجاه الحسيني بشكل خاص، مع ذكر عينات من شعر الشعراء، من قبيل الشاعر حسن بن علي شمس الدين المولود عام ١٣٨١هـ (الإمارات)، إبراهيم بن عبد الحسين العريض المتوفى عام ١٤٢٢هـ (البحرين)، محمد العربي صمادح المتوفى عام ١٤١٨هـ (تونس)، عبد العزيز بن مختار شبّين المولود عام ١٣٨٩هـ (الجزائر)، محمد سعيد بن علي الخنيزي المولود عام ١٣٤٣هـ (السعودية)، عبد الله بن عبد الله الطيب المتوفى بعد عام ١٤٢٠هـ (السودان)، جميل بن علي حسن المولود عام ١٣٥١هـ (سوريا)، محمد مهدي بن عبد الحسين الجواهري المتوفى عام ١٤١٨هـ (العراق)، عبد الله بن علي السدراني المولود عام ١٣٣٥هـ (عُمان)، دعد بنت عبد الحي الكيالي المولودة عام ١٣٤٩هـ (فلسطين)، حسن بن حسين النعمة

المولود عام ١٣٦٢هـ (قطر)، عبد العزيز بن علي العندليب المتوفى عام ١٤٢٤هـ (الكويت)، خليل بن مصطفى عكاش الموسوي المولود عام ١٣٦٠هـ (لبنان)، عيسى بن أيوب الباروني المتوفى عام ١٤٢٨هـ (ليبيا)، محمود إبراهيم (مصر)، جلول بن محمد اليعقوبي دكداك المولود عام ١٣٨٣هـ (المغرب)، محمد بويا بن محمد فال المولود عام ١٣٩٠هـ (موريتانيا)، ومحمد بن يحيى بلابل المولود عام ١٣٨٩هـ (اليمن).

كما بحث في عنوان مستقل ومستفيض شعر المهجر، وتقسيمات المهاجر الأدبية، من حيث المهجر الشرقي والغربي، والتأثير المتبادل بين المهجر والبلد الأصلي للشاعر، وعلاقة ذلك بطبيعة النظم والأغراض الشعرية.

شعر المذاهب والأديان

وحيث كان الإمام الحسين صاحب نهضة أعادت للأمة الإسلامية كرامتها وللإنسانية رونقها، وميزت الحق من الباطل، وقادت النفوس إلى التحرر من أسر الظالمين في أي زمان ومكان، فكان الحسين عليه السلام حاضراً في قلب الأدب العالمي، وبخاصة النظم الذي يمثل قمة أدب كل امة وسنامه، وفي هذا المعنى يقول شاعر الروم الأرثوذكس حليم دموس[1]، من البسيط:

---

(١) حليم دموس: هو ابن إبراهيم جرجس دموس العيسى (١٣٠٥ ـ ١٣٧٧هـ)، ولد ونشأ في زحلة في لبنان وسافر إلى البرازيل سنة ١٩٠٥م، عاد إلى بلده سنة ١٩٠٨م واستوطن دمشق حتى عام ١٩٣٢م وتوفي في بيروت ودفن في جونيه، أديب وشاعر وصحفي وكاتب، وهو من الروم الأرثوذكس، حرر في جريدة المهذَّب وأسس سنة ١٩٣٣م جريدة الأيام وكتب في جريدة الاتحاد اللبناني، من مؤلفاته ودواوينه: قاموس العوام، يقظة الروح، ديوان المثالث والمثاني.

وحي السماء أتاكم وهو رابطه لكل شعب بذكر الحق نجواه
هذا ابن فاطمة الزهراء مفخرة للعرب ما بين دنياه وأخراه(١)

وبالطبع فإن التقسيم المذهبي للشعر الحسيني، إنما هو إظهار محورية الإمام الحسين الذي استطاع أن يستهوي قلوب المسلمين بكل مذاهبهم إضافة إلى الأديان الأخرى، فالفقيه الكرباسي: (من دعاة التقارب بل ندعو إلى وضع الحلول الجذرية لرفع هذه الخلافات بالمناقشات البناءة من قبل اختصاصيين مخلصين وقبول الآخر من باب الرأي والرأي الآخر الذي هو عنوان الحضارة التي أرادتها شرعة السماء، ومظهر من مظاهر التطور الذي دعا إليه الأنبياء والأوصياء، والحسين عليه السلام الذي نتحدث عنه هو أحد هؤلاء الدعاة).

ولطالما ضم ديوان شاعر مرموق مسلم أو ربما غير مسلم، قصيدة أو قطعة أو بيتاً في الإمام الحسين عليه السلام، ومن ذلك: هلال بن بحر ألبو سعيدي المتوفى عام ١٣٨٥هـ (الأباضية)، مصطفى بن جعفر جمال الدين المتوفى عام ١٤١٧هـ (الإثنا عشرية)، أواديس بن أرشاوير استانبوليان المولود عام ١٣٧٥هـ (الأرمن)، طاهر سيف الدين بن محمد برهان الدين المتوفى عام ١٣٨٥هـ (الإسماعيلية)، خالد فوزي عبده المولود عام ١٣٤٦هـ (الحنبلية)، لينا بنت عبد الرحمن أبو بكر المولودة عام ١٣٩٣هـ (الحنفية)، فرحات بن حسين بيراني المولود عام ١٣٥٤هـ (الدروز)، حليم بن إبراهيم جرجس دموس المتوفى عام ١٣٧٧هـ (الروم الأرثوذكس)، محمد بن يحيى بلابل (الزيدية)، عبد الله بن عثمان العلايلي المتوفى عام

(١) المدخل إلى الشعر الحسيني: ٢/ ٣٩٧. وتجد القصيدة أيضاً في: ديوان القرن الرابع عشر الهجري للكرباسي: قافية الهاء.

١٤١٧هـ (الشافعية)، عبد الرزاق بن عبد الواحد فياض المراني المولود عام ١٣٤٩هـ (الصابئة)، علي بن محمد بن حسن الدريكيشي المتوفى عام ١٤٠٦هـ (العلويون)، بولس بن يوسف سلامة المتوفى عام ١٣٩٩هـ (المارونية)، محمد بن سليمان أبو القاسم المولود عام ١٣٥٦هـ (المالكية)، مير بن شاؤل البصري المتوفى عام ١٤٢٦هـ (اليهودية).

وحسب تعبير أستاذ الآداب العربية في جامعة حيفا البروفيسور جورج جرجورة بن إيليا قنازع، المولود في مدينة الناصرة عام ١٩٤١م من أسرة مسيحية، في تقييمه للجزء الثاني من المدخل إلى الشعر الحسيني، إن: (هذا الجزء من دائرة المعارف الحسينية الذي نقدم له هو الجزء الثاني من "المدخل إلى الشعر الحسيني" كما في عنوانه، وهو على ضخامته ليس إلا "مدخلاً"، لأن الشعر الحسيني كثير شارك فيه عدد كبير جداً من الشعراء من مختلف الأقطار الإسلامية، أضاف له الشيخ محمد صادق الكرباسي ما قاله شعراء آخرون من أديان ومعتقدات ومن أقطار أخرى، ليصبح الشعر الحسيني بذلك يمثل أصدق تمثيل المشاعر الإنسانية على مختلف مشاربها وميولها، هذه المشاعر التي تلتقي عند هذا الحدث الجلل لتعبر عن موقفها المؤازر لصاحب الشهادة وللقيم التي ضحى بنفسه من أجلها).

جهود ولودة

وإلى جانب العشرات من الفهارس المهمة في موضوعات شتى، تضمن الكتاب قراءة أدبية ونقدية، للبروفيسور جورج قنازع رئيس قسم اللغة العربية في جامعة حيفا، فعنده: (كان لمقتل الحسين أثر كبير جداً في الحياة السياسية للمجتمع العربي في تلك الفترة، ولكنه لم يقتصر على ذلك. فالقرون الكثيرة التي توالت منذ حادثة كربلاء ما زالت تحمل أثر ذلك

٩٦

المقتل سياسياً واجتماعياً وأدبياً وحضارياً، ومازال الحدث حياً يتفاعل مع الجماهير ومازالت الجماهير تجد فيه ما يشدها إليه وما تستوحيه منه)، مضيفا: (ولقد تعدى مقتل الحسين التأثير في المجال الديني ـ السياسي ليحتل بقوة مكانة بارزة في مجال الأدب الذي نراه في اتجاهات مختلفة).

والبروفيسور قنازع على قناعة تامة أنه: (يجب ألاّ ننسى أن الحسين بن علي بنفسه كان مبدعاً في مجال الأدب، فقد كان خطيباً مصقعاً كما كان شاعراً).

وبهذه القناعة يؤكد: (وللحقيقة فإنَّ ضخامة المادة المتعلقة بهذا الموضوع المركزي لتشير بالضرورة إلى ضخامة الجهد الذي يتطلبه عمل بهذا الحجم. فجمع كل ما يتعلق بالحسين بن علي من أمّات كتب الفقه والسيرة والتاريخ، ثم جمع الشعر الحسيني من بدايته حتى أيامنا، بما في ذلك الشعر الشعبي على اختلاف أوزانه، ثم الشعر الفارسي وغيره مما وعدنا برؤيته مجمعاً في دائرة واحدة من المعارف، كل هذا يدل على الجهد المبارك الذي يقوم به واضع هذه الدائرة من المعارف التي سيتناولها القراء والدارسون، لأنها تجمع بين دفتيها كل ما يريد القارئ أو الباحث معرفته، ولا بد أنْ يُنتج هذا الجهد المبارك دراسات وأبحاثاً قيمة تثري الإنسانية في بحثها عن حياة أفضل قائمة على القيم والمثل العليا).

وبهذا الجزء يختم المؤلف المقدمة، التي شكلت مع الجزء الأول حصيلة علمية راقية عن الشعر، فضلا على أن المقدمة بجزأيها[1] شكلت بحق موسوعة ميسرة عن الأدب والشعر، وهي معجم كل شاعر وأديب،

(١) صدر الجزء الأول من المدخل إلى الشعر الحسيني في طبعته الأولى سنة ١٤٢١هـ ـ ٢٠٠٠م.

وتستحق أن تكون مادة دراسية أو مرجعا دراسيا في الكليات والمعاهد المختصة، فما جاء به المحقق الكرباسي من نظريات ليست بالقليل، فضلا عن تصحيحه للكثير من المعلومات والمفاهيم المغلوطة، ضافيا عليه من الشرع موقفه.

الأربعاء ٢٤/ ١٠/ ٢٠٠٨م.

الأستاذ جاغديش آل دوكواه

* جاغديش بن جانغبهادور بن بي دوكواه (Jagdeesh Jangbahdur B Dukwah).

* أستاذ علم الرياضيات في جنوب أفريقيا والمملكة المتحدة.

* من أسرة هندوسية هندية الأصل، ولد في أيلول سبتمبر ١٩٥٨م في مدينة بايترمارتزبورغ (Pietermaritzburg) عاصمة مقاطعة كوازولو ناتال (Kwazulu - Natal) في جمهورية جنوب أفريقيا.

* نشأ ودرس في مسقط رأسه وتخرج من إعدادية ريزثورب (Raisethorpe High Schoo) عام ١٩٧٥م.

* نال سنة ١٩٧٩م الشهادة الجامعية (بكالوريوس علم أصول التدريس) من جامعة دوربان ويستفيل (University of Durban - Westville) في مدينة دوربان بمقاطعة كوازولو ناتال.

* مارس التدريس في حقل الرياضيات وهو في مدينة پايترمارتزبورغ في عدد من المتوسطات والإعداديات:

- في الفترة ١٩٨٠ ـ ١٩٨٤م في مدرسة (Esther Payne Smith Secondary School) في مدينة پايترمارتزبورغ.

- في الفترة ١٩٨٥ ـ ١٩٨٨م والفترة ١٩٩٠ حتى ٢٠٠٢/٨/٢٣م في

مدرسة (Howick Secondary School) الواقعة في مدينة هويك (Howick) في مقاطعة كوازولو ناتال.

ـ في العام ١٩٨٩م في مدرسة (Howick West Primary School) في مدينة هويك.

ـ منذ نهاية آب أغسطس ٢٠٠٢م هاجر من جنوب أفريقيا إلى المملكة المتحدة واستقر في لندن ولازال يواصل التدريس كأستاذ حر في عدد من المدارس البريطانية.

الحسين رسالة سلام بالفعل لا بالقول[1]

(معجم أنصار الحسين.. الهاشميون ج٢)

أشعر بالفخر والاعتزاز وأنا أقدم هذه الأفكار في التوطئة والاستهلالية لهذا الكتاب الخاص بالإمام الحسين عليه السلام بالدروس التي يمنحها والحقيقة الكونية التي يمثلها.

يقدم كتاب معجم الأنصار الخاص بالهاشميين في جزئه الثاني معلومات جمّة عن بني هاشم الذين رافقوا الإمام الحسين عليه السلام في كربلاء حيث يستلهم الكتاب مثال الشهادة في مواجهة القمع والتعصب المقيت.

إن حياة الإمام الحسين عليه السلام والدروس المستقاة منها هي مرآة تعكس للعالم حقيقة هامة بأنَّ الله وهبنا الحياة حتى نقيم الأمن والسلام، وفي سبيل ذلك نناضل ونصبر وعلينا أن نتفهم المعاناة ونتلقاها بصدر رحب، فرسالة الحسين عليه السلام اليوم ليست الكلمات التي تحدث بها فقط، ولكنها الفعل الذي نفعله.

قدَّم الإمام الحسين عليه السلام مثالاً ممتازاً عن الحقيقة المطلقة والتساؤلات حول الاعتقاد بالله كقوة مطلقة في الكون، ولاقت الأفكار الإصلاحية التي أطلقها الإمام الحسين عليه السلام احتراماً وقبولاً من كل المجتمعات والأديان

---

(١) المقدمة مترجمة من اللغة السنسكريتية.

بلحاظ أن الناس تواقون إلى الحق ويقفون ضد الظلم وعدم تحقيق العدالة، على أنه عليه السلام ضحى في هذا السبيل بكل غال ونفيس لتحقيق رسالته الخالدة.

في مثل هذه الأجواء، وفي مرحلة التنازع العالمي بين المادية والمثالية، يأتي الشيخ الكرباسي ليعبر عن حبه للإمام الحسين عليه السلام وانشداده إليه ليتحفنا بتعاليم هذا الإمام مقدماً اكثر من ٦٠٠ مجلد[١] في جهد ومحاولة لكشف قيمة الحياة الحرة للناس أجمع.

إنَّ تعاليم النبي محمد صلى الله عليه وآله وسلم وهدى القرآن العظيم يقدمان لنا كأمثلة تنبض بالحياة ترتبط بكل التاريخ الإسلامي وتاريخ العالم، وأمثلة على العلوم والفلسفة، تقدم لنا نماذج مبسطة لتلقي المعرفة تهدف إلى تطوير الفهم الديني ومعايير الحياة لكل المجتمعات والفئات العمرية.

اللهم ارحم مالك الأشتر[٢] وحفيده الكرباسي وأسرته، وهذا العالم وأبناءنا وأطفالنا.

جي جانغبهادور

جنوب أفريقيا ـ مدينة مريفال

J. Jangbahadur

Merrivale - Republic of South Africa

---

(١) بلغ أعداد الموسوعة السبعمائة مجلد.

(٢) مالك الأشتر: هو ابن الحارث بن عبد يغوث النخعي الكوفي (٢٥ ق.هـ ـ ٣٩هـ) ولد في اليمن وسكن المدينة ثم الكوفة، كان مالك من حواري الإمام علي عليه السلام شهد اليرموك وصفين، وولاه الإمام علي عليه السلام مصر فدس إليه معاوية السم في عسل وهو في طريقه إلى مصر فاستشهد وقبره في بلدة الخانقاه خارج القاهرة، بكاه الإمام علي عليه السلام وقال فيه: لقد كان لي مثل ما كنت لرسول الله صلى الله عليه وآله وسلم، له ديوان شعر.

رجال السيرة الكربلائية مروا من هنا

مرت على تاريخ البشرية منذ آدمنا أبي قابيل وهابيل، أحقاب وأمم، وبادت حكومات وسادت دول، وانهارت حضارات وقامت مدنيات، ودب على أديم الأرض مليارات ومليارات من بني البشر، ولكن كم من الأسماء من شرِّها وخيِّرها قيَّدتها كتب التاريخ وحفظتها سجلات الأمم، وخطَّتها أقلام الكتّاب؟

ليست الإجابة صعبة، فما نحتفظ به من أسماء هي أقل من القليل، بل أقل من كل قليل، بيد أنَّ الثابت أنَّ الأسماء المنقوشة في الأذهان هي لشخصيات (ذكرانا وإناثا) رسموا بفرشاة سلوكهم لوحة التاريخ، فجاءت اللوحة منيرة في جوانب ومظلمة في أخرى، وهي تحكي بألوانها وأطيافها، دورة حياة الأمم التي مرَّت من هنا، من قطب المركز البشري، وتعكس ماضيهم وآثارهم.

يتذكر الناس كل الناس إبراهيم[1] عليه السلام ولا ينسون نمرود[2]، يتذكر

---

(١) إبراهيم: هو ابن تارخ بن ناحور بن ساروغ بن ارغو بن فالغ بن عابر بن شالخ بن ارفخشذ بن سام بن نوح، ولد في الكوفة سنة ٤٦٣٧ من الهبوط الموافق لسنة ٢٢٤٣ق.هـ، ثاني أولي العزم من الأنبياء الشهير بإبراهيم الخليل، نشأ على التوحيد وبُعث نبيا وله من العمر ١٣ عاماً، هاجر إلى الشام ثم الحجاز ورفع قواعد البيت الحرام في مكة المكرمة وعاد إلى الشام ومات في فلسطين في مدينة الخليل نسبة إليه سنة ٤٨١٢ من الهبوط الموافق لعام ٢٠٦٨ق.هـ.

(٢) نمرود: هو ابن كنعان البابلي، وقيل هو ابن كوش، حكم من بابل وأعلن الإلوهية، عاش في فترة=

الناس موسى[(١)] عليه السلام ولا ينسون فرعون[(٢)]، يتذكر الناس الحسين عليه السلام ولا ينسون يزيد، يتذكر الناس هتلر[(٣)] ولا ينسون خراب لندن، يتذكر الناس أفلاطون[(٤)] وكونفشيوس[(٥)] ولقمان الحكيم[(٦)] وجابر بن حيان[(٧)]

=النبي إبراهيم (٢٢٤٣ ـ ٢٠٦٨ق.هـ)، وفي السنة الرابعة والعشرين من ملكه ابتلي النبي إبراهيم به ورماه في النار.

(١) موسى: هو ابن عمران بن وهيب بن لاوي بن يعقوب بن إسحاق بن إبراهيم عليه السلام، ثالث أولي العزم الشهير بموسى الكليم، ولد في مصر عام ٥٣١٢ من الهبوط الموافق لعام ١٥٦٨ق.هـ، بُعث إلى قومه بالتوراة وله من العمر ٤٠ عاماً، مات في التيه سنة ٥٤٣٨ من عام الهبوط الموافق لعام ١٤٤٢ق.هـ.

(٢) فرعون: هو الوليد بن مصعب بن معاوية بن نمير بن الهلواس بن ليث بن هران بن عمر بن عملاق، المعاصر للنبي موسى (١٥٦٨ ـ ١٤٤٢ ق.هـ)، وهو رابع فراعنة مصر، وقد استرقّ أهل مصر، واشتهر بفرعون بن رمسيس أو منيس، وقد كان جباراً طاغياً، مات غرقاً في فترة نبوة موسى عليه السلام بعد عام ١٤٠٢ق.هـ.

(٣) هتلر: هو أدولف بن أولويس هتلر (Adolf Alois Hitler) (١٨٨٩ ـ ١٩٤٥م) زعيم ألماني، ولد في مدينة برونو أم إن (Braunau am Inn) في النمسا ومات في برلين، خدم في الجيش حتى عام ١٩٢٠م، وفي العام التالي تولى زعامة حزب العمال الألماني الاشتراكي الوطني (الحزب النازي)، تسلم الحكم (المستشارية) منذ العام ١٩٣٣م حتى رحيله، غزا أوروبا ثم انهزم، ينسب إليه كتاب "كفاحي".

(٤) أفلاطون: (Platon) (٤٢٧ ـ ٣٤٧ ق.م) ولد في أثينا وفيها مات، فيلسوف وحكيم وأديب يوناني، تتلمذ على سقراط (Socrates) (٤٦٩ ـ ٣٩٩ ق.م)، هاجر إلى إيطاليا وجزيرة صقلية، ثم عاد إلى أثينا، أسس في الأخيرة أكاديمية تعليمية اشتهرت فيما بعد باسم (أكاديمية أفلاطون)، ترك مؤلفات كثيرة، منها: الجمهورية، فيدون، والمأدبة.

(٥) كونفشيوس: من كبار فلاسفة الصين، معلم وكاتب وسياسي، ولد في شمال شرق الصين (٥٥١ ـ ٤٧٩ق.م)، دعا إلى إشاعة الأخلاق الحميدة وتثبيت سلطة الحكومة الفاضلة، طاف في المدن الصينية وساح فيها يبلغ أفكاره، أصبحت أفكاره بعد وفاته مذهباً أخلاقيا واجتماعيا عبر حدود الصين إلى الدول المجاورة.

(٦) لقمان الحكيم: من الصالحين والأولياء أعطاه الله الحكمة لورعه وتقواه، عاش في عهد النبي داود بن إيشا بن عوفيد (٩٧١ ـ ٨٧١ق.هـ)، ورد ذكره في القرآن الكريم.

(٧) جابر بن حيان: هو حفيد عبد الله الأزدي الكوفي الصوفي (١٠١ ـ ١٩٥هـ) يمني الأصل ولد في خراسان وقيل طرطوس ونشأ في الكوفة ومات في طوس، فيلسوف وكيميائي وضليع بعلوم=

والفراهيدي[1] ونيوتن[2]، ولا ينسون محاكم التفتيش التي أزهقت روح غاليلو[3]، ولا ينسون إعدام مكتبات مصر وإيران عند فتحهما، ولا مكتبات بغداد في العهد المغولي، ولا مكتبات الأزهر إثر سقوط الحكم الفاطمي، فكل هذه الحوادث لها شخوصها ورجالاتها عملوا ذات الخير وذات الشر، ومن يترك أثراً يبقى اسمه ورسمه وإن غاب جسمه ورمسه.

=مختلفة، أخذ العلم عن الإمام جعفر الصادق عليه السلام له مؤلفات جمّة بلغت ٥٠٠ مصنف، ضاع أكثرها وترجم ما بقي منها إلى اللغات الاجنبية، ومن مؤلفاته: اسرار الكيمياء، علم الهيئة، وصندوق الحكمة.

(١) هو خليل بن أحمد بن عمرو بن تميم الأزدي (١٠٠ ـ ١٧٥هـ) وُلد في عُمان وعاش في البصرة وفيها مات. من علماء الإمامية، وكان إماما في العلوم العربية جميعها، أول من وضع علم العروض، ومعجم العين أقدم كتب اللغة، من تلامذته أئمة اللغة سيبويه والكسائي وغيرهما، ومن مصنفاته: كتاب الشواهد، كتاب النغم، جملة آلات العرب.

(٢) نيوتن: هو إسحاق نيوتن بن إسحاق نيوتن (Isaac Newton) (١٦٤٢ ـ ١٧٢٧م) عالم رياضيات انكليزي، ولد في بلدة وولثروب باي كولسترووورث (Woolsthorpe - by - Colsterworth) في مدينة لنكولنشير (Lincolnshire) شرق انكلترا ومات عازباً في لندن ودفن في مقابر العظماء في كنيسة ويستمنستر (Westminster Abbey)، ولد في أسرة فلاحية مات أبوه وهو رضيع ونشأ في كنف زوج أمه، له اشتغال في علوم مختلفة، اكتشف ألوان الطيف، وحساب التفاضل والتكامل، وقوانين الحركة، اشتُهر باكتشافه للجاذبية، كما اخترع التلسكوب العاكس، أصبح عضواً في الجمعية البريطانية ثم رئيساً لها، عمل مدرّساً في جامعة كامبردج، من مؤلفاته: طريقة الجريان (Method of Fluxions)، الفلسفة الطبيعية مبادئ الرياضيات (Philosophiæ Naturalis Principia Mathematica)، وعالم الرياضيات (Arithmetica Universalis).

(٣) غاليلو: هو ابن فينسنزو غاليلي (Galileo Vincenzo Galilei) (١٥٦٤ ـ ١٦٤٢م) ولد في بلدة سانتا ماريا أ مونته (Santa Maria a Monte) في مدينة توسكاني (Tuscany) في إيطاليا وسكن بيزا (Pisa) من توابع توسكاني ودرس في جامعتها الطب والهندسة كما قام بالتدريس فيها، عالم فلكي وفيلسوف وفيزيائي، كان ماهراً بالرياضيات، مارس التدريس في جامعة بادوفا (Padova) في مدينة البندقية، قال بدوران الأرض حول الشمس، حاربته الكنيسة لآرائه وحاكمته في روما، واعتذرت إليه بعد وفاته، سكن قرية آركتري (Arcetri) في فلورانسا وبقي فيها تحت الإقامة الجبرية حتى وفاته وفي هذه الفترة ألّف كتاب علمان جديدان (Two New Sciences)، له كتاب: الحركة القديمة (De motu antiquiora).

ولا يخبو ضوء الذاكرة عن دائرة كربلاء أبدا، ولا يبتعد عقرب التاريخ عن عاشوراء بتاتا، فواقعة الطف حيث شهادة سيد شباب أهل الجنة وسبط محمد ﷺ شاخصة للقريب والبعيد، محفورة في ذاكرة المحب والموالي، وقريبة من أوعية الناس كل الناس، مسلمهم وغير مسلمهم، مؤمنهم وملحدهم، إذ لا يوم كيوم الحسين(١) في كربلاء، ونهضته المباركة معلم من معالم البشرية التي تسقى شجرتها كل حين وآن من ماء الوجود، فهي حركة نابضة أحيت النفوس والأرواح وأزالت الغبش عن البصائر والأبصار، قرأها غاندي(٢) في الهند وتعاطاها هوشي منّه(٣) في فيتنام، وقبل ذلك تمثلها المسلمون عبر حركات التحرر، ولازالوا، فمركب الحرية يمخر عباب الزمن.

الأسماء اللامعة التي حضرت كربلاء عام ٦١هـ واستشهدت أو أسرت،

---

(١) قال الإمام علي بن الحسين السجاد عليه السلام: (ولا يوم كيوم الحسين)، أمالي الصدوق: ٣٧٤، محمد بن علي الصدوق القمي، انتشارات كتابجي، طهران ـ إيران.

(٢) غاندي: هو موهانداس كرمشاند (١٢٨٦ ـ ١٣٦٧هـ) عرف بالمهاتما أي النفس السامية، فيلسوف هندي ولد في پوربندر في كجرات، نشأ في مسقط رأسه ودرس في لندن وعاد إلى بلده ومارس المحاماة ثم سافر إلى جنوب أفريقيا وعاد إلى الهند يقود النضال السياسي السلمي ضد الاحتلال البريطاني، دعا إلى تحرير الهند بالطرق السلمية والمقاومة السلبية بعيداً عن العنف وقد تسلح بالإضراب عن الطعام وبالمظلومية، تعرض للاعتقال مرات عدة، تولى زعامة حزب المؤتمر الهندي، نال استقلال الهند سنة ١٩٤٧م وتولى زعامتها واغتيل في نيودلهي سنة ١٩٤٨م بسبب آرائه الداعية إلى احترام المكونات الهندية الأخرى ومنها المكون المسلم.

(٣) هوشي منّه: هو نفوين تات ثانه (Nguyen Tat Thành) ويلقب هوشي منه (Ho Chi Minh) (١٨٩٠ ـ ١٩٦٩م) زعيم سياسي فيتنامي، ولد في أسرة فقيرة سافر إلى بريطانيا للعمل وعاد إلى فيتنام وانتضم في التيار الشيوعي وتزعم فيما بعد الحزب الشيوعي الفيتنامي، قاد الحرب ضد القوات الفرنسية ثم اليابانية وتولى زعامة فيتنام عام ١٩٤٥م وخاض الحرب ضد القوات الفرنسية والأمريكية وتولى عام ١٩٥٤م زعامة فيتنام الشمالية وعاصمتها هانوي واستمر في الحكم حتى وفاته في العاصمة.

وبخاصة من البيت الهاشمي، يواصل المحقق الدكتور محمد صادق محمد الكرباسي بيان معالمها في الجزء الثاني من (معجم أنصار الحسين - الهاشميون) الصادر العام ٢٠٠٨م في طبعته الأولى عن المركز الحسيني للدراسات في لندن، في ٦٢٠ صفحة من القطع الوزيري، بدءاً من حرف الباء وانتهاءً بحرف العين وفق التسلسل الهجائي.

حديقة الأسماء

من ثوابت العلاقة بين الأب والابن أن يحسن الأول اختيار اسم وليده، لأن الاسم له مداليل كثيرة، وله تأثيرات نفسية تؤثر على مسيرة حامله، ولذلك نجد بعضا يأنس لاسمه وبعضا يحمله على مضض، والبعض الآخر يتوارى من الناس من سوء ما سمّيَ به، ولذلك نجد أن الرسول محمداً ﷺ غيّر أسماء عدد من الصحابة عندما وجدها لا تتناسب وحال الرجل، أو تتعارض مع الطبيعة الإنسانية بل والعقائدية، فعبد العزى تحول إلى عبد الله، وحزن إلى يسر، وحرب إلى سلم، وعاصية إلى جميلة، فكما يُقرأ الكتاب من عنوانه يُقرأ المرء من اسمه، على أن هذا التلازم ليس بقاعدة، فالكثير ممن يحمل اسم القوة والعزيمة والشدة كأسد وضرغام وحمزة وعباس، هو أجبن من الجبان إذا حمي الوطيس واشتد الضراب، وهو لا يقوى إلا على الأضعف منه، والكثير ممن يحمل اسم الكرم والبذل ككريم ومعطي هو أشد قبضا لكفه من كف الوليد في ساعاته الأولى.

ومن يقرأ رجالات النهضة الحسينية، يكتشف حرص أهل البيت عليهم السلام على استذكار رجالات الإسلام، من خلال التقيد بإطلاق أسماء محمد

وجعفر وحمزة وعبد الله على الأبناء والأحفاد وإن تعددوا في محيط الأسرة الواحدة، وقد حلّوا إشكالية تعدد الأبناء بعلي الأكبر وعلي الأصغر، أو بمحمد الأكبر ومحمد الأصغر، أو بجعفر الأكبر وجعفر الأصغر، أو بعبد الله الأكبر وعبد الله الأصغر وعبيد الله، وهلم جرا. وهذه إشارة بضرورة إحياء ذكرى رجالات الأمة من خلال إطلاق أسمائهم على الأبناء، ومع تقدم الحضارة الإنسانية واتساع المدينة صارت أسماء الرجال تطلق على الشوارع والأزقة والمؤسسات الرسمية والأهلية، كواحدة من علامات العرفان بالجميل لهذه الشخصيات وجهودها المضنية في تحريك عجلة التطور والنمو والإعمار بأشكالها كافة، وبهذا يكون أهل البيت عليهم السلام الذين هم قدوة البشرية في الخير قد أرسوا مثل هذه الخصلة الحضارية.

ولا أعتقد أنَّ تداول الأسماء داخل الأسرة العلوية لمجرّد أنّ حمزة بن عبد المطلب هو عم الرسول صلى الله عليه وآله وسلم، أو لأن جعفر بن أبي طالب هو ابن عم الرسول صلى الله عليه وآله وسلم، وإلا فان للرسول أعماما آخرين، وإنما لخصوصية في حمزة وجعفر وفاطمة الزهراء عليها السلام وغيرهم، ودورهم الفاعل في تثبيت أركان الحضارة الإسلامية وأوتادها، هذه الخصوصية هي التي حملت أهل البيت عليهم السلام على استذكار رجالاتها من ذكور وإناث، ولم يقتصر التكريم على أهل البيت عليهم السلام فقط، وإنما امتد إلى المسلمين كافة، فعلى سبيل المثال، فان جعفر الطيار الذي استشهد في معركة مؤتة عام ٨هـ، كان يكنى بأبي عبد الله، ولهذا صارت كنية كل من تسمى جعفراً (أبو عبد الله)، وحسب المصنف: (وقد درجت تكنية جعفر بأبي عبد الله لمكانة جعفر الطيار عند المسلمين)، كما صارت كنية محمد (أبو قاسم) والمحرفة لدى

العراقيين (أبو جاسم) لمكانة النبي محمد ﷺ وابنه القاسم[1]، وكنية علي (أبو حسين) وكنية حسين (أبو علي) لمكانة الأئمة علي عليه السلام وابنه الحسين عليه السلام وحفيده علي عليه السلام لدى المسلمين.

على أن التسمية وعدمها ليست بالضرورة أن تحمل إلينا رسالة يؤخذ لها أو عليها كما يقول الفقيه الكرباسي، فأهل البيت عليهم السلام كان عندهم من الأبناء من اسمه أبو بكر وعمر وعثمان إلى جانب عبد الله ومحمد وعلي وجعفر وحمزة ومسلم وغير ذلك، وإنما التسمية كما يضيف الكرباسي: (كانت ولازالت من المساحة التي أخذ الناس فيها حريتهم فهناك الكثير من الشيعة ممن سموا أبناءهم بزياد وعمر ومعاوية وأبي بكر ويزيد وسعد وعثمان وأمثالهم، كما أن هناك الكثير من السنة ممن يسمون أبناءهم بأسماء أئمة أهل البيت عليهم السلام وبأسماء آلهم). وإذا امتنع البعض عن تسمية وليده بهذا الاسم أو ذاك فهو عائد لمشاعر ذاتية، فالكثير يرفض إطلاق اسم (يزيد) على ابنه لأن مشاعره تنطقه برفض التشاكل مع يزيد بن معاوية المتوفى عام ٦٤هـ، الذي أقدم على قتل سيد الشباب الحسين بن علي عليه السلام مع إن الإسم سبق حمله غير ابن معاوية، بل إن البعض ممن يحب أهل البيت عليهم السلام يرفض إطلاق اسم (زينب) على ابنته دفعا للتشاكل مع السيدة زينب بنت علي عليه السلام التي لاقت من المصائب أثناء وبعد استشهاد أخيها الإمام الحسين عليه السلام ما تعجز عن حملها الجبال الرواسي حتى لقبت بأم المصائب، فهو يظن أنه بذلك يدفع عن وليدته الأذى في شبابها وكهولتها، مع إن السيدة زينب عليها السلام المتوفاة عام ٦٢هـ لها مكانة سامقة في الإسلام.

---

(١) القاسم: هو ابن محمد بن عبد الله القرشي، وأمه خديجة بنت خويلد ولد قبل البعثة النبوية في مكة المكرمة ومات فيها وهو دون السنتين.

فاختيار الإسم مسألة نفسية قد تخضع في جانب منها لخلفيات عقائدية وولائية أو أن تكون خاضعة لاعتبارات تراثية، وقد تكون تخليدا لولي أو عظيم أو حبيب أو نسيب، أو قد تكون اعتباطية لا تميل إلى هذه الشأنية أو تلك، ولكنها في محصلتها النهائية عملية ذوقية تكشف عن مديات الحس المرهف لدى مطلق التسمية، ولذلك: (قل لي ما اسمك أقل لك من سمّاك)، من حيث إن التسمية كاشفة عن وزن عقل مطلق التسمية وميزان ذوقه.

رجال وأدب

مما لا يدركه البعض أن الشعر وبخاصة المنشد في القرون الأولى، له أن يخدم الباحث في علم الرجال، وقلَّما اعتمده الرجاليون الذين انكبوا على كتب الرجال والسيرة، ولكن المؤلف الذي يسعى إلى اكتشاف المعلومة بحفر جدار التاريخ ولو بإبرة معرفية دقيقة، توجَّه إلى الشعر لبيان عدد الذين اشتركوا في واقعة كربلاء من أهل البيت عليهم السلام أو من صحابة الإمام الحسين عليه السلام، فبعض القصائد والمقطوعات أشارت إلى بعض الأسماء المشاركة في ركب النهضة الحسينية، والشعراء وبخاصة القريبون من الحدث إنما ينشدون عن واقع عاشوه أو سمعوه من قريب، فعلى سبيل المثال أوقع ترادف أسماء البيت الهاشمي من آل علي وآل عقيل، علماء الرجال والحديث في حيرة عند فرز الشخصيات، ولكن بالرجوع إلى الشعر ربما يتبين الخيط الأبيض من الخيط الأسود من فجر المعلومة الصادقة، من ذلك يقول الشاعر سراقة البارقي[1] المتوفى عام ٧٩هـ في بيان عدد أهل البيت عليهم السلام الذين استشهدوا في كربلاء، فينشد من الخفيف:

---

(١) سراقة البارقي: هو ابن مرداس بن أسماء بن خالد بن الحارث البارقي الأزدي (ن٦هـ.ق ـ ٧٩هـ)=

عـيـنُ فـابـكـي بـعَـبـرةٍ وعـويـلِ   وانـدُبـي إن نـدَبـتِ آل الـرسـولِ

سـبـعـةٌ مـنـهـم لـصـلـبِ عـلـيٍّ   قـد أُبـيـدوا وخـمـسـةٌ لـعـقـيـلِ[1]

وقيل إن الأبيات وهي ثمانية لسليمان بن قتة العدوي[2]، وقيل لمسلم بن قتيبة الباهلي[3]، لكن المحقق الكرباسي توصل إلى أنَّ البيتين الأولين هما لابنة عقيل ابن أبي طالب[4] وجاء سليمان أو مسلم وغيَّر في بعض كلماتهما وأضاف إليهما بعض الأبيات.

وقد يرد البيت باختلاف العدد كقول الكميت بن زيد الأسدي[5]، من السريع:

وسـتـــةٌ لا يُـتـمــارى بـهــم   بـنـو عـقـيـلٍ خـيـرُ فـرسـانِ[6]

ويبحث المصنف في هذه الأبيات وغيرها لينتهي إلى القول: (ومن هنا

=شاعر عراقي، يماني الأصل، ولد في بارق بعسير جنوب غرب الجزيرة ومات في الشام، قدم صبياً مع قومه إلى النبي محمد ﷺ سنة ٩هـ، شهد معركة اليرموك سنة ١٥هـ، سكن الكوفة، أسره المختار عام ٦٦هـ ثم أطلق سراحه، وكانت بينه وبين جرير مهاجاة، له ديوان شعر مطبوع.

(١) معجم أنصار الحسين.. الهاشميون: ٢/ ١٨٣، ٢٨٧، عن ناسخ التواريخ: ٣/ ٣٢٠، محمد تقي بن سبهر الكاشاني، المكتبة الإسلامية، طهران ـ إيران. ديوان القرن الثاني: ١٤٩، محمد صادق الكرباسي، المركز الحسيني للدراسات، لندن ـ المملكة المتحدة، ط١، ١٤١٦هـ ـ ١٩٩٦م.

(٢) سليمان بن قتة العدوي: هو ابن حبيب بن محارب القرشي العدوي (ق٥٠ ـ ١٢٦هـ) ويقال له التيمي فهو مولى بني تيم بن مرة، اشتُهر باسم أُمّه قتّة، كان من التابعين المعروفين بالولاء لأهل البيت عليهم السلام، مرَّ على قبر الحسين عليه السلام سنة ٦٤هـ ورثاه، توفي في دمشق.

(٣) مسلم بن قتيبة الباهلي: وقيل اسمه "سلم" والمتوفى بعد عام ١٤٧هـ.

(٤) ابنة عقيل ابن أبي طالب: وقع التردد في تشخيص الابنة أهي: أم لقمان أو أم هاني (فاختة) أو أسماء أو زينب أو رملة. أنظر: معجم القرن الثاني: ١٤٩.

(٥) الكميت بن زيد الأسدي: هو حفيد خُنيس (٦٠ ـ ١٢٦هـ)، شاعر الهاشميين، من أهل الكوفة، كان فقيهاً وفارساً شجاعاً، إختص بأنساب العرب واللغة، وقد جُمعت أشعاره في ديوان عرف باسمه وتُرجم إلى الألمانية أيضاً، كما أخذت أشعاره الهاشميات منحى الاستقلالية.

(٦) ديوان القرن الثاني: ٢١١، عن مناقب آل أبي طالب لابن شهرآشوب: ٤/ ١١٦.

يمكن فصل الأبناء عن الأحفاد، أو تخصيص من اشتهر منهم دون غيره أو من بارز منهم دون من قتل دون مبارزة، أو تخصيص الذكر بمن قتل في كربلاء دون من قتل في الكوفة كمسلم بن عقيل[1]، أو من استشهد من الرجال دون النساء وكل هذا وارد، كما إن الاختلاف ربما يكون من رسم الخط أو النساخ وارد أيضا).

وعلى غير عادة أهل الرجال فإنَّ الشيخ الكرباسي اعتمد الشعر حتى في ضبط الإسم وجذره، من حيث اللغة والاصطلاح والإعراب، مثال ذلك الحسن بن الحسن بن علي بن أبي طالب[2]، حيث أورد قول ابن مالك[3] محمد جمال الدين في ألفيته وأرجوزته لبيان جواز دخول الألف واللام على اسم فاعل أو صفة استخدم علماً كالحسن والحارث:

وبعضُ الأعلامِ عليه دَخَلا   لِلَمحِ ما قدْ كان عنهُ نُقِلا

(١) مسلم بن عقيل: هو حفيد أبي طالب عبد مناف بن عبد المطلب الهاشمي (ن ٣ ـ ٦٠هـ) ولد في المدينة المنورة وقتل في الكوفة وقبره يُزار، قتله عبيد الله بن زياد بن أبيه ومثّل بجثته، من علماء بني هاشم وخطبائها وشعرائها، شارك في حرب البهنسا جنوب مصر وفي حرب صفين قرب الرقة السورية، كان سفيراً للإمام الحسين عليه السلام لأهل الكوفة.

(٢) الحسن بن الحسن بن أبي طالب: المعروف بالحسن المثنى (٣٩ ـ ٩٢هـ) وقيل ولد في المدينة سنة ٤٤هـ وأمه خولة بنت منظور بن زبان الفزارية، وكنيته أبو محمد الهاشمي وزوجته فاطمة بنت الحسين عليه السلام، حضر كربلاء وقاتل وأُسر، خافه الأمويون ودسَّ إليه الوليد بن عبد الملك السم ومات ودفن في البقيع.

(٣) ابن مالك: هو محمد بن عبد الله بن محمد بن عبد الله بن مالك الجياني الطائي (٦٠٠ ـ ٦٧٢هـ)، من أئمة اللغة والقراءات وأشعار العرب ورواة الحديث، ولد في مدينة جيان الحرير في الأندلس وهاجر إلى الشام وسكن حلب ثم حماة وهاجر إلى القاهرة وعاد إلى دمشق وتولى التدريس في الجامع الأموي وإمامة المدرسة العادلية وتفرغ للتصنيف والتدريس حتى وفاته بها، من مصنفاته: الكافية الشافية، تسهيل الفوائد وتكميل المقاصد، وشواهد التوضيح لمشكلات الجامع الصحيح.

كـالـفـضـلِ والـحـارثِ والـنـعـمـانِ فَـذِكْـرُ ذا وحـذفُـهُ سِـيّـانِ[1]

ملاحظات رجالية

كثيرة هي الملاحظات التي يخرج منها القارئ لهذا الكتاب المنطوي على أسماء كثيرة ومتشابهة، فهناك محمد وعلى جناحيه محمد الأكبر ومحمد الأصغر، وهناك جعفر وجعفر الأكبر وجعفر الأصغر، وهناك عبد الله الأكبر وعبد الله الأصغر، فمثل هذه الأسماء التي ترد في واقعة واحدة، قد يبدو من السهل التعامل معها رجاليا (علم الرجال)، ولكن الصعوبة كامنة في التثبت من هذه الشخصية وتلك، بخاصة وإنَّ كتب التاريخ القريبة من الحدث لم تنجو من زلة الخلط ووهم التصحيف، ما أوقع المتأخرين بما وقع فيه المتقدمون، لكنَّ علم الرجال كأي علم من العلوم لم ينضب معينه، وهو خاضع للمَلَكَة العلمية للباحث ومدى قدرته على التنقيب والفرز، وعدم الاتكاء على ما خطّه الماضون في كتب الرجال والحديث فقط، وهذا ما فعله الرجالي آية الله الشيخ الكرباسي، في هذا الجزء والجزء الأول[2] وجميع مجلدات دائرة المعارف الحسينية الستمائة[3] التي صدر منها حتى يومنا هذا أكثر من خمسين جزءاً[4].

وما يحصل في الرجال الذين يرد ذكرهم في واقعة الطف، أن المؤلف راح يعيد ترتيب الأوراق الرجالية من جديد مستفيدا من كل حدث والاعتماد على كتب التاريخ والحديث والرجال والسير والمقاتل لدى جميع المدارس

---

(١) شرح ابن عقيل: ١/ ١٨٣، عبد الله بن عقيل العقيلي، دار صعب، بيروت ـ لبنان.

(٢) صدر الجزء الأول من معجم أنصار الحسين (الهاشميون) في طبعته الأولى عام ٢٠٠٨م.

(٣) تعدّت السبعمائة مجلد.

(٤) بلغ المطبوع حتى نهاية عام ٢٠١٢م ٧٧ مجلداً.

الرجالية السنية قبل الشيعية، ويحاول أن يخرج من أسر التقليد الذي ثمل عليه المؤلفون المتأخرون الذين يضطجعون على وسادة التقليد الأعمى، ولا يشمِّرون عن ساعد التقصي العلمي، وينبهرون أمام الأسماء العلمية الكبيرة، ولا يدركون أنَّ في داخلهم طاقات علمية ربما تفوق طاقات الأقدمين، ولهذا فمن توقف قطاره عند محطة الأقدمين فحسب ولم يحرك قاطرةً، كان حظه من العلم حظ الأقدمين أو أقل من ذلك بكثير، ومن حرك قاطرة جرَّ معه قاطرات أخرى دفعت بالعلوم نحو الأمام، وهذا ما يفعله البحاثة الكرباسي في الموسوعة الحسينية، ولهذا فانَّ كل مقدمة في باب من أبواب الموسوعة الحسينية الستين هي في واقع الحال فتح علمي وإضافة جديدة، يضع علماء الحاضر والمستقبل أمام تحديات علمية جديدة تصب في صالح مسيرة العلم والعلماء وتخدم البشرية، بخاصة وأنَّ أبواب الموسوعة تنفتح على العشرات من ساحات العلم.

تواضع معرفي

وبقدر ما يمتاز مصنِّف الكتاب بشدته العلمية وحزمه وتصلبه في التعاطي مع المعلومة، ومعارضته للتقليد وحتى وإن تعالت الأسماء رفعة في سماء العلم، لكنه في الوقت نفسه يتواضع علميا عند عتبة الأستاذ مريدا ومستزيدا، فعلى سبيل المثال يرى على خلاف ما اعتاد عليه الناس أن ميلاد الإمام الحسين عليه السلام كان في الخامس من شعبان وليس في الثالث منه[1]، ويصرُّ عليه بما آلت إليه تحقيقاته، ومن ذلك أيضاً وعلى خلاف ما

(١) أنظر: السيرة الحسينية: ١/ ١٥٧، محمد صادق الكرباسي، المركز الحسيني للدراسات، لندن ـ المملكة المتحدة، ط١، ١٤٢٣هـ ـ ٢٠٠٢م.

يشاع بأنَّ قبر السيدة فاطمة الزهراء ﵇ ظل مخفيا إلى يومنا هذا[1]، توصل عبر تحقيقاته المستفيضة أن قبرها قائم في حجرتها الملاصقة لمرقد النبي محمد ﷺ، وتثبَّت من يوم وفاتها[2]، ويرى أنَّ العمل بخلاف العلم هو إغراء الأمة بالجهل، فلا يجد حرجا من مهاجمة الكتّاب المقلدة وهو في بيان شخصية علي الأكبر[3] ابن الإمام الحسين بن علي ﵇، فيقول: (إن ادعاءات بعض المتأخرين من الإجماع أو الشهرة أو الاتفاق أو ما شابه ذلك، فإنه مجرد ادعاء لا واقع له)، أو أنْ يقول في رواية واردة في إحدى المصادر المشهورة، فيعلق عليها بالقول: (ولا نعلم من أين له ذلك حيث لم يدعمه بدليل).

لكنه في المقابل يبدى غاية التواضع العلمي، إذا أوسع جهده في مسألة ولم يعثر على مراده أو لم يقتنع بما لديه من مصادر، فعلى سبيل المثال وعند الحديث عن سعيد بن عقيل الهاشمي[4]، يختم القول فيه: (ومن وجود ابن له يتبين أنَّ له من العمر يوم الطف أكثر من عشرين سنة، فإذا تمكَّنا من تحديد ولادة ابنه اقتربنا من تحديد يوم استشهاده بالطف، ولكن هذا ما لم

(١) أنظر: تاريخ المراقد: ١٥٧/١ ـ ٢٣٨، محمد صادق الكرباسي، المركز الحسيني للدراسات، لندن ـ المملكة المتحدة، ط١، ١٤١٩هـ ـ ١٩٩٨م.

(٢) أنظر: معجم أنصار الحسين: ٢٢٣/٣ ـ ٢٣٣، محمد صادق الكرباسي، المركز الحسيني للدراسات، لندن ـ المملكة المتحدة، ط١، ١٤٣٢هـ ـ ٢٠١١م.

(٣) علي الأكبر: هو ابن الحسين بن علي بن أبي طالب الهاشمي (٣٨ ـ ٦١هـ) وأمه ليلى بنت أبي مرّة بن عروة بن مسعود الثقفية، وكنيته أبو الحسن، قاتل بين يدي والده في معركة الطف وقتل ٢٠٠ فارس من الأمويين، ضربه مرة بن منقذ العبدي واستشهد.

(٤) سعيد بن عقيل الهاشمي: هو حفيد أبي طالب عبد مناف بن عبد المطلب بن عبد مناف (هاشم) القرشي العدناني (ق٤٠ ـ ٦١هـ) وأمه أم سعيد بنت عمرو العامرية، استشهد مع ابنه خالد في واقعة الطف.

نتوفق له)، ويبلغ التواضع مداه وهو يتحدث عن شخصية علي بن الحسين السجاد عليه السلام المتوفى عام ٩٢هـ: (نعتذر من القارئ الكريم سلفا من الذي سنسطره تحت عنوانه الكبير ما هي إلا نبذة اخترناها لا عن خبرة ودراسة، ولا عن معرفة ودراية، علنا نتمكن بذلك من رسم صورة قريبة من الحقيقة، وتصور لا يكون بعيدا كل البعد عن الواقع، راجين من الله جل وعلا أنْ يُسدد خطانا ويعصمنا عن الزلات والخطايا إنه سميع للعباد مجيب للدعاء).

تنقيح المقتل

تعددت المقاتل التي تناولت واقعة كربلاء، ولأنَّ الحدث تقابل فيه جيشان وتبارز فيها الفرسان، فإنَّ الخلط وقع في تسمية الرجال وفيمن برز أو قُتل أو أُسر، وباب معجم الأنصار من الهاشميين وغير الهاشميين هو مناسبة كبيرة نقَّح فيها البحاثة الكرباسي الرجال الذين حضروا كربلاء فأثبت حضور هذا أو غيابه، وتثبَّت من شخصية الحاضر منهم، بما يساعد علماء الرجال وأصحاب السير والمقاتل على رسم خارطة سليمة لشجرة الرجال الذين استشهدوا بين يدي الإمام الحسين عليه السلام أو الذين جُرحوا أو أُسروا.

كما يلاحظ في الكتاب أنَّ المحقق الكرباسي توصل إلى تاريخ ولادات ووفيات البعض ممن ظلوا في دائرة التردد لقرون طويلة، وتمكن وبضرس قاطع من بيان تاريخهم بما يقطع الشك باليقين.

ولا ينسى المصنف في طيات البحث الرجالي أنْ يشير إلى عدد من الأبحاث المناقبية والحقائق العلمية والوقائع التاريخية، من قبيل فائدة الزواج من خارج العشيرة والقبيلة والتأكيد عليها لتجنب انتشار الأمراض الأُسرية وسرايتها إلى الأجيال، وتوليد أجيال نشطة، وهو في معرض الحديث عن شخصية الحسن بن الحسن بن علي بن أبي طالب عليه السلام، فقد

زاره جده من أمه منظور بن زبان الفزاري[1] فسأله عمّن تزوجها، فأخبره إنَّه تزوج من ابنة عمه، فقال له: (بئس ما صنعت، أما علمت أنَّ الأرحام إذا التقت أضوت كان ينبغي لك أن تتزوج من العرب ـ الغُرب ـ)[2]، وقد أبان العلم الحديث مساوئ الزواج من الأقارب ومحاسن ذلك من خارج الأسرة، ولعل واحدة من المساوئ الصحية، انتقال الأمراض الوراثية وتراكمها في الأجيال الجديدة، في حين يتحسن النسل بالتزاوج من خارج العائلة، وهذا النص التاريخي يشير إلى مدى إدراك العرب القدامى لمسألة طبية وراثية اكتشفها العلم مؤخرا.

كما تثبت المحقق الكرباسي من مشاركة أهل البيت عليهم السلام في معارك الفتوحات الإسلامية التي تلت رحيل النبي محمد صلى الله عليه وآله وسلم، حيث تأكد لديه مشاركة الكثير من أهل بيت النبي صلى الله عليه وآله وسلم ودورهم في الدفاع عن الرسالة الإسلامية وبخاصة أمام الدولتين العظميين آنذاك الساسانية والروم.

وللحياة قيمتها

وحتى لا يمر الكتاب دون نظر من علم من الأعلام فقد قرأته شخصية علمية من جنوب أفريقيا، وهو الأستاذ جي جانغبهادور الشهير بـ (جَيْ جَيِ) (Jay,Jay) (J. Jangbahadur)، الهندوسي الديانة، استاذ علم الرياضيات، المقيم في مدينة مريفال (Merrivale)، فأبدى وباللغة السنسكريتية رأيه بالجزء الثاني من معجم الأنصار، فرأى أنَّ الكتاب بما يستعرض من

(١) منظور بن زبّان الفزاري: هو حفيد سيّار بن عمرو بن جابر الفزاري الكوفي، كان سيد قومه وكان شاعراً كأبيه، توفي بعد عام ٣٦هـ وقيل عمّر ومات بعد ٧٨هـ.

(٢) مقاتل الطالبيين: ١٦٩، أبو الفرج الأصفهاني علي بن الحسين، مؤسسة الأعلمي، بيروت ـ لبنان.

بطولات الفتيان في ساحة الوغى: (يستلهم مثال الشهادة في مواجهة القمع والتعصب)، وأنَّ للحياة قيمتها، وهذا ما يستعبره المرء من حياة الإمام الحسين لأنَّ: (الدروس المستقاة من حياته مرآة تعكس للعالم حقيقة هامة بأن الله وهبنا الحياة حتى نقيم الأمن والسلام) ولذلك: (فرسالة الحسين ليست الكلمات التي تحدث بها فقط، ولكنها الفعل الذي نفعله). وإذا كان الحسين عليه السلام وقف في عرصات كربلاء وحيدا ينادي هل من ناصر ينصرنا[١]، فان نداءه جال في الأمصار والأزمان حيث: (لاقت الأفكار الإصلاحية التي أطلقها الإمام الحسين احتراما وقبولا من كل المجتمعات والأديان بلحاظ أنَّ الناس توّاقون إلى الحق ويقفون ضد الظلم وعدم تحقيق العدالة)، وبالتالي قدمت رسالة الحسين عليه السلام الذي سار على خطى جده محمد صلى الله عليه وآله وسلم الحقيقة الناصعة: (إنَّ تعاليم النبي محمد وهدى القرآن العظيم تقدمان لنا كأمثلة تنبض بالحياة ترتبط بكل التاريخ الإسلامي وتاريخ العالم).

ولا يخفي الباحث الجنوب أفريقي (جي جي) إعجابه بصاحب الموسوعة الحسينية لما أتى به ونحن نعيش عصر الماديات وصراع الإرادات، إذ: (في مثل هذه الأجواء، وفي مرحلة التنازع العالمي بين المادية والمثالية، يأتي الشيخ الكرباسي ليعبر عن حبه للإمام الحسين وانشداه إليه ليتحفنا بتعاليم هذا الإمام مقدما أكثر من ٦٠٠ مجلد في جهد ومحاولة لكشف قيمة الحياة الحرة للناس أجمع).

الأربعاء ١٩/١١/٢٠٠٨م.

---

(١) إشارة إلى قول الإمام الحسين عليه السلام يوم عاشوراء: "أما من مغيث يغيثنا! أما من ذاب يذبُّ عن حرم رسول الله". مقتل الحسين للمقرم: ٢٤٠. وانظر: بحار الأنوار: ٤٥/٤٦.

البروفيسور قاسم محمد أوغلو كريموف[1]

* محمد قاسم بن محمد رؤوف أوغلو كريموف.
* خبير الدراسات العربية والفارسية والشرقية وعلم الاستشراق.
* ولد في باكو عاصمة آذربايجان في ٩/١١/١٩٣٩م في أسرة آذرية تركية مسلمة إمامية.
* نشأ في مسقط رأسه ودرس في مدارسها، كما نال من جامعة باكو شهادته الجامعية في علم السياسة والاقتصاد وكان من الأوائل على دفعته.
* هاجر الى موسكو عام ١٩٧٢م وواصل إلى جانب التدريس دراساته العليا.

---

(١) والمفيد ذكره أن البروفيسور قسطنطين ماتفييف ساهم وهو في موسكو في تعريف البروفيسور كريموف على دائرة المعارف الحسينية، ومن خلاله كتب المقدمة، على أن البروفيسور قسطنطين ماتفييف خلال اقامته في لندن كان قد تعرف على دائرة المعارف الحسينية من خلال الزمالة الدراسية التي جمعتني وإياه في كلية بيركبيك كولج (Birkbeck College) في جامعة لندن في الفترة الدراسية ١٩٩٥ ـ ١٩٩٧م لنيل الدبلوم في الدراسات الإسلامية والتاريخ، وقد حاولت التعرف عن أحوال البروفيسور ماتفييف في روسيا من خلال مؤسسة غوث اللاجئين الآشوريين في بريطانيا (Assyrian Refugees Relief Foundation) ولاسيما وأنه تولى رئاستها حتى مغادرته لندن إلى موسكو، وقد علمت منهم أنه رحل إلى الدار الآخرة، وقد حاولت من خلالهم الحصول على رقم عنوانه البريدي في موسكو أو رقم هاتف زوجته من اجل الإتصال بها بعد رحيل زوجها لكن المؤسسة اعتذرت لجهلهم بالعنوان، وكانت لي خلال فترة الدراسة زيارات متعددة لمنزلهما في لندن، وساهم بشكل منتظم في تزويد مجلة الرأي الآخر التي رأست تحريرها في الفترة (١٩٩٦ ـ ٢٠٠١م) بالدراسات الخاصة عن المسلمين في الاتحاد السوفياتي القديم وداخل روسيا.

* مارس في موسكو التدريس في كليات وجامعات عدة في مجال اختصاصه في علم التاريخ والدراسات الشرقية.

* من زملاء خبير الدراسات الشرقية واللغات القديمة الروسي الجنسية البروفيسور قسطنطين بيتروفيج ماتفييف[١] الذي كتب عام ١٩٩٦م مقدمة باللغة الروسية عن الجزء الأول من ديوان الأبوذية[٢] من دائرة المعارف الحسينية.

* له حضور في الصحافة الروسية من خلال مقالاته ودراساته وأبحاثه في مجال اختصاصه.

* وافته المنية عام ٢٠١١م حينما كان يحاضر بين طلابه في جامعة موسكو إثر نوبة قلبية ألمّت به، ودفن في موسكو.

---

(١) قسطنطين ماتفييف: هو ابن بيتروفيج (Kostantin Petrovic Matveev) (١٩٣٤ ـ ٢٠٠٨م) مستشرق روسي وخبير دراسات آشورية، ولد في مدينة فورونيز (Voronezh) على بعد ٥٠٠ كم جنوب موسكو، ومات في الثانية، تخرج من المعهد الروسي العالي الخاص باللغة الانكليزية عام ١٩٥٨م، كما تخرج من معاهد خاصة باللغة العربية، نال الشهادة العالية (ماجستير فلسفة) من جامعة موسكو عام ١٩٨٣م، ونال الشهادة العليا (دكتوراه فلسفة) من الجامعة نفسها عام ١٩٨٧م، عمل مدرساً للغة الانكليزية في جامعة موسكو عام ١٩٥٩م، كما عمل مدرساً للغة العربية في جامعة موسكو عام ١٩٩٧م، وعمل مدرساً في معهد الاستشراق في اكاديمية العلوم السوفياتية بموسكو، وعمل مدرساً للعلوم الإسلامية واللغتين العربية والإنكليزية في معهد الصحافة في موسكو منذ عام ١٩٧٣م، عمل في لندن مدرساً ومترجماً للغة الروسية، نال من جامعة لندن شهادة الدبلوم في الفقه والتاريخ الإسلامي في العام ١٩٩٧م، نشر مقالات ودراسات عدة حول الإسلام في الصحافة الروسية والانكليزية والعربية، له مؤلفات عدة، منها: تاريخ بين الرافدين، عندما بدأت الحروف المسمارية تتكلم، والسنن القديمة للعرب.

(٢) نزهة القلم قراءة نقدية في الموسوعة الحسينية: ٢٠١، نضير رشيد الخزرجي بيت العلم للنابهين، بيروت ـ لبنان، ط١، ١٤٣١هـ (٢٠١٠م).

تأليفات الكرباسي

علمية من الطراز الأول[1]

(ديوان الأبوذية ج٧)

وُلِدَ الإمام الشهيد الحسين بن علي (٦٢٦ ـ ٦٨٠ م)[2]، سبط الرسول الأكرم ﷺ، وأحد أئمة المسلمين والإمام الثالث في المذهب الشيعي، في المدينة المنورة، واستشهد في منطقة كربلاء العراقية.

وكان الإمام الحسين قد أصبح قائداً للشيعة عقب وفاة أخيه الأكبر الإمام الحسن (ت ٦٦٩م)[3] ومن المعلوم، أنه بعد وفاة نبينا محمد ﷺ، تعاقب على حكم المسلمين (٦٣٢ ـ ٦٦١م)[4] أربعة خلفاء هم أبو بكر[5] وعمر[6]

---

(١) أصل المقدمة باللغة الآذرية التركية وبأبجدية روسية.

(٢) ويعادل الفترة (٤ ـ ٦١هـ).

(٣) يعادل سنة ٥٠ للهجرة.

(٤) ويعادل (١٠ ـ ٤٠هـ)، ولا يخفى أن الإمام الحسن بن علي عليه السلام هو الخليفة الخامس ضمن معايير الخلافة الراشدة، وقد حكم منذ ٢١ من شهر رمضان سنة ٤٠هـ حتى ١٥ جمادى الأولى سنة ٤١هـ.

(٥) أبو بكر: هو عبد الله بن أبي قحافة عثمان بن عامر التيمي (٥١ق.هـ ـ ١٣هـ)، ولد في مكة المكرمة ومات في المدينة المنورة، تولى الحكم بعد وفاة الرسول ﷺ سنة ١١هـ وعهد به إلى عمر بن الخطاب بعد وفاته.

(٦) عمر: هو ابن الخطاب بن نفيل بن عبد العزى العدوي (٤٠ق.هـ ـ ٢٣هـ)، ولد في جبل العاقر وقتل في المدينة المنورة، تولى الحكم عن أبي بكر سنة ١٣هـ حتى وفاته وخلفه عثمان بن عفان.

وعثمان[1] وعلي[2]، وبعد استشهاد الإمام علي عام ٦٦١ للميلاد[3]، كان من المقرر أن يصبح الإمام الحسن خليفة للمسلمين، غير أن معاوية بن أبي سفيان الأموي استولى على الحكم بالقوة، وأعلن نفسه خليفة، وجعل مدينة دمشق عاصمة لخلافته.

وكان لتغيير عاصمة الخلافة[4] من المدينة إلى دمشق أهداف سياسية سعى معاوية لتحقيقها. كان معاوية والياً على الشام في عهد عمر، وقد سعى خلال فترة طويلة إلى السيطرة على الخلافة العربية بمجملها، ومن هنا فقد بادر إلى التمهيد بذلك بدأب، ثم أعلن نفسه خليفة على المسلمين فور استشهاد الإمام علي، ولكي يضمن بقاء الخلافة في أيدي الأمويين، أعلن في حياته ابنه يزيد خليفة له.

توفي معاوية عام ٦٨٠م[5]، فأعلن يزيد نفسه خليفة، فيما أعلن موالو الإمام الحسين أن الإمام هو الخليفة الشرعي[6]، الأمر الذي أدى إلى

---

(١) عثمان: هو ابن عفان بن أبي العاص الأموي (٤٧ق.هـ - ٣٥هـ)، ولد في الطائف وقتل في المدينة المنورة، ولي الحكم عام ٢٣هـ، استقطع البلدان والأموال لبني أمية فثارت عليه الكوفة والقاهرة والمدينة، خلفه في الحكم الإمام علي عليه السلام.

(٢) علي: هو ابن أبي طالب عبد مناف بن عبد المطلب الهاشمي (٢٣ق.هـ - ٤٠هـ) ولد في بطن الكعبة المشرفة وقتل في محراب مسجد الكوفة المعظمة، ولّاه الناس عليهم خليفة بعد عثمان واتخذ من الكوفة عاصمة له، حارب الناكثين في الجمل والقاسطين في صفين والمارقين في النهروان.

(٣) ويعادل سنة ٤٠ للهجرة.

(٤) ولا يخفى أن الإمام علياً عليه السلام انتقل من المدينة إلى الكوفة وهو في طريقه لحرب الناكثين أصحاب الجمل سنة ٣٦ للهجرة واتخذ من الكوفة عاصمة له، وهي عاصمة دولة الإمام المهدي المنتظر.

(٥) ويعادل سنة ٦٠ للهجرة.

(٦) نصّت وثيقة الصلح بين الإمام الحسن عليه السلام ومعاوية بن أبي سفيان التي أبرمت عام ٤١هـ، على أن الخلافة بعد وفاة معاوية تعود إلى الإمام الحسن عليه السلام، أو تؤول إلى الإمام الحسين عليه السلام، لكن معاوية نقض بنود الوثيقة، ونصت بنود المعاهدة على التالي: =

حدوث نزاع شديد بين الطرفين، لقد كان العدل والصدق والحق إلى جانب الإمام الحسين، فيما كان الجيش والقوة والعسف في يد يزيد.

وقد بدأ الجهاد بخروج الإمام الحسين مع أنصاره القلائل من المدينة إلى العراق[1]، وكان الموالون للإمام يأملون نصرة أهل العراق ومدنه للإمام الحسين.

وكان الإمام الحسين قد بعث ـ في البدء ـ بابن عمّه مسلم بن عقيل إلى العراق، قبل مغادرته المدينة، لكن يزيد وواليه عبيد الله بن زياد[2] سيطرا

= (بسم الله الرحمن الرحيم، هذا ما صالح عليه الحسن بن عليّ بن أبي طالب معاوية بن أبي سفيان، صالحه على أن يسلِّم إليه ولاية أمر المسلمين على:

١ ـ أن يعمل فيهم بكتاب الله وسُنّة رسوله وسيرة الخلفاء الصالحين.

٢ ـ وليس لمعاوية بن أبي سفيان أن يعهد إلى أحدٍ من بعده عهداً، بل يكون الأمر من بعده شورى بين المسلمين.

٣ ـ وعلى أنّ الناس آمنون حيث كانوا من أرض الله تعالى في شامهم وعراقهم وحجازهم ويمنهم.

٤ ـ وعلى أنّ أصحاب عليّ وشيعته آمنون على أنفسهم وأموالهم ونسائهم وأولادهم. وعلى معاوية بن أبي سفيان بذلك عهد الله وميثاقه، وما أخذ الله على أحدٍ من خلقه بالوفاء، وبما أعطى الله من نفسه.

٥ ـ وعلى أن لا يبغي للحسن بن عليّ، ولا لأخيه الحسين، ولا لأحدٍ من أهل بيت رسول الله غائلةً سرّاً ولا جهراً، ولا يخيف أحداً منهم في أُفُقٍ من الآفاق، شهد عليه بذلك، وكفى بالله شهيداً).

بحار الأنوار: ٦٥/ ٤٤.

واختلفت المصادر في الفقرة الثانية، ومعظمها تشير إلى عودة الأمر للإمام الحسن عليه السلام، ومن ذلك: (وليس لمعاوية أن يعهد بالأمر إلى أحد من بعده، والأمر بعده للحسن) الإصابة في تمييز الصحابة: ١/ ٣٢٩، أحمد بن علي بن حجر العسقلاني، مركز هجر للبحوث والدراسات العربية والإسلامية، القاهرة.

(١) بدأت الحركة من المدينة المنورة إلى مكة المكرمة ثم العراق.

(٢) عبيد الله بن زياد: حفيد ابن أبيه، ولد في البصرة سنة ٢٨هـ، ونشأ فيها في كنف زوج أمه مرجانة، ولي خراسان والبصرة عام ٥٥هـ في عهد معاوية، وأقره على ذلك يزيد وأضاف إليه الكوفة وقتل الإمام الحسين عليه السلام، هرب إلى دمشق بعد موت يزيد، عاد إلى العراق يقود جيش الأمويين فتصدى=

على الطريق الموصل بين الحجاز والعراق، واضعين جنودهما في كل مكان، بغية إلقاء القبض على مسلم بن عقيل بيُسْر.

كان جيش الإمام الحسين مؤلفاً من أربعين راجلاً واثنين وثلاثين راكباً[١]، أما يزيد، فقد بعث نحو الإمام بأربعة آلاف جندي[٢] بقيادة عمر بن سعد بن أبي وقاص، وقد حاصر هؤلاء، الإمام الحسين وأنصاره وآذوهم إلى أبعد الحدود، فاستشهد أنصار الإمام، ثم استشهد هو أيضاً، بعد أن أصيب بجروح بليغة خلال القتال الضاري.

وفيما بعد، أصبح ضريح الإمام المقدس في كربلاء واحدة من أهم المدن العراقية. تلزم الإشارة إلى أن شهادة الإمام الحسين حصلت في العاشر من تشرين الأول (أكتوبر) ٦٨٠م (١٠ محرم ٦١هـ)، وقد تركت هذه الشهادة أثراً كبيراً في تاريخ الإسلام، وألَّفَ المؤرخون طوال الألف والثلاثمائة عام الماضية كتباً كثيرة حول شهادة الإمام الحسين، كما بيّن الشعراء والوعاظ والمنشدون هذه الواقعة.

وفي شهر محرم الحرام من كل عام - في يوم عاشوراء - يرثي ملايين المسلمين الإمام الحسين ويذرفون من أجله الدموع. وقد جرت مأساة الإمام الحسين على ألسنة الناس (الأدب الشفوي) وظلت حيّة في قلوب الجماهير.

=له إبراهيم بن مالك الأشتر وقتله في خازر من ضواحي الموصل سنة ٦٧هـ على عهد مصعب بن الزبير.

(١) وهذا الرقم من الأخطاء الشائعة على لسان الخطباء والشعراء.

(٢) بلغ عدد جند الإمام الحسين عليه السلام من أهل بيته وأصحابه نحو ثلاثمائة في مقابل ثلاثين ألف مقاتل، وللمزيد، راجع: باب أنصار الإمام الحسين عليه السلام.. الهاشميون وغير الهاشميين من دائرة المعارف الحسينية، وصدر حتى الآن من هذا الباب ستة أجزاء ثلاثة منها في الهاشميين من الرجال وثلاثة في عموم النساء.

وفي روسيا وآذربايجان[1] الشمالية كتب عشرات الشعراء والأدباء الكثير من الكتب حول عاشوراء، وفي عامي ٢٠٠٠ - ٢٠٠١م أصبح المسلمون الشيعة الترك الآذريون الذين يعيشون في روسيا يمتلكون مسجدا حديثا في العاصمة الروسية موسكو، وهذه هي المرة الأولى في تاريخ روسيا، التي تقام فيها مراسم عزاء حسيني في هذا المسجد "مسجد إنعام"[2] الذي أقيم في منطقة أوترادون (Otradnoe)[3] وقد شارك في مراسم العزاء أكثر من ألف مسلم شيعي.

والأمر الهام على هذا الصعيد أن أول من أعان على بناء مسجد "انعام" هو السيد "بيازيتوف" وهو نجل السيد راشد جبار[4] الذي يعد واحداً من المسلمين السنّة التتار. كما أسهم في بناء المسجد بشكل مباشر

---

(١) آذربايجان: جمهورية تقع على مفترق طرق بين اوروبا الشرقية والغربية، مساحتها ٨٦,٦٠٠كم٢ وعاصمتها باكو، يحدها من الشرق بحر قزوين، ومن الشمال روسيا، ومن الشمال الغربي جورجيا، ومن الغرب أرمينيا، ومن الجنوب إيران، لغتها الآذرية واهلها من الترك، ونظامها رئاسي جمهوري، استقلت عن الاتحاد السوفياتي القديم في ٣٠/ ٨/ ١٩٩١م.

(٢) مسجد إنعام: مسجد كبير يضم نحو ألفي مصلٍّ، أشرف على بنائه المسلمون الآذريون في موسكو وأشرفت عليه مؤسسة خيليال للمسلمين التتار في موسكو، وهو في الأصل كنيسة أرثوذكسية ومعبد يهودي تم شراؤهما وبدأ العمل بتحويلهما إلى مسجد في خريف عام ١٩٩٦م وافتتح عام ١٩٩٧م، ويُعتبر أول مسجد للمسلمين الشيعة في موسكو من بين ستة مساجد قائمة، ويضم قاعة للدراسة تستوعب نحو ٢٥٠ طالباً. للمزيد راجع: تقرير الصحافي جوي نيومِيَر (Joy Neumeyer) بعنوان: السعادة القصوى على خط الشمال الرمادي (Nirvana on the north gray line) المنشور في موقع أخبار موسكو (The Moscow News) بتاريخ ٢/ ٢/ ٢٠١٢م.

(٣) اوترادون: من أحياء العاصمة الروسية موسكو ويقع شمالها، ويُطلق عليه (القدس الصغرى) لوجود الكنيسة والكنيس والمسجد كما هو الحال في القدس الشريف، ومؤخراً بدأ العمل ببناء معبد للبوذ.

(٤) جاء في موقع دليل موسكو الرسمي (Official Moscow guide) تحت عنوان مسجد ياردِيام (Yardyam Mosque) أن مشروع بناء المسجد تحت مسؤولية بيازيتوف (R.Zh. Bayazitov)، وأنه افتتح في ١٤/ ٩/ ١٩٩٧م.

السيد أياز مطلبوف[١] الرئيس الآذربايجاني الأسبق. كما تجدر الإشارة إلى أن هناك أكثر من مليون[٢] مسلم يعيشون في موسكو، من بينهم عدد كبير من المسلمين الشيعة الآذريين.

لقد صدرت كتب كثيرة حول تاريخ التشيع، والإمام الحسين وسائر الأئمة، لكن أبحاثا معمّقة حول الأدب الشعبي الخاص بالإمام الحسين وعاشوراء لم تجر على نطاق واسع حتى الآن، على الرغم من أن ذكرى الشهادة المؤلمة للإمام الحسين مازالت حيّة في قلوب الناس، طوال أكثر من أربعة عشر قرناً، على اعتبار أن مودّة الإمام وحبّ النبي الأكرم واحترام أهل بيته أمر راسخ في الأفئدة بشكل دائم. مع ذلك، فثمة اهتمام لوحظ في الحقب الأخيرة، من لَدُنِ العلماء المسلمين (من أهل السنّة) والمستشرقين بقضية عاشوراء[٣].

---

(١) أياز مطلبوف: هو ابن نيازي أشرف أوغلو مطلبوف، ولد في باكو في ١٢/٥/١٩٣٨م، نشأ ودرس في مسقط رأسه وتخرج من معهد النفط والكيمياء، وتولى مسؤوليات إدارية ووظيفية عدة وأصبح في العام ١٩٧٧م السكرتير الثاني للحزب الشيوعي الآذربايجاني، ثم وزيراً للكهرباء سنة ١٩٧٩م ثم مديراً للتخطيط العام مساعد رئيس مجلس الوزراء سنة ١٩٨٢م ثم رئيسا لمجلس الوزراء سنة ١٩٨٩م ثم رئيسا للحكم سنة ١٩٩٠م ثم اول رئيس منتخب في العهد الجمهوري بعد الاستقلال عن الاتحاد السوفياتي سنة ١٩٩١م، وفي عهده حصلت الحرب مع أرمينيا، أقاله الجيش عام ١٩٩٢م وهرب إلى موسكو وساهم في تأسيس الحزب الديمقراطي الاجتماعي الآذربايجاني، عاد من منفاه سنة ٢٠١٢م له كتاب: كاراباخ الحديقة السوداء.

(٢) في الوقت الحاضر يعيش في موسكو نحو مليون ونصف المليون مسلم كما قالت بذلك وكالة أنترفاكس الروسية، للمزيد عن عدد نفوس المسلمين في موسكو وأماكن تواجدهم ومساجدهم راجع: موقع روسيا وراء العناوين (RUSSIA BEYOND THE HEADLINES) بتاريخ ١٧/١٢/٢٠١٢م، تحت عنوان خطة بناء المساجد تثير جدلاً (Moscow mosques building plan sparks debate).

(٣) للمزيد، راجع: قالوا في الحسين عليه السلام للكرباسي (تحت الطبع).

لقد ضحّى سبط النبي الأكرم ونجل علي والزهراء بنفسه من أجل الحرية وللحفاظ على الحق ولتحقيق السعادة للبشر، وقد بذل علماء الشيعة جهوداً مضنية لتخليد نهضة الإمام الحسين وعاشوراء، ومن بين هؤلاء العلماء، سماحة الشيخ محمد صادق محمد الكرباسي الذي ألَّف موسوعة، يُعَدُّ "ديوان الأبوذية" واحداً منها، وهو ما ينبغي أن يُشار إليه بالكثير من التجليل والاحترام.

ومن الملاحظ، أنه كتبت لكل جزء من أجزاء موسوعة "دائرة المعارف الحسينية" مقدمة على قدر كبير من الأهمية. وقد كتبت هذه المقدمات بلغات عدة بالاضافة إلى العربية التي أُلِّفَت بها أيضاً جميع الأجزاء. والهدف الكامن وراء هذه المقدمات باللغات الأجنبية هو تعريف القرّاء الذين لا يفهمون العربية بموسوعة "دائرة المعارف الحسينية" بشكل مختصر.

وفيما يتعلق بكتاب "ديوان الأبوذية" فان المقدمات الأجنبية التي وردت فيه تقدِّم شرحاً عاما وموجزاً لما تضمنه، فعلى سبيل المثال، كُتبت مقدمة باللغة الروسية(١) للجزء الأول من "ديوان الأبوذية" وهو ما سيتيح للناطقين بالروسية الاستفادة منها والتعرف على مقدار حبّ العراقيين والإيرانيين للإمام الحسين.

ويشرح "ديوان الأبوذية" أحوال المجتمعات التي تعيش في

---

(١) كتبها البروفيسور قسطنطين بن بيتروفيج ماتفييف (Kostantin Petrovic Matveev) (١٩٣٤ - ٢٠٠٨م) في ١٢/ ٥/ ١٩٩٦م وصدر الجزء الأول من ديوان الأبوذية عن المركز الحسيني للدراسات في لندن سنة ١٩٩٧م.

المناطق الممتدة من بغداد وحتى البصرة وفي بعض مناطق خوزستان[1] الإيرانية أيضاً، كما يستعرض القصائد التي نُظمت في هذه المناطق حول الإمام الحسين والتي تعبِّر عن الحب النبيل في قلوب هؤلاء الناس للإمام.

إن كتاب "ديوان الأبوذية" القيّم الذي ألّفه الشيخ الكرباسي يعتبر كتابا علميا ودينيا من الطراز الأول.

ولما كانت مودة النبي الأكرم وأهل بيته ومن بينهم الإمام الحسين متّقدة باستمرار في قلوب شعبي آذربايجان وداغستان[2]، فقد حرص العلاّمة الكرباسي على تصوير هذه المودّة في كتابه القيّم.

ويتعلق كتاب "ديوان الأبوذية" بالقرن العاشر الهجري تقريبا[3]، ولكن تحديد تاريخ دقيق لنشأة الأبوذية أمر صعب للغاية. لكن الأمر الجدير

---

(١) خوزستان: مقاطعة كبيرة في جنوب غرب إيران مساحتها ٦٤,٠٥٧كم٢ وقاعدتها أهواز، تحدها من الغرب العراق، ومن الجنوب محافظة بوشهر ومياه الخليج، ومن الشرق وجنوب الشرق محافظة كهگيلويه وبوير أحمد ومن الشمال الغربي محافظة إيلام، ومن الشمال الشرقي والشرق محافظات إصفهان وچهار محال وبختياري، ومن الشمال محافظة لرستان، أكثر أهلها من العرب، مشهورة بأنهارها وزراعتها ونفطها.

(٢) داغستان: جمهورية تقع في القوقاز مساحتها ٥٠,٣٠٠كم٢ وعاصمتها محج قلعة، يحدها من الشرق بحر قزوين ومن الغرب جورجيا والشيشان، ومن الجنوب آذربايجان، ومن الشمال والشمال الغربي روسيا الاتحادية، شعبها خليط من قوميات مختلفة ولغات متعددة، اشتهرت بأنهرها فيها أكثر من ستة آلاف نهر.

(٣) جاء ترتيب أجزاء ديوان الأبوذية حسب الحروف الهجائية، ولا يختص بقرن معين، وإنما تمت الإشارة إلى القرن العاشر لوجود قول بنشأته فيه، وبعضهم يؤخره إلى القرن الحادي عشر الهجري وبعضهم يعود به إلى العهد العباسي، ولكن أقدم الأبوذيات تعود إلى نهاية القرن الثالث عشر الهجري. راجع: ديوان الأبوذية: ١/ ٧٢.

بالاهتمام في هذا الشأن، هو تبيان المؤلف لمودّة الناس في تلك المناطق للنبي وآل بيته.

وقد رتّب الكرباسي "ديوان الأبوذية" وفق أسلوب خاص، فالأبوذية تنظم على شكل رباعيات، تنتهي الجمل الثلاث الأولى منها بقافية ولحن موحّد ـ الجناس ـ ، فيما تنتهي آخر جملة بكلمة "يّة".

إن لهذا الديوان قيمة تاريخية ودينية وحضارية وفلسفية وروحية وسياسية. وقد أثبت العلاّمة الكرباسي بإيمانه أن المذهب الشيعي والمسلمين الذين آمنوا بالفكر الشيعي إنما أثّروا أثراً ايجابياً كبيراً باتجاه إقامة صرح العدل في الأمة والعالم الشيعي[1]، ما يؤكد أهمية الحفاظ على هذه الفلسفة والأعراف والسنن.

---

(١) يؤمن الفقيه الكرباسي، أن التشيع ليس مذهباً منحصراً بالشيعة الذين والوا محمداً ﷺ وآل محمد عليهم السلام وإنما هو حضارة إسلامية وإنسانية. للمزيد راجع الخبر الذي بثته وكالة نون الخبرية من كربلاء المقدسة في ١٤/٧/٢٠١٢م بالعنوان التالي: (اية الله الكرباسي يستقبل وفداً من ادباء كربلاء: التشيع حضارة وليس مذهبا)، ونص الخبر:

قدم اتحاد ادباء وكتاب كربلاء دعوة لعقد امسية ادبية وفكرية يستضيف بها آية الله الدكتور الشيخ محمد صادق الكرباسي الذي يزور مدينة كربلاء المقدسة هذه الايام قادما من العاصمة البريطانية لندن، جاء ذلك خلال زيارة قام بها عدد من ادباء وشعراء محافظة كربلاء إلى مقر اقامة الكرباسي في فندق سفير الحسين قرب العتبة الحسينية.

ونقل مراسل وكالة نون الخبرية عن الدكتور محمد صادق الكرباسي الذي استقبل الوفد مساء امس الجمعة قوله: "إنَّ الموسوعة الحسينية التي تبنيناها طبع ٧٧ مجلدا من أصل ٧٠٠ جزء منجز وغير مطبوع يعتبر نوعاً من أنواع الحوار الكتبي، موضحا أنَّ طبع نماذج شعرية بلغات عديدة بحق الإمام الحسين عليه السلام من خلال الموسوعة من اجل تعرف المسلمين على ثقافة بعضهم الآخر من خلال شخصية الإمام الحسين الذي يعتبر لكل المسلمين وليس لطائفة معينة".

واعتبر الكرباسي: "إنَّ التشيع هو حضارة وليس مذهبا وإنَّ أهل البيت هم لكل الناس وليس لطائفة دون أخرى أو دين دون آخر فهم قد جاؤوا لسعادة الناس، مبينا ان هناك تياراً معاكساً يعمل دائما على تحجيم الإمام الحسين واهل البيت عليهم السلام لحصرهم في طائفة أو مذهب معين لكي لا تستفيد منهم البشرية جمعاء".

وتكمن أهمية هذا الديوان الشامل (أعني ديوان الأبوذية) في أنه بحث بعمق قضية الاستشراق والاستعراب وقضية العلوم الدينية كما يفهما المسلمون.

ومن المؤكد أنَّ لديوان العلاّمة الكرباسي وأبحاثه أثراً كبيراً في تمتين الوحدة بين الشعبين العراقي والإيراني[1] وإشاعة المحبة والأخوّة بين عموم المسلمين ورفع مستوى مودّة النبي وآل بيته بين صفوفهم. وقد صدر الجزء السابع من ديوان "الأبوذية" من قبل المركز الحسيني للدراسات في لندن، وتضمن فهارس في نهايته لتسهيل فهمه والاستفادة القصوى منه، من قبيل الآيات القرآنية والأحاديث الشريفة والمصادر وبعض المصطلحات، وكذلك أسماء القبائل والملل وأوزان الشعر، وأسماء الحيوانات والنباتات.

وينبغي الإشارة أيضاً، إلى أنه بعد انهيار الاتحاد السوفياتي السابق[2]، عادت إلى الظهور آداب وسنن وطقوس الإسلام في جمهوريات، أوزبكستان[3] وآذربايجان وتركمانستان[4] وطاجيكستان[5].

---

(١) تمت الإشارة إلى العراق وإيران، لأن شعر الأبوذية يكثر نظمه في العراق وخوزستان من إيران.

(٢) بدأت نواة الاتحاد السوفياتي في ٢٨/ ١٢/ ١٩٢٢ وانتهى في ١٩/ ٨/ ١٩٩١م، وتشكل من خمس عشرة جمهورية، هي: روسيا، أوكرانيا، بيلاروسيا، استونيا، لتوانيا، لاتفيا، أرمينيا، جورجيا، آذربايجان، مولدافيا، طاجيكستان، تركمانستان، أوزبكستان، كازاخستان، وقرقيزستان.

(٣) أوزبكستان: جمهورية تقع في آسيا الوسطى ومساحتها ٤٤٧,٤٠٠كم٢ وعاصمتها طشقند، تحدها من الشمال والغرب كازاخستان، ومن الجنوب تركمانستان، ومن الشرق قرقيزستان وطاجيكستان، وهي خليط من قوميات أكثرها من الأوزبك ولغتها الأوزبكية، اشتهرت بالزراعة.

(٤) تركمانستان: جمهورية في آسيا الوسطى ومساحتها ٤٤٨,١٠٠كم٢ وعاصمتها عشق آباد، مقسمة إداريا إلى خمس ولايات، يحدها من الغرب بحر قزوين، ومن الشمال والشمال الغربي كازاخستان، ومن الشرق والشمال الشرقي أوزبكستان، ومن الجنوب والجنوب الغربي إيران، ومن الجنوب الشرقي افغانستان، غالبية أهلها من التركمان ولغتها التركمانية، اشتهرت بصناعات النفط والغاز واستخراج المعادن والزراعة.

(٥) طاجيكستان: جمهورية في وسط آسيا ومساحتها ١٤٣,١٠٠كم٢ وعاصمتها دوشنبة، مقسمة إدارياً=

وقد نشر في هذه الجمهوريات الكثير من الكتب حول الشيعة وعاشوراء ومحرم، وكذلك المراثي والمواعظ التي قيلت حول الإمام الحسين، وهناك الآن قصائد ومراثٍ لمحمد فضولي[1] ودخيل[2] وراجي[3] وقمري[4]

=إلى ثلاث ولايات، تحدها من الجنوب أفغانستان، ومن الغرب والشمال أوزبكستان، ومن الشمال قرقيزيا ومن الشمال تركستان الشرقية، مشهورة بمياهها وفيها سد نورك وهو من السدود الكبيرة، تعرف بمحاصيلها الزراعية وانتاج الألمنيوم.

(١) محمد فضولي: هو ابن سليمان الحائري البغدادي (٩١٢ ـ ٩٦٣هـ) ولد في كربلاء المقدسة وفيها نشأ ومات ودفن في مقبرة الدده جنوب الصحن الحسيني الشريف وقبره قائم في شارع القبلة، تركي الأصل وقيل من عشيرة البيات، كان شاعراً متصوفاً نظم بالعربية والفارسية والتركية، من فحول الشعراء، له مجموعة من المؤلفات نثراً ونظماً: منها مطلع الاعتقاد، أنيس القلوب، حديقة السعداء، بالإضافة إلى ديوان شعره.

(٢) دخيل: هو حسين (محمد حسين) بن... دخيل المراغي، الشهير بـ "آخوند ملا حسين مراغي"، من شعراء القرن الثالث عشر الهجري في مدينة مراغة بآذربايجان الإيرانية، يتخلص في شعره بـ "دخيل"، لا يعرف عن سنة ولادته ووفاته، كان من الشعراء الخطباء، ترك أشعاراً كثيراً باللغة الآذرية معظمها في مراثي أهل البيت، اشتهر بمنظومة مقتل الإمام الحسين في ستة مجلدات، جمعت أشعاره في "كليات دخيل" من ثمانية دواوين.

(٣) راجي: هو أبو الحسن بن علي أكبر راجي التبريزي (١٢٤٧ ـ ١٢٩٣هـ) من شعراء تبريز اشتهر بالغزل والمراثي، ومعظم شعره في عاشوراء، ينظم بالتركية والفارسية، مات غرقاً في طريق عودته من الحج، ويبدو أن "راجي" تخلصه في الشعر كما أن تخلص ابنه عبد المجيد (ناجي)، له: ديوان راجي تبريزي.

(٤) قمري: هو محمد تقي بن إبراهيم قمري گلزار الدربندي (١٢٣٥ ـ ١٣٠٩هـ) ولد في مدينة دربند في جمهورية داغستان، وفيها نشأ ودرس العلوم الدينية والعربية والفارسية، اشتهر بغزله ونظمه في الإمام الحسين عليه السلام، و"قمري" تخلصه في الشعر، وقد يلقب بـ "گلزار دربندي" نسبة إلى ديوانه گلزار حسيني، ينظم باللغتين الآذرية التركية والفارسية، له منظومة كنز المصائب (مراثي)، وديوان قمري، وديوان كنز المعارف الذي جمعه وحرره ابنه بعد وفاته.

وپرغم[١] وصرّاف[٢] والسيدة خورشيد ناتوان[٣] وغيرهم من الشعراء توزَّع في كل مكان من تلك المناطق.

البروفيسور قاسم محمد أوغلو كريموف
١٨/ ٦/ ٢٠٠١م
موسكو

---

(١) پُرْغَمْ: هو أحمد بن... التبريزي، من شعراء القرن الثالث عشر الهجري في تبريز كان حيا سنة ١٢٨٠هـ، و(پرغم تبريزي) تخلصه في الشعر، ينظم باللغتين التركية والفارسية، واشتهر بغزلياته ومراثيه في الإمام الحسين عليه السلام، له: ديوان غم خانة.

(٢) صرّاف: هو رضا بن محمد الصراف التبريزي (١٢٧١ ـ ١٣٢٥هـ)، ولد في تبريز وفيها نشأ ومات، درس الأدبيات الفارسية والعربية، اشتهر بالصراف نسبة إلى عمل والده في الصرافة وامتهانه لها بعد وفاة والده وله من العمر ١٢ عاماً، نبغ في الشعر الآذري التبريزي إلى جانب الفارسية، واشتهر بشعر الغزل وفي المراثي والمدائح ونصف ديوانه في اكثر من ٢٥٠٠ بيت في أهل البيت عليهم السلام، ويُعرف عند أدباء الآذرية بسعدي الترك نسبة إلى الشاعر الفارسي سعدي الشيرازي.

(٣) ناتوان: هي خورشيد إبنة مهدي قلي خان (١٨٣٢ ـ ١٨٩٧م) شاعرة آذربايجانية ولدت في مدينة شوشة (شوشي) في مقاطعة ناغرنو كاراباخ وفيها نشأت وماتت، وتُعرف بـ "بانو خورشيد" أي السيدة خورشيد، أكثر شعرها باللغتين الآذرية والفارسية، اشتهرت بشعر الغزل، تخلص في شعرها بـ "ناتوان".

والشعراء يبكون بدل الدموع أبوذية!

تتأرجح النفس الإنسانية في محراب الحياة بين الرغبة والرهبة، وتسعى في ميادين الشعور بين مرتفعي الأفراح والأتراح، وإذا استقرت هنيئة في عرفات الغُنُم، فهي لابد وأن تهبط وادي الغُرُم، هكذا هي دورة الحياة تعطي وتأخذ، وإذا أغدقت على أحد، فهي بما سلبت من آخر، دورة تناوبية من الآمال والآلام، هي سر الحياة الإنسانية، ومبلغ غايته، إذ لا يستذوق المرء طعم العسل ما لم يستذوق طعم العلقم، ولا يقدّر المرء منافع النهار إلا بحلول الليل، ولا يعرف سَكَنَ الليل إلا بضوضاء النهار، والأشياء تعرف بأضدادها.

والشاعر هو جزء من هذا المكون البشري الذي لا يشذ عن قاعدة التناوب وهو يعتلي منبر النظم، فتأتي أبياته زاهية فرحة جذلانة تارة، وتارة يسودها ظلام الحزن والتوجع تنقل المتلقي عبر كوة التفجع إلى دهاليز النفس البشرية تستحثها وتشحذ كوامنها لتخرج أثقالها، حتى يقول القائل ما لها؟ يومئذ تحدث آهاتها بأنَّ رسول الهمّ أوحى لها، يومئذ يصدر المتلقون أشتاتا ليروا ما أفضت إليهم القوافي، فمن تماهى مع الشاعر دخل كُوَّته، ومن تقاطع معه لم ينل حظا من لذة الوجع الشعري والشعوري.

وإذا كان الوجع يشكل مساحة لا بأس بها من مادة شاعر القريض، فإنَّ نمطا آخر من الشعر الدارج، يشكل الوجع مساحة كبيرة من المادة

الشعرية، بل هو الوجع كله، ألا وهو شعر (الأبوذية) الذي أخذ مسماه من الأذى والألم، وانتشر أولاً لدى عرب وسط وجنوب العراق وعرب خوزستان، ثم انتقل إلى مناطق أخرى من العالم، ولما كان شعر الأبوذية بمثابة قصة قصيرة من أربعة أشطر بجناس ثلاثي، تبدأ وتنتهي بمفردات تراجيدية، فإنَّ هذا النمط من الشعر الدارج وجد مرتعه في واقعة كربلاء حيث استشهاد الإمام الحسين بن علي عليه السلام والقلة المؤمنة من أهل بيته وأصحابه.

هذا النمط من الشعر الدارج الذي قلّ مَن تناوله بالشرح، فصّل فيه المحقق آية الله الدكتور محمد صادق محمد الكرباسي، وخصص له مقدمة مطولة من جزء واحد تناوله بالتفصيل من كل أبعاده، ثم واصل في أجزاء أخرى شرح الأبوذيات الخاصة بنهضة الإمام الحسين عليه السلام، وتقريب معاني كلماتها الدارجة إلى أذهان السامعين، لأنَّ مثل هذا الشعر لا يقدر على فهمه إلا من خبر اللهجة العراقية المحلية، إذ إن جماليته وقوة جناسه فيما استعمل فيه من مفردات محلية، قد لا يقدر على فهم جناس الأبوذية حتى من يتكلم اللهجة المحلية، ولذلك فإنَّ واحدة من مفاخر أجزاء الأبوذيات من دائرة المعارف الحسينية هي تمكن المؤلف من فض مغاليق اللهجة الدارجة لتكون مفهومة للقارئ العراقي والخوزستاني والعربي على حد سواء، وقد تكوّن من أجزاء الأبوذية معجماً كبيراً في المفردة المحلية ومعناها اللغوي والاصطلاحي، ربما سيصدر في جزء مستقل.

وفي العام ٢٠٠٨م صدر الجزء السابع من ديوان الأبوذية في ٤٨٣ صفحة من القطع الوزيري عن المركز الحسيني للدراسات مع قراءة نقدية باللغة الآذرية للبروفيسور قاسم محمد أوغلو كريموف.

غياب الناظم

لشعر الأبوذية ميزات عدة، يشترك مع بقية أنماط الشعر وأغراضه ويفترق في أخرى، بيد أنَّ الصبغة العامة هو أنَّ الشاعر يُغيِّب نفسه خلف الأشطر الأربعة ويستحضر وبقوة الشخصية مدار الحدث فيستنطقها، فتزفر عن لوعاتها، وهذا النمط من الشعر يُعبر عنه بلسان الحال، فلا يكاد المتلقي يشعر بحضور الشاعر أبدا، وإنما يعرف الشخصية المتحدثة من بعض الإشارات تلميحا أو تصريحا، ولاشك أنَّ التلميح واحد من ملمَّعات الشعر ومحسناته، وهو ما يكثر في شعر الأبوذية.

ومن ذلك أبوذية الشاعرة البحرينية ثريا بنت عطية الجمري[1] وهي تنظم عن لسان الإمام الحسين عليه السلام مخاطبا ابنته السيدة سكينة عليها السلام:

طُفَحْ يا خلگ گلْبي مَنْ يِسَكْنَه
إوْ هَالصّيوانْ خالي مَنْ يِسِكْنه
عِرِّيسِچ گضَه نَحْبَه يَسِكْنه
وأبْدالِ ٱلْعِرِسْ نِصْبي عَزِيَّه

والجناس في (يسكنه)، فالمفردة الأولى: من سكن المتحرك إذا انقطع عن الحركة أراد بها يهدئه، والثانية: من سكن المكان إذا أقام فيه، والثالثة: مخففة يا سكينة. والخلگ أي الخلق وهم البرية، والصيوان أي الخيمة الكبيرة وهي كلمة فارسية، وعريسِچ محرفة عريسك، وهنا أراد

---

(١) ثريا عطية الجمري: هي حفيدة علي بن عبد الرسول الجمري، شاعرة معاصرة، وتكنى "أم فاضل"، شاعرة وخطيبة، ولدت في قرية بني جمرة في البحرين في أسرة علمية حيث كان والدها الملا عطية الجمري (١٣١٧ ـ ١٤٠١هـ) من الخطباء الشعراء، من دواوينها: لآلي الدموع.

الإمام الحسين عليه السلام ابن أخيه عبد الله الأكبر ابن الحسن، حيث تذهب بعض الروايات أنه تزوج من سكينة بنت الحسين (٤٢ ـ ١١٧هـ) ولم يدخل بها.

ويلاحظ في هذا الديوان والدواوين الستة التي سبقته، ندرة النظم النسوي في مجال الأبوذية، وربما يعود ذلك إلى احتكاك الجنس الذكوري بالحياة وإفرازاتها على الصعيد الاجتماعي أكثر من الجنس الأنثوي، وبخاصة في المناطق الشعبية التي تحتفظ بتقاليد وأعراف تكون فيها الديوانيات والنوادي والملتقيات حكراً على الرجال دون النساء. كما أن الأنين حينما يصدر من الرجل هو أكثر إيلاما وأشدُّ وقعا على النفس من أنين المرأة، لأنَّ من طبيعة الرجل الشدة وللمرأة العاطفة، ولذلك يسهل البكاء عند المرأة ويصعب عند الرجل، وإذا ناحت المرأة أبكت الرجال، وإذا ناح الرجل أبكى النساء قبل الرجال، لأن نائحة الرجل لا تتأتى إلا عن شدَّة وعن مصاب جلل، والشاعر في أبوذيته يسقط قطرات أماقيه جناسا.

حضور الناظم

وإذا كان غياب الناظم من بين أشطر الأبوذية هي الصفة العامة، باعتبار أنَّ الشخصية المتحدثة شهدت الحدث أو كانت جزءاً منه فيكون وصفها شهادة حق معتداً بها، فإنَّ الأبوذية فيها لمحات شعرية رائعة يضع فيها الشاعر نفسه موضع الشاهد ويروح يحدث عن الحدث رغم بعد المسافة الزمانية وربما المكانية، وكأنه يحدّث عن فارس شارك في المعركة أو مراقب تتبع حوادثها، ويبلغ عند البعض حضوره بحيث ينقل الصورة التي رآها إلى غيره، تماما كالمراسل الحربي.

ومن ذلك قول الشاعر نجم بن عبود الكواز[1] مخاطبا محمد ابن الحنفية[2] واصفا له ما جرى على أخته زينب عليها السلام بعد مقتل أهل بيتها:

يَـطـارِشْ لِـلْـمَـدينَـةْ رُوحْ عَـنْـهـا
لِـمـحَـمَّـدِ أو گـلَّـه ٱلْـخَـيـلْ عِـنْـهـا
يَـبـو جـاسِـم خُـبَـرْ مـا جـاكْ عَـنْـهـا
ٱبْـزَيْـنَـبْ وِالْـجَـرَه بِـالْـغـاضِـرِيَّـه

والجناس في (عنها)، فالأولى: مخففه تعناها أي أقصدها، والثانية: أراد خذ بعنان الخيل، والثالثة: جار ومجرور والضمير يعود إلى السيدة زينب عليها السلام، والطارش هو الرسول. فالشاعر هنا يطلب من الرسول الذاهب إلى المدينة المنورة أن يخبر محمد بن الحنفية عما جرى في كربلاء وما حلَّ بزينب عليها السلام بعد فقد أخيها وأحبتها وتعرضها للسبي، وهذا الطلب لا يصدر إلا عمن شهد الواقعة، فالشاعر في مثل هذه النوع من الأبوذية يُغيِّب لسان الحال ويستحضر ذاته الشاهدة.

حوارية

ويبلغ الشاعر من الإجادة مبلغا، بحيث يجري حوارية من أبوذيتين أو أكثر، بل ويستنطق الجماد أو يسائله، ويقف هو خلف الكلمات يضرب بأصابع جناسه على أوتار قانون أبوذيته دون أن يشعرك بوجوده وحضوره،

---

(١) نجم عبود الكواز: الحلي، من شعراء العراق الراحلين قبل العام ١٩٨٠م، من دواوينه: النفحات الحسينية المطبوع عام ١٩٥٨م.

(٢) ابن الحنفية: هو محمد بن علي بن أبي طالب عبد مناف بن عبد المطلب الهاشمي (١٦ ـ ٨١هـ)، واشُتهر بابن الحنفية نسبة إلى أمه خولة بنت جعفر الحنفية، وكنيته أبو القاسم وهو أخ غير شقيق للإمامين الحسن والحسين عليهما السلام، شارك أباه في حروبه الثلاث صفين والجمل ونهروان.

ولكن هذه المرة بطريقة حوارية، أو بتعبير آخر على نمط سؤال ورد الجواب، وفي كليهما تكون الأبوذيتان هما في مقام السؤال والجواب.

وقلّة من شعراء الشعر الشعبي من يجيد مثل هذا الأسلوب، وقد أجاد فيها شاعر القريض والدارج وشاعر العمودي والحر الأديب جابر بن جليل الكاظمي(١)، الذي استأثر في هذا الديوان بواحد وستين أبوذية دلالة على إبداعه وإنتاجه الغزير الذي ندر مثيله في عصرنا الحاضر.

ومن تلك الأبوذيات الحوارية، أبوذية الدار، وهي الدار التي وجدتها فاطمة بنت الحسين عليها السلام خالية من أهلها وأصحابها، فراحت تستجوبها وبحرقة ما بعدها حرقة:

الفلك ما يعتدل بالعكس يا دار
ولا ينشف دمع عيناي يا دار
يدار الأهل أهلچ وين يا دار
گولي ولا تخليها خَفِيَّة

وحيث دار صوت فاطمة الصغرى(٢) إبنة الحسين عليه السلام في أرجاء الدار،

---

(١) جابر جليل الكاظمي: هو حفيد كرم البديري، ولد في مدينة الكاظمية في بغداد سنة ١٩٦٤م، وهو من أسرة اشتهرت بنظم الشعر، بدأ بقرض الشعر صغيرا، وهو عميد الشعر الحسيني، ينظم باللغة الفصحى واللهجة الدارجة، هاجر عام ١٩٨٠م إلى سوريا وبعد فترة إلى إيران ثم هاجر إلى سوريا ومنها إلى لندن حيث يقيم فيها، ترأس في إيران جمعية الشعر الشعبي وأدار لسنوات عدة برنامج نادي الشعر الشعبي من إذاعة طهران (القسم العربي)، من آثاره المطبوعة: الدموع الناطقة، الأغاريد في المدح والمواليد، وأبوذية جابر الكاظمي.

(٢) فاطمة: هي فاطمة الصغرى تمييزا عن الوسطى والكبرى إبنة الحسين بن علي بن أبي طالب الهاشمية (٥١ ـ ١١٧هـ)، وأمها أم إسحاق بنت طلحة بن عبيد الله التيمية، وهي زوجة الحسن المثنى ابن الحسن بن علي بن أبي طالب الهاشمي المتوفى سنة ٩٢هـ، وأولادها: عبد الله المحض والحسن المثلث وإبراهيم الغمر وزينب وأم كلثوم الكبرى، حضرت كربلاء وكانت ضمن الأسرى.

فلم تبخل جدران الدار عن جوابها وكل من يسأل عن الذين تركوا ديار المدينة المنورة متوجهين نحو كربلاء إلى حيث مناخ الركاب ومحط الرحال وسفك الدماء:

يَهالْتِنشِدْ عَنْ أهْلي وَيِنْ ماوَيِنْ
تِعَنّوْا كَرْبَلَه وِالظَعَنْ ماوَيِنْ
إشْتِظِنْ گلْبي عَلَيْهُم أبَدْ ماوَيِنْ
يِونْ وِيْنوح كِلْ صُبْحِ أومِسِيَّه

والجناس في (ماوين)، فالأولى: مركبة من ما المهملة ووين محرفة أين، والثانية: محرفة ومخففة ما تأنى، والثالثة: محرفة من ما للنفي وأنّ من الأنين. فالدار تخاطب السائل وتقول له: يا هذا الذي تنشد وتسأل عن أهلي أين حلّ بهم الدهر فإنهم تعنوا وذهبوا إلى كربلاء حيث مثاويهم، ولا تظن قلبي صخر جلمود لم يتوجع أنينا عليهم، فهو دائم الأنين في كل صباح ومساء.

عيوني لأجلك

بعض القوافي تسامق النجوم في علوها، وبعضها يبتلعها الزمان أو يكاد يزدريها، ومع تسامي القوافي يتلألأ إسم الناظم، وإذا غاب عن الأذهان حضر البيت حضور الشمس في رابعة النهار، ولشهرة البيت يأخذ الشعراء بالتفنن فيه بين تشطير وتخميس ومباراة وتضمين وما إلى ذلك من فنون النظم.

ومن تلك القصائد يائية الشاعر العراقي محمد علي الأعسم[١]، من الكامل، والبيت المشهور:

تبكيك عيني لا لأجل مثوبة ... لكنما عيني لأجلك باكية[٢]

من قصيدة مطلعها:

قد أوهنت جلدي الديار الخالية ... من أهلها ما للديار وما لِيَه[٣]

فما من شاعر حسيني إلا واستفاد من بيت العين الباكية، ولا يخلو مجلس حسيني من ذكر هذا البيت، فهو يعبر عن مبلغ الولاء لدى المسلم المحب لأهل البيت عليهم السلام، بحيث يواسي مصائبهم بالبكاء لا رغبة في الثواب وإنما تجري الدموع جريا على المصاب الجلل، بلا دوافع مادية أو كسبا للأجر الأخروي، إذ لا يوم في العالمين كيوم الحسين عليه السلام، ومن المباراة لهذا البيت أبوذية الشاعر ياسين الكوفي[٤].

حُبَّك لِلمُحِب يَحْسَين يَنَّه

سَلامَك وٱلْوِصِيَّه ٱبْساعْ يَنَّه

تِبْچي ٱعْلَيكْ عَيني لا لْيَنَّه

---

(١) محمد علي الأعسم: هو ابن حسين بن محمد الأعسم الزبيدي (١١٥٤ ـ ١٢٣٣هـ) ولد وتوفي في النجف ودفن في مقبرة العائلة في الصحن العلوي الشريف، كان من العلماء الشعراء المشهورين، أخذ العلم عن السيد محمد مهدي بحر العلوم ولازمه، له عدد من المنظومات في أبواب الفقه والسلوك العام، بعض شعره من عيون الشعر، جمع السماوي شعره في أهل البيت عليهم السلام وسماه ديوان الأعسم.

(٢) ديوان الأبوذية: ٧/ ٢٢.

(٣) أدب الطف: ٦/ ١٩٧، جواد بن علي شبر، دار المرتضى، بيروت ـ لبنان.

(٤) ياسين الكوفي: هو ابن علي (عبد الله) بن عباس المخزومي الكوفي (١٣١٠ ـ ١٣٧٤هـ)، من مشاهير شعراء الشعر الشعبي في الكوفة، له ديوان الشيخ ياسين الكوفي، ديوان المرحوم الشيخ ياسين، ومدائح ومراثي آل البيت.

إو لا لَـجْـلِ الـثَّـوابِ اْعْـلَـه اْلـرِّزِيَّـه

والجناس في (ينّه)، فالأولى: مخففة أجنّه، من الجنون، والثانية: مخففة جئننا والضمير يعود إلى السلام والوصية، والثالثة: من الجَنة، أضيف الألف واللام للضرورة. والوصية في الشطر الثاني هي ما أوصى بها الإمام الحسين عليه السلام لشيعته، مشيراً لما ينسب له عليه السلام، من مجزوء الرمل:

شـيـعـتـي مـا إن شـربـتـم عـذب مـاء فـاذكـروني[1]

وممن بارى يائية الأعسم في هذا الديوان، الشاعر عيسى الحياوي[2]، والشاعر عباس الحميدي[3]، وغيرهم.

زينب كانت هناك

وحيث كان الحسين عليه السلام في كربلاء كانت شقيقته زينب عليها السلام، وحيث رحل الحسين عليه السلام شهيدا مخضبا بدمه فداءً لأمة الإسلام ومن أجل إصلاح الفاسد من أمور البشرية، تسلّمت زينب عليها السلام راية المعارضة في وجه السلطات الظالمة. وقد يظن الظان أن راية الإمام الحسين هوت يوم هوى العباس بن علي[4] عليه السلام كعمه جعفر بن أبي طالب الطيار عليه السلام مقطوع

---

(١) ديوان الأبوذية: ٧/ ٢٣٩.

(٢) عيسى الحياوي: هو ابن علي، من شعراء الشعر الشعبي في العراق، توفي سنة ١٣٧٨هـ.

(٣) عباس الحميدي: من شعراء الشعر الشعبي المعاصرين في العراق، وقصائده مغنّاة.

(٤) العباس بن علي: هو العباس الأكبر بن علي بن أبي طالب عبد مناف بن عبد المطلب الهاشمي (١٨ ـ ٦١هـ) وكنيته أبو الفضل نسبة إلى ابنه الفضل، كما يُكنى بأبي القاسم وعُرف بقمر بني هاشم، ويسمى بالأكبر تمييزا عن أخيه العباس الأصغر (٤٠ ـ ٦١هـ)، وأمه أم البنين فاطمة بنت حرام بن خالد الكلابية، ولد في المدينة المنورة، كان من العلماء الفرسان، شارك أباه علياً عليه السلام في صفين، وحمل راية أخيه الحسين عليه السلام في كربلاء، وفيها استشهد مع إخوته الأشقاء عبد الله وجعفر وعثمان، وقبره مزار مستقل.

اليدين، لكن زينب عليها السلام تسلمتها وواصلت بها مسيرة الرفض على طريق الإصلاح في أمة جدها محمد بن عبد الله صلى الله عليه وآله وسلم.

هذا الحضور البارز للمرأة العلوية في النهضة الحسينية، كان مدار الشعراء منذ القرن الأول الهجري وحتى يومنا، ولا ينعدم ديوان شعر من قصيدة في السيدة زينب عليها السلام، بل لا يعد الشاعر شاعراً حسينياً ما لم ينظم في عقيلة بني هاشم، فجهادها في الأسر وما بعده ملازم لجهاد أخيها في كربلاء وما قبله، وحيث يُذكر الحسين عليه السلام تُذكر زينب عليها السلام.

ويزدحم هذا الديوان كما هي الدواوين الستة التي سبقته في الصدور، بالكثير من الأبوذيات في السيدة زينب عليها السلام ومعظمها عن لسان الحال، أو أن الشاعر يستوحي من حوادث كربلاء مشهدا فيجري أبوذيته مجرى الحوار، ومن ذلك أبوذية الشاعر العراقي عبد الحسين الشرع(1) مصوراً حواراً بين السيدة زينب عليها السلام وأخيها العباس عليه السلام، حيث تخبره:

يَـبْـو فـاضِـل سِـرَه ٱلـحـادي وَلاعَـنْ
إوْ خَـواتَـكْ عَـٱلْـهِـزِل حَـنَّـنْ ولاعَـن
يِـگـلْـهـا ٱجْـفـوفْ لا عِـنْـدي وَلاعَـنْ
عَـلـيـچ أو عَـٱلْـحَـرَمْ يَـخْـتـي ٱشـبـيـدِيَّـه

والجناس في (لاعن)، فالأولى: مخففة لاعان، لا للنفي وعان بمعنى ساعد، أراد المساعدة على ركوب الهزل وهي النياق النحيفة، والثانية: من

(1) عبد الحسين الشرع: هو ابن علي بن جعفر بن حسن بن نعمة بن السيد علي الشرع، ويعود بنسبه إلى الإمام موسى بن جعفر الكاظم عليه السلام، من العلماء الشعراء في النجف الأشرف توفي سنة ١٣٨٥هـ، وشعره يتردد على ألسنة الخطباء والرواديد والمداحين.

اللوعة وهي حرقة الحزن، والثالثة: مخففة لاعين، اللاء للنفي والعين ما يرى بها الإنسان.

ولأنَّ حمل الرسالة الحسينية كان ثقيلا كثقل حمل الرسالة الإسلامية، فإنَّ الشاعر عبد الأمير الفتلاوي[(١)]، يستنطق السيدة زينب عليها السلام بعد مقتل أخيها العباس عليه السلام، فيرى وترى أنَّ الدهر أرضعها من ثدي المصائب:

دَهَـرْ ثَـدْي ٱلـمُـصـايِـبْ مَـرْضَـعـنّـه
عَـلَـه ٱچـتـولِ ٱلـرِّهـايِـنْ مَـرْضَـعَـنّـه
شَـگـولِ ٱبْـحَـگ چـفـيـلـي مَـرْضَـعَـنّـه
أخـويَ ٱوْيـاه ظَـلِّ ٱعـتـابِ ٱلِـيَّـه

والجناس في (مرضعنه)، فالأولى: أصلها مرضعنا والمراد أرضعنا، والثانية: مخففة ومركبة من (مر + ظعننا) والظعن هو الرحل، كتبت بالضاد للجناس، والثالثة: مخففة ومركبة من (ما + أرضى + عنه؟) والمعنى هو ماذا أقول عن (چفيلي) كفيلي؟ أأقول ما أرضى عنه!

وقد ورد اسم السيدة زينب عليها السلام في هذا الديوان الذي اختص بتتمة قافية النون، في ١٨٨ أبوذية من مجموع ٣٢٤ أبوذية لسبعة وسبعين شاعراً وشاعرة وعدد ممن لم يتم التوصل إلى أصحابها.

تلكم هي كربلاء

تلكم هي كربلاء، كما يستفتح الناشر في مقدمته: (رابضة هناك على

(١) عبد الأمير الفتلاوي: هو ابن علي بن موسى بن حسن الفتلاوي (١٢٩٧ ـ ١٣٨٠هـ) من الخطباء الأدباء الشعراء، ولد في الهندية في كربلاء المقدسة ومات في المشخاب في النجف الأشرف ودفن في الثانية، له: سلوة الذاكرين.

بقعة.. قدس الثرى فيها جدث هو مهبط الملائكة.. ومهوى القلوب.. جدث تُشدُّ إليه الرحال شوقاً ولهفة.. لا يمنع السائرين إليه نصب.. ولا يصيب القاطنين بجواره ملل... فأينما كنت فولِّ وجهك شطر تلك البقعة الطاهرة.. وارمق بعينيك المدى.. فثمَّة نور يشع من هناك.. يطاعن عنان السماء.. ولا يخبو أبد الدهر.. وثمة عبير.. يضوع من هناك.. يملأ الخافقين.. ولا يتلاشى على مر الزمن)[١].

ومن كربلاء إلى موسكو العاصمة الروسية أو (بلاد المسكوف) كما أطلق عليها الأجداد، يحدثنا البروفيسور قاسم محمد أوغلو كريموف، عن الحسين عليه السلام في موسكو، وهو يقدم قراءة نقدية للجزء السابع من ديوان الأبوذية بلغة آذرية تركية وبأبجدية روسية، فلأول مرة في تاريخ روسيا الحديثة وفي العام ٢٠٠٠م أقام المسلمون الشيعة الترك الآذريون مأتماً حسينياً في (مسجد إنعام) في منطقة اوترادنو (Otradnoe).

ويخبرنا هذا الخبير بتاريخ الأدب العربي والفارسي أنَّ موسكو العاصمة لوحدها تضم مليون مسلم[٢]، وأنَّ هذا المسجد شارك في إقامته السيد بيازيتوف بن راشد جبار، وهو من وجهاء المجتمع السنّي التتاري في موسكو، ومن المفارقات التي أحدثها انهيار الاتحاد السوفياتي أن السكرتير الأول للحزب الشيوعي الآذربايجاني رئيس آذربايجان السابق

---

(١) النص للأديب والشاعر والإعلامي اللبناني عبد الحسن بن راشد دهيني المولود في مدينة النجف الأشرف (العراق) سنة ١٩٦٠م، حيث اعتاد على كتابة مقدمة الناشر، وهو يتولى إدارة بيت العلم للنابهين في بيروت التي تشرف بدورها على طباعة إصدارات دائرة المعارف الحسينية وإصدارات المركز الحسيني للدراسات في لندن وغيرها من المطبوعات، من مؤلفاته: نهاية إسرائيل حقيقة لا وهم، كلماتي وأبوح بها (ديوان)، ومجموعة تحقيقات.

(٢) تمت الإشارة أن موسكو لوحدها تضم مليون ونصف المليون مسلم حسب وكالة أنترفاكس الروسية.

السيد عياض (أياز) مطلبوف، ساهم في بناء هذا المسجد، وبغض النظر عن الدوافع، فانَّ الواقع يدلك على أنَّ الحسين عليه السلام في قلب السني والشيعي، في قلب الإسلامي واليساري، بل هو في قلب كل إنسان يبحث عن الصواب والخلاص، لأنَّ الإمام الحسين عليه السلام كما يشير البروفيسور في قراءته: (ضحى بنفسه من أجل الحرية وللحفاظ على الحق ولتحقيق السعادة للبشر)، بل ويؤكد البروفيسور أوغلو كريموف، ثمة: (اهتمام لوحظ في الحقب الأخيرة، من لدن العلماء المسلمين من أهل السنّة والمستشرقين بقضية عاشوراء)، هذا ناهيك عن جهود المسلمين الشيعة حيث: (بذل علماء الشيعة جهوداً مضنية لتخليد نهضة الإمام الحسين وعاشوراء، ومن بين هؤلاء العلماء، سماحة الشيخ محمد صادق محمد الكرباسي الذي ألّف موسوعة يُعد ديوان الأبوذية واحدا منها، وهو ما ينبغي أنْ يشار إليه بالكثير من التجليل والاحترام).

ولا يخفى أنَّ الديوان كسابقيه ضم ٣٤ فهرسا في موضوعات شتى، حرص البحاثة الدكتور محمد صادق الكرباسي على تدوينها، بوصف الفهارس أبواب الباحث إلى متون الكتاب.

الأربعاء ١٠/١٢/٢٠٠٨م.

الأديب پير خدر سليمان

* پير بن خدر بن سليمان بن خليل الجرواني.
* ولد في شباط فبراير ١٩٥٢م في قضاء شيخان في محافظة نينوى (العراق).
* نشأ ودرس في مسقط رأسه وواصل الدراسة الجامعية في بغداد ونال من كلية الآداب بجامعة بغداد الشهادة الجامعية (بكالوريوس لغة كردية) في العام ١٩٧٤م.
* أديب وكاتب ونائب وخبير استشاري في الشؤون الإيزيدية.
* عضو اتحاد أدباء الكرد فرع دهوك منذ العام ١٩٧٩م.
* تولى في العام ١٩٩١م رئاسة اتحاد أدباء الكرد فرع دهوك حتى العام ١٩٩٧م(١).

---

(١) كانت لنا زيارة عمل ثقافية في مدينة دهوك يوم الثلاثاء ٢٠ شعبان ١٤٣٣هـ (١٠/ ٧/ ٢٠١٢م)، حيث أقام اتحاد أدباء الكرد لوفد دائرة المعارف الحسينية ندوة ثقافية بحضور رئيس الاتحاد الأستاذ حسن سليفاني وعدد من أدباء وأديبات محافظة دهوك تحت شعار: "دائرة حفيد سيد الأنام في ضيافة مدينة التسامح والوئام"، وفي اللقاء الثقافي تحدث الأديب سليفاني عن: (الانفتاح الثقافي الذي يوليه الاتحاد في مدينة يسكنها مواطنون من أديان مختلفة)، معتبراً: (إنَّ الشعار الذي رفعته الندوة الثقافية يظهر واقع المدينة المتسامحة ويعكس في الوقت نفسه طبيعة عمل الاتحاد الذي يهتم بنشر المحبة والوئام بين أبناء الوطن)، داعياً إلى: (توثيق عرى التعاون بين اتحاد أدباء الكورد والمركز الحسيني للدراسات)، وفيما يخص دائرة المعارف أشار الأستاذ حسن سليفاني بأنَّ: (الموسوعة الحسينية عمل جبار وكبير)، مبدياً دهشته الكبيرة لهمّة المؤلف الذي: (استطاع بمفرده أن يرفع قواعد هذه الموسوعة التي هي بحاجة إلى جهود وزارة كاملة بكل كامل طاقتها)، وتساءل: (كيف أمكن للشيخ الكرباسي أنْ يتحمل أعباء هذا العمل الكبير دون دعم حكومي؟ فهذا الأمر محل دهشة وحيرة)، داعياً إلى: (ضرورة إيصال الموسوعة إلى كل البلدان ليطلع العالم على الإبداع المعرفي=

* أصبح في سنة ١٩٩٣م أول رئيس لمركز لالش الثقافي في دهوك حتى العام ١٩٩٧م.
* صاحب امتياز مجلة لالش الصادرة باللغتين العربية والكردية.
* في عام ١٩٩٧م ترك العراق وهاجر إلى ألمانيا وسكن مدينة أولدنبورغ (Oldenburg) متنقلاً بين ألمانيا والعراق.
* أصبح في الفترة ١٩٩٧ ـ ٢٠٠٤م رئيساً فخريا لمركز لالش الثقافي.
* عاد إلى العراق ودخل انتخابات اقليم كردستان واصبح عضوا في مجلس الإقليم في الفترة (٢٠٠٥ ـ ٢٠٠٩م).
* في الفترة (٢٠٠٥ ـ ٢٠٠٩م) إلى جانب عمله التشريعي كان مستشاراً للشؤون الإيزيدية في وزارة تربية إقليم كردستان.
* تفرغ للكتابة والتحقيق والتأليف وإلقاء المحاضرات في العراق وفرنسا وألمانيا وأمريكا والحضور في الندوات واللقاءات التلفزيونية، ومن مؤلفاته:
- سِفر الإيزيدية.
- الإيزدية ومعبد لالش ومركز لالش الثقافي (انكليزي)
- الإيزيدية (منهاج دراسي).

=الكبير، بخاصة وأن الإمام الحسين عليه السلام استشهد من أجل الحق ومنه استلهمت قيادتنا السياسية وشعبنا الكردي العزيمة على رفض الظلم والعيش بحرية).

وقد تناولت في كلمة لي بوصفي رئيسا للوفد الزائر نماذج من البعد العلمي في عمل الموسوعة الحسينية، كما أشرت إلى حرص المؤلف الفقيه الدكتور محمد صادق الكرباسي في الأبواب الستين من دائرة المعارف الحسينية في أن يضع قواعد كل باب أو أن يؤسس لذلك الباب من خلال تقعيد علمه والبناء عليه بصورة سليمة، بحيث تكون المقدمة بوابة ذلك العلم الذي يبحث فيه المؤلف، كما في كتاب "المدخل إلى الشعر الحسيني" حيث وضع قواعد النظم في الأدب العربي ومراحل تطوره، وكتاب "المدخل إلى الشعر الأردوي" الذي أنشأ فيه ولأول مرة قواعد النظم الأردوي بمنظار التفعيلة العربية، وكذا في كتاب "المدخل إلى الشعر البشتوي" و"المدخل إلى الشعر الفارسي"، أو كتاب "معجم خطباء المنبر الحسيني" حيث أصّل فيه لتاريخ الخطابة في الحضارات والمدنيات المختلفة وأثبت أسس الخطابة الناجحة. كما قرأ الأديب الدكتور حسين أبو سعود قصيدة في المناسبة من نظم الأديب الجزائري الدكتور عبد العزيز شبِّين.

إيزديّون ولسنا يزيديّون[١]

(ديوان السريع)

باسم الإله الواحد الأحد

لي الشرف كل الشرف لأن أُقدّم على جزء من أجزاء الموسوعة الحسينية الجبارة والتي تدور رحاها حول شخصية كبرى ألا وهو الإمام الشهيد والذي هو رمز لرفض الظلم والذل والهوان، وقد رفد الإنسانية جمعاء دروساً وعبراً خالدة ستبقى أبد الدهر، وأنها تتجدد سنوياً بتجديد الحياة والذي يعجز قلمي المتواضع بل وأقلام الآخرين معي عن التعبير عنها.

وبما أنني باحث في شؤون الكورد الإيزديين والذين هم أتباع إحدى أعرق الديانات التوحيدية في ميسوبوتاميا[٢] وكردستان[٣]، نشترك مع الإمام الشهيد (الحسين بن علي) في الإنسانية أولا، وكون كلانا ضحية الغدر على أيدي الحكام الظالمين ولم نستسلم يوماً لجبروتهم وغيّهم وظلمهم ثانياً.

---

(١) أصل المقدمة باللغة العربية كما وردت.

(٢) ميسوبوتاميا: وهي الأرض الممتدة بين منابع نهري دجلة والفرات حتى مصبهما في القرنة جنوب العراق، والتي شهدت العصور السومرية والبابلية والأكادية والآشورية.

(٣) كردستان: وهي المنطقة الواقعة بين إيران والعراق وتركيا وسوريا.

وفي الواقع أن الإمام الحسين (رضي الله عنه) هو نجل الإمام العظيم علي بن أبي طالب (رضي الله عنه) والذي قيَّمه الإيزديون من خلال نصوصهم المقدسة بالبيتين التاليين باللغة الكردية:

خودى ئيمام عه لي ب س ى خه لات اخه لات كرى

ب فاطمة، ذو الفقار، وهه سيئ دندلى

ويعني بالعربية ما يلي:

"أللَّه كرَّم الإمام علياً بثلاث مكرمات".

"فاطمة، ذو الفقار، والفرس دندل"(١).

ومن هنا فإنني أنتهز الفرصة لأصحِّح مغالطة تاريخية مجحفة بحق الكورد الإيزديين من على المنبر الحسيني الكريم، ذلك المنبر المعطاء الذي يرمز إلى العدالة وإحقاق الحق لأقول: بأننا "إيزديّون" ولسنا "يزيديّون"، وتسميتنا هذه قد أتت من خلال مفردة "ئه زدا" = "خودا" أي الخالق جل جلاله، ومفردة "إيزد" هي ذاتها التي يستخدمها الفرس والتي تعني الخالق والرب، حيث يقول الشاعر الفارسي أبو منصور محمد بن أحمد دقيقي(٢) المتوفى سنة ٣٦٨هـ:

جُز أز إيزد توام خداوندى كُنم أز دِل بَتو برافد سِتا

ومن الغرابة بمكان أن يكتب بعض المتطفلين على التاريخ دون أن

---

(١) لمعرفة تفاصيل قصة الفرس دندل، انظر: قراءتنا الأدبية الخاصة بديوان السريع في الصفحات القادمة.

(٢) محمد بن أحمد الدقيقي: هو أبو منصور الطوسي المولود في خراسان الكبرى ما بين عامي ٣٢٣ ـ ٣٣٠هـ وقتله أحد مواليه في الفترة ٣٦٥ ـ ٣٦٩هـ، كان من الشعراء الذين مدحوا أمراء السامانيين والجغانيين، قيل كان على دين الزرادشتية، بقي من شعره ألف بيت في الشاهنامة ونحو ثلاثمائة بيت في أغراض مختلفة.

يعتمدوا على مصدر موثوق ما يلي: "اليزيديون فرقة منحرفة، نشأت سنة ١٣٢هـ إثر إنهيار الدولة الأموية، وكانت في بدايتها سياسية لإعادة مجد بني أميّة ولكن الظروف البيئية وعوامل الجهل انحرفت بها فأوصلتها إلى تقديس يزيد بن معاوية وإبليس الذي يطلقون عليه اسم "طاووس ملك" وعزازيل"(١).

ومع الأسف لم يقرأ هذا الكاتب عن التاريخ عن قِدَم هذه الطائفة وتاريخها المدني والسياسي، دون الاتصال بمن يعنيهم هذا الأمر من الطائفة وأعلامها.

وعلى كل فليس من الصحيح ما أُشيع عن عمد من أن هذه الطائفة الكريمة تُنسب إلى يزيد بن معاوية الأموي قاتل الإمام الحسين عليه السلام، ولنقرأ معاً هذه الفقرات التالية التي اخترناها من نصوص الديانة الإيزيدية وقد جاءت باللغة الكردية:

سلتان ئ ى زى ب خ و پا دشايه

همه زار ويه ك ناف له خ و دانايه

ناڤى مه زن هه ر خودا يه

والتي ترجمتها بالعربية:

سلطان إيزي هو الإله

سمّى نفسه بألف إسم وإسم

---

(١) الموسوعة في الأديان والمذاهب والأحزاب المعاصرة: ٣٤٩، منشورات الندوة العالمية للشباب الإسلامي، الرياض.

والإسم الأكبر هو (الله)[1].

وقد جاءت هذه المضامين أيضاً في القرآن الكريم:

﴿قُلِ ٱللَّهُمَّ مَٰلِكَ ٱلْمُلْكِ﴾[2]، ﴿إِنَّ ٱللَّهَ لَهُۥ مُلْكُ ٱلسَّمَٰوَٰتِ وَٱلْأَرْضِ﴾[3]، ﴿وَلِلَّهِ ٱلْأَسْمَآءُ ٱلْحُسْنَىٰ فَٱدْعُوهُ بِهَا﴾[4]، ﴿أَيًّا مَّا تَدْعُوا۟ فَلَهُ ٱلْأَسْمَآءُ ٱلْحُسْنَىٰ﴾[5]، ﴿تَبَٰرَكَ ٱسْمُ رَبِّكَ ذِى ٱلْجَلَٰلِ وَٱلْإِكْرَامِ﴾[6].

سلتان ئ ى زى د زانه ل به حرا چه ند كه كشول ئاڤه

ئه ڤ دنيا يه ل ب اوي سه عه ت وگاڤه

ئه و ي ح هوا كره بودك، ئاده م كره زاڤه

والتي تعني بالعربية:

سلطان إيزي يعرف مكنونات البحار

يتحكم في هذا الكون لحظة وساعة

هو الذي زوّج حواء بآدم

وورد في القرآن الكريم النصوص التالي التي تحمل المضامين السابقة:

﴿يَعْلَمُ مَا فِى ٱلسَّمَٰوَٰتِ وَٱلْأَرْضِ﴾[7]، ﴿وَيَعْلَمُ مَا فِى ٱلْبَرِّ وَٱلْبَحْرِ﴾[8]،

---

(١) ولا يخفى أن من قواعد اللغة الكردية كتابة الحركات على شكل الحروف، فالضمة تبدّل إلى الواو والكسرة إلى الياء والفتحة إلى الألف، فكلمة "خودا" لو كُتبت بالعربية أو الفارسية كُتبت "خدا".

(٢) سورة آل عمران: ٢٦.

(٣) سورة المائدة: ٤٠.

(٤) سورة الأعراف: ١٨٠.

(٥) سورة الاسراء: ١١٠.

(٦) سورة الرحمان: ٧٨.

(٧) سورة آل عمران: ٢٩.

(٨) سورة الأنعام: ٥٩.

﴿أَحَسِبَ ٱلنَّاسُ أَن يُتْرَكُوٓاْ أَن يَقُولُوٓاْ ءَامَنَّا﴾[1]، ﴿ٱللَّهُ لَآ إِلَٰهَ إِلَّا هُوَ ٱلْحَىُّ ٱلْقَيُّومُ﴾[2]، ﴿يَٰٓـَٔادَمُ ٱسْكُنْ أَنتَ وَزَوْجُكَ ٱلْجَنَّةَ﴾[3].

واعتماداً على هذه النصوص المقدسة التي اخترناها من العقائد الإيزدية فإن إيزي الإيزدية هو الذي يُعبد عند هذه الطائفة وليس يزيد بن معاوية الأموي قاتل الإمام الحسين عليه السلام كما أشاعه المغرضون لضرب عصفورين بحجر.

وبعد قراءتي لهذا الجزء من العمل العظيم الذي قام به الأستاذ الشيخ العلامة الدكتور محمد صادق الكرباسي في ديوان السريع والذي هو مجموعة من الشعر الشعبي الدارج في العراق، والمقال في مناقبية الإمام الحسين ونهضته وما ورد عليه من الظلم والاضطهاد، فإنني أثمِّنُ ما بذله سماحته من جهود مضنية في جمع هذا التراث الحسيني وشرحه، وأعترف بإنني لست بذلك الفارس الذي يمكنه تقييم هذا الجهد الجبار الذي قدّمه سماحة الشيخ الكرباسي في ميدان دائرة المعارف الحسينية، ولاشك أنه عمل عظيم يستحق كل الثناء والتقدير، وأختم قولي بأنّ الإيزديين يعظِّمون هذا الإمام الشهيد وينظرون إليه بكل تقدير واحترام حيث ناهض الظلم والاضطهاد لأجل تحقيق العدالة للشعوب وبالأخص المضطهدة منها.

رئيس مركز لالش الثقافي وصاحب امتياز مجلة لالش الثقافية

دهوك ـ العراق ـ پير خدر سليمان

٢٨/ ٧/ ٢٠٠٨م.

(١) سورة العنكبوت: ٢.

(٢) سورة البقرة: ٢٥٤.

(٣) سورة البقرة: ٣٥.

الأدب المنظوم
بين لآلىء القديم وزبد الجديد

لكل صنعة رجالها، ولكل مهنة حرفيّها، وكلما كانت الصنعة دقيقة، كانت عزيزة المقدار غالية الثمن، ولم يقدر عليها إلا نخبة الصناع وقدوة المهنيين، من قبيل صنعة الذهب والأحجار الكريمة، فإنها تنطوي على ذوق وشعور واستشعار بقيمة المادة التي تتمايل تحت أنامل الصائغ، فيصوغ القطعة بما يسترق بها نبضات قلب الفتاة فيسرق قلبها ولبها، وربما استل منها كل صفراء زوجها وبيضائه وهي ولهانة جذلة، لا تلتفت إلى محفظته، وإذا سألها الزوج هل امتلأت؟ قالت هل من مزيد؟ ولسان حالها كما في الثقافة الشعبية "الذهب زينة وخزينة".

وفي مجال الإنشاء، فإن القلم وما يحبره، صنعة عزيزة وكريمة، ولكن هل كل ما يخطه القلم صنعة؟

يسهل الجواب فيما إذا لاحت في أفق المعاني بلاغة المقول، وإذا ما خرجت الكلمة من القلب وقعت في القلب، ولم تتجاوز الآذان إذا ما خرجت من اللسان، كما في فحوى قول عامر التميمي[1]، فليست كل

---

(١) عامر التميمي: هو ابن عبد قيس (عبد الله) بن ثابت العنبري البصري التميمي، من الزهاد الفصحاء والقراء الرواة، سكن المربد في البصرة، وُشي به في عهد الخليفة عثمان فنفاه إلى الشام عند معاوية، مات قبل عام ٦٠هـ في بيت المقدس.

بلاغة مهنة وصنعة، وليست كل بلاغة قريحة وموهبة[1]، ومن ذلك نظم الشعر الذي هو إلى المشاعر والشعور أقرب منه إلى القوافي والبحور، فهو قريحة تكاد تكون فطرية أقرب منها إلى الصنعة، ولكن النظم في الوقت نفسه قريحة تُصقل بالممارسة، وهو تنضيد شعوري للكلام بحضور الطَبْع وغياب التطبُّع، يجلس في سويداء القلب دون تكلف، وحسبما يقول الجاحظ[2]: "إذا كان المعنى شريفا واللفظ بليغا، وكان صحيح الطبع، بعيدا عن الاستكراه، ومنزها عن الاختلال مصونا عن التكلف، صنع في القلوب صنيع الغيث في التربة. ومتى فصلت الكلمة على هذه الشريطة، ونفذت من قائلها على هذه الصفة، أصحبها الله من التوفيق ومنحها من التأييد، ما لا يمتنع معه من تعظيمها صدور الجبابرة، ولا يذهل عن فهمها معه عقول الجهلة"[3].

وهذا هو شأن الشعر الذي يناقشه البحاثة والعروضي الدكتور محمد صادق الكرباسي في كتابه الجديد "ديوان السريع" الصادر العام ٢٠٠٩م عن المركز الحسيني للدراسات في لندن في ٥٧٠ صفحة من القطع الوزيري، وهو واحد من دواوين الشعر الذي نظم في النهضة الحسينية، ولكن لمّا كان الديوان مستقلا ببحر السريع، فإنَّ المؤلف أفرد له مقدمة

---

(١) راجع: البيان والتبيين: ١/ ٨٣، الجاحظ عمرو بن بحر، مكتبة الخانجي للطباعة والنشر والتوزيع، مصر، ط٧، ١٤١٨هـ ١٩٩٨م. وكان التميمي يقول: الكلمة إذا خرجت من القلب وقعت في القلب وإذا خرجت من اللسان لم تجاوز الآذان.

(٢) الجاحظ: هو عمرو بن بحر بن محبوب بن فزارة الليثي الكناني البصري (١٥٩ ـ ٢٥٥هـ) من كبار الأدباء في البصرة فيها ولد ومات، وكنيته أبو عمرو وشهرته الجاحظ لنتوء بارز في حدقة عينيه، كان يعمل في النهار ويقرأ في الليل حتى شعّ نجمه، عاصر ١٢ حاكماً عباسياً وولي للمأمون في بغداد ديوان الرسائل، كتب في أبواب متفرقة، من مصنفاته: البخلاء، المحاسن والأضداد، والحيوان.

(٣) البيان والتبيين: ١/ ٨٣.

وافية يناقش فيها بحر السريع من كل جوانبه، وتابع بحذقة الباحث المستنير تاريخ الشعر الحسيني الذي نظم على هذا البحر باللهجة الدارجة والذي أخذ منه عنوانه، فاستقل بديوان واحد أسماه ديوان السريع.

وطالما أكد المؤلف في هذا الديوان وفي غيره من الدواوين أنَّ الشعر النابض ما كان قلبا وقالبا، وليس قالبا فحسب، فالقالب الشعري باتزان وزن القصيدة وسلامة بحرها ووحدة قافيتها أمر على غاية من الأهمية، ولكن الأهمية تعظم ونفوذ الكلمات إلى قلب المتلقي تسرع عندما تكون القصيدة أو البيت فارعة هيفاء تتفجر المشاعر من جوانبها والأحاسيس من نواحيها، فكما لا تنزل عين الناظر عن غانية حسناء لا تنسى ذاكرة الإنسان الشعر المجيد، من هنا يقول عبد الصمد الرقاشي[(١)]: "وما تكلمت به العرب من جيّد المنثور أكثر مما تكلمت به من جيّد الموزون، فلم يحفظ من المنثور عُشره، ولا ضاع من الموزون عُشره"[(٢)].

سريع البحر وجزره

لكل بحر من بحور الشعر تفعيلاته، بها يعرف وزنه ويدل عليه، وبحر السريع ينظم البيت فيه من ثلاث تفعيلات وهي "مستفعلن مستفعلن مفعولات × ٢"، ويتكون من أربعة أشطر تتوحد فيه القافية في الأشطر الثلاثة وتفترق عن الرابعة، وقد تنظم القصيدة من أبيات عدة، وعندها تتوحد القافية في الشطر الرابع من كل بيت، وغالبا ما تستهل القصيدة ببيت

---

(١) عبد الصمد الرقاشي: هو ابن الفضل بن عيسى الرقاشي، من أعلام الأدب في البصرة في القرن الثاني الهجري.

(٢) البيان والتبيين: ١/ ٢٨٧.

من شطرين على نفس البحر والقافية، وهناك تفريعات في ميدان بحر السريع وأقوال في التفعيلات بحثها المؤلف مع أمثلتها، وقف عند بعضها وتجاوز أخرى.

ومن ذلك قول بعضهم من الفصحى:

خيالٌ هاج لي شجَنا

فبتُّ مكابداً حَزنا

عميدَ القلب مرتهنا

بذكر اللهو والطربِ(١)

سَبتْني ظبيةٌ عُطلُ

كأنَّ رُضابها عسلُ

ينوء بخصرها كَفَلُ

نبيلُ روادف الحُقَبِ(٢)

وبحر السريع كغيره من البحور ينظم في الفصحى والدارج، لكن ما يلاحظ على بحر السريع أنه فيما يشهد في الفصحى مداً، يشهد جزراً في الدارج، ربما لكثرة قيوده مما جعل الشعراء لا يتقربون منه إلا

---

(١) نسب السكاكي البيتين الأوّلين إلى امرئ القيس، انظر: مفتاح العلوم: ٦٨٥، يوسف بن محمد بن علي السكاكي، تحقيق: د. عبد الحميد هنداوي، دار الكتب العلمية، بيروت ـ لبنان، ط١، ١٤٢٠هـ ـ ٢٠٠٠م.

ولم أجدهما في ديوان امرئ القيس الذي حققه مصطفى عبد الشافي والصادر عن دار الكتب العلمية، بيروت ـ لبنان، ط٥، ١٤٢٥هـ ـ ٢٠٠٤م.

(٢) العمدة في محاسن الشعر وآدابه: ١/ ٣٣٣، الحسين بن رشيق القيرواني، دار المعرفة، بيروت ـ لبنان.

قليلا، كما في القاعدة التجريبية "والشيء إذا كثرت قيوده، عزّ وجوده"، وحسب استقراء المحقق الكرباسي: "إنَّ هذا اللون من الشعر الدارج (الشعبي) رغم اتساع رقعته كبحر في المنطقة العربية إلا أنه لم ينظم عليه في اللهجات المحلية كثيرا، وأكثر ما نظم في المنطقة الوسطى من العراق وبخاصة في رثاء سيدي ومولاي أبي عبد الله الحسين"، وكانت النجف وكربلاء والكاظمية محور هذا اللون من الشعر، ثم لحقها جنوب العراق وجنوب إيران، وحسب المؤلف فانَّ الشاعر عبود الشمرتي[1] يعد الرائد في هذا اللون من الشعر، بل إنَّه تفرد بنظم القصائد الطويلة على بحر السريع، بيد أن عميد الشعر الحسيني الأديب جابر بن جليل الكاظمي فاقت مقطوعاته في هذا الديوان وبلغت **٢٣** مقطوعة.

وما يميز أبيات الكاظمي وقصائده، اشتمال معظمها على الجناس في الأشطر الثلاثة مما أعطاها رونقا جميلا يضاف إلى جمالية البيت نفسه، ويكاد يكون القارئ لولا نهاية الشطر الرابع ليظن أنه أمام بيت أبوذية وليس أمام بيتاً من السريع، حيث إنَّ الجناس مع النهاية (ياء مشددة مع هاء = يّه) هو القاسم المشترك في شعر الأبوذية، والجناس تكون فيه الكلمات متحدة رسما ومختلفة معنى، ومن ذلك البيت الأول من قصيدته "حسام المعتقد" من تسعة أبيات، ومستهلها:

---

(١) عبود الشمرتي: هو ابن غفلة بن جواد الشمرتي الخاقاني (١٢٧٦ ـ ١٣٥٦هـ) ولد في النجف الأشرف وفيها مات، من أعمدة الشعر الشعبي في العراق، كان ينظم على السليقة رغم أمِّيته، كان يتكسب بمهنته في البناء، شعره يُقرأ على المنابر، من آثاره: ديوان البلاغة الشعبية، وديوان جمر المصاب.

جسّام لوّح ظَهَرْ أمِّ العُلَه ** وِبْصارِمَه اْنْشالَتْ أرضْ كَربَلَه

جاسِمْ لنيران الحرُبْ شابَها

روسِ لأعادي اْبْصارِمَه شابَها

واْلجَدَّه حَيدرْ باْلوَغَه شابَها

لْتاريخْ جَدَّه باْلهِمَمْ سجَّلَه

ويقترن النظم الحسيني على بحر السريع من حيث النشأة مع عموم بحر السريع الدارج، ولا يظن المحقق الكرباسي وجود اختلاف كثير عن غيره: "لأنَّ الظاهر أنَّ منشأه في الأغلب حسيني إذ لم نجد الكم الوافر من الشعر السريع في غير الحسيني"، ولا يوافق المؤلف رأي[1] الأديب علي الخاقاني[2] بأن الشاعر الحاج عبد الكريم الكربلائي[3] هو أول من نظم شعراً حسينياً على هذا البحر، بل يعتقد أن الشمرتي هو مبدعه.

ردود موزونة

لأن الكاتب التزم الدليل في التعامل مع المعلومة، ولا تنزل في جوف القبول إلا بعد هضمها بتأنٍ، فإنه عند تناوله بحر السريع يقبل ببعض ويرفض البعض الآخر، بخاصة وهو قد خبر سفرة العروض، وأتى من

(١) أنظر: فنون الأدب الشعبي: ٥/ ٦٥، علي بن عبد علي الخاقاني، دار البيان، بغداد ـ العراق.

(٢) علي الخاقاني: هو ابن عبد علي بن علي النجفي الخاقاني البغدادي (١٣٣٠ ـ ١٣٩٨هـ)، ولد في النجف الأشرف وفيها نشأ وسكن بغداد وفيها مات، من الأدباء الشعراء، تخصص في دراساته عن الشعر وأرّخ لشعراء العراق، من مؤلفاته: شعراء الحلة، شعراء الموصل، وفنون الأدب الشعبي.

(٣) عبد الكريم الكربلائي: هو ابن حمود (١٣٠٥ ـ ١٣٨٥هـ) ويكنى (أبو محفوظ)، وشهرته الشيخ عبد الكريم ابو محفوظ، ولد في كربلاء المقدسة وفيها انتقل إلى بارئه، من الشعراء التربويين، مارس التدريس إلى جانب نظم الشعر وجله في أهل البيت عليهم السلام، ترك ثلاثة دواوين باسم المنظومات الحسينية.

البحور ما فاقت بحور الخليل الفراهيدي[1]، فعلى سبيل المثال يناقش المحقق الكرباسي قول الأديب والشاعر العراقي الراحل مجيد القيسي[2] في نشأة بحر السريع في النظم الدارج والقائل بأن: "السريع وزن من أوزان الشعر الشعبي العراقي القديم يرجع قدمه إلى قدم وزن الموشح"[3] وأنَّ: "الموشح وزن جميل وفن من فنون الأدب الشعبي ومن أقدمها"[4]، فلا يأخذ المعلومة كمسلّمة، بل يرى أنَّها منقوصة، لأن الأديب القيسي، في شرح تاريخ بحر السريع: "لم يزد على كونه من أقدم الأوزان ولكن الباحث لا يجد في الشعر السريع هذا اللون الشعبي عمقا تاريخيا حيث لم يصلنا مما نظم عليه إلا في القرن الرابع عشر الهجري، نعم إذا كان المقصود بقدمه قدم الشعر المربع والفصيح منه وإلا فإنَّ الشعر المصطلح بالسريع عند العامة فلا نجد له أثراً في القرن الثالث عشر الهجري".

في الواقع أنَّ المؤلف كما عوَّدنا في هذا المؤلف والمؤلفات السابقة، إنْ كانت في مجال الأدب أو السيرة أو الحديث أو الرجال أو الفقه، أنَّه يتسقّط المعلومة السليمة من مظانِّها ويجتهد في صقلها، ولذلك فهو إنْ ردّ أو صحَّح في مجال الأدب والنظم معلومة موهومة أو مغلوطة أو ليست في

---

(١) الخليل الفراهيدي: هو إبن عمرو بن تميم الأزدي (١٠٠ - ١٧٣هـ) ولد في عُمان ومات في البصرة، من أعلام الإمامية، وكان إماما في العلوم العربية جميعها، أول من وضع علم العروض، ومعجم العين أقدم كتب اللغة، وله من المؤلفات: جملة آلات العرب، والنغم.

(٢) مجيد القيسي: هو عبد المجيد بن لطيف البناء القيسي (١٣٤٦ - ١٤٠٦هـ)، ولد ونشأ ورحل في بغداد، من الأدباء الشعراء، معظم نتاجاته في الشعر الشعبي، من آثاره: ديوان القيسيات، مع الشعراء الشعبيين، وديوان النفس الحائرة.

(٣) معرفة أوزان الشعر الشعبي العراقي: ٥٢، مجيد بن لطيف القيسي، مطبعة أسعد، بغداد - العراق.

(٤) معرفة أوزان الشعر الشعبي العراقي: ٧٠.

محلها، إنما يتحرى تصحيح المسار الأدبي وإرجاع الحق الشعري إلى نصاب الأدب، لاسيما وأنَّ الكثير ممن لبسوا جلباب الشعر وراحوا يقفون في القاعات والنوادي الأدبية أو عبر شبكة المعلومات الدولية (الإنترنت) يلقون على الحضّار زبد الشعر لا لآلئه، إنما هم عيال على فتات مائدة الأدب، لا يحسن بعضهم حتى تنضيد الكلمات الأدبية لتكون كلاما منظوما يعجب سامعه، فكيف بشعر مقفى موزون لا يتأثر بحره بمد أو جزر، ولا يعتور سور البيت اعوجاج أو زحاف!.

وذات يوم سألني صديق لي عن نظم الشعر وعلاقتي به، فقلت له: نظَمته شابا، وتركته إلى أهله، وانشغلت بالكتابة والصحافة والتحقيق، فقال لي: لكني أرى الأدب باديا على كتاباتك، قلت له: الأدب زينة الكتابة وزخرفها لكن المقالة أو الدراسة أولها فكرة وأوسطها استدلال وآخرها نتيجة، أي أنها قضية صغرى وكبرى ونتيجة، في حين أنَّ الشعر خلجة ثم معاناة ثم قدحة ثم انطلاقة ثم إجادة، وهذه السلسلة من حبات الشعور التي عجنت طينتها بأنامل الإجادة من تراب القريحة وماء الموهبة، لا تليق إلا بجيد شاعر مطبوع.

وقد استسهل البعض دخول وادي عبقر الشعر، فراح يضع الكلمات إلى جنب الكلمات وربما فوقها وتحتها وأسماه شعراً عمودياً وبعضه تنازل وأسماه شعراً حراً، فلا هو بالشعر العمودي ولا هو بالحر، لا هو بالقريض ولا هو بالدارج، وإنما هو غوص في تراب الأدب يحسبه المفلس تبرا، ألا ترى أنَّ الكثير من شعراء هذا الزمن لا يحسنون قراءة شخابيطهم إلا من على الورق كأنهم يقرأون لغيرهم لا لأنفسهم، مع أنَّ طائر الشعر في معظم الأحيان يستقر في عش الشاعر لا يطير عنه، وأستوحي من الرقاشي عبارته

السابقة[1] وأقول: (وما نظم في هذا الزمن من الشعر الحر والدارج أكثر مما نظم من الشعر العمودي والفصحى، فلم يُحفظ من الحر والدارج إلا عشره، ولا ضاع من العمودي والفصحى إلا عُشره)، فكيف يُحسن المستمع أو القارئ حفظ الشعر وبخاصة الحر منه إذا عجز قائله عن حفظه؟!

الوصف الجميل

لا يختلف الشعر الدارج عن القريض من حيث الدلالات التشبيهية والإشارات الوصفية، فالشاعر يستخدم الوصف لإيصال الفكرة إلى المتلقي، لأن الوصف أقرب الطرق إلى الفهم، إلى جانب الجمالية التي يضفيها على البيت أو القصيدة، بخاصة إذا تفنَّن الشاعر في استخدام الأدوات المحيطة به وأمرّها على خياله، لأنَّ ما يحيط بالمرء من إنسان أو حيوان أو نبات أو جماد، عبارة عن مفردات صماء لا يخرجها من جمودها إلا ذهنية متوقدة على نار هادئة من الشعور اللامتناهي، يزيل رمادها توثّب الشاعر المتفرّس إلى التقاط جزئيات الحياة وترجمتها إلى وصف بديع يسلب من العقول أذهانها ومن القلوب لبَّها، لكن الجزئيات تختلف من بيئة إلى أخرى، ومن مجتمع إلى آخر، ومن جيل إلى آخر، وهي تتغير أو تتطور مع حركة عجلة الحياة واستحداث جزئيات ومفردات فرضتها ظروف الحياة وتداعياتها، فشاعر الصحراء غير شاعر المدينة، وشاعر البصرة غير شاعر الكوفة، وشاعر الجاهلية غير شاعر عصر الإسلام، وشاعر القرن الأول الهجري غير شاعر القرن الثاني هجري، وهلم جرّا.

---

(١) البيان والتبيين: ١/ ٢٨٧.

ومن الوصف الجميل، مقطوعة المثنى بن مخرمة العبدي[١] من شعراء القرن الأول الهجري أنشأها في جواب رسالة قائد ثورة التوابين سليمان الخزاعي[٢]، في وصف حصانه الذي يسابق الريح، تغالبه وحوش الفلاة فلا تكاد تسبقه، فهو الأول في مضمار السباق له صوت كالرعد غليظ يخيف صنوه ويخيف أعداء راكبه، لقوام جسمه وطول أقدامه الدالة على السرعة وقدرة المناورة في ميدان الحرب، فينشد من الطويل:

تبصّرْ كأنّي قد أتيتُكَ مُعلماً ... على أتلعِ الهادي أجشَّ هزيمِ
طويلِ القرا نَهدٍ احقّ مقلِّصٍ ... مُلِحٍّ على فأس اللجامِ رَؤومِ[٣]

ومن ديوان السريع، البيت الخامس عشر من قصيدة عبود بن غفلة الشمرتي، ومطلعها:

ما حَلْ گلوصي بيچ يا كربله * * آله أو مِنْ كربچ عليْ كَربله
كلْ فَرْدْ منهمْ بالحرُبْ مِنْ يِطُبْ

---

(١) مثنى العبدي: هو ابن مخرمة العبدي البصري، من الفرسان الشعراء وسيد قومه في البصرة، شهد الجمل سنة ٣٦هـ مع الإمام علي عليه السلام شاباً، وقدم من البصرة لنصرة التوابين في معركة عين الوردة، وتولى في البصرة تحشيد الأنصار للمختار الثقفي المقتول سنة ٦٧هـ، مات بعد ذلك، وكان ابنه بلج بن مثنى العبدي حياً سنة ١٣٢هـ.

(٢) سليمان الخزاعي: هو ابن صرد بن الجون بن عبد العزى بن منقذ السلولي الخزاعي (٢٨ق.هـ ـ ٦٥هـ)، صحابي جليل أبدل النبي صلى الله عليه وآله اسمه من يسار إلى سليمان، ومن أصحاب علي عليه السلام شهد مشاهده كلها، ومن أصحاب الإمامين الحسن والحسين عليهما السلام، كتب للحسين عليه السلام واعتقله ابن زياد وخرج من السجن سنة ٦٣هـ، وقاد حركة التوابين وقتل في عين الوردة على يد يزيد بن الحصين، لَهُ في كتب الحديث ١٥ حديثاً، روى عنه أبو إسحاق السبيعي، والجهني، وعدي بن ثابت، وغيرهم.

(٣) ديوان القرن الأول: ٢/ ١٨٣، رقم ٢٥٥، محمد صادق الكرباسي، المركز الحسيني للدراسات، لندن ـ المملكة المتحدة، ط١، ١٤١٤هـ ـ ١٩٩٤م، عن أصدق الأخبار لمحسن الأمين: ١١، وبحار الأنوار للمجلسي: ٣٥٦/٤٥، تاريخ الأمم والملوك (تاريخ الطبري): ٣/ ٣٩٣، محمد بن جرير الطبري، دار الكتب العلمية، بيروت ـ لبنان.

عرّيس چنّه والعروسِ الحرُبْ

فرحانْ بالموتِ أو دَمِعتَه تِصُبْ

لِحْسَينْ عَينه ٱعلَه ٱلْوَجن سايِلَه

فالشاعر في وصف حال أصحاب الإمام الحسين عليه السلام يماثل بين الفارس والعريس وساحة المعركة والعروس، فيشتاق الفارس إلى المبارزة اشتياق العريس إلى عروسته بعد طول انتظار، يتوق إلى الاستشهاد في أحضانها، فيصبّ الدمع فرحا للشهادة وحزنا على الحسين عليه السلام الذي ظل في كربلاء وحيدا ينادي: ألا هل من ناصر ينصرنا ألا هل من معين يعيننا!![1]، وظل النداء ساريا إلى يومنا هذا يستحث الضمائر على نصرة دين الله وعباده وإحياء النفوس بإحياء الأمل في صدور الناس بحياة حرة كريمة تسودها العدالة الاجتماعية، وكما وصفه الإمام جعفر بن محمد الصادق عليه السلام في زيارة الأربعين في بيان مقصد نهضته عليه السلام: "فأعذر في الدعاء، ومنح النصحَ، وبذل مهجته فيك، ليستنقذ عبادك من الجهالة وحيرة الضلالة.."[2].

رؤية إيزدية

تعدَّت شخصية الإمام الحسين عليه السلام الحدود الإسلامية وقفزت على المناطقية والمذهبية والعرقية، ليشكل ظاهرة عالمية فريدة من نوعها،

(١) شاع هذا النداء على ألسن الخطباء وتردد في الكتب، وهو فحوى قوله عليه السلام يوم عاشوراء: "أما من مغيث يغيثنا! أما من ذاب يذبُّ عن حرم رسول الله". مقتل الحسين للمقرم: ٢٤٠. وانظر: بحار الأنوار: ٤٥/٤٦.

(٢) مفاتيح الجنان: ٤٦٨.

يتوسل نهضته القريب والبعيد، ويتمثَّل بطولته القاصي والداني، ومن تعرَّف على هذا الاسم اللامع في سماء الإنسانية لا يقف عنده إجلالاً وإكباراً فحسب، بل ويتحسس المظلومية من مظلومية الإمام الحسين عليه السلام، من هنا يقرر رئيس مركز لالش الثقافي في مدينة دهوك العراقية والباحث في شؤون الكرد الإيزديين الأستاذ پير خدر سليمان، وهو يقدم قراءة لديوان السريع أن: "الإمام الشهيد والذي هو رمز لرفض الظلم والذل والهوان، قد رفد الإنسانية جمعاء دروساً وعبراً خالدة ستبقى أبد الدهر، وأنها تتجدد سنويا بتجديد الحياة"، ويرى أن الإيزديين يشاركون الإمام الحسين عليه السلام في أمور عدة: "فالإيزديون أتباع إحدى أعرق الديانات التوحيدية في ميسوبوتاميا ـ منطقة ما بين الرافدين ـ وكردستان، نشترك مع الإمام الشهيد (الحسين بن علي) في الإنسانية أولا، وكون كلانا ضحية الغدر على أيدي الحكام الظالمين ولم نستسلم يوما لجبروتهم وغيّهم وظلمهم ثانيا".

ولكن ما هو موقع الإمام الحسين عليه السلام وأهل البيت عليهم السلام في الثقافة الإيزدية؟ يؤكد الأستاذ پير خدر سليمان النائب في برلمان إقليم كردستان العراق، أن للحسين عليه السلام منزلة كبيرة في قلوب الإيزديين، من حيث: "إنَّ الإمام الحسين عليه السلام هو نجل الإمام العظيم علي بن أبي طالب عليه السلام والذي قيّمه الإيزديون من خلال نصوصهم المقدسة بالبيتين التاليين باللغة الكردية:

خودێ ئيمام عه لى ب ستى   خه لا تاخه لات كرى خه لا تاخه لات كرى

ب فاطمه، ذو الفقار،   وهه سبى دندلى

ويعني بالعربية ما يلي: الله كرّم الإمام علي بثلاث مكرمات: فاطمة، ذو الفقار والفرس دندل".

والفرس دندل من السلالة العربية النادرة، وفي الثقافة الشعبية الإيزدية،

وفي غيرها، إشارة إلى الفرس الذي كان يركبه الإمام علي عليه السلام، فهم يعتقدون أن صخرة في منطقة (دريجي الحليقيان) في الجانب الشمالي من جبل قضاء سنجار[1]، فيها آثار وتد رباط فرس، ويرون أن هذه الآثار الباقية إلى يومنا هذا تعود للفرس دندل الذي ربطه الإمام علي عليه السلام في الصخرة أثناء مروره بالمنطقة، وهي مقدسة في الثقافة الشعبية الإيزدية، ولهم فيها مراسيم خاصة، منها أنَّ الزائر إليها عندما يقف أمام الصخرة يتراجع إلى الوراء ثلاث خطوات ثم يتقدم نحو حفرة مذود الفرس وهو مغمض العينين شاهراً سبابته اليمنى فإن دخل الأصبع الحفرة فإن أماليه وأمنياته ستتحقق بإذن الله.

ويرى الباحث الإيزدي أن الإيزديين لا يمتون بصلة إلى يزيد بن معاوية قاتل الإمام الحسين عليه السلام كما يشاع، ويعتبر المقولة: "مغالطة تاريخية مجحفة بحق الكرد الإيزديين"، ولذلك: "ومن على المنبر الحسيني الكريم، ذلك المنبر المعطاء الذي يرمز إلى العدالة وإحقاق الحق أقول: بأننا (إيزديّون) ولسنا (يزيديّون)[2]، وتسميتنا هذه قد أتت من خلال مفردة (ئه زدا) = (خودا) أي الخالق جل جلاله، ومفردة (إيزد) هي ذاتها التي يستخدمها الفرس والتي تعني الخالق والرب.. فليس من الصحيح ما أشيع عن عمد من أنَّ هذه الطائفة الكريمة تُنسب إلى يزيد بن معاوية الأموي قاتل الإمام الحسين عليه السلام.. إن إيزي الإيزدية (الإله) هو الذي يُعبد عند هذه الطائفة وليس يزيد بن معاوية الأموي قاتل الإمام الحسين عليه السلام كما أشاعه

---

(١) سنجار: أو شنكال حسب التسمية الكردية، من أقضية محافظة نينوى (الموصل) على مسافة ١٢٤ كيلو متراً شمال غربها، وعلى بعد ٤٩٠ كيلو متراً من العاصمة بغداد.

(٢) وحقها النصب، ووضعها بين القوسين يسقط عمل ليس ويناسب مقابلها "إيزديون".

المغرضون لضرب عصفورين بحجر.. إن الإيزديين يعظمون هذا الإمام الشهيد وينظرون إليه بكل تقدير واحترام حيث ناهض الظلم والاضطهاد لأجل تحقيق العدالة للشعوب وبالأخص المضطهدة منها".

وعن رأيه بما جادت به أنامل البحاثة الدكتور محمد صادق الكرباسي الذي يكتب في موضوعات شتى تعدت حدود الموسوعة الحسينية، يعترف الأستاذ پير خدر سليمان، وبتواضع الباحثين: "إنني لست بذلك الفارس الذي يمكنه تقييم هذا الجهد الجبار الذي قدمه سماحة الشيخ الكرباسي في ميدان دائرة المعارف الحسينية، ولا شك أنه عمل عظيم يستحق كل الثناء والتقدير".

الأربعاء ١٦/ ٢/ ٢٠٠٩م.

الدكتور حنين محمود القدو

* حنين بن محمود بن أحمد القدو.

* أمين عام تجمع الشبك الديمقراطي منذ حزيران يونيو ٢٠٠٣م ولازال.

* ولد في الموصل (العراق) في ١٩٤٩/٧/١م.

* نشأ ودرس في مسقط رأسه، وواصل الدراسات العليا في المملكة المتحدة.

* درس الإدارة والاقتصاد في جامعة روبرت جوردون (Robert Gordon University) في مدينة آبردين (Aberdeen) شمال اسكتلندا في الفترة ١٩٧٩ ـ ١٩٨٦م.

* نال الشهادة العليا (دكتوراه إدارة أعمال) من معهد مانجستر لإدارة الأعمال (Manchester Business School) في مدينة مانجيستر شمال انكلترا في الفترة ١٩٨٦ ـ ١٩٨٨م.

* عاد إلى العراق ومارس التدريس في كلية الإدارة والاقتصاد في جامعة البصرة في الفترة (١٩٨٩ ـ ١٩٩٤م).

* مدرس في كلية الإدارة والاقتصاد في جامعة الموصل في الفترة ١٩٩٤ ـ ٢٠٠٥م.

* تولى عضوية عدد من اللجان العلمية في عدد من الجامعات العراقية.

* أشرف على عديد الرسائل والأطروحات الجامعية.

* عضو مجلس محافظة نينوى (الموصل) في الفترة (٥/٥/٢٠٠٣ - ٣١/١/٢٠٠٥م).

* عضو الجمعية الوطنية العراقية في الفترة (٣١/١/٢٠٠٥م - ٣١/١٢/٢٠٠٥م).

* عضو مجلس النواب العراقي منذ ٣١/١٢/٢٠٠٥م وأعيد انتخابه في انتخابات ٧/٣/٢٠١٠م ولازال.

* رئيس مجلس الأقليات العراقية منذ ٢٠/٤/٢٠٠٥ ولحد الآن.

* نشر عديد الدراسات والأبحاث في مجال اختصاصه باللغتين العربية والانلكيزية.

* قدّم الاستشارات ولازال في حقل اختصاصه للمنظمات وورش العمل المعنية داخل العراق وخارجه.

الكرباسي أبلى بلاءً حسناً[1]

(ديوان الأبوذية ج٨)

بسم الله الرحمن الرحيم

عندما كلفني أحدهم بكتابة مقدمة عن الجزء الثامن من ديوان الأبوذية لينقل لنا ما قيل عن شخصية الإمام الحسين عليه السلام وجدت نفسي أمام أمر عظيم وتوجست خيفة من أن أخوض في الكتابة عن هذه الشخصية العظيمة كوني سأكتب عن شخصية تجلت فيها العظمة والشرف بأبهى وأحسن الصور وترددت كثيراً خوفاً من أن لا أعطي الموضوع حقَّه الطبيعي وحاولت أن أعتذر واتحجج بالكثير لكنه تبادر إلى ذهني ما قاله الإمام الصادق عليه السلام (رحم الله من أحيا أمرنا أهل البيت)[2] وشرعت بالكتابة وارتأيت أن أبدأ بأفضل شيء وهي الآية الكريمة: ﴿يَٰٓأَيُّهَا ٱلَّذِينَ ءَامَنُوٓاْ

---

(١) المقدمة مترجمة من اللغة الشبكية إلى العربية.

(٢) روى الشيخ الكليني بسنده عن ابن مسكان عن خيثمة قال: دخلت على ابي جعفر عليه السلام أودِّعه فقال: (يا خيثمة أبلغ من ترى من موالينا السلام وأوصهم بتقوى الله العظيم وأن يعود غنيُّهم على فقيرهم وقويُّهم على ضعيفهم وأن يشهد حيُّهم جنازة ميّتهم وأن يتلاقوا في بيوتهم فإنَ لقيا بعضهم بعضاً حياةٌ لأمرنا، رحم الله من أحيا أمرنا). الكافي: ٢/ ١٧٥، محمد بن يعقوب الكليني، دار الأضواء، بيروت ـ لبنان.

﴿ٱسْتَجِيبُواْ لِلَّهِ وَلِلرَّسُولِ إِذَا دَعَاكُمْ لِمَا يُحْيِيكُمْ وَٱعْلَمُوٓاْ أَنَّ ٱللَّهَ يَحُولُ بَيْنَ ٱلْمَرْءِ وَقَلْبِهِۦ وَأَنَّهُۥٓ إِلَيْهِ تُحْشَرُونَ﴾(١).

لاشك أنَّ رسالة الإسلام واختيار العبد اليتيم محمد ﷺ رسولاً مبشراً وإماماً منقذاً ومن بعده ذريته الأئمة المعصومين الأطهار مرشدين وحججاً للمسلمين من عباده وحتى لغير المسلمين(٢) لم تكن صدفة وإنما كان وراءها حكمة إلهية منذ بدء الخليقة، وكانت إرادة الله في شهادة الأئمة المعصومين عليهم السلام في اللوح مقدرة ومحتومة بأن الله أكرم أهل بيت محمد ﷺ بالنبوة والعصمة وبالشهادة والقيادة(٣).

وقد حمل الأئمة الأطهار عليهم السلام الرسالة المحمدية بأمانة منقطعة النظير ليحافظوا عليها من الانحراف، والتصدي لكل المحاولات لتشويه مضمون الرسالة السماوية، وكان مقدراً للحسين عليه السلام أن يقود الثورة التصحيحية ضد الطغاة من الحكام والمنحرفين عن دستور الإسلام ومنهجه السماوي.. فالثورة الحسينية لم تكن وليدة صدفة تاريخية عابرة وإنما كانت مبنية على إرادة ربانية وحكمة إلهية لكي تبقى ذكراها مصباحاً ساطعاً ومدرسة نيرة محفزة للمظلومين لمقارعة الظلم والاضطهاد في كل أصقاع الأرض.

ولم يكن غريبا إذن أن يستنير غاندي بعبق ثورة الحسين عليه السلام لمقارعة

---

(١) سورة الأنفال: ٢٤.

(٢) قال تعالى: ﴿وَمَآ أَرْسَلْنَاكَ إِلَّا رَحْمَةً لِّلْعَالَمِينَ﴾، سورة الأنبياء: ١٠٧، وقال تعالى: ﴿وَمَآ أَرْسَلْنَاكَ إِلَّا كَآفَّةً لِّلنَّاسِ بَشِيرًا وَنَذِيرًا وَلَٰكِنَّ أَكْثَرَ ٱلنَّاسِ لَا يَعْلَمُونَ﴾ سورة سبأ: ٢٨، وقال تعالى: ﴿وَأَرْسَلْنَاكَ لِلنَّاسِ رَسُولًا وَكَفَىٰ بِٱللَّهِ شَهِيدًا﴾ سورة النساء: ٧٩.

(٣) قال ابن عباس: "إن في صدر اللوح لا إله إلا الله وحده دينه الإسلام ومحمد عبده ورسوله. فمن آمن بالله وصدق بوعده واتبع رسله أدخله الجنة". البداية والنهاية: ١/ ١٥، ابن كثير إسماعيل بن عمر البصري الدمشقي، دار الكتب العلمية، بيروت ـ لبنان.

الاستعمار البريطاني وتحرير الهند عندما قال: "علَّمني الحسين كيف أكون مظلوماً فأنتصر"[(١)].

لقد آثر إمامنا الخلود في الجنان على ملذات الحياة الفانية وآثر الشهادة على أن يكون عبداً ذليلاً عندما قال عليه السلام: (لا والله لا أعطيهم بيدي إعطاء الذليل ولا أقر إقرار العبيد)[(٢)]، (وإني لا أرى الموت إلا سعادة والحياة مع الظالمين إلا برما)[(٣)]، وهذه المواقف البطولية للإمام عليه السلام لم تكن

---

(١) لم أستطع بما لدينا من مراجع في المركز الحسيني للدراسات في لندن أن أقف على مصدر لهذه العبارة، ولكن الثابت أن غاندي عندما انتقل للسكن في جنوب أفريقيا احتك أولاً بالمسلمين ثم بالمسيحيين، وكان يرى وهو في معرض المناظرة مع مبشرين مسيح من رفاقه كما وصف ذلك في مذكراته أن الأديان الأخرى غير المسيحية تملك من صور التضحية والفداء أكثر مما يملكه النصارى في تضحية السيد المسيح وصلبه، وفي ذلك يقول: (كان من الممكن أن أتقبل المسيح شهيداً وتجسيداً للتضحية ومعلماً جليلاً، لكن ليس كأكمل إنسان عرفته البشرية، كان موت المسيح على الصليب يمثل عبرة للعالم أجمع، لكنني لم أجد في ذلك أي أثر غامض أو خارق في قلبي. ولم تضف لي سير حياة المسيحيين الصالحين ما يزيد على الذي يمكن أن أحصل عليه من حياة الصالحين في أي دين آخر، فلقد وجدت في حياة آخرين ممن ينتمون لديانات أخرى نفس الإصلاح الديني الذي سمعت المسيحيين يحدثون عنه)، (قرأت كتاب واشنطن إيرفينج الذي يحمل عنوان "محمد وخلفاؤه" وكتاب كارليل حول مدح الرسول، جعلتني هذه الكتب أكنّ كل الاحترام والتقدير لمحمد)، (إشتريت ترجمة جورد سال للقرآن وبدأت في قراءتها، وحصلت على عدد من الكتب التي تتحدث عن الإسلام). غاندي: السيرة الذاتية قصة تجاربي مع الحقيقة: ١٦٠، ١٦١، ١٨٣، ترجمة: محمد إبراهيم السيد، مراجعة: مجدي عبد الواحد عنبة، دار كلمات عربية للترجمة والنشر، القاهرة ـ بيروت، ٢٠٠٨م.
كما إنَّه عند عودته للهند وقيادة الثورة السلمية ضد الاستعمار البريطاني كان يتعاون مع جميع الطوائف والأديان بما فيها الإسلام، وكان في قيادة حزب المؤتمر الهندي الذي تزعمه المهاتما غاندي الكثير من الشخصيات المسلمة منهم أبو الكلام آزاد أحمد بن خير الدين (١٨٨٨ ـ ١٩٥٨م) المولود في مكة المكرمة والمتوفى في دلهي والذي رأس حزب المؤتمر الهندي واعتقل مرات عدة مع المهاتما غاندي وكان خطيب الثورة الهندية ومن الرافضين لتقسيم الهند الكبرى.

(٢) مقتل الحسين للمقرم: ٢٢٩.

(٣) بحار الأنوار: ١٩٢/٤٤.

ترجمة إلا لإيمانه المطلق بالرسالة السماوية ومعالم الغيب والشهادة، ولهذا أصبح الحسين عليه السلام وأمسى سفينة النجاة ومصباح الهدى(١) وسيد شباب أهل الجنة(٢) وإماماً قام أو قعد(٣)، وكان يقول دائما: (كونوا أحراراً في دنياكم)(٤).

إن قضية الإمام الحسين عليه السلام ويوم عاشوراء بالرغم من قدمها إلا أنها متجددة دائماً وأبداً.. وهكذا أصبحت ثورة الحسين عليه السلام وما رافقها من تضحيات ونكران ذات ومواقف بطولية جهادية ومآسٍ لم يشهد التاريخ مثيلاً لها من قتل وأسر لأهل بيته وأصحابه الأجلاّء لتصبح الثورة مدرسة للمستضعفين عبر الزمن.

ولم يكن أبناء الشبك(٥) المستضعفين بعيدين عن الاستفادة من دروس

---

(١) قال الرسول الأعظم صلى الله عليه وآله: (إن الحسين مصباح هدى وسفينة نجاة وإمام خيرٍ ويمنٍ وعزٍّ وفخرٍ وبحرُ علم وذخر). عيون أخبار الرضا: ٢/ ٦٢، وقريب منه في فرائد السمطين: ٢/ ١٥٥، ح: ٤٤٧.

(٢) قال الرسول الأعظم صلى الله عليه وآله: (وسيدي شباب أهل الجنة الحسن والحسين). بحار الأنوار: ٣٦/ ٢٢٦.

(٣) قال الرسول الأكرم محمد صلى الله عليه وآله: "الحسن والحسين إمامان قاما أو قعدا"، ابن شهرآشوب محمد بن علي، مناقب آل أبي طالب: ٣/ ١٦٢. وقال عليه الصلاة والسلام وهو يشير إلى الحسن والحسين عليه السلام: " "إبناي هذان إمامان قاما أو قعدا"، المفيد محمد بن محمد العكبري، الإرشاد: ٢/ ٣٠.

(٤) مقتل الحسين للمقرم: ٢٧٥، وفيه: وحال الرجال ـ الجيش الأموي ـ بينه ـ عليه السلام ـ وبين رحله فصاح بهم: يا شيعة آل أبي سفيان إن لم يكن لكم دين وكنتم لا تخافون المعاد فكونوا أحراراً في دنياكم وارجعوا إلى أحسابكم إن كنتم عُربا كما تزعمون).

(٥) الشبك: جاء في موقع "الشبك نت" الذي يمثل تجمع الشبك الديمقراطي والذي يتزعمه الدكتور حُنين محمود القدو، في تعريف الشبك ما يلي: إن الشبك هم من الأقوام التي قدمت من المشرق واستوطنت في منطقة مرج الموصل واختلطت وتصاهرت مع بعض العشائر العربية والكردية والتركية وانصهروا جميعا في بودقة الشبك، لهم عاداتهم وتقاليدهم وتراثهم ولغتهم الخاصة بهم، تميزهم عن مكونات الشعب العراقي الأخرى، وحافظوا عليها عبر الزمن واكتسبوا أعراقاً أخرى معهم ولكن دون أن يفقدوا خصوصيتهم وهويتهم، إلا في حدود خصوصية المجتمع العراقي، وتمكنوا=

شهادة الحسين عليه السلام والإستنارة بمواقف أهل البيت والأئمة المعصومين عليهم السلام وتضحياتهم ومواقفهم الجهادية عبر التاريخ للحفاظ على الهوية الشبكية والتمسك بمذهب أهل البيت عليهم السلام.. ومن خلال السير على نهج الإمام جعفر الصادق عليه السلام والإلتزام بأحاديثه وسيرته استطاع الشبك الحفاظ على كيونتهم ووجودهم في منطقة سهل نينوى وسط أديان ومذاهب شتى بعيدة عن روح ونهج الأئمة الأطهار عليهم السلام.. كانت الثورة الحسينية مصباحاً نيراً لأبناء الشبك في بناء إيمانهم العقائدي وتربية الأجيال من

=من امتصاص الضغط القومي والتعايش معهم في سلام ووئام رغم معاناتهم وتجاربهم المريرة مع الحكومات التي تعاقبت على حكم العراق ومحاولاتها في طمس هويتهم وفيهم مقومات القومية الأساسية المستقلة عن القوميات الأخرى. ومما يؤيد خصوصية الشبك، كقومية مستقلة، ما جاء في إحدى المذكرات الخاصة بتفتيش منطقة الحمدانية ذات الأغلبية الشبكية (مذكرة رقم ٥٤١ عام ١٩٥٢) بأنَّ منطقة الحمدانية تتكون من عدد من القوميات أكثرهم عددا القومية الشبكية ومن ثم القومية العربية والكردية والتركمانية والمسيحيين، وهذا اعتراف واضح من الحكومة الملكية العراقية باستقلالية الشبك عن الكرد والعرب والأتراك وإنهم يشكلون قومية مستقلة.

وتنتمي اللغة الشبكية إلى مجموعة اللغات الآرية الهندواوروبية، وهي لغة مستقلة عن اللغات الأخرى وتتميز بمفرداتها الخاصة والمتميزة ونغمتها وطريقة لفظها، على الرغم من كثرة المفردات التي تشترك فيها مع اللغات الأخرى، كالعربية والفارسية والتركية والهندية والكردية، ولهذا الاشتراك مبرراته وأسبابه، التي لا يخفى على الباحث اللبيب وهي أوسع من كل اللغات الموجودة في المنطقة الشبكية.

يتراوح نفوس الشبك في الوقت الحاضر زهاء خمسمائة ألف نسمة يسكن جزء مهم منهم في الساحل الأيسر لمدينة الموصل في أحياء (نينوى الشرقية ونينوى الشمالية والجزائر والنعمانية والتأميم وعدن والشهداء والبكر والكرامة والقدس) وأحياء أخرى عديدة.

وينتشر جزء آخر منهم في نحو (٧٠) قرية ممتدة ما بين الساحل الأيسر من نهر دجلة إلى نهر الخازر شرقا وجبل النوران شمالا إلى ناحية النمرود جنوبا، في ارض منبسطة تعتبر من أخصب أراضي محافظة نينوى، خالية من العوارض الطبيعية في مثلث منقلب القاعدة، إضافة إلى سكنى أعداد كبيرة منهم في مراكز أقضية ونواحي برطلة وقرة قوش والنمرود وبعشيقة.

خلال الارتباط بسيرة أهل البيت عليهم السلام في تفكيرهم وسلوكهم وتربيتهم الدينية وبناء قيمهم الأخلاقية المجتمعية.

وبالرغم من الحملات المتعاقبة التي استهدفت أبناء القومية الشبكية على مر الأزمان بسبب هويتهم المذهبية من حملات الدولة العثمانية المعادية لنهج أهل البيت عليهم السلام إلى حملات الإعدام التي نفذها النظام البعثي في العراق إلا أن الشبك ازدادوا إيماناً بعقيدتهم وحباً لأئمتهم. وبالرغم من عمليات القتل والتهجير التي مورست بحقهم من قبل الجماعات الإرهابية والتكفيرية في مدينة الموصل بسبب ولائهم لمذهب أهل البيت لم يزدادوا إلا إيماناً بمنهج الحسين عليه السلام فأصبحت مآسي ودروس ثورة الحسين جزءاً من الهوية الشبكية وثقافتهم الاجتماعية.

وعند قراءتي ديوان الأبوذية أدركت أنَّ هناك ارتباطاً وجدانياً وروحياً بين كل محبّي أهل البيت عليهم السلام أينما كانوا وإن اختلفت اللغات والألوان والأعراق، ولهذا الديوان قيمة دينية وثقافية وحضارية وتاريخية لا تقدر بثمن.

وأود أن أعبر عن إعجابي وتقديري بشخصية العلامة محمد صادق الكرباسي الذي أبلى بلاءً حسناً في جمع وتبويب هذه الأبيات الشعبية لترسيخ مبادئ وقيم المذهب الشيعي بن الموالين لمدرسة أهل البيت للمساهمة في خلق حالة وجدانية مشتركة بين محبي أبي عبد الله الحسين عليه السلام.

د. حُنين محمود القدو

عضو مجلس النواب العراقي

بغداد في ٨/ ١١/ ٢٠٠٨م

لماذا غابت المرأة عن تفجّعات الأبوذية!

اعتادت الشعوب في أدبياتها أنْ ترمز إلى عظائم الأمور، بما يخلق انطباعاً لدى السامع عند تلقيه المفردة بما تخفيه من جليل المكاره ووقوعها، أو عظم الأمر وخطورته في السلب والإيجاب، وفي الأدبيات العربية يوصف الحدث بما يصاحبه، فيشار إلى مفردة المصاحبة للدلالة على الحدث كجزء من التعظيم والتهويل، من قبيل (الجمعة السوداء) أو (رزية الخميس) أو (يوم الأحزاب) وقد يشار إلى لفظ (الأم) للدلالة على خطورة المراد وعظمته، كما في قوله تعالى: ﴿فَأُمُّهُۥ هَاوِيَةٌ﴾[1]، وفي بعض التفاسير أنَّ الأم إشارة إلى رأس الإنسان الذي يضم عقله وجوارحه التي تقوده إلى الهاوية إنْ أخطأ المسير، فالجسد لا شيء إنْ لم يكن الرأس، فالرأس هنا أم كل شيء في حياة الإنسان.

وفي الأدبيات العربية يشار إلى لفظ (الأم) بوصفها مرجع كل نسب حتى وإن جهل الأب، ومنها استخدمت اللفظة في الدلالة على مرجع الأمور وعظيمها، فلا شيء يعادلها من حيث النتائج، كأنْ يقال (أم المهازل) أو (أم المعارك) أو (أم العظائم) أو (أم المصائب)، وقد لاحظت أن هذا الاستخدام لا يقتصر على الأدبيات العربية، فهو متداول في

---

(١) سورة القارعة: ٩.

المجتمعات الناطقة باللغة الانجليزية حيث تستخدم كلمة الأم بنفس مراد استخدامها في الأدبيات العربية، فيقال (The Mother of all Battles) أي أمّ المعارك ويقال (The Mother of all Scandals) أي أمّ الفضائح، ولا أستبعد أنْ يكون الاستخدام قائما في أدبيات الشعوب الأخرى، لأنَّ (الأم) في الوقت الذي هي مركز البشرية وإليها يعود الأبناء صغاراً وكباراً، فهي مصداق لمآل كل شيء.

لكنَّ المفارقة أنَّ هناك نوعا من الشعر الشعبي بما فيه من مصائب ومعاناة كبيرة وعظيمة لا ينسب إلى الأم بل على العكس ينسب إلى الأب، ألا وهو شعر (الأبوذية) الذي يرجعه البعض في معناه إلى (صاحب الأذى والأذية)، فيروح صاحب المعاناة يعبر عن هواجسه وما يختلج بين أضلعه ببيت من الأبوذية، وكان الأولى حسب السياق أنْ يُشار إلى هذا النمط من الشعر بشعر (أم الأذى) أو (الأموذية) للدلالة على عظم المصاب، ولكن نظرة عامة على شعر وشعراء الأبوذية، ينبيك أنَّ هذا النمط من الشعر هو شعر ذكوري، فعلى سبيل المثال فإنَّ هذا الديوان (الثامن) ضم ٣٤٤ بيتا من الأبوذية، اقتصر على بيتين للشاعرة المعاصرة خديجة نورزو[1]، من بين ٧٠ شاعرا، فالواضح أن جل الشعر هو من نظم شعراء ذكور يترجمون زفراتهم إلى أبوذيات، وقد أشار المؤلف إلى ذلك في المقدمة حيث ذكر بأنَّ الذكور اعتادوا على نظمه، ولكن الموال تستهويه الإناث ويشاركن

(١) خديجة نوروز: هي بنت كرم وكنيتها أم عبد الله وهي زوجة الحاج عيسى فيروز، من الخطيبات الأديبات في الكويت ومن مشاهير المنبر الحسيني، توفت في الكويت يوم السبت ١٩/ ٥/ ١٤٣٢هـ، دخلت ساحة الخطابة الحسينية في عمر مبكّر، تنظم بالدارج والفصيح واشتهرت بالأول، لها: ديوان الكرامة الحسينية (١٠ أجزاء)، من وحي الكرامة الحسينية (محاضرات) في ١٦ جزءاً، لها في منطقة الرميثية في محافظة حولّي حسينية باسمها.

الرجال في النظم عليه، كما إن لفظ الصاحب بالأدبيات العربية إشارة إلى الرفيق الذي يصاحب رفيقه كظله في حلّه وترحاله، لا فرق بين أن يوافقه في الرأي والعقيدة أو يضاده، وكذلك الأذى، فيشار لصاحب الأذى بالأبوذية لمرافقة الأذى له في نومه ويقظته، وإذا كان للأبوذية أب فيصح للتي فاق وجعها من الأبوذيات أن يقال لها (أمّ الأذيات) أو (أمُّ الأبوذيات)..

ولا يخفى أنَّ البحاثة الدكتور الشيخ محمد صادق محمد الكرباسي، تناول تاريخ هذا الأسلوب من الشعر الشعبي بالتفصيل في الجزء الأول من ديوان الأبوذية، توصل فيه إلى نظريات جديدة في نشأة شعر الأبوذية ورجالاته والمبدعين فيه، وفي الجزء الثامن من هذا الديوان الصادر عن المركز الحسيني للدراسات في لندن سنة (٢٠٠٩م) في **٥١٣** صفحة من القطع الوزيري، يواصل المصنِّف استعراض قصائد الأبوذية التي أُنشئت في النهضة الحسينية، وفك طلاسم اللهجة الشعبية، بخاصة الدارجة منها في العراق حيث مولد شعر الأبوذية.

صبر بلا حدود

للصبر حدود، كما يقال في الحياة العامة، ولكنَّ الصبر عند قلة قليلة بل ندرة نادرة، صبر بلا حدود، كما في صبر نبي الله أيوب[1] عليه السلام الذي يضرب به المثل، والذي قال فيه تعالى: ﴿إِنَّا وَجَدْنَٰهُ صَابِرًاۚ نِّعْمَ ٱلْعَبْدُۖ إِنَّهُۥٓ أَوَّابٌ﴾[2]، واشتهر على الألسن "يا صبر أيوب"، فقد صبر أيوب على

(١) أيوب: هو ابن موص بن رزاح بن زعوايل بن العيص بن إسحاق بن إبراهيم، ولد في حوران الشام في حدود عام ١٩٩٢ ق.هـ. وتوفي قرب الحلة ـ العراق، وعاش ٩٥ سنة يضرب به المثل لأنه صبر ١٨ سنة على وضعه الصحي وفقدان الأهل.

(٢) سورة ص: ٤٤.

وجعه وألمه، لكن النبي محمداً ﷺ صبر على أذى القريب والبعيد، النسيب والغريب، وصدق حين قال: "ما أوذي نبي مثلما أوذيت"[١]، ومثله صبر الإمام علي عليه السلام وقد نسب إليه البيتان، من بحر الطويل:

سأصبر حتى يعجز الصبر عن صبري ... سأصبر حتى ينظر الرحمن في أمري
سأصبر حتى يعلم الصبر أنني ... صبرت على شيء أمر من الصبر[٢]

والصبر في واقعه "أمّ الفضائل"، وكما قال الإمام علي عليه السلام: "العجز آفة والصبر شجاعة"[٣]، وقوله عليه السلام: "الصبر صبران: صبر على ما تكره وصبر عمَّا تحب"[٤]، وقوله عليه السلام: "الصبر من الإيمان كالرأس من الجسد، ولا خير في جسد لا رأس معه، ولا في إيمان لا صبر معه"[٥]. وكما قال الشاعر أبو العتاهية إسماعيل بن القاسم[٦]، من مجزوء الكامل:

اصبر لدهر نال منـ ... ـك فهكذا مضت الدهور
فرحٌ وحزنٌ مرة ... لا الحزن دام ولا السرور[٧]

---

(١) بحار الأنوار: ٣٩/٥٦.

(٢) لم أجد البيتين في الديوان الذي جمعه ورتبه عبد العزيز الكرم الصادر في طبعته الأولى عام ١٤٠٩هـ ـ ١٩٨٨م بعنوان "ديوان أمير المؤمنين الإمام علي بن أبي طالب"، ووجدت البيتين التاليين:
يعزونني قومٌ براءٌ من الصبر ... وفي الصبر أشياء أمرُّ من الصبرِ
يعزي المُعزي ثم يمضي لشأنه ... ويبقى المعزى في أحرِّ من الجمرِ

(٣) نهج البلاغة: ٤/٦٦٣، حكمة ٣، شرح محمد عبده، دار البلاغة، بيروت، لبنان، ط٤، ١٤٠٩هـ ـ ١٩٨٩م.

(٤) نهج البلاغة: ٤/٦٧٤، حكمة ٥٥.

(٥) نهج البلاغة: ٤/٦٧٩، حكمة ٨٢.

(٦) أبو العتاهية إسماعيل بن القاسم: هو حفيد سويد العيني (١٣٠ ـ ٢١١هـ) ولد في عين التمر من كربلاء وعاش في الكوفة وتوفي في بغداد، نشأ فقيراً، هجر الشعر إلا أن المهدي العباسي سجنه وهدده إن لم يقل الشعر فنظم، وكان سجنه لشعره الولائي لأهل البيت عليهم السلام، يعد من شعراء التصوف والحكمة، مطبوع الشعر، له ديوان شعر معروف باسمه.

(٧) مشيخة أبي عبد الله الرازي: ١٦٥، حديث ٥٩، تعليق: الشريف حاتم بن عارف العوني، دار=

ومفردة (الصبر) طالما وردت في شعر الأبوذية تصريحا وتلميحا، لتعظيم المصاب الذي حلّ بصاحب الأذى إن عبّر عن ذاته أو وصف حالة أو حدّث عن غيره بلسان الحال، والضربان الأخيران من النظم هو الشائع في الأبوذيات الحسينية، لأن الشاعر في واقعه يستجوب التاريخ فيستنطق حوادث كربلاء عام ٦١هـ عن لسان صاحب المصيبة، كأن يكون الإمام السجاد علي بن الحسين عليه السلام أو السيدة زينب بنت علي بن أبي طالب عليه السلام أو السيدة ليلى الثقفية[(١)] زوجة الإمام الحسين عليه السلام وغيرهم.

ومن ذلك أبوذية الشاعر كاظم بن حسون المنظور[(٢)] واصفا صبر السيدة سكينة بنت الحسين عليه السلام ووقوف السيدة زينب عليها السلام في مجلس الحاكم الأموي يزيد بن معاوية، صابرة محتسبة:

=الهجرة للنشر والتوزيع، الرياض ـ السعودية، ط١، ١٤١٥هـ، ١٩٩٤م. ولم أجد البيتين في ديوان أبو العتاهية، ولكن وجدت البيت التالي:

أعُيذك أن تُسرَّ بعيش دارٍ قليلاً ما يدوم لها سرورُ

ديوان أبو العتاهية: ١٨٤، دار بيروت للطباعة والنشر، بيروت ـ لبنان، ١٤٠٦هـ/ ١٩٨٦م.

وعن هشام بن عبد الذماري: أثاروا قبراً بذمار فأصابوا فيه حجراً مكتوب فيه البيتان. انظر: الفرج بعد الشدة: ٧٠، حديث ١١٣، ابن أبي الدنيا عبد الله بن محمد القرشي، تحقيق: مصطفى عبد القادر عطا، مؤسسة الكتب الثقافية، بيروت ـ لبنان، ط١، ١٤١٣هـ، ١٩٩٣م.

(١) ليلى الثقفية: هي بنت أبي مرة (قرة) بن عروة بن مسعود بن متعب (مصعب) بن مالك بن كعب الثقفية (٢٠ ـ ٦٣هـ)، ومن أسمائها برّة وآمنة، ولدت في المدينة المنورة، وتزوجت من الإمام الحسين عليه السلام سنة ٣٥هـ وفي سنة ٣٨هـ ولدت له علي الأكبر، اختلفوا في مسألة حضورها كربلاء، ماتت في مسقط رأسها ودفنت في البقيع على الأكثر.

(٢) كاظم بن حسون المنظور: هو حفيد عبد عون الكربلائي الشمري (١٨٩١ ـ ١٩٧٤م) ولد في مدينة كربلاء وفيها نشأ وعاش ومات، وهو من شعراء المنبر الحسيني الذي يشار لهم بالبنان رغم أميته لكنه كان يحفظ القرآن الكريم، وأكثر شعره باللهجة الدارجة، ، حملت دواوينه عنوان "المنظورات الحسينية" في ٢١ جزءاً وله ديوان "الأغاريد الشعبية".

صَـبُـر سِـكْـنَـه أعْـلَـه صَـبْـرَ أيّـوبْ يَـرْهَـه
إوْ عَـنْ جِـسْـمِ ألْـحِـسَـيـنِ ألـشِّـمِـرْ يَـرْهَـه
إوْ مِـثِـلْ زَيـنَـبِ أشْـلـونِ أيْـزيـدْ يَـرْهَـه
يِـسـيـرَة امـچِـتِّـفَـه أبْـحَـبْـلِ الـرَّزِيَّـه

فالجناس في ثلاثية (يرهه) حيث تتحد الكلمة لفظا وتختلف معنًى مع شطر رابع يكتمل به بيت الأبوذية المنتهي بكلمة خاتمتها ياء مشددة مع هاء (يَّه)، فالأولى محرّفة يرهو بمعنى يعلو، حيث يبلغ الشاعر بصبر سكينة على فقد أبيها مبلغا يعلو صبر أيوب في فقد صحته وابتعاد أهل بيته عنه، و(يرهه) الثانية وأصلها جرّها وجذبها، حيث يصور اجتذاب القائد العسكري شمر بن ذي الجوشن الضبابي[1] لسكينة بنت الحسين عليه السلام التي مالت على جسد أبيها تضمّه وتشمّه، و(يرهة) الثالثة مخففة يراها تعبيراً عن الواقع المؤلم حيث تقف السيدة زينب عليها السلام سليلة العترة النبوية أسيرة بين يدي يزيد، وقد أبدع الشاعر في الشطر الرابع حين جمع بين حبل الأسر وحبل المصيبة، وكأنها لم تقيد بحبال عادية بل هي حبال مصنوعة من فتائل المصائب والرزايا.

تطبيقات قريضية

والشاعر في إنشائه وإنشاده كالخطيب والكاتب يستعير من معاصره أو ممن سبقه نصا، بعضه أو كله، لتأكيد فكرة معينة أو نقضها، وهو ما يسمى

---

(١) شمر بن ذي الجوشن الضبابي: هو حفيد شرحبيل بن الأعور العامري الضبابي المقتول في الكوفة عام ٦٦هـ على يد عبد الرحمن بن أبي الكنود من أصحاب المختار، كان قائد كتيبة في الجيش الأموي في معركة كربلاء، هو آخر من جلس على صدر الإمام الحسين عليه السلام وحزَّ رأسه الشريف من القفا، وهو ممن أمر بحرق خيام الحسين عليه السلام.

في الأدب العربي بالاستشهاد، كمن يستشهد في آية قرآنية أو حديث نبوي أو أثر تاريخي أو بيت من قصيدة، وفي النظم فإن إنشاء الشاعر لبيت على شاكلة بيت لشاعر آخر يسمى مباراة، وربما يأتي تضمينا، فهو قد يستعير البيت صدره أو عجزه أو كليهما، وقد يستعير الشاعر الفكرة فيضمنها في البيت أو البيتين، وهذا النمط هو من الاستعارة المشروعة التي لا غبار عليها، فهي تحفظ للشاعر الأصل حقَّه، وتعضد من نظم الشاعر المستعير، بخاصة إذا كانت الاستعارة من شعراء مجيدين. كما أن الشاعر يكثر من تضمين قصائده بآيات قرآنية وأحاديث نبوية وحكم.

وإذا كان التضمين والمباراة في النظم الفصيح مشروعا، فإنه في النظم الدارج أكثر من مشروع، بخاصة وأنَّ التضمين في هذه الحالة يرفع جزءاً من العجمة عن المفردات المحلية الواردة في القصيدة، والتي يكثر استعمالها في شعر الأبوذية القائم على الجناس الذي يزيد أصلا من غموض المفردة التي بحاجة إلى معجم للغات المحلية لفهم معاني الكلمات المتحدة اللفظ، وهذا ما قام به المحقق الكرباسي في هذا الجزء والأجزاء السابقة والأجزاء اللاحقة، مما تكون عنده معجما من آلاف الكلمات الدارجة.

في الواقع إن عملية التضمين والمباراة في الشعر الدارج، وبخاصة التضمين شعراً أشبه ما يكون في كثير منها بتطبيقات صريحة للشعر القريض ولكن بلغة محلية، على خلاف التضمين في الشعر القريض الذي يحاول فيه الشاعر قدر الإمكان أن يستعير الفكرة أكثر منها استعارته لمفردات البيت تجنبا للتكرار وحفظا لأصالة بيته أو قصيدته.

ومن المباراة، أبوذية الشاعر المعاصر علي بن كريم الموسوي[1] بعنوان "نراها":

مَتَه اَنفوس الظِمَتْ بالطَّفْ نَراها
إوْ عَلَه اَلگوم اَلرِهَتْ سابِجْ نَراها
مَتَه الأعلامْ مَنْشورَه نَراها
عَلَه روسِ اَلْكماةِ اَلهاشميَّه

فالجناس في (نراها)، فالأولى محرفة من كلمة نرويها أي متى نروي النفوس الظامئة؟ والثانية محرفة من نرهو والرهو هو العلو أي: متى نعلو على القوم الذين علوا علينا سابقا، والثالثة من رأى الشيء، أي: متى نرى الأعلام منشورة ومرفوعة، والشاعر هنا يباري البيت التالي من قصيدة السيد جعفر بن حمد الحلي[2] (١٣١٥هـ)، من السريع:

متى نرى الأعلام منشورة ... على كماة لم تسعها القفار[3]

وهي من قصيدة في استنهاض الإمام المهدي عليه السلام، ومطلعها:

يا قمر التم إلامَ السرار ... ذاب محبوك من الانتظار

ومن التضمين أبوذية عبد العظيم بن حسين الربيعي[4] بعنوان (وجراه) عن لسان السيدة زينب بنت علي عليها السلام، يقول فيه:

---

(١) علي بن كريم الموسوي: من الشعراء العرب المعاصرين المقيمين في إيران له ديوان "قصائد خالدات".

(٢) جعفر بن حمد الحلي: هو حفيد محمد حسن بن كامل بن منصور بن كمال الدين الحسيني الحلي (١٢٧٧ ـ ١٣١٥هـ) من مشاهر شعراء الإمامية وأدبائها، ولد في قرية السادة بالحلة وفيها نشأ ومات، درس في النجف الأشرف وفيها دفن عند قبر أبيه، له ديوان سحر بابل وسجع البلابل.

(٣) ديوان الأبوذية: ٨/٥٨.

(٤) عبد العظيم بن حسين الربيعي: هو حفيد علي الجد علي التوبلي الربيعي (١٣٢٣ ـ ١٣٩٩هـ)، أصله من البحرين ولد في قرية النصار في آبادان جنوب إيران وفيها نشأ ودرس ثم انتقل عام ١٣٤٢هـ إلى حوزة النجف الأشرف، وعاد إلى مدينته سنة ١٣٦٣هـ عالماً أديباً فاضلاً وفيها مارس وظائفه الدينية حتى وفاته فيها، من مؤلفاته: سياسة الحسين، رباعيات الربيعي، وديوان الربيعي.

مـا شَـدْ ظُـلْـم ٱبِـنْ مَـيْـسـونْ وَجْـراه
هــذا ٱلْـفـاضْ مـنَّـه ٱلـدَّمِـعْ وَجْـراه
مَــودَّتْـنَــه جِـزَه ٱلْـمـخـتـارْ وَجْـراه
صِـدِگ يِـنْـشِـتِـمْ عَـاْلْـمَـنْـبَـرْ وَصِـيَّـه

والجناس في (وجراه)، فالأولى مخففة من أجراه من الجرأة والجسارة، أي: ما أشد ظلم ابن ميسون (يزيد بن معاوية وأمه ميسون بنت بجدل الكلبية) وجزأته على الله بظلم أهل البيت عليهم السلام، والثانية مخففة وأجراه من جرى الدمع إذا سال، والثالثة محرفة وأجره من الأجر وهو الثواب، ويتساءل الشاعر عن لسان السيدة زينب عليها السلام: أَصِدقٌ يتعرض إلى الشتم الإمام علي عليه السلام من على منابر المسلمين؟!، والشاعر هنا يضمن قوله تعالى: ﴿قُل لَّآ أَسۡـَٔلُكُمۡ عَلَيۡهِ أَجۡرًا إِلَّا ٱلۡمَوَدَّةَ فِي ٱلۡقُرۡبَىٰۗ﴾[1]، حيث لم يطلب النبي المختار محمد صلى الله عليه وآله وسلم من المسلمين أجراً على رسالته وهدايته إياهم إلاّ المودة في أهل بيته، فهم وصيته وتركته.

أوجاع الشعراء

ضم الديوان بالإضافة إلى أكثر من ثلاثين فهرسا في موضوعات مختلفة ترشد القارئ إلى مراده، ٣٤٤ بيتا من الأبوذية لشعراء من أقطار مختلفة، من قافية الهاء حتى الياء، وهم حسب الحروف الهجائية: إبراهيم بن عبد الحسن الخنيفري (ق١٥هـ)، إبراهيم بن ناصر المبارك (١٣٩٩هـ)، أحمد الهندي (ق١٤هـ)، إسماعيل بن عيدان المشعلي (ق١٥هـ)، جابر بن جليل الكاظمي (ق١٥هـ)، جابر بن هادي أبو الريحة (١٤٠٣هـ)، جمعة بن

(١) سورة الشورى: ٢٣.

سلمان الحاوي البحراني (ق١٥هـ)، حاچم الخياط (ق١٤هـ)، حسن بن حسين الموسوي (ق١٥هـ)، حسن بن كاظم السبتي (١٣٧٤هـ)، حسين بن علي الكربلائي (١٣٢٨هـ)، خديجة بنت كرم نوروز (١٤٣٢هـ)، خضير بن.... (ق١٤هـ)، خلاف بن حسن العفراوي الطرفي (ق١٥هـ)، رمضان بن شريف برواية (ق١٥هـ)، صالح بن حسين الحلي (١٣٥٩هـ)، صالح بن مهدي البصري (ق١٤هـ)، عباس الحميدي (ق١٤هـ)، عباس بن علي الترجمان (١٤٢٩هـ)، عباس بن علي بن راهي الحزباوي (ق١٥هـ)[١]، عباس بن غانم المشعل (ق١٥هـ)، عباس (أبو يقظان) بن كريم الحلي (ق١٥هـ)، عباس بن ناصر البحراني (ق١٥هـ)، عبد الأمير بن علي الفتلاوي (١٣٨٠هـ)، عبد الأمير بن مؤيد الكنعاني (ق١٥هـ)، عبد الحسن بن محمد الكاظمي (ق١٥هـ)، عبد الحسين بن علي الشرع (١٣٨٥هـ)، عبد الحسين بن عواد الديراوي (ق١٥هـ)، عبد الرحيم بن خزعل المقدم (ق١٥هـ)، عبد السادة بن حبيب الديراوي (ق١٥هـ)، عبد الصاحب بن ناصر الريحاني (ق١٥هـ)[٢]، عبد العظيم بن حسين الربيعي (١٣٩٩هـ)، عبد الكريم (أبو محفوظ) بن حمود الكربلائي (١٣٨٥هـ)، عبد الله بن عبد الزهرة (ق١٤هـ)، عبد الهادي بن زايردهام (ق١٤هـ)، عبود بن جابر البحراني (ق١٥هـ)، عطية بن علي الجمري (١٤٠١هـ)، علي بن الحسين الهاشمي (١٣٩٦هـ)، علي بن كريم الموسوي (ق١٥هـ)، عيسى بن علي الحياوي (١٣٦٨هـ)، غالب الموسوي (ق١٥هـ)، فاخر بن طاهر الموسوي (ق١٥هـ)، فليح بن محسن الدعمي (ق١٥هـ)، قاسم بن حسن محيي الدين (١٣٧٥هـ)، كاظم بن حسن السبتي (١٣٤٢هـ)، كاظم بن

(١) المولود في قرية أم الصخر في بلدة الدورق جنوب إيران سنة ١٣٦٣هـ.

(٢) المولود بقرية النصار في آبادان جنوب إيران سنة ١٣٥٨هـ.

حسون المنظور (١٣٩٤هـ)، كاظم بن حسين العنبگي (ق١٤هـ)، كاظم بن طاهر السوداني (١٣٧٩هـ)، كاظم بن عبد الحمزة السلامي (١٣٩١هـ)، كريم بن محمد آل عزام (١٣٩٤هـ)، لطيف بن صالح النزاري (ق١٥هـ)، محمد سعيد بن سلمان آل مانع (ق١٤هـ)[1]، محمد (أبو مؤيد) بن قاسم الجراخ (ق ١٥هـ)[2]، محمد حسن بن عيسى دكسن (١٣٥٤هـ)، محمد رضا بن حسين فتح الله (١٤١١هـ)، محمد سعيد بن موسى المنصوري (١٤٢٨هـ) محمد علي بن راضي المظفر (ق١٥هـ)، محمد علي بن ناصر الناصري (ق١٥هـ)[3]، مرتضى بن أحمد قاو (١٣٨٣هـ)، مرتضى بن محسن السندي (ق١٥هـ)[4]، مهدي بن حسن الخضيري (١٣٤٧هـ)، مهدي بن حسن الماجدي (ق١٥هـ)، مهدي بن راضي الأعرجي (١٣٥٨هـ)، مهدي بن صاحي الموسوي (ق١٥هـ)، مهدي بن محمد السويج (ق١٥هـ)[5]، موسى الصيادي (ق١٤هـ)، ناصر بن عيسى الصخراوي (ق١٥هـ)، نجم بن عبود الكواز الحلي (ق١٤هـ)، هيثم بن شاكر سعودي (ق١٥هـ)[6]، وياسر بن نعمة الساري (ق١٥هـ).

كما ضم الديوان ستة عشر بيتا لعدد من الشعراء في القرنين الرابع عشر والخامس عشر الهجري، أفرغ المصنف جهده في بيان عائديتها، ولم

---

(١) من شعراء النجف وفضلاء العلماء ولد سنة ١٣٣٩هـ وتوفي في ٢٢/ ١٠/ ١٣٩٢هـ.

(٢) أبو مؤيد محمد الچراغ الكاظمي المتوفي في ١٢/ ٨/ ١٤١٩هـ.

(٣) هو حفيد محمد الصفار الناصري، ولد في الماحوز في البحرين في ٢٩/ ٦/ ١٣٣٨هـ وتوفي في المنامة في ٢٨/ ٨/ ١٤٢٠هـ.

(٤) هو حفيد رفيع الدين الطباطبائي الحسني، ولد في مدينة كربلاء المقدسة سنة ١٩٥٠م.

(٥) هو محمد مهدي بن محمد السويج البصري (١٣٤٨ ـ ١٤٢٣هـ) من الأدباء الخطباء، ولد في البصرة ودرس في النجف الأشرف ومات في دمشق في حادث سير.

(٦) هو حفيد سعودي بن عبد الكريم الحسناوي، ولد في مدينة كربلاء المقدسة.

يتبينهم، فلم يهملهم، لكنه أرجعهم لـ (بعضهم)، لعل من يطلع عليها ويتعرف على قائلها يرشده إليها ليرفع الغموض عنها في أقرب طبعة جديدة.

رؤية شبكية

والشبك أحد مكونات المجتمع العراقي، وهم قومية مستقلة يدينون بالإسلام، جلهم من المذهب الجعفري، لهم لغتهم الخاصة التي تنتمي إلى مجموعة اللغات الآرية الهندوأوروبية، ذات أبجدية عربية بإضافة الكاف المعجمة والجيم الثلاثية والباء الثلاثية، مع خليط من المفردات العربية والفارسية والتركية والهندية والكردية، وكذلك تكتب بالحروف اللاتينية، وحيث لا توجد إحصاءات حديثة عن أعدادهم، فان الأرقام المعلنة تشير إلى أكثر من ١٥٠ ألف نسمة وبعضهم أوصلها إلى نصف مليون يعيشون في الموصل وما جاورها، وبخاصة في الجانب الأيسر من الموصل، والشاطئ الأيسر من نهر دجلة إلى نهر الخازر شرقا وجبل النوران شمالاً إلى ناحية النمرود جنوباً.

ولهذا المكون المجتمعي العراقي نائب في مجلس النواب العراقي، وهو الأمين العام لتجمع الشبك الديمقراطي الدكتور حُنين بن محمود القدو المولود سنة ١٣٦٨هـ (١/ ٧/ ١٩٤٩م) وهو في الوقت نفسه رئيس مجلس الأقليات العراقية وممثل الشبك في الجامعة العربية وهيئة الأمم المتحدة.

الدكتور حُنين القدو، كانت له قراءته الخاصة للنهضة الحسينية ولدائرة المعارف الحسينية وللجزء الثامن من ديوان الأبوذية، كتبها باللغة الشبكية مؤثراً كتابتها بالأبجدية العربية تماهيا مع ثقافة القرآن الكريم، فهو على يقين كامل: "إن قضية الإمام الحسين عليه السلام ويوم عاشوراء بالرغم من قدمها

إلا أنها متجددة دائما وأبداً"، لأن: "الثورة الحسينية لم تكن وليدة صدفة تاريخية عابرة وإنما كانت مبنية على إرادة ربانية وحكمة إلهية لكي تبقى ذكراها مصباحا ساطعا ومدرسة نيّرة محفزة للمظلومين لمقارعة الظلم والاضطهاد في أصقاع الأرض"، ولهذا: "لم يكن أبناء الشبك المستضعفين بعيدين عن الاستفادة من دروس شهادة الحسين عليه السلام والاستنارة بمواقف أهل البيت والأئمة المعصومين عليهم السلام وتضحياتهم ومواقفهم الجهادية عبر التاريخ.. كانت الثورة الحسينية مصباحاً نيِّراً لأبناء الشبك في بناء إيمانهم العقائدي وتربية الأجيال من خلال الارتباط بسيرة أهل البيت عليهم السلام في تفكيرهم وسلوكهم وتربيتهم الدينية وبناء قيمهم الأخلاقية المجتمعية".

وعن ما وجده في الجزء الثامن من ديوان الأبوذية من مجموعة شعراء من جنسيات مختلفة جمعتهم وشيجة النهضة الحسينية، يضيف الدكتور قدو: "وعند قراءتي ديوان الأبوذية أدركت أنَّ هناك ارتباطاً وجدانيا وروحيا بين كل محبي أهل البيت عليهم السلام أينما كانوا وإن اختلفت اللغات والألوان والأعراق، وإن لهذا الديوان قيمة دينية وثقافية وحضارية لا تقدر بثمن"، ولم يخف الدكتور حُنين قدو إعجابه بشخصية المؤلف الذي صدر من تحت يراعه ستين مجلداً[(١)] من مجلدات دائرة المعارف الحسينية التي تربو على الستمائة[(٢)]، معرباً: "عن إعجابي وتقديري بشخصية العلامة محمد صادق الكرباسي الذي أبلى بلاءً حسناً في جمع وتبويب هذه الأبيات الشعبية" التي تساهم كما يعتقد: "في خلق حالة وجدانية مشتركة بين

(١) بلغ المطبوع حتى نهاية ٢٠١٢م ٧٧ مجلداً.

(٢) تعدى المطبوع والمخطوط السبعمائة مجلد حتى نهاية عام ٢٠١٢م.

محبي أبي عبد الله الحسين ﷺ"، وهو صادق فيما ذهب إليه، لأنَّ الإمام الحسين ﷺ له مكانة خاصة في قلب كل حر، من مسلم أو غير مسلم.

الأربعاء: ٢٣/٣/٢٠٠٩م

الريشما ستار جبار حلو

* ستار بن جبار الحلو.

* الزعيم الديني لطائفة المندائيين الصابئة في العراق وخارجه.

* ولد في قضاء الكحلاء في مدينة العمارة (ميسان) في ١٩٥٦/١/٢م.

* نشأ ودرس في مسقط رأسه وفي مركز العمارة، وأكمل الدراسة في بغداد وتخرج من المعهد الزراعي سنة ١٩٧٨م ونال منه (دبلوم وقاية المزروعات وتربية النحل).

* سيق إلى الخدمة العسكرية لمدة عشر سنوات.

* عاد إلى الخدمة المدنية بعد انتهاء الحرب العراقية ـ الإيرانية (١٩٨٠ ـ ١٩٨٨م) واشتغل في حقل الصياغة.

* تفرّغ للديانة المندائية وتم عام ١٩٩٥م ترقيته إلى مرتبة الترميذا.

* تولى عام ١٩٩٧م عضوية المحكمة الشرعية المندائية ممثلا عن رجال الدين.

* تم ترشيحه عام ١٩٩٨م من قبل المجلس الروحاني للطائفة المندائية ليكون نائبا لرئيس الطائفة.

* عمل في هذه الفترة رئيسا لتحرير مجلة هيمنوثا الخاصة بالطائفة.

* في منتصف عام ٢٠٠٠م انتخبه مجلس عموم الطائفة لتولي رئاسة الطائفة

لمدة خمس سنوات ثم عُدل بقرار لاحق إلى سبع سنوات وأخذ لقب الكنزبرا.

* بدعم منه تم عام ٢٠٠١م ترجمة الكتاب المقدس (الكنزبرا) إلى اللغة العربية.

* له مقالات ودراسات دينية واجتماعية ولاهوتية منشورة.

* له رحلات كثيرة في المدن العراقية وخارج العراق ولقاءات مع مراجع تقليد وعلماء ودين وساسة ونواب.

* تم تكريمه أكثر من مرة من قبل مؤسسات حكومية ومجتمع مدني كداعية من دعاة الوحدة والمحبة والسلام والتآخي.

* في ١٠/١١/٢٠١٢م تم ترقيته إلى رتبة (الريشما) وهي من المراتب الدينية العليا في الطائفة المندائية.

المنهجية الرائعة[1]

(معجم أنصار الحسين.. الهاشميون ج٣)

تزخر الأديان السماوية بالرموز والعبر، التي تضع شواخصَ للوقوف بصف الإيمان والانحياز للحق، ولاشك أن التراث الروحي هو محط اعتزاز للمؤمنين ومن مختلف الأديان والمذاهب لا بل الإنسانية جمعاء، من منطلق وحدة الحق ووحدة مصدره الإلهي.

فإن الحديث عن استشهاد الحسين عليه السلام الذي استشهد من أجل الحق والوقوف بوجه الظلم والاستبداد لهو محط اعتزاز المؤمنين جميعاً لا المسلمين فحسب، فالقيم التي نادت بها الأديان السماوية والتي حملتها كتبهم، هي قيم الحق والإيمان، وهي القيم ذاتها التي دفعت الحسين وأهل بيته نحو كربلاء.

والموسوعة (دائرة المعارف الحسينية) التي بين أيدينا، واحدة من تلك الأضواء التي تُسلط على مأثرة الحسين الخالدة، لتضع بين يدي القراء والباحثين فرصة للاستزادة بعَبرة وعِبرة تلك الملحمة.

(١) أصل المقدمة باللغة العربية كما وردت.

لقد قام سماحة آية الله الدكتور الجليل الشيخ محمد صادق الكرباسي بمنهجيته الرائعة لوضع أكثر من ستمائة مجلد[1] في هذا الإمام العظيم، الذي حلَّ في نهاية المطاف بأرض الرافدين ملتقى الأديان والحضارات ومحطة الثورة على الظلم والتطلع للحرية والسلام.

وما هذا الجزء الذي قمت بإلقاء النظرة عليه والكتابة عنه إلا واحد من تلكم الأجزاء التي كوَّنت هذه الدائرة العظيمة وهو يشكل الجزء الثالث من معجم الأنصار الهاشميين الذي يتحدث فيه سماحة المؤلف عن بقية الهاشميين الذين رافقوا الإمام الحسين عليه السلام إلى أرض كربلاء عام ٦١هـ.

فالمؤلف الذي بحث في الجزء الأول[2] والثاني[3] سيرة كل واحد منهم حسب الحروف الهجائية، أوصله الحديث في الجزء الثالث بحرف الفاء لينتهي بحرف الياء، وليشفع بأجزاء أخرى يتحدث عن الأنصار غير الهاشميين في ثلاثة أجزاء أخرى، ثم واصل حديثه في جزأين أخريين[4] عن النسوة اللواتي حضرن كربلاء وما كان لهن من دور في هذه المعركة الشريفة وإذكاء شعلتها إلى يومنا هذا، فأصبحت بذلك نبراساً للأحرار في العالم.

---

(١) تعدت السبعمائة مجلد.

(٢) صدر الجزء الأول عام ١٤٢٩هـ - ٢٠٠٨م، في ٥٥٣ صفحة من القطع الوزيري.

(٣) صدر الجزء الثاني عام ١٤٢٩هـ - ٢٠٠٨م في ٦١٩ صفحة من القطع الوزيري.

(٤) صدر من معجم أنصار الحسين (النساء) ثلاثة أجزاء، صدر الجزء الأول عام ١٤٣٠هـ - ٢٠٠٩م في ٥١٥ صفحة من القطع الوزيري، والثاني عام ١٤٣١هـ - ٢٠١٠م في ٣٩٧ صفحة، والثالث عام ١٤٣٢هـ - ٢٠١١م في ٣٤٥ صفحة.

وفي الحقيقة فإن هذه الأجزاء دراسة بيوغرافية عن هذه الشخصيات بحيث أصبحت دليلاً يهتدي بها طلاب العلم لغرض الدراسة والاستزادة من هذا التراث الإنساني العظيم.

الكنزبرا الشيخ ستار جبار حلو
رئيس طائفة الصابئة المندائيين في العراق والعالم
٢٧/ ١٠/ ٢٠٠٨م
بغداد ـ العراق

رجال وأشباه..
قراءة في عيون أنصار الحرية!

كل إنسان يعرف بالبضاعة التي يعرضها للناس، فالبضاعة قد تكون إنتاجا صناعيا وقد تكون نهجا فكريا، وقد تكون مواقف إنسانية أو بطولية أو مواقف خائبة، فالإنسان وبضاعته، ولا تأتي البضاعة إلا من سنخية شخصيته وبنائها الذاتي ومن تراكمات التجارب الحياتية.

فالمرء يُعرف بمواقفه في هذه الحياة، لأن الموقف له أن يرسم مستقبله في الخير والشر، في الوجود والعدم، في تسلق سلم الحياة أو الهوي في جبّها، ويضعه على المحك، وبه يُكرم المرء أو يهان، بلحاظ أن الموقف هو مخاض امتحان عسير قد لا يتكرر، فالموقف مثله مثل الفرصة تأتي سريعة إن لم يقتنصها المرء ذهبت لغيره، كما يقول أمير الحكمة والبيان علي بن أبي طالب عليه السلام: "انتهزوا فرص الخير فإنها تمرّ مرّ السحاب"[1]، فإذا تجاوزه بنجاح نال من الدنيا نصيبها ومن الآخرة حظوظها، وإذا تعثر فيه أو فشل في تجاوزه، عاش في الدنيا ميت الأحياء، وربما ورّث السمعة السيئة لأحفاده، وقلما تتكرر المواقف في الجيل الواحد، وإذا تكررت

---

(١) مستدرك وسائل الشيعة: ١٢/١٤٢، حسين بن محمد تقي النوري، مؤسسة آل البيت، بيروت ـ لبنان.

فمآل صداها إلى الموقف الأول، فإن وقف فيه المرء على أرض صلبة كان في الثاني أصلب، وإلا حتى وإن اعتبر من الأول واجتاز الثاني بنجاح، فان السمعة السيئة للموقف الأول ستلحق بأذياله، والناس بطبعها عند المقارنة تقف طويلا عند الموقف السلبي وترمي وراءها الموقف الايجابي وتتعامى عنه، ولذلك فإنَّ الإنسان بمواقفه لا بأمواله وأولاده، ولا بلحمه وشحمه، فعزُّ الإنسان بالموقف الإيجابي الذي يتخذه في ساعة الشدَّة، فالعز حبيس الموقف، والموقف إرهاصات الفطرة السليمة، وما كانت بذرته سليمة كانت شجرته مثمرة.

وتضم صفحات التاريخ أوراقا مضيئة محبّرة بمداد الشهامة والبطولة، تشعُّ منها مواقف أبانت عن معدن الناس إناثا وذكرانا، وفي الوقت نفسه تقدم صوراً جليلة تحملها الأجيال في قراطيس ضمائرها تفتح أوراقها عند الابتلاءات وتسطّرها مواقف شبيهة لمواقف الآباء والأجداد، فسعادة الموقف ونتاجه لا تتسمّر عند لحظة الفعل إنما هي جارية، فالعز يورّث وكذا الذل، ولذلك صارت المواقف في شرِّها وخيرها ضرباً للأمثال تتداولها المحافل والنوادي في حلِّها وترحالها في بَدْوِها وحَضَرِها، وأكثر ما تستحضر المواقف لدى الشدّات، فمن سار على خيرها صار من عصبة الأبطال ومن تنكَّب عنها خرج من زمرة الرجال، فالمرء وموقفه.

مواقف شاخصة

ولا يوم كيوم كربلاء من عام ٦١ هجرية، حيث اصطفت المواقف بزينها وشينها، ترصّعت بشمسها ثلّة صابرة، وتكسَّفت عن أخرى غاشمة، فكلٌ كشف في سوق المواقف بضاعته، وعلى المتبضِّع في طول التاريخ الإنساني وعرضه أنْ يختار لنفسه ما يزيّن نفسه وبيته وأسرته ومجتمعه.

ومن الطبيعي أنَّ الخيار كالموقف أمر ليس بالهين ولا بسهل المنال، فمن عركه الدهر اختار الأصعب، ومن اختار الأصعب زادت عريكته وصلُبَ عودُ ذريته، أمّا مَن وهنت عريكته وتمترس خلف أوهام السلامة، ضعفت مواقفه وزاد من ضعف ذريته.

وأصحاب المواقف في اللحظات الحرجة أقل من القليل وهم أثمن من الذهب وأندر من الكبريت الأحمر، ولا أندر من أصحاب الإمام الحسين عليه السلام من أهل بيته ومن الرجال الذين صحبوه إلى عزِّ الموت غير آبهين بالحياة وزخرفها، الذين شروا الحياة الدنيا بالآخرة، وكانوا أشدَّ من حدِّ الماس على رقبة الظلم، فأصبحت مواقفهم وشمة بارزة في صفحة التاريخ لا تُمحى على كرِّ الليالي والأيام، فهي مواقف حية حاضرة ما تنفس صبحٌ وعسعس ليلٌ.

والحديث عن الأنصار هو جزء من الحديث عن مرحلة تاريخية تركت آثارها على مدى التاريخ، وتركت بصماتها على مسار الإنسانية التواقة إلى الغد المشرق، وهؤلاء ما يحدثنا عنهم البحاثة الشيخ الدكتور محمد صادق محمد الكرباسي في باب معجم أنصار الحسين من أبواب دائرة المعارف الحسينية الستين، حيث صدر عن المركز الحسيني للدراسات في لندن عام ١٤٢٩هـ (٢٠٠٨م) الجزء الثالث من "معجم أنصار الحسين.. الهاشميون"، في ٤٠٦ صفحات من القطع الوزيري.

شجاعة التحقيق

من الألفاظ المترادفة في مصاديقها: الكتابة والتأليف والتصنيف، وأمثالها من تدوين وبحث وتحقيق، ولكن أصعبها التحقيق، إذ لا يتطلب سهر الليالي والأيام في البحث عن المعلومة والتنقيب عنها من بين ركام

المعلومات المتضاربة فحسب، بل الأهم من ذلك اتخاذ الموقف الصعب في قبول معلومة ورفضها، بخاصة إذا كانت المعلومة من الموروثات، وتتداولها المحافل العامة والخاصة كمسلّمات ويريد البحاثة ردها أو تضعيفها، فإنه يضع نفسه في فوهة المدفع وفي مواجهة حقيقية مع الموروث ومن يعتاش عليه، بل قد يتطلب الأمر تضعيف ما توصلت إليه أسماء لامعة في سماء التأليف والتصنيف والتحقيق، من أترابه أو ممَّن سبقوه.

ولا يحسد على البحاثة والمحقق موقفه إذا جاء بتحقيق يخالف من سبقه، لأنه سيكون حينئذ تحت مرمى سهام الذين ناموا على أريكة التاريخ المغلوط، بيد أنَّ بيان ما توصل إليه بما يملك من أدوات المعرفة والتحقيق هو موقف بعين ذاته دونه شجاعة الفرسان، وهذا ما نلمسه بشكل جلي في مؤلفات البحاثة الكرباسي الذي امتطى صهوة التحقيق دون أنْ يبالي بالموروث أو يلجم فرسه عند الأسماء الكبيرة، وهو في الوقت نفسه لا يدَّعي العصمة والكمال، فبحر المعرفة كبير وعميق وحظ الباحث أن يلتقط الدرر ويلفظ الحجر.

وبانَ الغوص في هذا البحر اللجِّي من المعلومات في هذا المعجم القائم على الإبحار في عالم الأسماء وتراجم الرجال والقوم بين مُكردَسٍ ومدعَّس، ولذلك يقرّ المحقق الكرباسي: "إن هناك إرباكاً كبيراً في تحديد الشخصيات ومعرفة خصوصياتهم في ظل عسر الموارد وتناقضها، وبتر أطرافها، وليس أمامنا إلا الاعتراف أمام القارئ الكريم بصعوبة الموقف"، ولأنَّ البحث منصبٌّ على نهضة وحركة غيّرت وجه التاريخ، حتى يظهر كما يؤكد المؤلف: "الجانب المختص بالإمام الحسين عليه السلام فكراً أو شخصيات أو تراثاً أو آثاراً أم غيرها لنزيل عنها غبار التراكمات السياسية عبر التاريخ،

ونستنقذ ما أمكن استنقاذه من براثين عدوان النسيان أو الكتمان وبالنتيجة الموت"، ولذلك يعترف مرة أخرى: "إنه عمل شاق ومضنٍ، فكم سهرنا الليالي وأوصلناها بنهاراتها لكي نصل إلى كلمة واحدة أو حرف منها علّنا نتمكن من التشبّث بحشيشة معلوماتية تنقذنا من متاهات الظلام، أو تبعدنا عن أمواج التناقضات"، ولذلك فهو لا يزعم بلوغ كمال المعرفة وإذا غامت عنده المعلومة أرجع صفاء سمائها إلى علم الله، وإذا لم يتبين منها وعقمت عنده المعلومة الأكيدة، يُمهِّد الطريق لغيره ولا يبالي على سبيل المثال من القول: "كل هذا وارد من باب المناقشة، ولكن لا يمكن البت فيه لعدم وجود قرائن يرتاح إليها القلب، وإنما طرحنا ذلك لمجرد أنْ يكون الأمر على طاولة البحث والتنقيب ويأتي مَن يمكنه التوصل إلى جملة من الحقائق التي نتطلع إلى الوصول إليها".

نقد الموروث

في واقع الأمر إنَّ البحاثة الكرباسي، وهو يقدم الأجزاء تلو الأخرى من الموسوعة الحسينية التي بلغ المطبوع منها ٦٠ مجلدا من أكثر من ستمائة مجلد[١]، إنما يقدم منهجا في طريقة البحث والتنقيب، ويضع الباحث على السكّة السليمة. وهو في الوقت الذي يحفظ للمحققين المعاصرين والسابقين قدرهم ومكانتهم العلمية والاجتماعية، لا يبالي مِن نقدهم إذا ظهر منهم فهم مغلوط للمعلومة، لأنَّ الأهم عنده تنقيح مقال التاريخ وعدم ترك الآخرين يسدرون في أخطائهم المعرفية، فيجرّون معهم جموع الناس، غير أنه يجد مندوحة من الاعتذار بخاصة إذا كان الخطأ

(١) بلغ المطبوع حتى اليوم ٨٦ مجلداً من أكثر من سبعمائة مجلد.

صادراً مِن عَلم أو إسم له وزنه فيُرجع الغلط إلى أخطاء في الطباعة أو النسخ أو رداءة الطباعة الحجرية، ربما من باب احترام شخص المحقق دون الانتقاص من شخصيته وتقدير فضله في حفظ التراث.

ولأنَّ المؤلف ضليع في علم الأوزان والبحور الشعرية[1]، فإنه في خطوة علمية نادرة استخدم علم العروض للتأكد من وجود شخصية مثل (عون) وَرَدَ ذكرها في عدد من الأبيات المختلفة النسخ حيث اختلف الرواة بشأن حضورها معركة كربلاء من عدمه، فعرضها على العَروض فوجد تناسقا في التفعيلات لأبيات شعرية متحدة وردت في أكثر من مصدر تاريخي، ويقرر بعد فحص الصدر والعجز أنه: "لا يمكن أنْ يعاب من حيث العروض لأخذ القرار بإلغاء عون أو إثباته"، وفي الواقع إنَّ علم العروض هو أداة معرفية قلما نجدها عند الباحثين والمحققين وبخاصة الذين لهم باع في علم الرجال.

وضمَّ الجزء الأول من "معجم أنصار الحسين.. الهاشميون" تراجم رجال كربلاء في حرف الألف، فيما ضم الثاني من حرف الباء حتى العين، والثالث من الفاء حتى الياء، وأما خلاصة البحث في الأجزاء الثلاثة من "معجم أنصار الحسين.. الهاشميون" الخاصة بالذكور منهم دون الإناث الموكول أمره إلى أجزاء مستقلة، فإنَّ المحقق الكرباسي يتثبَّت من حقيقة الرقم (٧٢) الذي يرد في المصادر بأنهم عدد أصحاب الإمام الحسين عليه السلام الشهداء في كربلاء، وينتهي بعد رحلة البحث المضنية إلى أنَّ الرقم خاص بأصحاب الإمام الحسين من أهل بيته الذين ينتهي نسبهم إلى الجد الأعلى

---

(١) صدر للكرباسي في هذا الباب عام ١٤٣٢هـ (٢٠١١م) ثلاثة مؤلفات هي: الأوزان الشعرية العروض والقافية، هندسة العروض من جديد، وبحور العروض.

هاشم دون أصحابه من البيوتات والقبائل الأخرى، فبعد عرض ستة من الجداول تقصّاها بنفسه ينتهي إلى القول إن: "حاصل الجمع (٧١) إسماً وهم جميع الهاشميين الذين استشهدوا في معركة الكرامة في الطف الحزين، وإذا ما أضيف شخص الإمام الحسين عليه السلام لكان الحاصل (٧٢) شخصاً، وبذلك يتم المطلوب الذي تقدم الحديث عنه، وهو أنَّ عدد (٧٢) هو عدد من استشهد في كربلاء في مأساة ٦١هـ من الهاشميين فقط"، كما إنّه يستخدم الجداول والقرائن الأخرى وعلم الرجال لينتهي إلى أن الزيارة الرجبية الواردة في الإمام الحسين عليه السلام وفيها بيان لأسماء الشهداء في كربلاء، من حيث الوثاقة ليست مثل زيارة الناحية الواردة عن الإمام الحسن بن علي العسكري[1] عليه السلام وفيها بيان لشهداء معركة كربلاء وأسماء القتلة من الجيش الأموي، فالزيارة الرجبية التي يزار بها الإمام الحسين في أول رجب ونهار اليوم الأول منه: "أوردها أيضاً السيد ابن طاوُس[2] المتوفى سنة ٦٦٤هـ المتقدم الذكر، والظاهر أنها من تأليفاته لذلك فإن الاعتماد عليها هو بمثابة الأخذ برأي السيد ابن طاوُس لا أكثر، وليس لها وزن آخر".

---

(١) الحسن بن علي العسكري: هو حفيد محمد بن موسى بن جعفر الهاشمي (٢٣٣ ـ ٢٦٠هـ) الحادي عشر من أئمة أهل البيت عليهم السلام ولد في المدينة المنورة وساقه المتوكل العباسي صغيراً مع والده إلى سامراء، ولي الإمامة عن أبيه علي الهادي سنة ٢٥٤هـ، قتله المعتمد العباسي بالسم ودفن عند أبيه وترك في الأمة ابنه الإمام محمد بن الحسن المهدي المنتظر المولود سنة ٢٥٥هـ، ولم يسلم مرقده من الدمار، فقد تعرض لتفجيرين تخريبيين أحدهما في ٢٢/٢/٢٠٠٦م والثاني في ١٣/٦/٢٠٠٧م، ولازالت الأعمال قائمة لإعادة إعمار مرقد العسكريين.

(٢) إبن طاوُس: هو علي بن موسى بن أحمد بن محمد بن محمد بن طاوُس الحسني الحسيني (٥٨٩ ـ ٦٦٤هـ) من أعلام الإمامية في الحلة الفيحاء، من مصنفاته: الأمان من أخطار الأسفار والأزمان، سعد السعود، وفرج المهموم.

وللأدباء مواقفهم

والمواقف الناصعة تتوزع على مساحات عدة من الحياة، ومن تلك الساحات ساحة الأدب المنظوم، فكثير من القصائد نظمها شعراء القرون الماضية، وقد حفظها التاريخ لكن القليل منها تتردد على الألسن، وتتداولها الأقلام، لأنها تخفي وراءها مواقف اتخذها الشعراء كانت بها أرواحهم أو كادت، وأبانت عن خطِّهم في الحياة، ولذلك كانت موضع احترام وتقدير، وبخاصة من أعلام الأمة وأئمتها الذين ورد ذكرهم في هذا المعجم، فالشاعر كثير عزة الخزاعي[(١)] بسبب مواقفه الشجاعة من الحكم الأموي ونصرته للبيت النبوي، فان الإمام محمد الباقر[(٢)] حضر جنازته ورفعها بنفسه تقديراً لمواقفه الشجاعة، بل إنّه في بعض الأيام شوهد كثير عزة راكبا وبجنبه الإمام محمد الباقر عليه السلام راجلا، فعيب عليه ذلك، فقال كثير: هو عليه السلام أمرني بذلك، وأنا بطاعته في الركوب أفضل من عصياني إياه بالمشي[(٣)].

وفي اعتقادي أنَّ الإمام الباقر لاحترامه للشعراء أصحاب المواقف العصيبة أركبه دابة ومشى هو بنفسه على خلاف العادة، مما يظهر عظمة

---

(١) كثير عزة الخزاعي: هو كثير بن عبد الرحمن بن الأسود بن عامر بن عويمر الخزاعي، ويُنسب إلى عزة بنت جميل الضمرية التي هام بها، وكنيته أبو صخر، من أهل المدينة وأكثر سكناه في مصر ومات في مسقط رأسه سنة ١٠٥هـ، وأكثر شعره في أهل البيت عليهم السلام، له ديوان شعر.

(٢) محمد الباقر: هو ابن علي بن الحسين بن أبي طالب الهاشمي (٥٧ ـ ١١٣هـ) وأمه فاطمة إبنة الإمام الحسن عليه السلام، ولد في المدينة المنورة وفيها مات، الخامس من أئمة أهل البيت عليهم السلام، ولي الإمامة عن أبيه سنة ٩٢هـ، لقّب بالباقر لأنه بقر العلم بقراً، خلفه في الإمامة ولده جعفر الصادق عليه السلام.

(٣) أمالي السيد المرتضى: ١/ ٢٠٤، علي بن الطاهر، منشورات مكتبة آية الله العظمى المرعشي النجفي، قم ـ إيران، ط١، ١٤٠٣هـ.

الشاعر في الأمة وخطير دوره، ومدى احترام القيادة الإسلامية للشعراء الذين يوظفون قوافيهم لخير الإنسانية، لكون الشعراء الملتزمين وسيلة إعلامية في وجه الإعلام السلطوي الأخطبوطي.

وإذا كان الإمام الباقر مشى خلف جنازة كثير عزة، فإنه عليه السلام دعا للشاعر الكميت بن زيد الأسدي (١٢٦هـ) بالخير العميم في الدنيا والآخرة، حيث توجه الإمام الباقر عليه السلام في إحدى المرات التي أنشد فيها الكميت شعراً في أهل البيت عليهم السلام وقال: "اللهم ارحم الكميت واغفر له، الله ارحم الكميت واغفر له، الله ارحم الكميت واغفر له"، وفي كل مرة كان الكميت ينشد الشعر كان الإمام يغدق عليه، فقال الكميت: "جعلت فداك، والله ما أحبكم لعرض الدنيا، وما أردت بذلك إلا صلة رسول الله، وما أوجب الله عليَّ من الحق"، فدعا له الإمام الباقر عليه السلام وقال: "فَلَكَ ما قال رسول الله صلى الله عليه وآله وسلم لحسان: لا زلت مؤيداً بروح القدس ما ذببت عنّا أهل البيت".

وذات مرة أنشد الكميت الأسدي قصيدته من بحر السريع:

أضحكني الدهرُ وأبكاني ... والدهر ذو صرفٍ وألوانِ
لتسعة بالطف قد غودروا ... صاروا جميعاً رهن أكفانِ
وستة لا يُتجازى بهم ... بنو عقيل خيرُ فتيانِ
ثم عليّ الخير مولاكم ... ذكرهم هيّج أحزاني[1]

وكان كلما قرأ البيت أو البيتين مدحه الإمام الباقر عليه السلام ودعا له

---

(١) ديوان القرن الثاني: ٢١٠، محمد صادق بن محمد الكرباسي، المركز الحسيني للدراسات، لندن ـ المملكة المتحدة، ط١، ١٤١٦هـ ـ ١٩٩٦م. ولم أجد الأبيات في ديوان الكميت بن زيد الأسدي من جمع وتحقيق الدكتور محمد نبيل طريفي الصادر عن دار صادر في بيروت سنة ٢٠٠٠م.

بالخير، حتى قال: "اللهم اغفر للكميت ما تقدم من ذنبه وما تأخر"[١]، ولا شك أن مثل هذه الدعوات لا يُلقاها من لدن قادة البشرية والأبواب إلى رحمة الله إلا ذو المواقف الصعبة في الزمن الصعب، كنوع من أنواع التكريم في حياة أصحاب المواقف الخيّرة والإنجازات النيّرة[٢].

رؤية مندائية

تعتبر الديانة المندائية أو الصابئة من الديانات القديمة التي ظهرت في العراق وفيه استوطنت وبخاصة في جنوبه، وقد جاء ذكرها في القرآن الكريم في مواضع ثلاثة (سورة البقرة: ٦٢[٣]، سورة المائدة: ٦٩[٤]، وسورة الحج: ١٧[٥]) بوصفها من الديانات التوحيدية، والصابئة المندائيون أحد مكونات المجتمع العراقي يعيشون بين ظهراني المسلمين بسلام ووئام، ولهم مشاركاتهم في الحياة العامة.

فيا ترى كيف ينظر الصابئة إلى رمز إسلامي إنساني كالإمام الحسين عليه السلام؟

يقول رئيس طائفة الصابئة المندائيين في العراق والعالم الكنزبرا الشيخ

---

(١) الغدير: ٢:٢٠٢، عبد الحسين بن أحمد الأميني، دار الكتاب العربي، بيروت ـ لبنان.

(٢) للمزيد عن الكميت وموقف الإمام الباقر منه راجع: موسوعة المصطفى والعترة: ٨/٤٤٩، حسين الشاكري، مؤسسة نشر الهادي، قم ـ إيران، ط١، ١٤١٧هـ.

(٣) قوله تعالى: ﴿إِنَّ ٱلَّذِينَ ءَامَنُواْ وَٱلَّذِينَ هَادُواْ وَٱلنَّصَٰرَىٰ وَٱلصَّٰبِـِٔينَ مَنْ ءَامَنَ بِٱللَّهِ وَٱلْيَوْمِ ٱلْأَخِرِ وَعَمِلَ صَٰلِحًا فَلَهُمْ أَجْرُهُمْ عِندَ رَبِّهِمْ وَلَا خَوْفٌ عَلَيْهِمْ وَلَا هُمْ يَحْزَنُونَ﴾.

(٤) قوله تعالى: ﴿إِنَّ ٱلَّذِينَ ءَامَنُواْ وَٱلَّذِينَ هَادُواْ وَٱلصَّٰبِـُٔونَ وَٱلنَّصَٰرَىٰ مَنْ ءَامَنَ بِٱللَّهِ وَٱلْيَوْمِ ٱلْأَخِرِ وَعَمِلَ صَٰلِحًا فَلَا خَوْفٌ عَلَيْهِمْ وَلَا هُمْ يَحْزَنُونَ﴾.

(٥) قوله تعالى: ﴿إِنَّ ٱلَّذِينَ ءَامَنُواْ وَٱلَّذِينَ هَادُواْ وَٱلصَّٰبِـِٔينَ وَٱلنَّصَٰرَىٰ وَٱلْمَجُوسَ وَٱلَّذِينَ أَشْرَكُوٓاْ إِنَّ ٱللَّهَ يَفْصِلُ بَيْنَهُمْ يَوْمَ ٱلْقِيَٰمَةِ إِنَّ ٱللَّهَ عَلَىٰ كُلِّ شَىْءٍ شَهِيدٌ﴾.

ستار جبار حلو: "تزخر الأديان السماوية بالرموز والعبر، التي تضع شواخص للوقوف بصف الإيمان والانحياز للحق، ولا شك أن التراث الروحي هو محط اعتزاز للمؤمنين ومن مختلف الأديان والمذاهب لا بل الإنسانية جمعاء، من منطق وحدة الحق ووحدة مصدره الإلهي". ويضيف عند قراءته للجزء الثالث من معجم أنصار الحسين (الهاشميون): "إن الحديث عن استشهاد الحسين عليه السلام الذي استشهد من أجل الحق والوقوف بوجه الظلم والاستبداد لهو محط اعتزاز المؤمنين جميعا لا المسلمين فحسب، فالقيم التي نادت بها الأديان السماوية والتي حملتها كتبهم، هي قيم الحق والإيمان، وهي القيم ذاتها التي دفعت الحسين وأهل بيته نحو كربلاء".

وأكد الكنزبرا الشيخ حلو عند حديثه عن الحرية والسلام في النهضة الحسينية، إن: "الموسوعة الحسينية (دائرة المعارف الحسينية) التي بين أيدينا، واحدة من تلك الأضواء التي تُسلط على مأثرة الحسين الخالدة، لتضع بين يدي القراء والباحثين فرصة للاستزادة بعَبرة وعِبرة تلك الملحمة. لقد قام سماحة آية الله الدكتور الجليل الشيخ محمد صادق الكرباسي بمنهجيته الرائعة لوضع أكثر من ستمائة مجلد[1] في هذا الإمام العظيم، الذي حلّ في نهاية المطاف بأرض الرافدين ملتقى الأديان والحضارات ومحطة الثورة على الظلم والتطلع للحرية والسلام".

وخلص زعيم الصابئة المندائيين إلى أنَّ: "هذه الأجزاء دراسة بيوغرافية عن هذه الشخصيات بحيث أصبحت دليلاً يهتدي بها طلاب العلم

---

(1) تعدَّت السبعمائة مجلد.

لغرض الدراسة والاستزادة من هذا التراث الإنساني العظيم"، وإذا كان هذا عن الذكور فإنَّ الجزأين[1] التاليين سيكونان عن: "النسوة اللواتي حضرن كربلاء وما كان لهن من دور في هذه المعركة الشريفة وإذكاء شعلتها إلى يومنا هذا، فأصبحن بذلك نبراساً للأحرار في العالم"، ولم يبتعد الشيخ حلو عن مرمى الحقيقة، فالمواقف التي قيّدها الأنصار في ميدان كربلاء، وتمثّلتها نساء الرسالة، أصبحت بحق نبراسا للأحرار في العالم ناهيك عن من هم من دينهم ومعتقدهم، فالمرء بطبعه تواق إلى شمّ نسيم الحرية، ومَنْ يسدّ أنفه أمام عبير الحرية فهو من أشباه الرجال وعبيدها.

الإثنين: ٣٠/ ٣/ ٢٠٠٩م.

_____

(١) معجم أنصار الحسين ـ النساء في ثلاثة أجزاء.

٢٠٨

الداعية محمود عبد الفتاح جلال(1)

* محمود بن عبد الفتاح جلال.
* من فضلاء مصر ومن دعاة التقارب بين الأديان، مقيم في المملكة المتحدة.
* ولد عام ١٩٤٥م في مدينة الجيزة على بعد ٢٠كم غرب القاهرة.
* نشأ ودرس في مسقط رأسه، وواصل الدراسة الجامعية ونال من جامعة الأزهر الشهادة الجامعية (بكالوريوس) ثم الشهادة العالية (ماجستير أصول الدين) عام ١٩٧٤م.
* مارس وظيفته الدينية في الدعوة الإسلامية في النروج والمملكة المتحدة.
* حاضر وشارك في ندوات علمية وإسلامية كثيرة في إسبانيا وهولندا واليمن والسعودية والمغرب، وغيرها.
* تولى لسنوات إمامة الصلاة في مسجد لندن المركزي (ريجينت موسك).
* تولى لسنوات إدارة المدرسة الإسلامية في لندن (مدرسة يوسف إسلام).
* له مقالات وأبحاث ومؤلفات عدة، منها كتاب: السلام في الإسلام.
* يواصل من لندن وظيفته الدعووية.

---

(١) اتصلت بفضيلته في لندن أكثر من مرة بالمباشرة ومن خلال الاستاذ الفاضل الدكتور عبد الحسين مهدي عواد الظالمي، لكنه اعتذر عن تقديم صورة شخصية له لنشرها في الكتاب بوازع التواضع وعدم الشهرة، ولم يقتنع بمبرراتنا بأهمية وضع الصورة إلى جانب المقدمة بوازع التوثيق المعرفي وبخاصة وأن الصورة صارت جزءاً من شخصية المتحدث مع التطور الهائل في عالم الاتصالات.

رائدة طلاب الحقيقة[1]

(معجم أنصار الحسين.. النساء ج١)

بسم الله الرحمن الرحيم

الحمد لله والصلاة والسلام على أشرف الخلائق محمد بن عبد الله خاتم الرسل المبعوث رحمة للعالمين، اللهم صلِّ وسلِّم عليه وعلى آله الأطهار وأصحابه المنتجبين آمين رب العالمين.

لقد كرَّم الله البشرية بإرسال أفضل الخلق سيدنا محمد عليه وعلى آله وصحبه أزكى السلام، حيث ولد ﷺ من أصلاب طاهرة كما هو الحال في آله الأطهار، وما دراسة سيرته العطرة إلا طاعة وعبادة كما هو الحال في سيرة آله الأطهار الذين أذهب الله عنهم الرجس وطهَّرهم تطهيرا، وقد قال تعالى في صريح كلامه المجيد: ﴿قُل لَّآ أَسْـَٔلُكُمْ عَلَيْهِ أَجْرًا إِلَّا ٱلْمَوَدَّةَ فِى ٱلْقُرْبَىٰ﴾[2]، وخصَّ لهم جزءاً من الغنائم تكريماً لهم حيث قال: ﴿وَٱعْلَمُوٓا۟ أَنَّمَا غَنِمْتُم مِّن شَىْءٍ فَأَنَّ لِلَّهِ خُمُسَهُۥ وَلِلرَّسُولِ وَلِذِى ٱلْقُرْبَىٰ﴾[3]، فمن واجب الحب لرسوله ﷺ وتوقيرنا وتعظيمنا له أن نُحب أهل بيته الأطهار ونُجلّهم

---

(١) أصل المقدمة باللغة العربية.

(٢) سورة الشورى: ٢٣.

(٣) سورة الأنفال: ٤١.

ونعظِّمهم ونودّهم، وقد حضَّ النبي ﷺ على ذلك، وعمل بذلك السلف الصالح رضوان الله عليهم، وأمرنا الشرع الحنيف بالصلاة عليهم مع الصلاة على رسول الله ﷺ، ففي الحديث الصحيح المروي عن كعب بن عجرة[1] رضي الله عنه قال: خرج علينا رسول الله ﷺ فقلنا قد عرفنا كيف نسلّم عليك فكيف نصلّي عليك؟ قال: قولوا: اللهم بارك على محمد وعلى آل محمد كما باركت على إبراهيم وآل إبراهيم إنك حميد مجيد"[2] أخرجه البخاري[3].

فالصلاة على النبي ﷺ حق له ولآله دون سائر الأمة، كما أنه تجب محبّتهم لحب رسول الله ﷺ ولأنَّ محبَّتهم من محبة رسول الله ﷺ ويجب على المسلم أن يتولاهم ويحفظ فيهم وصية رسول الله ﷺ حيث قال ﷺ في غدير خم[4] كما روى الإمام مسلم[5] في صحيحه بإسناده عن زيد بن

---

(١) كعب بن عجرة: هو حفيد أمية بن عدي بن عبيد الحارث السالمي الخزرجي (٢٥ق.هـ - ٥٢هـ) من أهل المدينة وفيها نشأ ومات، شهد بيعة الرضوان وغيرها، حدَّث في المدينة والكوفة والبصرة، روى عنه عبد الله بن عباس المطلبي وعبد الله بن عمر العدوي وجابر بن عبد الله الخزرجي وغيرهم، له ذكر في الصحاح وكتب الإمامية.

(٢) صحيح البخاري: ٣/١٢٣٣، باب الدعوات، محمد بن إسماعيل البخاري، دار الفكر، بيروت - لبنان.

(٣) البخاري: هو محمد بن إسماعيل بن إبراهيم بن المغيرة (١٩٤ - ٢٥٦هـ) ولد في بخارى ونشأ فيها يتيما، وقام برحلة طويلة عام ٢١٠هـ في طلب الحديث فزار خراسان والعراق ومصر والشام وسمع من نحو ألف شيخ ورجع إلى مسقط رأسه فكتب كتابه صحيح البخاري، ورمي ببعض التهم فأخرج إلى قرية خرتنك بسمرقند فتوفي فيها، من مصنفاته: الجامع الصحيح، الجامع الكبير، والتاريخ.

(٤) غدير خم: ويقع في وادي خم على بعد ٨ كيلو مترات شرق ميقات الجحفة بين مكة والمدينة.

(٥) مسلم: هو ابن الحجاج بن مسلم القشيري النيسابوري (٢٠٤ - ٢٦١هـ)، ولد وتوفي في نيسابور ودفن في ضواحيها، تنقل بين الحجاز ومصر والشام والعراق وخراسان لجمع الحديث، من أئمة المحدثين وأحد أصحاب الصحاح الستة المعتمدة عند العامة، من مؤلفاته: التمييز، الطبقات، والمفردات والوحدان.

أرقم[1] رضي الله عنه أنه قال: "قام رسول الله ﷺ فينا خطيباً بماء يدعى خمّاً بين مكة والمدينة، فحمد الله وأثنى عليه ووعظ وذكر، ثم قال: أما بعد: ألا أيها الناس فإنما أنا بشر يوشك أن يأتي رسول ربي فأُجيب، وأنا تارك فيكم الثقلين: أولاهما: كتاب الله فيه الهدى والنور فخذوا بكتاب الله واستمسكوا به، فحثَّ على كتاب الله ورغَّب فيه، ثم قال: وأهل بيتي أذكركم الله في أهل بيتي، أذكركم الله في أهل بيتي، أذكركم الله في أهل بيتي"[2]. فلابد إذاً من الإحسان إليهم واحترامهم وإكرامهم فإنهم من ذرية طاهرة وهم من أشرف بيت وُجد على ظهر الأرض فخراً وحسباً ونسباً.

ومن أفضل هذه الذرية الطاهرة الإمامان الطاهران الحسن والحسين سيدا شباب أهل الجنة[3]، كما ورد في الحديث الصحيح، أما الإمام الحسن فقد أصلح الله به فئتين عظيمتين من المسلمين، كما أخبرنا بذلك رسول الله ﷺ كما ورد في الحديث الصحيح[4]، وأما أبو عبد الله الإمام الحسين بن علي بن أبي طالب سبط رسول الله ﷺ والذي ينصبُّ الحديث حوله في هذه الموسوعة العظيمة والشريفة والذي كان لي الشرف أن أكتب

---

(١) زيد بن أرقم: هو حفيد قيس بن النعمان الخزرجي الأنصاري المتوفى سنة ٦٨هـ، نشأ في المدينة يتيماً، وهو من الصحابة غزا مع النبي ﷺ ١٧ غزوة، سكن الكوفة، وهو من أصحاب علي والحسن والحسين عليهم السلام، روى عنه أنس بن مالك وأبي الطفيل والسبيعي وغيرهم، قيل مات بالكوفة أيام المختار سنة ٦٦هـ، والأكثر سنة ٦٨هـ، له في كتب الحديث ٧٠ حديثاً.

(٢) صحيح مسلم: ٤/ ١٨٧٣، باب ٤ حديث ٣٦، مسلم بن الحجاج القشيري، دار الفكر، بيروت - لبنان.

(٣) بحار الأنوار: ٣٦/ ٢٢٦.

(٤) مسند أحمد: ٥/ ٩٤، باب مسند البصريين، أحمد بن محمد بن حنبل، ط١ ١٤١٤هـ - ١٩٩٣م، دار إحياء التراث العربي، بيروت - لبنان.

عنها بعض الكلمات وأتحدث عن هذا الإمام العظيم وعن موسوعته الخالدة، فقد أخرج البخاري عن عبد الله بن عمر[1] رضي الله عنه: قال رسول الله ﷺ: "هما ريحانتاي من الدنيا"[2]، يعني الحسن والحسين عليهما السلام، وأخرج الترمذي[3] في حديث صحيح: "هذان ابناي فمن أحبهما فقد أحبَّني"[4]، يعني بذلك الحسن والحسين عليهما السلام، وقد صحَّ عن الإمام الحسين عليه السلام أنه حجَّ خمساً وعشرين مرة ماشياً على قدميه، هذا الإمام العظيم قاوم الظلم والطغيان اللذين سادا في عهد بني أمية وأيام يزيد بن معاوية، فكان نتيجة ذلك أن ضحّى بنفسه النفيسة وبأهل بيته الأطهار وأنصاره الكرام، على جميعهم الصلاة والسلام، وكان ذلك يوم الجمعة العاشر من محرم سنة ٦١هـ، وهو ابن ثمان وخمسين سنة، رضي الله عنه.

---

(١) عبد الله بن عمر: هو حفيد الخطاب بن نفيل بن عبد العزى العدوي (١٠ ق.هـ - ٧٣هـ) ولد وتوفي في مكة، هاجر مع أبيه إلى المدينة، شهد أحداً وأدرك فتح مكة وغزا أفريقيا مرتين، وله في كتب الحديث ٢٦٣٠ حديثاً، كف بصره في آخر حياته، وهو آخر من توفي في مكة من الصحابة ودفن في فخ في أطراف مكة.

(٢) صحيح البخاري: ٧/ ٧٧، باب مناقب الحسن والحسين، ح: ٣٤٧٠.

(٣) الترمذي: هو محمد بن عيسى بن سورة بن موسى البوغي السلمي (٢٠٩ - ٢٧٩هـ) ولد في بوغ من توابع ترمذ في أوزبكستان وفيها مات، تتلمذ على يد البخاري، تنقل في البلدان وزار خراسان والعراق والحجاز، من أئمة الحديث ورواته، من مؤلفاته: الشمائل النبوية، التاريخ، وعلل الترمذي الكبير.

(٤) سنن الترمذي: ٢/ ٢٤٠ باب ٣١ مناقب الحسن والحسين، محمد بن عيسى الترمذي، وكامل الحديث: "عن اسامة بن زيد قال: طرقت النبي ﷺ ذات ليلة في بعض الحاجة فخرج النبي ﷺ وهو مشتمل على شيء لا أدري ما هو، فلما فرغت من حاجتي قلت: ما هذا الذي أنت مشتمل عليه؟ قال: فكشفه فإذا حسن وحسين على وركيه، فقال: هذان إبناي وإبنا ابنتي، اللهم إني أحبهما فأحبهما وأحب من يحبهما".

إنَّ شريحة كبيرة من المسلمين في هذه الأيام وللأسف الشديد يجهلون عظمة هذا الإمام العظيم رغم أنهم ينتمون إلى دين جدِّه العظيم، كما يجهلون تراثه الفكري والعلمي والمعرفي والفقهي وغيره، وهذا يعود إلى عدم إتاحة الفرصة للقارئ من الاطلاع على مصادر المعرفة التي كتبت عن هذا الإمام العظيم أو لعدم الإحاطة بالحدث الحسيني في كربلاء وما تركته هذه المجزرة البشعة من آثار على مدى السنين والقرون.

ولهذا السبب انبرى سماحة آية الله الشيخ محمد صادق الكرباسي حفظه الله تعالى بأن يفرغ نفسه ووقته وضحّى براحته لدراسة عريضة وعميقة ومترامية الأطراف شاملة لكل جوانب العظمة الكامنة في هذا الإمام العظيم، وقد كتب لحد الآن أكثر من ستمائة مجلد[1] لبيان تلك الجوانب بشكل موضوعي وسمّاها "دائرة المعارف الحسينية".

إنَّ سماحة الشيخ المؤلف أجاد في عرض الموسوعة الحسينية بهذا الأسلوب العلمي الدقيق وقد حقق وحلل وحاور وبذل مجهوداً ضخماً خلال عمله الدؤوب والطويل في هذا الموسوعة الفريدة، إنه نقل لنا صورة وصفية حقيقية بكل أبعادها عن الإمام الحسين عليه السلام، فيتحدث عن السيرة الحسينية[2] وكأنه عايشها، وقد تابع خطوات الشعراء الذين نظموا[3] في

---

(١) أصبحت أكثر من سبعمائة مجلد.

(٢) صدر من السيرة الحسينية حتى الآن جزءان.

(٣) صدر من ديوان الشعر العربي القريض حتى الآن دواوين الشعراء من القرن الأول الهجري حتى نهاية القرن الثالث عشر الهجري، فضلا عن الجزء الأول من ديوان الشعر الفارسي الذي صدر عام ١٤٣٣هـ ـ ٢٠١٢م، ناهيك عن المدخل إلى الشعر العربي في جزأين، والمدخل إلى الشعر الأردوي في جزء واحد، والمدخل إلى الشعر الفارسي في جزأين، والجزء الأول من الشعر الأردوي، والجزء الأول من شعر البشتو، والمدخل إلى الشعر البشتوي.

استشهاده كما وأرباب المقاتل وما أُثر عنه من مقال فقهي وظواهر تربوية إلى غير ذلك ليكون سائغاً أكله يانعة ثماره.

إنَّ هذا المجهود الضخم هو في نظري عبادة وطاعة لله عزَّ وجل، فالموسوعة الشريفة التي أرست على الستمائة مجلد حَوَت على العلوم والمعارف والشعر والأدب والفقه والتشريع[١] وعلى سائر العلوم والمعارف[٢]، مما لا يخفى على القارئ اللبيب لدى الاطلاع على مضامينها والاستمتاع لدى مطالعتها.

وأما الحديث عن هذا الجزء بالخصوص فإنه يُعدُّ رقماً جديداً يسجله سماحة المؤلف حفظه الله من هذه الموسوعة العظيمة والتي عنونها "معجم النساء" ممن حضرن كربلاء في عنوانها الفرعي، والذي يضم جزأين[٣] من حلقة معجم الأنصار الذي يحتوي على ثمانية أجزاء[٤]، وهذا المجلد كغيره من المجلدات قد رتب على الحرف المعجم، ومما ورد في مقدمته دور المرأة في الإسلام والتي هي نصف المجتمع وتساوي الرجل فيما يخصها من حقوق تجاه الله والمجتمع، وأنَّ كلا منهما يكمّل الآخر، فما كان من نقص في طبيعة المرأة يكمله الرجل وما كان من نقص في طبيعة الرجل تكمّله المرأة، ومن هنا تتم المشاركة الحقيقية بين الرجل والمرأة في مسار الحياة التي يقع حملها على كتفيهما.

هذا وقد دافع سماحة المؤلف العالم الجليل عن الشبهات التي لصقت

---

(١) صدر من (الحسين والتشريع الإسلامي) أربعة أجزاء.

(٢) تتشكل دائرة المعارف الحسينية من ستين باباً من أبواب المعرفة.

(٣) يضم ثلاثة أجزاء.

(٤) ربما أكثر من تسعة أجزاء.

بالمرأة وبالإسلام ظلماً وعدواناً فقد عرض آراء المستشرقين الذين أساؤوا إلى المرأة، كما استعرض آراء الذين دافعوا عن المرأة، وناقش هذه الآراء وأعطى رأي الإسلام الصائب بشكل علمي موضوعي لا يمكن خدشه، وقد أورد كثيراً من الأدلة من كتاب الله والسنَّة الصحيحة والتي تضع المرأة في مكانها الصحيح ومنزلتها اللائقة بها في الإسلام.

ثم انتقل سماحته إلى صُلب الموضوع ألا وهو دراسة شاملة عن شخصية النساء الهاشميات وغير الهاشميات اللواتي حضرن معركة كربلاء وتناولهن بالبحث والتحليل وعرض سيرتهن الذاتية وتحديد نسبهن وسنة ولادتهن وأزواجهن وما أنجبن من الذكور والإناث وعرض مسيرهن مع ركب الإمام الحسين عليه السلام ومشاركتهن الجهاد بالشكل الذي فُرض عليهن واللاتي أبدين بسالة لا تقل عن بسالة الرجال في ساحة الوغى وفي مقدمتهن السيدة زينب الكبرى ابنة الكبرى فاطمة الزهراء والإمام علي رضي الله عنهما والتي كان لها دور بارز في هذه المعركة العظيمة، فقد كانت تشجع شقيقها الإمام الحسين عليه السلام وأنصاره وأهل بيته رضي الله عنهم وتشدّ من أزرهم وقد واصلت النضال بعد مأساة كربلاء سواء في الكوفة من خلال خطبتها الشهيرة أمام واليها عبيد الله بن زياد، ومن ثم في الشام أمام يزيد بن معاوية، تلك الخطبة العصماء التي زلزلت عروش الظالمين ورمتهم بالظلم والبغي بقتلهم ابن بنت رسول الله صلى الله عليه وآله وسلم وتركت الناس يتساءلون أين هم من الإسلام وأين موقفهم من الإيمان الذي يتغنون به؟.

وفي الختام من واجب الإيمان أن نثمّن جهود هذا الداعية بشخصه في كل ما يحمله من فكر ومعرفة، وبعمله الرائد الذي يُثلج صدر أهل المعرفة وطلاب الحقيقة، فللّه درّه وعلى الله أجره، والسلام عليه والبركة في عمره

الذي دأب على نشر العلم والمعرفة بأسلوبه الشيّق الموزون والمعتمد على الموضوعية، فهنيئاً له وزاد في توفيقاته بمحمد وأهل بيته الأطهار وصحبه الأخيار.

محمود عبد الفتاح جلال
الداعية للتقارب بين الأديان، القاهرة ـ مصر
الجمعة المباركة: ١١ يوليو (تموز) ٢٠٠٨م.

نساء.. ولكن لسن كباقي الرجال!

أينما ألقى المرء ببصره في هذه الدنيا وما حولها ابتعد قليلا أو كثيرا،
إلا وتراءت لناظريه التعددية في كل شيء والثنائية في الخلق والموجودات،
فالأرض نابضة بالحياة بفعل الشمس والقمر ولولاهما لتاه الزمان وساخ
المكان وانعدم الحيوان والإنسان، والدماء تجري في عروق الإنسان بفضل
الماء والهواء، والإنسان يمشي على قدمين ويعمل بيدين وينظر بعينين
ويسمع بأذنين ويتنفس برئتين ويدر بكليتين ويبكي بمقلتين ويضحك بوجنتين
ويسجد على راحتين، ومن قبل هداه الله النجدين.

والحياة الدنيا ذكر بلا أنثى ممات، وأنثى بلا ذكر ثمرة انعدم قاطفها،
فلا صلاح للحياة الكونية مع الشمس دون القمر ولا صلاح للحياة الإنسانية
مع الرجل دون المرأة ولا المرأة دون الرجل، فكل يطلب صاحبه وصاحبه
يطلبه، ولا محيص عن الفطرة الكونية، فأصل الحياة آدم وحواء وعيسى
استثناء كما هما آدم وحواء، فعماد خيمة الرجل المرأة وأوتادها صلاحهما
وتحت ظلها ينعم الأبناء، وفي الأمثال "البيت لا يبنى على الأرض بل
على المرأة"[1]، فإذا أتى الرجل البيت من بابه وضع قدمه على أول السُّلَّم

---

(١) كتاب الحكمة العربية: ٢٨١، حسين محمد العاملي، دار الكتب العربية، دمشق ـ سوريا، ط١،
١٤٢٨هـ ـ ٢٠٠٧م.

نحو الجنة وفلاحها وإذا تسلق جدرانه أو تسلل من شباكه كان أول الخطو نحو الجحيم ولفحها، فالنساء ليس كما سئل الشاعر فأخطأ الجواب (من بحر البسيط):

إن النساء شياطين خلقن لنا نعوذ بالله من شرّ الشياطين

بل النساء كما قال الضد النوعي (من البسيط):

إن النساء رياحين خلقن لكم وكلكم يشتهي شمّ الرياحين[١]

وكما قال نصير المرأة الإمام علي بن أبي طالب عليه السلام: "المرأة ريحانة وليست بقهرمانة"[٢]، ومن أحسن التعامل مع الوردة لاح منظرها وفاح عطرها، ومن أساء حرم نفسه من شم الرياحين وأقام في داره قهرمانة (تخرّب بالنهار بيته وبالليل تحرق زيته)[٣] كما يقول المثل الفلسطيني، والبيت العامر مداره الوئام فيه المرأة كما يقول المثل الأندلسي (النساء نار الشتاء ونسيم الصيف)[٤]، وفي مثل هذه الأجواء يكون حجر المرأة داراً هانئة للأولاد على مدار السنة وتعاقب الأعوام.

واذا كان صلاح المرأة في حسن التبعُّل، فحسنها لا يقل عن مواكبة حركات الإصلاح، تلد للأمة رجالا أشداء لا تأخذهم في الحق لومة لائم، وإذا جدَّ الجد وقفت إلى جانب الرجل تدفع الشر والأذى عن الأمة

---

(١) نقل القرطبي في تفسيره للآية ١١٢ من سورة الأنعام البيت الأول عن عمر بن الخطاب في جواب إمرأة أنشدت البيت الثاني، أنظر: الجامع لأحكام القرآن (تفسير القرطبي): ٨/ ٥٠٣، القرطبي محمد بن أحمد، تحقيق: عبد الله بن عبد المحسن التركي، مؤسسة الرسالة، بيروت ـ لبنان، ط١، ١٤٢٧هـ ـ ٢٠٠٦م.

(٢) نهج البلاغة: ٣/ ٥٧٥، الوصية: ٣١.

(٣) كتاب الحكمة العربية: ٢٨٤.

(٤) كتاب الحكمة العربية: ٢٨٥.

وحياضها، فهي تحفظ للرجل في بيته عرضه وماله وأولاده، وتحفظ للأمة كرامتها وعزها وأرضها أمام سلطان ظالم أو عدوان غاشم، ولا أوضح من نهضة الإمام الحسين عليه السلام صورة حيث تجلّى فيها دور المرأة المناضلة التي عانت كما عانى الرجال، فذهب الرجال شهداء وواصلت هي حركة الدفاع عن الأمة ومقدساتها بالكلمة الصادقة في وقت كان المرء يخاف من ظله ولا يأمن جاره، وربما عدم الأمن والأمان في داره، وحيث صدرت ثلاثة أجزاء من معجم أنصار الحسين (الهاشميون)، فإنَّ البحاثة الدكتور الشيخ محمد صادق الكرباسي يواصل في الجزء الأول من كتاب (معجم أنصار الحسين.. النساء) الحديث عن النسوة اللاتي مات عنهن الرجال في كربلاء، وأبقين على راية الحق خفاقة عالية، حيث صدر عام **٢٠٠٩**م عن المركز الحسيني للدراسات في لندن في **٥١١** صفحة من القطع الوزيري.

تمايز لا تفاضل

من الأخطاء التي تنم عن جهل غير مقصود وربما جهل متعمد، هو الخلط بين مفهومي التمايز والتفاضل عند الحديث عن الفروقات بين الرجل والمرأة بدعوى المساواة المتهمة في بيان معناها ومصاديقها الخارجية، فالعنب من حيث هو عنب فاكهة ولكن الأسود يختلف عن الأخضر والأصفر يختلف عن الماروني، فالتمايز بين الأنواع لا يعني التفاضل، وهذا الأمر ينطبق على كثير مما نرى في الحياة ونتعامل معه، ومن ذلك مصداق الإنسان في فرعيه الذكوري والأنثوي، فالمرأة إنسانة والرجل إنسان، وعند وصف كل واحد منهما يظهر التمايز من زوايا مختلفة، فلا يعني هذا التمايز تفاضلا بين نوع وآخر، فالحياء صفة عامة موجودة لدى

الرجل والمرأة ولكن زيادته في الرجل نقصان عقل وأمر مفضوح وقلته في المرأة نقصان إيمان وأمر مقبوح، فعدم التساوي لا يعادل التفاضل، وهكذا يقال في العقل والعبادات، وفي التعامل الفيزيائي لكل من الذكر والأنثى، فالمرأة جمالها في رقتها والرجل جماله في خشونته، فلا الخشونة تصلح للمرأة ولا الرقة من شأن الرجل، والتمييز بينهما لا ينقص من شأن المرأة ولا يزيد من شأن الرجل.

هذا المفهوم الذي يحاول البعض اللعب به والتلاعب بعواطف المرأة تحت دعوى المساواة، يناقشه البحاثة الكرباسي في مقدمة أخذت من صفحات الكتاب ربعه في عناوين مختلفة بأسلوب استدلالي يضع الأمور في نصابها ويعطي لكل ذي حق حقه، فالتفضيل كما يراه أفضل نسبياً: "أي أنك تفضل أمراً أو شخصاً في هذا المجال أو هذا المكان أو الزمان بدلا عن ذلك"، ثم "إن العمل بالاختصاصات أو المميزات ليس تفضيلا" فالماء هو الماء ولكن يفضل في الصيف البارد منه لرويه الصدور الصادية ويبتعد عنه في الشتاء لما يسببه من أمراض صدرية، فلا تمييز بين الماء ولكن التفضيل جاء تبعاً للظرف الزماني، وهذا الأمر ينطبق على كل جزئية من جزئيات الحياة، فاختلاف سني البلوغ لدى الذكر والأنثى ليس تفاضلا، كما إن نقصان عقل المرأة كما ورد في بعض النصوص لا يقصد العقل الذي لدى الإنسان، وإنما إشارة إلى الذاكرة، فالنقصان كما يؤكد الفقيه الكرباسي هو نقصان الذاكرة لا نقصان العقل، بفعل عوامل فسيولوجية ونفسية عدة: "وإلا فإنَّ في النساء مَن هنّ راجحات العقول على الرجال كما يشهد بذلك التاريخ ومواقف النساء المسلمات على عهد الرسول ﷺ والأئمة الأطهار عليهم السلام".

عبودية لا حرية

وقد وجد البعض في المرأة مادة دسمة للطعن بها والرقص على أوتار عواطفها الجياشة بزعمه الدفاع عنها، لكنه في حقيقة الأمر يحاول الطعن بها عبر التعرض للإسلام الذي أكرم المرأة وأعزَّها، وأظهر مكانتها الحقيقية حيث حاولت المجتمعات المختلفة طمسها تحت مسميات ما أنزل الله بها من سلطان، فمرة جعلوها من صنف الجن، ومرة نسبوها إلى الشيطان، وثالثة نزعوا عنها روحها التي أودعها الله في بدنها كما أودع مثلها في بدن الذكر، فأباحوا لأنفسهم وأدها صغيرة ودفنها كبيرة إذا مات عنها زوجها، وإذا أراد لها الإسلام صيانتها نزعوا عنها سترها وقالوا دعوها وحريتها فالحجاب عبودية على سبيل المثال، حتى نهض في ناديهم جميل صدقي الزهاوي[١] ينشد (من الخفيف):

أسفري فالحجاب يا بنت فهر   هو داء في الاجتماع وخيم[٢]

مع إن الحجاب جزء من كرامة المرأة، ولكن لا يخفى أن التوقف على حجاب بعينه ربما أثار حفيظة البعض فراح يشنع على الإسلام، مع إن: "نوعية الحجاب وأسلوبه متروك إلينا وليست منوطة بشكل معين من الأشكال التي فرضتها العادات والتقاليد وهرّج لها الأعداء، وانتقصوا

---

(١) جميل صدقي الزهاوي: هو ابن محمد فيضي بن أحمد بابان (١٢٧٩ ـ ١٣٥٤هـ) يعد من طلائع نهضة الأدب العربي في عصره، ولد وتوفي في بغداد، نظم بالعربية والفارسية ويتقن الكردية والتركية، وتولى العديد من المناصب في بغداد، من مصنفاته: ديوان شعر، ترجمة رباعيات الخيام، والدفع العام والظواهر الطبيعية والفلكية.

(٢) موقع بوابة الشعر (www.poetsgate.com). ولم أجد المقطوعة في ديوان الزهاوي المطبوع عام ١٩٢٤م في المطبعة العربية بمصر لخير الدين الزركلي، ولعلّه أنشدها بعد هذا التاريخ فهو قد توفي سنة ١٩٣٦م.

الإسلام وجعلوه عائقا أمام المرأة لممارستها الحياة بالشكل المطلوب"، بل يذهب الفقيه الكرباسي بعيدا إلى القول إن الكثير مما يسمى بالحجاب: "لا يفي بالغرض بل يوجب المزيد من الإثارة، وقسم منها يوجب القرف، لذا علينا أن نلتزم بما ألزمنا به الشرع ولا نتبع الأهواء من العادات والتقاليد".

وهنا يبرز مفهوما التمايز والتفاضل، فالمرأة جوهرة وصاحبة جمال وافتتان، فحجابها جمالها فهو ليس تنقيصاً لها، وحجاب الرجل مثلبة له، وفوق ذلك فإنَّ ستر الجوهرة دون أن تمنع من العمل: "يزيد في رغبة الرجل بالنساء مما يتلاءم مع تكوين المجتمع الفاضل وتكوين الأسرة على المحبة والوئام من خلال الأسس الصحيحة دون أنْ يكلفها شيئا باهظا لترغيب الرجال بالزواج منها"، على أنَّ الإسلام لم ينفرد بالحجاب وإنما هي فطرة إنسانية عملت بها كل الحضارات والمدنيات السماوية والأرضية، لأن الحجاب كما يؤكد المؤلف: "لا يعني حجبها عن المعرفة والعلم والعقل بل الحجاب يعني حجبها من السوء والشر اللذين يمكن أنْ يأتياها من الأشرار وأصحاب السوء"، كما إنَّ الإسلام لم يمنع عموم الاختلاط، إلا ما أدى إلى الفساد: "بل الملاحظ إنَّ جميع العبادات تعد من الأمور التي يختلط فيها الرجال بالنساء، فالطواف في مناسك الحج، وإقامة الصلوات الخمس وغيرها جماعة، وكذلك سائر الشعائر الدينية تقام في تجمع حافل بالرجال والنساء"، فالحجاب لا يعني قمع الحرية، كما إنَّ الحرية لا تعني التحلل، فحيث إن الرجل مناط بالأعراف والقوانين كذلك المرأة، فالعري من ذكر أو أنثى مرفوض عرفا وقانونا في الكثير من البلدان المتحضرة غربييها وشرقييها، فحظره على الرجل لا يعد منقصة لحريته،

فمن باب أولى هو مكرمة للمرأة الجوهرة والقارورة، وحسبما يقول الفيلسوف الاشتراكي الفرنسي بيير جوزف برودون (Pierre Joseph Proudhon)[1]: "إن التحرير الذي يطلبه بعضهن باسمهن هو تسجيل الشقاء عليهن تسجيلا قانونيا إن لم أقل تسجيل العبودية"[2].

قشرة الحضارة

والمشكلة ليست فيمن يخلط الأوراق فحسب، بل في بعض المتزمتين الذين يريدون إعادة المرأة إلى العصر الجاهلي بذريعة الالتزام بالإسلام، فيمنعون على المرأة التعليم، ولذلك تجد الأمية منتشرة حيث تنتعش الأفكار المتزمتة غير الحنيفية وتعشش، حتى جرّأ البعض على القول بأنَّ الإسلام يعارض تعلم المرأة، فالنصوص القرآنية والحديثية لا يمكن حصرها بالذكر كما يريدها البعض: "من ذوي العقول المتحجرة ممن لا صلة لهم بالفقه الإسلامي وليس لهم باع في النصوص القرآنية والروائية، ويتمسكون ببعض الظواهر التي كانت سائدة منذ الجاهلية"، فلا حجة لحمل النصوص الخاصة بالتعليم على الذكور كما لا حجة للمتربصين

---

(١) بيير جوزف برودون: سياسي وبرلماني وفيلسوف اشتراكي فرنسي (١٨٠٩ ـ ١٨٦٥م) ولد في مدينة بيزانسون (Besançon) شرق فرنسا، وفيها نشأ ودرس وعمل في مطبعة ومصححاً لكتب الكنيسة، وتعلم اللاتينية والعبرية، طرح نظرية اللاسلطوي (نظام بلا قوة)، انتقل عام ١٨٤٧م إلى باريس، شارك في أحداث الجمهورية الفرنسية الثانية عام ١٨٤٨م، كتب في الصحافة الباريسية وارتبط بأربع صحف، اعتقل في عهد الامبراطور لويس نابليون بونابرت في الفترة (١٨٤٩ ـ ١٨٥٢م)، وبقي في مهجره في بلجيكا في الفترة (١٨٥٢ ـ ١٨٦٢م)، عاد إلى فرنسا عام ١٨٦٣م بعد انتهاء الإمبراطورية، ومات في مدينة باسي (passy) من ضواحي باريس ودفن في العاصمة، من مؤلفاته: ما هي الملكية، التحقيق في مبدأ الحق والحكومة، واعترافات الثوري برودون.

(٢) معجم أنصار الحسين.. النساء: ١/ ٧٥، عن دائرة معارف القرن العشرين: ٣/ ٣٣٨، محمد بن فريد وجدي، دار الفكر، بيروت ـ لبنان.

بالإسلام بالاستدلال على الفكر الإسلامي اعتمادا على السيرة الخاطئة لأعمال المنتسبين له، وهذا الأمر ينسحب على عمل المرأة فحشمتها لا تمنعها من العمل، وإنَّ لنا في أم المؤمنين خديجة الكبرى[1] نموذجا رائعا إذ كانت من كبار تجار مكة، وبأموالها وبسيف علي عليه السلام وصبر بعلها صلى الله عليه وآله وسلم قام صرح الإسلام بإذن الله.

وعلى غرار التعليم يستعرض المؤلف الروايات الذاهبة إلى منع المرأة من تولي الولاية، فيرى: "أنها لا تصلح للنهوض في حجب المرأة من تبوء المناصب العليا من المرجعية الدينية أو السياسية من الولاية والإمارة أو القضاء والتقليد، وذلك لأن معظم الروايات مرسلة أو ضعيفة السند، ومن جهة أخرى فإنها لا تفي بالغرض لوحدها"، ولكن في الوقت نفسه لا يريد الفقيه الكرباسي مخالفة الإجماع إن ثبت ونهض في بعض المحظورات التي لها علاقة بفسيولوجية المرأة ونفسيتها، ويهاجم أولئك الذين أطبقوا المنع على المرأة في كل شيء، حيث: "تزمّت بعضهم وأبعدها عن كل المناصب، سواء أكانت خطيرة أو لم تكن، دون أن يستند إلى دليل مقنع، وفي الحقيقة هو من الرجوع إلى الجاهلية، ونظرتهم الظالمة عن المرأة، وهو بمثابة وأد لها، ولكن بشكل آخر، وقد حررها الإسلام من ذلك".

ومثل هذا يقال في القيمومة، فهي كما يؤكد: "تحمل المسؤولية في الجانب الإداري في دائرة ضيقة ألا وهي في الحياة الزوجية" لسبب جسمي

---

(1) خديجة الكبرى: هي بنت خويلد بن أسد بن عبد العزى بن قصي بن كلاب ولدت عام ٥٦ ق.هـ وتوفيت بتاريخ ١٠/٩/٣ ق.هـ في حصار شعب أبي طالب وسمي ذلك العام بعام الأحزان، وهي أول من آمن بالرسالة الإسلامية من النساء وأولى أمهات المؤمنين كان زواجها من الرسول بتاريخ: ١٠/٣/٢٨ ق.هـ وللرسول ٢٥ سنة، وكانت تدعى في الجاهلية بالطاهرة، كما يقال لها: سيدة قريش.

وحقوقي، فلا فضيلة لرجولة الزوج في الإدارة ولا منقصة لأنوثة الزوجة في تولي الحمل والإنجاب والإرضاع، إنما هو: "من باب توزيع الأدوار حسب المقومات الجسمية والنفسية"، فآية قيمومة الرجل على المرأة: "لا تشير إلى أن الرجل أفضل من المرأة بل تشير إلى أن كل واحد منهما أفضل من الآخر في جهة من الجهات فالمرأة مفضلة فيما يحتاجه الطفل إلى رعاية وعاطفة، والرجل مفضل عليها في الكد لتأمين عيش الطفل وما إلى ذلك، وهكذا".

وقد يشار إلى أن الإسلام أتى بالتعددية الزوجية، في حين أن الإسلام جاء ونظم العملية برمتها واشترط لها شروطها، واختار لبني البشر أنجحها، وما يقال عن زواج الرسول ﷺ من تسع وقد اختص به، إنما هو من باب الحكمة وتوسعة رقعة الإسلام حيث نجد وراء كل واحدة من أزواجه قصة، بل: "إن في كل واحدة سراً وحكمة للمصلحة العامة وللإسلام والمسلمين، ولا ريب أنه كان يقوم بذلك تحت مظلة السماء"، وحسب رائد علم الاجتماع الفرنسي غوستاف لوبان[1]: "إن مبدأ تعدد الزوجات الشرقي نظام طيب يرفع المستوى الأخلاقي في الأمم التي تقوم به ويزيد الأسرة ارتباطاً، ويمنح المرأة احتراما وسعادة لا تراها في أوروبا، ولا أرى سببا لجعل مبدأ تعدد الزوجات الشرعي عند الشرقيين

_____

(١) غوستاف لوبون: (Gustavus Lebon) (١٨٤١ ـ ١٩٣١م) فيلسوف وطبيب ومؤرخ فرنسي وعالم في علم الاجتماع، ولد في نوجنت لوروترو (Nogent - le - Rotrou) شمال فرنسا وتوفي في مارنيز لا كوت (Marnes - la - Coquette) غرب باريس، له اهتمامات واسعة بالحضارات الآسيوية والإسلامية والافريقية والأوروبية، من مؤلفاته: حضارة العرب وحضارة الهند، حضارة العرب في الأندلس، وعلم النفس في الأزمنة الجديدة.

أدنى مرتبة من مبدأ تعدد الزوجات السري عند الأوروبيين، مع أنني أبصر بالعكس ما يجعله أسنى منه"[١].

في الواقع إنَّ البعض من المسلمين تمسكوا بقشرة الحياة وتخلوا عن لبِّها، بظنهم أنهم لبسوا رداء الحضارة والمدنية، بيد أنَّ شعارهم عين الجاهلية، وإلا فإنَّ كرامة المرأة مصونة كما هي كرامة الرجل.

تطبيق مزاجي

وبعضهم فهم النصوص بشكل مغلوط، فراح يطبقها وفق مزاجه الذي ينبع من هوى النفس، فيقدم بعضهم على ضرب الزوجة في تفسير خاطئ لقوله تعالى: ﴿وَٱلَّتِي تَخَافُونَ نُشُوزَهُنَّ فَعِظُوهُنَّ وَٱهْجُرُوهُنَّ فِي ٱلْمَضَاجِعِ وَٱضْرِبُوهُنَّ فَإِنْ أَطَعْنَكُمْ فَلَا تَبْغُواْ عَلَيْهِنَّ سَبِيلًا إِنَّ ٱللَّهَ كَانَ عَلِيًّا كَبِيرًا﴾[٢]، فالنشوز لا يختص بالمرأة فقط، فهو يصدر من الرجل أيضاً، كما أكد على ذلك الإمام جعفر بن محمد الصادق عليه السلام: "النشوز يكون من الرجل والمرأة جميعا"[٣]، أما الهجر فلا يعني هجران مخدع الزوجية كما قد يفهم البعض، وإنما كما يؤكد المفسر والمؤلف الشيخ الكرباسي: (أي هجر المضاجع أن يحوّل الرجل ظهره إليها في الفراش، وهو ما نصَّت عليه رواية الإمام محمد بن علي الباقر عليه السلام في قوله: "يحوّل ظهره إليها"[٤])،

---

(١) حضارة العرب: ٤٨٤، غوستاف لوبون، ترجمة: عادل زعيتر، دار احياء الكتب العربية، القاهرة ـ مصر، ط٣، ١٩٥٦م، وعنه: ماذا عن المرأة: ١٤٥، نور الدين محمد عتر الحلبي، دار الفكر، دمشق ـ سوريا.

(٢) سورة النساء: ٣٤.

(٣) وسائل الشيعة: ٢١/ ٣٥٠، محمد بن الحسن الحر العاملي، مؤسسة آل البيت، قم ـ إيران، ط٢، ١٤١٤هـ.

(٤) مجمع البيان: ٣ ـ ٦٩/٤، الفضل بن الحسن الطبرسي، دار المعرفة، بيروت ـ لبنان.

وأما الضرب فإذا أخذنا به الضرب الظاهر من النص كما ذهب إليه أعلام المفسرين والفقهاء فهو: "أنَّ الضرب يكون بالمنديل - وليس بسياط - بشكل لا يؤلمها" وربما بالسواك، لأن المقصود من الضرب هو الردع وإظهار الانزجار، وقد ورد في مواعظ الرسول الأكرم ﷺ مستنكراً: "يضرب أحدكم امرأته ضرب العبد ثم يعانقها في آخر النهار"[1]، وحسب اعتقاد المفسر الكرباسي أنَّ المتبادر من الحديث الشريف: "أنه أراد إقلاع المسلم عن ضرب زوجته، دون أن يشرّع الضرب الخفيف"، بل ويذهب بعيدا في فهم لغوي آخر لمفردة الضرب وهو الإعراض كقولنا ضرب عنه صفحا أي أعرض، فالمراد من الضرب: "أي الإعراض عن المرأة، سواء في العمل الجنسي، أو النوم معها في فراش واحد"، فالمراحل الثلاث عند نشوز المرأة عن زوجها هي مراحل ترتيب من الأخف إلى الأثقل، فالضرب الجسدي خال من الآية: "وأما الأقوال الأخرى، فالظاهر أنها بعيدة عن روح التسامح الإسلامي المعهود، كما أن الأمر وارد هنا للإباحة وليس فرضا كما عليه معظم الفقهاء والمفسرين"، كما لم نعهد أن قام الرسول ﷺ أو أحد من أهل بيته ﷺ بضرب الزوجة.

بل إنَّ الحب هو الذي يجعل سماء بيت الزوجية صافية: "وقد بنيت الحياة على الحب، ولولاه لما استقام حجر على حجر ولا قام شيء أبداً، فإنه الضمان الوحيد لاستمرار الحياة والعيش لكل شيء.. ومن مظاهر هذا الحب حب الزوجين فلولاه لما استقام هذا العش الذهبي، إذ هو أساسه

---

(١) السنن الكبرى: ٧/ ٤٩٨، ح: ١٤٧٨٠، أحمد بن الحسين البيهقي، دار الكتب العلمية، بيروت - لبنان، ط٣، ١٤٢٤هـ - ٢٠٠٣م، وفي المصدر نفسه قال النبي ﷺ مستهجناً: "أيضرب أحدكم امرأته كما يضرب العبد ثم يجامعها في آخر اليوم"!

ورأسه وعليه بناء حياة الأسرة المقدسة"، وهذا الحب يجسِّده النبي الأكرم في حبه لنسائه حتى قارن حبه للجنس الآخر بالطيب والصلاة: "حُبِّب إليّ من الدنيا ثلاث: النساء والطيب وقرة عيني الصلاة"[1]، والصلاة عمود الدين، فبيت بلا امرأة صالحة كدين بلا صلاة مقبولة، وسنة الرسول ﷺ حجة على الآخرين.

وهذا الحب يجسده الإمام علي عليه السلام برثائه السيدة فاطمة الزهراء عليها السلام، كما في الشعر المنسوب إليه (من الوافر):

حبيبٌ ليس يعدِلُه حبيب … وما لسواه في قلبي نصيبُ
حبيبٌ غابَ عَنْ عَيني وجسمي … وعَن قلبي حبيبي لا يغيبُ[2]

ويجسده سيد الشهداء الإمام الحسين عليه السلام في بيان حبه لزوجته الرباب بنت امرئ القيس الكلبية المتوفاة سنة ٦٢هـ، وابنته سكينة المتوفاة سنة ١١٧هـ في الأبيات المنسوبة إليه (من الوافر):

لعمرك إنني لأحبُّ دارا … تحلّ بها سكينة والرّباب
أحبهما وأبذل جُلَّ مالي … وليس لعاتب عندي حساب
ولست لهم وإن عتبوا مطيعا … حياتي أو يغيّبُني التراب[3]

فالمرأة كما يؤكد الباحث: "زهرة إنْ أوليتها اهتمامك استقبلتك بثغرها الباسم واستمتعتَ بطيبها النافح، وإنْ أذبلت عنها ذبُلت وأذبَلتك، وأصبحت حياتك كالليل الدامس".

---

(١) بحار الأنوار: ٧٣/ ١٤١.

(٢) ديوان الإمام علي بن أبي طالب: ٤٢، إعداد: عبد الرحمن المصطاوي، دار المعرفة، بيروت ـ لبنان، ط٣، ١٤٢٦هـ/ ٢٠٠٥م.

(٣) ديوان الإمام الحسين: ١٩٣. العمدة في محاسن الشعر وآدابه ونقده: ١/ ٣٥.

حب وولاء

وللحب جناحان يطير بهما المحب يمناه الحاء (الحقيقة) ويسراه الباء (بيانها)، فالأوكسجين وحده لا يكفي لتكوين جزئية ماء الحياة، والهيدروجين لوحده لا ينشئ ماءً، إذا اجتمعا أسسا وحدة مائية، فحقيقة الحب تبقى غير مفهومة إذا لم يتول المحب بيانها، وباجتماع الحاء والباء تجنّح الحب وطار على رؤوس المحبين، وتلألأ العشق، وكأني بقول الشاعر الجزائري المعاصر الدكتور عبد العزيز شبّين[١]، وهو ينشد (من البسيط):

سبحانَ مَنْ علَّمَ العشّاقَ أحرُفَهُ   ثمَّ اصطفاهم فكانَ الحبُّ منقلبا

وعلى ضوء المعادلة الحبية الولائية، تفرّغ المحقق والرجالي الشيخ الكرباسي لبيان الشخصيات التي تشكلت منها واقعة كربلاء رجالا ونساءً، ولكنه ليس بيان نقل وتقليد وإنما بيان نقد وتجديد، فجاء الذكور من الهاشميين في ثلاثة أجزاء، ومثله لغير الهاشميين، ولحقه الإناث بجزأين[٢]، وهذا الأول الذي ضم النساء حسب الحروف الهجائية من الألف حتى الزاي، فهو إن أطال في معجم أنصار الحسين (الهاشميون) الوقوف على حامل لواء الجيش وضرغامه، العباس بن علي بن أبي طالب عليه السلام، فإنه أطال في معجم أنصار الحسين (النساء) الوقوف على

---

(١) عبد العزيز شبِّين: هو ابن مختار، ولد في مدينة الحرّاش حي بلفور (حسن بادي) في الجزائر عام ١٩٦٩م، شاعر وعروضي وجامعي، دكتوراه دولة في الأدب القديم، يقيم حاليا في لندن، من مؤلفاته: لكربلاء كل القصائد، رباعيّات شبين، ورأيت أحد عشر ذئباً يا أبتي.

(٢) صدر من معجم أنصار الحسين (النساء) ثلاثة أجزاء، الأول بين أيديكم، والثاني سنة ١٤٣١هـ (٢٠١٠م) في ٣٩٨ صفحة من القطع الوزيري، والثالث سنة ١٤٣٢هـ (٢٠١١م) في ٣٤٥ صفحة من القطع الوزيري.

حاملة لواء الإعلام الحسيني وزينة الرجال والنساء، السيدة زينب بنت علي بن أبي طالب عليها السلام، التي كانت: "تنظر بعين الله وتتنفس برئة الإسلام وتخطو بخطى محمد صلى الله عليه وآله وسلم وتنطق بمنطق علي عليه السلام وتعمل بزهد فاطمة عليها السلام"، والتي يستظهر المحقق الكرباسي أنَّ مرقدها هو القائم في القاهرة[1].

ومن القاهرة الكبرى يحدثنا داعية التقارب بين الأديان الأستاذ محمود عبد الفتاح جلال، عن الحب والولاء وهو في معرض قراءته لهذا المعجم، يرى أن: "من واجب الحب لرسوله صلى الله عليه وآله وسلم وتوقيرنا وتعظيمنا له أن نحب أهل بيته الأطهار ونُجلهم ونعظّمهم ونودّهم، وقد حضَّ النبي صلى الله عليه وآله وسلم على ذلك، وعمل بذلك السلف الصالح رضوان الله عليهم، وأمرنا الشرع الحنيف بالصلاة عليهم مع الصلاة على رسول الله صلى الله عليه وآله وسلم"

ومن أفضل الآل كما يضيف الأستاذ جلال استنادا إلى ظاهر نصوص القرآن والسنة: "الإمامان الطاهران الحسن والحسين سيدا شباب أهل الجنة"، لكنه يعبر عن أسفه لأن: "شريحة كبيرة من المسلمين في هذه الأيام وللأسف الشديد يجهلون عظمة هذا الإمام العظيم رغم أنهم ينتمون إلى دين جده العظيم كما يجهلون تراثه الفكري والعلمي والمعرفي والفقهي وغيره"، لكنه في الوقت نفسه يكشف عن كبير غبطته وسروره حيث: "انبرى سماحة آية الله الشيخ محمد صادق الكرباسي حفظه الله تعالى بأنْ

---

(١) وفقنا الله لزيارة مرقدها الشريف في ربيع العام ٢٠١٠م في زيارة عائلية، والثانية في الفترة (١٩ ـ ٢٥/ ٦/ ٢٠١١م) في زيارة عمل لتوثيق مرقد رأس الحسين عليه السلام في القاهرة بشكل مفصل، وتوثيق أولي لمرقدها الشريف والثانية كانت بصحبة المصور الفني الأستاذ بحر كاظم الحلي، للمزيد، انظر: تاريخ المراقد: ٧/ ١٤١ ـ ٣٥٠، محمد صادق الكرباسي، المركز الحسيني للدراسات، لندن ـ المملكة المتحدة، ط١، ١٤٣٣هـ/ ٢٠١٢م.

يفرِّغ نفسه ووقته وضحّى براحته لدراسة عريضة وعميقة ومترامية الأطراف شاملة لكل جوانب العظمة الكامنة في هذا الإمام العظيم"، ولأنَّ المؤلف إمتلك من العلوم نواصيها، فإنه: "أجاد في عرض الموسوعة الحسينية بهذا الأسلوب العلمي الدقيق وقد حقَّق وحلَّل وحاور وبذل مجهودا ضخما خلال عمله الدؤوب والطويل في هذه الموسوعة الفريدة، إنه ينقل لنا صورة وصفية حقيقية بكل أبعادها عن الإمام الحسين عليه السلام، فيتحدث عن السيرة الحسينية وكأنه عايشها، وقد تابع خطوات الشعراء الذين نظموا في استشهاده كما وأرباب المقاتل وما آثر عنه من مقال فقهي وظواهر تربوية إلى غير ذلك ليكون سائغا أكله يانعة ثماره".

ولا يخفى أنَّ الطاعة من مظاهر الحب والولاء، ولذلك يعتقد الداعية المصري: "إن هذا المجهود الضخم هو في نظري عبادة وطاعة لله عز وجل، فالموسوعة الشريفة التي أرست على الستمائة مجلد(1) حوت على العلوم والمعارف والشعر والأدب والفقه والتشريع وعلى سائر العلوم والمعارف، مما لا يخفى على القارئ اللبيب لدى الاطلاع على مضامينها والاستمتاع لدى مطالعتها".

وبعد استعراضه لما جاء في الجزء الأول وجد الداعية محمود عبد الفتاح جلال أنه: "من واجب الإيمان أنْ نثمن جهود هذا الداعية بشخصه بكل ما يحمله من فكر ومعرفة، وبعمله الرائد الذي يثلج صدر أهل العلم وطلاب الحقيقة، فللّه درّه وعلى الله أجره، والسلام عليه والبركة في عمره الذي دأب على نشر العلم والمعرفة بأسلوبه الشيّق الموزون والمعتمد على

(1) فاقت السبعمائة مجلد حتى نهاية عام ٢٠١٢م.

الموضوعية، فهنيئا له وزاد في توفيقاته بمحمد وأهل بيته الأطهار وصحبه الأخيار".

وهذا الانطباع الذي خرج به داعية التقارب بين الأديان، ينم في حقيقته عن حب للعلم وولاء للعلماء، وهو حب يقع في طول الحب والولاء لأهل بيت النبوة الذين أذهب الله عنهم الرجس وطهرهم تطهيرا، وفي موازاة الحب للعلماء وأعلام الأمة الذين هم في الليل أقمارها وفي النهار شموسها.

الثلاثاء: ٧ /٤ /٢٠٠٩م.

الأب الدكتور سهيل قاشا

* سهيل بن بطرس بن متى بهنام اسحاق إيليا قاشا.

* ولد في أسرة مسيحية سريانية يوم ٢٦/ ٦/ ١٩٤٢م في بلدة باخديدا (قره قوش) على نحو ٣٠كم جنوب شرق الموصل (العراق).

* باحث ورجل دين سرياني عراقي مقيم في بيروت في دير يسوع الملك.

* نشأ في مسقط رأسه وفيها درس الابتدائية وأكمل الدراسات الأولى مركز مدينة الموصل.

* اتجه عام ١٩٦١م إلى حقل التربية والتعليم بعد تخرجه من معهد إعداد المعلمين ومارس التدريس في مدارس الموصل الابتدائية.

* استأنف تحصيله العلمي ودرس في جامعة المستنصرية في الموصل قسم الإدارة والاقتصاد وبعد ثلاث سنوات مال إلى كلية التربية بجامعة الموصل ونال منها الشهادة الجامعية (بكالوريوس تاريخ) سنة ١٩٨٧م.

* في العام ١٩٩٠م أحال نفسه على التقاعد.

* في عام ١٩٩٢م غادر العراق إلى لبنان واستأنف دراسته الدينية في المعهد الكهنوتي في الاكليريكية مار يعقوب المقطع.

* بعد سنتين من الدراسة اللاهوتية في بيروت نال يوم ١٧/ ٧/ ١٩٩٤م رتبة "سر الكهنوت" واحتُفل به في كنيسة دير الشرفة.

* تولى ولدورتين إدارة مدرسة اكليريكية دير الشرفة الكبرى في الفترة (١٩٩٤ ـ ١٩٩٥م) و(١٩٩٦ ـ ١٩٩٧م).

* نال في ٢١/٧/٢٠٠٤م الشهادة العليا (الدكتوراه).

* منذ عام ٢٠٠١م مارس التدريس في جامعة الحضارة العربية والإسلامية، ويتولى فيها رئاسة الأمانة العامة.

* يقوم الآن بتدريس مادة الإسلاميات والتراث العربي المسيحي في معهد الفلسفة واللاهوت للآباء البوليسيين في حاريصا على بعد ٢٠كم شمال بيروت.

* شرع في الكتابة والتأليف في سنٍّ مبكرة، وصدر له أول كتاب سنة ١٩٥٩م بعنوان "البراهين في وجود الله".

* له عشرات المؤلفات في أغراض مختلفة، من قبيل:

ـ الموصل في مذكرات الرحالين العرب والأجانب.

ـ الصهيونية تحرِّف الإنجيل.

ـ الحكمة في وادي الرافدين.

الموسوعة الحسينية
لبنة زاهرة في أساس الحضارة[1]
(ديوان القرن الثاني عشر ج١)

بسم الله الرحمن الرحيم

حق وواجب أن تُجمع الأخبار والحوادث والوقائع في سيرة أشرف الخلق، وسيد الشهداء وإمامهم الحسين ابن الإمام علي بن أبي طالب كرّم الله وجهه، راية الحق لدحر الباطل، كيف لا وهو ابن الحق، من سلالة الأصفياء وفي مقدمتهم الرسول محمد ﷺ الذين أرسوا الحق في أرجاء الأمة كافة، وحماية أبنائها.

الإمام الحسين، الحكيم، الشجاع، الغيور والسخي والعادل، الذي قدَّم نفسه فداءً عن أمته: "ما من حب أعظم من هذا أن يبذل الإنسان نفسه فداءً عن أحبته"[2]، فوطأ الموت وصار فجراً للحياة.

نافذ البصيرة، شهم النفس، ناصف المظلوم وقاهر الظالم، مجير

---

(١) أصل المقدمة باللغة العربية كما وردت.

(٢) الإنجيل كتاب الحياة، إنجيل يوحنا: ١٥/ ٣٣٤، ط٤ ١٩٩٥م، فنلندا. وفي النسخة التي بحوزتي وهي باللغتين العربية والفرنسية جاءت الترجمة العربية كالتالي: ليس لأحد محبة أعظم من هذه أن يبذل أحد حياته فدى أحبائه.

الذليل وابن السبيل، لا يحابي الوجوه ولا يتملق، كلامه حق، وحكمته عدل، وعمله إنصاف، وشهادته راية، ودمه بذار أينعت ثمارها في أرض العزّة والسؤدد، عاش الإسلام بضميره ووجدانه وليس بحرفيته، بطلٌ مناضل، ثائرٌ ومتمردٌ على واقعه الذي كان يعاني من الظلم والفساد، فأعلن الثورة على أزلام النفاق والدجل، وكانت واقعة كربلاء المنتصرة رغم الشهادة، ومازالت روح الاستبسال الذي مضى فيها برقه يلمع ورعده يزلزل بصوت الفداء "الله أكبر على الظالم".

وهذا الذي أسلفناه أعلاه يجتمع اليوم بين دفتي الموسوعة التي تطل علينا بأجزائها الجليلة، حيث تضم إضمامة الزهر العابق والورد الدافق على صفحات من عسجد وأسطر من نور.

وبين يديَّ اليوم الجزء الأول من ديوان القرن الثاني عشر من هذه الموسوعة التي بأسلوبها السهل الممتنع تشرح سيرة مغوار العرب والإسلام، وما أحوجنا إلى مثل هذه الموسوعات التي تفك مغاليق الحوادث وتضع الحلول للعديد من الألغاز والطلاسم في سيرة مشاهير الأمة وقادتها، وعلى رأسهم الإمام الحسين أبو عبد الله المثال الأعلى والقدوة الفاضلة لشباب الأمة وشيبها.

فالموسوعة ـ والحالة هذه ـ مهمة جداً، تسدّ فراغاً في المكتبة العربية والإسلامية والعالمية، وما أحوجنا إلى وضع العديد من الموسوعات الموضوعية بسائر مناحي الحياة الاجتماعية والاقتصادية والتاريخية والدينية والسياسية، في السيرة والمسيرة، للكشف عن غوامض الأمور وأشكالها لاسيما التي تكتب بأقلام شريفة، بمداد الإخلاص والدقّة، على صفحات الكرامة الحقّة.

نعم، أقول لاسيما التي تولد من بنات أفكار المؤمنين بالقضية حقاً، وأية قضية، إنها ليست كسائر القضايا الرثّة الفضفاضة، إنها قضية شهادة وأمة.

وهذا ما أجمله هذا السِّفْر الذي بين يدي من هذه الموسوعة، والذي هو عبارة عن ديوان شعر ـ إن صحَّ التعبير ـ للعديد من الشعراء الذين آمنوا بالقضية فنظموا قلائدهم بحق الإمام الحسين، وهم يأملون أن يضعوها قلائد في جيده الشريف إن لم يستطيعوا أن يضفروها أكاليل وتيجانا من النرجس والزنبق.

وعليه نثمِّن هذا السِّفْر الجليل ونتمنى أن يُقرأ بإمعان المحقق وصدق المدقق، فينال الشكر والثناء لليد التي سطرته وأبرزته، ويأخذ مكانه الذي ينتظره في خزانات المكتبات الخاصة والعامة، فيصير لبنة زاهرة في أساس الحضارة العربية والإسلامية ومدماكاً أصيلاً في أمجاد التاريخ الحسيني الأصيل. والله ولي التوفيق.

الأب سهيل قاشا
٢٠/١١/٢٠٠٨م

ماذا لو نضب صلب الأديب
وأجدب رحم الأدب؟!

العقلانية والروحانية والوجدانية والحيوانية، مفاهيم أربعة، يحمل كل واحد منها مدلوله، كما له شخوصه ومصاديقه، فيقال لفلان إنه عقلاني أو عقلائي في قراراته وتصرفاته ويزن الأمور بميزان العقل، فيستفيد ويفيد، ويقال لعلان إنه روحاني يزن الأمور بعين البصيرة على خلفية دينية، قد يعتزل الناس فلا تنفع روحانيته إلا نفسه والعدد القليل من المحيطين به، وقد يعيش حياة الناس وينزل إليهم فينفع الناس ويطير بهم من وادي الحياة وشجونها إلى مراقي النجاة وحبورها، وقد يقال لثالث إنه وجداني، يضع قاطرة حياته على سكة الفطرة والعاطفة، فالأولى تعدل من ميلان الثانية، والثانية تلين من تصلب العقلانية، والأولى تلملم من فضفاضية الروحانية، وقد يعيش رابع حياة الضر والنكد، لا يقيم للحياة وزنا، همّه من الدنيا مصلحته وإن تحققت على حساب معاناة الآخرين كالبهيمة همها علفها، فالعقلانية عنده تخلّف، والروحانية رجعية، والوجدانية سلاح الخائبين.

والإنسان يتحرك في إطار هذا المربع، قد يقترب من أحد الأضلاع فيوصف به، وقد يبتعد عن ضلع فيوصف بالآخر، والإنسان السوي هو الذي يمارس حياته داخل هذا المربع دون إفراط وتفريط، يستهدي بالعقل

وعيناه الروحانية والوجدانية، ولا تميل نفسه إلى الحيوانية وإنما يأخذ من الدنيا نصيبه، ومبتغاه الدار الآخرة، وهذه صفات ندر حصولها إلا في الخلَّص من عباد الله، ولكن الإنسان يظل يصارع الحياة من أجل التأقلم ضمن هذه الأضلاع بما فيه سعادة الدارين.

زورق الوجدان

وحيث يميل التجريبي إلى العقلانية والعالم إلى الروحانية والجاهل إلى الحيوانية، فهل لنا أن نضع الأديب في خانة الوجدانية؟

لا شك أن الواقع يقول بهذا التلازم، ولكن من حيث الاستقراء فإنَّ من العظماء العقلاء عظماء في الأدب وإنَّ من يقف على قمة الروحانية قد يقف في الوقت نفسه على قُلَّة الأدب، وإنَّ الهزبر في ساحة النضال صباحا تراه عبدا ذليلا في ساحة العبودية ليلاً، فليست هناك تقاطعات عند البعض وهم قلة، لكن الثابت أنَّ الشعراء يتنقلون في مسار حياتهم الأدبية في محاذاة الأضلع الأربعة يقودهم في رحلتهم الأدبية حادي الشعور، وقد يكون الشعور ملتزما فتأتي القصائد قريبة من الوجدان القريب هو الآخر من الروحانية والعقلانية، وقد يكون الشعور منفلتاً فتبتعد أبيات القصائد عن دور الوجدان وتنأى بعيدا عن مدينة العقل والروح، وتوغل في وديان الحيونة، فتكون الأبيات مرتعا للرذيلة من خدش للشعور الإنساني أو الطعن بالأعراض أو تعظيم المستبد، وللانتصار أو الاستغراق في التفاخر أو الهجاء.

والشاعر الصادق مع نفسه ومع الحياة هو الذي يبحر بزورق الوجدان بمجدافي العقل والروح، سعيا وراء ربح الدارين والانتصار لقيم الحياة، وهذه الحقيقة والكم من المفاهيم طالما يؤكدها البحاثة والعروضي الدكتور محمد صادق محمد الكرباسي في مؤلفاته الكثيرة الخاصة بالأدب

الحسيني، من أجل خلق تيار أدبي موزون، فقِدْرُ الأدب لا يثبت إلا على أثافي العقل والروح والوجدان، وفي هذا الإطار صدر في العام ١٤٣٠هـ (٢٠٠٩م) عن المركز الحسيني للدراسات في لندن، الجزء الأول من ديوان القرن الثاني عشر الهجري (١٥/ ١٠/ ١٦٨٩ ـ ٢٣/ ١٠/ ١٧٨٦م) الخاص بـ (الحسين في الشعر العربي القريض)، في ٥٣٠ صفحة من القطع الوزيري.

صورة ضبابية

ولمّا كان النظم لا ينبع من معين الشاعر فحسب وإنما هو يجري بفعل تقلبات الحياة وتأثيراتها على مشاعر الناظم، فإنَّ المحقق الكرباسي عكف في كل قرن هجري جديد على أن يمهد لديوان الناظمين في الإمام الحسين عليه السلام بمقدمة وافية عن الظروف السياسية والاجتماعية لذلك القرن، لأنَّ الظرف الذي يعيشه الشاعر ينعكس بشكل كبير على قصائده، ومعرفة الظروف تُظهر النقاط المخفية من لوحة الحياة، وتضيء الزوايا المظلمة من أبيات الشاعر، الذي قد يتستر بدرع التورية للابتعاد عن سياط الحاكم، بلحاظ أنَّ الشاعر مع قصور وسائل الإعلام في تلك المراحل الزمنية كان يمثل سنام الإعلام، فإما أنْ يكون ناطقا بلسان الشعب أو أن يكون شاعر البلاط، ولكل موقف ضريبته، ومثل هذه المواقف الخطيرة لا يحسد عليها الشاعر الحر.

ويقدم الشيخ الكرباسي صورة ضبابية في قراءته لأدب القرن الثاني عشر الهجري الواقع معظمه في القرن الثامن عشر الميلادي، فعنده: "إنَّ هذا القرن كان من القرون المظلمة بحق، حيث لم ينهض الأدب بجناحيه نهوض الأسد بعد رسوبه في خريف الغابة وشتائها، وظل يعرض تارة ويتقاعس أخرى، ولم يظهر فيه إلا بصيص من النور الذي جعله يوصل

الماضي بالحاضر ليؤهله للمستقبل، فكان في حياة سريرية قلّ فيها كتاب النثر والقصيدة"، وأرجع ذلك إلى تأصّل حركة ثقافية عثمانية في تتريك العرب من جانب، ومن جانب آخر ظهور الحركة الوهابية في الجزيرة العربية، حيث أضعفت الأولى الأدب العربي وساعدت على تخشّب في صلب الأدباء وركاكة في رحم الأدب، وأشغلت الثانية الكتاب والأدباء في الحديث عنها بين مؤيد ومعارض.

ولم يقتصر ضعف الأدب بعامة والشعر بخاصة في منطقة بعينها، أو قوم أو شعب أو أمّة، وإنما هي حالة عامة، وبخاصة وإنَّ القرن كان يشهد صراعات محلية وإقليمة ودولية، ولذلك يرى المحقق الكرباسي أنَّ التراجع في النظم شمل أوروبا أيضاً التي استغرقت في الأدب النثري المسرحي، كما إنَّ النقاد قالوا بسيادة المذهب الكلاسيكي في النظم في أوروبا في النصف الأول من هذا القرن، في حين شهد النصف الثاني منه شيوع المذهب الرومانسي، لكن الغرب في الوقت نفسه وعلى صعيد آخر أعطى للعقل مساحة كبيرة في حياته مما جعل حركة التنوير تأخذ طريقها في المجتمع الغربي وتؤثر إيجابياً على العطاء الأدبي، على أنَّ الشعر في العالم العربي نزع فيه الشعراء إلى الأسلوب الفني السردي، بجانب عزوف السلطات العثمانية عن الاهتمام الكافي بالأدب العربي المنثور منه والمنظوم، وحسب المستشرق الألماني كارل بروكلمان[1]، إن: "الضعف

---

(١) كارل بروكلمان: (Carl Brockelmann) (١٨٦٨ - ١٩٥٦م)، مستشرق ألماني، ولد في مدينة روستوك (Rostock) شمال ألمانيا ومات في مدينة هال (Halle) شرق ألمانيا، درس اللغات الشرقية على يد المستشرق ثيودور نولدكه (Theodor Nöldeke) (١٨٣٦ - ١٩٣٠م)، نال الشهادة العليا (الدكتوراه الأولى) عام ١٨٩٠م، عضو في عدد من المجاميع اللغوية والعلمية في برلين وبون ودمشق وغيرها، من مصنفاته: تاريخ الآداب العربية، المعجم السرياني، وكتاب الوفا في فضائل المصطفى.

الذي اعترى السلطة كان متوازيا مع ذلك التدني في الحياة الفكرية، فلم تكن شخصيات السلاطين العثمانيين أو وزراؤهم تظهر ميلا إلى رغبة تجاه النواحي الأدبية"(١)، وحسب الكرباسي: "آثرت السلطنة العثمانية قوميتها ومصالحها على مصالح المسلمين ولغة القرآن فضعفت اللغة العربية وآدابها"، ولهذا دفع العرب الضريبة وبخاصة العراق الذي وقع بين كماشتي الصراع التاريخي القومي بين الدولتين العثمانية والإيرانية، اللتين ألبستاه لباس المذهبية لدغدغة مشاعر المسلمين، وظل أسير هذا الصراع إلى يومنا هذا يدفع ثمنه الشعب.

أمة بعد أختها

وتابع المؤلف الواقع السياسي في العالمين العربي والإسلامي، وسقوط حكومات وقيام أخرى، وتأثير ذلك على الأدب، فقد نشأت دولة الإمارات العربية، وقامت دولة الكويت، وسقطت الدولة الصفوية وقامت محلها الدولة الأفشارية ثم سقطت هي الأخرى وحلت مكانها الدولة القاجارية، وسقطت الدولة الهشدرخانية في أفغانستان، وقامت في أفريقيا سلطنة زنجبار التي حكمها آل سعيد في عُمان، ونشأت المملكة العربية السعودية، وقامت دولة أودة بالهند، والدولة الدرانيّة في أفغانستان، وهذه حال الأمم، فبعضها قامت على أنقاض الأخرى بصورة سلمية وأخرى بصورة عنفية وكلما دخلت أمة لعنت أختها، ولا يخفى أن الضحايا في طريق التغيير المسلح كثيرون، ومن ذلك الأدب الذي تغيب فيه قمم شعرية تحت جليد الإرهاب، وتظهر فقاعات شعرية بفعل سلطات تبحث عن نصر معجل أو موهوم!

---

(١) تاريخ الشعوب الإسلامية: ٣٤٢، كارل بروكلمان، دار العلم للملايين، بيروت ـ لبنان.

وعلى ضوء القراءة السياسية للواقع في القرن الثاني عشر الهجري تستبين القراءة الأدبية، الأمر الذي كان في مرمى هدف المحقق الكرباسي، فتابعها في الجزيرة العربية والعراق وشمال أفريقيا والهند وإيران وغيرها، ووجد على سبيل المثال أنَّ الحركة الأدبية في تونس: "قد ازدهرت حيث تأثرت بالحياة الفكرية من خلال الإيجابيات التي قام بها الحكام الحسينيون في الفترة ما بين ١١٢٧ ـ ١٣٠٠هـ، وكان لهذه الجهود العلمية آثارها في ظهور عدد من الكتاب الذين شغلوا مراكز إدارية هامة اعتمادا على مستواهم العملي والفكري".

إنتعاش أدبي

وتابع الحركة الأدبية الحسينية في العالمين العربي والإسلامي، وتأثير السلطات عليها، ووجد على سبيل المثال أنه: "كان للدول الشيعية الإيرانية منها والهندية تأثير في إثراء الأدب الحسيني حيث برز في تلك البلاد العديد من الشعراء الذين نظموا باللغة العربية إلى جانب لغاتهم الرسمية والمحلية"، وهذا ما حمل المؤلف على تخصيص باب لكل لغة من اللغات بل ولكل لهجة من اللهجات التي نظمت الشعر في الإمام الحسين عليه السلام سواء بالشعر العربي القريض أو الدارج.

ومما يلاحظ على هذا القرن هو انتعاش الأدب الحسيني على خلاف القرون الماضية، بل إنَّ هذا القرن يشكل بداية الانطلاقة الشعرية، واعتقد أنَّ لتطور وسائل الطبع والنسخ الأثر الطيب في حفظ الشعر من الضياع، فضلا عن نشوء حكومات لا ترتبط بالآستانة كانت تمثل حاضنة للأدب العربي بعامة والحسيني بخاصة، وموطناً آمناً للأدباء الذين تضيق بهم السبل

في مساقط رؤوسهم ومواطن سكناهم الواقعة تحت الحكم العثماني، إذ لم يكن الأدباء يأمنون الشر من السلطات العثمانية إنْ كان على خلفية قومية أو مذهبية، مثلما حصل مع الأديب العراقي والفقيه السيد نصر الله بن حسين الحائري الذي اغتيل صبرا في استانبول عام ١١٦٨هـ رغم أنه قدم إلى سلطانها محمود العثماني[1] موفدا من قبل النجف الأشرف في مهمة لتوحيد الصف الإسلامي، وقد سجل الشيخ عبد الحسين بن أحمد الأميني[2] (ت ١٣٩٠هـ) في كتابه شهداء الفضيلة ٢٢ إسما أدبيا وعلميا من أعلام المسلمين الشيعة اغتيلوا في هذا القرن، منهم الحائري الذي استأثر بأربعة قصائد من مجموع قصائد الجزء الأول من ديوان القرن الثاني عشر الهجري الواقعة بين قافيتي الألف والدال، وجاءت إحداها بعنوان "لا أنساه" من بحر الرمل في ٤٨ بيتاً، ومطلعها:

واغريباً قُطنُهُ شَيبَتُهُ   إذْ غدا كافورُهُ عَفْرَ الثَّرى

ثم يربط بين سواد الكعبة والحزن على الحسين عليه السلام من باب المجاز:

وثيابَ الحزنِ سوداً لبستْ   كعبةُ الله لهُ طولَ المدى

ويختمها بالصلاة على محمد صلى الله عليه وآله وسلم وآله عليهم السلام:

وعليكم صلواتُ الله ما   لمعَ البرقُ وما الغيثُ همى

---

(١) محمود العثماني: هو محمود الأول ابن مصطفى الثاني بن محمد بن إبراهيم العثماني (١١٠٨ - ١١٦٨)، الحاكم الثالث والعشرون من آل عثمان في تركيا ولي الحكم عن عمه أحمد الثالث سنة ١١٤٣هـ، دخل في حروب توسعية في أوروبا وروسيا وإيران، خلفه في الحكم اخوه عثمان الثالث.

(٢) عبد الحسين الأميني: هو ابن أحمد بن نجف علي التبريزي النجفي (١٣٢٠ - ١٣٩٠هـ)، من علماء الإمامية وأعلامها ومؤرخيها وأدبائها، ولد في تبريز وسكن النجف الأشرف وتوفي في طهران ودفن في النجف، له باع طويل في المناظرة بين المذاهب الإسلامية، من منشآته مكتبة أمير المؤمنين في النجف، ومن مؤلفاته: سيرتنا وسنتنا، الغدير، والعترة الطاهرة في الكتاب العزيز.

القصيدة الخاليّة

وتنسب إلى (الخال) الذي طالما تغنى به الشعراء لوصف حسن المحبوب وجماله بوصف الخال القمر في تمامه معلق في وجنة السماء يهبها رونقا وجمالا في عيون الناظرين، حتى وصل الحال بالشاعر أنْ يماثل بين حبيبه الداكن البشرة والخال، فينشد من بحر البسيط:

لام العواذل في سوداء فاحمة ... كأنها في سواد القلب تمثال
وهام بالخال أقوام وما علموا ... إني أهيم بشخص كله خال

ولكن أنْ يستعمل لفظ (الخال) في كل بيت من قصيدة طويلة وفي معان عدة، فهذا هو الإبداع الفني بعينه، وهذا ما لمسناه في شاعر القرن الثاني عشر الهجري الأديب والمحقق سليمان بن عبد الله الماحوزي البحراني[١] المتوفى سنة ١١٢١هـ الذي كتب قصيدته الخاليّة فانتشرت في الآفاق وراح الشعراء يعارضونها بالسياق نفسه.

جاء في مطلع قصيدة البحراني من بحر الطويل:

علامَ سقى خدّيكَ من جفنك الخالُ ... أمِنْ ربواتِ اللَّوْ لاح لك الخالُ[٢]

وعارضها الشاعر السوري بطرس كرامة[٣]، في قصيدة من بحر الطويل ومطلعها:

---

(١) سليمان الماحوزي البحراني: هو ابن عبد الله بن علي بن الحسن (١٠٧٥ ـ ١١٢١هـ) من علماء الإمامية وأعلامها وأدبائها، اشتهر بالمحقق البحراني، ولد في قرية الدونج بالماحوز في البحرين، وفيها نشأ ودرس ونبغ، رجع الناس إليه بعد رحيل السيد هاشم البحراني سنة ١١٠٧هـ وانتقل للسكن في قرية البلاد القديم وفيها مات ودفن في مسقط رأسه بمقبرة ميثم بن المعلى، ترك أكثر من مائة مصنف في علوم كثيرة، منها: هداية القاصدين إلى أصول الدين، الشافي في الحكمة النظرية، ودرة البحرين في رثاء الحسين.

(٢) أعيان الشيعة: ٧/ ٣٠٦.

(٣) بطرس كرامة: هو ابن إبراهيم (١١٨٨ ـ ١٢٦٧هـ) من أعيان الروم الكاثوليك، ولد في حمص=

أمِنْ خدّها الوردي أومضكَ الخالُ ... فسح من الأجفان مدمعك الخالُ[1]

وحملها والي بغداد داود باشا[2]. إلى شعراء بغداد فعارضها الشاعر عبد الباقي العمري[3]، في قصيدة من بحر الطويل ومطلعها:

إلى الروم أصبو كلما الخالُ ... فأسكبُ دمعاً دون تسكابه خالُ[4]

ووصلت قصيدة العمري إلى النجف الأشرف وعارضها الشيخ عبد الحسين الجامعي[5]، في مدح الشيخ حسن بن جعفر كاشف الغطاء[6] المتوفى سنة ١٢٦٢هـ، ومطلعها:

=وتوفي في الآستانة، نشأ في مسقط رأسه ثم هاجر مع اسرته إلى فلسطين ثم لبنان، لازم الأمير بشير الشهابي في إدارة جبل لبنان وهاجر معه إلى مالطا ومصر والآستانة خلال فترة إبعاده، مارس التدريس إلى جانب نظم الشعر، يجيد التركية إلى جانب العربية وعمل مترجماً في القصر العثماني حتى وفاته، من مصنفاته: سلافة العقول في منظومات اسطنبول، الدراري السبع، وديوان شعره.

(١) ماضي النجف وحاضرها: ٣/٣١٦، جعفر بن باقر محبوبة، دار الأضواء، بيروت ـ لبنان.

(٢) داود باشا: من الولاة المماليك گرجي الأصل (١١٨٨ ـ ١٢٦٧هـ) ولد في تبليسي في جورجيا، وجاء إلى بغداد مملوكا واحتضنه الوالي سليمان باشا واعتنق الإسلام، من كبار ولاة الدولة العثمانية، من العلماء الأدباء الشعراء، يجيد العربية والفارسية إلى جانب التركية، ولي بغداد في الفترة (١٢٣٢ ـ ١٢٤٧هـ)، تقلد رئاسة مجلس الشورى في الآستانة عام ١٢٥٤هـ، ثم ولي أنقرة في السنة التالية، ثم مشيخة الحرم النبوي سنة ١٢٦٢هـ حتى وفاته ودفن في مقبرة البقيع.

(٣) عبد الباقي العمري: هو ابن سليمان بن أحمد الفاروقي الموصلي (١٢٠٤ ـ ١٢٧٩هـ) ولد بالموصل وتوفي في بغداد ودفن في الحضرة الگيلانية، مؤرخ شاعر، ولي للعثمانيين في الموصل وبغداد مناصب حكومية، كان مجلسه عامراً بالشعراء والأدباء، وكان على علاقة طيبة مع علماء النجف الأشرف من آثاره: الترياق الفاروقي، ديوان شعره، ونزهة الدهر.

(٤) الترياق الفاروقي: ١٧٠، عبد الباقي بن سليمان العمري، مطبعة حسن أحمد الطوخي، مصر، ١٢٨٧هـ.

(٥) عبد الحسين الجامعي: هو ابن قاسم بن محمد بن أحمد، من أدباء النجف الأشرف وشعرائها، ولد في أواخر القرن الثاني عشر في النجف الأشرف وتوفي فيها سنة ١٢٧١هـ، كان من الشعراء المجيدين البارزين، له ديوان شعر ومنظومة في النحو.

(٦) حسن كاشف الغطاء: هو ابن جعفر بن خضر (١٢٠١ ـ ١٢٦٢هـ) من الفقهاء الأعلام والأدباء=

يـمـيـن لـلـنـدى فـي الـجـذب خـالُ تـجـودُ حـيـاً إذا مـا ضـنَّ خـالُ[1]

وعارضها الشيخ موسى الجامعي[2] المتوفى سنة ١٢٨١هـ في مدح الشيخ حسن كاشف الغطاء، ومطلعها:

سقى الخال من نجدٍ وسكّانه الخال وأزهرَ في أكتافه الرفدُ والخالُ[3]

وعارضها شعراء آخرون، كما طارت القصيدة إلى الشام واليمن، على أن القصيدة الخاليّة من حيث النشأة تنسب إلى إمام الكوفة في اللغة والنحو أحمد النحوي[4]، حيث أنشد قصيدة من بحر الطويل ومطلعها:

أتـعـرفُ أطـلالاً شَـجَـوْنَـك بـالـخـالِ وعيشُ زمانٍ كان في العصر الخالي[5]

ولاحظ المحقق الكرباسي في القصائد الخاليّة: "أن معظمها أنشئ من قبل الموالين لأهل البيت عليهم السلام وأتباعهم ومن مختلف الأقطار العربية والأصقاع الإسلامية".

هكذا أهل مصر

وجد المؤلف من خلال استقراء الشعراء وأعدادهم وجنسياتهم، أنَّ:

=الشعراء، ولد في الحلة ودرس في النجف الأشرف ودفن في كربلاء المقدسة، من مصنفاته: أنوار الفقاهة، السلاح الماضي، والإبانة.

(١) ماضي النجف وحاضرها: ٣/ ٣١٧.

(٢) موسى الجامعي: هو ابن شريف بن محمد محيي الدين الجامعي، من العلماء الشعراء، ولد في النجف الأشرف أوائل القرن الثالث عشر الهجري وفيها توفي، ترك ديوان شعر مخطوط.

(٣) ماضي النجف وحاضرها: ٣/ ٣٤٨.

(٤) أحمد النحوي: هو ابن يحيى بن زيد الكوفي النحوي (٢٠٠ ـ ٢٩١هـ)، ويلقب بـ"ثعلب" وكنيته أبو العباس، شيباني بالولاء، كان نحوياً لغوياً وشاعراً بليغاً، صُم في آخر حياته، اصطدمت به الخيل دون أن يسمع صهيلها ومات على إثرها بعد ايام.

(٥) معادن الجواهر: ٥٥٤، محسن بن عبد الكريم الأمين، دار الزهراء، بيروت ـ لبنان. وعنه: ديوان القرن الثاني عشر: ١/ ٦٢.

"عدد الشعراء المشاركين ممن وصلتنا أسماؤهم وقصائدهم اثنان وثلاثون شاعراً أو ما يزيد، ينتمون إلى عدد من الأقطار العربية والإسلامية، ففيهم من الحجاز والبحرين والعراق ومصر وسوريا ولبنان واليمن وإيران، وقد حمل ثقله بالدرجة الأولى شعراء البحرين ثم العراق"، ولم يقتصر النظم الحسيني على شيعة أهل البيت عليهم السلام: "فقد نظّم الشيعي والسُني من غير فرق لأنَّ الحسين عليه السلام سبط الرسول صلى الله عليه وآله وسلم وريحانته، وأمل الشعوب وقدوة الأحرار"، وقد ضم هذا الجزء ٨٢ قصيدة ومقطوعة.

ومن هؤلاء صاحب منظومة الشبراوي في قواعد فن العربية، الفقيه المصري عبد الله الشبراوي الشافعي[(١)]، حيث ينشد وهو في المشهد الحسيني في القاهرة من بحر الخفيف قصيدة من ٢٥ بيتا بعنوان (فاز من زار حيكم):

يا نديمي قُم بي إلى الصَّهباء وٱسقِنيها في الرَّوضة الغنّاء

ثم يضيف:

يا كرام الأنام يا آل طاها حبُّكم مذهبي وعقدُ ولائي

ثم يضيف:

سادتي إنني حُسبتُ عليكم في ابتدائي يا سادتي وانتهائي[(٢)]

---

(١) عبد الله الشبراوي الشافعي: هو أبو محمد جمال الدين عبد الله بن محمد بن عامر بن شرف الدين الشبراوي الشافعي (١٠٩١ ـ ١١٧١هـ)، من فقهاء مصر الأدباء الشعراء، سهّل على طلبته الدراسة بمنظومات شعرية، السابع ممن تولى مشيخة الأزهر، وهو أولهم ممن يتولاها من المذهب الشافعي وكان ذلك سنة ١١٣٧هـ، مات في القاهرة وفيها دفن، من مصنفاته: مفاتيح الأعطاف في مدائح الأشراف، نزهة الأبصار في رقائق الأشعار، ونظم بحور الشعر وأجزائها.

(٢) الإتحاف بحب الأشراف: ١٠٢، عبد الله بن محمد الشبراوي، منشورات الرضي، قم ـ إيران.

ويقول البحاثة الكرباسي الذي يرجع بنسبه إلى والي الإمام علي عليه السلام على مصر مالك بن الحارث الأشتر النخعي المتوفى عام ٣٧هـ، وهو يعلق على هذا البيت: "أراد أنه خلق محباً ومات محباً وهكذا أهل مصر".

دعاء وسلام وصلاة

وما يلاحظ في معظم القصائد الطوال، أن الشاعر وهو في ساحة أهل البيت عليهم السلام بوصفهم الوسيلة وحبل الله يمهد لختام القصيدة بذكر اسمه ونسبه داعيا من الله أن يغفر له ولمن يلوذ به، وينهيها بالسلام على أهل البيت عليهم السلام والصلاة على محمد وآل محمد.

ومن ذلك قصيدة (هم فلك النجاة) من بحر الكامل للشاعر علي الجدحفصي[١]، في ٩٤ بيتا ومطلعها:

لمنِ الطُّلولُ خلتْ بساحةِ ثهمد؟ وعفتْ بها فكأنها لم توجدِ

ثم ينشد:

يرجو عليٌ نجلُ أحمدَ أنه يغدو علياً في المقام الأوحدِ

ثم يختم:

وعليكم الصلوات والتسليمُ ما أحيا الحيا ميت الكلا في معهد

ومن ذلك قصيدة (الجوى زادي) من بحر الهزج للشاعر عبد الرضا المقرئ[٢]، في ٣٧ بيتا ومطلعها:

---

(١) علي الجدحفصي: هو ابن أحمد بن عبد الرؤوف بن حسين بن أحمد الحسيني الجدحفصي، المتوفى نحو عام ١١٨١هـ، من كبار شعراء البحرين، ولد في قرية جدحفص ويرجع بنسبه إلى الإمام موسى بن جعفر الكاظم عليه السلام، له ديوان شعر مخطوط.

(٢) عبد الرضا المقرئ: هو ابن أحمد بن خليفة المقرئ الكاظمي، المتوفى نحو ١١٢٠هـ.

أفي عاشورَ أطمعُ بالرُّقادِ ولمْ أكحلْ جفوني بالسُّهاد

ثم يختم:

رِضا ربح الرِّضا فيها ليومٍ ينادي في تغابُنه المنادي

صِلاتُ صَلاةِ ربِّ العرش تترى عليكم ما حدا في الرَّكب حادي

وهنا تضمين ليوم التغابن(١) وهو يوم القيامة ويوم البعث.

والظاهر أن ثلاثية الاستغفار والسلام والصلاة، سمة عامة في قصائد هذا القرن، مما يوحي أنَّ الأمر جرى كعرف بين الشعراء وفي بلدان مختلفة.

رؤية سريانية

يعد الأب الدكتور سهيل بطرس متى قاشا المولود في بلدة باخديدا في سهل نينوى في العراق عام ١٣٦١هـ (٢٦/ ٦/ ١٩٤٢م)، والمقيم حاليا في بيروت، من الشخصيات السريانية المسيحية العراقية، التي كتبت في الأدب والتاريخ والحضارة والتراث، فأنتجت سبعين(٢) كتابا حتى يومنا هذا، فالأب قاشا الذي يرى أن المشهد الشعري السرياني والعربي يلتقيان في التعبير عن الحزن، قرأ الجزء الأول من ديوان القرن الثاني عشر برؤية سريانية، فوجد أن الإمام الحسين عليه السلام هو: (راية الحق لدحر الباطل، كيف لا وهو ابن الحق، من سلالة الأصفياء، وفي مقدمتهم الرسول محمد صلى الله عليه وآله وسلم الذين أرسوا أسس الحق في أرجاء الأمة كافة، وحماية أبنائها).

---

(١) قال تعالى: ﴿يَوْمَ يَجْمَعُكُمْ لِيَوْمِ الْجَمْعِ ذَٰلِكَ يَوْمُ التَّغَابُنِ وَمَن يُؤْمِن بِاللَّهِ وَيَعْمَلْ صَالِحًا يُكَفِّرْ عَنْهُ سَيِّئَاتِهِ وَيُدْخِلْهُ جَنَّاتٍ تَجْرِي مِن تَحْتِهَا الْأَنْهَارُ خَالِدِينَ فِيهَا أَبَدًا ذَٰلِكَ الْفَوْزُ الْعَظِيمُ ۝ وَالَّذِينَ كَفَرُوا وَكَذَّبُوا بِآيَاتِنَا أُولَٰئِكَ أَصْحَابُ النَّارِ خَالِدِينَ فِيهَا وَبِئْسَ الْمَصِيرُ﴾ سورة التغابن: ٩ ـ ١٠.

(٢) تعدَّت مؤلفاته الرقم ٨٥.

فالأب قاشا يتوسم في شخصية الإمام الحسين عليه السلام: (الحكيم، الشجاع، الغيور والسخي والعادل، الذي قدّم نفسه فداءً عن أمته "ما من حب أعظم من هذا أن يبذل الإنسان نفسه فداءً عن أحبته[1]" فوطأ الموت وصار فجراً للحياة)، وما ذلك إلاّ لأن الإمام الحسين عليه السلام: (عاش الإسلام بضميره ووجدانه.. وكانت واقعة كربلاء المنتصرة رغم الشهادة).

والأب قاشا الأديب والباحث والمؤرخ، يعتقد أن الموسوعة الحسينية التي صدر منها أكثر من خمسين مجلدا[2]: (بأسلوبها السهل الممتنع تشرح سيرة مغوار العرب والإسلام، وما أحوجنا إلى مثل هذه الموسوعات التي تفك مغاليق الأحداث وتضع الحلول للعديد من الألغاز والطلاسم في سيرة مشاهير الأمة وقادتها، وعلى رأسهم الإمام الحسين أبو عبد الله المثال الأعلى والقدوة الفاضلة لشباب الأمة وشيبها).

في الحقيقة إن هذا الديوان كما يؤكد الأب سهيل قاشا يمثل سِفرا: (للعديد من الشعراء الذين آمنوا بالقضية فنظموا قلائدهم بحق الإمام الحسين، وهم يأملون أن يضعوها قلائد في جيده الشريف إنْ لم يستطيعوا أن يضفروها أكاليل وتيجانا من النرجس والزنبق. وعليه نثمن هذا السفر الجليل ونتمنى أن يُقرأ بإمعان المحقق وصدق المدقق، فينال الشكر والثناء لليد التي سطرته وأبرزته).

الإثنين: ٩/ ٣/ ٢٠٠٩م.

---

(١) الإنجيل كتاب الحياة، إنجيل يوحنا: ١٥/ ٣٣٤.

(٢) كان ذلك في الربع الأول من عام ٢٠٠٩م وقد بلغت حتى اليوم ٨٦ مجلداً.

الدكتور جاگجيت سنكه تونك

* جاگجيت بن سنكه تونك (Jagjit Singh Taunque).

* بريطاني من أصل هندي من مقاطعة البنجاب ولد في تشرين الأول اكتوبر ١٩٣٤م في أسرة سيخية.

* مساعد الحاكم العام لمقاطعة ويست ميدلاند البريطانية حالياً.

* قدم إلى بريطانيا عام ١٩٦١م وهو يحمل الشهادة الجامعية (بكالوريوس علوم سياسة واقتصاد) من جامعة البنجاب (Punjab University) في نيودلهي.

* درس في جامعة برمنجهام (University of Birmingham) ونال منها عام ١٩٦٦م شهادة في الكهرباء.

* في عام ١٩٦٦م مُنح الجنسية البريطانية وعمل بشهادته كمهندس كهرباء في الفترة ١٩٧٩ ـ ١٩٩٩م في دائرة الصحة البيئية، وظل يواصل في الوقت نفسه دراساته العليا إلى جانب نشاطاته الحزبية والاجتماعية.

* التحق بحزب العمال حين قدومه إلى بريطانيا وأصبح عام ١٩٨١م أول آسيوي في بريطانيا ينال عضوية مجلس بلدية مدينة برمنجهام.

* عمل في مجال خدمة الأقليات في بريطانيا منذ قدومه ولازال.

* تعهد لأمِّه حين أراد الهجرة إلى بريطانيا العمل بشروطها: أن يحتفظ بزيه

السيخي ولا يحلق لحيته ولا يتناول الخمر ولا يقترب من التدخين وأن يتزوج بوجودها، ووفَّى الشروط كلها فحتى زواجه تم في الهند باختيارها وحضورها.

٭ عضو لجنة الأمناء في مجلس الأديان في مدينة برمنجهام منذ العام ١٩٩٥، وانتخب عضوا فخريا مدى الحياة منذ العام ١٩٩٨م.

٭ تولى رئاسة مركز البنجاب الثقافي في برمنجهام.

٭ نال في حزيران يونيو ٢٠٠٠م وسام الإمبراطورية البريطانية (MBE) لخدماته المجتمعية في الأوساط الآسيوية في مدينة برمنجهام.

٭ عضو الجمعية المدنيّة في برمنجهام.

٭ مدير مجموعة تنمية الموارد البشرية للأقليات العرقية في برمنجهام.

٭ عضو اللجنة الفرعية للمساواة والتنوع في مجلس بلدية برمنجهام.

٭ راعي ومستشار لجنة السيخ للمساعدات الدولية.

رؤية إبداعية[1]

(المدخل إلى الشعر الأردوي)

تعد دائرة المعارف الحسينية من أرقى الدوائر المعرفية معنى وموضوعاً، ومؤلفها الدكتور آية الله الشيخ محمد صادق الكرباسي محقق إسلامي شهير وعالم كبير، قد بذل جهوده القيمة والواسعة في تأليف هذه الموسوعة المباركة والتي صدر من مجلداتها حتى يومنا هذا العشرات[2]، حيث اختص البحث فيها ودار الموضوع على السيرة العظيمة لسبط الرسول محمد ﷺ، أي الإمام الحسين عليه السلام الذي قام في مواجهة الحاكم الظالم المتجبر، ورفع راية الجهاد ضد طاغوت عصره واختتم جهاده العظيم بالشهادة التي تعتبر قيمة إنسانية عظيمة.

وأجدني فخوراً اليوم أن أقوم بقراءة أحد أجزاء تلك الموسوعة التي بذل فيها المؤلف المحقق المحترم جهده بالبحث عن الأدب الأردوي والشعر المنظوم في النهضة الحسينية المباركة، ونظر في الجوانب المختلفة للشعر الأردوي نظرة ثاقبة وواسعة جداً، والموسوعة وإن كانت اللغة العربية هي لغتها الأصلية، لكن المؤلف المحترم بسعة صدره المعرفي في

---

(١) المقدمة مترجمة إلى العربية من اللغة البنجابية بأبجدية سنسكريتية.

(٢) بلغ عدد المطبوع من الموسوعة الحسينية حتى يوم الإثنين ٣١/ ١٢/ ٢٠١٢م، ٧٧ مجلداً.

التحقيق وتميزه في العمل الموسوعي قد صيَّرني متحيِّراً، ولكن مع ذلك يجعلني فرحاً لالتفاتته إلى الشعر المنضود باللغة الأردوية حيث أعطانا الدرر الثمينة من عيون الشعر الأردوي في هذا الجزء من الموسوعة.

كانت حياة وسيرة أهل البيت عليهم السلام ملحوظة ومنظورة في هذه الموسوعة الكبرى، وبخاصة نهضة الإمام الحسين عليه السلام وسيرته، لأن الإمام الحسين عليه السلام بذل مهجته على شاطئ الفرات بعد أن تحمَّل الأذى والمصائب التي حلَّت عليه وعلى أهل بيته وأصحابه، وما أصابهم من جوع وعطش أيام معركة الطف، وكل أنواع الاعتداء الأثيم من قبل الحاكم الجائر وعساكره.

أتمنى من كل قلبي أن يُصار إلى ترجمة مجلدات الموسوعة الحسينية بكل اللغات الحيَّة في الأرض ليعرف العالم كل العالم أهداف النهضة الحسينية الساعية إلى إنقاذ الأمَّة من براثن الظلم والجهل والتخلف ويطّلعوا على الجهاد الحسيني العظيم وتصدِّيه البطولي للحاكم الطاغوت.

الدكتور جاگجيت سنكه تونك
برمنجهام ـ انجلترا
دكتوراه في الأدب
٢٠٠٧/١١/٣٠م

الكرباسي يسفر عن الوجه العربي
للأدب الأردوي

من أفضل ما أفرزته الحياة البشرية على طول تاريخها هي اللغات واللهجات، بحيث صار لكل مجتمع وأمة لغة يتخاطبون بها، وهي في الوقت نفسه علامة فارقة على التنوع والتعدد في المجتمعات الإنسانية، وبصمة ثابتة لكل أمة بها تُعرف، وبها تعرّف نفسها للأمم الأخرى، أي أنَّ اللغة ثقافة الأمة بها يُستدل عليها، وبها يُقدَّر مستواها بين ثقافات الأمم، وإنما الأمم ثقافات ما بقيت فإن هُمُ ذهبت ثقافتهم ذهبوا.

وفي الوضع الطبيعي دون أيِّ تدخل خارجي من احتلال عسكري أو غزو ثقافي مقصود، تعتبر الثقافة الحضارية رهينة اللغة الراقية، وكلما كانت اللغة رصينة وعلومها غزيرة كان تأثيرها على بقية اللغات والأمم أكثر وانتشارها أوسع، وعملية التأثير خاضعة للطريقة التي تعرض فيها الأمة ثقافتها ولغتها، وبخاصة سلمية الطرق والحضور الفاعل في ساحات العلوم والآداب المختلفة، فبعض اللغات تدخل ثقافة الأمم الأخرى مدعومة بعجلة الاحتلال العسكري، وبعضها تدخل عبر سيطرة الإفرازات العلمية لهذه الأمة أو تلك، وبعضها عبر النتاجات الأدبية والثقافية.

ولا يخفى أن العامل الثقافي والأدبي والعلمي يقع في صدارة التأثير

المباشر على اللغات والثقافات الأخرى، وهو أكثر وقعا وأصلب عودا وأركز وتداً، إذ يدخل في صميم الإنسان وكينونته الثقافية وصيرورته العلمية، إلى درجة لا يجد مناصاً من قراءة الآخر بلغة الآخر، وبخاصة إذا كانت النصوص غنية المعاني يصعب ترجمتها ونقل المعنى بكل حذافيره إلى اللغة الثانية، ولذلك انفرد القرآن الكريم أنه لا يمكن أن يُقرأ بكامل مقاصده من حيث اللغة والمعنى والمراد إلا بلغته التي أُنزل بها، والقرآن المترجم هو تفسير وشرح للكلمات، ولذلك فكل صاحب فتيا ومن أية جنسية أو لغة لابد أن تأتي ثقافته الفقهية وفتياه عن استيعاب كامل للنصوص القرآنية والحديثية باللغة العربية الأم، وإلا فلا يعد من الفقهاء مهما طال به الزمن أو ارتفع سلّم عمامته!

وتعتبر اللغة الأردوية من اللغات الحية في شبه القارة الهندية، وهي صاحبة أدب غزير، يتابع البحاثة الشيخ الدكتور محمد صادق الكرباسي، ولأول مرة في التاريخ نشأة اللغة الأردوية وتأثير اللغة العربية واللغات الأخرى عليها، وموقع الأدب الحسيني من صدارة هذه اللغة، وهو بذلك يقدم في بادرة الأولى من نوعها في ساحة الثقافة العربية مدخلاً إلى الشعر الأردوي عبر بوابة الأدب الحسيني المنظوم، من خلال كتابه المعنون (المدخل إلى الشعر الأردوي) الصادر عام (١٤٣٠هـ ـ ٢٠٠٩م) عن المركز الحسيني للدراسات في لندن في ٥٣٠ صفحة من القطع الوزيري.

متابعة فريدة

ليس من العسير الحديث عن اللغة وثقافتها وآدابها وعلومها باللغة نفسها، فالعالم والمثقف الناطق بالعربية له مقدرة على الحديث عن ثقافة لغته وعلومها، وكذا المثقف الفرنسي أو الانكليزي أو الياباني، وما أكثر

هؤلاء العلماء والمثقفين، ولكن القليل من هؤلاء من يجيد الحديث عن لغة الغير وثقافته وآدابه وعلومه، وهنا ينفرد المحقق الكرباسي من بين المؤلفين الناطقين باللغة العربية بالحديث عن جذور اللغة الأردوية كمقدمة للحديث عن النهضة الحسينية في الشعر الأردوي، فاستقلت المقدمة بمدخل متكامل إلى دواوين الشعر الأردوي.

ولا يخفى أنَّ المسلمين أينما حلّوا معهم حلّت الثقافة الإسلامية وعلوم العربية، وبخاصة في الشرق من الكرة الأرضية وأقصاها، حيث تأصل فيها الإسلام وتقبله أهلها بطيب خاطر لما وجدوا فيه من تطابق مع الفطرة الإنسانية ومخاطبته للإنسان كإنسان حر، وفي الهند حيث منشأ اللغة الأردوية من بين **٢٢٥** لغة قائمة يتحدث بها أهلها، فإن الإمارات والممالك الإسلامية كانت هي الشاخصة، وكانت خطب الجمعة والأعياد تقرأ باللغة العربية، مما تركت العربية أثراً كبيراً على بقية اللغات واللهجات التي تعج بها شبه القارة الهندية، ومنها اللغة الأردوية التي تعتبر حديثة التكوين تأسست من مجموع لغات متداخلة منها العربية، كانت سماعية ثم أصبحت مكتوبة في فترة متأخرة، وهي متكونة من **٣٦** حرفاً، تأثرت بشكل مباشرة باللغتين العربية والفارسية باعتبار العربية لغة القرآن والحديث، والفارسية لغة الثقافة والآداب التي هي الأخرى متأثرة بشكل كبير باللغة العربية.

ومن خلال تتبعه للآداب الأردوية، خلص المحقق الكرباسي إلى: "أن اللغة الأردوية أُنشئت جراء اختلاط شعوب مختلفة في عصور متفاوتة عبر معسكرات متعددة للجيش الإسلامي على أرض الهند، وبجهود إسلامية بشكل عام ودعم أتباع مدرسة أهل البيت عليهم السلام بشكل خاص من علماء وأدباء وشعراء وسلاطين وأمراء وتجار، وكان السبب الأول في تنشيط هذه الحركة هو نهضة الإمام الحسين عليه السلام وقصته ومأساته ورثاؤه".

ومن حيث التقسيم اللغوي فإنَّ اللغة الأردوية تصنف على اللغات الهندية الإيرانية (الآرية) ذات الأصول الهندية الأوروبية، في مراحلها المختلفة كتبت بالحروف العربية والفارسية ثم استقرت على شكلها الحالي الذي لا يبتعد كثيراً عن العربية والفارسية، وفي ذلك يقول الكرباسي من بحر المتقارب الأبتر المقبوض:

كلامٌ مزيجٌ من لغات   بِأُردو آشْتَهَر يعني الخيام

ولبيان حقيقة هذه المقولة، حوى معجم "فرهنگ آصفيه"[1] ٥٤٠٠٩ مفردة أردوية، ضمت مفردات من سبع عشرة لغة شرقية وغربية استأثرت العربية بالدرجة الثالثة بأكثر من ١٤٪ من عددها أي (٧٥٨٤) مفردة، فيما جاءت في الصدارة اللغة البنجابية أو البوربية التي استأثرت بأكثر من ٤٠٪ ثم الهندية بأكثر من ٣٢٪ وفي المرتبة الرابعة اللغة الفارسية بأكثر من ١١٪، وهكذا.

في أحضان الإسلام

تعود اللغة الأردوية بعهد الكتابة إلى القرن السابع الهجري، ومرت تسميتها بمراحل: من اللغة الهندية إلى اللغة الدكنية مروراً باللغة الريختية والهندوستانية حتى استقرت على تسميتها الحالية اللغة الأردوية، وكان الأمير الشاعر أبو الحسن خسرو الدهلوي[2] هو أول من كتب اللغة

---

(١) فرهنگ آصفيه: ألفه المولوي السيد أحمد الدهلوي المتوفى سنة ١٩١٨م، وصدرت طبعته الأولى عام ١٨٨٨م في أربعة أجزاء.

(٢) أبو الحسن خسرو الدهلوي: هو ابن سيف الدين محمد (محمود) البخاري (٦٥٣ ـ ٧٢٥هـ) من أدباء الهند وشعرائها، ولد في دلهي وفيها نشأ وأقام، ويُشتهر بأمير خسرو دهلوي ويتخلص بـ (طوطي) ويُلقب بأملح الشعراء، كان عارفاً باللغات العربية والتركية والسنسكريتية والفارسية إلى جانب=

الأردوية بالحروف الفارسية وكان هذا أول عهدها بالكتابة، لكن المؤرخ والمعجمي الإيراني علي أكبر دهخدا[١] صاحب موسوعة "لغت نامه دهخدا" يرى أن البداية الحقيقية للغة الأردوية كانت حين اختير لكتابتها الحروف الفارسية العربية على يد الشاعر ملك محمد الجائيسي[٢].

ويعتقد المؤلف أن اللغة الأردوية تطورت في حضن البلاطات الحاكمة في الهند: "وكان لدول الشيعة التي تعاقبت على حكم الهند دور كبير في ترسيخ دعائم هذه اللغة وتطويرها" ومن تلك الدول: الدولة العادلشاهية (٨٩٥ ـ ١٠٩٧هـ)، الدولة النظامشاهية (٨٩٥ ـ ١٠١٦هـ)، الدولة القطبشاهية (٩١٨ ـ ١٠٩٩هـ)، مملكة أوده (١١٣٤ ـ ١٢٧٢هـ) التي انتهت بسيطرة الاحتلال البريطاني الذي خلع آخر ملوكها السلطان واجد علي[٣]

=الأردوية، له ديوان شعر، وله قصائد من الشعر الملمع حيث نظم شطراً بالفارسية وآخر بالهندية وقد قلده الكثير من الشعراء وكان يطلق على هذا النوع من الشعر بـ "ريخته" والتسمية حسب الاصطلاح الموسيقي تقال للمختلط أو الخليط.

(١) علي أكبر دهخدا: هو ابن خان بابا الطهراني (١٢٩٧ ـ ١٣٧٥هـ) مؤرخ ولغوي إيراني، له مؤلفات أشهرها: لغت نامه، أبو ريحان ريحاني، وترجمة روح القوانين.

(٢) ملك محمد الجائيسي: هو محمد بن أبي محمد الحنفي الجائيسي المشهور بملك محمد المتوفى سنة ٩٤٧هـ، ويُنسب إلى بلدة جائيس في مدينة رائي بريلي بولاية أوتارا براديش حيث سكنها، أخذ العلم عن الشيخ مبارك بن الجلال الأشرفي الجائيسي، وكان يتخلص بمحمد، وهو أديب وشاعر ومتصوف، نبغ من عائلة فقيرة، خدم لدى سيد أشرف جهان گير الكچهوي، برز في عهد السلطان إبراهيم لودي (٩٢٣ ـ ٩٣٠هـ)، له ١٤ أرجوزة في موضوعات مختلفة، من مصنفاته: بدماوات، حيل النساء ومكائدهن، وكلام في آثار القيامة.

(٣) واجد علي: هو عبد المنصور ميرزا محمد واجد علي شاه ابن أمجد علي شاه (١٨٢٢ ـ ١٨٨٧م)، ولد في لكهنو ومات في ماتياپورز من ضواحي كلكتا، السلطان العاشر والأخير من مملكة أوده في ولاية أوترا براديش، ولي الحكم عن أبيه في ١٣/ ٢/ ١٨٤٧م (١٢٦٣هـ) وخلعه الإنكليز في ١١/ ٢/ ١٨٥٦م (١٢٧٢هـ) وأبعد إلى حيث مات في عام ١٣٠٤هـ، كان من السلاطين الشعراء المهتمين بالأدب والفنون، قرّب إليه العلماء والأدباء.

الذي حكم من عام ١٢٦٣هـ حتى خلعه، وفي عهدها ازدهرت اللغة الأردوية بشكل كبير وبلغت آدابها المتماهية مع الآداب العربية والإسلامية أوجها بخاصة على يد شعراء حاضرة لكهنو شمال الهند.

فعلى مستوى الأدب المنظوم يعتبر ديوان الملك محمد علي القطبشاهي[1] المتوفى عام ١٠٢٠هـ، هو أول ديوان باللغة الأردوية، ومن تأثيره أنه: "أخذ ينظم الشعر في مدائح أهل البيت عليهم السلام ومراثيهم، ويتفنن في الحديث عن بطولة الحسين عليه السلام وواقعة كربلاء، وأخذ الشعراء يتبعون أثره"، ويعتبر مطلع القرن الثاني عشر الهجري بداية ثورة الأدب المنظوم التي قادها المئات من الشعراء.

وعلى مستوى الأدب المنثور، يعتبر الملا وجيه الدين الصوفي[2] أول من وضع كتابا نثريا باللغة الدكنية (الأردوية) بخلفية إسلامية وكان في التصوف والأخلاق، وحينما تطورت اللغة أكثر فأكثر راح يكتب القصة والرواية بها، وتعتبر البداية في هذا المجال في عصر الروائي رتن ناته سرشار[3].

---

(١) محمد علي القطبشاهي: هو ابن إبراهيم قلي القطبشاهي، السلطان الخامس من ملوك القطبشاهية في مدينة كولكندة بحيدر آباد الهندية، حكم في الفترة (٩٨٩ ـ ١٠٢٠هـ) تولى الحكم عن أبيه، كان شاعراً موهوباً له ديوان باسم "كليات" الذي يحتوي على مجموعة كبيرة من شعره، كان محباً للأدب والأدباء، خلفه محمد ابن ميرزا محمد القطبشاهي.

(٢) الملا وجيه الدين الصوفي: من أدباء وشعراء المملكة القطبشاهية في كولكندة بالهند، لازم السلطان محمد علي القطبشاهي أثناء مملكتة (٩٨٩ ـ ١٠٢٠هـ)، مات بعد عام ١٠٤٥هـ، كان "وجيهي" تخلصه في الشعر، من مصنفاته: سبرس، قصة حسن ودل، وتاج الحقائق.

(٣) رتن ناته سرشار: هو رتن ناته دار (١٢٦٣ ـ ١٣٢٠هـ) كشميري الأصل من البراهمة ولد في لكنهو ومات في حيدر آباد الدكن، من كبار الأدب الأردوي، وسرشار (تخلصه)، درس في المدارس الأهلية والحكومية وولع بالأدب الغربي، أجاد اللغات العربية والفارسية والانكليزية إلى جانب الأردوية، من آثاره: فسانة آزاد، كرم دُهم، وپاي كهان، مات في ظروف غامضة.

وبشكل عام فإن اللغة الأردوية نشأت في أحضان الإسلام، وترعرعت ونمت على صدر النهضة الحسينية، ولذلك كما يصح القول أن القرآن حفظ للغة العربية قواعدها وأصولها، يصح بمثله أن الإسلام ساهم بشكل كبير في نشأة اللغة الأردوية وحفظت النهضة الحسينية لها شكلها وأعطتها قواعدها وآدابها، وحسب المحقق اللكهنوي مرتضى حسين النقوي[1]: "إن اللغة الأردوية لغة غنية بألفاظها زاخرة بمعانيها شيقة بأساليبها، وقد استمدت غناها مما دخلها من الألفاظ العربية والفارسية والتركية، وبالرغم من أنها تحتوي على ألفاظ هندية فإن الطابع الفارسي واضح فيها، ولقد نشأت في ظلال التشيع وربيت في أحضانه، وترعرعت في كنفه وبلغت إلى قممها الشامخة بالشيعة، وتأصلت واتسعت بشعرائهم وحكامهم وكتّابهم وناقديهم وأساتذتهم وتألقت بشعائرهم وعقائدهم، فالشيعة هم الذين أقاموا بناءها وشادوها بلا ريب"[2].

عصور وأدب

ولما كانت اللغة الأردوية فتية نسبة إلى اللغات الأخرى كالعربية والفارسية، فإن الوقوف عليها يعني التأصيل لنشأتها وقواعدها، وقد عمد المحقق الكرباسي الذي يتناول جانب الأدب الحسيني في اللغة الأردوية إلى تلمس العصور السياسية التي ساهمت في رسم الخارطة الأدبية

---

(١) مرتضى حسين النقوي: هو ابن سردار حسين النقوي (١٣٤١ ـ ١٤٠٧هـ) ولد في لكهنو وفيها نشأ ودرس وتخرج من مدرسة سلطان المدارس، وتوفي في لاهور، من العلماء الأفاضل أخذ لقب صدر الأفاضل، اشتغل في التدريس في عدد من المعاهد العلمية، له ثلاثون مؤلفاً، منها: مطلع أنوار، گلستان مكة، ومكاتيب آزاد.

(٢) دائرة المعارف الإسلامية الشيعية: ٢/ ٣٥٠، حسن بن محسن الأمين، دار التعارف، بيروت ـ لبنان. انظر: المدخل إلى الشعر الأردوي: ١٦٣.

الأردوية، وأهم رجالات الأدب فيها ممن صالوا وجالوا في مضماره وغرزت حوافر أقلامهم في ميدانه.

والعصور هي حسب التقسيم الزمني: عصر القطبشاهية، عصر العادلشاهية، عصر المغول، عصر ملوك أوده، العصر الأجنبي وهو عصر الاحتلال البريطاني، والعصر الحديث، حيث شهد العصر الأجنبي استلابا ثقافيا، فيما مثل العصر الحديث ردة فعل حيث: "قام عدد من الشعراء والأدباء بالوقوف أمام هذا المد الغربي، ونادوا بإعادة الأدب الأردوي إلى الثقافة الشرقية والإسلامية"، وأخيراً العصر الحاضر.

وكلما ذكر الأدب الملتزم في شبه القارة الهندية ذكر معه أهم شخصيتين في تاريخ الأدب الأردوي، وهما: الأديب والقاضي أكبر حسين الرضوي[(١)]، الذي يقول في أحد مقطوعاته المترجمة:

يا أكبر مادام لا مفر من الموت فيحسن بك أن تتعلم الموت وأنت جذلان

والشخصية الثاني هي المحامي والفيلسوف والأديب محمد إقبال اللاهوري[(٢)]، الذي يقول في بعض أشعاره المترجمة:

---

(١) أكبر حسين الرضوي: (١٢٦٢ ـ ١٣٣٩هـ)، ولد في مدينة إله آباد (الله آباد) جنوب لكهنو في أوترا براديش، نشأ ودرس في مسقط رأسه وتخرج من المدرسة العسكرية وتدرج في المراتب العسكرية حتى عام ١٢٩٨هـ، وفي عام ١٣١٢هـ تولى القضاء حتى وفاته، وكان أديبا شاعراً، وسار ابنه السيد نجم الحسن الرضوي (١٢٧٩ ـ ١٣٥٧هـ) على منواله حيث كان من الأدباء المؤلفين.

(٢) محمد إقبال اللاهوري: هو ابن نور محمد (١٢٩٣ ـ ١٣٥٧هـ)، كان أجداده من البراهمة، فيلسوف وأديب وشاعر، ولد في مدينة سيالكوت في إقليم البنجاب الباكستانية ومات في لاهور، نشأ ودرس في مسقط رأسه، نال إجازة آداب (بكالوريوس) من جامعة البنجاب عام ١٨٩٧م والشهادة العالية (الماجستير) عام ١٨٩٩م، وعين عميداً للغة العربية في كلية الشرقية بجامعة البنجاب، سافر إلى الخارج وتنقل في العواصم الأوروبية، ودرس الفلسفة والاقتصاد والحقوق، وعاد استاذاً للفلسفة في جامعة لاهور، ومارس المحاماة، أدبه وكتاباته استنهاضية، من مؤلفاته: أسرار معرفة الذات، الفتوحات الحجازية، ورسالة المشرق.

سر الخلود جرى مع الدم في العروق وخـالـط الأرواح والأحـيـاء
لم يحينا الرحمان في الدنيا سدى وهـو الـحـكـيـم مـشـيـئـة وقـضـاء
لـمـا رأيـت الـمـوت يـشـمـلـنـا علـمـت بأنـه لـن يـسـتـحـيـل فـنـاء
الـمـوت مـثـل الـقـوم يـبـدأ سـكـرة ويـعـود صـحـواً دائـمـاً وبـقـاء

وعند المؤلف: "يعد إقبال في طليعة القائمين بالنهضة الجديدة في الأدب الأردوي، وقد حمل نظمه الفكر السياسي، وهو وإن لم يكن من أتباع مدرسة أهل البيت عليهم السلام إلا أنه في قمة الموالين لأهل البيت عليهم السلام حيث ملاحظ ذلك في قصائده التي مدح فيها الإمام أمير المؤمنين عليه السلام والسيدة فاطمة الزهراء عليها السلام ورثاء الإمام الحسين عليه السلام، وقد نظم في ذكرى كربلاء الأليمة حتى عُدَّ شعره في طليعة الأدب العلوي والحسيني إن صح التعبير".

وما يلاحظ على الأدب الأردوي في العصر الحاضر كثرة الشعراء حيث تجاوز عددهم في باكستان وحدها مائة وعشرين شاعرا، وقد وجد المحقق الكرباسي أن: "جلّهم بل كلّهم نظموا في الإمام الحسين عليه السلام حتى من غير المسلمين، وقد كثر النظم في الإمام الحسين عليه السلام لاعتراف الجميع بشخصيته الفذة من جهة، ولأن الشعب الهندي بشكل عام، والباكستاني بشكل خاص رُبي على حب الحسين والمشاركة في مجالس عزائه بغض النظر عن مذهبه وعقيدته، ولازالت المجالس الحسينية تقام في جميع أنحاء البلاد من قبل السنة قبل الشيعة وبكثافة وحرارة".

ألوان وبحور

ومن خلال البحث والتقصي في الأدب الأردوي المنظوم، يكتشف

البحاثة الكرباسي أنَّ الشعر الأردوي يتلون بخمسة عشر لونا من ألوان الشعر، وهي:

حمد: الشعر الذي اختص بالله جل وعلا.

نعت: نابع من الغرض المنظوم لأجله، وهو يختص بالرسول الأكرم ﷺ.

منقبة: هو المدح بعينه واختص بمدح أئمة أهل البيت عليهم السلام والأصحاب.

مرثية: نظم الشعر عن الميت وتعداد محاسنه، وفي الأدب الأردوي اختص بالإمام الحسين عليه السلام وأهل بيته الأطهار وأنصاره الكرام، وتعتبر المرثية من أرقى ألوان الشعر الأردوي حتى شاع أنَّ من لم ينظم عليها فليس من فحول الشعراء، لكن المحقق الكرباسي لا يؤيد هذا المذهب فهناك من شعراء الطبقة الأولى من لم ينظموا عليها.

سلام: أي إلقاء التحية على الذي ينظم القصيدة لأجله وفيه، وابتدع هذا الصنف من الشعر للنظم في الإمام الحسين عليه السلام ثم شمل غيره من أهل البيت عليهم السلام، ونحو ٩٠ في المائة منه مختص بسيد الشهداء الحسين بن علي عليه السلام.

نوحة: من البكاء على الميت، واختص في المصطلح العروضي بالشعر الذي فيه مصائب الإمام الحسين عليه السلام وأهل بيته وأصحابه.

غزل: وهو لا يختلف في الأدب الأردوي من حيث المصطلح عن الأدب العربي، فهو ما يخص النظم بين الحبيبين، ولكن المتعلق يختلف من مدرسة إلى أخرى، فعند عموم الشعراء متعلق الغزل هو الجنس اللطيف، ويأتي في الدرجة الثانية عموم المحبوب ذكراً أو أنثى، وعند أهل

العرفان فالمحبوب هو الذات الإلهية، وتتسع دائرة المحبوب عند الموالين ليشمل النبي محمداً ﷺ وأهل بيته، فيما يستخدم المتصوفة: "المصطلحات الغزلية ليرمزوا بها عن مدى حبهم لله مصدر الوجود كله، بل إنَّ المتصوفة يذهبون إلى إظهار العشق للأولياء بمنظار الطريقية".

قصيدة: ما تعدت العشرة أبيات واختصت بالمدح مطلقا.

مثنوي: مصطلح عربي الاشتقاق فارسي الاستخدام ويعني الثنائي، وهو ما اتحد كل شطرين (مصرعين) منهما في القافية.

رباعي: مصطلح عربي الاشتقاق فارسي الاستخدام، ويتركب البيت فيه من أربعة أشطر تتحد فيها القوافي ما عدا الثالث.

قطعة: أي الجزء المقتطع وفيه البيت من أربعة أشطر تتحد فيه قافية الأول مع الثالث والثاني مع الرابع.

مسدس: هو البيت السداسي الأشطر تتحد فيه قوافي الأشطر الأربعة فيما بينها، بينما تتحد قافية الشطر الخامس والسادس فيما بينهما من جهة.

مخمس: وهو كالمخمس في الأدب العربي يتكون فيه البيت من خمسة أشطر.

هجو: وهو من الهجاء، وراج في فترة الاستلاب الفكري وضعف في فترة النهوض الحضاري.

نظم: وشمل في الأدب الأردوي جميع الألوان والأغراض، وشاع في الأغراض الاجتماعية والأخلاقية والسياسية، ولا يشترط فيه وزن أو بحر أو قافية أو تركيبة معينة.

وأكثر هذه الألوان ارتباطا بالقضية الحسينية هي: سلام، نوحة، مرثية، ومسدس.

وحتى يخرجها من رتابتها وضع المؤلف لكل لون أمثلة من سنخها لشعراء مختلفين مع ترجمة أدبية عربية، كما عدّ ٥٠ بحراً من بحور الأدب الأردوي مع بيان تفعيلة كل بحر، وهي البادرة الأولى والأشمل من نوعها، وما زيّن هذا الباب كثرة الأمثلة الشعرية التي ساقها المؤلف مع ترجمتها العربية، ولكنها استقلت لشاعر واحد هو الفقيه والأديب المعاصر الشيخ حسن رضا الغديري(١).

محاولة رائدة

ولا يكتمل المصنف عند البحاثة الكرباسي إلا بسلسلة فهارس متنوعة الأغراض تسهل للقارئ والباحث عملية الوصول إلى المعلومة، اختصاراً للزمن وانتقاءً للمعلومة وتوثيقا لها، كما ولا يكتمل الكتاب إلا بقراءة مختلفة الأغراض والتوجهات لعلم من الأعلام يلاحظ فيها معالم النهضة الحسينية ويسبر مادة الكتاب ويعاين الموسوعة الحسينية، وقام بهذه المهمة هذه المرة وباللغة البنجابية وبأبجدية سنسكريتية الدكتور جاگجيت سنكه تونك زعيم الأقليات الآسيوية في برمنجهام، وهو من الديانة السيخية،

---

(١) حسن رضا الغديري: هو ابن حسين مزمل الميثمي الغديري: ويرجع بنسبه إلى ميثم التمار من حواري الإمام علي عليه السلام ولد في مدينة ديرا غازي خان بمقاطعة البنجاب الباكستانية سنة ١٣٧٢هـ (١٩٥٢م)، من الفقهاء الأدباء والقضاة الشعراء، درس في باكستان وتخرج من الحوزة العلمية في قم المقدسة في إيران، نال شهادة الرواية والإجتهاد، نال شهادات عدة في الآداب والعلوم الإنسانية والقضاء، سكن لاهور، وانتقل إلى مدن قم وبلوجستان وزاهدان في إيران واستقر في المملكة المتحدة ويسكن حاليا لندن، له مساهمات ومشاركات في تأسيس عدد من المؤسسات العلمية والثقافية، من مؤلفاته: حقوق والدين، جام غدير، وزنجير حيات.

حيث رأى في الإمام الحسين ذلك: "الذي قام في مواجهة الحكم الظالم المتجبر، ورفع راية الجهاد ضد طاغوت عصره واختتم جهاده العظيم بالشهادة التي تعتبر قيمة إنسانية عظيمة"، ووجد أنَّ: "دائرة المعارف الحسينية تعد من أرقى الدوائر المعرفية معنى وموضوعا"، طالبا أنْ يصار إلى: "ترجمة مجلدات الموسوعة الحسينية بكل اللغات الحية في الأرض، ليعرف العالم كل العالم أهداف النهضة الحسينية الساعية إلى إنقاذ الأمة من براثن الظلم والجهل والتخلف ويطّلعوا على الجهاد الحسيني العظيم وتصديه البطولي للحاكم الطاغوت"، مبدياً كبير إعجابه، لكون: "الموسوعة وإنْ كانت اللغة العربية هي لغتها الأصلية، لكن المؤلف المحترم بسعة صدره المعرفي في التحقيق وتميّزه في العمل الموسوعي قد صيّرني متحيراً، ولكن مع ذلك يجعلني فرحاً لالتفاتته إلى الشعر المنضود باللغة الأردوية حيث أعطانا الدرر الثمينة من عيون الشعر الأردوي".

في الواقع كشف هذا الجزء، الذي يمثل مقدمة في بيان خطوط النهضة الحسينية في الشعر الأردوي، ولأول مرة أمام ناظري المثقف الناطق باللغة العربية أوراق شجرة اللغة الأردوية وجذورها النابتة في أرض الثقافة الإسلامية، وأبان عما تحمله من ثمار أدبية نثرية وشعرية، ولذلك فإنَّ البحاثة الكرباسي بهذا الغوص العميق في بحر اللغة والأدب الأردوي المنظوم يؤسس لمحطة عربية تنفتح أمواجها على الأدب الأردوي، تتيح للأدباء العرب والناطقين باللغة العربية السباحة في أثيرها، وهي من المحاولات القليلة النادرة للتواصل بين الأدبين العربي والأردوي، وخطوة ثمينة لعودة الثقافة الأردوية إلى الحاضنة الأولى، حيث دفء الثقافة العربية والإسلامية، ومتانة أريكة النهضة الحسينية.

الإثنين: ٢٠/ ٧/ ٢٠٠٩م

الدكتور ونديداد گلشني

* ونديداد بن... گلشني.

* أديب وشاعر وطبيب عام.

* ولد في مدينة يزد جنوب شرق إيران سنة ١٩٣٧م في أسرة زردشتية.

* إنتقل إلى طهران وفيها نشأ ودرس ومارس الطبابة.

* انتقل إلى المملكة المتحدة وسكن لندن وتفرّغ للنشاط الاجتماعي والأدبي والثقافي.

* من الوجوه النشطة في جمعية الزردشتيين في المملكة المتحدة (أنجمن زردشتيان انگلستان).

* له حضور فاعل في المحافل العلمية والأدبية والثقافية في المملكة المتحدة وخارجها بمحاضراته ومداخلاته.

* له حضور فاعل في الصحافة الإيرانية بمقالاته وقصائده وقصصه.

* توفي في لندن ودفن في مقبرة الطائفة يوم ٢٠١٣/٢/٩م.

* من مؤلفاته: من أجل أن تثمر شجرة الصداقة (تا درختِ دوستى كه بر دهد)[1] (مجموعة قصصية).

---

(١) والمفيد ذكره أن العنوان مستل من صدر بيت من غزليات الشاعر الإيراني حافظ الشيرازي محمد بن بهاء الدين (٧٢٧ ـ ٧٩٢هـ) وهي القصيدة الغزلية رقم ٣٦٩، وعجز البيت: (حاليا رفتيم وتخمى كاشتيم) ويعني: ذهبنا الآن ونثرنا البذر.

الموسوعة الحسينية عمل جبار[1]

(تاريخ المراقد ج٥)

باسم الأول العادل العظيم المدبر المنوِّر القدير.

وباسم أرباب العلم العظماء.

وباسم حملة المعرفة الذين يستمدون النور من الشمس.

دستورهم منوّر من عرش الله.. الذي منح الشرق شرف العلم.

وباسمكم أرباب العلم الذين أمرتمونا أن نستخدم المخزون العلمي الذي حصلت عليه خلال سنوات طوال في التحقيق في العقائد والتقاليد الإيرانية، الذي سأضعه اليوم تحت اختياركم، ولأكتب قراءة نقدية على الكتب العلمية الرصينة لكتّاب نابهين ومبدعين.

والشكر كله لله أن منّ عليّ بكرم القدرة لأن أخدم العلم والعلماء.

هكذا أكتب وأحرر مستهلا بمقولة وردت في رقيمة قبر داريوش الكبير[2]

---

(١) أصل المقدمة باللغة الفارسية القديمة.

(٢) داريوش الكبير: ويقال له داريوش الأول (٥٢٢ ـ ٤٨٦ق.م)، امبراطور المملكة الفارسية من سلالة الأخمينيين، قاد الحروب وضم إلى مملكته بابل وميديا وأرمينيا وتراقيا ومقدونيا، وكانت شوش عاصمة ملكه، بنى مدينة برسبوليس في شيراز، توفي في مصر، ودفن في بهستان الإيرانية.

في بهستان[1] كرمانشاه[2] : "الله العظيم رب العالمين، الذي خلق السماء، وخلق الأرض، وخلق الناس ووهبهم السعادة".

إنَّ الله خلق الدنيا وما فيها نافعا وجميلا، وأوعز للإنسان أمر الاستفادة بها.

"اللهم أقسم عليك كما أنت، أن تهب لي كل ما هو جميل ونافع في هذه الدنيا".

إذا لم يسعد المخلوق نفسه بما وهبه الخالق من النعم، فهذا كفران النعم بعينه.

إنَّ الله أوصى بالسرور والنشاط والسعادة والانتصار على الباطل، وخلاف ذلك فهو الشيء الخبيث والذي لم يوص به.

السعادة والنشاط والحظ والفوز.. تكليف الهي للبشر.

عقيدة مثل الشمس مضيئة ودافئة.. جعلها متقدة في صدور الناس.

أو ليس نحن من تلكم الأناسي؟

أو ليس الله يسعد لسعادة عباده؟

إن رجائي وندائي من هذا البلاغ، هو أمثلة عدة أعرضها عليكم:

أولا: إن ثورة أكتوبر العمالية الروسية[3] خلّفت وراءها ملايين الضحايا.

---

(١) بهستان: من مدن محافظة كرمنشاه وتبعد عن مركزها نحو ٣٠كم.

(٢) كرمنشاه: أو كرمانشاه مدينة ومركز لواء في غرب إيران تقع على مقربة من الحدود مع العراق، تبعد عن العاصمة طهران نحو ٥١٤كم.

(٣) ثورة أكتوبر: أو الثورة البلشفية العمالية التي اندلعت في أكتوبر ـ تشرين الأول عام ١٩١٧م، وقادها فلاديمير لينين (Lenine) (١٨٧٠ ـ ١٩٢٤م)، وانتهت بإسقاط حكم القياصرة وسيطرة الحزب الشيوعي على الحكم وفرض النظام الشيوعي.

ثانيا: لقد تركت الثورة الفرنسية الكبرى[1] وراءها أكثر من مليون ضحية.

ثالثا: إن ثورة المشروطة في ٢١ آذر[2] و...و...و... خلفت وراءها خسائر أيضا.

ومع ذلك لم يحزنوا لسقوط الضحايا، بل ومنذ أعوام طويلة يقيمون الأفراح في هذه الذكريات رغم ذهاب أرواح الشباب، لأن آمالهم وأهدافهم تحققت وانتصرت، مع أن هذه الانتصارات كانت على حساب أرواح الشباب، لكنهم مع ذلك يقيمون احتفالات النصر، وهذا ديدن العالم والأمم.

إنهم قتلوا زعماء المسلمين، وقتلوا الإمام علياً وأبناءه، ومع وجود هذه الحوادث الدموية، ومع حصول التضحيات، فانَّ الشهادة كانت وسام شرف لهم، وهذا النوع من الموت هو المفضل فهو خير من ميتة في فراش، لأنه موت من اجل الحق.

أو ليس الدماء المهراقة جراء هذه الحوادث هي عنوان الانتصار؟

---

(١) الثورة الفرنسية: بدأت في العام ١٧٨٩م وانتهت عام ١٧٩٩م باستيلاء الثوار على حصن باستيل في باريس، وإلغاء النظام الملكي.

(٢) ثورة المشروطة: حركة سياسية في إيران قادها رجال الدين في إيران والعراق، داعية إلى فرض الدستور وإلزام الملك العمل وفقه، والمشروطة تعني الملكية الدستورية، انطلقت الحركة عام ١٣٢٤هـ، وفي ١٤ جمادى الثانية من العام نفسه وقع الملك على بنودها، وفي شوال من العام نفسه أُجريت الانتخابات، وفي جلسة مجلس الشورى الوطني الإيراني في ٢٤ ذي القعدة من العام نفسه تم إمضاء الدستور الذي ضم ٥٠ مادة.
وشهر آذر الوارد في النص هو الشهر التاسع من التقويم الهجري الشمسي، وتقع حوادث المشروطة في العام ١٢٨٥هـ.ش منه.

أو ليس انتصرت جبهة الحسين بن علي على جبهة يزيد بن معاوية، وبذلك انتصر الحق على الباطل والذي أذعنت الأمم بذلك وأقرت به؟

إذا كنا نقيم الاحتفالات بانتصار الثورات لأن أهدافها تحققت، فكيف لا نحتفل بهذا الانتصار البارز والواضح للعيان، والذي هو محل رضى وقبول كل الأحرار، فلماذا نرتدي السواد في يوم الانتصار، وفي المثل: سوء الحظ في سواد الملبس.

إن نجل علي الشريف، تقلد وسام "سيد الأحرار" و"شهيد طريق الحق"، وبه ختمت الأوسمة، وإن فداء روحه وأرواح الأنصار كان بحق رأسمال هذا الانتصار، فالحسين هو قدوة للمؤمنين ولطلاب الحق وللأحرار.

إنَّ هذا اليوم الذي تحقق فيه الانتصار ومن زواياه المختلفة يستحق أن يكون يوم فرح وسرور وتقام فيه الاحتفاليات الشعبية والوطنية، لكون الأهداف الإسلامية قد تحققت وفيها بانَ الانتصار وكان الإيثار مشرقاً ومقدساً.

علينا وعلى كل المصدّقين للحق والحقيقة أن نحتفل بهذا الانتصار الميمون في إطار إنساني عام تحت ظلال الرب المتعال، مصدر السعادة والقوة، وأن نبتعد عن العزاء والحزن، وبخاصة اللطم على الوجه والصدر، حيث لا يتناسب مع حدث انتصار الحق على الباطل[1]. وحسب

---

(١) من الثابت أن نهضة الإمام الحسين عليه السلام انتصر فيها الدم على السيف، وأنها حفظت الدين الإسلامي من الانحراف، وصانت الأمة من الضياع، ولكن تبقى المأساة قائمة متقدة في صدور المسلمين إذ لا يوم كيوم أبي عبد الله الحسين عليه السلام، وهو القائل عن نفسه: "أنا قتيل العبرة لا يذكرني مؤمن إلا بكى" بحار الأنوار: ٤٤/ ٢٧٩. وهو القائل عن نفسه: "أنا قتيل العبرة قتلت مكروبا، وحقيق على=

تعبير احد المؤمنين بالواقع ممن تأثر بالفكر الإيراني وهو فردريك ويلهلم نيتشه[1]، فيقول: أنا أعتقد بالرب الذي يجلب لي الفرح والسرور (السعادة)، حيث رأيت أن إبليس يدعو إلى الكآبة والحزن فلفظته".

جاء هانيبال[2] وفعل ما لم يجب فعله، وكذلك آتيلا[3]، وجنكيز[4] أيضاً، وكذلك هتلر[5]، فهؤلاء لم يخلّدوا في سجل أعمالهم إلا الذكر السيء، بينما الأحرار وحدهم سجّل لهم التاريخ ذكرى حسنة.

"يا صاحب العقل كن مثلاً للخير لا للشر".

من خلال ملاحظاتي لطلاب الحق الخالدة أرواحهم، توصلت إلى نتيجة واحدة، وأستطيع القول: يا أيها الظالم.. يا أيها الخصم.

ماذا تريد أن تحصل من خلال الحقد في خدش جسدي وروحي؟

=الله أن لا يأتيني مكروب قط إلا ردَّه الله أو أقلبه إلى أهله مسرورا". بحار الأنوار: ٤٤/ ٢٧٩. وورد عن الإمام جعفر بن محمد الصادق عليه السلام (ت ١٤٨هـ): "كلّ الجزع والبكاء مكروه، سوى الجزع والبكاء على الحسين عليه السلام". بحار الأنوار: ٤٤/ ٢٨٠. وقد بكته السماء وبكاه الأنبياء قبل مولده وبكاه رسول الله محمد صلى الله عليه وآله، وعلى مثل الحسين عليه السلام فلتذرف الدموع.

(١) نيتشه: (Friedrich Nietzsche) (١٨٤٤ ـ ١٩٠٠م)، فيلسوف ألماني آمن بمذهب التطور وقال بمبدأ البقاء للأصلح، من مؤلفاته: "هكذا تكلم زرادشت"، "إرادة القوة"، و"المسافر وظله".

(٢) هانيبال: (Hannibal) (٢٤٧ ـ ١٨٣ق.م)، قائد عسكري في مملكة كارثاج (Carthage) قاد الجيوش الإسبانية في الحرب ضد روما، اشتهر بتهوره في الحروب وطاعة الجند العمياء له، انهزم في معركة زاما (Zama) واضطرت مملكته إلى تقديم الجزية لإمبراطورية روما.

(٣) آتيلا: (Attila) (٣٩٥ ـ ٤٥٣م)، ملك الهون، انتصر على إمبراطوريتي روما الشرقية (بيزنطية) والغربية (الرومانية)، احتل إيطاليا وخرّب كل مدينة دخلها وأعفى روما، بموته انهارت مملكته.

(٤) جنگيز: أو جنگيزخان (١١٦٧ ـ ١٢٢٧م)، واسمه الأصلي تيموجين بن يشوكي، أنشأ الإمبراطورية المغولية، ضم لمملكته جميع الدول الواقعة بين الصين والبحر الأسود.

(٥) هتلر: هو أدولف هتلر (Hitler)، ولد في النمسا عام ١٨٨٩م ومات في برلين عام ١٩٤٥م، قاد الحزب النازي في ألمانيا، احتل عددا من الدول الأوروبية، وانهزم في نهاية الحرب العالمية الثانية.

أنت يا صاحب القلب الأسود.. يا أيها السم الزعاف.. يا أيها الطبر البتّار.. خارت قواي ووهن العظم مني.

أنا ذلك العقاب الذي في السماء وكره.

أنت ذلك الغراب الذي في حضيض الذل مقره، لك الأرض.

أنا الذي أحلّق عالياً، لا أخشى سهام الأعداء، ولا الحجر الصادر من مرماك.

أيها العدو، إذا كنت كبيراً، أو كنت قويا مثل جبل الحديد، فأنت في نظري ذليل، وأنت صغير، فالجهل والعلم لا يستويان.

يا صاحب القلب الأسود، الذي عظيم باطله، إذا كنت أرضاً فأنا السماء.

أنت عار الأمة وأنا أملها.. أنا هكذا خالد.

يسأل: كيف نثمّن الذكرى ونخلدها؟ كيف نحرس بحق ذكرى طلاب الحق ونحفظ وصاياهم الثرّة وبالشكل اللائق، فهم الذين فدوا أرواحهم العزيزة ونشروا راية الحق عاليا؟

إن جواب النهضة هذه محقق وعقلائي.. كلنا وبقوة معاً نرفع الراية عاليا، ولا نقلل من شأن طلاب الحق، ونعلنها برفيع الصوت.

علينا أن ندق طبول الإعلام الهادف لنوصل صوت الحق والحقيقة إلى الأمم وطلاب الحق، حتى تفتخر الأجيال القادمة بهذه النهضة المباركة، وتدرك حقيقة الثمن الباهظ لنمو النهضة وديمومتها.

كن شعلة وقادة لغرس المحبة وإظهارها على وجه البسيطة، ولنطوف حول دفئها بفرح وسرور، فهذه الفرحة قائمة على أساس الفكر الميمون

والعمل الصالح، ولابد أن نوصلها إلى آذان العالم، وبخاصة للذين هم بمسيس الحاجة لنفحات هذه النهضة المباركة.

لقد وهبتني أدبياتي الإيرانية الغزيرة الجواب، وهو أن روح الطالحين والأفّاقين في عسر وعذاب، وتعيش روح الصالحين والصادقين في سكينة وراحة وأمان.

في ثقافة العاشقين لا ينجذب إلا الصالح.. ولا يقضي على الصفات الرذيلة من تحلّى بصفات الثعلب (النفاق).

إذا كنت عاشقا بصدق فاقتل الرذائل.. فميت الأحياء من لا ينحر الرذائل.

إن إبراز المحبة لأصحاب التضحية والفداء في طريق الحق والحقيقة وإجزال الشكر لهم، يظهر جليا من خلال احترام مضاجعهم وتقدير مراقدهم، وهذه المحبة وهذا الاحترام والتقدير لمراقدهم دليل على احترام الأجيال لتضحيات أصحاب الحق والحقيقة.

هذا الذي نقوله يظهر جليا بإلقاء نظرة على قبر يزيد بن معاوية[١] الذي يقع في زاوية خربة لا يشار لها بالبنان، في مكان ليس فيه بناء أو إعمار، وإذا ما حولت نظرك إلى المرقد العظيم لرأس الحسين[٢]، وأجويت مقايسة

---

(١) يشير الدكتور ونديداد إلى قبر معاوية في احد أزقة دمشق القديمة بالقرب من الجامع الأموي، لأن يزيد بن معاوية لا قبر له، وقد اطّلعت عليه وشاهدته وذلك في آب أغسطس عام ١٩٨٠م

(٢) رأس الحسين: يقع مقام رأس الحسين في الضلع الجنوبي الشرقي من الجامع الأموي، وهو مقام يُزار ومسجد للصلاة، وللمزيد عن مقامات رأس الحسين، راجع: الجزء السادس والسابع من تاريخ المراقد للكرباسي.

ومقارنة، ستكتشف نموذجا حيا حاكيا عن واقعه وعن حتمية انتصار الحق والحقيقة.

بحق إن انهزام الباطل، هو الذي جعلني أعقد هذه المقايسة وأصدقها.

هذه التجربة الشخصية والمقايسة بين المقام العظيم لرأس الحسين والقبر المنسي ليزيد، يجعلنا نتفهم قيمة وعظمة هذه المزارات والمراقد بصورة خاصة، وإن مؤشر محبة الناس وبغضهم إزاء الصالحين وقادة الحق والحقيقة في مقابل الطالحين والأشرار يقودنا إلى الإقرار بحتمية انتصار الحق والحقيقة على الظلم والباطل.

إن العمل الجبار الخاص بقضية الإمام الحسين، الذي قام به العالم الكبير ومقتدانا الشيخ محمد صادق الكرباسي، لهو بحق موضع شكر وتقدير. لقد ضم هذا الجزء تاريخ مراقد الطاهرين قادة الأحرار الذين ضحوا بأرواحهم للحق والحقيقة، الإمام الحسين وأنصاره وأحبائه مثل حبيب بن مظاهر والحر بن يزيد الرياحي، ومقام أم كلثوم ومرقد خولة.

تجد في الكتاب معلومات جمّة ومباحث موضوعية كثيرة، يستحق فيها المؤلف جزيل الشكر والثناء.

الدكتور ونديداد گلشني
طبيب متقاعد ودكتور في الفلسفة
لندن
٣١/ ١/ ١٣٨٧ش = ١٩/ ٤/ ٢٠٠٨م

العمارة الإسلامية
تستنطق الحجارة الصمّاء

لكل أمة ثقافتها، وهي مدعاة فخر لها، في وسطها الاجتماعي والأوساط الأخرى، فالمفاخرة دون تعال أو تكبر مسألة طبيعية فطرية وفي غاية من الأهمية لأجيال هذه الأمة أو تلك، إذ يعتز كل جيل بما ورثه من جيله السابق فينمِّي الصالح من ثقافة الأمة ويشذِّب الطالح وما علق من شوائب خلال مسيرتها.

والثقافة لا تعني التراث المكتوب من منثور أو منظوم فحسب، فدلالات المفردة أوسع بكثير من المسطور على الرق والورق، فهي تشمل السلوك وطريقة العيش وكيفية التعامل مع المحيط من حيوان ناطق أو غير ناطق، وكيفية التعاطي مع الطبيعة، وهي في حقيقة الأمر كل صغيرة وكبيرة تدخل في تنظيم السلوك الإنساني بما فيه خير الأمة وصلاحها وبما ينمِّي التعايش الآمن مع الأمم الأخرى، ويغذي عملية التعاطي الإيجابي المزدوج مع ثقافات أمم غيرها دون إفراط أو تفريط، ودون غلو إلى حد تهميش الآخر بزَيْنِه وشَيْنِه، ودون إقلال إلى حد الذوبان في الآخر بخيره وشرِّه.

والتعاطي مع الحجارة والألوان والريشة في إقامة البناء والعمارة وزخرفتها، هو جزء من معارف الأمة وثقافتها، بخاصة إذا كانت العمارة وزخرفتها فيها استلهام للتراث، لأنَّ رصيد كلّ أمة بما تحمله من تراث

تقدمه لأجيالها وللآخرين، وهذا التراث هو عين هوية الأمة بها تعرف وبها تُميَّز على بقية الأمم، فالحجارة وإن كانت هي صماء في ظاهرها تصنف ضمن الجمادات، ولكن يد الفنان وريشته لها القدرة السحرية على بعث الروح فيها واستنطاقها فتحكي بلسان التراث ولسان الحال، وتكون رسول الأمة إلى الأمم الأخرى، فطريقة البناء دالة على الأمة وثقافتها، فنقول هذا بناء روماني وذاك يوناني والآخر إسلامي، والرابع ساساني والخامس فرعوني، وهكذا، فكيفية وضع اللبنة فوق أختها تحكي عن هوية الأمة، والزخرفة المستعملة بوصلة إلى تراث الأمة.

والعمارة وزخرفتها في مسجد أو مرقد أو مقام، هي من أبرز عطاءات الثقافة العربية والإسلامية على مدى خمسة عشر قرنا، متوزعة على الدول العربية والإسلامية، وعادت وانتقلت من جديد إلى أوروبا والأميركتين منذ سقوط الأندلس، مع تزايد هجرات العرب والمسلمين إلى هذه البلدان في المائة سنة الأخيرة.

وهذا العطاء الثقافي الزاخر والحي، دلع المحقق والبحاثة الشيخ الدكتور محمد صادق الكرباسي لسان بروزه في باب المراقد من دائرة المعارف الحسينية ذات الستين بابا، فصدر الجزء الأول[1] من (تاريخ المراقد.. الحسين وأهل بيته وأنصاره) ثم الثاني[2] والثالث[3] والرابع[4]،

---

(١) صدر الجزء الأول من تاريخ المراقد في طبعته الأولى سنة ١٤١٩هـ (١٩٩٨م) من ٤٢٤ صفحة من القطع الوزيري.

(٢) صدر الجزء الثاني من تاريخ المراقد في طبعته الأولى سنة ١٤٢٤هـ (٢٠٠٣م) من ٦٥٢ صفحة من القطع الوزيري.

(٣) صدر الجزء الثالث من تاريخ المراقد في طبعته الأولى سنة ١٤٢٦هـ (٢٠٠٥م) من ٦١٤ صفحة من القطع الوزيري.

(٤) صدر الجزء الرابع من تاريخ المراقد في طبعته الأولى سنة ١٤٢٨هـ (٢٠٠٧م) من ٤٩٦ صفحة من القطع الوزيري.

وصدر عام (١٤٣٠هـ/ ٢٠٠٩م) الجزء الخامس منه عن المركز الحسيني للدراسات في لندن في ٥٩٤ صفحة من القطع الوزيري، وهو يغطي بالتفاصيل الدقيقة ظاهرها وباطنها: مقام أم كلثوم بنت علي[١] عليها السلام في دمشق، مرقد حبيب بن مظاهر الأسدي[٢] في كربلاء المقدسة، مرقد الحر بن الرياحي[٣] في كربلاء المقدسة، مقام حميدة بنت مسلم[٤] في دمشق، ومرقد السيدة خولة بنت الحسين[٥] في بعلبك[٦].

حديث الصور

تعتبر الصورة مرآة تعكس للناظر ما التقطته عدسة الكاميرا أو ريشة فنان أو وصف مراقب، وهي ذات روح تملك لسانا تُحدِّث عن نفسها بنفسها،

---

(١) أم كلثوم بنت علي: هي أم كلثوم الكبرى بنت علي بن أبي طالب الهاشمية وأمها فاطمة بنت محمد صلى الله عليه وآله وسلم ولدت في المدينة المنورة في ٩/٩/١٦هـ، وزوجها عون بن جعفر الطيار المستشهد في كربلاء، حضرت معه كربلاء وترمّلت، وماتت في دمشق في ٦١/٧/١٦هـ.

(٢) حبيب بن مظاهر الأسدي: هو أبو القاسم حبيب بن مظاهر بن رئاب الكندي الأسدي، من خواص الإمام علي والحسن والحسين عليهم السلام، وكان معمراً، وهو ممن أدرك الرسول صلى الله عليه وآله وسلم وكان في شرطة الخميس في عهد علي عليه السلام، وهو ممن دعا الحسين عليه السلام إلى الكوفة ونصره في كربلاء وفيها استشهد عام ٦١هـ، وكان على الميمنة، وقع التسليم عليه في زيارتي الناحية والرجبية، له مرقد منفصل على بعد أمتار من مرقد الإمام الحسين عليه السلام.

(٣) الحر الرياحي: هو ابن يزيد بن ناجية التميمي، ولد في الجاهلية، واستشهد مع الإمام الحسين عليه السلام عام ٦١هـ، بعد أن انحاز من معسكر يزيد بن معاوية إلى معسكر الحسين عليه السلام.

(٤) حميدة بنت مسلم: هي حفيدة عقيل بن أبي طالب الهاشمية (٤٩ ـ ن١٤٢هـ) ولدت في المدينة المنورة، وأمها رقية الصغرى بنت علي بن أبي طالب عليه السلام، حضرت كربلاء مع أمها وأسرت، وتزوجت من ابن خالتها عبد الله الأصغر ابن محمد بن عقيل المعروف بالأحول، ماتت في مسقط رأسها.

(٥) خولة بنت الحسين: هي حفيدة علي بن أبي طالب الهاشمية (٥٦ ـ ٦١هـ) ولدت في المدينة المنورة وكانت في كربلاء المقدسة وأسرت وماتت في بعلبك في طريق الأسر.

(٦) بعلبك: مدينة لبنانية تقع في محافظة البقاع، تبعد عن بيروت العاصمة ٨٥ كيلو متراً.

ولأنَّ الصورة تملك عينين ولسانا وشفتين، فإنها حاضرة في هذا الجزء من تاريخ المراقد بشكل مكثف، مؤرخة لعمارة المراقد والمقامات بالنص والصورة، إذ لا غنى لكتاب يتحدث عن العمارة الإسلامية وزخرفتها عن الصور، ففي الأمس حيث كانت ريشة الفنان هي العدسة الوحيدة التي تستظهر العمارة والزخرفة والخط، فكان الرسم أو اللوحة محل تشريح وتدقيق الباحثين والمحققين يستنطقونها لتوثيق المرحلة وبيان معالم التراث في فترة من الفترات وفي مكان من الأمكنة، أما اليوم فإنَّ الصورة الثابتة والمتحركة أخذت موقعها في عالم التوثيق، وتملك من فصاحة اللسان والنطق ما يفتقدها الرسم.

والصورة كما هي أداة توثيق لثقافة الأمة وتراثها، فإنها تحمل جناحين تطوف في أنحاء العالم تعرف بنفسها للآخر، من دون أن يأتيها، كما إنَّها تبقى شاخصة في بطون الكتب للأجيال القادمة والأمم الأخرى، ولها قدرة التأثير على ذهنية الفنان أو المعماري أو الخطاط في أن يستوحي منها ما ينطبع في نتاجه حتى من غير قصد.

ونجد في هذا الجزء إضافة إلى صور المراقد والمقامات من أهل بيت الحسين عليه السلام وأنصاره التي يتابعها المحقق الكرباسي وفق الحروف الهجائية، صوراً حديثة عن المرقد الحسيني الشريف ومقتنياته من تحف وسجاجيد ومزهريات، بذل المحقق جهداً كبيراً في التحقق من مُهديها والمتبرع بها واستظهار الكلمات والعبارات والأشعار المنقوشة أو المنسوجة وإرجاعها إلى أصحابها وبخاصة القصائد المنسوجة على السجاجيد باللغات غير العربية.

التاريخ يتكلم

لازال الكتاب والخطباء والباحثون يأتون على حركة الإمام الحسين عليه السلام من الحجاز إلى العراق واستشهاده في كربلاء ورحلة الأسر لما تبقى من أهل بيته وعيال صحابته إلى الشام والعودة إلى المدينة المنورة، وهم يتوقفون طويلا عند مكة المكرمة وكربلاء المقدسة ودمشق، كون الأولى منطلق النهضة الحسينية على طريق إصلاح الفساد في الأمة الإسلامية، والثانية محط الشهادة، والثالثة المكان الذي وضع فيه الرأس الشريف للإمام الحسين عليه السلام ونهاية الأسر، ولاشك أنَّ المقام لدى كتب السير والمقاتل يطول في كربلاء.

هذا هو السائد في الحركة التاريخية لسبط النبي الأكرم محمد صلى الله عليه وآله وسلم، ولكن ما هي المنازل والمحطات التي نزل فيها الإمام الحسين عليه السلام حتى استشهاده، ومنازل الأسرى، ومتى انطلق الركب الحسيني وركب الأسرى؟ ومتى توقفا في هذا المنزل أو ذاك؟ ومتى تحركا عن هذا المنزل إلى الآخر، وما هي الجادة التي سلكوها صباحا أو نهاراً، كل التفاصيل استطاع المحقق الكرباسي بمنظار الحقيقة المعرفية التثبُّت منها ولأول مرة في تاريخ النهضة الحسينية، مستعينا بالخرائط القديمة والحديثة، متبحراً في متون الكتب التاريخية والجغرافية يفتح مغاليق نصوصها، واضعا الخرائط الدقيقة في المكان والزمان للمراحل الخمس التالية:

- حركة الإمام الحسين عليه السلام من المدينة المنورة إلى مكة المكرمة.
- حركة الإمام الحسين عليه السلام من مكة المكرمة إلى كربلاء المقدسة.
- حركة الأسر من كربلاء المقدسة إلى الكوفة.

- حركة الأسر من الكوفة إلى دمشق.

- حركة ما تبقى من أسرة الإمام الحسين عليه السلام وأصحابه من دمشق إلى المدينة المنوّرة مروراً بكربلاء المقدسة.

فالدكتور الكرباسي وإنْ وضع الخرائط الدقيقة في المكان والزمان على الورق كأول خرائط تدوّن مراحل النهضة الحسينية، فإنه يأمل أن تصاغ هذه المراحل على الأرض وتحيى معالمها من جديد: (بحيث تشيّد جادة على هذا المسار وتحدد المواقع التي توقف فيها الإمام الحسين عليه السلام وتعاد معالم الخيم التي نصبها الركب الحسيني ليتمكن كل حر أبي أن يتعاهد هذه الأمكنة ويجدد عهده بالإمام الحسين عليه السلام ونهضته المباركة).

أبناء الدليل

من الصفات المهمة التي يتميز بها المحقق أو الباحث أنْ تكون قراءاته للحدث التاريخي قراءة واعية ومتأنية، لأن القطع بالشيء قبل استحكام أدلته ورسو آياته يبعد الباحث عن ساحل الحقيقة ويرمي ببصره خارج دائرة الصواب، فيضيع في متاهات التاريخ ومساربه، ويجر الآخرين معه إلى وادي الضياع المعرفي.

يقف المحقق الكرباسي ثابت القدم لبيان الحقيقة وإنْ كانت مُرَّة عند شريحة كبيرة تسالمت على ما يراه الكرباسي خطأ تاريخياً، ولا ينساق إلى عواطف الناس إذا ما توضحت لديه الصورة، لأنَّ بيان الحقيقة عنده أهم من العواطف، والانجرار خلفها بعيداً عن الواقع هو إغراء بالجهل وتعمية للأمة، وهو ما تحاربه رسالة الإسلام الداعية إلى إعمال العقل والركون إلى الحقيقة إذا ما بانت خيوطها للباحث، فديدنه الدليل وهو ربه يتعبد في محرابه رافضا أصنام الجهل والتجهيل.

وفي هذا الإطار وعلى سبيل المثال ومن خلال دراسة مرقد السيدة حميدة بنت مسلم بن عقيل بن أبي طالب التي حضرت واقعة كربلاء، يرى الشيخ الكرباسي أنَّ القبر الموجود في دمشق إنما هو مقام أسرها وليس مرقدها، ويرجح أنَّها دفنت في مقبرة البقيع في المدينة المنورة، كما يرفض المراقد الموجودة في دمشق إلى جانب قبر حميدة والتي منها ما تشير إلى زوجتي النبي محمد ﷺ السيدة أم سلمة والسيدة أم حبيبة[1]، فعنده أنَّ أم سلمة هند بنت أبي أمية بن المغيرة المخزومية المتوفاة سنة ٦١هـ دفنت في البقيع وقبرها يزار بالقرب من مرقد عقيل بن أبي طالب، وأما أم حبيبة رملة بنت أبي سفيان الأموي المتوفاة سنة ٤٤هـ هي الأخرى دفنت قرب أم سلمة. وعلى خلاف الشائع فإنَّ المدفونة في السيدة زينب كما توصل إليه الكرباسي هي السيدة أم كلثوم بنت علي وفاطمة المتوفاة عام ٦١هـ وليست السيدة زينب الكبرى بنت علي وفاطمة المتوفاة عام ٦٢هـ فهي مدفونة في القاهرة. وهكذا الحال في مرقد سكينة بنت الحسين عليها السلام واختها فاطمة[2] في دمشق، فهو مقامهما أثناء الأسر وليس مثواهما، وهكذا الأمر في عدد من المراقد الأخرى.

---

(١) أم حبيبة: هي رملة بنت أبي سفيان صخر بن حرب الأموية (٢٩ق.هـ - ٤٤هـ) ولدت في مكة وماتت في المدينة المنورة ودفنت في البقيع، كانت مع زوجها عبد الله بن جحش بن رئاب الأسدي في الحبشة قبل أن يرتد عن الإسلام، ومنه ابنتها حبيبة وبها تُكنّى، تزوجها الرسول ﷺ عام ٧هـ، لها في كتب الحديث ٦٥ رواية.

(٢) فاطمة: هي فاطمة الكبرى بنت الحسين بن علي بن أبي طالب الهاشمية (٢٠ - ١١٠هـ) وأمها الرباب بنت امرئ القيس بن عدي الكلبية المتوفاة سنة ٦٢هـ، حضرت كربلاء عام ٦١هـ، ولدت في المدينة وفيها ماتت ودفنت في البقيع.

عند سهل البقاع

تشمخ بعلبك كمدينة تاريخية تقع شمال سهل البقاع عند سفح جبال لبنان، وهي بلد الرب (بعل) ومدينة الشمس (هيليوبولس)، وهي مدينة خولة بنت الحسين بن علي بن أبي طالب عليه السلام، حيث ينسب المرقد الموجود فيها إلى طفلة الحسين المولودة بحدود ٥٦هـ والمتوفاة عام ٦١هـ في مدينة بعلبك عندما كانت في ركب الأسر الحسيني وقد أرهقها الأسر وشدة الصدمة لفقدان والدها في كربلاء ورأسه فوق رمح طويل يتقدم الركب، إمعانا في جلب الأذى لنساء أهل البيت عليهم السلام وحرق أفئدة الأطفال.

يمثل المرقد في الوقت الحاضر واحدا من المعالم المعمارية الذي يجمع بين الفن المعماري والخط والزخرفة، وعلى الرغم من الكم الهائل من المعلومات والصور الحديثة والقديمة التي كانت تحت يد المحقق الكرباسي ساقه إليها أشخاص عدة انتدبهم لمعاينة المرقد عن قرب، فإنه لم يشف الغليل المعرفي لديه مما جعله يحزم أوراقه والسفر مباشرة إلى بعلبك والتجول في باحات مرقد السيدة خولة بنت الحسين وسد النواقص، بل تطلب الأمر اتصالا مباشراً بالشركة المعمارية التي قامت بتزيين جدران المرقد بالكاشي ونقشها بالآيات والأحاديث والمشربيات للوقوف على تفاصيل البناء.

وهو في الوقت الذي يتسقَّط المعلومة أينما كانت، ولا يقتصر على الكتب، ويستفيد من وسائل الإعلام والاتصالات ووكالات الأنباء كمصدر من المصادر الحديثة، ويتنقل بنفسه للوقوف على المعلومة إذا تطلب الأمر، فإن كل هذه الأمور لا تمنعه من التواضع، في أنْ ينسب المعلومة

إلى أهلها عظم شأنها وشأنهم أو قل، ولهذا فإنه في هذا الجزء وتحت عنوان (من لم يشكر المخلوق لم يشكر الخالق)[1]، تقدم بشكره وامتنانه إلى: (الذين قاموا بمد يد العون في تزويدنا بجانب من المعلومات التي وردت في هذا الجزء وبالأخص بالنسبة إلى الصور التي زينت صفحات هذا الكتاب، وأخص منهم بالذكر الأخت سهام عساف[2] والأستاذ عبد الحسن دهيني[3] والحاج علي التميمي[4] والدكتور نضير بن رشيد الخزرجي والحاج هاشم الصابري[5]).

---

(١) جاء في الحديث النبوي الشريف: (من لا يشكر الناس لا يشكر الله عزَّ وجل)، مسند أحمد: ٣/ ٧٣.

(٢) سهام عسّاف: هي بنت علي عسّاف، كاتبة لبنانية ولدت في بيروت في ١/ ٤/ ١٩٦٤م، حصلت على شهادة الفلسفة في الأدب العربي من المدارس الثانوية عام ١٩٨٠م، ناشطة في مجال التحقيق في مؤسسة الوفاء وبيت العلم للنابهين، أنجزت وفهرست عشرات الكتب الإسلامية والتراثية.

(٣) عبد الحسن دهيني: هو ابن راشد بن سعيد دهيني، أديب وإعلامي لبناني، ولد في مدينة النجف الأشرف في العراق عام ١٣٧٩هـ (١٩٦٠م)، وفيها نشأ ودرس، وحاز على الشهادة الجامعية (الليسانس) والشهادة العالية (الماجستير علوم اللغة العربية) من جامعة الحضارة الإسلامية في مونتريال بكندا، تولى إدارة مؤسسة الوفاء للتأليف والتحقيق والترجمة منذ عام ١٤٠٣هـ (١٩٨٣م) وحقق الكثير من الكتب، ويتولى حاليا إدارة فرع المركز الحسيني للدراسات في بيروت الذي يشرف على إصدار دائرة المعارف الحسينية، يعمل منذ العام ١٩٩٣م مذيعاً في قناة المنار، له مقالات وبحوث وقصائد نشرت في صحف ومجلات لبنانية، من آثاره: نهاية إسرائيل حقيقة لا وهم، كلماتي وأبوح بها (ديوان شعر)، وشرح ديوان السيد محمد سعيد الحبوبي.

(٤) علي التميمي: هو ابن محمد بن قاسم التميمي، ولد في مدينة كربلاء المقدسة في العراق سنة ١٣٦٩هـ (١٩٥٠م) وفيها نشأ ودرس، غادر العراق مكرهاً سنة ١٩٨٠م لظروف سياسية وسكن طهران، ثم غادرها سنة ١٩٩٠م إلى المملكة المتحدة واستقر في لندن، له نشاط ثقافي واجتماعي، وفاعل في المركز الحسيني للدراسات في لندن، وفتح فرعها في كربلاء المقدسة عام ٢٠٠٩م، من آثاره: دول الإسلام في العالم، دائرة المعارف الحسينية في سطور.

(٥) هاشم الصابري: هو ابن سلطان علي بن حسين، ولد في مدينة قم المقدسة في إيران سنة ١٤٠٧هـ (٦/ ١/ ١٩٨٧م)، نشأ ودرس في مسقط رأسه، وانتقل للدراسة في دمشق في الفترة (١٤٢٥ ـ=

ولا يخفى أن متابعة المراقد والمقامات لأهل البيت في دمشق ولبنان، يظهر حجم المسؤولية التي تحملتها أسرة آل المرتضى[1] في تعمير المراقد

=١٤٢٩هـ) ثم غادرها إلى لندن حيث يسكن الآن، حصل على شهادة الكفاءة في العلوم (دبلوم) من معهد گيوه چي في قم واستمر في دراسة اختصاصه في دمشق، تخرّج من قسم الإعلام في كلية كينزينغتون وجيلسي (Kensington and Chelsea College)، ويواصل دراسته في الجامعة المفتوحة (Open University) حالياً في لندن، ناشط في مجال الحاسوب في المركز الحسيني للدراسات في لندن.

(١) آل المرتضى: كان أول قائم بشرف تخليد هذه الروضة جدّ الأسرة الكريمة صاحب هذا الوقف المؤيّد السيّد حسين بن شيخ الإسلام موسى من أعلام القرن السادس الهجري الذي وقف جميع أملاكه في قرية راوية المعروفة ببلدة قبر الست احتساباً إلى الله سبحانه، في تعظيم شعائر الله وإحياء أمره في بيوت أذن الله أن تُرفع ويُذكر فيها اسمه، وقد تمّ توقيع الواقف المذكور في عقد الوقف المؤرّخ في أواسط ربيع الأول ٧٦٨ هجرية، وذلك نقلاً عن الأعلام الشرعيين المؤيد له والصادر عن المحكمة الشرعية في دمشق بتاريخ ٩ ربيع الأول سنة ١٠١٠هـ وتمّ توثيقها بأقلام وإمضاء أكابر العلماء والفقهاء والمحدّثين "رحمهم الله" منذ صدورها وحتى الراهن المعاصر، ويقوم على تنفيذها الأرشد فالأرشد من ذريّة الواقف وما زال العمل سارياً بهذه الوقفيّة التاريخيّة حتى الآن إلى أن تَسلّم عهد أمانتها السيّدان الفاضلان الدكتور هاني مرتضى والمهندس السيد محمد رضا مرتضى، ومن بعده وحتى الآن الدكتور السيد هاني مرتضى والمهندس السيد مهدي مرتضى وعضوية المهندس السيد مازن هاني مرتضى.

وقد جاء بالحديث عن الوقف المذكور في عقد الوقف المؤرخ في أواسط ربيع الأول ٧٦٨هـ ونقلاً عن الأعلام الشرعيين المؤيد له والصادر عن المحكمة الشرعية في دمشق بتاريخ ٩ ربيع الأول سنة ١٠١٠هـ ما يلي: "وكان المتقرب إلى الله تعالى بهذا المعروف الذي لا يُضاهى، والعمل الذي أجورُه ومثوباتُه لا تتناهى مولانا وسيدنا ورابط عقد السيادة السرمدية ذو الحسب الباهي الظاهر والنسب الزاهي الباهر شيخ العلماء والأصوليين علم النحاة والمعربين شيخ الإسلام مفتي الفرض والأنام صدر مكة والمدينة والشام مولانا الشريف حسين بن المرحوم شيخ الإسلام علم الأئمة والأعلام السيد الشريف موسى.. إلخ". ودامت الولاية على مقام السيدة زينب عليها السلام، ولا زالت في هذه الأسرة يتوارثها أعلامها الأشراف سيداً عن سيد وكابراً عن كابر حتى آل أمرها وشرف القيام بها على وجه الحصر في عصرنا هذا وفقاً لشروط الواقف إلى السيدين مهدي بن محمد رضا بن السيد مهدي بن السيد رضا بن السيد سليم، والسيد هاني بن السيد محسن بن السيد عباس بن السيد سليم، والسيد سليم آل مرتضى هو ابن السيد علي، ابن السيد موسى، ابن السيد علي، ابن السيد مصطفى، ابن السيد علي، ابن السيد علوان، ابن السيد علي، ابن السيد صاحب الأوقاف، ابن=

والمقامات وحفظها من الخراب والنسيان، ولاسيما الشريف سليم المرتضى[1]، ومن قبل أجداده، ومن بعد أولاده: رضا[2] وعباس[3]، وعدد غير قليل من أبناء هذه الأسرة الشريفة، منهم الدكتور السيد هاني مرتضى[4] الذي يشرف على مرقد السيدة زينب عليها السلام في دمشق.

=السيد موسى، ابن السيد علي، ابن السيد حسين، ابن السيد محمد، ابن السيد موسى، ابن السيد يوسف، ابن السيد محمد، ابن السيد معالي، ابن السيد علي، ابن السيد عبد الله، ابن السيد محمد، ابن السيد طاهر، ابن السيد حسين، ابن السيد موسى، ابن السيد إبراهيم، ابن الإمام موسى الكاظم عليه السلام، ابن الإمام جعفر الصادق عليه السلام، ابن الإمام محمد الباقر عليه السلام، ابن الإمام زين العابدين عليه السلام، ابن الإمام السبط الحسين الشهيد عليه السلام، ابن الإمام علي وفاطمة بنت الرسول الأعظم عليهما السلام. انظر الموقع الإلكتروني للمرقد الشريف.

(١) سليم المرتضى: هو ابن علي بن موسى بن علي المرتضى المتوفى في ١٤/٨/١٣٦٤هـ (١٩٤٦م) ودفن عند قبر السيدة زينب عليها السلام، وفي عهد سدانته شُيِّدت ست غرف تبرّع ببنائها السادة آل نظام، ورُصف جزء من الصحن القديم بالحجر الأسود، وتمّ تجديد المئذنة القديمة، كما تمّت الكتابة الحديثة على داخل القبّة بالدهان، ونُقشت فيها أسماء الأئمة الإثني عشر عليهم السلام كما جاء في الموقع الالكتروني الخاص بالمرقد الشريف.

(٢) رضا: هو ابن سليم بن علي بن موسى المرتضى (١٢٨٥ ـ ١٣٢١هـ) ولد في دمشق وفيها مات، هاجر إلى شقراء في جنوب لبنان للدراسة، وعاد منها متعلماً أديباً شاعراً، شارك مع أخيه السيد عباس المرتضى في إدارة مرقد السيدة زينب عليها السلام ودفن في جوارها.

(٣) عباس: هو ابن سليم بن علي بن موسى المرتضى المتوفى عام ١٩٤٦م، كان إلى جانب أخيه السيد رضا في تولية المرقد الزينبي في دمشق، أصيب بمرض في عينه في السنوات الأخيرة من حياته وتولى ابنه السيد محسن المرتضى منذ عام ١٩٣٥م بصورة فعلية التولية حتى وفاته عام ١٩٨٧م.

(٤) هاني المرتضى: هو ابن محسن بن عباس بن سليم المرتضى، ولد في حي الأمين في دمشق سنة ١٩٣٩م، درس في المدرسة المحسنية الابتدائية والمتوسطة والإعدادية وتخرج من كلية الطب في جامعة دمشق سنة ١٩٦٥م طبيباً للأطفال، وواصل الدراسة في اختصاصه في كندا وأميركا وعاد إلى دمشق عام ١٩٧٢م، مارس الطب وتولى سدانة مرقد السيدة زينب عليها السلام عام ١٩٧٥م، تولى مسؤوليات عدة في مجال اختصاصه ثم أصبح وزيراً للتعليم العالي في الفترة (٢٠٠٣ ـ ٢٠٠٦م)، وهو لا يزال يشرف على المرقد الشريف.

طبول الإعلام

تعتبر الديانة الزرداشتية، نسبة إلى زرادشت[1] في القرن السادس قبل الميلاد، من الديانات القديمة التي انطلقت من بلاد فارس وانتشرت في شبه القارة الهندية، وللزرادشتيين كتابهم (الأفيستا) الذي فيه بقايا تعاليم الديانة.

وحيث يحاول البعض زيادة رقعة التنافر بين المذاهب الإسلامية من جهة، وبين الإسلام وغيره من جهة أخرى، أرضية كانت أو سماوية، فإنَّ الفقيه والمحقق الكرباسي يبذل جهده في إطار تقريب وجهات النظر، وكسر الحواجز في محيط الدائرة الإسلامية والدائرة الإنسانية، لإيمانه أنَّ الإسلام ذات رسالة إنسانية عالمية، وأنَّ رجالات الإسلام يتحركون من دائرة الإسلام نحو الدائرة العالمية وهدفهم الأسمى سعادة الإنسان، تمهيدا لخروج المهدي الموعود الذي يملأ الأرض عدلا وقسطا بعدما ملئت ظلما وجورا.

من هنا، فإنَّ المؤلف لا يرى غضاضة من الاستعانة بأقلام غير مسلمة لبيان وجهة نظرهم في الحركة الإصلاحية للإمام الحسين عليه السلام، بوصفها حركة اجتماعية إنسانية تبحث عن حرية الإنسان وكرامته وترميم جدار وجدانه قبل بناء سلّم مجده، وعلى هذا الطريق، فإنَّ الجزء الخامس من

---

(1) زرادشت: هو ابن پوردشسب بن قيدارست بن اربكردشت بن هجنددست بن حجيس ويرجع بنسبه إلى منوجهر الملك، ولد في آذربايجان، وقيل إنه من أهل فلسطين وكان خادماً لبعض تلامذة النبي إرميا ثم ذهب إلى آذربايجان وبلّغ للمجوسية. وكانت مدة نبوته لدى الفرس ٣٥ سنة ومات عن ٧٧ سنة، ظهر في عهد الملك لهراسب، للمزيد راجع: دائرة المعارف: ١٩٨/٩، تاريخ الأمم والملوك (تاريخ الطبري): ٣١٧/١.

تاريخ المراقد قدّم له وباللغة الفارسية القديمة الطبيب المتقاعد في لندن والدكتوراه في الفلسفة الأستاذ ونديداد، وهو إيراني من الديانة الزرادشتية، ومن عقيدته في النهضة الحسينية: (إنَّ نجل علي الشريف، تقلَّد وسام "سيد الأحرار" و"شهيد طريق الحق"، وبه ختمت الأوسمة، وإنَّ فداء روحه وأرواح الأنصار كان بحق رأسمال هذا الانتصار، فالحسين هو قدوة للمؤمنين ولطلاب الحق وللأحرار).

ويتساءل الدكتور ونديداد: (كيف نثّمن الذكرى ـ ذكرى الشهادة ـ ونخلّدها؟ كيف نحرس ذكرى طلاب الحق ونحفظ وصاياهم الثرّة وبالشكل اللائق، فهم الذين فدوا أرواحهم العزيزة ونشروا راية الحق عاليا؟) فيجيب: (إنَّ جواب النهضة هذه محقق وعقلائي، كلنا وبقوة معاً نرفع الراية عاليا، ولا نقلل من شأن طلاب الحق، ونعلنها برفيع الصوت: علينا أنْ ندقَّ طبول الإعلام الهادف لنوصل صوت الحق والحقيقة إلى الأمم وطلاب الحق، حتى تفتخر الأجيال القادمة بهذه النهضة المباركة، وتدرك حقيقة الثمن الباهظ لنمو النهضة وديمومتها).

وحول الجزء الخامس من تاريخ المراقد، يرى الدكتور ونديداد: (إنَّ إبراز المحبة لأصحاب التضحية والفداء في طريق الحق والحقيقة وإجزال الشكر لهم، يظهر جليا من خلال احترام مضاجعهم وتقدير مراقدهم، وهذه المحبة والاحترام والتقدير لمراقدهم دليل على احترام الأجيال لتضحيات أصحاب الحق والحقيقة).

ووجد في ختام قراءته الأدبية: (إنَّ العمل الجبار الخاص بقضية الإمام الحسين، الذي قام به العالم الكبير ومقتدانا الشيخ محمد صادق الكرباسي، لهو بحق موضع شكر وتقدير).

وفي الحقيقة إنَّ من يتنقل في البلدان العربية والإسلامية ويحط رحاله عند عمارتها سيكتشف القيم الجمالية التي أودعها السلف في خزانة الخلف كما اكتشفها الدكتور ثروت عكاشه[1] في كتابه (القيم الجمالية في العمارة الإسلامية)، وسيكتشف معالم الحضارة التي تركها الأجداد كما اكتشفها الشيخ طه الولي[2] في كتابه (المساجد في الإسلام)، وسيصافح اليد المبدعة التي أظهر أناملها الماسيّة الشيخ محمد صادق الكرباسي في (تاريخ المراقد).

الجمعة: ١٨/ ٩/ ٢٠٠٩م

---

(١) ثروت عكاشة: هو ابن محمود باشا عكاشة (١٩٢١ ـ ٢٠١٢م)، من أعلام مصر ومثقفيها، بدأ حياته في الكلية الحربية على سيرة والده اللواء محمود باشا عكاشة ثم كلية أركان الحرب في العام ١٩٤٨م ثم دبلوم صحافة عام ١٩٥١م ونال الشهادة العليا (الدكتوراه) من جامعة السوربون بباريس سنة ١٩٦٠م، تولى مسؤوليات رسمية عدة، وأصبح نائبا لرئيس الوزراء في الفترة (١٩٦٦ ـ ١٩٦٧م) ووزيراً للثقافة في الفترة (١٩٦٧ ـ ١٩٧٠م)، وتفرغ للتدريس والتأليف والتحقيق، وكانت له عضوية في المجمع الملكي لبحوث الحضارة الإسلامية (الأردن)، من مؤلفاته: مذكراتي في السياسة والثقافة، إعصار من الشرق، والفن والحياة.

(٢) طه الولي: هو محمد طه بن محمد الولي الطرابلسي (١٩٢١ ـ ٢٠٠١م) ولد في طرابلس ـ لبنان ـ من أم بيروتية وتوفي في بيروت، درس في طرابلس وبيروت وواصل الدراسة الجامعية في القاهرة ودرس اصول الدين في الأزهر سنة ١٩٤٨م وانتقل إلى دراسة الحقوق في جامعة فؤاد الأول وعاد إلى بيروت ونال إجازة الحقوق اللبنانية، ونال من ڤيينا شهادة في المكتبات سنة ١٩٦٨م، تولى مناصب في المحكمة الشرعية في بيروت، ومنصب مستشارٍ ثقافي في عدد من السفارات، ورئيس قسم الصحافة في دار الكتب الوطنية، من آثاره: الإسلام والمسلمون في ألمانيا، التراث الإسلامي في بيت المقدس، والأميركان في الميزان.

الدكتور الأب بولس عقل

* بولس بن يوسف عقل.

* ولد في بيروت عام ١٩٢٩م في أسرة مسيحية مارونية.

* رئيس المجلس الاستشاري العلمي في جامعة الحضارة الإسلامية المفتوحة منذ العام ٢٠٠٦م ولازال.

* أستاذ الشريعة الإسلامية في جامعة موليزة في كامبوباسّو في إيطاليا (The University of Molise)(UNIMOL).

* يجيد إلى جانب العربية، اللغات التالية: الفرنسية، الإيطالية، اللاتينية، الآرامية، الإنكليزية، والاسبانية، وله إلمام باللغتين اليونانية والعبرية القديمتين.

* أستاذ في جامعة لوبلينو في بولونيا.

* محام كنسي ومستشار قانوني في الأحوال الشخصية منذ العام ١٩٥٥م.

* درس الابتدائية والمتوسطة والإعدادية في المدارس التالية: مدرسة الحبل بلا دنس ومعهد الحكمة وجامعة القديس يوسف وتخرج في العام ١٩٤٨م.

* درس في المعهد الاكليريكي الشرقي (جامعة القديس يوسف) في الفترة (١٩٤٨ ـ ١٩٥٤م) ونال الإجازة في الفلسفة التومائية سنة ١٩٥٠م والإجازة في اللاهوت الكاثوليكي سنة ١٩٥٤م.

* نال من معهد الحقوق الفرنسي (جامعة القديس يوسف في بيروت) في

الفترة (١٩٥٦ ـ ١٩٥٩م) الشهادة الجامعية (بكالوريوس في الحقوق اللبنانية والفرنسية).

* نال من معهد الآداب الشرقية (جامعة القديس يوسف) في الفترة (١٩٥٧ ـ ١٩٥٩م) شهادة في الدراسات العليا حول "الأدب العربي، تاريخ الشرق الأوسط، فقه اللغة".

* في الفترة (١٩٧٩ ـ ١٩٨٣م) حصل على الشهادة العالية (ماجستير في الحقين المدني والقانوني) بدراسة معمقة حول: "الدين والمذهب وأثرهما في حالة الأشخاص والصلاحية في القانون المقارن"، والشهادة العليا (دكتوراه في الحقين المدني والقانوني) بأطروحته المعنونة: "الوجه القانوني ـ الصورة القانوية ـ لقاضي التنفيذ في القانون المقارن".

* رأس جامعة الحكمة في بيروت في الفترة (١٩٨٦ ـ ١٩٩٧م) وأسس خلالها عدداً من الكليات والمعاهد، وتولى فيها التدريس.

* تولى خلال حياته العملية ولازال عضوية عدد من المنظمات العلمية والحقوقية والكنسية، منها:

ـ عضو "الجمعية الدولية للحق القانوني والتشريعات الكنسية المقارنة" (باريس).

ـ عضو "الجمعية القانونية للكنائس الشرقية" (روما وفيينا).

ـ عضو "الجمعية الدولية للتشريع المقارن" (باريس).

ـ عضو أمانة السر العامة لمجلس التنسيق بين الجامعات الكاثوليكية في لبنان.

ـ عضو مجمع الحكمة الأدبي.

ـ عضو مجلس الشورى في أبرشية بيروت في الفترة (١٩٨٧ ـ ١٩٩٦م).

ـ عضو جمعية خريجي الجامعات الإيطالية.

ـ عضو مؤسس في جمعية الصداقة اللبنانية التشيلية.

* تولى في الفترة (١٩٨٧ ـ ١٩٩٦م) رئاسة الدائرة التنفيذية في أبرشية بيروت، والنائب القضائي العام لأبرشية بيروت المارونية.

* عمل في الفترة (١٩٥٨ ـ ١٩٦٣م) كقاضي تحقيق ومقرر لدى محكمة الاستئناف في بطريركية السريان الكاثوليك في لبنان.

* عمل في الفترة (١٩٥٩ ـ ١٩٦٢م) كقاضي تحقيق لدى المحكمة الابتدائية للكلدان.

* تولى تدريس الأدب العربي في الفترة (١٩٥٦ ـ ١٩٥٧م) في معهد القديس يوحنا في بلدة الخنشارة في قضاء المتن في محافظة جبل لبنان.

* له حضور متميز في مؤتمرات وندوات ومناقشات ومحاضرات ولقاءات وطاولات مستديرة في لبنان وخارجها من قبيل: فرنسا، والكويت، وصربيا، والأردن، واليونان، ومصر، وأمريكا، وسوريا وغيرها، إلى جانب اللقاءات والحوارات المتلفزة.

* إلى جانب الدراسة والتدريس تولى وظيفته الدينية في عدد من الكنائس والكتدرائيات، فهو:

ـ مرشد الشبيبة العاملة المسيحية في بيروت في الفترة (١٩٥٥ ـ ١٩٦٢م).

ـ مرشد مستشفى قلب يسوع الافرنسي في بيروت والحازمية في الفترة (١٩٦٢ ـ ١٩٧٢م) وكذلك معاون مرشد المستشفى اللبناني.

ـ كاهن الرعية المارونية في بلدة الخنشارة في الفترة (١٩٥٦ ـ ١٩٥٧م).

ـ كاهن رعية القديسة تقلا في شامات ـ جبيل: (لمدة سنة).

ـ معاون كاهن الرعايا المارونية في كتدرائية القديس جرجس في بيروت للفترة (١٩٥٧ ـ ١٩٦٢م)، وكنيسة مار يوسف في حارة صادر للفترة (١٩٥٥ ـ ١٩٦٠م)، وكنيسة القديسة تقلا في المروج في قضاء المتن في الفترة (١٩٦١ ـ ١٩٦٢م).

* له العشرات من المؤلفات والأبحاث المطولة المنشورة، وتحت الطبع رسالة الماجستير وأطروحة الدكتوراه وغيرهما، كما أعدَّ مع آخرين كتاب "نور العالم البابا الكنيسة وعلامات الأزمنة".

الرجل الموسوعي[1]

(ديوان القرن الثاني عشر ج٢)

يُعتبر المؤلف سماحة الشيخ محمد صادق محمد الكرباسي رجلاً "موسوعياً" يختصر في شخصه جمهرة من أولي البحث والعلم والأدب.

إنها مجموعة شعريّة ترمي إلى إبراز شخصية الإمام الحسين بن علي عليه السلام وإحياء ذكره، الذي شُهر بأنّه من أبرز الشهداء قاطبة في الإسلام: لأنه اتصف بأرفع المزايا الحميدة التي تؤهل المختارين المدعوين إلى حمل الرسالة الشريفة عن طريق التضحية بالذات في سبيل الغاية الفضلى التي انتدب لإتمامها بكل صدق وجرأة وتفانٍ وإخلاص، بحيث تهون أمامه وتُذلّ كل الصعاب التي يجبهها بكل ما أوتي من قوة وعزم لأنه يرى في الجهاد والشهادة سبيلاً للخلاص والنجاة والظفر والتغلّب على كل المصائب والأهوال، فالموت والاستشهاد، في نظر الإمام الأمثل، يشكلان فرحاً وغبطة لا توازيهما أية هنيهات من السعادة الدنيوية العابرة والزائلة.

وتوصلاً إلى الغاية المنشودة، حاول المؤلف أن يقصر جهده في عرض

(١) أصل المقدمة باللغة العربية.

ما توفر له من معطيات الشعر العربي في القرن الثاني عشر مشيراً إلى عيونه ومعتمداً القصائد المختارة لأشهر شعراء ذاك العصر الذين تغنّوا بمزايا الإمام الحسين ومآتيه البطولية في مقطوعات تمثل جمّاً من بحور العروض: كالكامل والطويل والبسيط والسريع والخفيف والرمل والمجتث والمتقارب والوافر.

ولربما كنّا نفضّل لو أنَّ المؤلف اكتفى في اختياره القصائد الطوال بالأبيات الأكثر تعبيراً عن الموضوع الأساس الذي يعالجه.

وهذه الأمنية لا تقلّل إطلاقاً من قيمة هذا الجزء النفيس الذي نقيّمه ـ الجزء الثاني من ديوان القرن الثاني عشر ـ لاسيّما وأنَّ مواضيع الأبيات والقصائد التي تنخَّلها المؤلف تكفي بذاتها لإبراز مزايا الإمام الحسين وإعطاء فكرة صائبة عن سلوكه الروحي الذي يشبه إلى حدّ بعيد توجّه الصوفيين الأبرار الذين يسلكون سبلاً شتى، بالغة الصعوبة، قبل أن يبلغوا قمّة "الوجد والشوق والحنين" في معارج الرفعة والكمال، حيث يستمتعون بجمال العزّة الإلهية الخارق الذي يعجز عن وصفه أي إنسان لم يؤت تلك النعمة "اللَّدُنيَّة" وهي عطية مجانية يهبها الخالق (عز وجلّ) أصفياءه الأبرار المخلصين، وقد عبّر عن تلك الغبطة أحد أئمة الصوفيين الأفذاذ مخاطباً العزة الإلهية بقوله البنوي للباري تعالى بكلام مفرد مأثور يبقى خالداً على مرِّ العصور.

مثالك في عيني وذكرُك في فمي ومثواك في قلبي فأيّن تغيبُ؟![1]

---

(١) البيت للحلاج الحسين بن منصور (٨٥٨ ـ ٩٢٢هـ)، انظر: بدائع الفوائد: ٤١٨/٢، ابن قيم الجوزية محمد بن أبي بكر، مكتبة نزار مصطفى الباز، مكة المكرمة، ط١، ١٤١٦هـ ـ ١٩٩٦م.

والأبيات التي أوردها المؤلف بصبر وعناء وطول أناة تصوّر الإمام الحسين عليه السلام بطلاً يجبه المنية بصلابة العود وثبات المؤمن وغبطة الشهيد، لأنَّ الصلابة والثبات إنما هما على حدِّ قول "شيشرون"[1] بهجة النفوس القوية.

ويمتاز المؤلف أيضاً بأنه يعتمد في أجزاء الموسوعة كافة ترتيباً فهرسياً شاملاً غير مسبوق يسهّل مراجعة الموضوع بفائدة كبرى، ما يجعل "دائرة المعارف الحسينية" تنفرد بهذا التميّز الذي قلّما نشهده في سائر دوائر المعارف المعاصرة.

كما يعطي المؤلف في الحواشي، عن جميع الشعراء الوارد ذكرهم في الموسوعة نبذة شخصيّة أو لمحة عن كل منهم، ما يستدعي انتباه القارئ اللبيب والباحث المدقق، وما يسدّ فراغاً يطالعنا في معظم المعاجم ودوائر المعارف.

فعليه نرجو أن يسهم هذا السفر غير المسبوق في إغناء المكتبة العربية بالتعريف بشخص الإمام الحسين بن علي عليه السلام رائداً في التضحية والشهادة ونكران الذات.

وندعو عشاق لغة الضاد وأصحاب المكتبات في العالم إلى اقتناء هذا السفر النفيس والإفادة من مضمونه اللافت والمميّز.

كما نهنئ المؤلف من الصميم ونتقدّم منه بأجمل آيات الشكر على

---

(١) شيشرون: هو ماركوس توليوس كيكِرو (Marcus Tullius Cicero) (١٠٦ق.م ـ ٤٣ق.م)، من أهل روما، كاتب وخطيب وفيلسوف، ويُعد أبا الفلسفة السياسية، طوّر الأدب اللاتيني، بقي من كتاباته ٣٥ كتاباً وهي في الرسائل والمقالات البلاغية والأعمال الفلسفية والخطب.

جهده الدؤوب في إبرازه شخصية متألقة في تاريخ العروبة، متمنين له دوام الصحة والنشاط وكمال التوفيق والنجاح، في خدمة الأدب العربي، وبخاصة الشعر الرفيع.

روما في ٦/ ٣/ ٢٠٠٩م
الخوري بولس عقل
أستاذ الشريعة الإسلامية في جامعة الموليزة (إيطاليا)
رئيس المجلس الاستشاري العلمي في جامعة الحضارة الإسلامية
ورئيس سابق لجامعة الحكمة (بيروت)

تمثلات قوافي الشهادة
في الأدب الموصلي

لا يستطع المرء تذوق اللوحة الفنية والتعاطي معها روحيا ونفسيا وإدراكها عقليا إلا من خلال حاسَّة البصر المنفتحة على البصيرة فترتسم خطوط الصورة وأجزاؤها في لوحة الذهن المتسربلة جذورها إلى قاع الذوق الفني، فيتحسسها بنفسه ويتلمسها بذائقته الفنية ويتشوفها بعدسة الفن بعد أن شاهدها بعدسة العين المجردة.

وما يُقال عن ترابط بين النظر واللوحة الفنية يقال عن السمع والقوافي الشعرية، فحاسة السمع هي الأداة الأولى لتذوق الشعر والتنقل بسلاسة بين سلم قوافيه السامية المعاني بعد أنْ حسنت ألفاظه، فالذي يقرأ الشعر قد يحسن طرق أبواب الأبيات الشعرية بأنامل الحس ولكنه قد لا يحسن طرقها بأنامل الإحساس، وقد يحسن للأمي طرقها أكثر من المتعلم إذا ما وقعت القوافي على مسامعه نشوانة جذلة، فالتعاطي الايجابي المحفوف بالأحاسيس يتم عبر حاسة السمع، والحاسة المرهفة هي التي تملك قدرة التمييز بين الشعر الكاعب من الشعر الخائب.

والأذن تعشق قوافيا

ولا يخفى أنَّ حاسة السمع هي المقدمة على كل الحواس لما لها من علاقة متينة بالحسِّ الظاهر والإحساس الباطن، فالذي لا يبصر يسمع

ويتكلم، والذي يتكلم يسمع ويبصر وقد لا يبصر، ولكن الذي لا يسمع لا يتكلم وإن أبصر، فحاسة السمع أقرب الطرق إلى مسارب نفس الإنسان وفؤاده، وبها يتفاعل ويفعل أو يحجم، ويعقل أو يتهور، ولذلك خصَّها القرآن الكريم كأول حاسة جسدية لها قوة الفعل وأول حاسة معرضة للمساءلة، قال تعالى: ﴿وَٱللَّهُ أَخْرَجَكُم مِّنۢ بُطُونِ أُمَّهَٰتِكُمْ لَا تَعْلَمُونَ شَيْـًٔا وَجَعَلَ لَكُمُ ٱلسَّمْعَ وَٱلْأَبْصَٰرَ وَٱلْأَفْـِٔدَةَ لَعَلَّكُمْ تَشْكُرُونَ﴾[1]، وقوله تعالى: ﴿وَهُوَ ٱلَّذِىٓ أَنشَأَ لَكُمُ ٱلسَّمْعَ وَٱلْأَبْصَٰرَ وَٱلْأَفْـِٔدَةَ قَلِيلًا مَّا تَشْكُرُونَ﴾[2]، وقال تعالى: ﴿وَلَا تَقْفُ مَا لَيْسَ لَكَ بِهِۦ عِلْمٌ إِنَّ ٱلسَّمْعَ وَٱلْبَصَرَ وَٱلْفُؤَادَ كُلُّ أُو۟لَٰٓئِكَ كَانَ عَنْهُ مَسْـُٔولًا﴾[3]. فالتراتبية في الحواس البشرية لها شأنها في الحياة اليومية، ولها قوة التأثير على كوامن الإنسان ومنطقه وسلوكه، ولذلك كان قوم نوح عليه السلام وعلى سبيل المثال شديدي الحرص على عدم سماع كلام النبي نوح متلفِّعين بثيابهم، حيث يصفهم القرآن الكريم بقوله على لسان النبي نوح عليه السلام: ﴿وَإِنِّى كُلَّمَا دَعَوْتُهُمْ لِتَغْفِرَ لَهُمْ جَعَلُوٓا۟ أَصَٰبِعَهُمْ فِىٓ ءَاذَانِهِمْ وَٱسْتَغْشَوْا۟ ثِيَابَهُمْ وَأَصَرُّوا۟ وَٱسْتَكْبَرُوا۟ ٱسْتِكْبَارًا﴾[4]، وهكذا كان يفعل مشركو مكة مع دعوة النبي محمد صلى الله عليه وآله وسلم، وكانوا يمنعون فتيانهم من سماع القرآن لأثره السحري على النفوس.

وحيث الأمثال تضرب ولا تقاس، فإنَّ السمع هي الحاسة القادرة على تمييز قوافي الشعر، وقد لا تستطيع التمييز بين البحور، ولكنها تملك قدرة مزدوجة على الحس والشعور، فتكون أقدر على تقبل الشعر أو لفظه

---

(١) سورة النحل: ٧٨.

(٢) سورة المؤمنون: ٧٨.

(٣) سورة الإسراء: ٣٦.

(٤) سورة نوح: ٧.

وتعاطيه أو نفثه. وقد أحسن الشعراء عندما ترجموا الوقائع والحوادث إلى قصائد وملاحم، وبذلك وثَّقوا سيرة الشخصيات العظيمة شعرا، فحفظوا لشجرة التاريخ أوراقها وأخضروا يباسها، تؤتي الأجيال أمة بعد أخرى ثمارها من شجرة ربيعية عامرة، وقد تابع المحقق الدكتور محمد صادق الكرباسي دواوين الشعر العربي قديمه وحديثه، فوجد أنَّ واقعة كربلاء واستشهاد الإمام الحسين عليه السلام وما جرى على أهل بيته وأصحابه من بعده، هي أكثر أشجار الربيع الشعرية اخضراراً وأكثرها انتشاراً في ربوع الآداب الإنسانية، وكلما ابتعدنا زمنا عن واقعة الطف عام ٦١هـ تكاثر أعداد الشعراء وتكاثرت معهم القصائد في النهضة الحسينية وفي كل لغات العالم الحية وغير الحية العالمية والمحلية وبكل اللهجات.

وفي القرن الثاني عشر الهجري الواقع في الفترة (١٥/ ١٠/ ١٦٨٩ ـ ٢٣/ ١٠/ ١٧٨٦م)، تابع الأديب الكرباسي في الجزء الأول[1] من (ديوان القرن الثاني عشر) القصائد والمقطوعات من قافية الهمزة حتى الذال، وفي الجزء الثاني الذي صدر عام (١٤٣٠هـ ـ ٢٠٠٩م) عن المركز الحسيني للدراسات في لندن في ٥١٣ صفحة من القطع الوزيري يتابع القوافي من الراء حتى اللام، في باب الأدب المنظوم القريض من أبواب دائرة المعارف الحسينية الستين والتي صدر منها حتى يومنا هذا نحو ٦٠ مجلدا.

الصبر شعار ووقاء

لا يُعرف المرء في رخائه قدر ما يعرف في شدته، فالشدة تكشف معادن الناس، فالكريم يعرف في الأيام العجاف، وصاحب الثأر يعرف بعفوه عند

---

(١) صدر الجزء الأول من ديوان القرن الثاني عشر الهجري عام ١٤٣٠هـ/ ٢٠٠٩م، في طبعته الأولى عن المركز الحسيني للدراسات في لندن في ٥٢٦ صفحة من القطع الوزيري.

المقدرة، والصابر يعرف بصبره عند الملمات وتداعي الخطوب، وكلما كان الخطب عظيما كان الصبر أعظم لاستيعاب الضربات وتفادي الانهيار.

ومفردة الصبر والتصابر من أبرز معالم النهضة الحسينية وما حلّ على سبط النبي محمد ﷺ الإمام الحسين بن علي عليه السلام في عاشوراء محرم عام ٦١هـ وهو يرى أولاده وإخوانه وأصحابه يتساقطون على رمضاء كربلاء شهداء بحد سيف أمة جده، والعطش قد فتَّ أكباد أطفاله ونسائه وعيال الأصحاب، وماء الفرات على بعد مئات الأمتار منه، وهو ذاهب إلى حتفه شهيدا عند مليك مقتدر، تاركا العيال نهبا لغدر الزمان وعبث اللئام.

فما أشد عِظَم الصبر وإيلامه في مثل هذه الساعات الحرجة، ولكن أهل البيت عليهم السلام دينهم وديدنهم الصبر على الأذى وتعليم الأمة مواجهة الأزمات بالصبر، فلا يعدم الصبور الظفر إن هو ركب أعجاز المكاره وإن طال السرى، من هنا كان الإمام الحسين عليه السلام وهو ينعى نفسه: (صبراً على قضائك يا رب لا إله سواك يا غياث المستغيثين مالي رب سواك ولا معبود غيرك صبراً على حكمك يا غياث من لا غياث له يا دائما لا نفاد له، يا محيي الموتى، يا قائما على كل نفس بما كسبت أُحكم بيني وبينهم وانت خير الحاكمين)[1]، في الوقت نفسه يشدد على أهل بيته بالصبر، قائلا لشقيقته السيدة زينب بنت علي عليه السلام: (يا أختاه، إني أقسمت عليك فأبرّي قسمي، لا تشقي علي جيبا[2]، ولا تخمشي علي وجها، ولا تدعي علي بالويل والثبور إذا أنا هلكت)[3].

---

(١) مقتل الحسين للمقرم: ٢٨٣.

(٢) الجيب: مقدمة الثوب عند الصدر.

(٣) إعلام الورى بأعلام الهدى: ١/٤٥٧، الفضل بن الحسن الطبرسي، مؤسسة آل البيت لإحياء التراث، قم ـ إيران، ط١، ١٤١٧هـ.

هذه الوصايا الخالدة في الصبر والتصابر أخذها الشعراء ونضدوا نثرها نظما، فالشاعر العراقي الشيخ عبد الرضا بن أحمد المقرىء الكاظمي المتوفى حدود عام ١١٢٠هـ ينشد بلسان الحال من قصيدة من ٥٧ بيتا من بحر الطويل، وعنوانها "**فنحن بنو الهادي**":

وأوصى ووصّى في يتاماه زينباً ... وقال لها قد آن أن يُصرمَ العُمْرُ
فلا تخمشي وجهاً عليَّ وحاذري ... تشُقّي عليَّ الجيبَ إن نابَني الدَّهرُ
وفي الصبر فاعتَدّي إذا زَمني اعتدى ... عليَّ وفي وقت البلا يُحمدُ الصَّبْرُ[(1)]

أو قول الشاعر العراقي أحمد الخياط النحوي[(2)] في قصيدة من ٨٧ بيتا من بحر الكامل وعنوانها "**مصاب آل المصطفى**"، وهو يشبه الصبر باللباس الذي يغطي الجسد ويقيه:

لا تخمشوا الوجهَ الجميلَ وتلطموا ... الخدَّ الأسيلَ إذا تناءت داري
وعليكم يا خيرَ مَن وطأ الثرى ... بالصبر إنَّ الصبرَ خيرُ شعارِ[(3)]

على انَّ الصبر خير سائس للإنسان، وهكذا كانت زينب عليها السلام التي تحملت المصائب وجعلت في قلب الأعداء حسرة من صبرها وتجلدها، حيث يعود الشاعر عبد الرضا المقرئ ليصف هذا الصبر عند مجيء

---

(١) ديوان القرن الثاني عشر: ٢/ ٣٣.

(٢) أحمد النحوي: هو ابن حسن الخياط النحوي، المتوفى عام ١١٨٣هـ، من العلماء الأدباء، من أهل الحلة دفن في النجف الأشرف، درس في كربلاء المقدسة على يد السيد نصر الله الحائري حتى استشهاده عام ١١٦٨هـ، ثم رحل إلى النجف وبعد مدة عاد إلى الحلة وفيها مات، اشتهر بالخياط نسبة إلى مهنة الخياطة التي امتهنها في مقتبل العمر، وهو من أسرة ينظم أهلها الشعر فأبوه الشيخ حسن الحلي كان شاعراً وترك ثلاثة أولاد علماء شعراء هم محمد رضا وحسن وهادي، من آثاره: ديوان شعره (مخطوط)، شرح المقصورة الدريدية، ومنظومة في السيد نصر الله الحائري.

(٣) ديوان القرن الثاني عشر: ٢/ ١٠٩.

زينب عليها السلام والنساء بعد أن حزّ الأعداء رأس الحسين عليه السلام من القفا في قصيدة من ٤٧ بيتا من بحر الطويل، بعنوان "**له دمه غسل**":

فجئنَ إليه الفاطميات جُزَّعاً ... على أنها والصبرُ فيهنَّ سائسُ
تُنادي أبي هذي وتلك أخي وذي ... كفيلي ومن للأهل والجار حارسُ[(١)]

ولقد ضرب الإمام الحسين وأهل بيته وأصحابه في المعركة وقبلها وبعدها دروسا في الصبر، كما يقول الشاعر البحريني الشيخ حسن الدمستاني[(٢)] من قصيدة في ٥٢ بيتا من بحر البسيط بعنوان "**أولياء الله**":

ركب برغم العُلى فوق الثرى نزلوا ... وقد أُعدَّ لهم في الجنة النُّزلُ
تُنسي المواقف أهليها مواقفُهُم ... بصبرهم في البرايا يُضرب المثلُ

وهذا الصبر الحسيني ينقل بعض خيوطه، الطبري[(٣)] في تاريخه، عن عبد الله البارقي[(٤)] الذي حضر واقعة كربلاء من طرف الجيش الأموي وشهد مقتل الإمام الحسين عليه السلام وهو يصف اللحظات الأخيرة من

---

(١) ديوان القرن الثاني عشر: ٢/ ١٤٧.

(٢) حسن الدمستاني: هو ابن محمد بن علي بن خلف الدمستاني البحراني، أصله من عالي حويص في البحرين استوطن دمستان، من العلماء الشعراء والمتكلمين الأدباء، كان من العلماء الزهاد يكتسب من زراعة الأرض، هاجر إلى القطيف في المنطقة الشرقية بعد حوادث غزو الخوارج للبحرين سنة ١١٣١هـ، وفيها توفي عام ١١٨١هـ ودفن في مقبرة الحباكة (الخباقة)، اشتهر بملحمة المربعة الدمستانية (أحرم الحجاج)، من مصنفاته: منظومة تحفة الباحثين في أصول الدين، الرسالة الصحارية في علم الكلام، وديوان شعره.

(٣) الطبري: هو محمد بن جرير بن يزيد (٢٢٤ ـ ٣١٠هـ) ولد في آمل (طبرستان) في إيران وسكن بغداد وتوفي فيها، كان له مذهب خاص في الفقه، من آثاره: جامع البيان في تفسير القرآن، اختلاف الفقهاء، والمسترشد، ويعرف تاريخه وتفسيره باسمه.

(٤) عبد الله البارقي: هو ابن عمار بن عبد يغوث بن جاهمة بن الحارث البارقي، من التابعين قيل إنه شهد مع الإمام علي عليه السلام صفين والجمل، ومال إلى بني أمية وشهد واقعة كربلاء وكان على الرمّاحة، مات بعد عام ٦١هـ.

شهادته عليه السلام : (فوالله ما رأيت مكثوراً قط قد قتل ولده وأهل بيته وأصحابه أربط جأشاً ولا أمضى جناناً منه ولا اجرأ مقدما، ولقد كانت الرجال تنكشف بين يديه إذا شد فيها ولم يثبت له أحد)[1].

وللموصل رثاؤها

إنْ بعدت الموصل[2] عن كربلاء أرضا، فلم تبعد عنها قلبا، فكربلاء في قلب الموصل، فإن كان للموصل إسم آخر هو نينوى، فنينوى[3] هي الأخرى اسم لكربلاء، لكن نينوى الأولى ظلت ملازمة للموصل والثانية احتفظ بها سجل تاريخ كربلاء، غير أن قلب نينوى ينبض قوافياً على شهيد كربلاء، فما من شاعر موصلي استقام على عوده وتداعت إليه كربلاء إلا وكانت واقعة الطف ويوم عاشوراء هاجسه يتمثلها في قوافيه.

والأمثلة كثيرة، فمنهم أبو فراس الحمداني[4]، ومنهم الشاعر عبد الباقي العمري، وفي هذا الديوان قصيدة عصماء من ٤٣ بيتا من بحر

---

(١) تاريخ الأمم والملوك: ٦/ ٢٥٩.

(٢) الموصل: مدينة عراقية كبيرة تقع شمال بغداد على بعد ٤٠٠ كيلو متر، وهي مركز محافظة نينوى، يخترقها نهر دجلة، فيقسم المدينة حيث تقع القديمة على الضفة اليمنى والحديثة على اليسرى وتسمى نينوى، وأول جامع أقيم فيها كان عام ١٦ هجرية.

(٣) نينوى: من قرى كربلاء المقدسة في الشرق منها تمتد من منطقة باب طويريج باتجاه سدة الهندية.

(٤) أبو فراس الحمداني: هو الحارث بن سعيد بن حمدان التّغلبي الربعي (٣٢٠ ـ ٣٥٧هـ) وكان من الأمراء الشعراء، وكان من فحول الشعراء، وكانت ولادته في الموصل، أسر عند الروم ففداه سيف الدولة بأموال عظيمة، له ديوان شعر، وكان من أعيان الإمامية يقول الصاحب بن عباد، بدأ الشعر بملك وخُتم بملك، يعني امرئ القيس وأبا فراس، تملك حمص وأراد حلب فقتل دونها، من آثاره: ديوانه المطبوع.

الكامل في رثاء الإمام الحسين عليه السلام، للشاعر عثمان الخطيب الموصلي[1]، بعنوان "**حزناً على البدر**"، ومطلعها:

قد فرَّ منّي الصبرُ بل كرَّ البلا ... حُزناً على البدر الشهيد بكربلا

ثم يستمر فيها:

وَجْدي يزيدُ وحُرقتي لا تنطفي ... لولا النحيبُ قضيت نحبي أولا
لا أستطيع الصبر عن أهل العبا ... والقلب عنهم قط يوماً ما سلا
أيطيب عيشٌ بعد فقد حُسينهم ... كلا ولا طاب الزمانُ ولا حلا

والخطيب الموصلي هو متصوف، له موشحات كثيرة في مدح النبي وآله، أو ما يعرف في الأدب الولائي (التنزيلة) أو (المنقبة)، ولهذا يغلب التصوف وطلب الشفاعة على شعره، وفي قصيدته اللامية، يتوسل بأئمة أهل البيت قائلا:

أنتم أصول الكون يا أهل العبا ... فمديحكم شمل الورى وملا الملا

ثم يستنجد قائلا:

وألوذ بالأحباب عند مَنيّتي ... ولدى الحساب وكلِّ أمرٍ أشكلا
وبَتولهم هي للصراط ذخيرتي ... وبعزمها أرجو الجوازَ مُهرولا
واللّه يأبى مِنّةً وتَكَرُّماً ... لمحبِّ آل المصطفى أن يُخجلا

وأخيراً يطالب بنظرة حنونة من أهل بيت النبوة:

جودوا لعثمانَ الخطيبِ بنظرةٍ ... تدعُ العسيرَ من الأمورِ مُسَهّلا

ومن أدباء الموصل الذين زينوا قوافيهم بمشاعل الولاء لأهل

---

(١) عثمان الخطيب الموصلي: هو عثمان بن يوسف بن عز الدين الخلوتي القادري الخطيب الموصلي (١٠٨٩ ـ بعد ١١٤٧هـ) من المتصوفة الشعراء في الموصل، أخذ العلم عن خير الله محمود العمري، له أكثر من خمسين موشحاً، ترك ديوان شعر مخطوط بعنوان "ديوان الموصلي".

البيت عليهم السلام رغم بعد المسافة المذهبية، الشاعر الشيخ حسن العمري الموصلي[1]، حيث يقول في قصيدة في مدح الإمام علي عليه السلام أنشأها عندما زار مرقده الشريف عام ١١٤٣هـ، بعنوان "**بدريْ محمد**" من بحر الطويل ومطلعها:

نعم بلغت يا صاحِ نفسي سُؤالها ... وليس عليها كالنفوس ولا لها

ثم ينشد في مدح الآل:

ألا أيها الممتاز من آل هاشمٍ ... ومَن كان فيهم عِزَّها واكتمالها

ألا يا أبا السبطين يا خير من رقى ... لمنزلة حاشا الورى أنْ ينالها

إلى أن يقول مقفلا ما بدأ به:

أبا الحسنين المرتضى وحسينه ... وفاطمة هبني لمدحي عِيالها

فَمن مطلعي حتى الختام بمدحهم ... نعم بلغتْ يا صاحِ نفسي سُؤالها

صلاة وسلام

يلاحظ في شعر المنقبة أو التنزيلة أو المديح أو رثاء أهل البيت عليهم السلام في مصابهم، حرص الشعراء في السلام أو الصلاة على النبي محمد صلى الله عليه وآله وسلم وآله أو الجمع بينهما، كدلالة من الشاعر على تقديم الولاء للنبي وآله ابتداءً وانتهاءً.

والمتابع لأربع وتسعين قصيدة ومقطوعة وبيتاً لواحد وأربعين شاعرا، أوردهم الأديب الكرباسي في الجزء الثاني من ديوان القرن الثاني عشر

(١) حسن العمري الموصلي: هو ابن عبد الباقي بن أبي بكر العمري الفاروقي الموصلي (ن١١٠٠ - ١١٥٧هـ) ويلقب بعبد الجمال، من أعلام الموصل وشعرائها مات في بغداد، له ديوان شعر مطبوع حققه محمد صديق الجليلي سنة ١٣٨٦هـ.

الهجري، أن معظمها انتهت بالصلاة على النبي وآله وكأنها استجابة من الشاعر لنداء السماء والامتثال للقرآن الكريم: ﴿إِنَّ ٱللَّهَ وَمَلَٰٓئِكَتَهُۥ يُصَلُّونَ عَلَى ٱلنَّبِيِّۚ يَٰٓأَيُّهَا ٱلَّذِينَ ءَامَنُواْ صَلُّواْ عَلَيۡهِ وَسَلِّمُواْ تَسۡلِيمًا إِنَّ﴾[1]، ومن ذلك قول الشاعر اللبناني الشيخ محمد مهدي الفتوني العاملي[2] في قصيدة من ٣٣ بيتا من بحر البسيط، بعنوان "**هوى ركن الدين**" ومطلعها:

تُخفي الأسى وهُمولُ الدَّمْعِ يُظْهِرُهُ　　　والسُّقْمُ يُثبِتُ ما قَدْ صِرْتَ تُنْكِرُهُ

ثم يختم مصلياً على الآل:

صلّى عليكمْ إلٰه العرشِ ما سَجَعَتْ　　　وُرْقٌ وما لاحَ فوْقَ الأُفقِ نَيِّرُهُ

ومن ذلك قصيدة الشاعر البحريني السيد أحمد الأرض زنجي[3] من بحر الطويل بعنوان "**منازلهم قفر**"، ومطلعها:

منازلهم بالخيف من بعدهم قفرُ　　　نأى ساكنوها، ثُمَّ غيَّرها الدَّهْرُ

ثم يختم بالسلام على الإمام الحسين عليه السلام:

عليكَ سلامُ الله ما انهلَّ وابلٌ　　　وما بزغت شمسٌ وما أشرق البدرُ

---

(١) سورة الأحزاب: ٥٦.

(٢) محمد مهدي الفتوني العاملي: هو ابن محمد صالح بن عبد الحميد الفتوني العاملي المتوفى سنة ١١٨٣هـ، من كبار علماء النبطية في لبنان، هاجر إلى النجف الأشرف وواصل الدراسة على أعلامها وخاصة الشيخ (أبو الحسن شريف بن محمد طاهر الفتوني العاملي)، وبعد مدة صار من أعلام الحوزة ومن مدرسيها تخرج من تحت يده أساطين الحوزة العلمية أمثال المحقق النراقي والشيخ جعفر كاشف الغطاء والسيد محمد مهدي بحر العلوم، له ديوان شعر، من مصنفاته: نتائج الأخبار، الأنساب المشجّرة، وكشكول الفتوني.

(٣) أحمد الأرض زنجي: هو ابن عبد الصمد الزنجي البحريني، من شعراء قرية أرض زنج في البحرين مات سنة ١١٨٢هـ.

ومن ذلك قصيدة الشاعر المصري عبد الله بن محمد الشبراوي الشافعي المتوفى سنة ١١٧٢هـ، من بحر الكامل بعنوان "يا بن الرسول" جاء فيها:

يا بْنَ الرسول بأُمِّك الزهرا البتو   لِ وجدِّك المأمولِ عند النـاس

ثم يختم:

صـلى علـيـه الله ربُّ العـرشِ مـا   ضُربت له الأخماس في الأسداس

أو قول الشاعر الحسن بن عبد الباقي العمري الموصلي المتوفى سنة ١١٥٧هـ من قصيدة في ٣٥ بيتا من بحر الخفيف، في رثاء الإمام الحسين ﵇، بعنوان "سناء الحسين" ومطلعها:

قـد فـرشنـا لِـوَطءِ تـلك النـياق   ساهـراتٍ كـليـلـةَ الآمـاقِ

ثم يختم بقوله:

وعـلـى جدِّك الحـبـيـب صلاةٌ   مـا شدا طائـرٌ عـلـى الأوراقِ

أو قول الشاعر عبد الرضا بن أحمد المقرئ المتوفى سنة ١١٢٠هـ في قصيدة من ٣٥ بيتا من بحر الكامل يجمع بين الصلاة والسلام، وهي بعنوان "أيحل قتل موحد" ومطلعها:

لـم يُـشـجني بـعـدَ النضارة أربُعٌ   درستْ معالمها الرياحُ الأربَعُ

ثم يختم بالصلاة والسلام معاً:

وعـلـيـكـمُ صـلـى وسـلَّمَ ربُّنـا   ما الشمسُ يوماً في صباحٍ تطلُعُ

تنوع وتفرد

تتسم القصائد الواردة في هذا الديوان بطابع الرثاء، ولكن عند التنقل على سلم قوافيها من بيت لآخر أو من قصيدة لأخرى، تتبدى للقارئ أغراض عدة وموضوعات متنوعة، فشاعر يتوسل بالنبي محمد ﷺ وأهل

٣١٥

بيته الكرام عليهم السلام، وشاعر يطلب شفاعتهم في المحشر، وآخر يتمنى شربة من ماء الكوثر، وآخر يستنجد بالمهدي الموعود لإنقاذ الأمة من ضياعها، وآخر ينظم البيت والأبيات لينال بيتا في الجنة حيث لا ينفع هناك مال ولا بنون، كما كان للحكمة حضورها، وللتضمين حضوره البارز فمرة يضمن الشاعر آية قرآنية وتارة حديثا وثالثة حكمة ورابعة شعرا.

وكان للفهارس تمثُّلها البارز في هذا الديوان وفي غيرها من أجزاء دائرة المعارف الحسينية، فهي من العلامات الفارقة في الدائرة، التفت إليها الخوري بولس عقل عند قراءته لهذا الجزء من الديوان، على أن القراءات التي يجريها الأعلام من جنسيات وأديان ولغات مختلفة لأجزاء الموسوعة والمدرجة في نهاية كل جزء، هي الأخرى من مميزات الموسوعة الحسينية، يقول أستاذ الشريعة الإسلامية في جامعة الموليزة في إيطاليا في قراءة كتبها باللغة العربية من روما: (ويمتاز المؤلف أيضاً بأنه يعتمد في أجزاء الموسوعة كافة ترتيبا فهرسيا شاملا غير مسبوق يسهّل مراجعة الموضوع بفائدة كبرى، ما يجعل دائرة المعارف الحسينية تنفرد بهذا التميّز الذي قلما نشهده في سائر دوائر المعارف المعاصرة).

كما يلتفت الخوري بولس عقل رئيس المجلس الاستشاري العلمي في جامعة الحضارة الإسلامية في بيروت إلى مسألة السيرة الذاتية المختصرة لكل شاعر، إذ (يعطي المؤلف في الحواشي، عن جميع الشعراء الوارد ذكرهم في الموسوعة نبذة شخصية أو لمحة عن كل منهم، ما يستدعي انتباه القارئ اللبيب والباحث المدقق، وما يسدّ فراغاً يطالعنا في معظم المعاجم ودوائر المعارف).

ويشتهر الإمام الحسين عليه السلام كما يرى الرئيس السابق لجامعة الحكمة اللبنانية: (بأنه أبرز الشهداء قاطبة في الإسلام، لأنه اتصف بأرفع المزايا الحميدة التي تؤهل المختارين المدعوين إلى حمل الرسالة الشريفة عن طريق التضحية بالذات في سبيل الغاية الفضلى التي انتدب لإتمامها بكل صدق وجرأة وتفان وإخلاص، بحيث تهون أمامه وتُذلّ كل الصعاب التي يجبهها بكل ما أوتي من قوة وعزم لأنه يرى في الجهاد والشهادة سبيلا للخلاص والنجاة والظفر والتغلّب على كل المصائب والأهوال)، ومن رأي الأب بولس عقل أن الكتاب بمنهجيته الحديثة هو: "سفر غير مسبوق" يرجو في أن: (يسهم في إغناء المكتبة العربية بالتعريف بشخص الإمام الحسين بن علي عليه السلام رائداً في التضحية والشهادة ونكران الذات)، ولذلك: (ندعو عشاق لغة الضاد وأصحاب المكتبات في العالم إلى اقتناء هذا السفر النفيس والإفادة من مضمونه اللافت والمميّز).

الإثنين: ٥/ ١٠/ ٢٠٠٩م

العلامة خورشيد أنور جوادي

* خورشيد أنور بن علي طاهر أعظمي الجوادي.
* من علماء مدين هنگو في محافظة كوهات في ولاية خيبر في باكستان، خطيب وأستاذ حوزي وناشط اجتماعي.
* ولد في مدينة هنگو في ١٦/١١/١٩٥٩م.
* نشأ ودرس في مسقط رأسه وقرأ العربية ومقدمات الفقه وأصول الدين والعلوم الإسلامية.
* إلى جانب الدراسة تدرّب على الخطابة ومارسها وتمرَّس فيها.
* أكمل الدراسة الدينية في حوزة قم المشرفة في إيران.
* عاد إلى مدينته هنگو وأدار الجامعة العسكرية الدينية التي أسسها والده والتي تحولت فيما بعد إلى الحوزة الجوادية العلمية الجامعة (حوزة علمية جامعة جوادية).
* إمام الجمعة والجماعة في مسجد فيض آباد المركزي في هنگو.
* أسس عدداً من المنشآت الثقافية والخدمية منها مستشفى الزهراء الخيري في منطقة كلي باس في جوار مدينة هنگو.
* عضو ومدير في عدد من الجمعيات والمؤسسات الدينية والخيرية.

فيوضات الموسوعة الحسينية على المحافل العلمية[1]

(معجم المصنفات الحسينية ج٢)

بسم الله الرحمن الرحيم

يعد الإمام الحسين عليه السلام من كبار الشهداء الخالدين المقدسين في طريق الشريعة المحمدية الغراء الدين الإسلامي المقدس.

ويعتبر الإمام الحسين عليه السلام على مدى تاريخ البشرية حامل لواء الثورة والإصلاح في طريق الحق والعدالة، ويبقى ذكره على الكرة الأرضية خالداً إلى الأبد.

ويمثل إيثار هذا الشهيد العظيم وعزمه وارادته ضد مظالم يزيد ووحشيته عنصراً آخر أنقذ شريعة الإسلام والدين المقدس مما يلحقه من أذى ودمار بفعل همجية يزيد.

لقد استطاع الإمام الحسين سيد الأئمة والمجاهد العظيم ومن خلال جهاده وحفظه للسنن المقدسة أن ينير للأمة الإسلامية طريق الحق والعدالة، وأعطى الدلالة الواضحة أن خلود الإنسان المسلم هو في سلوك

(١) أصل المقدمة باللغة البشتوية.

هذا الدرب درب الشهادة والتضحيات، وأن الإنسان قادر على التضحية في سبيل الحق والعدالة وطريق الدين الإلهي.

ومن الآثار الكبيرة للواقعة المؤلمة في كربلاء أنها كشفت قدرة الإمام العظيم مرة أخرى في إحياء ذكر محمد ﷺ في الأذهان، فالناس الذين ولدوا وجاؤوا إلى الحياة الدنيا بوجود معالم الكفر والشرك، تناهت إليهم مرة أخرى ومن خلال سيرة الحسين عليه السلام وتضحياته قيم العدل والحق وصار لهم مدرسة يتعلمون منه.

لقد ربّى الرسول الأكرم ﷺ حفيده بالطريقة المثلى التي جعلته يختار طريق التضحية من أجل أن تبقى راية العدالة والحق والوحدانية خفاقة، وفي عالم اليوم يعتبر إيثار الحسين عليه السلام وتضحياته المثل الأعلى للمسلمين كافّة.

إن سلوك الإمام الحسين عليه السلام وسيرته ضمانة كبيرة ومرآة واضحة في تاريخ البشرية لإيجاد الخلاقية البناءة في المجالات كافة ومنها المجال الأدبي، مما جعل الشعراء والمثقفين والكتاب، مما لا عد لهم ولا حصر، يبدعون عبر أشكال مختلفة من ألوان الأدب وأغراضه ليس فقط في بيان ملحمة كربلاء وإنما في إغناء الساحة العلمية والأدبية بكتابات عن المدنية الإسلامية وحضارتها، وكان للكتاب والمحققين دور مشهود في هذا الطريق.

من جانب آخر أخذت ملحمة الإمام وتضحياته ودوره الحي في التاريخ الإسلامي موقعها في المئات من لغات العالم، وكل أمة وملة لها في لغتها ذكر لهذا الإنسان العظيم وتذكرٌ منه وعبرة.

والمفيد ذكره هنا أنه يوجد في الأدب البشتوي المئات من الشعراء

والأدباء الذين دخلت فاجعة كربلاء وتضحيات بطلها الإمام الحسين عليه السلام في نتاجاتهم نثراً ونظماً والباعثة على العَبرة والحزن الشديد.

ولاشك أن سماحة آية الله الشيخ محمد صادق الكرباسي واحد من الشخصيات التي تبذل في هذا الطريق الجهود المضنية والمثمرة، حيث يقوم بالجمع والتدوين والتبويب والتحقيق في المعارف الخاصة بالنهضة الحسينية، وتمكن حتى الآن من تدوين **٦٥٠** مجلداً[١]، ويعتبر في عالم المعرفة والثقافة العمل الموسوعي الأكبر.

ويسعى آية الله محمد صادق الكرباسي في دائرة المعارف الحسينية بما يتعلق بباب الأدب لجمع الأشعار الخاصة بنهضة الإمام الحسين عليه السلام التي نظمت في فترات مختلفة وتبويبها حسب الأدوار التاريخية، وتحليل نصوصها من حيث الأدب واللغة والمعنى والمؤدى الفكري.

وهذا الجزء الذي أقدِّمُ له هو خاص بالمؤلفات والمصنفات التي كُتبت حول الإمام الحسين عليه السلام وواقعة كربلاء، وقد سعى مؤلف هذا العمل المعرفي ومحققه جاهداً في عكس مفاهيم التضحية والفداء لسيد الشهداء الواردة في النتاجات وبيانها وتحقيقها بحيث يكون هذا المجلد وأمثاله مصدراً حسناً للتشجيع على التأليف والإستنان بسنّة الحسين عليه السلام وسيرته في الصلاح والإصلاح.

وقد تولى المؤلف في هذه الموسوعة بيان معنى كل كلمة وعبارة بشكل علمي ودقيق. صحيح أن لغة الموسوعة الحسينية هي اللغة العربية ولكن المؤلف والمحقق تحرى وسعى بشكل ماهر لاقتناص الأشعار في اللغات المختلفة والمنظومة في الإمام الحسين عليه السلام.

---

(١) تعدت الأعداد السبعمائة مجلد.

وهنا لابد من الإشارة إلى نقطة أخرى توضح جلالة هذا الجهد المعرفي وعظمته، وهي أن الشيخ آية الله الكرباسي ومنذ خمسة عشر عاماً[1] لازال منكباً ومتواصلاً في عمله في الموسوعة الحسينية وهو على نفس الوتيرة من الجهد المضني ولم ينقطع.

وهناك مسائل كثيرة في دائرة المعارف الحسينية لها جنبة علمية وتحقيقية هي محل تقدير واهتمام المؤلف، واذا استمر سماحته على هذا المنوال من البحث والتحقيق فإنه من الثابت أن مسائل جديدة كثيرة ستواجهه في طريق البحث والتحقيق.

ومن نتائج هذا العمل المثمر والمبارك فإن كل الإعلام المضاد لحركة الإمام الحسين عليه السلام الصادر من العناصر اليزيدية وأصحاب الخصال اليزيدية سيتم وأدها بفضل الموفقية التي حباها الله لهذا المؤلف، كما أن المحافل العلمية ستستفيد من فيض هذه الموسوعة، ومن هنا نرفع أيادينا بالدعاء ونقول: اللهم يا ربي يا متعال وفّق صاحب السعادة والفيض والبركة آية الله الكرباسي أكثر فأكثر من أجل إعلاء القيم الإنسانية في العالم ومن أجل إبقاء تضحيات الإمام الحسين عليه السلام حيّة وفاعلة في ضمير الإنسانية.

هنگو ـ باكستان

العلامة خورشيد أنور جوادي

مدير حوزة جامعة الجوادي العلمية

٢٠٠٩/٢/٩م

---

(١) بدأ مشروع الموسوعة الحسينية (دائرة المعارف الحسينية) منذ مساء يوم الجمعة العاشر من المحرم (ليلة الحادي عشر) عام ١٤٠٨م (١٩٨٧م)، للمزيد، راجع: دائرة المعارف الحسينية للكرباسي تعريف عام: ١٢، نضير رشيد الخزرجي، المركز الحسيني للدراسات، لندن ـ المملكة المتحدة، ط ١، ١٤١٣هـ ١٩٩٣م.

ما ضاعت أمّة في يدها كتاب!

يحلو للبعض متأثراً بثورة الاتصالات وتنوع وسائل الإعلام أن يذهب مذاهب طويلة في نسيان (الكتاب) وتفضيل الشاشة الالكترونية وما تقدمه عبر الشبكة العنكبوتية من كم هائل من البرامج المتنوعة التي يتلقاها المتلقي عبر ضربة زر (الكيبورد) أو باللمس، أو تفضيل الشاشة الفضية وما تعرضه من برامج مختلفة وفق حركة جهاز التحكم عن بعد (الريموت كونترول) أو تفضيل شقيقه "البصير" جهاز المذياع الذي يتسرب إلى الأسماع عبر ترددات قصيرة ومتوسطة وطويلة.

صحيح أن الانترنت عالم كبير جدا يسبح في فضاءات لا متناهية يعرج من سماء لِيلج أخرى يسرق وقت المتلقي دون أن يشعر أو بالأحرى يحاول المتلقي أن ينسى الزمن ويتحاشى عقارب الساعة لئلا تلدغه وتخرجه من غيبوبته الواعية في بعض الأحيان واللاواعية في أغلب الأحيان. صحيح أن التلفزيون عالم فسيح متداخل، لا يكاد المشاهد يغمض عيناً عن برنامج ليفتحها على أخرى، وهو في دوامة بين الفرح والحزن، فبعض يزرق المشاهد بجرعات كثيرة من برامج الغم والهم كأنَّ الله أوجد الحياة الدنيا للنوح والعويل فحسب متناسيا حديث الإمام الحسن بن علي عليه السلام: (إعمل لدنياك كأنك تعيش أبدا واعمل لآخرتك كأنك تموت غدا)[1]، وبعض

(١) تنبيه الخواطر ونزهة النواظر: ٢/ ٢٣٤، ورام ابن أبي فراس المالكي الأشتري، مكتبة فقيه، قم -=

أشبع المشاهد سروراً وحبوراً وأقعده على أريكة من فردوس النعيم لا يكاد ينهض من جلسته ليحط عميقا في قعدته تاركا الحياة ومشاغلها خلف ظهره في غيبوبة شبه تامة، وبين الإفراط والتفريط تبخر وقت المشاهد وتصارعت آماله وآلامه. صحيح أن الراديو يتنقل بتردداته عبر الأثير حاملا للمستمع ما يشجيه أو يطربه، وربما مرت من جنبه سيارة كلها مذياع وخلف مقودها جسم مترهل يتمايل بكل الاتجاهات الأربعة كأنه في قاعة للرقص (ديسكو)، يشركه في طربه رغم أنفه قبل أذنه. كل هذا وذاك صحيح، ولكن حيث لا يصح إلا الصحيح فإنَّ المكتوب بين الدفتين يظل هو سيد الإعلام بلا منازع، كان ولا زال وسيظل، بل هو الشاهد على أعمال البشر يوم لا ينفع مال ولا بنون: ﴿وَكُلَّ إِنسَٰنٍ أَلْزَمْنَٰهُ طَٰٓئِرَهُۥ فِى عُنُقِهِۦ ۖ وَنُخْرِجُ لَهُۥ يَوْمَ ٱلْقِيَٰمَةِ كِتَٰبًا يَلْقَىٰهُ مَنشُورًا * ٱقْرَأْ كِتَٰبَكَ كَفَىٰ بِنَفْسِكَ ٱلْيَوْمَ عَلَيْكَ حَسِيبًا﴾[1]، فلا غنى عن الكتابة ولا غنى عن الكتاب، فهو المادة الأولى لكل ما نراه ونسمعه، وهو الوسيلة الحافظة لكل آثار الأمم.

وحتى نحفظ للكتاب وجوده وشخصيته وحيثيته، كانت المكتبات ملعبه الأول، وكانت المعاجم موقعه الطبيعي، فكم من كتاب فقدته البشرية وهي بأمس الحاجة إليه، لا نعرف عنه إلا اسمه ومؤلفه وربما دون مؤلفه، حفظت عنوانه المعاجم، وكم من مؤلف ذاع صيته في الآفاق لكتاب اشتهر به، عرفناه شخصاً وجهلناه علما، لفقدان الكتاب ومادته إلا ذكر اسمه في معجم من معاجم المصنفات، ومن يتعامل مع المعاجم والمصنفات يكتشف الكثير من اللامبالاة هذه التي حطت على رأس الكتاب.

=إيران، وقد يُنسب إلى الرسول الأعظم محمد ﷺ.

(١) سورة الاسراء: ١٣ ـ ١٤.

وحتى يقلل من الخسارة المحتملة بل والمتوقعة فيما يخص النهضة الحسينية، عمد البحاثة الدكتور محمد صادق الكرباسي في باب معجم المصنفات من أبواب دائرة المعارف الحسينية الستين، إلى توثيق الكتاب الحسيني في معجم، صدر منه الجزء الأول عام ١٤١٩هـ (١٩٩٩م)، واليوم (١٤٣٠هـ ـ ٢٠٠٩م) ظهر الجزء الثاني في ٥٧٧ صفحة من القطع الوزيري صادر عن المركز الحسيني للدراسات في لندن.

بساتين عامرة

كما أن البستان أو المزرعة هو المكان الطبيعي للشجرة، فإنَّ المكتبة هي المكان الطبيعي للكتاب، وقد تصغر المكتبة أو تكبر حسب الأهمية، وهناك مكتبات عامة يرتادها كل طالب علم، وأخرى خاصة يرتادها نوع معين من الباحثين، وثالثة شخصية عنى بسقي زروعها صاحبها، وكما أن الكتب من حقها على المجتمع تصنيفها وتوثيقها وحفظها من ملمّات الأيام وتقلباتها، فإنَّ المكتبات عامة أو خاصة من حقها على البشرية حفظها وتوثيقها، ومعظم معاجم الكتب إنما عمد مؤلفوها إلى تصنيف كتبها بالمباشرة عبر زيارة المكتبات العامة والخاصة، وقد أفادوا البشرية كثيرا، لأننا قد نسمع عن المكتبة وما فيها ولكننا لا نجد لها من أثر، حيث أصبحت طعمة لألسنة نيران التموضعات السياسية، فهي إما أن أبيدت عن جهل بقيمة الكتاب أو عن عمد بخطره وكبير أثره، أو أنَّ أصحابها طمروها في باطن الأرض، أو أخفوها وراء الجدران، أو تنقلوا بها في البلدان، فضاع أثرها وجوديا وبقي رسمها معجمياً، وبذلك خسرت البشرية الكثير من المعارف.

ولا تخلو مدينة من مكتبات عامة وخاصة، وتكثر المكتبات الخاصة

والشخصية في الحواضر العلمية والأكاديمية، فهي محل حاجة وابتلاء، وعلى طريق تخليد المكتبات، عمد المحقق الكرباسي في الجزء الثاني من معجم المصنفات الحسينية إلى توثيق المكتبات وبخاصة الشخصية التي لا يعرف عنها إلا المقربون، ففي بعض هذه المكتبات على صغرها من المخطوطات ما ينعدم وجودها في المكتبات العامة، فتوثيقها وما فيها إحياء لها وللمخطوطات، وربما شجعت أصحاب العلم وأصحاب المال ممن يقدرون العلم وأهله على إخراج المخطوطة من شرنقتها إلى النور لتحلق في عالم الكتب المطبوعة.

وليس توثيق المكتبات بالعمل الهيّن، لاسيما وأنّها متوزعة على بقاع الأرض، ولكن الهمَّة تقرِّب اليسير وتبعِّد العسير، وهذا ما نلمسه في هذا الكتاب، وما لمسته من المؤلف من خلال الاحتكاك العملي به، فعلى سبيل المثال، ومن أجل توثيق المكتبة الخاصة للمناضل الإيراني أمير توكل بابا مشير الديوان الكرد زعفرانلو[1] التي أقامها في منفاه في مدينة زاهدان الإيرانية والمعروفة اليوم بمكتبة كامبوزيا، فقد تطلب الأمر الاتصال

---

(١) أمير توكل بابا مشير الديوان الكرد زعفرانلو: هو أمير توكل بن أمير بابا مشير ديوان الكرد زعفرانلو (١٣٢٢ ـ ١٣٩٤هـ) الشهير بأمير توكل كامبازيا، أديب وسياسي، ولد في طهران وانتقل إلى قوجان صغيراً بعد وفاة والده ثم اكمل الدراسة الأولى في مشهد وسافر إلى طاشقند وأكمل الدراسة الجامعية وعاد بعد الحرب العالمية الأولى وتولى مسؤوليات إدارية وحزبية، وبعد نحو عقدين من العمل السياسي والحزبي تعرض لمضايقات شديدة فحط رحاله في صحراء زاهدان مُبعدا في عهد رضا شاه الأول وعمّر المنطقة وبعد عقد من العزلة في الزراعة والتأليف استأنف نشاطه السياسي وتحرك ضد حكم الشاه وتصدى للصهيونية ودورها داخل إيران وخارجها، وتعرض للاعتقال، أقام مكتبة كبيرة في مكان إقامته تضم حاليا أكثر من ٣٠ ألف كتاب مطبوع ومخطوط، قيل مات بالسم على يد جهاز المخابرات (الساواك) في بلدة كلاته من ضواحي زاهدان، كان يجيد لغات عدة منها: العربية والتركية والروسية والفرنسية إلى جانب الفارسية، من مصنفاته: عقايد مذهبي يونان، موضوع شرق در ٥ بخش، وتاريخ كهن صهيونيسم جديد.

بورثته، والتحدث هاتفيا وأكثر من مرة مع كريمته السيدة صادقة كامبوزيا[١] في مدينة زاهدان. ومثل هذا مع (مكتبة آل نوح) الخاصة بالخطيب والأديب العراقي الشيخ كاظم آل نوح الكعبي[٢]، حيث اتصل المؤلف بسبط الأديب آل نوح الدكتور جمال الدباغ[٣] فأمدّه بالناقص من المعلومات، فلا يكتفي الشيخ الكرباسي بما عنده من مصادر رغم أن مكتبته الشخصية (مكتبة الإمام الحسين الخاصة) تضم أكثر من ٢١ ألف مخطوط ومطبوع بلغات مختلفة[٤]، فهو يطرق الأبواب هنا وهناك ويتسقَّط المعلومة، إيمانا منه بأهميتها، وهذا نابع من تواضعه للعلم حتى وإن لقي صدوداً من أصحابها أو من الورثة، فعذره أنَّ بعضهم يجهل أهمية التوثيق.

---

(١) صادقة كامبوزيا: هي صادقة بنت أمير توكل بن أمير بابا مشير ديوان الكرد زعفرانلو، ولدت في زاهدان، وهي أستاذة تربوية وتتولى إدارة مكتبة كامبوزيا العامة في ضواحي زاهدان.

(٢) كاظم آل نوح الكعبي: هو ابن سلمان بن داود بن سلمان بن نوح الكعبي الكاظمي (١٣٠٢ - ١٣٧٩) من الخطباء الأدباء والعلماء الشعراء، ولد في مدينة الكاظمية في بغداد وفيها مات ودفن في الصحن الكاظمي الشريف، نشأ يتيما ونبغ في الخطابة والأدب وصعد المنبر الحسيني وله من العمر عشر سنوات، له حضور في المناسبات السياسية ودور مشهود في ثورة العشرين العراقية ضد الاحتلال البريطاني، من مؤلفاته: محمد ﷺ والقرآن، أحوال الحسين، وديوان شعره (٣ أجزاء).

(٣) جمال الدباغ: هو جمال الدين بن عبد الرسول بن غانم الدباغ، ولد في بغداد سنة ١٩٥٧م، وأنهى الدراسة الإعدادية سنة ١٩٧٤م ونال من جامعة بغداد الشهادة الجامعية (بكالوريوس في الإدارة) سنة ١٩٧٨م والدبلوم العالي (ماجستير إدارة التأمين) سنة ١٩٨١م، والشهادة العليا (دكتوراه فلسفة إدارة الأعمال) سنة ١٩٩٨م، عمل في هيئة التعليم التقني في بغداد منذ عام ١٩٧٨م حتى أصبح رئيسها في نيسان ٢٠١٢م بعد أن كان قبل ذلك عميداً لكلية التقنية الإدارية، مارس التدريس في كليات بغداد وحصل على كرسي الأستاذية (بروفيسور) سنة ٢٠٠٧م، له حضور متميز في المؤتمرات المحلية والدولية المعنية بالإدارة والتقنية، له أكثر من ٧٥ بحثاً منشوراً في مجلات دورية عراقية وعربية إلى جانب أربعة مؤلفات منها: الإدارة الدولية.

(٤) بلغ عدد نسخها حتى نهاية العام ٢٠١٢م أكثر من ٢٣ ألف كتاب مطبوع ومخطوط.

تنقيح وتدقيق

ينبغي لأية أمة أنْ تعظِّم رجالها الذين وثّقوا لها تاريخها، وينبغي لرجال العلم وطلبته أن يعظموا أصحاب معاجم الرجال والمصنفات الذين حفظوا للتاريخ تراث الأمة وحياة رجالها، وفي مقدمة وسائل التعظيم والتكريم حفظ الأمانة وصيانتها، ومن الصيانة تحويل المخطوطات إلى مطبوعات، وأفضل من ذلك أن تخرج المخطوطات محققة ومنقحة ومدققة، لأنَّ التحقيق يستوجب المقابلة والمقارنة في المخطوطة الواحدة من نسخ عدة لتشذيبها مما اعتورها من خطأ أو نقص أو زيادة أثناء النسخ.

وإذا كان الخطأ يقع في نسخ المخطوطة أو عند طباعتها، فإنَّ الخطأ ينسحب هو الآخر على تدوين المخطوط أو المطبوع في المعاجم أو تعدد ذكره هنا أو هناك في الكتب المختلفة، وهنا تقع المهمة على المحقق وهو يقيد هوية الكتاب في معجم المصنفات بأن يتحقق من كامل معلومات الكتاب بخاصة عندما تكون أمامه أكثر من نسخة، وإذا بانت له الحقيقة فينبغي ذكرها وتقييدها وعدم الاتكال على ما ورد في هذا المعجم أو ذاك حتى وإن كان مؤلفها على درجة كبيرة من الدقة والوثاقة، لأنَّ الخطأ قد يحصل عند صف الحروف وتنضيدها وطباعة الكتاب، وربما يحصل الخطأ من نقل الكاتب نفسه، فالأمانة العلمية تقتضي تبيان الحقيقة، فللعلماء احترامهم وتقديرهم ولكنهم بشر وعملهم قابل لهامش من الخطأ.

ومن خلال متابعة هذا المعجم، نلاحظ أنَّ البحاثة الكرباسي، يحرص وهو يدوّن معلومات الكتاب الحسيني على توثيق المعلومة الصحيحة بعد مطابقتها بما اطمأنَّ إليه، فيقدم رأيه في عنوان الكتاب أو مؤلفه، بل ويعطي رأيه في أصل مادة الكتاب إذا كانت معارضة لقطعيات التراث، فهو

يؤمن أن المعجمي الحقيقي هو القادر على التدقيق والتنقيح، وبذلك فإنَّ الدكتور الكرباسي يقدم منهجا قويما في فن العمل المعجمي، ويعطي للمعاجم دورها الحقيقي في التثبت والتوثيق.

عقل لا نقل

ربما يعتقد البعض أنَّ تصنيف الكتاب وتوثيقه يتوقف على نقل المعلومات الواردة في هوية الكتاب، فالنقل مهمة ليست بالعسيرة، وهو دأب عدد غير قليل من العاجزين ممن انضم إلى حزب الكتّاب وهو من قاعدته أبعد! ولكن العمل المعجمي الحاذق يخرق حاجز هوية الكتاب ليدخل في التفاصيل وكشف أمور كثيرة لا يقف عليها البعض، ولها دخل في تشخيص بوصلة الثقافة.

وربما نستطيع من خلال عمل المحقق الكرباسي في معجم المصنفات الحسينية الوقوف على أمور عدة، من أهمِّها:

أولا: كشف التلاعب: هناك مخطوطات أو مطبوعات قديمة، يحرص البعض على طباعتها أو إعادة طباعتها لأهداف كثيرة قائمة في ذهن الجهة أو الشخص القائم بالعمل، غير أن البعض يعمد إلى حذف أو تعديل أو تدليس نص أو مجموعة نصوص إمعانا في تجهيل القارئ وتجاوز الحقيقة، ومن ذلك ما جاء في كتاب (أخبار الزينبيات) أو (السيدة زينب) وهو من تأليف يحيى العبيدلي[1]، فقد طبع بمصر عام **١٣٣٣**هـ، وأعيد طباعته عام **١٣٥٣**هـ، ولكن هذه المرة بإسقاط كرامة للسيدة زينب بنت علي بن أبي طالب عليها السلام كانت قائمة في الطبعة الأولى.

---

(١) يحيى العبيدلي: هو ابن حسين (حسن) بن جعفر العقيقي العبيدلي (٢١٤ ـ ٢٧٧هـ) الشهير بشيخ الشرف العبيدلي، من النسابة في المدينة المنورة ولي إمارتها وظلت في عقبه، له كتاب: المعقبين.

ولا يخفى أنَّ مثل هذا التلاعب والتدليس يرقى إلى الخيانة العلمية، بل هو الخيانة بعينها، وهي لا تنقص من صاحب الكرامة بقدر ما هي إساءة للكتاب وطعن بحيثية الكاتب، وكان بإمكان الناشر الذي لا يؤمن ببعض ما جاء في هذا الكتاب أو كله، أن يربأ بنفسه عن ساحة الخيانة بأن يسعى إلى تحقيق الكتاب فيظهر رأيه بالنص الذي لا يرتضيه، ويكون بذلك قد أضاف رأيا جديدا، وخدم العلم والعلماء دون أن يرتكب جنحة علمية ربما فاقت بتبعاتها الجنحة الجنائية.

ثانيا: كشف الأسماء المستعارة: يلجأ البعض إلى استخدام أسماء مستعارة كنوع من أنواع الجمالية الكتابية، وللدلالة على شخصه دون الحاجة إلى ذكر اسمه واسمِ أبيه، ويكثر هذا في باب الأدب وبخاصة في جانب المنظوم منه، فيقال: إن الشاعر الفلاني يتخلص بكذا من الأسماء، وهذه سمة شعراء إيران والقارة الهندية، لكن البعض يلجأ إلى ذلك قسرا، ليتجنب عيون السلطة وكيد السلطان، وقد يموت صاحب الاسم المستعار ولا يعرف الناس عنه شيئا إلا الدائرة الضيقة القريبة منه، والبعض الآخر يستبعد شخصيته وهويته حالما يهاجر من بلده حفاظا على حياة أسرته أو ما تبقى منهم، ويعود إلى هويته الحقيقية حالما تعود الحياة السياسية في بلده إلى وضعها الطبيعي.

والمحقق الحاذق العامل في مجال المصنفات، هو الذي يسعى إلى اكتشاف شخصية الكاتب إذا ما عنّ له أنَّ الاسم الموضوع على الكتاب ليس بواقع، ومثل هذا الأمر قائم في كثير من البلدان التي لا تعمل بالنظام النيابي، لأن الكتاب في مثل هذه البلدان يخضع للرقابة الحكومية، ولا يرى النور إلا بعد موافقة السلطات، ومن الطبيعي أن السلطات الرسمية

تتقبل الكتاب الذي يوافق سياستها، مما يلجئ بعض الكتّاب إلى استخدام الاسم المستعار، ومن النماذج الواردة في هذا المعجم هو كتاب (أخلاق الجبهتين في نهضة عاشوراء) للكاتب العراقي المعاصر سعيد العذاري[1]، حيث صدر الكتاب في البدء في إيران على شكل دراسة باسم شهاب الدين الحسيني، ثم بعدما عادت الأمور في العراق إلى بعض نصابها كشف الحسيني عن هويته العذارية.

ثالثا: كشف اللبس: من الأمور التي تظهرها عملية تنظيم المصنفات هو كشف اللبس الذي يحصل لدى أصحاب المعاجم خلال نقل الكتاب أكثر من مرة في أكثر من موضع، ونسبة الكتاب الواحد إلى أكثر من مؤلف، ويحصل مثل هذا في الكتب المترجمة، فيقع الخلط في ترجمة العنوان أو في اسم الكتاب أو لقبه أو فيها كلها مجموعة، مما يوحى أنه أكثر من كتاب، بيد أنَّ المحقق النبيه يملك قدرة الكشف المبكر عن الخلل نتيجة للتعامل اليومي مع الكتاب، وبخاصة لدى أولئك الذين يجيدون التحدث بأكثر من لغة، فاللغة الثانية هي في واقعها ثقافة ثانية تزيد من التراكمات الثقافية لدى مُجيدها.

---

(١) سعيد العذاري: هو ابن كاظم بن سعيد، ولد في قضاء المناذرة في محافظة النجف الأشرف سنة ١٩٦٠م، من الكتاب الأدباء والسياسيين العراقيين المقيمين في إيران، هاجر إليها في ١٣/٦/١٩٨٣م، ويقيم حاليا في مدينة قم المقدسة، نشأ في مسقط رأسه وتخرج من الإعدادية سنة ١٩٧٧م وحصل على دبلوم محاسبة من بغداد سنة ١٩٧٩م، وحصل على الشهادة العالية (الماجستير) من جامعة المصطفى في قم سنة ٢٠٠١م، انشغل بالدراسة والتأليف ونشر المئات من المقالات والعشرات من الأبحاث والدراسات باسم: شهاب الدين الحسيني" وحرر في مجلات مختلفة منها: الأسرة، المودة، صدى النهرين، له أكثر من ٣٠ كتاباً منها: طرق تولي القائد، سماحة الإسلام وحقوق الأقليات الدينية في مدرسة أهل البيت عليهم السلام، والأمر بالمعروف والنهي عن المنكر.

ومثل هذا اللبس يكتشفه البحاثة الكرباسي الذي يتحدث أكثر من لغة، عند تعامله مع الكتب، ومن ذلك كتاب (إزالة الغين عن بصارة العين بإثبات شهادة الحسين) باللغة الفارسية للكاتب الهندي حيدر علي الفيض آبادي[1].

رابعا: كشف التكرار: ومن الطبيعي عندما يقع اللبس في عنوان كتاب أو مؤلفه، أن يقع التكرار في ترجمة الكتاب، وإذا لم ينتبه صاحب المعجم سيسقط في الخطأ، ومثل هذا يكتشفه المحقق الكرباسي في أكثر من كتاب ومن ذلك (أرجوزة في تاريخ المعصومين) للشاعر العراقي محمد بن الحسين الحسيني[2] والشهير بمحمد ابن أمير الحاج الحائري، حيث تكرر اسمه في أحد معاجم المصنفات مرتين.

إحياء الموات

في الواقع أن للمعاجم فوائد جمة وهي لا غنى عنها للباحث والكاتب

---

(١) حيدر علي الفيض آبادي: هو ابن محمد حسن بن محمد ذاكر بن محمد عبد القادر الفيض آبادي المتوفى عام ١١٩٩هـ، ولد في مدينة فيض آباد في الهند وفيها نشأ ودرس ثم انتقل إلى دهلي وفيها بزغ نجمه وقدم إلى لكنهو وفيها مارس التدريس ولمع في علم الكلام وقيل انه من فقهاء الحنفية، سافر بعدها إلى بهوپال وأقام مدة ونزل بعدها حيدر آباد وتولى فيها ديوان العدل والقضاء إلى جانب التصنيف والتأليف حتى وفاته فيها، من مصنفاته: نضارة العين عن شهادة الحسنين، كاشف اللثام عن تدليس المجتهد القمقام، والداهية الحاطمة على من أخرج من أهل البيت فاطمة.

(٢) محمد بن الحسين الحسيني: هو حفيد محمد بن محسن بن عبد المطلب ويرجع بنسبه إلى أمير الحاج الأعرجي الحسيني الحائري، نشأ ودرس وعاش في كربلاء وتوفي سنة ١١٨٣هـ في النجف الأشرف وفيها دفن، من علماء العراق وأدبائها وشعرائها، تتلمذ في كربلاء المقدسة على السيد نصر الله الحائري، من آثاره: تاريخ نور الباري، الآيات الباهرات في مدائح النبي والأئمة عليه وعليهم الصلوات، وشرح شافية أبي فراس في مناقب آل الرسول ومثالب بني العباس.

والمؤسسات العلمية والبحثية، ناهيك عن المكتبات العامة، ولعل واحدة من الفوائد أنها تعيد الحياة إلى الميت من المخطوط أو الكتاب، وتبث الروح في الميت من الكتّاب، فالبعض من المؤلفين والمصنفين وهم ليسوا بالقليل يؤلفون الكتاب، وربما يكون هو الأول والأخير مما تركوه في دنياهم عملاً بالحديث النبوي الشريف: (إذا مات الإنسان انقطع عنه عمله إلا من ثلاثة: إلا من صدقة جارية أو علم ينتفع به أو ولد صالح يدعو له)[1]، فربما أمكن للورثة نسخ المخطوط أو طباعته، وربما باعوه وهو ما يحصل لعددٍ غير قليل من مؤلفات العلماء الذين يعيشون ضنك الحياة فيورثون للخلف علماً، فإما أن تحفظ في المكتبات الشخصية أو تطبع، وبعضها (وما أكثرها) تصبح في خبر كان!

ومن يعمد إلى نسخ المخطوط وطباعة الكتاب النافع إنما هو يقوم بخدمة كبيرة للساحة العلمية، ولا أعتقد أن ثواب الكتاب من الناحية المعنوية يذهب إلى المؤلف فحسب إذا ما أقدم أحدهم على طبعه، فالباذل في طباعة الكتاب أو تحقيقه يدخل في مصداق الحديث، ولا شك أنه جزء من الحديث النبوي الشريف: (إذا مات الإنسان انقطع عنه عمله إلا من ثلاثة، علماً علمه ونشره، وولداً صالحاً تركه، أو مصحفاً ورثه، أو مسجداً بناه، أو بيتاً لابن السبيل بناه، أو نهراً أجراه، أو صدقةً أخرجها من ماله في صحته وحياته تلحقه من بعد موته)[2]، فالثواب يلحق المؤلف والمعلم

---

(1) صحيح مسلم: ٤/ ١٢٥٥، كتاب الوصية ح١٦٣١، مسلم بن الحجاج القشيري النيسابوري، تحقيق: محمد فؤاد عبد الباقي، دار الحديث، القاهرة ـ مصر، ط١، ١٤١٢هـ (١٩٩١م).

(2) سنن ابن ماجة: ١/ ٨٨، المقدمة باب ٢٠ ح٢٤٢، ابن ماجة محمد بن يزيد القزويني، تحقيق: محمد فؤاد عبد الباقي، دار احياء الكتب العربية، القاهرة ـ مصر.

والناشر، فأي يد تدخل في طباعة الكتاب وإظهاره للقارئ بحلة جميلة تلحق بمصداق الحديث، ومن مصاديق الحديث، المعاجم التي تصون هوية الكتاب ومؤلفه، فهي تحفظ الكتاب من الضياع والكاتب من النسيان، على مر الدهور والأيام.

أدب پشتوي

ومن يكتب عن عظيم نثراً أو شعراً، فإنه سيخلد لخلود العظيم، فكيف وإن العظيم هو سيد الشهداء وسيد الأحرار الإمام الحسين ﴿عليه السلام﴾، الذي كما يقول العلامة الشيخ خورشيد أنور جوادي، مدير الحوزة العلمية الجوادية في مدينة هنگو الباكستانية: (إن الإمام الحسين هو واحد من الشهداء الخالدين على مدى الدهر حيث رفع لواء النضال في طريق الحق والعدالة، وآثر الموت على الحياة من أجل رفعة الإسلام وإحياء السنن الإلهية المقدسة)

ويضيف الشيخ الجوادي وهو يقدم للجزء الثاني من معجم المصنفات الحسينية بلغة البشتو: (إن نهضة الإمام الحسين بثّت الحياة في القلم، فأبدع الكتّاب والشعراء نثراً ونظماً لتخليد الحماسة الحسينية في كربلاء وبمئات اللغات واللهجات)، وحول لغة البشتو المنتشرة في باكستان وأفغانستان والهند، ودورها في نهضة كربلاء، أكد الشيخ الجوادي: (ولا يخفى أنَّ الأدب البشتوي له مشاركات كبيرة في الأدب الحسيني عبر مئات الشعراء والأدباء والكتاب حيث أرخوا لمأساة كربلاء الأليمة). وحول مكانة دائرة المعارف الحسينية في تخليد النهضة الحسينية، قال العلّامة الجوادي: (إن سماحة آية الله محمد صادق الكرباسي، يظهر من خلال مؤلفه عظم وتأثير شهادة سيد الشهداء وتضحيته على المصنفات)،

وبخصوص الموسوعة الحسينية، يؤمن: (إنَّ من نتائج هذا العمل الموسوعي الغزير والمبارك، هو الوقوف أمام الإعلام اليزيدي، وإبطال مفعوله).

وفيما أعتقده، أن العمل المعجمي لا يشجع المثقف على الكتابة والنشر فحسب، وإنما يدفع غير الكاتب ممن يملك مالا ولا يملك قلما أنْ يساهم بما أنعم الله عليه من رزقه في نشر العلم وتخليد العلماء في حياتهم من خلال تبنّي طباعة مصنفاتهم ومؤلفاتهم، كما أنَّ من الصدقة الجارية على الميت أنْ يعمد إلى صرف جزء من الأموال في طباعة الكتاب المفيد تخليدا لذكرى الفقيد في الحياة الدنيا وأملا في نيل الثواب في الحياة الآخرة.

ولا يخفى أن إشاعة ثقافة البذل على الكتاب، فضلا عن ثقافة التأليف، يساعد كثيراً في خفض منسوب الجهل، ويرفع من شأن الأمة، فكم من كاتب قدير ضاقت به الدنيا، نالت أنامله ثريّا العلم ولم تصل ثرى المال؟ فإذا ما اتحدت جزئية العلم مع ذرة المال انتعشت الأمة بماء الرقي والسمو وتسنَّمت مركب الحضارة.

الثلاثاء: ٢٠/ ١٠/ ٢٠٠٩م

المستشار أرشد الهرمزي

* أرشد بن جبار بن ضياء الدين بن أسعد بن عمر بن عبد العزيز بن أحمد بن إبراهيم بن هرمز وإليه ينتسب.

* ولد في مدينة كركوك سنة ١٩٤٣م في أسرة مسلمة حنفية.

* أديب وشاعر ومستشار.

* نشأ ودرس الابتدائية والمتوسطة والإعدادية في مسقط رأسه.

* درس في كلية الحقوق في جامعة بغداد في الفترة (١٩٥٩ ـ ١٩٦٣م) ونال منها الشهادة الجامعية (بكالوريوس حقوق).

* سكن مدينة مورناو جنوب ميونخ في ألمانيا لدراسة اللغة الألمانية والعمل في شركات التأمين.

* عمل في العراق بشهادته في شركة التأمين ثم أصبح رئيساً لشركة التأمين فرع كركوك.

* اشتغل في مجال الإعلام أثناء فترة الدراسة الجامعية وقدم برامج في راديو بغداد (القسم التركماني) من خلال برنامج مجلة الإذاعة.

* كتب في مجلة الأخاء التي كانت تصدر في العراق باللغات التركمانية والعربية والانكليزية، كما كتب في غيرها وفي بعض الأحيان بأسماء مستعارة.

* من مؤسسي وقف كركوك (بيت الثقافة التركماني) المعني بالثقافة التركية.

* ترك العراق عام ١٩٨٠م وسكن السعودية وتركيا وتنقل في بعض البلدان، ويسكن حالياً أنقرة.

* يتولى الآن مركز كبير مستشاري الرئيس التركي عبد الله غول لشؤون الشرق الأوسط.

* له مؤلفات باللغتين العربية والتركمانية، منها:

ـ التركمان في العراق.

ـ المدخل إلى التاريخ التركي

ـ التركمان والعراق

ـ النثر الفني وأدباؤه لدى التركمان للدكتور مهدي بيات (ترجمة من الألمانية للعربية).

الموسوعة الأبرز[1]

(ديوان القرن الثاني عشر ج٣)

بسم الله الرحمن الرحيم

وبه نستعين:

يتجدد الحديث عن الإمام الحسين عليه السلام بشكل يتلاءم مع كل العصور، إنه حديث عن الحرية والكرامة، وعن الظلم وما يضفيه على حياة الإنسان بل والبشرية جمعاء من الويلات التي تعصف بالنفوس قبل أن تنال من الأجساد. إن المواجهة التي حدثت وخلّدت مآثر الإمام الحسين بن علي فضحت التوجه الاستبدادي والتسلط الدنيوي.

لم يصب المسلمون منذ استشهاد الحسين رضي الله عنه بمصيبة أعظم منها ولكن المصيبة فتحت شهية الاستبداد على مر العصور فكان لزاماً على البشرية أن تتذكر هذه المآسي لكي تستنبط الدروس والعظة منها.

لقد جاء الحسين رضي الله عنه وأشعل ثورة بيضاء تنير أضواؤها البشرية والعالم الإسلامي، وهذه البذرة الحسينية قد زرعت عقول وقلوب

---

(١) أصل المقدمة باللغة التركية الاستانبولية.

المسلمين الذين علمتهم هذه الثورة أن لا يخنعوا وأن لا يستبدلوا الإيمان بمكاسب الدنيا الفانية.

ولم يكن الأتراك بمنأى عن هذه النهضة المباركة نهج الإمام الحسين لمسيرة جده الأكرم رسول الله عليه أفضل الصلاة والسلام فاستذكروا هذه الذكرى الأليمة وما تحويها من معان وعظات بأبلغ درجات الاحترام والتبجيل، ولازالت الشعائر الخاصة بذكرى استشهاد الحسين رضي الله عنه ماثلة في أعماق المسلمين الأتراك ويستذكرون أفضال أهل البيت ويعلمون أولادهم العبر المستنبطة عن هذه النهضة المباركة.

وفي هـذا الإطـار كـان رئيس الـوزراء الـتـركي الـسـيـد رجب طيب أردوغان(١) (قد بعث برسالة إلى مؤتمر عاشوراء الإمام الحسين عليه السلام المنعقد في أنقرة عام ١٤٢٩هـ ملؤها الحفاوة والتكريم بهذه الذكرى العظيمة جاء فيها: "إن قلوبنا تمتلئ بالحزن في شهر محرم وتتحسر شوقاً إلى أهل البيت وهي ملتهبة بحبهم على أمل نيل شفاعتهم وأن تُغفر الذنوب في هذا الشهر الذي يُعتبر شهر الله كما أخبرنا بذلك سيدنا رسول الله ﷺ.

لقد سجّل التاريخ حوادث عدة في مثل هذا الشهر ومنها ـ مع الأسف ـ

---

(١) رجب طيب أردوغان: هو ابن أحمد أردوغان (Recep Tayyip Ahmet Erdogan)، ولد في ضاحية قاسم باشا في استانبول في ١٩٥٤/٢/٢٦م من أسرة قوقازية الأصل، نشأ في ريزة على البحر الأسود حيث موطن العائلة، وعاد إلى استانبول بعمر ١٣ عاما وأكمل الإعدادية في مدرسة إمام خطيب الدينية ونال الشهادة الجامعية (البكالوريوس) في الاقتصاد وإدارة الأعمال من جامعة مرمرة، دخل المعترك السياسي مبكراً وتقلب في الأحزاب التركية الإسلامية حزب الخلاص وحزب الرفاه وحزب الفضيلة، أصبح عمدة استانبول في الفترة (١٩٩٤ ـ ١٩٩٨م)، حكم عليه بالسجن لفترة بتهمة التحريض على الكراهية الدينية، في عام ٢٠٠١م شكل مع عبد الله غول حزب العدالة والتنمية، وتولى سنة ٢٠٠٣م رئاسة الوزراء ولازال.

إستشهاد قرة عين رسولنا ﷺ حفيده الإمام الحسين عليه السلام الذي نال شرف مرتبة سيد شباب أهل الجنة. فهذه الحادثة التي أحرقت القلوب، لم تزل تترك في القلوب الحيّة التي تحيي ذكراها جرحاً عميقاً... وكلما قُدِّم لنا أي قدح ماء تذكَّرنا شهداء كربلاء، كيف انتقلوا إلى جوار ربهم عطاشى وبجنبهم نهر الفرات".

وأضاف السيد أردوغان: "اليوم ونحن إذ نحيي الميراث المقدس الذي تركوه لنا، نؤكد بأنَّ وقوفنا إلى جانب المظلوم لمنع أذى الظالم سيزداد قوة، وسنبقى محافظين على تلك القيم التي تبث الروح في حياتنا.

ما أسعد الذي يعيش بفخر وعز وهو يعرف من أين أتى وإلى أين يذهب، وما أسعد الذي يرتقي بكرامة إلى مرتبة تليق بمقامهم، بهذه المشاعر نترحم على الإمام الحسين عليه السلام مستذكرين ما أخبرنا به رسولنا الأكرم ﷺ بأنه عليه السلام مصباح هدى وسفينة نجاة، كما ونترحم على شهداء كربلاء، متمنين على العالم الإسلامي أن لا يشهد مثل هذه الحوادث المؤلمة مرة أخرى".

هذا هو الحسين من المنظار التركي كما عبّر عنه رئيس الوزراء، وليس هناك أي اختلاف بين مسلم وآخر في هذا التوجه ولا بين حر وآخر، وهذه النظرة انعكست على صفحات الموسوعة الفريدة دائرة المعارف الحسينية التي أوردت كل شاردة وواردة فيما يتعلق بالإمام الحسين عليه السلام ونهضته المباركة، ومما يميزها عن غيرها أنها جاءت موضوعية واستخدمت كل أدوات التحقيق وتحرّت الدقة سواء في حقول الأدب أو التاريخ أو غيرهما من الموضوعات المقسمة على أبوابها الستين.

وليس بوسعي كقارئ ومتتبع للأمور الاجتماعية والسياسية بقدر ما يتاح

لي إلا أن أسجل بأن جهداً كبيراً بذله صاحب السماحة الدكتور محمد صادق الكرباسي المسلَّح بسلاح العلم والتحقيق لتكون موسوعته الأبرز لحد الآن في مجال الموسوعات، وقد علمت أنها لا تخص أبناء لغة معينة ولا أبناء قطر معين بل جعلها عامة إلى كل الأمم والطوائف، ولذلك فإنه يستحق كل التقدير والعرفان بالجميل.

وقد وقفت على الجزء الثالث من ديوان القرن الثاني عشر والذي يضم القصائد من قافية الميم حتى الياء من الشعر العربي القريض الذي نُظم في النهضة الحسينية فوجدته في غاية الجمالية الأدبية والدقة اللغوية والدراسة العروضية، وإنني بدوري أثمّن هذا المجهود الكبير سائلاً المولى أن يمن على سماحته بالعافية لانجاز ما بقي من هذه الموسوعة الجليلة، وفق الله القائمين على أمر هذا المشروع الجليل وألهم الكل سبيل الرشاد.

أرشد الهرمزي
مستشار رئيس الجمهورية التركية
السيد عبد الله غول[1] لشؤون الشرق الأوسط
٢٢ نيسان ٢٠٠٩م الموافق ٢٦ ربيع الآخر ١٤٣٠هـ

---

(١) عبد الله غول: هو ابن أحمد حمدي غول (Abdullah Ahmet hamti Gol)، ولد في مدينة قيصري في ٢٩/١٠/١٩٥٠م، نشأ ودرس في مسقط رأسه، ونال الشهادة الجامعية (بكالوريوس اقتصاد) من جامعة استانبول ثم الشهادة العالية (الماجستير) في الاقتصاد ونال من جامعة لندن الشهادة العليا (دكتوراه اقتصاد) في العام ١٩٧٨م، مارس التدريس في جامعة سكاريا، عمل في بنك التنمية الإسلامي في جدة بدرجة خبير في الفترة (١٩٨٣ ـ ١٩٩١م)، مارس العمل السياسي في الأحزاب الإسلامية وآخرها حزب الفضيلة، وفي عام ٢٠٠١م أسس مع اردوغان حزب العدالة والتنمية، تولى رئاسة الحكومة في الفترة (٢٠٠٢ ـ ٢٠٠٣م) خلفا لبولنت أجاويد ثم وزيراً للخارجية في الفترة (٢٠٠٣ ـ ٢٠٠٧م) ثم رئيسا للجمهورية منذ عام ٢٠٠٧م خلفاً لأحمد نجدت سيزر ولازال.

حين يبث الشعراء آهات ناطقة

للسياحة أبعاد مختلفة وفوائد جمّة، لا يدرك عين مغازيها إلا من تجوّل في البلدان، بل ويستشعرها ذاتيا من لم يجد قدرة على التنقل، فهي مسألة شعورية بصيرية تترجم فعليا عبر المشاهدة الحسيّة البصرية، وتتحقق الفائدة المرجوة عبر الاحتكاك المباشر ونيل الأوطار. ومثلها في عالم الشعر والتنقل من فضاء شاعر إلى آخر، والخروج من غرض شعري والدخول في آخر، وارتقاء سلّم القوافي، فهي سياحة شعرية وشعورية، فالشعر الحقيقي لا يقال له شعر ما لم يحرّك الشعور الداخلي ويطلق من النفس حسراتها وعن الأضلاع زفراتها، فكما يطلق سائح البلدان لناظريه أحداقهما، يطلق سائح القوافي لنفسه تجرداتها، فالمتعة لا تتأتى من النظر المجرد عن التعاطي مع المحسوس، ولا تتأتى المتعة من القراءة المجردة عن التعاطي مع الشعور.

والمرء بأصغريه قلبه ولسانه، وإذا حسنت السريرة طهر القلب وعفّ اللسان، والقافية بنت الشعور، والشعور إرهاص لتموجات الفؤاد، وحيثما اتجهت موجة القلب كان الشعور ظلها، ولا يملك الإنسان من نفسه إلا أن يتأثر بالأمواج، وحيثما حطت القوافي الشاعرية رحالها حط سائح القوافي عندها مشاعره، ولأن قوافي الشاعر المجيد تتقلقل بين أطباقها وراء قلبه ومشاعره، فإنها تسيل على لسانه رقراقة صافية، وإذا أنشأها ربّانها في الرثاء جاءت آهاتها ناطقة وتفجعاتها باصرة، وحيث لا يوم في التاريخ

الإنساني كيوم عاشوراء[1]، فإنَّ قوافي الشعراء لبست رداء الفجيعة، تئن وتنوح، تنتقل من بحر إلى آخر عبر سفينة من الوجع الحسيني الذي يتعثر بأذياله في الصدور، ويبقى يفور لتبقى الأمة مستيقظة تبطل سحر فرعون وأضرابه، وتغرقه في يمّها قبل أن يسخِّرها لبناء صرح أهراماته.

ولطالما حرّكت القصائد المشاعر وأبطلت كيد سحرة الجن والإنس، وقرعت أبواب الظالمين وأفسدت عليهم أحلامهم، وإذا كانت القصيدة مدماة، حملت على كفها ضحيتها، تستنفر المشاعر من عقالها والدموع من آماقها، تستشعر الذات ولا تجلده، وتحرك الأقدام ولا تقعدها، ولذلك كانت القصيدة حليفة كل نهضة تحررية، وتتقرقع القوافي حيث تقرع الطبول، والقوافي الحسينية المضمخة بعبق الشهادة هي أبلغ في النهضة وأقدر على استنهاض الأمة، وهذا ما لمسناه في القصائد والمقطوعات والأبيات التي نظمت على مدى أربعة عشر قرنا من تاريخ واقعة كربلاء عام ٦١ هجرية وحتى يومنا الحاضر، وهذا ما وجدناه في الجزأين الأول[2] والثاني[3] من كتاب (ديوان القرن الثاني عشر)، ونجده في الجزء الثالث

(١) قال الإمام علي بن الحسين السجاد عليه السلام: (ولا يوم كيوم الحسين عليه السلام إزدلف إليه ثلاثون ألف رجل يزعمون أنهم من هذه الأمة، كلّ يتقرب إلى الله عز وجل بدمه، وهو بالله يذكّرهم فلا يتعظون حتى قتلوه بغياً وظلماً وعدواناً...)، أمالي الصدوق: ٣٧٤، المجلس السبعون، محمد بن علي الصدوق القمي، انتشارات كتابچي، طهران ـ إيران. للمزيد، أنظر: أشرعة البيان قراءة موضوعية في الموسوعة الحسينية: ٩٧، نضير رشيد الخزرجي، بيت العلم للنابهين، بيروت ـ لبنان، ط١، ١٤٣٣هـ (٢٠١٢م).

(٢) صدر الجزء الأول من ديوان القرن الثاني عشر، في طبعته الأولى عن المركز الحسيني للدراسات في لندن في العام ١٤٣٠هـ (٢٠٠٩م) في ٥٣٠ صفحة من القطع الوزيري.

(٣) صدر الجزء الثاني من ديوان القرن الثاني عشر، في طبعته الأولى عن المركز الحسيني للدراسات في لندن عام ١٤٣٠هـ (٢٠٠٩م) في ٥١٣ صفحة من القطع الوزيري.

الذي صدر عام (١٤٣٠هـ/ ٢٠٠٩م) عن المركز الحسيني للدراسات في لندن في ٤٠٦ صفحات من القطع الوزيري، لمؤلفه الأديب الدكتور محمد صادق الكرباسي، حيث يستوعب القوافي من حرف الميم حتى الياء والتي نظمت في الفترة الزمنية (١٦٨٩ ـ ١٧٨٦م).

مثلٌ وعِبرةٌ

يختمر العنوان كأي عنوان لرسالة أو كتاب أو قصة أو شركة أو معمل، مادة المسمى، فعنوان الكتاب يدل على فحواه، ويستطيع المرء أن يأخذ فكرة عامة عنه من خلال العنوان من غير أن يقرأه، فهناك وبشكل عام، ملازمة بين عنوان المسمى ومادته، ومثل هذا يقال للمثل الذي تتداوله أمَّة من الأمم، فهو يمثل مفهوما عاما وعريضا لمسمى أو حالة أو ظاهرة أو شخص، يستطيع المرء من خلال المثل المكثف بكلمات قصار باللهجة الدارجة أو الفصحى أن يستدل على المراد.

وللمثل معانٍ عدة بيدَ أنَّ معظمها تتحرك في دائرة العِبرة والاعتبار وإصابة الهدف، وحسب تقدير إبراهيم النظام[١]: (يجتمع في المثل أربعة لا تجتمع في غيره من الكلام، إيجاز اللفظ، وإصابة المعنى، وحسن التشبيه، وجودة الكناية، فهو نهاية البلاغة)[٢]، وبتقدير الباحث العراقي المعاصر الدكتور جليل العطية[٣]: (الأمثال مرآة تعكس خبرات الحياة

---

(١) إبراهيم النظام: هو ابن سيار بن هانئ البصري (١٨٥ ـ ٢٢٣هـ) من متكلمي البصرة وفقهائها وأدبائها وفيها ولد ونشأ وبرز، وإليه كانت تنسب الفرقة النظامية المعتزلة، تتلمذ على خاله أبي هذيل العلاف، وعنه تتلمذ الجاحظ، تنقل في مدن العراق وإيران والجزيرة العربية، كان في البصرة يرتزق من نظم الخرز ومنه جاءت شهرته، قيل مات في بغداد.

(٢) مجمع الأمثال: ١/٧، أبو الفضل أحمد بن محمد الميداني النيشابوري، طبعة قديمة.

(٣) جليل العطية: هو ابن إبراهيم، ولد في مدينة الكوت جنوب العراق سنة ١٣٥٩هـ (١٩٤٠م)،=

وعادات الشعوب وقيمها وتقاليدها وهي منجم ثرّ للباحث في دراسة المجتمع أو اللغة أو التقاليد الشعبية لدى الأمم)[١]، وبرأي الكاتب اللبناني المعاصر العراقي المولد حسين الطيبي العاملي[٢] في مؤلفه "كتاب الحكمة العربية"[٣]، أن: (الأمثال جمل قصيرة لها معانٍ كبيرة تشف عن تجارب الناس وعن الأفكار النابعة من حياتهم وعن أحكياتهم خلال مئات السنين، تنميها عقولهم وتصقلها ألسنتهم ليتوارثوها جيلا بعد جيل أوعية للحكمة. والمثل زينة للحديث كما هو دليل دقيق رقيق لمغازيه، وهو أيضاً خزين من المعرفة وسجل للعادات والتقاليد، وقد نقرأ فيه حدثا من حوادث التاريخ)[٤].

فالمثل في مؤداه العام أبلغ في الوعظ والإرشاد والتدبير والحث على الخير والنهي عن الشر، أي يدخل في باب (الأمر بالمعروف والنهي عن

=باحث ومحقق، أقام في فرنسا عام ١٣٩٨هـ (١٩٧٨م) ونال الشهادة العليا (الدكتوراه) من جامعة السوربون في باريس سنة ١٤١٧هـ (١٩٩٦م) عن رسالته المعنونة: "تطور الحياة الاجتماعية في العراق من ١٩١٩ ـ ١٩٣٩م"، له مقالات وأبحاث منشورة في وسائل إعلام مختلفة، وله عشرات المصنفات بين تأليف وتحقيق وإعداد منها: الجواهري شاعر القرن العشرين، الحنين إلى الأوطان، ونظرة المستشرقين والرحالة إلى الروضة الحسينية.

(١) كتاب الحكمة العربية: ٧ (تقديم)، حسين محمد العاملي.

(٢) حسين الطيبي العاملي: هو ابن محمد بن حسين، أصله من الطيبة في جنوب لبنان ولد في مدينة النجف الأشرف في العراق سنة ١٣٤٦هـ (٧/ ٧/ ١٩٢٧م)، أديب وكاتب، نشأ ودرس في مسقط رأسه، تنقل في البلدان واستقر في لندن، يجيد لغات عدة: الإسبرنتو، الانكليزية، الفرنسية، الألمانية والفارسية، تولى سكرتارية نادي لندن للغة الإسبرنتو، له مقالات كثيرة نشرت في الصحافة العربية والإنكليزية، له مصنفات عدة بلغات مختلفة، منها: الرجل ذو العمرين (سيرة ذاتية)، حكم عربية من القرن السابع، الكلمات القصار للإمام علي (بالإسبرنتو).

(٣) صدر الكتاب في طبعته الأولى عام ١٤٢٨هـ (٢٠٠٧م) عن دار الكتب العربية في دمشق في ٣٣٦ صفحة من القطع الوزيري.

(٤) كتاب الحكمة العربية: ١١ (المقدمة)، حسين محمد العاملي.

المنكر) سعيا إلى تكثيف عمل الخير في الفرد أو الأمة وتقليص موارد الشر، من هنا فإن المثل يظهر على لسان شاعر فينتشر في الآفاق مثلا، أو أن الشاعر يأخذ مثلا قائما ويدسه في قصيدته فيذهب المثل والبيت مثلا بين الأمم، وهذا ما نلاحظه في عدد من قصائد ديوان القرن الثاني عشر الهجري، ومن ذلك قول الشاعر البحريني محمد آل عصفور(1) في قصيدة بعنوان (**اسأل العين القريحة**)، من بحر الكامل:

أتَرومُ سُلواني سَفِهتَ فَدونَه خرطُ القتاد وحَسْوُ صابٍ عَلقَما

إن المصيبةَ بالحسين عظيمةٌ منها السّما حُزناً بكته بالدما

وهنا أدرج الشاعر في القصيدة المثل العربي (دون ذلك خرط القتاد)، للدلالة على استحالة الأمر أو صعوبة تحقيقه، فالقتاد هو شجر صلب له شوك صمغي، والخرط هو تجريده من قشرته أو شوكه يدويا.

وقد تذهب شخصية معروفة مثلا لما اشتهرت فيه، من ذلك الشاعر والخطيب سحبان الوائلي الباهلي(2)، فهو خطيب وشاعر يضرب به المثل في البيان، فيقال "أخطب من سحبان" أو "أفصح من سحبان"، من ذلك قول الشاعر الخليجي حسن بن محمد الدمستاني المتوفى سنة ١١٨١هـ، في قصيدة من الطويل من عشرة أبيات بعنوان (**تريب المحيّا**)، ومطلعها:

---

(١) محمد آل عصفور: هو ابن أحمد بن إبراهيم بن أحمد الدرازي (١١١٢ ـ ١١١٨هـ)، من فقهاء البحرين وأعلامها وأدبائها، ولد في مدينة الدراز وفيها نشأ ودرس وعاش ومات ودفن بجنب مصلاه في مسجد الإمام المنتظر ﷺ، وقبره مزار، من مصنفاته: مرآة الأخبار في أحكام الأسفار، الضرام الثاقب في مقبل إمامنا علي بن أبي طالب، ورسالة في الصلاة.

(٢) سحبان الوائلي الباهلي: هو ابن زفر بن إياس العبشمي، من الأدباء المخضرمين والمعمرين، مات سنة ٥٤هـ وكان له من العمر ١٨٠ عاماً كما قيل، سكن في أخريات حياته دمشق وكان مقرباً من معاوية بن أبي سفيان.

وَلَمْ أنسَ أختَ السِّبطِ إذْ بَصُرَتْ به   تريبَ المُحيّا حافصَ القدَمَينِ

ثم يصل الشاهد:

إليكم يا ولاة الأمر مرثيةً   من الموالي الأواليِّ الدَّمِستاني

حسناءُ تسحبُ ذيلَ الفَخْرِ زادَ به   على فصاحة حسّان وسحْبانِ

وهنا يشير الدمستاني إلى الشاعر المخضرم حسان بن ثابت الأنصاري الخزرجي المتوفى عام ٥٤هـ الذي يضرب به المثل في قوة نظمه وسرعة بداهته، وإلى الشاعر المخضرم سحبان الوائلي في فصاحة خطابته وجزالة شعره على قلته.

سيف المنقذ

تشكل أيقونة (المنقذ) هاجساً كبيراً في أدبيات المجتمعات البشرية بغض النظر عن الدين والمعتقد، فكل أمة تبحث عن منقذها ومهديِّها، ويتكثف هذا الشعور كلما حاق بالمجتمع مكروه وضاقت عليه الدوائر بما رحبت، فيتلمس الطريق نحو المنقذ الذي يمخر بسفينته عباب البحر الهائج ليرسو بها على ساحل الأمن، حيث لا حياة بلا أمان كما لا حياة بلا صحة، فهما يشكلان خطي سكة الحديد، فقطار الأمة لا يبلغ مقصده من غير صحة وأمن، نعمتان[1] قد يتناساهما الإنسان في غفلة من الحبور والسرور أو التكبر والغرور.

والشاعر وهو يقف على ناصية الأدب يستحضر آمال الأمة وآلامها،

(١) جاء في الخبر: (نعمتان مجهولتان الصحة والأمان)، شجرة طوبي: ٢/٣٤٨، محمد مهدي الحائري، انتشارات مكتبة الحيدرية، النجف الأشرف - العراق، ط١، ١٣٧٨هـ، مطبعة أمير، قم - إيران.

متماهيا مع التاريخ ومتعكزاً على الحاضر مستشرفا المستقبل، يتوجع مع وجعها داعيا المنقذ ليشهر سيف العدل حتى ينقذ الأمة مما هي فيه، فهذا الشاعر القطيفي يوسف أبو ذئب[1]، يتذكر واقعة الطف، فينشد من الكامل في ٥٦ بيتا بعنوان (**ذكر الطفوف**)، ومطلعها:

ذَكَرَ الطفوفَ ويومَ عشْرِ مُحرَّمِ ... فجرى له دمعٌ سَفوحٌ بالدَّمِ

وبعد أن يشير إلى الدماء الزكية التي أريقت على أرض كربلاء، يربط بين حاضر الأمة وماضيها، فيلمس الضعف الذي حلَّ فيها، وحيث لا يجد النصير لها يتوجه نحو المنقذ، إلى المهدي محمد بن الحسن العسكري عليه السلام المولود في سامراء سنة ٢٥٥هـ، الذي قال فيه النبي محمد صلى الله عليه وآله وسلم: (لا تقوم الساعة حتى تمتلئ الأرض ظلما وعدوانا. ثم يخرج رجل من عترتي أو أهل بيتي يملؤها قسطا وعدلا كما ملئت ظلما وعدوانا)[2]، فينشد أبو ذئب:

حَتّامَ يا بنَ العسكري جراحُنا ... لم تندمل وسيوفنا لم تَكلُمِ

إنهضْ بعزمَتك التي تسمو بها ... هامُ النجومِ من السُّهى والمِرزَمِ

واحسمْ بسيفكَ فتنةً عمياءَ لا ... يلقى سواكَ لدائها من مُحسمِ

ويأتي الشاعر الحويزي أحمد المدني[3]، متحدثا عن لسان الذين

---

(١) يوسف أبو ذئب: هو ابن عبد الله بن محمد بن أحمد آل أبي ذئب القطيفي، من العلماء الأدباء والخطباء الشعراء في المنطقة الشرقية، عاش في القطيف والأحساء وسكن العراق والبحرين ومات في الأخيرة سنة ١١٦٠هـ، له ديوان مخطوط.

(٢) مسند أحمد: ٣/ ٣٦.

(٣) أحمد المدني: هو ابن مطلب بن علي خان بن خلف بن عبد المطلب المدني المشعشعي الحويزي، ويرجع بنسبه إلى زيد الشهيد، من العلماء الأدباء الشعراء في الحويزة في خوزستان، نشأ في أسرة علمائية حاكمة على جزء من خوزستان، وكان يتكسب من مزرعته، سكن النجف الأشرف وكربلاء المقدسة، ومات في العراق سنة ١١٦٨هـ له ديوان شعر.

شهدوا مصارع الأحرار في كربلاء، فينشد قصيدته (**هي الطفوف**) في ٤١ بيتا من بحر البسيط، ومطلعها:

هي الطفوف فطُف سبْعاً بمَغْناها　　　فما لبَكَّةَ معنى دون معناها

ثم يصل مراده:

حتى يقوم بأمر الله قائمنا　　　فنشحَذَنَّ سيوفاً قد غمدناها

بقية الله مَن بالسيف يملؤها　　　عدلاً كما مُلئت جوراً ثناياها

سر الفداء

لا يخفى أن السيف إشارة إلى القوة، والقوة لها مصاديق عدة، فالمنطق الحق قوة، وإنصاف المظلوم قوة، ونشر الأمن والسلام قوة، وإشاعة ثقافة الحرية قوة، وكل قيمة منسجمة مع فطرة الإنسان يمثل تعميمها في الأرض قوة وسيفا مسلطا على مناهضي الفطرة الإنسانية.

ومن المقطوع به أنَّ انتظار الفرج وانتظار المخلص والمنقذ والمهدي، لا يعفي الأمة من العمل والحركة وتذليل الصعاب لتقريب ذلك اليوم، فالانتظار انتظاران، انتظار سلبي يقعد فيه المرء في صومعته يدعو الله بيد مقطوعة ولسان أخرس ونظرة شوهاء، وانتظار ايجابي يحضّر فيه المرء ليوم نهضته بيد خضراء ولسان ناطق ونظرة ثاقبة، ويدرك المرء في هذا الانتظار الذي قلّ فيه الناصر وضعف فيه الطالب، أنَّ الطريق ليس معبداً بالرياحين، فهناك محطات لابد للمرء من المرور عبرها في طريق تحقيق أماني الأمة، ومن تلك "محطة الموت"، وهو أرقى أنواع الموت حيث نهايته الروح والريحان، وإن كان مُراً، لأنَّ الموت وقوفا حياة للأمة وحياة للقيم المثلى.

لا شك أنَّ الله هيأ للبشر أرضا معمورة حتى يمضون فيها حياتهم

الأولى، وإذا ما ماتوا فإنهم يقدمون على حياة أبدية، أي أنَّ الحياة هي الأصل في مسيرة الإنسان عبر عوالمه المختلفة والموت مرحلة وممر، ولذلك كانت حياة الأمة ورقيها وسلامتها في سلّم أوليات المصلحين حتى وإن تطلب ذلك ذهاب النفس، وهو حياة لا موت، ولأنه حياة فإنهم يطيرون إليه، وهذا ما عبّر عنه الشاعر القطيفي حسين آل عمران[1] مجاريا نونية للشاعر يوسف أبو ذيب، من بحر البسيط في ٧٩ بيتا بعنوان (**ما أفظع الخطب**)، مطلعها:

عُجْمَ الطُّلولِ سقاكِ الدَّمْعُ هتّانا ... ما أفظعَ الخطبُ لو أفْصَحْتِ ما كانا

فينشد آل عمران من البسيط قصيدة من ٦٣ بيتا بعنوان (**حامي الحقيقة**) ومطلعها:

كم ذا الوقوفُ على الأطلال حَيْرانا ... وكَمْ تُنادي بها خِلاّ وجيرانا

ثم يصل مقصده، متحدثا عن الرجال الذين شدوا الرحال إلى كربلاء من أجل نصرة الحق والانتصار للأمة التي سلبت منها إرادتها، فينشد:

قومٌ إذا الشرُّ أبدى ناجذيه لهم ... طاروا إليه زرافات ووحدانا

لا يَسألون أخاهم حين يندُبُهم ... في النائبات على ما قال بُرهانا

كم فيهم في لظى الهيجاء من بطلٍ ... مثلَ العَفَرنى إذا ما هِيجَ غَضْبانا

ولأنهم مثل الأسد (العفرنى)، فهم لا يخافون من الموت إنْ وقعوا عليه أو وقع عليهم، فهم في الحالتين يزرقون في الأمة أمصال البقاء، ومن يسترخص النفس من أجل الأهداف الحقَّة، إنما يهب الحياة لأمته، إذ لا يرى في علقم الموت إلا عسل الحياة، ولا في بوم الفناء إلا قطاة الخلود.

---

(١) حسين آل عمران: هو ابن محمد بن يحيى بن عبد الله بن عمران القطيفي المتوفى سنة ١١٨٦هـ، من العلماء الشعراء في المنطقة الشرقية، له حواشٍ كثيرة على جملة من الكتب.

طيور حاضرة

وكما يستحضر الشاعر الأطلال والكأس والوجه الحسن، يستحضر معه الطيور، فكل طائر له في التراث الشعبي وظيفة أو مؤشر على حالة أو ظاهرة، يتمنى المجتمع تحققها أو دفعها فيمقتها، فالقطاة وهو طائر يشبه الحمام هو محل خير لأنه يشير إلى الطريق السوي والاهتداء والوصول إلى الهدف وهو يبعث على التفاؤل، وفي النقيض فإنَّ طائر البوم يتطير منه الناس وظهوره مؤشر شؤم، وكذا الحال مع الغراب، والحمامة دليل السلام، والعُقاب دليل الهجوم والانقضاض، وهناك طيور أخرى وردت في قصائد الشعراء لها أغراض أخرى كالورقاء والقُمرية والبازي.

وفي هذا ينشد الشاعر العراقي محمد بن عبد الرضا الحائري[1] في قصيدة من ٢٤ بيتا من بحر الطويل بعنوان (**حسينية الأوصاف**) ومطلعها:

ألا يا ذوي الألباب والفَهْمِ والفِطَنِ ... ويا مالكي رِقِّ الفصاحةِ واللَّسَنْ

ثم يصل الشاهد:

تفنَّنَ في تشبيهها ورثائها ... تفَنُّنَ قُمْريٍّ ينوحُ على فَنَنْ

فالقمري هو نوع من الحمام حسن الصوت يضرب به المثل.

ويصور الشاعر العراقي عبد الرضا بن أحمد المقرئ الكاظمي، الحزن الذي حلّ بالكون لاستشهاد الإمام الحسين عليه السلام فينشد قصيدة (**يا غريبا لست أنساه**) من ٤٧ بيتا من بحر مجزوء الرّمل، ومطلعها:

---

(١) محمد عبد الرضا الحائري: هو محمد (محمد جواد) بن عبد الرضا بن عواد البغدادي الشمري، من أدباء الإمامية وشعرائها، ويُعرف بالحاج محمد جواد عواد، مات في بغداد سنة ١١٨٧هـ، وقد يُنسب إلى أسرة آل عواد الكربلائية الحائرية، له ديوان شعر.

قد جرى دمعُ عيوني نابعاً جَرْيَ العيونِ

ثم يروح يعدد مصادر الحزن، فينشد:

قد بكتْ حزناً عليه عينُ جبريلِ الأمينِ
والسَّما أبكى دماءً عِوَضَ الغَيْثِ الهَتونِ
وعَليه الوُرقُ قدْ نا حَتْ بأوراقِ الغُصونِ

والورق وهو ضرب من الحمام، يشبه شدوه صوت الناحبة التي فقدت عزيزا أو عزيزة، للدلالة على الحزن والأنين.

ولاحظ المحقق الكرباسي في قصائد القرن الثاني عشر الهجري أنها تنتهي بالصلاة والسلام على محمد ﷺ وآله الأطهار عليهم السلام وعلى أبي عبد الله الحسين عليه السلام، ومعظم النهايات تربط بين السلام وصوت الحمام أو الورق أو القمرية، من ذلك قول الشاعر البحريني عبد المنعم الجدحفصي[1]، في قصيدة من ١٠٨ أبيات بعنوان (**أنعم صباحاً**) من الكامل، ومطلعها:

دارَ الهوى عن أيْمَنِ العَلَمِ ٱسْلَمي وعِمِي صباحاً لا عدمتُكِ وٱنْعَمي

ثم ينشد:

وعليكم صلّى المُهَيْمِنُ ما شَدَتْ وُرْقٌ على أعوادها بِتَرَنُّمِ

مسح أدبي

وكعادة الباحثين الأكاديميين فإن الأديب الدكتور الكرباسي، ختم في الجزء الثالث والأخير من ديوان القرن الثاني عشر الهجري ما بدأ به في

---

(١) عبد المنعم الجدحفصي: هو ابن محمد الجدحفصي البحريني، من علماء جدحفص في البحرين وشعرائها، مات قبل العام ١٢٠١هـ.

الجزء الأول، حيث تحدث في المقدمة عن عموم الأدب وخصوص الشعر في هذا القرن، وفي الخاتمة أجرى مسحا أدبيا للقصائد وأسلوب الشعراء ومدى تأثرهم بالمبرَّزين من شعراء الجاهلية والإسلام، وخرج بتصورات أولية ومختصرة، من ذلك:

ـ **بلغ** عدد القصائد والمقطوعات نحو ٢٤٢ نصاً لـ (٩٥) شاعراً من العراق والجزيرة العربية والبحرين الكبرى ومصر ودول أخرى، واستقل الجزء الثالث بثلاثين شاعراً.

ـ **تتوزع** شخصية الشعراء على أتباع مدرسة أهل البيت وأهل السنة، والغالب عليهم أنهم من أهل العلم والمعرفة من العلماء والأدباء.

ـ **إختفت** في أشعار القرن الثاني عشر القصائد الطوال.

ـ **خلت** القصائد من قوافي: الثاء، الخاء، الذال، الشين، الصاد، الضاد، الظاء، الغين، والواو، والعلة في ذلك: قلة المفردات التي تنتهي بهذه الحروف، وعدم مرونتها، والشاعر بحاجة إلى جهد أكبر حتى يتمكن من النظم عليها.

ـ **تتلخص** المقدمات التي استخدمها الشعراء في وجوه خمسة: المقدمة الطللية، مقدمة الزهد والحكمة، مقدمة المدح والفخر، مقدمة الشكوى والاستعطاف، ومقدمة الرثاء.

ـ **وفي** الجانب البلاغي، بانت الخصائص التالية: التشبيه، الاستعارة، والكناية.

ـ **وفي** قسم البديع، حفل الديوان بصور عدة منها: الطباق، الجناس، التصريع، المقابلة، التورية والاقتباس من القرآن والحديث والشعر.

قدح الشهادة

وقدم للجزء وباللغة التركية الاستانبولية، الأستاذ أرشد الهرمزي مستشار رئيس الجمهورية التركية السيد عبد الله غول لشؤون الشرق الأوسط، ومدير مكتب استشارية رئاسة الجمهورية، حيث نقل عن رئيس الوزراء التركي السيد رجب طيب أردوغان قوله: (لقد سجّل التاريخ حوادث عدة في مثل هذا الشهر ـ محرم ـ ومنها ـ مع الأسف ـ استشهاد قرة عين رسولنا ﷺ حفيده الإمام الحسين عليه السلام الذي نال شرف مرتبة سيد شباب أهل الجنة، فهذه الحادثة التي أحرقت القلوب، لم تزل تترك في القلوب الحيّة التي تحيي ذكراه جرحا عميقا... وكلما قُدم لنا أي قدح ماء تذكّرنا شهداء كربلاء، كيف انتقلوا إلى جوار ربهم عطاشى وهم بجانب الفرات)، ويؤكد الأستاذ الهرمزي، أن: (هذا هو الحسين من المنظار التركي كما عبر عنه رئيس الوزراء، وليس هناك أي اختلاف بين مسلم وآخر في هذا التوجه بل ولا بين حر وآخر، وهذه النظرة انعكست على صفحات الموسوعة الفريدة دائرة المعارف الحسينية التي أوردت كل شاردة وواردة فيما يتعلق بالإمام الحسين عليه السلام ونهضته المباركة، ومما يميزها عن غيرها أنها جاءت موضوعية واستخدمت كل أدوات التحقيق وتحرّت الدقة)، وعن قراءته لهذا الجزء من دائرة المعارف الحسينية، قال الأستاذ الهرمزي: (وقفت على الجزء الثالث من ديوان القرن الثاني عشر، فوجدته في غاية الجمالية الأدبية والدقة اللغوية والدراسة العروضية).

الثلاثاء: ٣/ ١١/ ٢٠٠٩م

الدكتور سوامي گوتم نانجي مهراج

* سوامي گوتم نانجي بن سري سوامي ميتندر نانجي مهاراج.
* الزعيم الديني للبوذ في ولاية مهاراشترا (Maharashtra) الهندية وعاصمتها بومباي.
* ولد في مهاراشترا سنة ١٩٥١م في أسرة هندوسية كان والده فيها يتولى الزعامة الدينية والعائلية.
* نشأ ودرس في بومباي الدراستين الحديثة والدينية ونال من جامعتها الشهادة الجامعية (بكالوريوس علم النفس) سنة ١٩٧٤م.
* واصل دراساته الى جانب الوظيفة الدينية الهندوسية.
* تولى الزعامة الدينية والعائلية بعد وفاة والده سنة ١٩٨٣م.
* في عام ١٩٨٥م تزوج من السيدة مهاديوي تولسي نانجي (Mahadevi Tulsi Nanji) وأنجبت له ابنه سلوك نانجي مهاراج (Salook Nanji Maharaj).
* في عام ١٩٨٥م تحوّل من الديانة الهندوسية الى الديانة البوذية ودخل في مشاكل كبيرة مع قومه وعائلته.
* أعلن ولاءه لزعيم البوذ في العالم الدلاي لاما (The Dalai Lama) وصار مستشاره الأول ومعتمده في عموم الهند وخصوص ولاية مهاراشترا.
* يتولى حالياً رئاسة مجلس المجمع العلمي لـ "سري راماكريشنا ماث"

(Sri Ramakrishna Math) الخاص بالبوذ والواقع في مدينة تشيناي (Chennai) أو مدراس عاصمة ولاية تامل ناندو (Tamil Nadu).

* يتنقل في المدن والولايات والدول على أتباعه لإلقاء الدروس والمحاضرات.

التحقيق الموضوعي[1]

(ديوان الأبوذية ج٩)

كان والد الإمام الحسين الإمام علي قد نذر نفسه لخدمة عباد الله، وفي هذا المجال فقد ساعد ذلك زعيم طائفتنا البوذية گوتام بودا[2].

إن الزعيم الحالي لطائفتنا السيد دلاي لاما[3] صرح في هذا المجال أنه إذا كانت لدينا نحن البوذ شخصيات مثل الإمام علي والإمام الحسين، وإذا كان لنا نهج البلاغة وكربلاء فإنه لن يبقى في العالم أحد إلا ويعتنق العقيدة البوذية، نحن نفتحر ونعتز بهاتين الشخصيتين الإسلاميتين.

---

(١) أصل المقدمة باللغة السنسكريتية.

(٢) گوتام بودا: هو سيذهارثا گوتام بودا (Siddhartha Gautama Buddha)، إليه ينسب تأسيس الديانة البوذية، وبودا أو بوذا بمعنى الساهر اليقظ، ولد في لامبيني (Lumbini) جنوب النيبال سنة ٥٥٨ق.م ومات في كوشينغارا (Kushinagar) في ولاية اوتارا براديش الهندية سنة ٤٨٣ق.م، نشأ يتيم الأم وتزوج مبكراً وتفرغ للعبادة في عمر ٢١ عاماً، تنوعت عبادته بين الرياضة الروحية والجسدية والاعتماد على الثانية في ترويض الأولى، ينتشر أتباعه في الهند والصين وعدد من دول آسيا.

(٣) دلاي لاما: هو تينزن غياستو بن جوكيونغ تسرنغ (Tenzin Gyatso Choekyong Tsering)، ولد في لهامو دوندروب (Lhamo Dondrub) بولاية شنغهاي سنة ١٩٣٥م، نُصِّب بمقام الدلاي لاما صغيراً سنة ١٩٤٠م، وهي أعلى رتبة دينية وتعني الروحاني المحيط بالحكمة، قاد الحركة المضادة في التبت ضد الجيش الصيني وهاجر إلى الهند سنة ١٩٥٩م وشكل في مدينة ضراماشالا (Dharamshala) حكومة مؤقتة، وهو يعتبر الزعيم الديني والسياسي للبوذ التبتيين.

إن السيد حكيم محمود جيلاني[١] ذكر في كتابه "إيليا"[٢] بأنَّ مهاتما بودا[٣] قال في خطابه لأتباعه وأصحابه إن بعض الشخصيات ويعني بذلك الإمام علياً له فضل علينا، وقال إن دعاءكم هذا مستجاب، وكل ما تطلبونه من الله سيجيبكم إليه، وأضاف قائلا: إذا أردتم زيارة هذا العظيم فاذهبوا خلف ذلك الجدار ستجدون ذلك الطفل الطاهر السريرة[٤].

إن الإمام علياً هذا قد قدَّم نجله الإمام الحسين قرباناً لأجل الإنسانية

---

(١) محمود جيلاني: كان من أعضاء جمعية أهل الحديث في لاهور، وأدار تحرير مجلة أهل الحديث، تشيّع فيما بعد.

(٢) إيليا: وإسم الكتاب: إيليا مركز نجات أديان عالم (إيليا مركز نجاة أديان العالم) صدر في ٢١/٩/١٣٨١هـ، في ٤٥ صفحة باللغة الأردوية. للمزيد، راجع: موقع معارف الإسلام (www.maarefislam.org) عن مجلة البذرة النجفية: العدد ٢و٣، الصفحة ٧٨ ـ ٨١، شوال ـ ذو القعدة ١٣٨٥هـ.

(٣) مهاتما بودا: هو سيذهارثا گوتام بودا، والمهاتما من الألقاب المعروفة في الهند وتعني القديس أو المقدّس أو صاحب النفس العظيمة.

(٤) جاء في موقع العتبة العلوية المقدسة في باب السيرة بعنوان "إيليا عند الهنود القدماء" ما يلي: (المهاتما بده أحد أكبر مصلحي الهنود ويدعى عندهم انه نبي ولد سنة ٦٢٣ قبل الميلاد وقد ذكر في قصة له مع "منتري" ما حاصله: لقد باركت لي روح عظيمة جدا وبشرتني بأنَّ عبادتك وعبوديتك قد قبلتا وأعطتا ثمارهما اذهب واتخذ من اسمي وردا وتسبيحا حتى يتيسر لك كل ما تريد، اسمي هو "اليا" والملتقى معي قرب الحائط المنشق في مكان طاهر ومقدس جدا "الكعبة" ويكون بصورة طفل صغير ولكنه باق إلى ذلك الحين زمان طويل.

ومن دعاء المهاتما بده: يا مقصود الطالبين يا عزيز الأعزة يا "اليا" أيها المنتصر على كل أحد تعال وأرني طلعتك وأعنِّي يا أسد الله إنَّ ثعالب الدنيا يردن أنْ يأكلنني أقسم عليك بالذي أنت كفه وساعده وبالذي فيك قوته وقدرته حل مشكلتي لك اسم هو اسم الله تعالَ فإنَّ النظر إلى وجهك الف عبادة ـ إشارة إلى الحديث النبوي الشريف: أنَّ النظر إلى وجه علي عبادة ـ لأنك وجه الله المتعال، يا حبيبي إنك كل شيء واني في صورة عدم الارتباط بك لا أكون شيئا إنك ترى كل شيء وتعلم بحال كل أحد انك تعلم بلوعتي وتعبي وقادر على ازاحتهما "اوم آليا، اوم آليا". =

وآثر نفسه لأجل الآخرين، ولا يمكن أن نجد في التاريخ نظيراً له، بل يمكن أن يُقال إنه نسيج وحدة واحدة.

وفي سبيل الوفاء بهذا الإيثار والفداء وتقديره في كل عصر وزمان فإن أرباب العلم والتحقيق قدموا خدمات جليلة وعلمية، وإن هذا الكتاب الذي أتحدث عنه "ديوان الأبوذية ٩" وهو جزء من مجلدات دائرة المعارف الحسينية، أودع فيه المؤلف شعر الأبوذية الذي هو من نظم كبار الشعراء، والذي يخص الإمام الحسين ونظم لأجل ذلك، وقد قام المحقق ذو المقام الرفيع حضرة آية الله الدكتور محمد صادق الكرباسي بتأليف هذا الجزء من

= هذا الدعاء يوجد في أكثر كتب البوهتيين الذين يعتنقون مذهب بده، وذكره "رام نارائن البنارسي في رسالة "بده گيا" ص٥٤ المطبوعة سنة ١٩٣١م.

وحينما كان مهاتما بده على فراش الموت يلفظ أنفاسه الأخيرة جلس أعز تلامذته "انندة" عند رأسه ولما رأى أستاذه بتلك الحالة جلس يبكي فقال له المهاتما: انندة أيها العزيز لا تغتم يا انندة احفظ ما أقول لك لست أنا وحدي قد بعثت لهداية البشر ولست خاتم الأنبياء بل يأتي زمان سوف يبعث فيه مبعوث آخر هو نور الله ويؤتى الحكمة وهو ذو حظ وإقبال يعلم أسرار الوجود هو هادٍ مصلح للعالم ومعلم للإنس والجن هو رحيم جدا ورحمة للعالمين وسوف يعرف بهذا الاسم الطاهر هو من تختم به النبوة على رأسه تاج ذو أضلاع خمسة تضيء كالشمس والقمر واسم الماسة الكبير هو "اليا" هم أناس مطهرون ومن البدء خلقوا ولكن يبقى إلى حين ظهورهم زمان طويل، إنَّ الظلمة سوف يؤذون حبات درة "اولاده" ويحاولون اجتثاثهم من أصولهم ولا يدعون عملا ضدهم الا قاموا به ولكنَّ الله سوف يبقي ذكره وحماه وغايته ونسله إلى آخر الزمان، يا انندة إنَّ أناسا كثيرين مثلي ومثلك ينتظرون بفارغ الصبر ذلك العظيم وسوف يتعبهم ذلك الانتظار فمرحى للذين يدركونه ويتبعونه إني الآن لا أستطيع أن أعلمك أكثر من هذا وأفشي لك الأمر).

للمزيد عما أورده موقع العتبة العلوية المقدسة راجع: موقع ظهور ٣١٣ (www.zohur313.ir) مقالة بعنوان: الكعبة في ديانتين في آسيا الشرقية (كعبة در دو دين آسياي شرقي) بتاريخ السبت ١٣/ ١٠/ ٢٠١٢م (٢٢ مهر ١٣٩١هـ.ش). ولا يخفى أن إسم بودا أو بوذا ورد رسمه في النص "بده" كما يُكتب باللغة الأردوية.

الأبوذية حيث أجرى في هذا المجال تحقيقاً دقيقاً وموضوعياً يستحق التبجيل الكثير.

يمكننا القول ونحن على يقين بأن المؤلف إذا مضى بهذا الشكل من التحقيق الموضوعي ليوصل رسالة الإمام الحسين إلى العالم ويطلع الناس على إيثار وعظمة الإمام الحسين فإن المذهب اليزيدي والإرهاب والإرهابيين سيُستأصلون من العالم ويسود الأمن والسلام ربوع المعمورة.

الدكتور سوامي گوتم نانجي مهاراج
زعيم البوذ في ولاية مهاراشتر ـ الهند
١٥/ ٥/ ٢٠٠٩م

كساد الشعر الشعبي
في سوق العولمة الأدبية!

ليس كل جديد بحسن وليس كل قديم بحسن أيضاً، وبعض حسنات القديم تبقى حسنة، وبعض حسنات الجديد تفقد رونقها، وفي إطار الأدب فإنَّ الصراع بين القديم والحديث أو بين التراث والحداثة، قائم ولكل رواده، لكن رواد الحداثة كثيرون بلحاظ أنَّ قيود الموروث الأدبي كثيرة وقواعده قلاع يصعب لكل هاو دخولها من أبوابها أو تسلقها، فالحجّاب لهم شروطهم في قبول الداخل إلى أروقة القلعة، فيما أن الحداثة الأدبية عمدت بدلا من طرق الأبواب أو تعلم فن تسلق القلعة إلى تفتيت حجارتها ليسهل عليها الدخول إلى باحة الأدب من منافذه وثغوره دون المرور من بواباته.

ويعد الشعر الشعبي واحدا من مظاهر التحولات الأدبية الغائرة في التاريخ الإنساني بعامة والعربي بخاصة، وليس هذا التحول وليد القرون القريبة، فهو أبعد زمنيا، لكن من القطع أنَّ الهجنة والعجمة التي دخلت على المجتمعات العربية نتيجة الإحتكاك بالأمم الأخرى ساعدت في نمو الشعر الشعبي وضمور شعراء يرفعون سارية الشعر القريض، على أنَّ الشعر الشعبي وإن استسهله الكثيرون يحمل في كثير من ألوانه قواعد وأصولاً هي

٣٦٥

الأخرى بمثابة قلاع لا يستطيع كلّ شاعر شعبي تسلقه، ومن ذلك شعر (الأبوذية) الحديث العهد في أنماط الشعر الشعبي المتركب من بيت واحد ذي أربعة أشطر تنتهي الثلاثة الأوائل بجناس واحد مختلفة المعاني، فيما ينتهي الرابع بكلمة في آخرها ياء مشددة وهاء، تمثل أحد مواضع الألم في هذا النوع من الشعر الذي يمثل منتهى وجع الشاعر في قصة سلبت منه نعاسه ونومه، أو محاكاة لوجع الآخر يترجمه الشاعر إلى بيت أبوذية.

ولا يعنى الحديث عن القديم والجديد، أنَّ كل شعراء الشعر الشعبي غير قادرين على نظم القريض، فهناك من الشعراء من اشتهر بالشعر الشعبي بعامة والأبوذية بخاصة لهم حضورهم الواسع في الشعر القريض، مثل الشاعر المبدع المعاصر جابر بن جليل الكاظمي، الذي أعتقد أنه من القلة النادرة الذين يجيدون أبجدية النظم في ملعب الدارج والقريض ويبدعون في كليهما، بل هو من القلة النادرة التي جمعت بين التراث والحداثة فأنشأ العمودي والحر إلى جانب الشعر الشعبي في ٢٥ ديوانا، فهو مدرسة بإمكان جيل الشعراء الشعبي التعلم فيها وأخذ الدروس وعدم الاستغراق في نظم الشعر الشعبي وتغليبه على القريض.

ولما كانت النهضة الحسينية تقع في قلب الوجع الذي أصاب الأمة الإسلامية، فلا غرو أنْ يكون شعر الأبوذية نتاج هذا التفجع، والشعراء لهم فنهم في تصويره وتجسيده، تابعه الأديب محمد صادق الكرباسي في ثمانية دواوين من الأبوذية[1]، وفي الجزء التاسع من (ديوان الأبوذية) الذي صدر

(١) صدر الجزء الأول من ديوان الأبوذية عام ١٤١٨هـ (١٩٩٧م) في ٥٦٤ صفحة من القطع الوزيري، والجزء الثاني عام ١٤٢٠هـ (١٩٩٩م) في ٦١٠ صفحات، والثالث عام ١٤٢٠هـ (١٩٩٩م) في ٤٤٤ صفحة، والرابع عام ١٤٢٢هـ (٢٠٠١م) في ٥٠٠ صفحة، والخامس عام ١٤٢٩هـ (٢٠٠٨م) في=

عام (١٤٣٠هـ/ ٢٠٠٩م) عن المركز الحسيني للدراسات في لندن في ٦٤٠ صفحة من القطع الوزيري، يتنقل بين القوافي من الألف حتى الغين في (٣٧١) بيت أبوذية لثمانية وعشرين شاعراً حياً وميتاً.

تسويق العُجمة

قلَّما تجد كلمات غير عربية في النظم العربي القريض، وإذا استخدمها الشاعر فهي لضرورات أو أنها أصبحت من المسلمات، أو أنَّ الكلمة لا أصل لها في اللغة العربية، وبخاصة في الإسم العَلَمي، فتولّد عربيا، وتكون من الأمر الطبيعي أنْ تأتي في السياق الأدبي النثري والنظمي، لكن هذا الاستخدام يأخذ مساحة واسعة في الشعر الدارج نتيجة لشيوع الكلمات الأجنبية في الحوارات اليومية للناس إما بتأثير التلاقح المجتمعي مع الآخر غير العربي، أو من نتاج الدول الأجنبية التي حلَّت على شعوبنا محتلة، فنجد في المغرب العربي كلمات فرنسية وايطالية وفي المشرق العربي كلمات انكليزية استقرت في لغة الخطاب اليومي للناس، ولما كان الشعر الشعبي هو نتاج التخاطب الشعبي، فإنَّ كلمات كثيرة غير عربية من انجليزية وفرنسية وفارسية وأردوية وتركية وهندية أصبحت جزءاً من الحديث اليومي انعكس سلبا على النظم الدارج.

وفي إطار نصرة الأدب العربي، فإنَّ من المقبول جداً الدعوة إلى تنقية الأدب العربي من الكلمات الدخيلة بخاصة وإن المعجم العربي يحتفظ

=٣٦٢ صفحة، والسادس عام ١٤٢٩هـ (٢٠٠٨م) في ٤٠٩ صفحات، والسابع عام ١٤٢٩هـ (٢٠٠٨م) في ٤٨٤ صفحة، والثامن عام ١٤٣٠هـ (٢٠٠٩م) في ٥١٣ صفحة من القطع الوزيري، وكلها في طبعاتها الأولى صدرت عن المركز الحسيني للدراسات في لندن.

ببدائل فضلا عن أنَّ اللغة العربية لها قدرة توليد الكلمات البديلة من الأبجدية العربية نفسها دون الحاجة إلى التمسك بالكلمات الأجنبية، وهذا ما يسعى إليه كل أديب حريص، وهو دأب الأديب الشيخ محمد صادق الكرباسي، الذي طالما نصح الشعراء الشعبيين تطعيم أشعارهم بكلمات عربية فصيحة ليكون الشعر الدارج مفهوما لدى قطاعات واسعة من المتحدثين باللغة العربية، وهو في الوقت نفسه محاولة منه لإرجاع النص الأدبي إلى صفائه ونقائه.

ولكن ما ليس مقبولا لدى الدكتور الكرباسي وأي أديب ناصح أنْ تكون هناك دعوة صريحة لعمل العكس بأنْ يتم إدخال الكلمات الأجنبية في الشعر العربي الدارج تحت مدعى الحداثة والتطور، فالحداثة المبدعة لا تعني أنْ يتخلى الأديب عن جلبابه ويتأزر برداء غيره، فهو يكتب من محيطه لمحيطه، ولهذا يفرد في الجزء التاسع من ديوان الأبوذية عنوانا مستقلا يهاجم أولئك الذين يرفعون لواء تعجيم النظم بشقيه القريض والدارج، وبخاصة لدى بعض الشعراء الشباب الذين ساقتهم ظروف بلدانهم السياسية والاقتصادية إلى الهجرة والعيش في بلدان غير عربية، مما حمل إحدى صحف المهجر في هولندا وهي تتحدث عن شعر الأبوذية إلى التفاخر: "وقد تفنن الشعراء ونظموا الشعر في هولندا حيث أخذوا يستخدمون كلمات هولندية داخل أبيات الأبوذية، فأعطتها نكهة جديدة لا تخلو من طرفة ونكتة، وهذا دليل على قابلية هؤلاء الشعراء وموهبتهم في تكييف اللغة الأجنبية داخل الشعر الشعبي"[1]، وليس الأمر كما ذهبت المطبوعة،

(١) صحيفة النخيل: العدد: ٥٠، الصفحة: ٧، التاريخ: آذار عام ٢٠٠٠م، الجمعية الثقافية العراقية في هولندا.

فتطويع الكلمات الأجنبية داخل النص العربي القريض أو الدارج هو نقص في المعرفة وقصور في تدارك المفردات العربية الفصحى أو الدارجة، نعم من القوة الأدبية ومن الإبداع أن ينظم هؤلاء الشعراء بلغة بلد المهجر، فيكونوا حينئذ قد خدموا الثقافة العربية بنقلها إلى غير أهلها بلغتهم، وبتقدير الأديب الكرباسي أن دعاة العجمة في المهاجر بحجة الإبداع أو فقدان بديل المفردة العربية وبالذات داخل شعر الأبوذية: (زادوا في الطين بلّة وفي الطنبور نغمة كما يقولون، إذ المطلوب أن نوحد اللغة العربية مهما أمكن وما عملنا هذا إلا تأصيل للكلمات العربية وبيان جذورها والإشارة إلى المنحرف منها وتحديد الدخيل عليها)[١].

ومن الهجنة والعجمة قول أحدهم في بيت من الأبوذية يستخدم مفردات هولندية:

مـهـلاً يـا حـبـيـبـي إنـتـظِـرْ سِـتْـراكْـسْ
عـيـون الـمَـهـا دامـس لـيـل سِـتْـراكْـسْ
إلْـكِـسَـر ظَـهْـر وِهَـتَـكْ يـا مـوي سـتْـراكْـسْ
يِـتْـلَـگـاهـا بِـغْـزيـزهْ لُـو بـاخـيّـهْ

والجناس في كلمة (ستراكس)، فالأولى كلمة هولندية (Straks) وتعني: بعد قليل، والثانية مخففة (ستراك) السين للمستقبل وتراك من الرؤية، والثالثة محرفة سترك وحماك، كما استعمل الشاعر كلمة موي (Mooi) الهولندية وتعني جميل.

---

(١) ديوان الأبوذية: ٩/ ١٠.

ميراث الشعراء

لا يخفى أنَّ الإنسان وما ترك في دنياه، فإنْ ترك مالا وولدا فشأنه شأن مآل ماله ومنتهى سلوك أولاده، وإن ترك علماً وكتابا، فشأنه شأن مديات علمه ومحط ركاب كتابه، لكن من الثابت أنَّ المال إلى زوال والأولاد إلى رواح، وقد يصبح المال نقمة على صاحبه والأولاد نقمة على ذويهم، لكن من الثابت أيضاً أنَّ نور العلم يسبح في فضاءات لا محدودة بحدود الزمن والمكان، بل ولا يتوقف تأثيره المعنوي بحدود الحياة الدنيا، على أنَّ المقطوع به أن (العلم خير من المال) كما يقول أمير البيان علي بن أبي طالب عليه السلام، والعلة في ذلك كما يضيف الأمير وهو يوصي التابعي كميل بن زياد النخعي(١): (والعلم يحرسك وأنت تحرس المال، المال تنقصه النفقة والعلم يزكو على الإنفاق، وصنيع المال يزول بزواله)، وفوق ذلك: (يا كميل معرفة العلم دينٌ يُدانُ به. به يكسب الإنسان الطاعة في حياته، وجميل الأحدوثة بعد وفاته. والعلم حاكم والمال محكوم عليه) وهل يزول العلماء؟ يؤكد الأمير: (يا كميل هلك خزّان الأموال وهم أحياء، والعلماء باقون ما بقي الدهر، أعيانهم مفقودة، وأمثالهم في القلوب موجودة)(٢)، فما يتركه العلماء إنما هي أسماء منقوشة في الصدور وجميل الأحدوثة

---

(١) كميل بن زياد النخعي: هو حفيد نهيك النخعي (٧ق.هـ ـ ٨٢هـ) ولد في اليمن وسكن الكوفة، من حواريي الإمام علي عليه السلام وأصحاب الحسن عليه السلام، نُفي للشام في عهد الخليفة الثالث بسبب معارضته لمخالفات والي الكوفة سعيد بن العاص، ولي للإمام علي عليه السلام لفترة بيت المال، ثم تولى ولاية هيت غرب العراق، ينسب إليه دعاء كميل المشهور المروي عن الإمام علي عليه السلام، وعدّه الإمام علي من ثقاته، قتله الحجاج الثقفي صبراً، وقبره في النجف يُزار.

(٢) إحياء علوم الدين: ٨/١، أبو حامد محمد بن محمد الغزالي، مكتبة ومطبعة كرياطه فوترا، سماراغ، أندونيسيا، ١٩٥٢م.

والسمعة الطيبة، فميراثهم لا يعادل بثمن، فإن ترك الرجل مالا فلورثته ربما أساؤوا وربما أحسنوا، ولكن إنْ ترك علما نافعا فالورثة هم عموم البشرية حاضراً ومستقبلاً ينتفعون به كل حين.

والنظم يقع في طول الميراث العلمي الذي يتركه الأديب والشاعر لأمته، فهو يورِّث أبناءه وأسرته سمعة طيبة، ويورِّث لتراث الأمة أسفاراً أدبية يتداولها الناس جيلا بعد آخر، فهو من العلم الذي يزكو على الإنفاق، وهذه حقيقة يدركها الشعراء الملتزمون. من هنا يقرر الشاعر العراقي المعاصر أبو يقظان الحلي(١)، في أبوذية له أن قصائده في الإمام الحسين عليه السلام ونهضته المباركة هي كل ما يملك في حياته وهو ما سيورثه لأهل بيته، إذ يقول:

نِظَمْ گلْبي لَبو ٱلْيِمَّه مَراثي
شِعْري غَيرَ ٱبو ٱلْيِمَّة مَراثي
ثَروتي راحَتِ ٱمْنِ ٱيدي مِراثي
ثَروِتي چِمْ حَرُفْ لابْنِ ٱلزِّچِيَّه

والجناس في كلمة (مراثي)، فالأولى بمعنى مرثية وهي ما يرثى بها الميت من شعر وسواه، والثانية مخففة ما راثي من الرثاء يقال: رثا الميت إذا بكاه وعدَّد محاسنه، والثالثة وهي موضع الشاهد مخففة ميراثي من الميراث وهي تركة الميت، حيث يؤكد الشاعر أنَّ ثروته في حياته وميراثه

(١) أبو يقظان الحلي: هو عباس بن كريم الحلي، في العقد السابع من عمره، ويتلخص بشعره بـ "أبو يقظان"، من شعراء العراق المعاصرين المهاجرين إلى الدانمارك حيث يسكن كوبنهاغن، وفقد في طريق الكلمة الصادقة ثلاثة من أولاده في عهد نظام صدام حسين، من مصنفاته المطبوعة: أبوذية أبو يقظان الحلي.

بعد وفاته هي الحروف القليلة التي نظم منها شعراً في الإمام الحسين عليه السلام، وما أعظمه من ميراث وأنجزها من بضاعة تؤتي أكلها في الدارين.

أصالة الفصيح

من الواضح أنَّ الإنسان وليد ثقافته وتراثه، والأديب ناثراً أو ناظما هو أقرب الناس إلى الثقافة والتراث، بل هو جزء منها وهو مولّدها، ولذلك على صعيد الأدب العربي، فإنَّ الشاعر هو ابن البيئة العربية القائمة على الفصحى وإنْ نظم في الدارج، ولذلك فإنَّ القصائد الشعبية رغم اندكاكها في الموروث الشعبي الدارج قلما تخلو من نص من الفصيح، وإذا جاء النص بالدارج فإنه محاكاة للنص العربي أو تضمين ومباراة له، وهو ما يجعل الشعر الدارج حينئذ أقل غموضا وأقرب إلى الوضوح وتتقبله قطاعات شعبية كثيرة ومن جنسيات مختلفة، لأنَّ الكلمات الدارجة تختلف في رسمها بين بلد وآخر، فالعراقي في الفرات الأوسط، وعلى سبيل المثال، يستخدم كلمات دارجة تختلف من حيث الرسم عن المصري في الصعيد، وإن اتفقت في المعنى، فإذا ما استوحى الشاعر الشعبي البيت من نص معروف زال الكثير من الغموض وانكشف المعنى لغير الناطق بها.

وتتنوع استعمالات الفصيح في الدارج، فمرة يستعمل النص القرآني وثانية النص الحديثي وثالثة النص الأدبي من شعر أو نثر أو مثل أو مقولة، وكلها عوامل مساعدة على فتح مغاليق الكلمة الدارجة، وهو محل قبول لدى الجميع، ومن ذلك أبوذية الشاعر جابر الكاظمي:

إلـشَّـريـعَـه ٱسـتَـنـجِـدَت وِتْـريـد مُـنْـجِـد

إو غَـيـرَكْ بـالـنَّـفِـسْ لـلـدِّيـنْ مَـنْـجَـد

صِدِگْ صَحّ المَثَلْ يَحْسَيِنْ مَنْجَدْ
وِجَدْ لو مَطْلَبَه اَبْهامِ الثِّرَيَّه

والجناس في كلمة (منجد)، فالأولى منقذ، والثانية مخففة ومركبة (من + جاد) من أداة استفهام وجاد من الجود والكرم، والثالثة من (من + جد) من اسم شرط جازم نحو ﴿مَن يَعۡمَلۡ سُوٓءٗا يُجۡزَ بِهِۦ﴾[1]، وجد من الجد بمعنى الاهتمام، وهنا ضمّن الشاعر المثل المشهور: (من جد وجد)، وربما ضمن الأديب الكاظمي قول العالم والأديب اللبناني الشيخ محمد مهدي بن محمد العاملي الفتوني المتوفى عام ١١٩٠هـ، حيث ينشد من قصيدة له في شجاعة الشجعان، من بحر الوافر:

سراة لو علو هام الثريا لكان لهم به خفض المكان[2]

فالعودة إلى الفصيح عود أحمد، يثري الأدب الشعبي، وإنْ كان الأصل عودة حقيقية إلى التراث العربي الفصيح بشقّيه النثري والنظمي، فهو رأسمال التراث العربي والإسلامي، وهو الذي بالإمكان تقديمه إلى الشعوب الأخرى كقيمة تراثية حضارية، فإذا كان الناطقون باللغة العربية يصعب عليهم فهم مفردات دارجة داخل البلد الواحد، فكيف يمكن تسويق مثل هذا الأدب إلى الآخر العربي؟! فمن باب أولى يستحيل تسويق مثل هذه البضاعة الشعبية إلى غير الناطقين بالعربية.

بوصلة النجدين

ما من نهضة أو حركة إنسانية أو سياسية تسعى إلى انتشال مجتمعها من

(١) سورة النساء: ١٢٣.
(٢) أدب الطف: ٥/٣٣٣.

الظلم والواقع المزري إلا وتمثلت لديها واقعة كربلاء والموقف الخالد الذي سطره الإمام الحسين عليه السلام في رفض العبودية، وتقبل الموت على مذبح الحرية، وطرقت أسماعها قوله في عرصات الطف: "ألا وإن الدعي بن الدعي قد ركز بين اثنتين بين السلّة والذلّة وهيهات منا الذلة يأبى الله لنا ذلك ورسوله والمؤمنون وحجور طابت وطهرت وأنوف حمية ونفوس أبية من أن نؤثر طاعة اللئام على مصارع الكرام"(١)، وتلألأت في سمائها صرخته المدوية: (لا والله لا أعطيهم بيدي إعطاء الذليل ولا أفر فرار العبيد)(٢) حيث آمن سيد الشهداء: (إني لا أرى الموت إلا سعادة والحياة مع الظالمين إلاّ برما)(٣).

وما رآه الإمام الحسين عليه السلام في كربلاء عام ٦١هـ وترجمه إلى شهادة فيها حياة الأمة وعزها يراه كل حر وتراه كل حركة تعبوية أو تحررية في كل مكان وزمان، فنهضة كربلاء بوصلة النجدين: الحق أو الباطل، الحرية أو العبودية، الخير أو الشر، إقدام الأحرار أو فرار العبيد، وهذه البوصلة يعبر عنها الشاعر العراقي المعاصر أبو ظاهر الطويرجاوي(٤) بأبوذية، يقول فيها:

وَحَـگ ٱنْـصـارَ ٱبُـو ٱلـسَّـجّـادْ وَٱلْـحُـرْ

إنْـعِـرَفْ بـاْلـغـاضـريَّـه ٱلْـعَـبِـدْ وِٱلْـحُـرْ

---

(١) مقتل الحسين للمقرم: ٢٣٤.

(٢) مقتل الحسين للمقرم: ٢٢٩.

(٣) بحار الأنوار: ١٩٢/٤٤.

(٤) أبو ظاهر الطويرجاوي: هو محسن بن حسن الطويرجاوي، من شعراء العراق الشعبيين المعاصرين، من مدينة الهندية في كربلاء المقدسة، وهو ممن تعرض للهجرة القسرية بعد فقدان عدد من أفراد أسرته في عهد نظام صدام حسين، من مصنفاته المطبوعة: أبوذيات أبي ظاهر الطويرجاوي.

إوْ مـا عـافَـوا أبْـذاكَ ٱلْـعَـطَـشْ وٱلْـحَـرْ
إوْ فَـدَوْا أرْواحْـهُـمْ لابْـنِ ٱلْـزِّجِـيَّـه

والجناس في كلمة (والحر)، فالأولى أراد الحر بن يزيد الرياحي الذي انقلب من معسكر يزيد إلى معسكر الإمام الحسين عليه السلام واستشهد بين يديه، والثانية خلاف العبد، والثالثة خلاف البرد، فالشاعر يقرر أنَّ الغاضرية وهي أحد أسماء كربلاء كشفت عن واقع الناس وأبانت الحر من العبد، فكربلاء مؤشر على صوابية المنهج من خطله.

نهج البلاغة وكربلاء

ويلاحظ من أسماء الشعراء في الجزء التاسع من ديوان الأبوذية أنَّ هذا اللون من الشعر عراقي المنشأ، حسيني الهوى، قد بز الجميع عددا، الشاعر أبو ظاهر محسن بن حسن الطويرجاوي وله ٨٧ أبوذية، يليه أبو يقظان عباس بن كريم الحلي وله ٨٤ أبوذية، ثمّ محمد حسن بن عيسى دكسن وله ٧٠ أبوذية، ومن بعده جابر بن جليل الكاظمي وله ٣٢ أبوذية، وأخيراً عبد الصاحب بن ناصر الريحاني وله ٢٥ أبوذية، وتوزعت البقية على الشعراء: إبراهيم المشعلي، جابر هادي أبو الريحة، جمعة سلمان الحاوي، حسن حسين الموسوي، حسين علي ألبو خضر، عباس البصري، عبد الأمير مؤيد الكنعاني، عبد الأمير نجم النصراوي، عبد الكريم حمود الكربلائي، علي كريم الموسوي، عيسى علي الجصاني، فاضل خضير الصفار، فاضل محمد الصفار، كاظم حسون المنظور، كاظم عبد الحمزة السلامي، محسن أحمد الزراع، محسن سلمان البحراني، محمد قاسم الجراخ، محمد علي راضي المظفر، محمد علي ناصر الناصري، منصور إبراهيم الشهابي، ناصر عيسى الصخراوي، وهادي جاسم البحراني.

وقدَّم للجزء وباللغة السنسكريتية، الدكتور سوامي گوتم نانجي مهاراج، زعيم البوذ في ولاية مهاراشتر الهندية، متحدثا عن لسان الزعيم الروحي والسياسي للبوذ في العالم الدلاي لاما، حيث عبَّر الأخير عن حسرته لأنهم لا يملكون شخصيات إسلامية عظيمة مثل الإمام علي عليه السلام ونجله الإمام الحسين عليه السلام، لأنه والكلام للدلاي لاما: (إذا كانت لدينا نحن البوذ شخصيات مثل الإمام علي والإمام الحسين، وإذا كان لنا نهج البلاغة وكربلاء فإنه لن يبقى في العالم أحد إلا ويعتنق العقيدة البوذية، نحن نفتخر ونعتز بهاتين الشخصيتين الإسلاميتين).

فالحديث عن نهج البلاغة وكربلاء هو حديث عن نسيج واحد، يقول الدكتور سوامي: (إن الإمام علياً هذا قد قدم نجله الإمام الحسين قربانا لأجل الإنسانية وآثر نفسه لأجل الآخرين، ولا يمكن أن نجد في التاريخ نظيراً له، بل يمكن أن يقال إنه نسيج وحدة واحدة).

وعن هذا الجزء يعتقد الدكتور سوامي أنَّ: (المحقق ذا المقام الرفيع حضرة آية الله الدكتور محمد صادق الكرباسي قام بتأليف هذا الجزء من الأبوذية، حيث أجرى في هذا المجال تحقيقا دقيقا وموضوعيا مما يستحق التبجيل الكثير)، ولذلك هو على إيمان: (إن المؤلف إذا مضى بهذا الشكل من التحقيق والموضوعية ليوصل رسالة الإمام الحسين إلى العالم ويطلع الناس على إيثار وعظمة الإمام الحسين فإنَّ المذهب اليزيدي والإرهاب والإرهابيين سيُستأصلون من العالم، ويسود الأمن والسلام ربوع المعمورة).

الإثنين: ١٦/ ١١/ ٢٠٠٩م

الأديب مصطفى الجهاني

* مصطفى بن محمد الجهاني.

* أخصائي تربية وتعليم، كاتب وناقد أدبي.

* ولد في مدينة بنغازي شرق ليبيا في ٢٦ /
١٠/ ١٩٦٣م في أسرة مسلمة مالكية.

* نشأ ودرس في مسقط رأسه وحصل عام ١٩٨٢م على الشهادة الثانوية.

* درس الاقتصاد وحصل على شهادة الدراسات المتخصصة في إدارة
الأعمال.

* هاجر من ليبيا وقدم إلى المملكة المتحدة وسكن لندن منذ عام ٢٠٠٤م.

* يمارس تدريس اللغة العربية في المدارس العربية في لندن.

* له مقالات وبحوث فكرية وسياسية ودراسات في النقد الأدبي حول المسرح
والشعر الحديث.

الموسوعة: غزارة وشمولية وتجديد[1]

(ديوان القرن العاشر ج٢)

بسم الله ناصر المظلومين، والصلاة على محمد وآله الطاهرين.

أما بعد: فالحسين عليه السلام مصباح هُدًى، وسفينة نجاةٍ، ويُمنُ خير على الإنسانية جمعاء[2]، بما يحمله من إيمان وتسامح وإخاء، يجمع القلوب الحيَّة في صفٍّ واحد على طريق الفلاح، تسير بخطى الهداية، لا تخشى طمس الظلمات، ولا دَرَكَ اللعنات، شخصيات فذّة ظُلِمَت، وأُؤكِّدُ إعجابي واحترامي الخالصين، وتقديسي لهذا الإمام الأكبر، صاحب النفحات المحمدية الإلهية التي ألهمته، فكان قائد الثورة الكبرى الخالدة في وجه الطغيان، وكان السراج الوضّاء الزاكي في خضمِّ عباب الكفر والظلام.

لقد شهد المسلمون في عصرهم الأول أكبر ردَّة عن الإسلام بعد استشهاد أمير المؤمنين علي بن أبي طالب الهاشمي[3]، عرفوا بعده ظلام

(١) أصل المقدمة باللغة العربية.

(٢) النص هو تضمين لقول الرسول الأكرم محمد صلى الله عليه وآله لما شاهده صلى الله عليه وآله مكتوباً على يمين ساق العرش وهو في معراجه، وقد مضى ذكره، أنظر: عيون أخبار الرضا: ١/ ٦٢.

(٣) علي بن أبي طالب: وُلد في محراب الكوفة في ١٣/ ٧/ ٢٣ق.هـ، واغتاله الخوارج في محراب مسجد الكوفة فجر ١٩/ ٩/ ٤٠هـ، وقضى شهيداً فجر ٢١/ ٩/ ٤٠هـ ودُفن في النجف الأشرف بين جثماني النبي آدم ونوح، واقتصَّ الإمام الحسن بن علي عليه السلام من قاتله عبد الرحمن بن ملجم المرادي.

الجاهلية الأولى، بدأ شواظُها يمتدُّ من قصور الشام إلى سواحل الأندلس غرباً، وما بعد النهرين شرقاً، كان الواقع مأساوياً، انقلبت فيه الموازين، فانخسفت شمس الأئمة والهُدى، وأشرقت واشرأبَّت أعناق وأعلام المارقين والمرتدِّين، هكذا عمَّ الجهل، فغشي قلوب الناس وعقولهم فغلبت الإيمانَ الأموالُ، وازدهرت تجارة الدنيا الغرور، فبيعت الضمائر بالقصور، وطغى على اللُّبِّ الزَّبَدُ الجُفاءُ، فأهل الحق همُ القلَّةُ، وأهل الباطل هم الأكثرية، فما أحوجنا نحن أبناء العرب خاصَّة والمسلمين عامَّة بأنْ نأخذ العِبَرَ، ونستلهم الدروس من شخصية الحسين عليه السلام، ونقرأ حاضرنا في دماء سيد الشهداء وريحانة الرسول صلى الله عليه وآله وسلم وسيد شباب أهل الجنة، فنجعله فاتحة للثورة على الفراعين، وتغيير حياة الإنسان، وجعله كائناً يعرف حقيقة وجوده، ودوره الرسالي أمام الله والتاريخ.

ولا ننسى ثورة عمر المختار(1) ضد الاحتلال الإيطالي، فقد كانت جهاداً مقدَّساً، استُلهِمَتْ مبادؤها الروحية من نهضة الإمام الحسين عليه السلام، فهي تواصل حتميٌّ للغضب والرفض والخروج على الطغاة المارقين، والمختار لم يحد عن هذا الخط الحسيني، فنهض ثائراً على المستعمرين.

وعلى الشعب الليبي الكريم، والأحرار من أبنائه أن يحفظوا وصايا الحسين عليه السلام حفظاً للدروس الثورية والفداء الحقيقيين الذي لن ينسوه على

---

(1) عمر المختار: هو ابن مختار بن عمر المنفي (١٨٦١ ـ ١٩٣١م) ولد في قرية جنزور الشرقية في برقة، وُلد يتيماً، معلم قرآن وعلوم إسلامية، أقامه محمد المهدي الإدريسي شيخاً على زاوية القصور في الجبل الأخضر، وكذلك في السودان فأقيم فيها شيخاً لزاوية كلك، ثم عاد إلى برقة، وأصبح شيخاً لزاوية القصور، كان في طليعة المجاهدين عندما احتل الإيطاليون بنغازي عام ١٣٢٩هـ، وفي عام ١٣٤٠هـ تولى قيادة المجاهدين؛ وأخيراً أسره الإيطاليون وشنقوه في مدينة سلوق جنوب بنغازي في ١٦/٩/١٩٣١م.

مرِّ الدهور، وأن تتخذ الشعوب من سيرة أهل البيت نبراساً لهم للخروج من قبضة الفقر والكفر والجهل والضلال والاستعباد الذي تعيشه وتحياه في واقعها المعاصر، فلكي يكون التغييرُ جذرياً فلابد من دراسة القواعد، واستلهام الحلول من مدرسة الحسين عليه السلام.

هذ هو فكر الموسوعة الرائدة في بابها، نورٌ معرفيٌّ، ووحيٌ ثوريٌّ، خطَّه العلاّمة المبدع، والفيلسوف النابغة الكرباسي بدم الحسين، يروي قصّة رَجُلٍ عاش الإسلام وللإسلام وفي الإسلام، ومات من أجل الإسلام، تلك هي الموسوعة الحسينية، في دائرة معارف كبرى.

لم أقرأ أو أسمع بمثلها في العرب والمسلمين وغيرهم، وتتحدث بالعربية وتكتب بحروفها، لكن دون أن تنسى الطواف بلغات أخرى كان لها ارتباط بالعرب وعاداتهم وتقاليدهم وسلوكياتهم ونفسيّاتهم، فصوّرت المشاعر والأحاسيس، والآلام والأحلام، وجسَّدت طموحات جيلٍ بعد جيلٍ وعصْرٍ بعد عصْرٍ، يُعبِّر عن الحسين عليه السلام كل مرحلة بشعورها، تدوِّن وجدانها المعرفي والإنساني تجاه إمام العصور، وكاتب تواريخها.

أكبر موسوعة عرفها الفكر الإنساني منذ فجر المعرفة، وهذا فخرٌ جديرٌ بأن يكون به الكرباسيُّ فخرَ العرب والمسلمين، وفيلسوف الإنسانية بلا منازع.

ما أحوجنا إلى مثل هذه الأعمال الفنية، القيِّمة النفيسة، وتعتبر من ذخائر ثقافتنا ونفائس أدبنا، ولا نُبالغ إذا اعتبرناها منْ أمّات الكتب والمصادر في الأدب الحسيني خاصَّة، والإسلامي عامَّة، ومرجعاً من مراجع الإعجاز اللغوي والروحي في حقبةٍ مظلمةٍ من تاريخنا.

فديوان القرن العاشر الهجري في جزئه الثاني أشعار وجدانية ثائرة، كانت تصويراً لمشاعر العديد من شعراء القرن العاشر الهجري، وهي امتداد روحيّ، وانسيابٌ عاطفي لم ينضب من ذاكرة الشعور الإسلامي عامّة، والعربي خاصّة، فرصد الجزء الثاني من ديوان القرن العاشر كل مستدركات القرون السابقة، فجاء استمرارية لنهضة الإمام الحسين عليه السلام وثورته الخالدة.

إنِّي أحيّي في صاحب الموسوعة الكرباسي العالم الإسلامي، والأديب الباحث، والمحقق الفيلسوف، والمعلِّم الذي أعطى للبحث الموسوعي معنًى آخر أكثر نُضجاً، وأكثر عمقاً، وأخصبَ خيالاً للدراسة، والتفكير، فجاءت فصول الدائرة في كل جزء من أجزائها تامّة كاملةً وافيةً، منتهجةً منهج البحث العلمي، ومتَّبعة سُبُلَه في البحث والمقارنة والمقاربة والاستنباط.

أرى المحقق العلامة الدكتور محمد صادق الكرباسي موسوعيّاً من الطراز الأول، حيثُ عادَ بنا إلى أزهى عصور الثقافة والمعرفة العربية والإسلامية، فذكرنا بالفارابي[1]، والجرجاني[2]، وابن جنّي[3]، وابن

---

(١) الفارابي: هو محمد بن محمد بن طرخان بن أوزلغ، (٢٦٠ ـ ٣٣٩هـ) ويكنى بأبي نصر، ولد في فاراب (أترار أو أطرار في كازخستان) وتوفي في دمشق، يلقب بالمعلم الثاني، من كبار فلاسفة المسلمين، تركي الأصل، مستعرب، من آثاره: إحصاء العلوم، السياسة المدنية، والفصوص.

(٢) الجرجاني: هو عبد القاهر بن عبد الرحمن بن محمد الجرجاني، فارسي الأصل من أهل جرجان وفيها نشأ ومات سنة ٤٧١هـ، نحوي من أئمة البلاغة، كان أديبا شاعراً، من آثاره: كتاب العوامل المئة، أسرار البلاغة، والرسالة الشافية في إعجاز القرآن.

(٣) إبن جنّي: هو عثمان بن جني الموصلي (٣٢٢ ـ ٣٩٢هـ) ولد في الموصل وتوفي في بغداد ودفن في مقابر قريش في الكاظمية، يكنى بأبي الفتح ويُعرف بابن جني، من أئمة اللغة والأدب ومن أعلام الإمامية، له مؤلفات جمة منها: التصريف الملوكي، التلقين، وسر الصناعة.

سينا[1]، والغزالي[2]، والطوسي، وعمر الخيام[3]، غير أنَّ الكرباسي امتاز عليهم بالغزارة والشموليّة والتجديد، هذه الصفات الثلاث جعلت من صاحب الموسوعة الحسينية إمام عصره في الفكر والثقافة والتاريخ، وشيخ الإسلام في المعارف والآداب، فلا يمكن أن يستغني عنه الباحثون في بحوثهم، والمحقِّقون في ميدانهم، فقد جعل من دائرة المعارف الحسينية مورداً ثرّاً ينهل منه عُشّاق الحرف والقلم على اختلاف الألسن وتباين الأجناس، وتعدّد الديانات.

مصطفى محمد الجهاني
كاتب وناقد ـ ليبيا
لندن ٢٨/ ٩/ ٢٠٠٩م

---

(١) إبن سينا: هو الحسين بن عبد الله بن حسن (٣٧٠ ـ ٤٢٨هـ)، ويكني بأبي علي، ولد في مدينة أفشنه (أفشنا) في أوزبكستان ومات في همدان في إيران، طبيب وفيلسوف، ويشتهر بـ "الشيخ الرئيس"، ترك نحو **٢٠٠** مصنف، منها: القانون في الطب، الإشارات والتنبيهات، ورسالة في الفضاء.

(٢) الغزالي: هو محمد بن محمد بن محمد بن أحمد الطوسي الشافعي (٤٥٠ ـ ٥٠٥هـ) ولد ومات في طوس، رحل إلى بغداد ودرس في المدرسة النظامية، فيلسوف وفقيه شافعي، ترك مائتي مصنف، منها: تهافت الفلاسفة، شفاء العليل، والتبر المسبوك في نصيحة الملوك.

(٣) عمر الخيّام: هو ابن إبراهيم الخيام النيشابوري (١٠٤٨ ـ ١١٣١م)، ولد في نيشابور وفيها نشأ ومات، اشتهر بمهنة والده في صناعة الخيام، شاعر وفيلسوف، له اسهامات في علم الرياضيات والفلك والفقه والتاريخ، كتب بالعربية والفارسية، من مؤلفاته: شرح ما أشكل من مصادرات كتاب أقليدس، رسالة في الموسيقى، ورباعيات الخيام.

شعراء يصيغون التاريخ قوافيا

قد يتساءل المرء، لماذا أوجدت المعاهد الدراسية والكليات والجامعات أقساما علمية وأخرى أدبية؟

هل هي رغبة مجردة في تقسيم العلوم وتصنيفها؟

هل هي حاجة وطنية لتقسيم المعارف بما يلبي حاجة المؤسسات الرسمية والشركات الأهلية لاستقطاب الخريجين الجدد؟

باستطاعة المرء وضع العشرات على هذه الشاكلة من الأسئلة والتساؤلات في بيان تقسيم الدراسات الحديثة إلى علمية أو أدبية أو مهنية أو إنسانية أو غير ذلك؟

لكن الثابت والقطعي أن رغبات الطالب لها الأثر الكبير في خلق مثل هذه المناخات الدراسية بما يجعلها تستوعب الطالب في هذا المجال وتستوعب آخر في مجال مختلف، فالكيمياء ليست هي الجغرافية والفيزياء ليست هي التاريخ، والمعمل الجنائي ليس هو المسرح، وكلية العلوم تختلف عن كلية الفنون الجميلة، وعلى هذا قس.

فالرغبة الشخصية وظهور ميولها في مراحل متقدمة من عمر الإنسان تمهد للمرء في بيان مستقبله على مستوى الدراسة والحياة العامة، بل يستطيع الأب تقدير مستوى ابنه وموهبته ومستقبله من خلال بعض

المؤشرات والمؤهلات، وإذا أمكن توفير الظروف المناسبة لتفعيل مثل هذه المواهب، فإن مستقبلا واعداً ينتظر حاملها.

وعلى صعيد الأدب، فإنَّ الكتابة النثرية صنعة مسبوقة برغبة والكتابة الشعرية صنعة مسبوقة بموهبة، بيد أنَّ الأولى تموت بتعطيل العمل بها، والثانية تظل محفوظة في خزينة الشاعر يستحضرها كلما تاقت إليها نفسه وألمّت به حالة من حالات الغيبوبة الشعرية، لأن الرغبة غير الموهبة، فالأولى تخبو بطاريتها فلا توقد مصباحا والثانية تختمر بطاريتها وتتفاعل في تلافيف ضمير الشاعر وأحاسيسه فلها أنْ توقد المصابيح، فالقافية تبقى تتداولها الأجيال، وكما تقول الخنساء تماضر بنت عمرو السلمية المتوفاة سنة ٤٣هـ من بحر المتقارب:

وقـافـيـة مـثـل حـدِّ الـسـنـا   ن تـبـقـى ويـذهب مـن قـالـها[1]

ولكن الموهبة ليست هي كل شيء، إذ إنها بمسيس الحاجة إلى صقل دائم حتى يستطيع الشاعر أنْ يبدع وتتنور قوافيه على ساريات الأبيات وتتراقص راياتها على منارات القصائد، فالشعراء كثيرون والمبدعون قليلون، وأكثر منهم كتاب النثر لكنهم في سوق الأدب أقل من القليل، تماما كباعة الذهب فهم كثيرون وصاغته قليلون، فليس كل بائع للذهب صائغاً، وكذا باعة القوافي في سوق الأدب فليس كلهم شعراء وإن تأبطوا شعراً أو ازدادوا كيل أوزان!

ومن يتناول الشعر تعلما أو تذوقا، قراءة أو سماعا، يدرك مهارة كل شاعر وموهبته، قد لا يستطيع تمييز بحور الشعر لأنه يجهل العوم فيها ولا

---

(١) شرح نهج البلاغة: ٣٥٩/١٩.

يعرف أوزانها لأنه يجهل التبضع في سوقها، وتغيب مسامعه الذوقيه عن زحاف الأبيات وعوارها، لكنه بالتأكيد يميز بين غثها من سمينها، ويلمس أحسنها من حسنها.

في مثل هذه الأجواء، يفتح لنا العروضي والأديب الشيخ الدكتور محمد صادق بن محمد الكرباسي نافذة الأدب المنظوم لنقرأ الجزء الثاني من ديوان القرن العاشر الهجري (٢١/٩/ ١٤٩٥ ـ ٧ /١٠/ ١٥٩٢م) الخاص بالنهضة الحسينية الذي صدر عن المركز الحسيني للدراسات في لندن في ٤٤٥ صفحة من القطع الوزيري.

نوافذ القرون

لا ينفتح هذا الديوان على نافذة القرن العاشر فحسب، بل هو نوافذ على القرون التي سبقته، حيث استدرك الأديب الكرباسي القصائد والمقطوعات والأبيات التي ظهرت لديه بعد أكثر من عقدين من البحث والتنقيب وصدور الدواوين من القرن الأول حتى العاشر، لأنَّ وازعه التوثيق لا التأليف فحسب، لا يتوانى عن توثيق المستجد من القوافي في أقرب ديوان، تاركا إلحاق المستدركات بقرونها في طبعة جديدة، وكما يقرر: "كلما أبحر بنا التحقيق على نغمات القوافي اكتشفنا قصائد أو أبياتا حسينية طالتها غيمة الضمور، ولم نجد أمامنا إلا الالتجاء إلى فتح باب اللجوء في مخيمات المستدركات علّنا في يوم من الأيام إنْ أمدَّ الله بنا الزمان أن نضعها في مكانها المناسب وربما حصلنا على المزيد ليصل إلى حدود الكمال".

والاستدراك في أي علم من العلوم هو بث الحياة في ذلك المستدرك المتوسد أريكة الإهمال تارة أو الملتحف بغطاء التعمية تارة أخرى، وفي

٣٨٧

الأدب فإن استدراك القوافي واستخراجها من كتب قديمة شبه ميتة أو مخطوطات مرمية في غرف الإنعاش هو إحياء للأدب ونشر الحياة في رميم الأديب، واستخراج لكنوز القوافي من صحراء النسيان، ومعارضة لقول سويد المرائد الحارثي(1) القائل من بحر الطويل:

بني عمِّنا لا تذكروا الشِّعرَ بعدما دفنتم بصحراء الغُمَيم القوافيا(2)

فالقوافي أينما حلّت وبخاصة وهي تؤرخ لنهضة وضعت مائزا بين النور والظلام، هي ملك الإنسانية وليست ملك ناظمها، أو ملك مقتنيها في نسخة مخطوطة أو طبعة حجرية، ومن يحبس القوافي في خزانة كتب أو خلف نافذة متحف ولا يطلق سراحها إنما خذل جبهة الحق ولم ينتصر لإمام الحق والحقيقة الذي طلب النصرة يوم عاشوراء، وأساء لساحة الأدب والأدباء الذين رجموا الباطل بسهام كلماتهم ونبال قوافيهم رغم بعد المسافة الزمنية عن محرم ٦١هـ وتباعد المساحة المكانية عن كربلاء، كقول الخطيب الخوارزمي(3) من بحر الوافر:

وإنَّ موفَّقاً إنْ لم يقاتل أمامك يا بن فاطمة البتول
فسوف يصوغُ فيك مُحبَّراتٍ تَنَقَّلُ في الحزون وفي السهول(4)

---

(1) سويد المرائد الحارثي: هو سويد بن صميع المرائد (المرثدي) الحارثي، عاش في القرن الأول الهجري، اشتهر بالانتقام من قاتل أخيه المقتول غيلة، وعلى مرأى من الناس.

(2) البيان والتبيين: ٢/١٨٦.

(3) الخطيب الخوارزمي: هو موفّق بن أحمد بن محمد الحنفي المكي (٤٨٤ ـ ٥٦٨هـ) وكنيته ضياء الدين أبي المُؤيّد، أصله من مكة، من الفقهاء الأدباء، له خطب وشعر، أخذ العربية عن الزمخشري في خوارزم، من مؤلفاته: مناقب أبي حنيفة النعمان، مناقب علي، ومقتل الحسين.

(4) ديوان القرن السادس: ١٨٤، محمد صادق الكرباسي، المركز الحسيني للدراسات، لندن ـ المملكة المتحدة، ط١، ١٤٢١هـ (٢٠٠٠م).

أو قول الكاتب والشاعر مهيار الديلمي[1] من بحر المتقارب:

ولا زال شعري من نائحٍ ... يُنَقَّلُ فيكم إلى مُنشدِ
وما فاتني نصرُكُمْ باللسانِ ... إذا فاتني نَصْرُكُمْ باليدِ[2]

فالنصرة لا تقتصر على السيف لمن أراد أن يلبي واعية الإمام الحسين عليه السلام في كربلاء، وتضييقها على السلاح مظلمة لها، فالأدب المنثور الواعي نصرة للحق وأهله، والأدب المنظوم الملتزم شوكة في أبواق الباطل وحزبه، وليس هناك برزخ يقف على قلّته من يحول دون نشر الأدب الحر بحجة أو بأخرى.

تاريخ موزون

كل حدث إن لم تلتقطه عدسة المصور غابت مفاصله وزواياه، وفي عصر لم تكن آلة التصوير قائمة، كانت الرواية هي العدسة التي يتحكم بها الراوي لنقل تفاصيل القصة أو السيرة، ولذلك كان الراوية وكان القاص أو الحكواتي تنجذب إليه النفوس وتتحلق حوله الأبدان وهو يروي الحدث

---

(١) مهيار الديلمي: هو أبو الحسن (أبو الحسين) مهيار بن مرزويه الديلمي (ن٣٥٤ ـ ٤٢٨هـ) كان مجوسياً ولد في الديلم جنوب جيلان في إيران، تتلمذ على يد الشريف الرضي وأسلم على يديه سنة ٣٩٤هـ ويعدّ من كبار شعراء بغداد سكن جانب الكرخ وفيها مات، له ديوان شعر.

(٢) ديوان القرن الخامس: ٩٦، محمد صادق الكرباسي، المركز الحسيني للدراسات، لندن ـ المملكة المتحدة، ط١، ١٤١٨هـ (١٩٩٧م).
والمفيد ذكره أن أيان كيث أندرسون هوارد (Ian Keith Anderson Howard) الذي قدّم لهذا الجزء توفي في مسقط رأسه نيوپورت في شهر آذار مارس ٢٠١٣م، ويُشتهر في كتاباته بالحروف الأولى من الإسم الثلاثي (I. K. A. Howard)، وقد كان ولد في مدينة لانيلّي جنوب مقاطعة ويلز في المملكة المتحدة يوم ٢١/٣/١٩٣٩م. للمزيد عن حياته ومقدمته وقراءتنا للديوان، أنظر: نزهة القلم قراءة نقدية في الموسوعة الحسينية: ١٧٩.

حتى أصبحت الرواية في باب القصص والسير مهنة لها رجالها، وبخاصة حكاية المقاتل والمعارك، والراوي هنا هو غير راوي الحديث، وإن اشتركا في قواسم عدة.

وقد وجد بعض الشعراء في الملاحم والمقاتل ضالتهم في ترجمة الحدث إلى نص شعري، أو قولبة النصوص النثرية لملاحم قتالية سابقة على عهدهم في نصوص شعرية.

وما يلاحظ في قوافي الوغى التي تابعت معركة كربلاء بكل تفاصيلها قبلها وأثناءها وبعدها، أنها:

أولا: ساهمت في حفظ معركة الكرامة وبيان معالمها، لأن الشعر أثبت في ذاكرة الإنسان وعلى صفحات التاريخ أركزُ، فالأدب المنثور يتعرض للنسيان والضياع والتحوير من ناقل لآخر، في حين أن الشعر قوافٍ موزونة قلما تتعرض للتحريف، وإذا حصل فهو من باب الخلل في الاستنساخ، ثم إنه بشكل عام محفوظ في سجل الذاكرة الإنسانية يُنقل من جيل لآخر، وكما يقول الشاعر أبو تمام الطائي[(١)]، من بحر الكامل:

إن القوافي والمساعي لم تزل ... مثل النظام إذا أصاب فريدا

هي جوهرٌ نثرٌ فإن ألفته ... بالشعر صار قلائدا وعقودا[(٢)]

ثانيا: ساعد شعر الملاحم على تصحيح الاختلاف الحاصل في النسخ

---

(١) أبو تمام الطائي: هو حبيب بن أوس الحارث الطائي (١٨٨ ـ ٢٣١هـ) من كبار شعراء الإمامية في شعره قوّة وجزالة ومن كبار فحول الشعراء، ولد في قرية جاسم من ضواحي حوران في سوريا وتنقل بين القاهرة وبغداد، ومات في الموصل بعد سنتين من الاستقرار فيها، من آثاره: فحول الشعراء، ديوان الحماسة، ومختار أشعار القبائل.

(٢) المثل السائر في أدب الكاتب والشاعر: ٢/ ٢٧٢، ابن الأثير علي بن محمد الجزري الموصلي، تقديم: د. أحمد الحوفي، د. بدوي طبانة، دار نهضة مصر للطباعة والنشر، القاهرة ـ مصر.

المتعددة للملحمة في صورتها النثرية، فكما أن الشعر يُستشهد به في قواعد اللغة العربية فللباحث أن يستشهد به لتصويب الحدث، بخاصة إذا كانت الملحمة الشعرية نظمتها شخصية علمائية، ومن الثابت أن شعراء القرون الأولى كانوا يجمعون إلى جانب النظم العلوم الأخرى، فهم أدباء وعلماء وفقهاء، وهذه خاصية بدأت تفقد بريقها في القرون المتأخرة.

ثالثا: **اعتاد** الناس في مجال الأدب الحسيني على سماع قصة مقتل الإمام الحسين عليه السلام بصوت خطيب حسيني، ولعل أشهر المقاتل المقروءة حتى يومنا وأشجاها هو مقتل الخطيب الراحل الشيخ عبد الزهراء الكعبي[1]، لكننا لم نستطع الاستفادة من الملاحم الشعرية في عقد مجالس لتذكر واقعة كربلاء على مسامع الناس، فبعض الملاحم المنظومة تغطي كل الحدث الحسيني منذ خروج الإمام الحسين عليه السلام من الجزيرة العربية إلى العراق واستشهاده في كربلاء في عاشوراء ٦١هـ وأسر أهل بيته إلى الكوفة ثم الشام، ومن بعد رجوع ركب الأسرى إلى العراق في العشرين من صفر ٦١هـ ثم العودة إلى المدينة المنورة، كملحمة الحلبي الحائري[2]، وهي ٦٠٦ أبيات من الطويل ومطلعها:

---

(١) عبد الزهراء الكعبي: هو ابن فلاح بن عباس بن وادي آل منصور الكعبي الحائري (١٣٢٧ ـ ١٣٩٤هـ)، من الخطباء الأدباء والعلماء الشعراء، ولد في مدينة المشخاب جنوب النجف الأشرف في ذكرى ميلاد فاطمة الزهراء يوم ٢٠ جمادى الآخرة وسُمِّي بعبد الزهراء تيمناً، نشأ وترعرع في كربلاء المقدسة بعد هجرة الأسرة إليها، ودرس في مدارسها الدينية وأصبح من مدرسيها إلى جانب الخطابة، اشتهر بخطابته وقراءة مقتل الإمام الحسين عليه السلام وقصة عودة الأسرى يوم الأربعين، تنقل في البلدان العربية والإسلامية وقرأ فيها كما قرأ في معظم المدن العراقية، تعرض للاعتقال عام ١٩٦٩م وسجن لأشهر عدة، سقط مغشياً عليه وهو على المنبر في الصحن العباسي الشريف في كربلاء المقدسة ومات إثرها في الليلة نفسها المصادفة ليوم ١٣ جمادى الأولى ذكرى رحيل فاطمة الزهراء على بعض الروايات، من آثاره: الحسين قتيل العبرة، وديوان دموع الأسى (مخطوط).

(٢) الحلبي الحائري: هو شهاب الدين أبو المحاسن يوسف بن إسماعيل الشواء الكوفي الحلبي=

أفكِّرُ والصَّبُ الحزينُ يُفكِّرُ وأسهرُ ليلي والمصائبُ تَسهرُ
ويطرُقُني همُّ النوائب دائماً ولكنْ إذا هلَّ المحرَّمُ يَكبرُ[1]

ولذلك أعتقد أن من المفيد الاستفادة من هذه الملاحم الشعرية في عرض النهضة الحسينية على المنابر بأصوات وشخصيات تجيد قراءة الشعر، وترويج مثل هذه المحافل الشعرية ونصبها في العشرة من محرم الحرام، فهناك قطاعات كبيرة من الجمهور تتذوق الشعر، فإذا أمكن إنضاج قابليات المنشدين، فيكون الأدب الحسيني قد تم توظيفه كأداة إعلامية جديدة تخاطب طبقة الأدباء ومن يُنسب إليهم، وجدَّد من الأسلوب المنبري المتعارف عليه وكسب إليه قطاعات من الناس لم تعتد على حضور المجالس الحسينية، وتشجع في الوقت نفسه الشعراء على نظم الملاحم، وترجمة القصة الحسينية إلى ملحمة شعرية.

ومع الجهد الكبير والفريد الذي يبذله الأديب الكرباسي في توثيق الشعر الحسيني عبر القرون، فإنَّ الطريق ممهد أمام هذا الأسلوب من العرض المنبري لأن يأخذ طريقه في التطبيق والانتشار، لاسيما وأن الملاحم الشعرية قد تم ضبطها من كل النواحي الفنية، فلا يجد الملقي صعوبة في تشنيف أسماع الناس على أنْ يكون الإلقاء بصوت شجي، وبذلك يكون مثل هذا الفن من المنبر الشعري الحسيني قد استعاد دوره التاريخيَّ الكبير الذي كان يقوم به شعراء القرون الأولى عندما كانوا يلقون

=(٥٦٢ ـ ٦٣٥هـ) وهو من أدباء الإمامية وشعرائها، ولد في مدينة حلب في سوريا وفيها نشأ ودرس ومات ودفن في مقبرة باب انطاكية، ترك ديوان شعر من أربعة مجلدات.

(١) ديوان القرن العاشر: ٢/ ٣٣، عن المجموعة الحسينية الثانية: ٩، المخطوطة في مكتبة الإمام الحكيم العامة في النجف الأشرف.

شعرهم الحسيني أمام أئمة أهل البيت كدعبل الخزاعي[1] الذي ألقى قصيدته التائية من ١٢٢ بيتا من بحر الطويل في حضرة الإمام علي بن موسى الرضا (١٤٨ ـ ٢٠٣هـ) وهو على ولاية العهد في العاصمة طوس[2]، فأغمي عليه عليه السلام عند سماعها وبخاصة وهي تستنطق واقعة كربلاء شعرا، ومطلعها من الطويل:

تجاوبن بالأرنان والزفرات نوائح عجم اللفظ والنطقات[3]

في الواقع إن الملاحم الشعرية وإن كانت قليلة ولكن الموجود منها لم يتم تداولها بما يليق بالمناسبة، ولذلك فإنَّ خطباء المنبر الحسيني بحاجة إلى إجراء تجديد في القصائد التي يلقونها، فالأدب الحسيني غني بالقصائد الملحمية ومن حقها أن يتم تداولها كحالة من حالات التجديد المنبري، فالملحمة الشعرية تاريخ، وحسب تعبير الدكتور الكرباسي: "تاريخ منظوم موزون وليست بشعر ذي خيال وإلهام".

طباق منضود

ليس الشعر الراقي قافية ووزنا فحسب، وإلا صارت كل قصيدة عين

---

(١) دعبل الخزاعي: هو أبو علي دِعْبِل بنُ عليٍّ بن رزين الخزاعي (١٤٨ ـ ٢٤٦هـ) من شعراء الإمامية البارزين وُلد في الكوفة وفيها نشأ وأقام في بغداد، كان صديق البحتري وأبي تمام، هجا أمراء بني العبَّاس كالرشيد والمأمون والمعتصم والواثق وما دونهم، وطال عمره، وقتل بين واسط وخوزستان ببلدة تدعى الطيب قرب الشوش، من آثاره، ديوان شعره، الواحدة في مناقب العرب ومثالبها، وطبقات الشعراء.

(٢) طوس: الإسم القديم لمدينة مشهد قاعدة محافظة خراسان الإيرانية، وفيها مرقد الإمام الرضا عليه السلام، على بعد نحو ٩٠٠ كيلو متر من العاصمة طهران.

(٣) ديوان القرن الثالث: ٤٨، محمد صادق الكرباسي، المركز الحسيني للدراسات، لندن ـ المملكة المتحدة، ط١، ١٤١٦هـ، ١٩٩٦م.

بذاتها أو معلقة، فهناك مقومات عدة إذا اجتمعت نالت القصيدة كأس المعلى، ومن تلك المقومات استخدام المحسنات البلاغية بما يعطي القصيدة رونقا خاصا، ومن المحسنات الطباق، أي الجمع بين الكلمة وضدها في النص الواحد، فإذا كان الشيئان من سنخين مختلفين عد الطباق ايجابيا، وإن كانا من سنخ واحد دخل عليهما الثبت والنفي أو الأمر أو النهي أو كلاهما كان من الطباق السلبي.

والأمثلة على الطباق كثيرة، فمثال الأول قوله تعالى ﴿وَمَا يَسْتَوِي ٱلْأَحْيَآءُ وَلَا ٱلْأَمْوَٰتُ﴾[1]، ومثال الثاني في الإثبات والنفي قوله تعالى: ﴿قُلْ هَلْ يَسْتَوِي ٱلَّذِينَ يَعْلَمُونَ وَٱلَّذِينَ لَا يَعْلَمُونَ إِنَّمَا يَتَذَكَّرُ أُوْلُواْ ٱلْأَلْبَٰبِ﴾[2]، ومثال الثالث في الأمر والنهي: ﴿وَلَا تَسُبُّواْ ٱلَّذِينَ يَدْعُونَ مِن دُونِ ٱللَّهِ فَيَسُبُّواْ ٱللَّهَ عَدْوًۢا بِغَيْرِ عِلْمٍ﴾[3]، ومنه أيضاً قوله تعالى: ﴿إِنَّمَا ذَٰلِكُمُ ٱلشَّيْطَٰنُ يُخَوِّفُ أَوْلِيَآءَهُۥ فَلَا تَخَافُوهُمْ وَخَافُونِ إِن كُنتُم مُّؤْمِنِينَ﴾[4]، وبشكل عام فإنَّ: "الطباق: الجمع بين الشيء وضده في الكلام، وطباق الإيجاب: وهو ما لم يختلف فيه الضدان إيجابا وسلبا، وطباق السلب: وهو ما اختلف فيه الضدان إيجابا وسلبا"[5].

ومتابعة لقصائد الجزء الثاني من القرن العاشر الهجري تجد الكثير من الطباق، من ذلك قول الشاعر ناصر الفقيه[6] من قصيدة في ٨٥ بيتا من بحر الخفيف، ومطلعها:

---

(١) سورة فاطر: ٢٢.

(٢) سورة الزمر: ٩.

(٣) سورة الأنعام: ١٠٨.

(٤) آل عمران: ١٧٥.

(٥) البلاغة الواضحة.. البيان، المعاني، البديع: ٢٨١، علي الجارم، مصطفى أمين، ماكميلان وشركاه، لندن ـ المملكة المتحدة، دار المعارف، القاهرة ـ مصر.

(٦) ناصر الفقيه: هو ابن مسلم، من العلماء الشعراء في نهاية الألفيه الهجرية الأولى، مات قبل عام ١٠٠٠هـ.

مَـن لـصـبٍّ مُـقـلـقـل الأحـشـاء   خِـدْنِ شـوقٍ ولـوعـةٍ وضـنـاءِ

ثم يقول:

ثـمَّ حـرَّمـتـم الـفـراتَ عـلـيـنـا   وأبـحـتـم لـغـيـرنـا كـلَّ مـاءِ[(١)]

والطباق في "حرّمتم" و"أبحتم"، حيث يتحدث الشاعر عن لسان الإمام الحسين عليه السلام مسائلا الجيش الأموي عن السبب الذي يدعوهم إلى حرمان أهل بيت النبي محمد صلى الله عليه وآله وسلم من ماء الفرات وإباحته لغيرهم من الإنسان والحيوان!

وقد يأتي الطباق في البيت الواحد في أكثر من موضع، من ذلك قول حسين بن حمدان الخصيبي[(٢)] من قصيدة له بعنوان "مشهد النور" من بحر الخفيف، وهي من المستدركات[(٣)]، يقول في مطلعها:

أيـهـا الـزائـرون مـشـهـدَ نـورٍ   لـحـسـيـنٍ ظـفـرتـمُ بـالـسـرورِ

ثم ينشد:

شـاهـداً غـائـبـاً صـموتـاً نـطـوقـاً   ذاهـبـاً راجـعـاً مُـكـرَّ الـكُـرورِ[(٤)]

---

(١) ديوان القرن العاشر: ٢/١٨، عن المجموعة الحسينية الثانية المخطوطة في مكتبة الإمام الحكيم العامة في النجف الأشرف: ٢٩٣.

(٢) حسين الخصيبي: هو أبو عبد الله حسين بن حمدان بن الخطيب الخصيبي الجنبلائي (٢٦٠ ـ ٣٥٨هـ)، من أعلام الإمامية وشعرائها، سكن الكوفة وفيها حدّث، قيل إنه مصري الأصل قدم إلى العراق وسكن حلب وفيها مات، من آثاره: الهداية الكبرى، الروضة في الفضائل والمعجزات، وديوان شعره.

(٣) المستدركات: رغم أن الديوان خاص بشعراء القرن العاشر الهجري، لكن المؤلف تعاهد مع نفسه إذا ما وجد قصائد فاتته من قبل، أن يعمد إلى وضعها في أقرب ديوان معد للطبع دون أن ينتظر اصدار الطبعة الثانية من ديوان القرن الذي يعود إليه الشاعر المستدرك، وإذا ما صدرت الطبعة الثانية من كل قرن يُصار إلى ضم القصائد المستدركة حسب قرونها.

(٤) ديوان القرن العاشر: ٢/ ١٨١، عن ديوان الخصيبي: ٦٨، مؤسسة الأعلمي للمطبوعات، بيروت ـ لبنان.

فالطباق في "شاهد ـ غائب"، "صموت ـ نطوق"، و"ذاهب ـ راجع".

على أنَّ الطباق هو غير المقابلة وإن بدا التشابه بينهما، فالثاني: "أن يؤتى بمعنيين أو أكثر، ثم يؤتى بما يقابل ذلك على الترتيب"[(١)]، ومن ذلك ما رواه الصحابي ابن عباس[(٢)] عن الإمام علي عليه السلام أثناء خلافته: "فأتيته فوجدته يخصف نعلا فقلت له: نحن إلى أن تصلح أمرنا أحوج منا إلى ما تصلح، فلم يكلمني حتى فرغ من نعله ثم ضمها إلى صاحبتها وقال لي قوِّمهما، فقلت ليس لهما قيمة، قال: على ذاك، قلت: كسر درهم قال: والله لهما أحب إليَّ من أمركم هذا إلا أن أقيم حقاً أو أدفع باطلا"[(٣)]. والمقابلة في (أقيم حقا ـ أدفع باطلا).

هنا ليبيا

٨٨ قصيدة وقطعة وبيت توزعت على ٣٥٠ صفحة من الجزء الثاني من ديوان القرن العاشر الهجري لسبعة وثلاثين شاعراً من قرون عشرة، لكن الشاعر ابن هتيمل الخزاعي[(٤)] استأثر بست عشرة قصيدة يليه الشاعر

(١) البلاغة الواضحة.. البيان، المعاني، البديع: ٢٨٥.

(٢) إبن عباس: هو عبد الله بن عباس بن عبد المطلب القرشي (٣ق.هـ ـ ٦٨هـ)، ولد في مكة المكرمة ومات في الطائف، روى عن الرسول صلى الله عليه وآله ١٦٦٠ حديثا، اشتهر بتفسير القرآن، شهد مع الإمام علي عليه السلام الجمل وصفين، وولي له البصرة.

(٣) الإرشاد في معرفة حجج الله على العباد: ١/ ٢٤٧، المفيد محمد بن محمد العكبري البغدادي، دار المفيد للطباعة والنشر، بيروت ـ لبنان، ط٢، ١٤١٤هـ (١٩٩٣م).

(٤) إبن هتيمل الخزاعي: هو قاسم بن علي هتيمل الخزاعي الضمدي (ن ٦٠٠ ـ ٦٩٦م)، ويُعرف بإبن هتيمل الضمدي، من شعراء اليمن ومن سكان مدينة ضمد، مدح ولاة الدولة الرسولية، تنقل بين مدن الجزيرة العربية.

حسين بن حمدان الخصيبي باثنتي عشرة قصيدة، ثم ابن المتوج البحراني[1] بخمس قصائد.

وغلب على هذا الديوان القصائد الطوال، بيد أنَّ الأديب الكرباسي من خلال تناوله للقصائد المتبقية التي نظمت في هذا القرن وجد من الناحية البلاغية أنها لا ترقى لأن تكون من عيون الشعر لتكرار المحسنات البلاغية غير أن الشاعر في الوقت نفسه حافظ على وحدة الفكرة وجمالية القصيدة، ولكن في بعضها الآخر لم تصل عتبة الإبداع الشعري الخصيب.

وإذا كان الشعر الحسيني جاذباً للنفوس، فإنَّ النهضة الحسينية بحد ذاتها عامل دفع للشعوب من أجل البحث عن الاستقلال والحرية، ولذا كما يقول الأديب والناقد الليبي الأستاذ مصطفى بن محمد الجهاني المقيم في لندن، في قراءته الأدبية لهذا الديوان: "فما أحوجنا نحن أبناء العرب خاصة والمسلمين عامة بأن نأخذ العبر، ونستلهم الدروس من شخصية الحسين عليه السلام ونقرأ حاضرنا في دماء سيد الشهداء وريحانة الرسول صلى الله عليه وآله وسلم وسيد شباب أهل الجنة، فنجعلها فاتحة للثورة على الفراعين، وتغيير حياة الإنسان، وجعله كائنا يعرف حقيقة وجوده، ودوره الرسالي أمام الله والتاريخ".

ويضيف الجهاني وهو يربط بين واقعة كربلاء وثورة القائد الليبي عمر

---

(١) إبن المتوج البحراني: هو أحمد بن عبد الله بن محمد بن علي بن الحسن بن المتوج الستري البحراني المتوفى سنة ٨٢٠هـ، من الفقهاء الشعراء والمفسرين الأدباء، ولد في البحرين ويُنسب إلى مدينة سترة، درس على أبيه وغيره وانتقل إلى العراق ودرس على فخر المحققين الحلي في حوزة الحلة، وعاد إلى بلاده عالما فقيها، ورجع إليه الناس في الفتيا، من مصنفاته: الوسيلة، فيما يجب على المكلفين، ومنهاج الهداية في شرح آيات الأحكام الخمسمائة، مات في البحرين ودفن في مقبرة جزيرة النبيه صالح.

المختار (١٢٧٦ ـ ١٣٥٠هـ): "ولا ننسى ثورة عمر المختار ضد الاحتلال الإيطالي، فقد كانت جهادا مقدساً، استُلهمت مبادؤها الروحية من نهضة الإمام الحسين عليه السلام فهي تواصل حتمي للغضب والرفض والخروج على الطغاة المارقين، والمختار لم يحد عن هذا الخط الحسيني، فنهض ثائراً على المستعمرين".

ولأنَّ النهضة الحسينية حدث أكبر من أن يحدَّه زمان أو مكان، فإنَّ دائرة المعارف الحسينية تأخذ مدياتها في التأليف بلا حدود، وهنا يعبّر الأديب الليبي عن انبهاره، إذ: "لم أقرأ أو أسمع بمثلها في العرب والمسلمين وغيرهم"، فهي: "أكبر موسوعة عرفها الفكر الإنساني منذ فجر المعرفة، وهذا فخرٌ جديرٌ بأنْ يكون به الكرباسيُّ فخر العرب والمسلمين، وفيلسوف الإنسانية بلا منازع".

فالموسوعة المتكونة من أكثر من ستمائة مجلد[1] صدر منها نحو ستين مجلدا، أي عشرها، تكشف عن جاهزية المؤلف وتمكنه من التحقيق والتنقيب والتأليف، وهنا كما يؤكد الناقد الجهاني: "أرى المحقق العلامة الدكتور محمد صادق الكرباسي موسوعيا من الطراز الأول، حيث عاد بنا إلى أزهى عصور الثقافة والمعرفة العربية والإسلامية، فذكَّرنا بالفارابي، والجرجاني، وابن جنّي، وابن سينا، والغزالي، والطوسي، وعمر الخيام، غير أن الكرباسي امتاز عليهم بالغزارة والشمولية والتجديد. هذه الصفات الثلاث جعلت من صاحب الموسوعة الحسينية إمام عصره في الفكر والثقافة والتاريخ، وشيخ الإسلام في المعارف والآداب".

---

(١) كانت بلغت الستمائة وقت صدور المجلد عام ٢٠٠٩م وهي الآن أكثر من سبعمائة مجلد.

ولاشك أنَّ الإمام الحسين عليه السلام وهو سبط النبي الأكرم محمد صلى الله عليه وآله وسلم وحامل رايته، تهواه الأفئدة من قريب أو بعيد، لأنه كجده صلى الله عليه وآله وسلم رسول الرحمة الإلهية والعدالة الإنسانية المنسجمة مع الناموس البشري، بغض النظر عن الدين أو المعتقد أو المذهب، وهنا لا يتوقف قلم الناقد الليبي الأستاذ مصطفى محمد الجهاني عن القول: "إعجابي واحترامي الخالصين، وتقديسي لهذا الإمام الأكبر، صاحب النفحات المحمدية الإلهية التي ألهمته، فكان قائد الثورة الكبرى الخالدة في وجه الطغيان، وكان السراج الوضّاء الزاكي في خضم عباب الكفر والظلام".

الثلاثاء: ٩/ ٢/ ٢٠١٠م

ناصر الدين جهلان[1]

* ناصر الدين بن... آل جهلان[2].
* كاتب جزائري، ولد في أسرة مسلمة أباضية.

---

(١) بعد أن تقطعت السبل بين الشاعر الجزائري الدكتور عبد العزيز مختار شبِّين والأستاذ ناصر الدين جهلان صاحب المقدمة المفترضة الذي عرّفه الدكتور شبين للموسوعة الحسينية، تقصّيت بنفسي عبر طرق مختلفة للوصول الى كاتب المقدمة في سبيل الحصول على سيرته الذاتية وصورته لتوثيق مقالته، وقد اهتديت عبر وسائل الإتصال الحديثة الى زميل الدكتور شبين في الدراسة الجامعية الأستاذ مصطفى الحاج ناصر الجهلان وهو استاذ اللغة الفرنسية في معهد الحياة في مدينة قرارة في ولاية غرداية الجزائرية وهو من أسرة مسلمة أباضية، ولد في قرارة عام ١٩٦٩م، وقد دلّني عليه ابن عمه الدكتور محمد أحمد جهلان الأستاذ في جامعة غرداية الجزائرية بعد التعرف عليه عبرة صفحة الفيسبوك، فكنت أظن أنّ الأستاذ مصطفى ناصر جهلان هو صاحب المقدمة كما أخبرني الدكتور شبين بذلك منذ فترة طويلة، إلا أنّ ظنوني لم تكن في محلّها، وربما يتوصل الوسيط الى صاحب المقدمة في القريب بإذن الله ويخبرنا به.

(٢) كتب مؤلف دائرة المعارف الحسينية المحقق الكرباسي في الجزء الأول من كتاب: قالوا في الحسين عليه السلام: ١/ ٤١١، معلقاً على سيرة ناصر الدين جهلان الذي أورد له نصاً مستلاً من المقدمة المنشورة في نهاية الجزء العاشر من ديوان الأبوذية: (مع الأسف الشديد أن هذه المقدمة وصلتنا عبر الدكتور عبد العزيز مختار شبين الجزائري الأديب والشاعر وذلك عبر أخيه عن الاستاذ عز الدين السعيدي وقد ضاعت به السبل الى معرفة من كان وسيطا بينه وبين الكاتب كما اخبرنا بذلك حيث كان الفاصل الزمني بين تاريخ الكتابة وبين السعي الى تحصيل معلومات اكيدة منه ثلاث سنوات بالضبط، ولكننا بحثنا عن اسم الشخصية التي ورد اسمها في آخر المقال فتبين أنّ هناك شخصية قريبة منه الا أنه نفى أنْ يكون هو وقال بانه لايوجد في مدينة قرارة في الجزائر وفي عائلة جهلان من يسمى بناصر الدين، وليس من ديدننا ذلك إلاّ أنّ الاعتماد هو الذي أوقعنا فيما وقعنا فيه).

أكبر موسوعة في التاريخ[1]

(ديوان الأبوذية ج١٠)

ولد الحسين بعد أخيه الحسن وذلك سنة أربع للهجرة من شهر شعبان[2]، وقُتل شهيداً يوم الجمعة يوم عاشوراء من المحرم سنة إحدى وستين وله من العمر سبع وخمسون سنة.

ولمّا أخذت البيعة ليزيد في حياة معاوية كان الحسين ممن امتنع عن مبايعته هو وابن الزبير وعبد الرحمن بن أبي بكر[3] وابن عمر وابن عباس، ثم مات ابن أبي بكر، وهو مصمم على ذلك، ولما مات معاوية سنة ستين وبويع لابنه يزيد، بايع ابن عمر وابن عباس، أما الحسين فقد صمم على المخالفة وكذا ابن الزبير، فخرجا من المدينة فراراً إلى مكة فأقاما بها[4].

---

(١) أصل المقدمة باللغة العربية.

(٢) في الخامس منه.

(٣) عبد الرحمن بن أبي بكر: هو ابن أبي بكر (عبد الله) بن أبي قحافة عثمان بن عامر التيمي، ساهم في حروب المشركين وكان من الفرسان الرماة، قيل إنه أسلم يوم الفتح وكان يسمى عبد الكعبة فأبدله الرسول بعبد الرحمن، شهد فتوح الشام واليرموك، توفي على مقربة من مكة فحمل إليها وذلك عام ٥٨هـ.

(٤) خرج الإمام الحسين عليه السلام إلى مكة المكرمة في طريقه إلى العراق، وحواراته مع زعماء المدينة المنورة ومكة المكرمة وهم يصرفونه عن الخروج ذاهبة إلى ذلك، وقد ترك مكة قبل اتمام الحج في طريقه إلى الكوفة، ومن قبلها أرسل مسلم بن عقيل الطالبي رسولا إلى أهل الكوفة في منتصف شهر رمضان سنة ٦٠هـ، للمزيد، راجع: مقتل الحسين للمقرم: ١٤٦، وانظر: البداية والنهاية: ١١/ ٤٧٧.

فعكف الناس وافدين على الحسين، ويأتون إليه يستمعون إليه ويستمعون كلامه لدى سماعهم بموت معاوية وخلافة ولده يزيد، إذ وردت عليه الكتب من بلاد العراق (الكوفة) يدعونه إليهم من أجل أن يبايعونه بدلاً من يزيد، فعزم الحسين على المسير إليهم، وكان ذلك يوم التروية، فقد خرج الحسين عليه السلام من المدينة[١] متجهاً إلى الكوفة ومعه سبعون رجلاً من أنصاره[٢]، ثم مضى الحسين بأصحابه وهم إثنان وثلاثون فارساً وأربعون راجلاً[٣]، بعد أن خذله الناس الذين كانوا يُظهرون التأييد لبني أمية، ولما اشتدَّت المبارزة والاقتتال بين الفريقين، صلّى الحسين عليه السلام بأصحابه الظهر صلاة الخوف، ثم اقتتلوا بعد ذلك قتالاً شديداً، ودافع عن الحسين صناديد من أصحابه، فوجد الجيش الأموي بالمرصاد.

وقد قُتل كثير منهم، وحمل عليه رجال ابن زياد الأموي من كل جانب فأثخنوه جراحاً وطعوناً حتى سقط أرضاً وقد أثقلته الجراح، ثم جاءه أحدهم[٤] فذبحه وحزَّ رأسه.

لقد التحق الحسين بموكب الشهداء الأبرار، وكان ذلك يوم الجمعة، يوم عاشوراء من المحرم سنة إحدى وستين، وكان ذلك بمكان يُقال له: كربلاء، من أرض العراق، وكان عمره إذ ذاك سبعاً وخمسين سنة.

وقد ورد في فضل الحسن والحسين ما يرويه الإمام أحمد[٥] عن أبي

---

(١) من المدينة المنورة إلى مكة المكرّمة ومنها إلى كربلاء المقدسة.

(٢) الرقم أكبر من ذلك بكثير، راجع: معجم أنصار الحسين للكرباسي.

(٣) هذا عدد أنصار الإمام الحسين عليه السلام من الهاشميين فقط، راجع الأجزاء الثلاثة من: معجم أنصار الحسين.. الهاشميون.

(٤) المشهور أنه الشمر بن ذي الجوشن، راجع: مقتل الخوارزمي: ١/٣٦.

(٥) الإمام أحمد: هو ابن محمد بن حنبل الشيباني الوائلي (١٦٤ ـ ٢٤١هـ) مروزي الأصل، ولد في=

هريرة[1]، قال: "من أحبَّهما فقد أحبَّني، ومَن أبغضهما فقد أبغَضَني"[2] يعني ذلك حسناً وحسيناً، وعن علي وأبي سعيد[3] وبريدة[4] أنَّ رسول الله ﷺ قال: "الحسن والحسين سيدا شباب أهل الجنة، وأبوهما خير منهما"[5].

ونستنتج من شعر الأبوذية صورة للحسين كفدائيٍّ ومعلِّمٍ للثورة وفيلسوفٍ، وقف أمام جبروت الظلم والطغيان، وهو شعر عاطفيٌّ يُثير الأحاسيس.

وهذا النوع من الشعر الشعبي الدارج له تأثيره في نفوس الأمة، حيث يأتي من الوجدان الشعبي، وهذا ما نلمسه في الشعر الدارج في الجزائر والمتمثل بالشعر البدوي الذي له نكهته وأثره في نفوس عامة أهل الجزائر،

=بغداد وفيها مات، تنقل بين الكوفة والبصرة ومكة والمدينة واليمن والشام وخراسان وفارس لطلب العلم، إليه تُنسب الحنبلية، تعرض للاعتقال في عهد المعتصم، أكرمه المتوكل وكتب له الموطأ، لَهُ: المسند، والناسخ والمنسوخ، والعلل والرجال.

(١) أبو هريرة: هو عبد الرحمان بن صخر الدوسي (٢١ ق.هـ ـ ٥٩هـ) اشتهر بكنيته بعدما رأى النبي ﷺ في كمه هرة فقال له يا أبا هريرة، واختلف في اسمه على نيف وثلاثين قولاً، أسلم بعد الهجرة بسبع سنين وسكن المدينة، أرسله النبي ﷺ مع مَنْ أرسله إلى البحرين بعد فتح مكة مباشرة، استعمله عمر على البحرين ثم عزله وضربه.

(٢) مسند أحمد بن حنبل: ٢/ ٢٨٨، ح٧٨٦٣.

(٣) أبو سعيد: هو سعد بن مالك بن سنان الخدري الخزرجي (١٠ ق.هـ ـ ٦٥هـ) من أصحاب النبي ﷺ والإمام علي عليه السلام، شارك في ١٢ غزوة وفي بيعة الرضوان، استشهد والده في أحد، وكان ملازماً للرسول ﷺ ونقل عنه ١١٧٠ حديثاً، مات في المدينة بعد واقعة الحرة.

(٤) بريدة: هو ابن حصيب بن عبد الله بن الحارث الأسلمي المتوفى في مرو سنة ٦٣هـ، من أهل المدينة آمن مع قومه عام الهجرة وشهد مع الرسول ﷺ الحديبية وبيعة الرضوان، حمل لواء جيش أسامة بن زيد، سكن البصرة، وغزا إلى خراسان واستقر في مرو وفيها مات ودفن، له في كتب الحديث ١٥٠ رواية.

(٥) المعجم الكبير للطبراني: ٩/ ٣٩.

وما ثورة الجزائر ضد الاحتلال الغاشم إلا قبس من قبسات نهضة الإمام الحسين الذي دخل وجدان كل مسلم بل كل حر عبر العصور.

الموسوعة الحسينية أو دائرة المعارف الحسينية، هي أكبر موسوعة في التاريخ الإسلامي، التي اعتنت واهتمت وانفردت بحبها لأهل بيت رسول الله ﷺ الكرام الأطهار رضوان الله عليهم، وخصَّت الحسين عليه السلام بالمدح والذكر، وذلك لما لحق به من ظلم وطغيان من الأمويين الذين نهبوا الخلافة، فكانت كل مؤلفاتها وأشعارها في ذكر فضائل الحسين وجهاده في إعلاء كلمة الحق، فقدر لها هذا الاهتمام وهذا الاعتناء، ونتمنى لها المزيد من التوسع والنجاح.

والدكتور محمد صادق محمد الكرباسي هو من الموسوعيين الكبار الذي ألَّف في الحسين وجهاده ضد الأمويين، وهو خريج الحواضر العلمية في كربلاء والنجف وطهران وقم، له العديد من المؤلفات الشعرية في الحسين الذي جعلته عالماً بارزاً من أعلام الإسلام.

ناصر الدين جهلان
باحث في التاريخ الإباضي
معهد الحياة ـ القرارة
ولاية غرداية ـ الجزائر
٢٥/ ٩/ ٢٠٠٩م

إغتراب واحتراب على أبواب الوطن!

كما للرضا حالات، فإنَّ للشكوى حالات، وتختلف الشكوى من إنسان لآخر، ومن حالة إلى أخرى، بيد أنَّ قاسمها المشترك هو التعبير عن ما يجيش في النفس من آلام وأحزان تقل أمواجها وترتفع حسب قدرة صاحب الشكوى وتحمله ووفق مؤشر البلوى، فنفس الإنسان وبشكل عام زئبقية المشاعر تحزن وتفرح حسب المؤثرات الخارجية، وكما يعبر القرآن الكريم: ﴿وَإِذَآ أَذَقْنَا ٱلنَّاسَ رَحْمَةً فَرِحُواْ بِهَا وَإِن تُصِبْهُمْ سَيِّئَةُۢ بِمَا قَدَّمَتْ أَيْدِيهِمْ إِذَا هُمْ يَقْنَطُونَ﴾[1]، فمن ينزع عنه رداء الصبر تلقفته الشكوى بحدِّ مخالبها، ومن وطّن نفسه على البلوى لانت عريكته وبانت سريرته، فسعُد وأسعد من حوله.

وهذه هي حال الإنسان مع الدنيا ومؤثراتها، فهو بين مدّ وجزر، يرتقي قُلَّتها مرة ويهوي إلى قاع واديها مرة أخرى، وكل يشكو، ولكن بقدر، فالأنبياء يشكون والأئمة يشكون والأوصياء يشكون وجموع الناس يشكون، فالراعي والرعية من حيث الشكوى سيان، ولكنهم من حيث المؤدى شتّان، فالنبي يعقوب عليه السلام يشكو لافتقاد ولده يوسف عليه السلام، ويخاطب أولاده: ﴿قَالَ إِنَّمَآ أَشْكُواْ بَثِّي وَحُزْنِيٓ إِلَى ٱللَّهِ وَأَعْلَمُ مِنَ ٱللَّهِ مَا لَا تَعْلَمُونَ﴾[2]،

---

(١) سورة الروم: ٣٦.

(٢) سورة يوسف: ٨٦.

والنبي محمد ﷺ يشكو عدم إيمان البعض رحمة بهم: ﴿وَلَا تَحْزَنْ عَلَيْهِمْ وَٱخْفِضْ جَنَاحَكَ لِلْمُؤْمِنِينَ﴾[1]، والنبي زكريا يبحث عن وريث: ﴿قَالَ رَبِّ إِنِّي وَهَنَ ٱلْعَظْمُ مِنِّي وَٱشْتَعَلَ ٱلرَّأْسُ شَيْبًا وَلَمْ أَكُنْ بِدُعَآئِكَ رَبِّ شَقِيًّا﴾[2]، ونادى ربه: ﴿رَبِّ لَا تَذَرْنِي فَرْدًا وَأَنتَ خَيْرُ ٱلْوَٰرِثِينَ﴾[3]، والنبي نوح دعا قومه نحو ألف عام ولم يؤمن به إلا القليل، فيبث شكواه لرب العباد: ﴿قَالَ رَبِّ إِنِّي دَعَوْتُ قَوْمِي لَيْلًا وَنَهَارًا * فَلَمْ يَزِدْهُمْ دُعَآءِيٓ إِلَّا فِرَارًا﴾[4]، وسبط الرسول أبو عبد الله الحسين عليه السلام يبكي القوم لأنهم سيدخلون النار بسبب قتلهم له، وعندما يأتيه سهم مثلّث ليستقر في قلبه وهو في اللحظات الأخيرة لاستشهاده: قال: بسم الله وبالله وعلى ملة رسول الله، ورفع رأسه إلى السماء وقال: "إلهي إنك تعلم انهم يقتلون رجلا ليس على وجه الأرض ابن بنت نبي غيري!!"[5].

وللشعراء لواعجهم

ولطبقة الأدباء شكواهم أيضاً، فهم يبثون لواعجهم عبر أثير النصوص النثرية وعلى أمواج الأبيات الشعرية، وكل شاعر ينسج شكواه على منوال قوافيه التي تأتي تارة بالفصحى وأخرى باللهجة المحلية، فيتعاطف مع الأولى أناس ويحزن لحزن الثانية أناس، ولما كان الثاني قريباً من حديث الشارع العام علا صداه وكثر ناظموه، وإن تعددت ألوان الشعر الشعبي

---

(١) سورة الحِجْر: ٨٨.
(٢) سورة مريم: ٤.
(٣) سورة الأنبياء: ٨٩.
(٤) سورة نوح: ٥ ـ ٦.
(٥) مقتل الحسين للمقرم: ٢٧٩.

وأغراضه، فلا تبتعد قصيدة (الأبوذية) عن مركز الشكوى، يبث الشاعر لواعجه في أحيان وفي أحيانٍ كثيرة ينقل شكاوى الآخرين أو يحدِّث عن شكاواهم، فإذا قرأت قصيدة الأبوذية فلا تقرأ الشاعر بقدر قراءتك لصاحب الشكوى، ومعظم شعر الأبوذية قيل في حوادث كربلاء وما جرى للإمام الحسين عليه السلام في العاشر من محرم عام ٦١هـ وما حلّ بأهل بيته من بعد استشهاده، فكأنَّ الأبوذية هي الشكوى ذاتها بل هي اسم على مسمى، وربما نحير أيهما أولى رتبة كما حار البعض من قبل وداروا في متاهة البيضة والدجاجة أيهما أولى مرتبة!

وشعر الأبوذية الذي يكثر نظمه في جنوب العراق ووسطه وعرب إيران وبعض دول الخليج العربية، قصيدة متكاملة من أربعة أشطر تتحد الكلمات الأخيرة للأشطر الثلاثة لفظا وهيئة وقافية وتختلف من حيث المعنى ويسمى جناسا، فيما ينتهي الشطر الرابع بالياء المشددة والهاء (يّه) وهي بالنسبة لشعر الأبوذية كالأريكة التي ينيخ على ريشها الشاكي، وهذا النوع من الشعر الدارج الذي انفرد به شعراء الأدب الحسيني مدَّ إليه الأديب الدكتور محمد صادق الكرباسي يد الرعاية فنضّدته في دواوين مع شروحات وافية، فكانت "عشرة كاملة"، صدر العاشر عن المركز الحسيني للدراسات في لندن في ٥٥٠ صفحة من القطع الوزيري عام ١٤٣٠هـ (٢٠٠٩م).

أشجان الوطن

وواحدة من أمضِّ الشكاوى على قلب المرء، هو البعد عن الوطن، وأشد مضاضة البعد القسري، لأنَّ الوطن هو الحاضنة الأمينة، والصدر الحنون، وهو الأم إنْ عزّت الأمومة، فلا بديل عن الوطن كما لا بديل عن الأم، إلا إذا كانت الظروف أقوى من المرء، ولذلك اشتاق نبي الرحمة

محمد ﷺ إلى مكة مسقط رأسه عندما كان في طريقه إلى المدينة المنورة في هجرته، وذكر مولده ومولد آبائه فأتاه جبرئيل عليه السلام فقال أتشتاق إلى بلدك ومولدك؟ فقال ﷺ: نعم، فقال جبرئيل عليه السلام: فإنَّ الله عز وجل يقول: إن الذي فرض عليك القرآن لرادُّك إلى معاد يعني لرادك إلى مكة ظاهراً عليها، قال رجل من بني زهرة: رأيت رسول الله ﷺ وهو على راحلته بالخرارة، وهو يقول لمكة: والله إنك لخير أرض الله وأحب أرض الله إليّ ولولا أني أُخرجت منك ما خرجت"[1].

فلا ملامة إنْ بثَّ المرء شكواه وهو في بلد الاغتراب، فما الاغتراب إلا احتراب بين كوامن النفس ومشاعرها لحمل البدن على العودة إلى الوطن الأم، احتراب بين الحاضر والماضي لبناء مستقبل أفضل، من هنا أبدع الشعراء حينما تذكروا الوطن، فمن أجدر باستشعار الحنين إلى الوطن من أصحاب الشعور والمشاعر، ولذلك تجد الوطن مفردة حاضرة في شعر الأبوذية، كما في الحوارية التي أجراها الشاعر العراقي كاظم بن حسون المنظور المتوفى سنة ١٣٩٤هـ عن لسان الإمام الحسين عليه السلام وهو يخاطب أخاه محمد ابن الحنفية (١٦ ـ ٨١هـ):

إمحمَّدْ يا ثُمَر گلبي وِلي رايْ
الدَّهَرْ كَضْني اْبْمَخالِبَه وِلي رايْ
أهاجِرْ مِنْ وَطَنْ جَدِّي وِلي رايْ
أسيرِ الكَربَلا بالفاطِميَّة

---

(١) روضة الواعظين: ٤٠٦/٢، محمد بن الفتال النيسابوري، منشورات الرضي، قم المشرفة ـ إيران، ١٣٨٦هـ.

فالجناس وقع في كلمة (وِلي رايْ)، فالأولى وتعني: لي راية أي لواء، والثاني أصلها لي رج من رج الشيء إذا هزّه، والثالثة: مخففة لي رأي.

فالشاعر يضع نفسه مكان الإمام الحسين عليه السلام فيجيب أخاه محمداً الذي رجاه بالعزوف عن الذهاب إلى العراق، أنْ لا مناص من الرحيل إلى العراق مع عياله ونسائه تلبية لنداءات أهل الكوفة، وأنه لا يترك طيبة مدينة جده ومسقط رأسه لرغبة شخصية، فكما ترك النبي الأكرم صلى الله عليه وآله وسلم مكة المكرمة نحو المدينة لإقامة الحق فإنَّ سبطه سيد الشهداء عليه السلام ترك المدينة المنورة نحو العراق لإقامة الأمْت والعوج وإصلاح ما أفسده الحاكم.

ولكن يبقى الوطن محل الحنين، وإن كانت الهجرة قدر المصلحين منذ أبينا آدم حتى قيام الساعة، وعن الوطن والاغتراب خصّنا الشاعر الجزائري المعاصر الدكتور عبد العزيز بن مختار شبّين برباعية "المهاجر" من بحر الكامل:

أحْبَبْتُ لَوْ فسّرتَ لي الألْواحا … وَطناً أرى بعيونهِ الإصْباحا

يا دربُ منفيٌّ أنا تغريبتي … أُفْقاً تمنَّتْ لَوْ ملكتُ جَناحا

لكنْ ذريتُ على المَهاجرِ هَيْكَلي … وَطَفِقتُ أرقُبُ للمساءِ صَباحا

قيل اْصْطَبِرْ: سيؤُوبُ مِنْ سيناءَ ركْـ … ـبُ الفجرِ يَحملُ للرُّؤى المِصْباحا

عيد لا نعرفه!

للمسلمين أعياد يفرحون بها، سنّها الإسلام وعمل بها المسلمون، ولكن أنْ يصار إلى الاحتفال بأعياد من صنع الإنسان فتلك هي البدعة، ولكنَّ البدعة ستكون أعظم وأشد وطأ حينما يحتفل بمقتل سيد من سادات الأرض والسماء وسيد شباب أهل الجنة، فتلك هي الخطيئة الكبرى التي

تفوق كل بدعة، ولقد روى لنا الصحابي سهل الساعدي[1] ما يشيب له الصبيان ويثكل النسوان حيث يقول: خرجت إلى بيت المقدس حتّى أتيت دمشق فرأيت أهلها قد علّقوا الستور والحجب والديباج، وهم فرحون مستبشرون، وعندهم نساء يلعبن بالدفوف، فقلت في نفسي: ألِأَهْلِ الشام عيد لا نعرفه؟ فرأيت قوماً يتحدّثون، فقلت: يا قوم، ألكم في الشام عيد لا نعرفه؟

قالوا: يا شيخ، نراك غريباً؟ قلت: أنا سهل بن سعد، رأيت رسول الله ﷺ وحملت حديثه.

قالوا: يا سهل، ما أعجب السماء لا تمطر دماً، والأرض لم تنخسف بأهلها؟ قلت: ولمَ ذاك؟

قالوا: هذا رأس الحسين عترة محمد ﷺ يهدى من العراق. فقلت: واعجبا! يهدى رأس الحسين والناس يفرحون![2].

هذا المشهد المأساوي الذي عاشته الأمة بسبب الإعلام الأموي المضلل كان حاضراً في شعر الأبوذية، وبخاصة في الجزء العاشر الذي وردت فيه ثلاث عشرة قصيدة أبوذية، وأكثرها للشاعر محمد حسن دكسن[3] يرسم لنا خطوط التعجب التي ارتسمت على محيا الصحابي سهل

---

(١) سهل الساعدي: هو سهل (حزن) بن سعد بن مالك الخزرجي الأنصاري الساعدي (٤ ق.هـ ـ ٨٨هـ)، من أهل المدينة، كان من الصحابة والموالين والمحدثين وتعرض لظلم الحجاج وإذلاله، كان يدور بتجارته في البلدان وسكن شهرزور ـ بين أربيل وهمدان ـ وهو آخر الصحابة من مات في المدينة المنورة.

(٢) تسلية المُجالس وزينة المَجالس: ٢/ ٣٨٠، محمد بن أبي طالب الحسيني الحائري الكركي، تحقيق: فارس حسون كريم، مؤسسة المعارف الإسلامية، قم المشرفة ـ إيران.

(٣) محمد حسن دكسن: هو ابن عيسى بن مال الله بن طاهر الأسدي البصري (١٢٩٦ ـ ١٣٦٨هـ)=

الساعدي عندما دخل دمشق غرة شهر صفر وليس شوالاً[1] أو ذا الحجة[2]، ورأى الزينة ترتفع فوق السطوح والشام قد لبست ثوب عيد غفل عنه صحابة النبي ﷺ ومسلمو الحرمين الشريفين مكة والمدينة!:

تِعَجَّب للدهر لو فِعَل زَينَه
مثل عِجْبة سَهل بالشام زَينَه
صاح اشصار هذا موش زَينَه
لو مخصوص هذا عيدُ امَيَّه

والجناس في كلمة "زينة"، فالأولى: خلاف شينه، والثانية: أصلها زنة وهي فعل أمر من وزن الشيء إذا كاله، وأراد وزن التعجب، والثالثة: من زين الشيء إذا حسّنه وزخرفه.

في الواقع أنَّ الوضع السياسي والاجتماعي الذي كانت تعيشه الأمة آنذاك يعكس حجم الإعلام المضلل، الذي قلب الحقائق وجعل من أهل البيت عليهم السلام خوارج يساقون أسارى من كربلاء إلى الكوفة ومنها إلى دمشق على نحو ثلاثة أسابيع، ولهذا حينما صعد الإمام علي بن الحسين السجاد عليه السلام المنبر في مسجد يزيد بن معاوية وعرّف بنفسه ضج المجلس بالبكاء والعويل وانقلب السحر على الساحر وعرف أهل الشام أنهم أمام

=اشتهر بدكسن نسبة إلى بندقية قديمة قصيرة فاعلة سماه به الشيخ خزعل أحد أمراء عرب إيران، من أهل البصرة ولد في النجف الأشرف وفيها نشأ ودرس، واتخذ من البصرة منطلقاً للخطابة في العراق وإيران وفيها مات في قرية الدعيجي، وهو من العلماء الأدباء والخطباء الشعراء، من آثاره: شرح الصحيفة السجادية، الروضة الدكسنية، والكشكول.

(١) حيث غرته عيد الفطر المبارك.

(٢) حيث العاشر منه عيد الأضحى المبارك.

موكب أهل بيت النبوة الذين ائتمن الله المسلمين حبهم ورهن في رقابهم مودتهم بنص قوله تعالى: ﴿قُل لَّآ أَسْـَٔلُكُمْ عَلَيْهِ أَجْرًا إِلَّا ٱلْمَوَدَّةَ فِى ٱلْقُرْبَىٰ﴾[1].

غث وسمين

لا يختلف الشعر الدارج عن الفصيح من حيث القوة والضعف في الإنشاء، فهناك الغث والسمين، والأمر خاضع لشاعرية الشاعر وقوته في النظم، وهذا التفاوت مسألة قائمة في كل مناحي الحياة، فالشعراء الشعبيون ليسوا على قدم المساواة، ولما كان شعر الأبوذية من نوع الشعر السهل الممتنع الذي يحمل أركان قصيدة في أربعة أشطر مع حبكة في الجناس، فإنَّ الجودة في النظم تختلف من شاعر إلى آخر، والتقييم خاضع لحس المتذوق لمثل هذا اللون من الشعر الدارج، وبتعبير الأديب الكرباسي وفي تعليقه على شعر الأبوذية: "في الحقيقة فإنَّ عدداً من الشعراء استسهلوها فنظموا عليها دون المعرفة بدقائق أمورها وهذا هو السبب الأساس في هذا التدني، ولكنَّ المذواق لا تفوته بعض الأبيات التي تصل إلى مصاف عيون الشعر في القريض من حيث الإبداع مما لا يمكن إنكاره، ولولا اختلاط الحابل بالنابل لبان ذلك جليّا".

ولكن إذا كان الأمر كذلك، فهل يُلام الدكتور الكرباسي على ضم كل القصائد دون تمحيصها، وكذلك في الأبواب الأخرى غير الشعر؟

الإجابة على هذا السؤال وغيره نقرأها في نهاية الجزء العاشر، حيث يرى المصنف أنَّ التدقيق والتمحيص أمر لابد منه، ولكنه قبل تمحيص الشيء لابد من جمعه من غثه وسمينه في مكان واحد وإسقاط الأضواء

---

(١) سورة الشورى ٢٣.

عليه، لأنَّ الأمور تعرف بأضدادها، وحينئذ يتمكن الناقد من التقويم والتقييم.

وقد يؤاخذ على الشعر الشعبي أنه يبعد القارئ عن اللغة العربية الأصيلة، ويضعف من صلة الأدب باللغة الأم.

وهذه المؤاخذة لا تخرج عن دائرة الجدل الأدبي والمماحكات بين الفصيح والدارج، لكنَّ الأديب الكرباسي لا يوافق الرأي القائل بتجاهل الأدب الشعبي كليا والحكم عليه بالإعدام، وعنده أنَّ الحل يكمن في: "التعامل معه بلغة الوعي، وكما يقال: إنَّ السياسة هي فن التعامل مع الواقع، فمادامت اللهجات موجودة فلابد أنْ نتعامل معها بروح مقومة وطريقة مرشدة لتتعالى عن الزلات ويفهم واقعها وترجع إلى أسسها وقواعدها دون أن تسير في ظلام دامس من دون هدى".

وفي هذا الطريق يحرص المؤلف في وصاياه التي يسديها للشعراء الشعبيين استخدام اللغة العربية الفصحى لإخراج البيت الشعري من عتمته اللغوية، بخاصة وأنَّ المفردات الشعبية تختلف من بلد لآخر، فما يفهمه العراقي في جنوب العراق من كلمة شعبية لا يفهما المصري في الصعيد ويستعجمها المواطن الليبي أو الشامي أو المغربي أو السوداني، ولكن اللهجات تظل تحمل معها بريقها المعنوي في محيطها، ولذلك فإنَّ من رأي المؤلف: "ورغم اختيارنا رفض الكلمة الدخيلة متى ما أمكن الاشتقاق، والتزامنا بعدم استخدامها في الموسوعة قدر الإمكان، فلا يمكن رفض اللهجات الدارجة وما تتضمن من أبعاد ثقافية وأدبية".

الوجدان الجزائري

ولا شك أنَّ شعر الأبوذية فيه من الأحاسيس ما تشد المرء إلى

رجالات الفضيلة، وحسب تعبير الباحث الجزائري خبير التاريخ الأباضي في معهد الحياة بولاية غرداية الأستاذ ناصر الدين جهلان: "نستنتج من شعر الأبوذية صورة للحسين كفدائي ومعلم للثورة وفيلسوف، وقف أمام جبروت الظلم والطغيان، وهو شعر عاطفيّ يثير الأحاسيس".

وعن علاقة الشعر الشعبي بالشعر البدوي الجزائري وتأثير النهضة الحسينية على الثورة الجزائرية ضد الاحتلال الفرنسي يضيف الجهلان وهو يقدم قراءة نقدية أدبية للجزء العاشر من ديوان الأبوذية: "وهذا النوع من الشعر الشعبي الدارج له تأثيره في نفوس الأمة، حيث يأتي من الوجدان الشعبي، وهذا ما نلمسه في الشعر الدارج في الجزائر والمتمثل بالشعر البدوي الذي له نكهته وأثره في نفوس عامة أهل الجزائر، وما ثورة الجزائر ضد الاحتلال الغاشم إلا قبس من قبسات نهضة الإمام الحسين الذي دخل وجدان كل مسلم بل كل حر عبر العصور".

ومن رأي الأستاذ الجهلان حول دائرة المعارف الحسينية أنها: "أكبر موسوعة في التاريخ الإسلامي، التي اعتنت واهتمت وانفردت بحبها لأهل بيت رسول الله ﷺ الكرام الأطهار رضوان الله عليهم"، ولا غرابة في ذلك كما يعتقد الجهلان لأنَّ: "الدكتور محمد صادق محمد الكرباسي هو من الموسوعيين الكبار الذي ألّف في الحسين وجهاده ضد الأمويين، وهو خريج الحواضر العلمية في كربلاء والنجف وطهران وقم".

ومن المفيد ذكره أنَّ هذا الجزء خُتم بالأبوذية رقم (٣١٨٦) وبذلك ضم ثلاثمائة وخمسين قصيدة أبوذية، من قافية الفاء إلى الياء، كان للشاعر الشيخ محمد حسن دكسن الأسدي المتوفى سنة ١٩٤٩م الأولوية من حيث عدد قصائد الأبوذية يليه الشاعر المعاصر محسن (أبو ظاهر) بن حسن

الطويرجاوي، ثم الشاعر المعاصر جابر بن جليل الكاظمي، على أنَّ الأديب الكاظمي كانت له يد بيضاء في إنجاز الأجزاء العشرة من ديوان الأبوذية، فهو أمير النظم الشعبي وحادي ظعن قصائده[١].

الإثنين: ٨/ ٣/ ٢٠١٠م

---

(١) ومن إبداع الشاعر جابر الكاظمي أنه ضليع بكل ألوان الشعر من دارج وعمودي وحر، وله فيها دواوين كثيرة.

عبد القادر بو قرينة

* عبد القادر بن أبو جمعة بن عبد القادر بو قرينة.
* ولد في مدينة ورقلة في الجزائر في ٢٩/٧/١٩٦٢م في أسرة مسلمة مالكية(١).
* زعيم إسلامي وعضو مؤسس وقيادي في حركة البناء الوطني الجزائرية حيث أسسها مع إخوانه عام ٢٠١٣م.
* نال شهادة الإعدادية (بكالوريا) عام ١٩٨١م.
* نال شهادة الليسانس ثم دراسات عليا للإلكترونيك (فوق ليسانس)عام ١٩٨٦م.
* حصل على (شهادة تخصص) (GPS) في قسم الدبلوماسية.
* مارس التربية والتعليم وكان منسق مسؤول أساتذة مادة الفيزياء.
* تولى مسؤوليات عدة، منها:

- مدير محافظ تمنراست لشؤون التشغيل والتكوين والتمهين.
- عضو المجلس الوطني لفيدرالية التربية والتكوين والتعليم.
- عضو الأمانة الوطنية الاتحادية مسؤول ملف المنظومة التربوية.

* مؤسس حركة مجتمع السلم الجزائرية حتى العام ٢٠٠٨م.
* أسس مع إخوانه عام ٢٠٠٨م حركة الدعوة والتغيير.

---

(١) معظم السيرة الذاتية استقيناها من الأستاذ عبد القادر بن قرينة مباشرة في لقاء جمعنا وإياه مع الدكتور عباس جعفر الإمامي في لندن عصر الأربعاء ١٠/٤/٢٠١٣م حيث كان الوزير والنائب في زيارة قصيرة للمملكة المتحدة، وتناولنا في اللقاء أطراف الحديث في موضوعات متفرقة بخاصة تطورات الواقع العربي والإسلامي في السنوات الأخيرة.

* عضو المجلس التشريعي الانتقالي للدورة (١٩٩٤ ـ ١٩٩٧م)، وتولى خلالها المسؤوليات التالية: رئيس لجنة الشبيبة والرياضة والطفولة، رئيس لجنة الثقافة والإعلام والاتصال والأوقاف، ونائب رئيس المجلس التشريعي.

* تولى وزارة السياحة والصناعات التقليدية للفترة (تموز يوليو ١٩٩٧م ـ حزيران يونيو ٢٠٠٠م).

* عضو منتخب بمجلس النواب (المجلس الشعبي الوطني) للفترة (١٩٩٧ ـ ٢٠٠٧م) وشغل خلالها عضويات عدة منها عضو لجنة الشؤون الخارجية.

* له عضوية في عدد من المنظمات العربية والدولية، من قبيل:

ـ عضو الأمانة التنفيذية للرابطة الدولية للبرلمانيين المدافعين عن القضية الفلسطينية.

ـ عضو المؤتمر القومي.

ـ عضو المؤتمر القومي الإسلامي.

ـ عضو مجلس الأمناء بمؤسسة القدس.

ـ عضو مؤتمر الحوار.

ـ عضو مؤسس لاتحاد البرلمانيين الإسلاميين.

ـ عضو لجنة تحضير لملتقيات ومؤتمرات دولية عدة.

ـ عضو مؤسس في مؤسسة أصدقاء الطاسيلي.

ـ عضو المؤتمر الشعبي العربي العام.

ـ عضو الهيئة العربية لمكافحة التدخل الأجنبي في الوطن العربي.

* له حضور فاعل في الصحافة الجزائرية والعربية

* له مشاركة في ملتقيات ومراكز استماع عدة وندوات فكرية وسياسية وثقافية.

الحسين الشهيد الحي والمدرسة المستمرة[1]

(ديوان القرن الحادي عشر ج٢)

مثَّل الحسين عليه السلام صورة متقدمة من صور الجهاد الإسلامي المتميز من أجل الحفاظ على المبادئ والقيم التي جاء بها الدين الإسلامي، وجاهد من أجلها جدُّه رسول الله صلى الله عليه وسلم، وعمَّق معانيها أبوه الإمام علي بن أبي طالب عليه السلام حيث كانت عملية التأسيس للدفاع عن الحق ضد كل الذين يسعون للتلاعب به أو التحايل أو استغلاله لقضاياهم في الملك والحكم، حيث شكَّلت الحروب التي قادها الإمام علي من أجل تثبيت الخلافة وتأكيد قيم الطاعة في المجتمع الإسلامي للإمام وولي الأمر بعد أن ثارت ثائرة طامعيها في إقامة ممالك على أسس عائلية تتوارث الحكم من دون المسلمين وتفرض عليهم الطاعة والولاء بقوة السيف.

فقد استمرَّت كلُّ مراحل حياة آخر الخلفاء الراشدين[2] في ظل الحرب من أجل هذه القضية حتى إذا اغتيل الإمام علي لم تمت القضية معه بل زادها دمه الزكي الذي سكب من أجلها وضوحاً وقوة سهَّلت على الذين من بعده أن يواصلوا طريق الجهاد في سبيلها والدفاع عنه.

---

(١) أصل المقدمة باللغة العربية.

(٢) في واقع الحال أنَّ مرحلة الخلافة استمرت في حكم الإمام الحسن عليه السلام بعد أبيه سنة ٤٠هـ وانتهت بوثيقة الصلح مع معاوية عام ٤١هـ.

وإذا كان الإمام الحسن قد خطَّ منهج التنازل من أجل حفظ دماء المسلمين فإنَّ رأي الحسين كان مخالفاً له لعلمه بأن هذا التنازل لا يقدِّره طلاب الملك ولكنه نزل عند رأي أخيه الحسن تسليماً له بالطاعة وثقة في منهج الإصلاح الذي بشَّر به رسول الله صلى الله عليه وسلَّم.

ولقد كان الحق عند الإمام الحسين واضحاً برّاقاً جعله يستهين بكل التضحيات من أجل حمايته والشهادة من أجله ورفض الخضوع والذلة مهما كان الظرف الذي يمر به أصحاب الحق وهو القائل: "الحلمُ زينةٌ، والوفاءُ مروءةٌ"[1]، ولذلك فإنه عندما ذهب الوفاء وذهبت بذهابه المروءة لم يعد للحلم مقام.

إعرفِ الحقَّ تعرف أهله[2]

لم يكن في منهج الإمام الحسين الاستدلال على الحق بالخَلْقِ ولكن تصنيف الخلق على أساس الحق، ولذلك ظلَّ ثابتاً على المبدأ ومدافعاً من أجله، ليعلِّمَ الناس كيفيات الثبات، ولذلك فبالرغم من انصراف الناس عن ابن بيت النبوة واتباعهم مطامع الملك، فإن الإمام الحسين حمل سيفه في وجوههم ولم تثنه قرابة قريب ولا صداقة صديق، ولا عاطفة مستعطف، لأنَّ الحق عنده أعلى من كل ذلك، والحق أحقُّ أن يُتبع، فاتبع الحق رغم

---

(١) ويُنسب الحديث للإمام الحسن عليه السلام وجاء ضمن خطبة له لأهل الكوفة قال عليه السلام فيها: "اعْلَمُوا يَا أهل الْكُوفَةِ: "إنَّ الْحِلْمَ زِينَةٌ، وَالْوَفَاءَ مُرُوءَةٌ، وَالْعَجَلَةَ سَفَهٌ وَالسَّفَهَ ضَعْفٌ، وَمُجَالَسَةَ أهل الدَّنَاءَةِ شَيْنٌ، وَمُخَالَطَةَ أهل الْفُسُوقِ رِيبَةٌ". تاريخ دمشق لابن عساكر: ١٣/ ٢٥٩، وفي سير أعلام النبلاء للذهبي: ٣/ ٢٦٣، الوقار بدلاً من الوفاء.

(٢) والحديث للإمام علي عليه السلام ونصّه: "إنَّ الحقَّ لا يُعرف بالرجال، إعرف الحقَّ تعرف أهله". صيد الخاطر: ٣٠، عبد الرحمن ابن الجوزي البغدادي، دار الكتب العلمية، بيروت ـ لبنان، ط١، ١٤١٢هـ ـ ١٩٩٢م.

ضخامة التضحية وشدّة الضريبة، فهو مضرب الأمثال وصاحب القدوة، ولم تكن نفسه مقدمة عند حسابه للمواقف، بل كان يضع نفسه في خدمة الحق وركوب المخاطر من أجله، لأنَّه يعلم أنَّ الأعمار قصيرة إذا تعلَّقت بعدد السنين والأيام ولكنها طويلة أبدية إذا تعلَّقت بالمبادئ والقيم، فترفَّع عن حسابات الناس لأعمارها، وصنع لهم مثالاً جديداً هو مثال الحياة الباقية من خلال تقديم النفس في سبيل الحق.

الشهادة الشاهدة الشهيد الحي

كان الإمام الحسين يرى الخروج على الظلم، ولا يكتفي في ذلك بالأمر والنهي، بل يدعو إلى الثورة والمنازلة والدفع بالقوة من أجل أن يعلو الحق ولا يُعلى عليه(١)، وقد تعلَّم ذلك من بيئته التي تربَّى فيها، ومن المشاهد التي حضرها في الجهاد في سبيل الله، حيث كان مجاهداً في صفوف جيوش المسلمين في نقاط كثيرة وصلت إلى أفريقيا وغيرها، كما حضر تقلبات الفتن في حياة الأمة الإسلامية، وكان من المدافعين عن عثمان رضي الله عنه بل هو آخر واحد خرج من بيته بطلب منه(٢).

ولذلك فإنه لما رأى الانحراف في الأمة يزداد من خلال تضييع الشورى، وتحوّل الخلافة الإسلامية إلى ملك عضوض، ثارت ثائرته وجمع

---

(١) وهو مضمون حديث النبي محمد ﷺ: "الحق يعلو ولا يُعلى عليه". صحيح البخاري: ٢/٩٣، محمد بن إسماعيل البخاري، تحقيق: محمد زهير بن ناصر الناصر، دار طوق النجاة، بيروت ـ لبنان، ط١، ١٤٢٢هـ.

(٢) كان الإمام الحسين عليه السلام بمعية أخيه الإمام الحسن كما في تاريخ خليفة بن خياط: ١٧٤، خليفة بن خياط العصفري، تحقيق: د. أكرم ضياء العمري، دار طيبة للنشر والتوزيع، الرياض ـ السعودية، ط٢، ١٤٠٥هـ ـ ١٩٨٥م، وفيه أيضا: ١٧٤: "إن الحسن بْن عَلِيّ كَانَ آخر من خرج من عند عثمان".

أصحابه وحمل سيفه في وجه الطغيان والظلم لينوب عن الأمة في الدفاع عن عزَّتها وحماية كرامتها، ويعلِّم الناس أنَّ الحقَّ لا يُقاس بالكثرة والقلَّة، وأنَّ الجهاد في سبيل الله لا يسقط لتخاذل المتخاذلين، وأنَّ الدفاع عن الحق لا يمكن إلا بتجريده من العواطف، وأنَّ من انحرف عن الحق كان محلاً لأن يخرج عنه ولا يُطاع، والطاعة لله ولرسوله ولأولي الأمر ماداموا قائمين على الحق، ولذلك فإنه بخروجه عنهم كان قد استيقن خروجهم عن الحق الذي تركهم عليه رسول الله صلى الله عليه وسلَّم في تدبير شؤون الأمَّة وإقامة شعائر الدين ونشر العدل بين الناس.

ومع أن الحاكمين لم يرعوا فيه إلاً ولا ذمَّةً، ولم يقدروا بلاءه ومقامه فقاموا يحاربونه ويجمعون الجيوش ضده.

وبالرغم من أنَّ العامَّة لم تقم بسيوفها معه مع أنَّ قلوبها كانت متعلقة به.

وبالرغم من قلَّة أنصاره فقد أعطى الحسين نموذجاً كبيراً وواضحاً في تحقيق المُثُل العليا والتضحية من أجلها، حتى إذا أحاط به أعداؤه ظلَّ ثابتاً، لينال الشهادة، لتبقى شهادته شاهدة على الناس، ويبقى شهيداً حيّاً بين جنبات الأمَّة التي تبكي على الحسين إلى اليوم وتحيي ذكراه في كل بقاع الأرض، فهو الشهيد الحي الذي أحْيَتْ شهادتُه أمَّةَ الإسلام في عزَّتها، وكتبت على الذين يَجْبنون في الدفاع عن الحق الذلَّة والمهانة.

الحسين مدرسة

لم يكن الحسين بعد استشهاده حالة شهيد من شهداء الأمة الإسلامية الكثر، ولكن بشهادته يخطُّ للأمة الإسلامية منهجاً جديداً لإحياء الأصالة، ويبني مدرسة في العز والدفاع عن الحق تعطي مثالاً للجميع، فقد أعطى هو المثل الواضح للقادة والمجاهدين، وأعطى أصحابه النموذج للجماعات في

الثبات على الحق ونصرة العدل، وأعطت عائلته النموذج لكل الأُسر والعائلات في الوقوف صفّاً واحداً من أجل القضية المقدسة، وأعطى أبناؤه المَثَل الأعلى لجميع أطفال الأمة الإسلامية ليتربّوا، ويتكوَّنوا على ما تربّى عليه أبناء الحسين عليه السلام، ويحملوا القضية مع أهلهم وآبائهم، فتكون بذلك الرسالة رسالة أمَّة وليست رسالة أفراد، وتكون القضية قضية أمَّة وليس قضية أفراد، وعلى ذلك تستمر الرسالة إلى اليوم لتحمل الجميع أمانة الدفاع عن الحق ونصرته مهما كانت الظروف والعقبات، وترسم للجميع الطريق بالشهادة نحو بناء الأمم.

ولا يخفى أنَّ ثورة الجزائر الخالدة التي وقف فيها الشعب الجزائري ضد المحتل الفرنسي وقواه العسكرية وقدَّم فيها على طريق التحرير الغالي والنفيس، هي واحدة من إرهاصات النهضة الحسينية ووقفة الإمام الحسين عليه السلام في كربلاء عام ٦١هـ، علَّم الأُمَّة كيف ترفض الظلم وتستسهل الموت على الحياة في سبيل سعادة الشعب وكرامته وصالح مستقبله.

كما لا يخفى أن الشعراء الملتزمين الصادقين المناصرين للفضيلة وقيم الخير والصلاح يقفون في الخط الأمامي في نصرة قضايا الأمة، فقد كان الصادق المصدَّق ﷺ يقول لحسّان: "أهجهم (هاجهم) وروح القدس معك"(١)، لما للشعر والكلمة الصادقة من وقع وسحر وبيان وتخليد لمآثر أصفياء الأمة فهم لسان الأُمَّة الناطق بالحق، وهذا ما وجدناه في الجزء الثاني من ديوان القرن الحادي عشر الهجري، حيث سطَّر الشعراء أروع

---

(١) الصواعق المرسلة على الجهمية والمعطلة: ٣٠١/١، ابن قيم الجوزية محمد بن أبي بكر بن أيوب، تحقيق: د. علي بن محمد دخل الله، دار العاصمة، الرياض ــ السعودية. وفيه أيضا: ٣٠١/١: "اللهم أيده بروح القدس مادام ينافح عن رسولك"، "إنَّ روح القدس معك مادمت تنافح عن رسوله".

القصائد في بيان النهضة الحسينية وما حلَّ في كربلاء على سبط النبي محمد ﷺ وريحانته الإمام الحسين بن علي عليه السلام، فهي قصائد نابضةٌ بالحياة وداعيةٌ إلى الحرية ومستنهضةٌ للهمم، ومستنكرةٌ لفعال القوم الذين لم يحفظوا للرسول محمد ﷺ وصيته في أهل بيته عليهم السلام، وقد أحسن المؤلف فضيلة الشيخ الدكتور محمد صادق الكرباسي صنعاً عندما نضَّدَ هذه القصائد لشعراء فترة القرن الحادي عشر الهجري في عقدٍ ثمينٍ، مستقصياً كلَّ شاردةٍ وواردةٍ من الأبياتِ الخاصَّة بالنهضية الحسينية، وقد جمَّله بشروحات وافيةٍ مع تحريك لكلماتها تُعينُ القارئ على القراءة السلسلة لأبيات الشعر والفهم السريع لها.

فهذا الديوان الذي بين أيدينا والدواوين التي صدرت قبله، تمثّل باباً من أبواب الخير وتبيان الاجتهاد في تبيان وجه الحق والتي يكتب في ميزان فضيلة الدكتور الكرباسي بالستين جزءاً[1] من أجزاء دائرة المعارف الحسينية التي صدرت حتى يومنا هذا قد أغنى المكتبة العربية والإسلامية بكل جديد، وهو مكسبٌ كبيرٌ للثقافة العربية والإسلامية في عالمنا المعاصر وفي المستقبل.

الوزير والنائب: عبد القادر بو قرينة
الجزائر ٢٧/ ٩/ ٢٠٠٩م

(١) حتى اليوم بلغ المطبوع ٨٦ جزءاً.

والشعراء يزفون عرائسهم ساعة الوجع

ما يميّز المعارف العلمية من فيزياء وكيمياء عن المعارف الإنسانية من تاريخ وجغرافيا أنَّ الأولى كاشفة عن معادلات حسية خاضعة للعقل الإنساني الذي لا تعترضه الحوادث وصروف الدهر، في حين أنَّ الثانية كاشفة عن معادلات حسية ووجدانية معا قابلة للتغير والتمدد وإنْ أخذت شاكلة العلوم المؤطرة بقواعد وأنظمة ومناهج، فالمعارف العلمية تتمدد وتتشعب ضمن أطر مفهومة لدى جميع العلماء، وجل المعارف الإنسانية تتمدد وتتشعب هي الأخرى ضمن معايير اجتماعية غير خاضعة لمقاسات العلم في بعض الأحيان، فما يكون مقبولا لدى مجتمع يقابل بالرفض في مجتمع آخر وذلك لدخول الثقافات والوجدانيات والأعراف في رسم الخارطة.

والأدب العربي بتوأميه المنثور والمنظوم صورة بيّنة على التمدد الوجداني الذي تسوقه ثقافة كل مجتمع وإن كانت اللغة العربية هي السمة العامة له، فيكون وجدانا منضبطا في أحيان وغير منضبط في أحيانٍ أخرى، فيعد تارة من التنوع المحبوب في نواله وأخرى من التنوع المنفلت من عقاله، لكن المشاعر الوجدانية المتنوعة بتعدد ثقافات المجتمعات تأخذ إطاراً علمياً في بعض الأوقات إذا صبت في قوالب محددة المعالم كما هي الحال في بحور الشعر فهي أشبه بمعادلات رياضية ولكنها بمقاسات أدبية

شعرية، غير أنَّ ما يجمّلها ويزيّنها أنها تستقبل كل الأغراض وتستوعب كل المشاعر الصادقة منها والمزيفة، ولذلك كان الشعر الموزون هو العلامة الفارقة على حسن تعامل أدباء هذا المجتمع أو ذاك مع معطيات المعارف الإنسانية وتوظيف الوجدانيات في صقل ثقافة المجتمع الأدبية.

ولأنَّ الشاعر في واقعه يمثل ضمير الأمة ويعكس مساراتها ومساربها في آمالها وآلامها، في أفراحها وأتراحها، في سكونها ومموارها، فإنَّ الشعر كاشف عن مضامين اجتماعية كثيرة قد لا تبدو واضحة لدارسي علم الاجتماع ولا لعلماء الإنسانيات واللسانيات، بخاصة في الفترات الأخيرة التي تم فيها تأطير كل مفردة من مفردات الحياة الإنسانية في مناهج علمية، من هنا كانت دواوين الشعر الصادرة عن دائرة المعارف الحسينية والتي تم توظيبها ضمن القرون الهجرية فرصة طيبة لقراءة واقع المجتمعات العربية والإسلامية في كل قرن والوقوف على حال كل مجتمع ووجدانياته من خلال تحليل قصائد الشعراء وأغراضها وما تحويه من مفاهيم وقيم، وفي هذا الإطار صدر عام ١٤٣٠هـ (٢٠٠٩م) عن المركز الحسيني للدراسات في لندن الجزء الثاني من "ديوان القرن الحادي عشر الهجري" الذي يستوعب الفترة الميلادية (٨/ ١٠/ ١٥٩٢ ـ ١٤/ ١٠/ ١٦٨٩م) في (٥١٨) صفحة من القطع الوزيري، حيث يدأب المحقق والأديب الدكتور الشيخ محمد صادق الكرباسي على اقتناص القصائد المضمَّخة بعبير الشهادة في كربلاء من بين الكتب المطبوعة والمخطوطة في جهد غير طبيعي لإحياء التراث العربي والإسلامي.

عروس القصائد

لقد جرت العادة أنْ يقوم الآخر بنقد وتقويم وتقييم ما ينتجه الكاتب أو

الناظم، فالمرء حيث يملك من الحبكة الكتابية والدراية الإنشائية والقدرة النظمية والبسالة الشعرية على شقّ أمواج البحور يبتعد عن تقويم نتاجاته الأدبية ويدع ذلك للنقاد، إلا في حالات استثنائية تدعوها الضرورة، لأنَّ مثل هذه العملية هي من وظيفة الناقد الأدبي الذي يؤشر بذوقه المعرفي على مواضع القوة والضعف في النص النثري وتلاحق عيونه التقويمية جوانب البيت الشعري.

وتعظم مثل هذه المسؤولية في النص الشعري ذات القوالب الوزنية والبحور الخليلية والبحور الأخرى لمكتشفين جدد ومولّدين آخرين ماضين ومعاصرين، ومن ينقد النص الشعري إنما هو تلميذ من تلاميذ الخليل بن أحمد الفراهيدي (١٠٠ ـ ١٧٣هـ) (٧١٨ ـ ٧٨٩م) في علم العروض، الذي أخذ هو الآخر عن فطاحل الكلام، وكما يقول بهاء الدين محمد الحسيني (١) في الصفحة السابعة من كتابه "تحف العروض في لطف العروض" (٢) المنسوخ عام ١١١٨هـ (١٧٠٦م): "إن الخليل بن أحمد أخذ علم العروض عن أصحاب علي بن الحسين رضي الله عنهم" (٣)، ومن أخذ عن الفراهيدي إنما أخذ من ينابيع المعرفة وعيون الأدب بشهادة أمير البيان

---

(١) بهاء الدين محمد الحسيني: هو ابن محمد باقر بن محمد بن عبد الرضا الحسيني العبيدلي المختاري النائيني (١٠٨٠ ـ ن١١٤٠هـ)، من الفقهاء الأدباء والمتكلمين الشعراء، ولد في إصفهان وفيها نشأ ودرس ومات ودفن في قرية چوپان من توابعها، تتلمذ على العلامة المجلسي والفاضل الهندي وأجازه الحر العاملي، نظم بالعربية والفارسية، له ٦٠ مؤلفا في علوم شتى، منها: زواجر الجواهر في نوادر الزواجر، شرح الصحيفة الكاملة السجادية، وحدائق المعارف من طرائف المعارف.

(٢) المخطوطة موجودة في مؤسسة كاشف الغطاء في النجف الأشرف في العراق وهي الآن طور التحقيق من قبل طالب دراسات العليا في جامعة المثنى حيدر علي عبد الحمزة، وهي مسجلة بالرقم ٦٢٨ في المستودع الالكتروني لجامعة ذي قار في ٦١ صفحة.

(٣) ألوان الكلام: ١٧٨، د. حسن عباس نصر الله، مؤسسة الوفاء، بيروت ـ لبنان، ط١، ١٩٨٥م.

الإمام علي بن أبي طالب عليه السلام: "وإنا لأمراء الكلام وفينا تنشّبت عروقه، وعلينا تهدلّت غصونه"[١].

ولأنَّ البحور ليست طيعة الأمواج، فلا يعوم فيها إلا القليل، ومن طريف ما يذكر في هذا المقام أنَّ الفراهيدي عندما اعتكف في داره مرددا مقاطع الشعر محاكيا ملحّن الأغنية، ظن ولده وأهل بيته أن مسّا من الجنون أصابه وراودته جِنِّية من جِنِّيات الشعر أو لاحقه شيطانها، فأجاب نظما من بحر الكامل:

لو كنتَ تعلمُ ما أقولُ عذرتني … أو كنت تعلمُ ما تقولُ عذلتُكا
لكن جهلتَ مقالتي فعذلتني … وعلمتُ أنَّكَ جاهلٌ فعذرتُكا[٢]

ويُلاحظ في شعراء القرن الحادي عشر الهجري أن البعض وصلت به الوثاقة في نظمه إلى أن يصف قصيدته كما تصف الخطّابة عروسا لعريس وتزيِّنها في عينه حتى تأسر قلبه وعواطفه، فبعض شبهها بالعروس تزف إلى عريسها كما هي قصيدة "لا تأمن الدهر" للشاعر البحريني أحمد الجدحفصي[٣] وهكذا فعل زميله ابن أبي شافين داود الجدحفصي[٤]

(١) بحار الأنوار: ٦٨/٢٩٢.

(٢) أخبار النحويين البصريين: ٣١، الحسن بن عبد الله السيرافي، تحقيق: طه محمد الزيني، محمد عبد المنعم خفاجي، مطبعة مصطفى البابي الحلبي وأولاده في مصر، ط١، ١٣٧٤هـ (١٩٥٥م).

(٣) أحمد الجدحفصي: هو ابن عبد الرؤوف (الثاني) بن حسين بن أحمد بن عبد الرؤوف (الأول) بن حسين الحسيني الجدحفصي، من أعلام البحرين وأدبائها في القرن الحادي عشر الهجري، ولد في أسرة علمائية أدبية، والظاهر أنه توفي بعد رحيل والده المتوفى عام ١٠٠٦هـ.

(٤) إبن أبي شافين داود الجدحفصي: هو ابن محمد بن عبد الله بن أبي طالب (إبن أبي شافين) الجدحفصي المتوفى عام ١٠١٧هـ (١٦٠٨م) وقيل عام ١٠١٢هـ (١٦٠٣م) وقبره يُزار واقع في حجرة جنب مسجده المتصل بمدرسته في جدحفص في البحرين، وهو من العلماء الأدباء والخطباء الشعراء، من آثاره: رسالة وجيزة في علم المنطق، شرح الفصول النصيرية في التوحيد، وديوان شعره.

بقصيدته المعنونة "الرسوم الخاليات"، وبعض وصفها بالدر الثمين كما هي قصيدة "ضرامٌ بقلبي يتوقَّد" للشاعر العراقي محمد الحلي[١]، وبعض جعلها حسناء كاللؤلؤ النضيد كما هي قصيدة "جودي بالدمع" للشاعر العراقي نعمان الحسيني الأعرجي[٢]، وبعض جعلها كالجوهر كما هي قصيدة "أبكي الحسين" للشاعر العراقي الأحسائي الأصل علي السبعي[٣]، ومثله وصفها الشاعر البحريني أحمد البلادي[٤] في قصيدته المعنونة "دنياك فانية"، وبعض شبهها بالبديعة الجميلة كما هي قصيدة الشاعر العراقي محمد الحلي[٥] المعنونة "أرض كربلاء".

ويكثر الإطراء الشخصي في شعر الولاء، لأن الشاعر إنما يقدم قصيدته عروسا ساجدة في محراب الولاء تنتظر اليد الحانية التي تأخذ بها في مشوار الحياة الفانية إلى نعيم الحياة الهانية، أو عقدا منضودا في جيد المحبة تزيّن الشاعر: ﴿يَوْمَ لَا يَنفَعُ مَالٌ وَلَا بَنُونَ * إِلَّا مَنْ أَتَى ٱللَّهَ بِقَلْبٍ

---

(١) محمد الحلي: هو عضد الدين محمد بن محمد بن نفيع (نفيح) الحلي، من فقهاء الحلة وشعرائها في القرن الحادي عشر الهجري، كان عام ٩٨٣هـ أستاذاً في المدرسة الزينبية في الحلة، له أشعار كثيرة وأكثرها في الولاء لأهل البيت عليهم السلام.

(٢) نعمان الحسيني الأعرجي: الحلي، من علماء الحلة في القرن الحادي عشر الميلادي وشعرائها، وأكثر شعره في ولاء أهل البيت، من آثاره: علويات السيد نعمان الحسيني الأعرجي الحلي.

(٣) علي السبعي: هو ابن الحسين السبعي، من أعلام القرن الحادي عشر الهجري، ورد ذكره في المجموعة الحسينية الأولى المخطوطة في مكتبة الإمام الحكيم في النجف الأشرف.

(٤) أحمد البلادي: هو ابن صالح (بن حاجي) الأحسائي المتوفى عام ١٠١٠هـ (١٦٠١م)، وهو من العلماء الشعراء في البحرين الكبرى، له أشعار كثيرة منها: ديوان من جزأين في رثاء الإمام الحسين عليه السلام.

(٥) محمد الحلي: هو ابن السمين الحلي، من الفضلاء الشعراء في القرن الحادي عشر الهجري في الحلة، أكثر شعره في أهل البيت عليهم السلام.

سَلِيمٍ﴾[1]، والقصيدة جواهر ترصّع تاج القلب، من هنا يقدم النعمان الأعرجي قصيدته المعنونة "**سال دمعي من جفوني**" من بحر الخفيف عروساً كاملة الأوصاف:

آل طـه وِدادُكُـم هـو فـرضـي — ويـقـيـنـي واعـتـمـادي وديـنـي
ويـقـيـنـي بـأنـه مـن لـظـى الـنـار — إذا شـبَّ فـي الـضِّـرام يـقـيـنـي
يـا وصـيَّ الـنـبـيِّ خُـذهـا عـروسـاً — غـادةً قـد عَـلـتْ عـلـى الـنَّـيِّـرَيْـنِ
ذات حُـسـنٍ وبـهـجـةٍ وسـنـاءٍ — قـد عـلا حُـسـنُـهـا عـلـى كـلِّ زَيْـنِ
بـكـرَ نـظـمٍ حـسـنـاءَ حـسَّـانُ لَـو — شـاهـدهـا كـان شـاهـدَ الـتـحـسـيـن
مِـن غَـلاكـم لـهـا قـلائـدُ حُـسْـنٍ — مـن عـقـيـقٍ ولُـؤلـوٍ مـكـنـونِ
يـرتـجـي الأعـرجُ الـحـسـيـنـيُّ نُـعـمـانُ — بـهـا أن تـقـيـه مـن كـلِّ شَـيـنِ

فالشاعر الأعرجي جمع في هذه القصيدة بين العروس والأحجار الكريمة، فكما تزيّن الأحجار العروس في ليلة زفافها، وتحلو في عين العريس فإن قصيدته على جمالها وحسنها تجعل شاعر الجاهلية والإسلام حسان بن ثابت الخزرجي الأنصاري المتوفى عام ٥٤هـ (٦٧٤هـ) لا يحيد عن تحسينها أبداً، وهو لا يرجو نوال الدنيا كما يفعل الشعراء الواقفون على أبواب الملوك والأمراء وأصحاب المال ينتظرون العطايا، وإنما مبتغى غايته نوال ثواب الآخرة وجنانها، عملا بقول حفيد النبي الأكرم ﷺ الإمام جعفر الصادق عليه السلام: "من قال فينا بيت شعر، بنى الله تعالى له بيتا في الجنة"[2]، وكيف وأنَّ الشعر في سيد شباب أهل الجنة صاحب العِبرة

---

(١) سورة الشعراء: ٨٨ ـ ٨٩.
(٢) عيون أخبار الرضا للصدوق: ٢/ ١٥، محمد بن علي الصدوق القمي، مؤسسة الأعلمي، بيروت ـ لبنان.

والعَبرة، الذي مَن ينشد فيه الشعر يضمن سعادة الآخرة بنص حديث الإمام الصادق عليه السلام: "من قال في الحسين شعراً فبكى وأبكى غفر الله له ووجبت له الجنة"[1]، ولذلك فإن الشاعر المغربي محمد المرابط الدلائي[2] يتساءل، من بحر الرمل:

أيخافُ النارَ مَن يهواهما ... وهما سبطا النبيِّ المؤتَمَنْ

حاشَ للمولى يهينُ المَنضوي ... لهما يوماً وإن فاضَ دَرَنْ

كأس المنيّة

يمثل "الكأس" أو "الإناء" في المفهوم الإنساني اليومي أداة الارتواء، فالماء هو الحياة والحياة هي الماء، والكأس بالنسبة للماء هو المكان للمكين، فهو محل الحياة، ولكن الكأس الجمادي المجرد من الحياة الظاهرة يصبح أداة للسم وأداة للشر وأداة للموت، أي أنه وسيلة للفناء الدنيوي، ولذلك طالما شبّه الشعراء الموت بالكأس أو كأس المنية، كدلالة على أن الكأس الذي فيه حياة البشر هو نفسه فيه فناؤهم، فهو كأس ظاهره الحياة وباطنه الموت لا بد أنْ يتجرعه الإنسان، فالموت قاهر كل ذي روح، بيد أنَّ موتاً عن موت يختلف، وخير الموت ما سار إليه الإنسان

---

(١) اختيار معرفة الرجال: ٢/ ٥٧٤، محمد بن الحسن الطوسي، مؤسسة آل البيت لإحياء التراث، قم المشرفة - إيران، ط١، ١٤٠٤هـ.

(٢) محمد المرابط الدلائي: هو أبو عبد الله محمد بن محمد بن أبي بكر المرابط الدلائي (١٠٢١ - ١٠٨٩هـ) ولد في الزاوية البكرية من توابع اقليم تادلا جنوب المغرب، نشأ ودرس فيها ولمع اسمه في علوم شتى واشتهر بالنحو والعربية، مارس التدريس في المغرب والقاهرة، اشتهر بالخطابة وصعد المنبر في الزاوية البكرية وانتقل بعدها إلى فاس ورقى المنبر لنحو تسع سنوات في المدرسة العنانية، مات في فاس وفيها دفن بمقبرة العائلة، من آثاره: نتائج التحصيل في شرح كتاب التسهيل، البركة البكرية في الخطب الوعظية، وفتح اللطيف على البسط والتعريف.

بخطى واعية حتى وإنْ فُرض عليه، ومن ذلك قول الشاعر علي بن حسين السبعي يصف فيه بطولة أنصار الإمام الحسين عليه السلام، فينشد من بحر الطويل الثالث قصيدته المعنونة "**وافى نينوى مترقبا**" ومطلعها:

بعيد الليالي بالوعيد قريبُ وشأن الفتى في الاعتزال عجيبُ

ثم يصف حركة الحبيب إلى حبيبه لنيل كأس الحياة:

يسيرون في ظلِّ السيوف إلى الوغى كما قد مشى نحو الحبيب حبيبُ
سَقوا وسُقوا كأس المنايا سُلافةً لها في عظام الشاربين دبيبُ

وكما شرب الرجال من كأس المنية شربت نساؤهم من كأس المصيبة، وهو ما يصوره الشاعر أحمد البلادي في قصيدته المعنونة "**هذا العُذيب**" من بحر الكامل، ومطلعها:

هذا العُذيبُ وتلكَ تلكَ خيامُها فسقاكِ يا سُكنى العُذيبِ غمامُها

وحين يصل إلى الرجال ينشد:

صبروا على حرِّ السيوفِ وكَمْ قضتْ صبراً على نُوَبِ الزَّمانِ كِرامُها

ويستعبر عند بيان حال نساء أهل البيت عليهم السلام بعد استشهاد الإمام الحسين عليه السلام، فينشد:

فأتت إليه بناتُ أحمدَ حُسَّراً والنَّوْحُ غايةُ قصدها ومَرامُها
يجرُرْنَ أذيالاً عثرنَ بفضلها ويحقُّ لطمُ خدودِها ولِطامُها
شربتْ بكأسِ مُصيبةٍ شَرِقَتْ بها فهي النشاوى والدُّموع مُدامُها

فالرجال يشربون من كأس الشهادة سكارى وكؤوسهم من قطراتها خالية والنساء يشربن من كأس الأسر حيارى وليس لقوس الصبر من منزع، وقد أحسن الشاعر الجزائري المعاصر المقيم في لندن الدكتور عبد العزيز بن

مختار شبّين في وصف كأس المنية في الرباعية التي خصّنا بها وبالعنوان نفسه، من بحر الرجز:

أَشْرقْتِ يا شَمْسُ فهلْ مِنْ مَغْرِبِ ... نَجْمٌ تَلألأ بَعْدَ نَجْمٍ يخْتَبي
عُمْرٌ خَصيبُ الدَّرْبِ مَبْسُوطُ الخُطى ... وذاكَ عُمْرٌ قَبْضُهُ لَمْ يُخْصِبِ
معَ الغُرُوبِ آخِرُ المَنْفى مَعي ... إنْ تَسْقِني سَقْيَ الرَّحيلِ أَشْرَبِ
أمْشِي الهُوَيْنا ظامِئًا نحوَ المسَا ... تَحْمِلُ لي كَأْسُ المَنايا مَشْرَبِي

رؤية جزائرية

تعتبر الجزائر قلعة من قلاع المسلمين التي احتضنت الإسلام ودافعت عنه، وتعرضت لهجمات كثيرة على مر التاريخ، ورغم محاولات الاستعمار محو الهوية الجزائرية المسلمة، لكن الإيمان بالهوية كان هو العنوان البارز في حياة هذا الشعب، ولذلك فإنه أقدر على معرفة أهمية التضحية من أجل المبادئ الحقة، وأدباؤهم الأقرب في تمثيل وتمثّل قيم التضحية والشهادة.

من هنا فإنَّ ملحمة عاشوراء حاضرة في ضمير الشعوب التواقة إلى التحرر والاستقلال، ولم يبتعد وزير السياحة السابق والنائب الحالي في مجلس النواب الجزائري الأستاذ عبد القادر بو قرينة عن مركز دائرة الحقيقة بقوله: "مثّل الحسين عليه السلام صورة متقدمة من صور الجهاد الإسلامي المتميز من أجل الحفاظ على المبادئ والقيم التي جاء بها الدين الإسلامي، وجاهد من أجلها جدّه رسول الله صلى الله عليه وآله وسلم، وعمّق معانيها أبوه الإمام علي بن أبي طالب عليه السلام"، ولا يخفى كما يؤكد الأستاذ بو قرينة: "إنَّ ثورة الجزائر الخالدة التي وقف فيها الشعب الجزائري ضد المحتل الفرنسي وقواه العسكرية، وقدّم فيها على طريق التحرير الغالي والنفيس،

هي واحدة من إرهاصات النهضة الحسينية، ووقفة الإمام الحسين عليه السلام في كربلاء عام ٦١هـ علّمت الأمة كيف ترفض الظلم وتستسهل الموت على الحياة في سبيل سعادة الشعب وكرامته وصالح مستقبله".

ويرى الأستاذ بو قرينة في قراءته للجزء الثاني من ديوان القرن الحادي عشر الهجري الملحقة في نهاية الكتاب أنَّ الإمام الحسين عليه السلام وجد أنَّ شُقة الانحراف في الأمة كانت من السعة، بحيث لا يمكن الاكتفاء بالأمر والنهي المجردين، وعززهما بالخروج على الظلم، لأنَّ: "الدفاع عن الحق لا يمكن إلا بتجريده من العواطف، وأنَّ من انحرف عن الحق كان محلاً لأن يُخرج عنه ولا يُطاع، والطاعة لله ولرسوله ولأُلي الأمر ما داموا قائمين عن الحق، ولذلك فإنه بخروجه عنهم كان قد استيقن خروجهم عن الحق الذي تركهم عليه رسول الله صلى الله عليه وآله وسلم في تدبير شؤون الأمة وإقامة شعائر الدين ونشر العدل بين الناس".

ولأنَّ الأدب هو سلاح ماضٍ في ساحة النضال، فإنَّ النائب الجزائري يرى: "إنَّ الشعراء الملتزمين الصادقين المناصرين للفضيلة وقيم الخير والصلاح يقفون في الخط الأمامي في نصرة قضايا الأمة"، ومن رأيه وهو يعلق على الديوان: "سطّر الشعراء أروع القصائد في بيان النهضة الحسينية وما حلّ في كربلاء على سبط النبي محمد صلى الله عليه وآله وسلم وريحانته الإمام الحسين بن علي عليه السلام فهي قصائد نابضة بالحياة وداعية إلى الحرية ومستنهضة للهمم، ومستنكرة لفعال القوم الذين لم يحفظوا للرسول محمد صلى الله عليه وآله وسلم وصيته في أهل بيته عليهم السلام".

فالأدب المنظوم في نظر السياسي الجزائري الأستاذ عبد القادر بو قرينة، ليس أدبا مجردا: "فهذا الديوان الذي بين أيدينا والدواوين التي

صدرت قبله، تمثل باباً من أبواب الخير وتبيان الاجتهاد في تبيان وجه الحق والذي يكتب في ميزان فضيلة الدكتور الكرباسي بالستين جزءاً من أجزاء دائرة المعارف الحسينية التي صدرت حتى يومنا[١] هذا قد أغنى المكتبة العربية والإسلامية بكل جديد، وهو مكسبٌ كبيرٌ للثقافة العربية والإسلامية في عالمنا المعاصر وفي المستقبل".

ولا شك أنَّ دواوين القرون تراث أدبي غني وهو مكسب كبير للثقافة الناطقة بلسان الحرية، يواصل المؤلف في استنطاق كتب التراث ومخطوطاته، وهو في هذا الطريق الشاق لا ينسى فضل الذين ساهموا في هذا الجهد الأدبي الكبير، ولذلك فإنه في الخاتمة يجدد: "شكري للأخ السيد غياث طعمة[٢] حفظه الله تعالى على تعاونه بالنسبة إلى الدواوين السابقة" وهو من الخطباء والأدباء العراقيين البارزين، وشكره موصول إلى الأديب والأكاديمي الجزائري الدكتور عبد العزيز شبّين الذي: "أخذ على عاتقه التعاون معنا في إنجاز بقية الدواوين"، ومنها هذا الديوان الذي ضم (٥٧) قصيدة ومطولة لـ (٢٥) شاعراً من بلدان مختلفة.

السبت: ٣/ ٤/ ٢٠١٠م

---

(١) كتب المقدمة في ٢٧/ ٩/ ٢٠٠٩م.

(٢) غياث طعمة: هو ابن جواد بن حسين طعمة الموسوي المولود عام ١٣٧٦هـ (٢١/ ٤/ ١٩٥٦م) في كربلاء المقدسة، تخرج من جامعة بغداد قسم الإدارة والاقتصاد كما تخرج من جامعة قم الدينية خطيباً شاعراً وأديباً كاتباً، سكن لندن وهو إلى جانب الخطابة يمارس نشاطه الأكاديمي في الجامعة العالمية للعلوم الإسلامية، من آثاره: نقض فتاوى الوهابية لكاشف الغطاء (تحقيق)، وعبقات الولاية (ديوان شعر).

الشريف الحسن حيدرة الشريف الدكتور محمد علي الحسن حيدرة

سيرة الأب :

الشريف الحسن بن مُحَمْدي حيدرة الحسني

* من الأشراف يرجع بنسبه إلى الشريف إدريس الأصغر الحسني مؤسس مدينة فاس المغربية، يطلق عليهم في موريتانيا "أسرة الشريف الأكحل" نسبة إلى الجد الأكبر الذي هاجر من المغرب إلى بلاد شنقيط (موريتانيا).

* ولد عام ١٩١٧ م بين قبيلة الأغلال العربية من غير الأشراف في ضواحي مدينة تنبغ في ولاية الحوض الشرقي في موريتانيا، وانتقل إلى بارئه يوم ١٣/ ١٢/ ٢٠١٢م ودُفن في قرية دار الهجرة في مدينة ولنقري.

* هاجر إلى السنغال شابا وتزوج من أسرة سنغالية ملكية معروفة، وأسس قرية دار الهجرة في مدينة ولنقري في مقاطعة كاساماس جنوب السنغال، وأدخل المنطقة كلها في حوزة الإسلام.

* قام بتدريس القرآن والعربية والشريعة، وتخرج على يديه الكثير من حفاظ القرآن وطلبة العلوم الدينية والعربية.

* نظراً لتفرغه طيلة حياته لخدمة الإنسان الأفريقي من المسلمين وغير المسلمين، التف حوله الملايين من الأتباع في داخل السنغال وخارجها.

* تولى من بعده نجله الشريف محمد علي حيدرة الحسني تسيير شؤون المسلمين الشيعة الإمامية في السنغال وما جاورها.

٤٣٩

سيرة النجل:

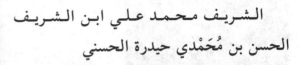

الشريف محمد علي ابن الشريف الحسن بن مُحَمْدي حيدرة الحسني

* ولد في قرية دار الهجرة في مقاطعة كاساماس جنوب السنغال في ١٧/ ٩/ ١٩٥٩م.

* درس علوم القرآن عند والده وحفظ القرآن الكريم.

* قرأ على والده العربية وحفظ ألفية ابن مالك.

* درس الشريعة على مذهب مالك، قبل أن ينتقل إلى مذهب أهل البيت عليهم السلام.

* هاجر إلى ساحل العاج ودرس فيها الثانوية.

* سافر إلى فرنسا ودرس في كلياتها الأدب الفرنسي.

* حصل من قم على الشهادة العالية (الماجستير) في الدراسات الإسلامية.

* تقدم برسالة تخرج في الدراسات الإسلامية لنيل الشهادة العليا (الدكتوراه).

* يجيد التحدث باللغات: العربية والفرنسية والانجليزية والبرتغالية والفولانية والحسانية والولفية، وعدد من اللغات المحلية.

* شاعر مقل ينظم العربي القريض.

* أنشأ مؤسسة المزدهر العالمية ومقرها في داكار العاصمة، وتهتم بالمشاريع الثقافية والزراعية والصناعية والإنشائية للنهوض بالإنسان الأفريقي، ولها عشرات الفروع في المحافظات السنغالية وفي دول غرب أفريقيا وساحل العاج ومالي وغينيا (كوناكري) وغينيا بيساو وموريتانيا.

* أنشأ مؤسسة الغدير العالمية وسط العاصمة داكار وتهتم بالشؤون الثقافية والتعليمية والعملية.

* أول قرية أسسها في مقاطعة كاسامس على ضفة نهر غامبيا أسماها قرية "النجف الأشرف".

* يقيم كل عام في العاصمة داكار مؤتمراً دولياً بإسم عاشوراء[1].

* له علاقات طيبة مع عدد من رؤساء الدول الأفريقية، وكان قبل ذلك مستشاراً روحيا لخمسة رؤساء دول أفريقية.

* من مؤلفاته:

- حقائق خلافة النبي.
- صلاة النبي.
- هل عاشوراء يوم عيد وفرح أم يوم حزن وحداد؟

---

(١) وفّقني الله لحضور مؤتمر عاشوراء الخامس الذي انعقد في العاصمة السنغالية داكار في اليومين ٢٩ و٣٠ كانون الثاني/يناير ٢٠١١م، مندوباً عن المركز الحسيني للدراسات في لندن بمعية الدكتور صلاح الخطيب من النمسا والأستاذ عبد العزيز الحبيب من الكويت، وكانت لي كلمة قصيرة بالمناسبة في اليوم الأول من المؤتمر الذي التَأم في جامعة داكار وباللغة العربية إلى جانب كلمة باللغة الفرنسية ألقاها الدكتور الخطيب، وكلمة أخرى مفصّلة ألقيتها في اليوم التالي في مهرجان خطابي مفتوح في إحدى الضواحي الشعبية في العاصمة.

موسوعة موضوعية في شخصية عالمية[1]

(معجم المشاريع الحسينية ج١)

إنَّ الحسين عليه السلام نور انبعث من مصباح الرسالة الإلهية فأشرقت بنوره والثلة المنتجبة التي اصطفاها الله رب العالمين وجعلهم خلائف في الأرض يهتدي إليه العالمون جميعاً بغض النظر عن الزمان والمكان والقوم واللسان، إنه كما عبّر عنه جده الأكرم والرسول الأعظم عليه وعلى آله آلاف التحية والسلام: "مصباح هدى وسفينة نجاة وإمامُ خيرٍ ويُمنٍ وعزٍّ وفخرٍ وبحرُ علمٍ وذخر"[2]، وجعل الباري ثمن الرسالة الخاتمة المودة[3] لهم والسير على خطاهم فكان السبط الأصغر وريثاً للأنبياء والرسل وامتداداً لهم وللرسول الخاتم والوصي الخاتم وبه تم تجديد هذا الدين الحنيف الذي جاء رحمة للعالمين جميعاً، وبدمائه الزكية ودماء أهل بيته الطاهرين وأنصاره البررة رويت جذور الإسلام وسرت نسوغ الحياة في شرايينه.

من هنا فإن الإمام الحسين عليه السلام لا ينطفئ مصباحه ولا يخفت نوره ولا

---

(١) أصل المقدمة باللغة الفولانية المنتشرة في غرب أفريقيا.

(٢) عيون أخبار الرضا: ١/ ٦٢.

(٣) إشارة إلى قوله تعالى: ﴿قُل لَّآ أَسْـَٔلُكُمْ عَلَيْهِ أَجْرًا إِلَّا ٱلْمَوَدَّةَ فِى ٱلْقُرْبَىٰ﴾ سورة الشورى: ٢٣.

تخف جذوته بل تبقى تعاليمه ومواقفه وأهدافه حاضرة في قلوب الأحرار وعلى يد المقاومين لنصرة الحق، فتهابه الطغاة وكلما مالت نحو اليمين والشمال وجدته حاضراً نصب عينيها، وكلما فرَّت إلى فراش النسيان قضّت مضاجعها وارتفعت شعلها لتذوق من حرارتها قبل أن تخلد في نار الجحيم فهي في عذاب ما فوقه عذاب، وكلما حاولت طمس تلك المعالم انبثقت من جديد، وقد حاولت أن تقضي على أهدافه بتطبيق الجاهلية إلا أنَّ الحق ظهر وبان لأنَّ الباطل كان ولازال زهوقاً[1]، وقد عمدت إلى سحقه بحوار الحقد وأنياب الكراهية إلا أنّه افترسهم بحكمة الحق وسلطان الإيمان فلا تجد لهم أثراً ولا لقبورهم رمساً، وإذا توجهت إلى أمكنة نسبت إلى تلك الثلة الطاهرة تجدها روضة من رياض الجنة يشعُّ النور منها ويفد إليها الملايين لتلجأ إلى مكارم أخلاقهم ومعالي سيرتهم ذكراً وتطبيقاً.

هذا الحسين سيد الشهداء وأبو عبد الله السبط الأصغر للرسول ﷺ يستحق بامتياز بل تقصر في حقه عشرات الكتب بل ألوفها لتشرح ما كان يحمله من قيم وأهداف وما قدمه في سبيل العقيدة والإنسانية وفي إقامة الأمت وإصلاح العوج في دين الله الذي هو أغلى ما يتوخاه المرء إن صلح ويرجوه الشخص وإن طلح، ذلك لأنه دين القيِّمة، ذلك لأنه قيم الإنسانية، ذلك لأنه أسس الفطرة، فما جاءت دائرة المعارف الحسينية تلك الموسوعة التي لم تر النور مثلها في العدة والعديد إلا لتنير الدرب لمن يريد أن يفهم الحقيقة ويدرس الواقع الذي مشى عليه ذلك الإمام العظيم وتلك الشخصية السماأرضية حيث نسي نفسه وما يمتلكه وذاب في الإله الذي عبده باستحقاق وخرج ليصلح ما أفسده المفسدون.

---

(١) إشارة لقوله تعالى: ﴿وَقُلْ جَآءَ ٱلْحَقُّ وَزَهَقَ ٱلْبَٰطِلُ ۚ إِنَّ ٱلْبَٰطِلَ كَانَ زَهُوقًا﴾ سورة الأسراء: ٨١.

فالموسوعة الحسينية التي اكتتبها يراع عالم من علماء هذه الأمة والذي درس الحسين عليه السلام بشخصه وأهدافه وبسيرته ونهضته حتى أصبح خبيراً في هذا المجال بعدما كان خبيراً في الفقه والأصول وغيرهما من علوم الدين، فكتب الشيخ الشاب[1] أكثر من ستمائة مجلد[2] في شتى الأبواب التي يمكن للفكر أن يفرزه فجاءت أضخم موسوعة وأوسعها بكل المعايير العلمية والموضوعية، فعسى من يكون هذا العالم الجليل؟ إنه سماحة الدكتور آية الله الشيخ محمد صادق الكرباسي حفظه الله والذي تركت بصماته في النظم والنثر مكتبة ينتعش بها أرباب المعرفة، فإنه أجاد فيما كتب ونظم.

إنَّ الحديث عن الجزء الذي تشرفنا بالكتابة عنه لغني عن التعريف لمن يراجع فهرسته ليجد أنه جزء من مقدمة في باب شريف ألا وهو إحصاء بالمشاريع التي أسست عبر التاريخ باسم شهيد الأمة والدين أبي عبد الله الحسين عليه السلام، وقد أودع شيخنا الجليل في الجزء الأول من مقدمته هذه وصفاً جميلاً ودقيقاً عن حركة الإسلام والمسلمين منذ انبثاق نور الإسلام من وراء بيت الله كعبة الخير والإيمان، وتحدث عن انتشار ذلك النور من مشارق الأرض إلى مغاربها وإلى شمالها وجنوبها، فكان هذا الجزء رائعاً للغاية اختصر فيه تاريخ الإسلام لمن يمل من المطولات ويكلفه الكثير للوصول إلى المؤلفات والمصنفات فجاءت تمهد لمعرفة مواطن المسلمين وقدراتهم وتحفظ لنا إحصاءات دقيقة بكل موضوعية ليرفع الحيف والميل

---

(١) تعبير مجازي عن شباب المؤلف وفتوته والإيمان الجاد في العمل وسرعة الإنجاز المعرفي وقوته العلمية ورصانته.

(٢) زادت على السبعمائة مجلد.

الذي تعرضت لهما الأمة الوسطى والتي جاء دينها ليكون دستوراً لكل شعوب العالم لما انطوى على مفاهيم الإنسانية والحق وتطبيق العدالة.

إنَّ هذا الكتاب يُعدُّ مصدراً من أهم المصادر التي يعتمد عليها ليكون مؤلفه مفخرة من مفاخر هذه الأمة، فجزاه الله عن الإسلام وأهله خير جزاء المحسنين وعليه أجره إنه سبحانه وتعالى ينصر عباده الصالحين.

الشريف الحسن حيدرة

الدكتور الشريف محمد علي الحسن حيدرة

١٣/١/٢٠١٠م

الأقليات المسلمة
ترسم الجغرافية السياسية ديمقراطيا

مرت على وجه البسيطة أمم وأجيال وأقوام، طويت تحت عباءة النسيان أكثرها، والقليل منها نلمحها مما تركته من آثار، والقلة القليلة لا زال النفس يصعد في صدرها وينزل، وإذا ما أنعمنا البصر في ما آلت إليه، سيقفز في ناظرينا وجودها القائم منذ عهود طويلة بفضل مشاريع حيوية ابتنتها لنفسها على صعيد فردي وعلى صعيد مجتمعي، فظلت هذه المشاريع تنمو كشجرة مثمرة تغذي أصحابها.

والمشروع بغض النظر عن أغراضه يحمل معه أعواد ديمومته، فهو البناء والاستمرارية، وهو يعادل البقاء، والبقاء يساوي الحياة، فالمشروع إذن هو الحياة، فيحيى الشخص إسماً وإن عفّر تراب القبر رسمه، كما أنَّ المشاريع المفيدة تكسب عزّاً لأبناء صاحب المشروع وأحفاده، وهي في الوقت نفسه تكسب المجتمع عزا وفخرا.

وأعظم المشاريع وأبقاها تلك التي ترتبط بشخصية فاعلة، ويتقرب منها طلباً لرضاها، فمرة ينسب المشروع إلى الممول نفسه، ومرة ينسب إلى شخصية أممية يسعى الممول إلى التسمي بتلك الشخصية التي تمثل الخير أو أنها الخير كله، ويبلغ الحب مبلغا بحيث يوقف الواهب رأسمال

المشروع وعائداته وريعه لشخصية مرموقة أو جمعية خيرية، وبالتالي فهو يحاول الظفر بالأجر المعنوي في دنياه وآخرته، وحتى الذي لا يؤمن بجنة أو نار فإنه يوقف جزءاً من ثروته على مشاريع خيرية وهو يعلم في قرارة نفسه أنَّ مشروعه سيدوم من بعده وتستفيد منه أجيال مختلفة، وهو ما يشعره بالسعادة والغبطة، فهذا الشعور يحمل في طياته إيمان الواقف أو المتبرع بديمومة الحياة، ويفيض رغبة جامحة في الخلود.

فالمرء حيث وظف أمواله وطاقاته، والخلود كل الخلود للمشروع الذي يرتبط بشخصية عظيمة أعطت أغلى ما تملك لله والإنسانية من أجل صلاح الأرض وإعمار النفوس والأبدان، ولذلك تخلد المشاريع بخلود عناوينها، لأنَّ أي نشاط يصب في صالح البشرية هو مشروع ناجح وخيره عميم، وما كان لسعادتها كان لله، وما كان لله كان حقاً على رب البشرية أن يطرح فيه البركة والنمو، لأنَّ ما كان لله ينمو، والنماء هو الديمومة والبقاء، والبقاء هو السعادة والهناء، والهناء هو الخير العاجل والخلود الآجل.

وحيث إنَّ الارتباط بالخالد هو رغبة كل إنسان يتطلع إلى الخلود بعد رحيله عن ظهر الأرض، فإن الكثير من المشاريع الخيرية في أغراض شتى ارتبطت بشخصية سبط النبي محمد ﷺ الإمام الحسين عليه السلام بوصفه قتيل العِبرة والعَبرة، ولا تكاد بقعة من بقاع الأرض تخلو من مشروع خيري حسيني وضع فيه الواهب أو الواقف ماله فيه لخدمة الإنسانية، وهي في معظمها تدار بشكل طوعي، ولأنَّ دائرة المعارف الحسينية يقع على عاتقها متابعة هذه المشاريع، فقد أفرد مؤلفها البحاثة الشيخ محمد صادق الكرباسي باباً خاصاً من مجموع أبواب الموسوعة الستين، إذ صدر في العام (١٤٣١هـ = ٢٠١٠م) عن المركز الحسيني للدراسات في لندن الجزء

الأول من كتاب "معجم المشاريع الحسينية" في ٤٢٠ صفحة من القطع الوزيري.

حركة التاريخ

يمثل التاريخ حركة الزمن في طول حركة الإنسان والأمم، والتاريخ هو منظومة حوادث تصنعها حركة هذه الأمة أو تلك، وللظروف دخلٌ فيها، ولكن الظروف هي الأخرى من عمل الإنسان حتى وإنْ بدت عفوية، فالتاريخ في محصلته النهائية هو من صنع الإنسان نفسه، والأمة كأية أمة لا تعيش ظروفها الآنية منقطعة عن الماضي لأنَّ تاريخها الآني هو حصيلة تراكمات لتاريخ سابق لصيق بحركة أسلافها، وهي في الوقت نفسه حلقة وصل لحركة أخلافها، ولذلك تشدد كل أمة متمدنة وحضارية على تقويم ذاتها حتى تنقل لمن يخلفها من الأبناء والأحفاد تجربة طيبة، وهذا التوجه ينطبق على حركة الإنسان في المجتمع وحركة المجتمع في الأمة وحركة الأمة في الواقع الإنساني.

ولا شك أنَّ مكونات التاريخ لا تسبح في فضاء مفتوح وإنما تتحرك على الأرض، ومساحة الأرض تتقلص أو تتوسع تبعا لحركة المجتمع ولما يحمله من مشاريع لحياة البشرية وسعادتها، ولذلك يعيّن البحاثة الكرباسي في "معجم المشاريع الحسينية" فصلا واسعا تحت عنوان "النشأة الإسلامية للتاريخ والجغرافية" يتناول بالتأريخ والأرقام والنسب حركة الإسلام والمسلمين من المدينة المنورة العاصمة الأولى المتشكلة سنة ١ للهجرة حتى يومنا هذا، وهو في جولته التاريخية والجغرافية يتابع نشأة المسلمين للتاريخ والجغرافية عبر القرون، محاولا في الوقت نفسه اقتناص المشاريع التي أنشأها المسلمون وأوقفوها باسم الإمام الحسين عليه السلام بلحاظ

أن نهضة الإمام الحسين المكملة لحركة التغيير التي انطلقت في مكة المكرمة على يد النبي الأكرم محمد ﷺ الذي قال في سبطه: "حسينٌ منّي وأنا من حسين، أحبَّ الله من أحبَّ حسيناً"[(١)].

وفي حركته البحثية يتوقف المؤلف عند نهاية كل قرن ليخرج بأهم حصيلة تركتها حركة المسلمين على مستوى التاريخ والجغرافية من توسع أو انحسار وقيام حكومة أو اندثار أخرى، وقد لاحظ وهو ينهي "معجم المشاريع الحسينية" بنهاية القرن الرابع عشر الهجري (١٩٧٩م) أن هناك تعمداً من قبل بعض الهيئات غير المسلمة بتقليل عدد نفوس المسلمين بخاصة في المجتمعات التي يشكل فيها المسلمون أقلية، وقد يصل الفرق إلى ٣٠٠ مليون إنسان مسلم.

ويلاحظ أن البعض من المسلمين على مستوى أفراد ومؤسسات يأخذ بالأرقام الغربية كمسلّمة دون تمحيص، ولكن الأكيد وحسب ما أعلن عنه السيد مونسينغور فيتوريو فورمنتي[(٢)] معد كتاب "أرقام الفاتيكان الإحصائية للعام ٢٠٠٨م" أن أعداد المسلمين فاقت أعداد المسيحيين الكاثوليك فالمسلمون يبلغون ١٩ في المائة من سكان الأرض في مقابل ٤,١٧ في المائة هم كاثوليك، في حين يبلغ نسبة كل المسيحيين وفق إحصائية الفاتيكان ٣٣ في المائة، وقد أخذت الإحصائية بعدد سكان الأرض لعام ٢٠٠٦ م الذي بلغ ٦,٦ مليار، ووفق نسب الفاتيكان التي تمثل رأس

---

(١) الجامع الصحيح (سنن الترمذي): ٥/ ٣٣٥، باب مناقب الحسن والحسين، ح ٣٧٧٥، محمد بن عيسى الترمذي، تحقيق: أحمد محمد شاكر، دار الكتب العلمية، بيروت ـ لبنان.

(٢) مونسينغور فيتوريو فورمنتي: (Monsinfnor Vittorio Formenti)، وهو من القساوسة يتولى إدارة مركز الإحصاء في الفاتيكان (director of the Central Office of Church Statistics).

الكنيسة الكاثوليكية فإن نفوس الكاثوليك بلغ ١,١ مليار إنسان فيما ارتفع عدد المسلمين إلى ١,٣ مليار إنسان[١]، وأكد معد الإحصائية هذه الأرقام في لقاء صحافي مع جريدة (L'Osservatore Romano) الأسبوعية الصادرة عن الفاتيكان[٢]، بيد أن المحقق الكرباسي يقرر حسب ما توصل إليه في جدول إحصائي أن: (نسبة المسلمين في العالم هي الثلث ونسبة المسيحيين هي الثلث ونسبة الأديان الأخرى مجتمعة هي الثلث، فإذا كانت نفوس العالم ستة مليارات فإثنان منها مسلمون حسب ما توصلنا إليه في مجموعة تحقيقاتنا).

الشعر يؤرِّخ

إنَّ أي مشروع وبشكل عام هو عبارة عن مكان، والبناء المرتبط بمقدس يعتبر تاريخ إقامته حدثا بارزاً إنْ كان على مستوى بلد أو أمة، ولذلك جرى العرف على إقامة الاحتفال عند وضع حجر الأساس لمشروع ربحي أو غير ربحي، وقص الشريط عند الانتهاء منه أمام الجمهور وعدسات التصوير كنوع من الإشهار والإعلان، ولا تبتعد مثل هذه الحوادث والمناسبات عن اهتمام الشعراء والناظمين أصحاب الحس والشعور، من هنا فلا يخلو مهرجان أو احتفالية من قصيدة لشاعر باعتبار أنَّ الشاعر صوت الأمة والقصيدة ملح الاحتفالية، والأهم من ذلك هو بروز نوع جديد من الشعر يؤرخ للحدث المعني ببيت أو شطر بيت بعد كلمة تاريخ وتصريفاتها، يكون العجز في معظم الأحيان هو مدار التأريخ والتوثيق، ويسمى مثل هذا النوع من الشعر بـ "حساب الجُمَّل" أو "الحساب الأبجدي" حيث يصوغ الشاعر

---

(١) جريدة مترو (METRO) اللندنية اليومية بتاريخ الجمعة ٢٠٠٩/١٠/٩م.

(٢) أنظر: تقرير مراسلة وكالة رويتر سيلفيا ألويسي ـ Silvia Aloisi ـ بتاريخ ٢٠٠٨/٣/٣٠م.

تاريخ المشروع بكلمات بليغة في سياق البيت، وبحساب مجموع قيم الأحرف يتضح تاريخ إقامة المشروع، وذلك باعتماد الحروف الأبجدية (أبجد، هوز، حطي، كلمن، سعفص، قرشت، ثخذ ضظغ) وهي مجموع ٢٨ حرفا يبدأ الترقيم برقم (١) مقابل حرف الألف وينتهي برقم (١٠٠٠) مقابل حرف الغين، وهي حسب تسلسل الأبجدية تسعة من الحروف للأرقام الآحاد (١ ـ ٩) (ألف ـ طاء) وتسعة للعشرات (١٠ ـ ٩٠) (ياء ـ صاد) وتسعة للمئات (١٠٠ ـ ٩٠٠) (قاف ـ ظاء) وينفرد الحرف الأخير (الغين) للرقم ألف.

ولم يتم الوقوف على تاريخ بدء هذا الفن من النظم في مجال توثيق الحدث، ولكن الثابت أنَّ حساب الجمل كان مستعملا في غابر التاريخ في مجال الحساب وتوثيق الحدث رقميا، فاستعمله العرب في العصر الجاهلي وبعده، فكان يشار للرقم بكلمات وكذلك يشار إليه بالحروف، فيقال على سبيل المثال لعدد الدراهم (٢٤٧) مائتان وسبعة وأربعون درهما، وقد يشار إليه بكلمة "زمر" بلحاظ أن قيمة الراء (٢٠٠) وقيمة الميم (٤٠) وقيمة الزاي (٧)، ومثل ذلك يقال لتاريخ وقوع حدث دون ذكر الرقم، فإذا قيل على سبيل المثال بدأ الفاطميون ببناء جامع الأزهر الشريف سنة (طنش) وانتهوا منه سنة (أسش) فهي إشارة إلى سنة (٣٥٩هـ) و(٣٦١هـ).

ويرى البعض أنَّ هذا النمط من التوثيق النظمي للحدث لم يكن معروفا في العهد الإسلامي الأول، حيث لم تصلنا نماذج منه، وحسب الأديب العراقي السيد محمد علي النجار[1] المولود في الحلة سنة ١٣٤١هـ

(١) محمد علي النجار: هو ابن محمد الموسوي النجار، ولد في الحلة سنة ١٣٤١هـ (١٩٢٢م) في محلة المهدية، نشأ في مسقط رأسه وأخذ القراءة والكتابة على يد الملا حسن العذاري ثم انتقل إلى=

(١٩٢٢م) والذي اشتهر بهذا النمط من النظم: "والمشاهد في كتب الأدب أن هذا النوع من الشعر ذاع بين الشعراء في القرنين الحادي عشر والثاني عشر من الهجرة وما بعده. وأغلب الظن أن هذا النوع من الشعر نشأ في أوائل القرن العاشر من الهجرة ونما وترعرع في القرنين الحادي عشر والثاني عشر"[(١)]، لكن الأديب العراقي تيسير الأسدي[(٢)] والذي ينظم على هذا المنوال، يرى أن: "هذا الفن ظهرت أولى بوادره في بداية القرن الثالث الهجري مما شكّل بداية للكثير من التواريخ الشعرية ارتبط بتدوين أحداث مهمة ظهرت على الساحة الإسلامية في تلك الفترة العصيبة وتوالت عملية استخدام التاريخ الشعري في القرون اللاحقة ليشكل فنّاً مهماً من فنون الشعر العربي"[(٣)].

=النجف الأشرف لمواصلة الدراسة، وبعد فترة عاد إلى الحلة ومارس التدريس في المدرسة الكمالية ثم بعد ذلك انتقل إلى الأعمال الحرة، واستقر أخيراً على تجارة الأصباغ حيث لا يزال يواظب على حضور متجره في الحلة في شارع الجبل رغم كبر سنه، اضطلع بأدب حساب الجمَّل وبرع فيه وكان أول عهده به سنة ١٣٦٠هـ في توثيق تاريخ مدرسة الشيخ محمد جواد الجزائري في النجف، وتوزع نظمه في جميع الأغراض والمناسبات، جمع حسام الشلاه تأريخاته الشعرية في ديوان.

(١) ديوان التاريخ الشعري للشاعر السيد محمد علي النجار: ١٨، جمع وتقديم حسام الشلاّه، الحلة ـ العراق.

(٢) تيسير الأسدي: هو ابن سعيد بن بهاء، إعلامي وشاعر، ولد في مدينة كربلاء المقدسة يوم الغدير ١٨/ ١٢/ ١٣٩٠هـ (١٩٧٠م)، وفيها نشأ ودرس وأنهى إعدادية الصناعة قسم الكهرباء سنة ١٩٨٨م، بزغت شاعريته وبخاصة في مجال شعر حساب الجمل، وإلى جانب الشعر هو كاتب وإعلامي نشر مقالاته في وسائل إعلام مختلفة، توجه بعد التغيير عام ٢٠٠٣م نحو الإعلام وعمل في شبكة الإعلام العراقي لمدة عام ثم انتقل للعمل محرراً في إعلام العتبة الحسينية وأصبح عام ٢٠٠٨م رئيس تحرير وكالة نون الخبرية ولازال، من آثاره: مؤرخات الأسدي، مقالات في زمن الكوليرا، ودقات قلب عشريني (مخطوط).

(٣) مؤرخات الأسدي: المقدمة، تيسير سعيد الأسدي، دار التوحيد للنشر، مؤسسة الهداية، الكوفة ـ العراق، ط١، ١٤٢٥هـ (٢٠٠٥م).

وليس التاريخ الشعري بالأمر الهين، لأنَّ قيمة التأريخ ليس في ضم الحروف وما يقابلها من الأرقام إلى بعضها، بل المهم في البيت أنْ يعطي معنى مفيدا بكلمات منضودة أدبيا يكون مكملا للصدر أو مجموع الأبيات التي تسبقه.

وصار هذا الفن ملازما لمعظم المشاريع والحوادث والمناسبات في الأفراح والأتراح، ولا يخلو مشروع ذو بعد اجتماعي أو ديني من قطعة شعرية وتاريخ شعري، ومثال ذلك ما ورد في الصفحة **٢٩** من الجزء الأول من معجم المشاريع الحسينية في توثيق تاريخ بناء سقاية الحاج علي شاه البغدادي(١) ـ جد والدي والمدفون في المرقد الحسيني الشريف بجنب مقبرة الشهداء ـ بوصف سقاية الماء واحدة من المشاريع الخيرية المقامة باسم الإمام الحسين عليه السلام. يقول الشاعر العراقي السيد مرتضى الوهاب(٢) الذي اشتهر بالتاريخ الشعري، وهو يوثق لتأريخ السقاية التي أقيمت في كربلاء سنة **١٣٢٤**هـ (**١٩٠٦**م) من بحر المنسرح:

---

(١) علي شاه البغدادي: هو علي بن عبد الحميد بن عمران بن مصطفى بن محمد بن علي بن ناصر الخزرجي العطار البغدادي (١٨٥٧ ـ ١٩٠٩م) اشتهر بعلي شاه البغدادي بفعل تجارته وغناه ووجود تجارته في بغداد، والقسم الأكبر من أسرته بقيت في بغداد واشتهرت باللقب نفسه، ولد في كربلاء المقدسة وفيها مات ودفن في الروضة الحسينية عند قبر الشهداء، من أعيان بغداد وكربلاء المقدسة، وكانت له نسبة كبيرة في أسهم الترامواي (قطار الگاري) بين الكاظمية والأعظمية في بغداد، كما له مجموعة وسائل النقل (العربات) بين بغداد وكربلاء، وله في كربلاء المقدسة وقفيات كثيرة لازالت خيراتها جارية حتى يومنا هذا، وفيه قال المؤرخ العراقي سلمان هادي آل طعمة: ألا رحم الله الحاج علي شاه، فلقد كان لهفة الحاضر، وزاد المسافر، داعياً للصلاح والخير العام، وعلى مثله فليعمل العاملون (حكايات من كربلاء: ٢٨).

(٢) مرتضى الوهاب: هو ابن محمد بن حسين بن حسن بن محمد بن علي الوهاب الموسوي الحائري (١٣٣٦ ـ ١٣٩٣هـ) من شعراء وأدباء الإمامية في عصره برع في نظم شعر التأريخ، ولد في كربلاء وتوفي فيها، من آثاره: يوم الغدير، وديوان السيد مرتضى الوهاب.

أنشأ علي شاه من مآثره سقاية وردها من العسل
يجري بها الماء بارداً عذباً من منهل بالرحيق متصل
باسم الحسين استهل تأريخاً (يفيض بالطف سلسبيل علي)[(1)]

ووضعت هذه الأبيات المنقوشة على القاشاني في الجانب الأيمن ومثلها على الجانب الأيسر، ولم يبق منها إلا الجانب الأيمن، فالسقاية الخارجة من المنزل في زقاق الصفارين والذي شهد مسقط رأسي، قائمة إلى يومنا هذا كمعلم من معالم مدينة كربلاء التاريخية مع توقف إسالة الماء فيها.

ولا يخفى أنَّ سقاية السابلة من الأعمال الخيرية المباركة، وهي ذات مردود دنيوي وأخروي للقائم عليها والعامل بها، وفي هذا يقول نبي الإنسانية محمد بن عبد الله ﷺ: "من سقا الماء حيث يوجد فكأنما أعتق نفسا ومن سقى الماء حيث لا يوجد فكأنما أحيا نفسا"[(2)].

أماكن وأسماء

ولأنَّ المكان ملازم للمشروع الذي ينطلق منه العاملون والناشطون فإنَّ أول ما يقفز إلى العين في المشاريع المتصلة بحبل الولاء للإمام الحسين عليه السلام ونهضته هو الأسماء والمسميات بخاصة أماكن اجتماع

---

(1) ديوان السيد مرتضى الوهاب: ٨٨، جمع وتحقيق: سلمان هادي آل طعمة. حكايات من كربلاء: ٢٧، سلمان هادي آل طعمة، مكتبة الفردوس للطباعة والنشر والتوزيع، مكتبة دار الجوادين للطباعة والنشر والتوزيع، بيروت ـ لبنان، ط١، ١٤٢٧هـ (٢٠٠٦م). رواديد مدينة كربلاء: ٢٨٢، جاسم عثمان مرغي، مؤسسة الوفاء للطباعة والنشر والتوزيع، طهران ـ إيران، ط١، ١٤٣١هـ (٢٠١٠م).

(2) تاريخ دمشق: ٢/٣٧٦، ابن عساكر علي بن الحسن الشافعي، دار الفكر، بيروت ـ لبنان، ط١، ١٤١٥هـ (١٩٩٥م).

المحبين، فكل تسمية تعبر عن ثقافة ذلك المجتمع ولغته وأساليبه في إدارة المشروع، وهذا الأمر يتابعه الدكتور الكرباسي بشيء من التفصيل والتدقيق، ولعلَّ أول ما يتبادر إلى الذهن من المشروع الحسيني هو مسمى "الحسينية" وقد تعارف الناس على أنها المكان الذي تقام فيه شعائر إحياء ذكرى استشهاد الإمام الحسين عليه السلام في عاشوراء، ورغم أنَّ المفردة من حيث اللغة ليست علماً بذاتها، لكنها أصبحت علماً فيصح إضافتها إلى مفردات أخرى، فيقال الحسينية الأحمدية أو الحسينية الحيدرية، ويكثر استخدام مفردة الحسينية عند أهل العراق.

وتتعدد الأسماء بتعدد الثقافات واللغات والقوميات، فيقال النادي الحسيني كما هو عليه أهل لبنان، ويقال المأتم كما هو عليه أهل البحرين، ويقال "إمام بارة" كما هو عليه أهل الهند، فكلمة "بارة" هي الموضع أو البيت المقدس، ويقال لها "إمام بارگاه" كما هو عليه أهل باكستان، و"بارگاه" بمعنى بلاط الملك والعظيم أو خيمته فهي بلاط أو خيمة الإمام، ويقال لها "التكية" وهي مفردة عربية كما يؤكد المحقق الكرباسي وهي من جذر (وكأ) استعملها الأتراك وعادت إلى العرب والإيرانيين، ولعلَّ أول من استخدم اسم التكية هم المتصوفة، لكنها سرت على الأماكن التي يقام فيها مجلس رثاء الإمام الحسين عليه السلام، ويقال للحسينية "دار الحسين" بوصف المشروع موقوفاً للإمام الحسين فالداخل فيه إنما يدخل دار الحسين.

كما وهناك مسميات أخرى، فيقال للحسينية "سورا" وهي تعني الشعائر كما عند أهل أندونيسيا، ويقال للحسينية "العِزية" بكسر الأول أي مكان إقامة العزاء وتكثر في المنطقة الشرقية لمجالس النساء، وتسمى لدى

البعض "عزا خانه" أي بيت العزاء ويستخدمها الناطقون باللغة الأردوية، ويقال لها "مأتم سرا" أي دار المأتم كما عند الناطقين بالفارسية والأردوية، ومن المسميات الأخرى مصطلح "المنبر" وهي أيضاً من المفردات العربية ولها استخدامات مختلفة فمرة يشار إلى أعواد المنبر ومرة يراد مكان إقامة العزاء، وقد يقال لها "المحفل" ويراد منها الحسينية، كما يراد من المحفل مكان إقامة المراسم الدينية مثل محافل قراءة القرآن الكريم التي يكثر وجودها في العراق وإيران والشام[١]، وقد يقال لها "كاشانه" أي دار العزاء.

ومع أنَّ إقامة مراسم العزاء على سيد شباب أهل الجنة عليه السلام هو الشائع في هذه الأماكن بمختلف مسمياتها، لكنها في واقعها ملتقى المسلمين في كل حي وزقاق، وتقام فيها الاحتفالات في الأعياد والمواليد، كما تقام فيها مآتم العزاء على الراحلين من أهل الحي والمنطقة، كما تقام في الكثير منها مراسم الزواج، وهي إلى جانب هذه الفعاليات دور عبادة تقام فيها

---

(١) كنت منذ صغري حتى هجرتي من العراق عام ١٩٨٠م أواظب بشكل عام مساء كل يوم على حضور محفل القرآن الكريم في ديوان آل شهيب المقام على يسار الداخل من باب الرجاء إلى الصحن الحسيني الشريف، وقد تتلمذت على يد الفقيد الحاج الملا حمود الحاج مهدي النجار الحِمْيَري (١٣٤٥ ـ ١٤٢٥هـ) وتخرجت من مدرسته مقرئاً، وأتذكر أن المرة الأولى التي شرعت فيها بتجويد القرآن الكريم وبشكل رسمي كان في مسجد الصافي قبيل المجلس الحسيني للخطيب الشيخ ضياء بن حمزة الزبيدي ولي من العمر نحو ١٥ عاماً، وشاءت أفضال رب العالمين أن أحضر أحد محافل القرآن الكريم وسط مدينة الدار البيضاء في المغرب خلال إقامتي فيها لليلتين وأنا في طريقي إلى دكار عاصمة السنغال لحضور مؤتمر عاشوراء الدولي الخامس المنعقد يوم ٢٠١١/١/٢٩م في جامعة داكار الذي دعت إليه مؤسسة المزدهر العالمية، وهو محفل جميل جلب السكينة والدفء إلى روحي وبدني في سماء الدار البيضاء الممطر، ولازلت أقرأ القرآن المجيد تجويداً أو ترتيلاً على سبيل التبرك

الصلوات اليومية الخمس وصلاة الجمعة وصلاة العيدين، فالحسينيات ومسمياتها هي مشاريع عبادية واجتماعية معاً.

حضور واعد

من الثابت أن الأقليات المسلمة في البلدان غير المسلمة أصبحت رقما ملحوظا بخاصة في الغرب، وبدأت بعض الحكومات والأحزاب الناشطة تمد جسور التواصل معها، لأن حجمها وتزايدها يوما بعد آخر بارتفاع معدلات الولادات أو بالتحول إلى الإسلام يجعلها في موقع القوة، فعلى سبيل المثال فإن الحكومة البريطانية ومنذ عقد راحت تبدي اهتماما بالمناسبات الدينية للمسلمين وتستضيف قادة المسلمين على الإفطار وتحضر أعيادهم التي تعقد في ساحة الطرف الأغر (Trafalgar Square) في لندن من كل عام، كما وأنَّ القناة الأولى الرسمية (BBC) ولأول مرة في تاريخها قدمت في غرة شهر رمضان العام ٢٠١٠م وفي نهاية النشرة الخبرية المسائية التهاني للمسلمين بحلول شهر رمضان المبارك مع الإعلان عن زمن شروق وغروب الشمس مع وضع خلفية تمثل مسجد لندن الكبير (Regents Park Mosque).

ومن التطورات الإيجابية أنَّ مسلمي بريطانيا ولأول مرة في تاريخهم دخلوا الانتخابات البرلمانية والمحلية التي جرت في أيار مايو ٢٠١٠م بشكل منظم مما أكسبهم مقاعد جديدة في مجلس العموم وفي المجالس المحلية، فقد ارتفع عدد النواب المسلمين في مجلس العموم إلى ثمانية نواب ٣ من النساء وذلك من أصل ٩٠ مرشحا ٢٢ منهم من النساء، في حين كان العدد في انتخابات ٢٠٠٥م أربعة نواب وفي انتخابات ١٩٩٧م

نائبا واحدا هو السيد محمد سَرْوَر[1] الذي ترشح عن حزب العمال في وسط غلاسكو في اسكتلندا، وفضّل في الانتخابات الأخيرة ترك الترشيح لنجله أنس سَرْوَر[2] الذي فاز بالمقعد، كما وأنه لأول مرة في تاريخ الانتخابات البريطانية يدخل اثنان من المسلمين مجلس العموم ممثلين عن حزب المحافظين.

وبفضل الوعي المتزايد لمسلمي بريطانيا ونشاطهم فإنَّ ملكة بريطانيا اليزابيث الثانية[3] قامت في العام ٢٠١٠م وضمن الاحتفالات السنوية في ذكرى ميلادها (Queen's birthday honours) بتكريم ٢٥ ناشطا وناشطة مسلمة في المجالات الخدمية كافة، في حين بلغ عدد الهندوس والسيخ ١٤ عضوا و١٢ عضوا من الأقلية اليهودية[4].

---

(١) محمد سَرْوَرْ: نائب بريطاني سابق من أصل باكستاني، ولد في ١٨/٨/١٩٥٢م في مدينة پير محل في مقاطعة البنجاب الباكستانية، وهاجر إلى المملكة المتحدة مع أبيه وعمه سنة ١٩٧٦م وسكن غلاسكو في اسكتلندا وعمل في صفوف حزب العمال وفاز بدورتين للفترة (١٩٩٧ ـ ٢٠٠٥م) وترك مقعده لابنه، وهو أول نائب مسلم يدخل مجلس العموم البريطاني كما أنه أول نائب بريطاني يؤدي قسم دخول مجلس العموم على القرآن الكريم.

(٢) أنيس سَرْوَرْ: هو ابن محمد سَرْوَر، ولد في مدينة غلاسكو في اسكتلندا في ١٤/٣/١٩٨٣م، نشأ ودرس في مسقط رأسه وتخرج من جامعة طب غلاسكو سنة ٢٠٠٥ كطبيب أسنان ومارس مهنته إلى جانب عمله في حزب العمال الاسكتلندي الذي انتظم فيه منذ كان في السادسة عشرة من عمره، ودخل الانتخابات العامة عام ٢٠١٠م وفاز عن مركز غلاسكو ودخل مجلس العموم في ٦/٥/٢٠١٠م ولازال، وهو المساعد الأول لزعيم حزب العمال الاسكتلندي كما تولى من قبل زعامة جناح الشباب في حزب العمال الاسكتلندي، وهو الآن مسؤول حزب العمال في استفتاء عام ٢٠١٤م على استقلال اسكتلندا.

(٣) اليزابيث الثانية: هي أليكسندرا إبنة جورج السادس (ألبرت) ابن جورج الخامس فريدريك ويندسور (Elizabeth Alexandra Windsor) وأمها ماري (Mary) ولدت في لندن في ٢٦/٤/١٩٢٦م، وتولت الملوكية بعد أبيها جورج الخامس في ٥/٢/١٩٦٢م.

(٤) جريدة مسلم نيوز (The Muslim News)، العدد ٢٥٥، الصفحة ٩، بتاريخ ٣٠/٧/٢٠١٠م، لندن، المملكة المتحدة، رئيس التحرير: أحمد فيرسي (Ahmad Versi).

وهذه التحولات المشهودة في الحياة السياسية للمسلمين في بريطانيا هي بمثابة بوصلة للمسلمين في أي بلد فيه نظام برلماني حزبي، حيث يحتم على المسلمين وبخاصة الجيل الجديد الانخراط في الأحزاب الوطنية من أجل الوصول إلى مراكز القرار والعمل لصالح المسلمين والبلد معاً.

وحتى يضعنا الدكتور الكرباسي على الواقع السكاني لكل بلد وهو في معرض الحديث عن بدء الوجود المسلم ونشأة التاريخ الإسلامي بفعل امتداد رقعة المسلمين تاريخيا وجغرافيا، فإنه أفرد بابا مستقلا وفق الحروف الهجائية للحديث عن كل بلد مسلم أو ذات أقلية مسلمة، حيث ضم الجزء الأول من "معجم المشاريع الحسينية" البلدان التالية: آذربايجان، إثيوبيا، الأرجنتين، الأردن، وأرمينيا.

وإلى جانب العشرات من الفهارس المهمة الميسرة لحركة البحث عن المعلومة في متون الكتاب وهوامشه، خصص المؤلف في نهاية الكتاب مقدمة باللغة الفولانية للزعيم الروحي في السنغال وغرب أفريقيا الشريف الحسن حيدرة الحسني ونجله رئيس مؤسسة المزدهر العالمية الشريف محمد علي حيدرة الحسني أكّدا فيها أنَّ شخصية نهضوية إصلاحية رائدة كالإمام الحسين عليه السلام: (يستحق بامتياز بل تقصر في حقه عشرات الكتب بل ألوفها لتشرح ما كان يحمله من قيم وأهداف وما قدمه في سبيل العقيدة والإنسانية وفي إقامة الأمت وإصلاح العوج في دين الله الذي هو أغلى ما يتوخاه المرء إنْ صلح ويرجوه الشخص وإن طلح، ذلك لأنه دين القيّمة، ذلك لأنه قيم الإنسانية، ذلك لأنه أسس الفطرة)، ووجدا أنه: (ما جاءت دائرة المعارف الحسينية تلك الموسوعة التي لم ير النور مثلها في العدة والعدد إلا لتنير الدرب لمن يريد أن يفهم الحقيقة ويدرس الواقع الذي

مشى عليه ذلك الإمام العظيم وتلك الشخصية السماأرضية حيث نسي نفسه وما يمتلكه وذاب في الإله الذي عبده باستحقاق وخرج ليصلح ما أفسده المفسدون)، وبعد الاطلاع على الكتاب ومحتواه خرجا بحصيلة مفادها : (كان هذا الجزء رائعاً للغاية اختصر فيه تاريخ الإسلام لمن يمل من المطولات ويكلفه الكثير للوصول إلى المؤلفات والمصنفات فجاءت تمهد لمعرفة مواطن المسلمين وقدراتهم وتحفظ لنا إحصاءات دقيقة بكل موضوعية ليرفع الحيف والميل الذي تعرضت لها الأمة الوسطى والتي جاء دينها ليكون دستوراً لكل شعوب العالم لما انطوى على مفاهيم الإنسانية والحق وتطبيق العدالة).

الثلاثاء : ١٧/ ٨/ ٢٠١٠م

ملاحق ومتفرقات

تظاهرة إعلامية كبرى(١)

دأبت منذ أن ساقني التوفيق الإلهي لتناول أجزاء الموسوعة الحسينية بالقراءة والنقد والتعليق، على نشر ما تتراقص به أناملي على لوحة الحاسوب في وسائل الإعلام المختلفة، لإيماني الكامل بأن نشر المادة المكتوبة لها أهميتها الكبرى في عالم الكتابة والتأليف والنشر، وعلى الرغم من أن المادة المنشورة على علاقة مباشرة بالنهضة الحسينية، فإن الأبواب التي تعرّض إليها الفقيه المحقق الدكتور الشيخ محمد صادق الكرباسي متوزعة في علوم مختلفة، ولذلك فإن نشر المادة وتوزيعها لا يقتصر على وسائل الإعلام ذات الصبغة الإسلامية، بل هو مفتوح لكل التوجهات الإعلامية إسلامية وغير إسلامية، ثقافية وسياسية واجتماعية وأدبية وغير ذلك، وهذا ما يمكن ملاحظته من جملة الجداول التالية التي ساهمت بنشر عشرين مادة لعشرين جزءاً من دائرة المعارف الحسينية في فترات متفرقة.

ولا يخفى أن الجميع بإذن الله شركاء في نشر الثقافة الحسينية القائمة على حب الآخر واحترامه والانتصار لقضاياه المشروعة، بغض النظر عن

---

(١) ولا يخفى أن دائرة المعارف الحسينية بدأت بث برامجها على الشبكة الدولية منذ ١/ ١٢/ ٢٠٠٣م، باللغات العربية والفارسية والأردوية والانكليزية.

الجنس والمعتقد والمذهب، للإيمان الكامل بأن الرسالة الحسينية هي رسالة الإنسانية على طريق الخير والمحبة والسلام.

الجرائد والمجلات

الناشر	الجهة	الدولة
الأهالي (جريدة)	www.ahali-iraq.net	بغداد ـ العراق
البيّنة (جريدة)(١)	www.al-bayyna.com	بغداد ـ العراق
السياسة (جريدة)(٢)	www.al-seyassah.com	الكويت
الصباح (جريدة)(٣)	www.alsbah.net	غزة ـ فلسطين
صوت العروبة (مجلة)	www.arabvoice.com	باترسون ـ أميركا
العدالة (جريدة)(٤)	www.aladalanews.net	بغداد ـ العراق
الفجر (جريدة)(٥)	www.al-fadjr.com	الجزائر
كل العراق (جريدة)	www.kululiraq.com	بغداد ـ العراق
المواطن (جريدة)(٦)	www.almowatennews.com	بغداد ـ العراق

---

(١) رئيس مجلس الإدارة ورئيس التحرير الإعلامي العراقي السيد عيسى السيد جعفر.

(٢) رئيس التحرير الإعلامي الكويتي الأستاذ أحمد عبد العزيز الجار الله.

(٣) المدير العام ورئيس التحرير الإعلامي الفلسطيني سري القدوة، وكانت قد تأسست عام ٢٠٠٥م.

(٤) المؤسس وصاحب الامتياز نائب رئيس جمهورية العراق السابق الأستاذ عادل عبد المهدي المنتفكي المولود في بغداد سنة ١٩٤١م، للمزيد، راجع: معجم المقالات الحسينية: ١/٧٦، محمد صادق الكرباسي، المركز الحسيني للدراسات، لندن، المملكة المتحدة، ط١، ١٤٣١هـ (٢٠١٠م).

(٥) يومية تصدر عن شركة الرائد للإعلام ورئيسة التحرير السيدة حدة حزام.

(٦) صاحب الامتياز وزير النفط العراقي الأسبق الدكتور إبراهيم محمد بحر العلوم، المولود في النجف الأشرف سنة ١٩٥٤م، للمزيد عن الجريدة وهيئة التحرير، راجع: معجم المقالات الحسينية: ٣/ ٥٧، محمد صادق الكرباسي، المركز الحسيني للدراسات، لندن، المملكة المتحدة، ط١، ١٤٣٤هـ (٢٠١٣م).

الناشر	الجهة	الدولة
المؤتمر (جريدة)[١]	www.almutmar.com	بغداد ـ العراق
النهار الجديد (جريدة)[٢]	www.ennaharonline.com	الجزائر
الهدى (صحيفة)[٣]	hodaonline.com ـ www.al	كربلاء ـ العراق
الوحدة (جريدة)[٤]	www.yek-dem.com	سوريا
الوحدة الإسلامية (مجلة)[٥]	www.wahdaislamyia.org	بيروت ـ لبنان
الوطن الأسبوعية (جريدة)	المعهد العربي الأمريكي	كاليفورنيا ـ أمريكا

الصحف والجرائد الإلكترونية

الناشر	الجهة	الدولة
آرام[٦]	www.aaram.net	لندن ـ المملكة المتحدة
أضواء[٧]	www.aladwaa.nl	هولندا

---

(١) صاحب الامتياز رئيس حزب المؤتمر الوطني العراقي الأستاذ أحمد هادي الجلبي، المولود في بغداد سنة ١٩٤٤م، للمزيد، راجع: معجم المقالات الحسينية: ١/ ٨٤.

(٢) تصدر عن شركة الأثير للصحافة، مسؤول النشر فيها الأستاذ أنيس رحماني، ومدير التحرير الصحافية الجزائرية سعاد عزوز.

(٣) صدرت عن دار الهدى للثقافة والإعلام في مدينة كربلاء المقدسة في ٧/ ١٠/ ٢٠٠٤م ورأس تحريرها الأستاذ نعمان سالم التميمي المولود في قضاء الفاو في البصرة في ٢٥/ ١١/ ١٩٦٨م، وأدار تحريرها الأستاذ محمد علي جواد تقي المولود في مدينة كربلاء المقدسة في ٢٩/ ٢/ ١٩٦٩م، للمزيد عن الجريدة وهيئة التحرير، راجع: معجم المقالات الحسينية: ٣/ ٦١.

(٤) صادرة عن حزب الوحدة الديمقراطي الكردي في سوريا (يكيتي).

(٥) تصدر عن تجمع العلماء المسلمين في لبنان، ومديرها العام الشيخ محمد عمرو فيما يرأس تحريرها الأستاذ غسان عبد الله.

(٦) رئيس تحريرها الإعلامي الأردني المقيم في لندن الأستاذ نصر المجالي.

(٧) رئيس تحريرها الكاتب العراقي الأستاذ كفاح الحسيني، رئيس مؤسسة المغتربين العراقيين في هولندا.

الناشر	الجهة	الدولة
بابل الالكترونية	www.babilnews.com	عراقية
بحزاني نت[(١)]	www.bahzani.net	ألمانيا
البشاير[(٢)]	www.elbashayer.com	القاهرة ـ مصر
البصرة الالكترونية[(٣)]	www.basraelc.com	البصرة ـ العراق
تركمان تايمز	عبد السلام ملا ياسين[(٤)]: المشرف العام	هولندا
تركمن تايمز[(٥)]	www.turkmentimes.net	كركوك ـ العراق
الحوار المتمدن[(٦)]	www.ahewar.org	عراقية عربية متنوعة
حوارات الإلكترونية	www.hewarat.dk	الدانمارك
الدفاع الالكترونية	www.aldefaa3.com	اريزونا ـ أميركا
دنيا الرأي	www.pulpit.alwatanvoice.com	رام الله ـ فلسطين
شباب مصر	www.shbabmisr.com	القاهرة ـ مصر
الشعبية الالكترونية[(٧)]	www.nasiryahnews.com	الناصرية ـ العراق

(١) رئيس التحرير الكاتب العراقي الأستاذ سفو قوال سليمان.

(٢) رئيس مجلس الإدارة الكاتب المصري الأستاذ شريف اسكندر.

(٣) رئيس التحرير الإعلامي العراقي الأستاذ ناظم جواد محسن الجابري المولود في قضاء شط العرب (البصرة) في ١/ ١٠/ ١٩٧٠م، للمزيد عن الجريدة وهيئة التحرير، راجع: معجم المقالات الحسينية: ٣/ ١٩، محمد صادق الكرباسي.

(٤) كاتب عراقي مقيم في هولندا.

(٥) مدير تحريرها الأديب محمد مهدي بيات الذي انتقل إلى رحمة ربه في الانفجار الانتحاري الذي حصل في مجلس عزاء في مدينة طوزخورماتو مسقط رأسه يوم الأربعاء ٢٣/ ١/ ٢٠١٣م في حسينية سيد الشهداء، والشاعر التركماني ولد عام ١٩٥٢م، وهو استاذ اللغة العربية، ترك الكثير من المؤلفات والمقالات والدراسات، منها: ملحمة الحياة (ديوان)، ولجمت فرسي (ديوان).

(٦) المنسق العام هو الكاتب العراقي الأستاذ رزگار رشيد العقراوي.

(٧) مدير موقع الجريدة الإعلامي العراقي الأستاذ هيثم محسن الجاسم.

الدولة	الجهة	الناشر
عراقية ـ هولندا	www.baghdadtimes.net	صوت الحرية[١]
عراقية	www.metroarab.net	عرب مترو
عراقية	www.thirdpower.org	القوة الثالثة الالكترونية
عربية	www.arabwriters.net	الكتّاب العرب
السليمانية ـ العراق	www.kurdistan-times.com	كوردستان تايمز
عراقية	www.kurdistan4press.com	كوردستان فور پرس
سدني ـ استراليا	www.almothaqaf.com	المثقف[٢]
صنعاء ـ اليمن	www.alwatanye.net	الوطن[٣]

المجلات الإلكترونية

الدولة	الجهة	الناشر
أردنية	www.adbyat.com	أدبيات[٤]
عربي	www.merbad.net	أسواق المربد الإلكترونية
كندا	www.aswat-elchamal.com	أصوات الشمال

(١) تعددت فيها الإدارة وهيئة التحرير، ويشرف عليها في الوقت الحاضر ويديرها الدكتور علي الغبان.

(٢) بدأت صحيفة المثقف الالكترونية منذ ٥/ ١/ ٢٠١٠ م تصدر باسم مؤسسة المثقف العربي ومقرها سدني في استراليا، وكان باكورة انتاجها الثقافي صدور كتاب "تجليات الحنين في تكريم الشاعر يحيى السماوي"، والمؤسسة قام بإنشائها الأديب والباحث العراقي ماجد الغرباوي المولود عام ١٩٥٤، وكان سبق له أن رأس تحرير مجلة التوحيد الصادرة في إيران في الأعداد (٨٥ ـ ١٠٧)، له ١٤ مصنفا بين تأليف وترجمة، منها: رجال كتب الاختصاص، تحديات العنف، وإشكاليات التجديد.

(٣) الناشر ورئيس التحرير الإعلامي اليمني الأستاذ صلاح علي الحيدري عضو نقابة الصحفيين اليمنيين.

(٤) المؤسس والمدير العام الإعلامي الأردني الأستاذ علي كريشان.

الدولة	الجهة	الناشر
بغداد - العراق	www.urrnina.com	أورنينا للثقافة العامة
عراقي	www.juman.eu	جمان الحرة العراقية
ميتشغن - أميركا	www.diwanalarab.com	ديوان العرب(١)
عربي	www.elfada.com	الفضاء الثقافي

الوكالات الإخبارية

الدولة	الجهة	الناشر
عراقية	www.asrar-alshrq.net	أسرار الشرق العراقية للأنباء
ديالى - العراق	www.iqraapress	إقرأ برس
عراقية	www.albasrahnews.com	أنباء البصرة(٢)
الكوفة - العراق	www.alkufanews.com	أنباء الكوفة
العراق	www.burathanews.com	أنباء براثا(٣)
عراقية	www.ur-iraq.org	أور للأنباء المستقلة
النجف - العراق	www.biladnews.net	بلاد نيوز الاخبارية(٤)
العراق	www.4thpa.net	السلطة الرابعة للأنباء(٥)

(١) رئيس تحريرها الكاتب الفلسطيني الأستاذ عادل بن محمد بن عبد الرحمن الوزوز الشهير بعادل سالم، ولد في القدس الشريف في (١/ ٧/ ١٩٥٧م) ويقيم حاليا في ولاية منسوتا في الولايات المتحدة، للمزيد عن المجلة راجع: معجم المقالات الحسينية: ١/ ٥٦.

(٢) يرأس تحريرها الإعلامي العراقي كاظم ناصر الرويمي.

(٣) تأسست في ٣/ ٣/ ٢٠٠٦م ويرأس تحريرها السيد محسن الجابري، للمزيد عن الوكالة، راجع: معجم المقالات الحسينية: ٣/ ٦٤.

(٤) رئيس تحريرها الإعلامي العراقي الأستاذ فراس عباس الكرباسي المولود في مدينة كركوك في ١٩/ ٤/ ١٩٧٧م، كربلائي الأصل مقيم في النجف الأشرف.

(٥) رئيس مجلس الإدارة الإعلامي العراقي رحيم الخفاجي ورئيس التحرير الإعلامي العراقي ميثم العطواني.

الدولة	الجهة	الناشر
بغداد ـ العراق	www.shafaaq.com	شفق نيوز الخبري (موقع)[١]
الكويت	www.ebaa.net	الشيعية للأنباء (إباء)
عراقية	www.iraqalaan.com	عراق الآن للأنباء
ألمانيا	د. عبد الله يوسف الجبوري: المشرف العام	عراق برس للأنباء[٢]
سويسرا	www.aliraqnet.net	عراق نت[٣]
البصرة ـ العراق	www.iraqnews-in.com	عراق نيوز[٤]
عراقية	www.eyeiraq.com	العين الاخبارية
فلسطين	www.palestinefree.org	فلسطين الحرة للإعلام
غزة ـ فلسطين	www.qudsnet.com	قدس نت للأنباء
كربلاء ـ العراق	www.non14.net	نون الخبرية[٥]
قطر ـ الدوحة	news.wata.cc	واتا للأنباء[٦]

القنوات والإذاعات

الدولة	الجهة	الناشر
كربلاء ـ العراق	www.al-hodaonline.com	إذاعة الهدى[٧]
السليمانية ـ العراق	www.radiodijla.com	راديو دجلة[٨]
السليمانية ـ العراق	www.alfayhaa.tv	قناة الفيحاء الفضائية[٩]

(١) موقع خبري عراقي منبثق عن مؤسسة شفق للثقافة والاعلام للكورد الفيليين.
(٢) وكالة العراق برس للأنباء: بدأت تصدر باسم "صحيفة العراق برس الإلكترونية".
(٣) أسسها الإعلامي العراقي الأستاذ قاسم المرشدي.
(٤) مدير الوكالة الإعلامي العراقي الأستاذ كاظم الحاوي.
(٥) رئيس تحريرها الإعلامي العراقي الأستاذ تيسير سعيد بهاء الأسدي.
(٦) تتحدث الوكالة باسم الجمعية الدولية للمترجمين واللغويين العرب، أنشأها الكاتب الفلسطيني الأصل المقيم في قطر السيد عامر العظم.
(٧) من المؤسسات الإعلامية المنبثقة عن مرجعية السيد محمد تقي بن محمد كاظم المدرسي.
(٨) يشرف على راديو دجلة، الإعلامي العراقي الأستاذ أحمد الحاج حسين الركابي.
(٩) المدير المؤسس الإعلامي العراقي الدكتور محمد ماشي الطائي، للمزيد عن الموقع والقناة وهيئة التحرير، راجع: معجم المقالات الحسينية: ٣/٤٦.

الشبكات الإلكترونية

الناشر	الجهة	الدولة
ابن الخليج	www.gulfson.com	عربية
أخبار الناصرية[١]	www.nasiriya.org	الناصرية ـ العراق
أرض السواد الثقافية	www.iraqsawad.net	عراقية
إشارة الإخبارية	www.esharh.net	السعودية
الإعلام العراقي في الدانمارك[٢]	www.iraqi.dk	عراقي ـ الدانمارك
إعمار العراق[٣]	www.iraq2003.com	إستراليا (سدني) ـ عراقي
أقلام الثقافية	www.aqlaam.net	السعودية
الإمامين الحسنين[٤]	www.alhassanain.com	قم ـ إيران
باب نيوز	www.babnews.com	عراقي
تبيان[٥]	www.arabic.tebyan.net	طهران ـ إيران
التوافق الاخبارية[٦]	www.altwafoq.net	القطيف ـ السعودية
جنة الحسين التخصصية	www.site.jannatalhusain.net	إسلامية

---

(١) تأسست عام ٢٠٠٧م، للمزيد عن الشبكة، راجع: معجم المقالات الحسينية: ٣/ ٣٣.

(٢) أسسها في حزيران ٢٠٠٦م الإعلامي العراقي الأستاذ أسعد كامل (سعد كامل حسون الكعبي) المولود في مدينة النجف الأشرف سنة ١٩٦١م والمقيم في العاصمة الدانماركية كوبنهاغن، للمزيد، راجع: معجم المقالات الحسينية: ٢/ ٣١، محمد صادق الكرباسي، المركز الحسيني للدراسات، لندن، المملكة المتحدة، ط١، ١٤٣٢هـ (٢٠١١م).

(٣) المدير العام الإعلامي العراقي الأستاذ محمد حسين، المقيم في سدني.

(٤) تأسست الشبكة عام ١٤٢٦هـ وانبثقت عن مؤسسة الإمام الحسين عليه السلام الخيرية الثقافية في مدينة قم المشرّفة في إيران، للمزيد، راجع: معجم المقالات الحسيينية: ١/ ٤٤.

(٥) يدار الموقع من قبل مؤسسة تبيان للثقافة والإعلام في طهران، للمزيد، راجع: معجم المقالات الحسينية: ١/ ٤٨.

(٦) يشرف عليها إعلاميون من المنطقة الشرقية في السعودية، للمزيد، راجع: معجم المقالات الحسينية: ٢/ ٣٣.

الدولة	الجهة	الناشر
سعودي	www.aldrwaza.com	الدروازة
دليل المقالات العربية	www.dahsha.com	دهشة
ديترويت ـ أميركا	www.qanon302.com	دولة القانون[1]
عربي	www.aacln.com	الرابطة العربية للثقافة والأدب والفن
سعودية	www.alrames.net	الرامس الثقافية
السعودية	www.alrabe3ya.com	الربيعية الثقافية
عراقية	www.roafd.info	روافد العراق الثقافية
عراقية	www.alzawraa.net	الزوراء الإعلامية[2]
هولندا	www.samawh.com	السماوة العالمية[3]
عربية	www.sh2soft.net	شباب سوفت
سعودي	www.shora.net	الشورى نت
عربي	www.alsda.net	صدى الصحافة
عراقي	www.sadairaq.com	صدى العراق للثقافة والإعلام
السعودية	www.saffar.info3	الصفار
هولندا	www.sotaliraq.com	صوت العراق[4]
عراقي	www.sotkurdistan.net	صوت كوردستان[5]
إسلامي	www.altahera.net	الطاهرة الثقافية

---

(1) مدير تحريرها الإعلامي العراقي المقيم في الولايات المتحدة السيد مصطفى الحسيني.
(2) بدأت بالنشر في آذار ٢٠٠٦م وتوقفت في آب ٢٠٠٨م، للمزيد، راجع: معجم المقالات الحسينية: ١/ ٦٣.
(3) المدير العام الإعلامي العراقي الأستاذ حسين الربيعي.
(4) المؤسس والمدير العام الإعلامي العراقي الأستاذ أنور عبد الرحمن.
(5) مدير عام الشبكة الكاتب العراقي الأستاذ هشام عقراوي.

الناشر	الجهة	الدولة
طلاب العراق	www.iraqstudent.net	عراقي
عراق الجديد الإعلامية[(١)]	www.aliraqaljded.com	ديترويت ـ أمريكا
عراق الغد	www.iraqoftomorrow.org	عراقية ـ النمسا
العربية للأخبار اللبنانية	www.netarabic.com	لبنان
الفجر الثقافية	www.alfajer.org	السعودية
فلسطين الاخبارية	www.arabic.pnn.ps	الضفة الغربية ـ فلسطين
قادتنا كيف نعرفهم[(٢)]	www.qadatona.org	طهران ـ إيران
قوافي	www.gwafi.com	عربي
لقاء الثقافية	www.leeqa.com	السعودية
المرصد العراقي[(٣)]	www.marsadiraq.com	لندن ـ المملكة المتحدة
المصادر الإخبارية	www.almasadr.com	سعودي
الملتقى	www.moltaqa.com	السعودية
ميدل إيست أون لاين[(٤)]	www.middle-east-online.com	لندن ـ المملكة المتحدة
نافذة المبدعين	www.q814.com	عربية
نظم العربية	www.arabsys.net	عربية
نيوزتن	www.newstin.ae	إرشيفي ـ الإمارات
هجر الثقافية	www.hajrona.dyndns.org	السعودية
والفجر الثقافية	www.walfajr.net	السعودية

(١) المشرف العام الإعلامي العراقي الأستاذ سالم السعيدي، تأسست في ٢١/ ٤/ ٢٠٠٣م.

(٢) المشرف العام هو السيد حيدر بن فاضل بن عباس الحسيني الميلاني، العراقي المقيم بين طهران ولندن.

(٣) أسسها وأشرف عليها الإعلامي العراقي الأستاذ صلاح مهدي التكمه جي التميمي المولود في بغداد سنة ١٩٥٩م، والمقيم في لندن، للمزيد، راجع: معجم المقالات الحسينية: ١/ ٨٥.

(٤) رئيس التحرير، الإعلامي العراقي الدكتور هيثم محمد الزبيدي المولود في مدينة الأنبار سنة ١٩٦٤م، المقيم في المملكة المتحدة، للمزيد، راجع: معجم المقالات الحسينية: ١/ ٩١.

المنتديات الإلكترونية

الدولة	الجهة	الناشر
عربي	www.sami313.yoo7.com/forum	أحرار العالم الإسلامية
عراقي	www.mkadas.com	أرض المقدسات
عراقي	www.almoaod.com	أنصار المهدي الموعود
عربي	www.al-banafsj.com	البنفسج
سعودي	www.tarout.info	تاروت الثقافي
عربي	www.trading.7mry.com	ترادينغ اند ماركيتينغ
لبناني	www.eljnoub.com	جنوب لبنان
عربي	www.hoon.net	حنين الوجدان
النجف ـ العراق	www.alhawza.net/forum	الحوزة
عراقي	www.al-khaymairaq.com	الخيمة
عراقي	www.alrutba.com	رطبة الإسلامية
عربي	www.zh-sh.com	زهراء الشهيدة
عربي	www.q8lots.net	زهرة اللوتس
عربي	www.startimes2.com	ستار تايمز
سوري	www.vbsyria.com	سوريا
عربي	www.v1.alfatimi.org	السيد الفاطمي
العراق	www.iraqshaba.net	شباب العراق
عربي	www.m-alhusain.in	شبكة مخيم الإمام الحسين
عراقي	www.alsader.org	صدر المقدس
عراقي	www.iraqvoice.com/forum	صوت العراق
الموصل ـ العراق	www.mosul-students.gogoo.us	طلبة جامعة الموصل
عراقي	www.iraqpf.com	عراق السلام

الناشر	الجهة	الدولة
فلسفة مشاعر	www.f7f3.com	عربي
قرآن الكريم	www.montadaalquran.com	عربي
كوره	www.forum.kooora.com	عربي
اللوبي الخليجي	www.gulflobby.com	عربي
مدارس آل الصدر الكرام	www.almedaris.net	عراقي
مصر الفاطمية	www.egy-yafatma.com	عربي
منار للحوار	www.manar.com	عربي

المواقع الإلكترونية

الناشر	الجهة	الدولة
الاتحاد العربي للمكتبات والمعلومات(١)	www.facebook.com	جدة ـ السعودية
الأدب العربي(٢)	www.aladabalarabi.com	عربي
أفنان الثقافي	www.afnanonline.com	مصري
أقلام حرة	www.free-pens.org	عراقي
ألف توداي(٣)	www.aleftoday.info	سوري
إمارة كعب عشائر العراق	www.alkaab.com	عراقي
اوروك	www.orook.com	عربي

(١) المدير العام هو الدكتور حسن بن عواد بن مهنا السريحي اختصاصي علم المعلومات، ولد في المدينة المنورة يوم ٢٦/ ١١/ ١٩٦٢م، استاذ علم المعلومات في جامعة الملك عبد العزيز في جدة.

(٢) المحرر المسؤول هو الشاعر الأردني عيسى بطارسة المقيم في الولايات المتحدة منذ عام ١٩٧٤م، والمولود في قرية سوف شمال الأردن عام ١٩٤٣م، من آثاره: الآخر البعيد، ومن يهز الشجر.

(٣) رئيس التحرير الكاتب والروائي السوري الأديب سحبان السواح المولود عام ١٩٤٦م.

الناشر	الجهة	الدولة
باخرة الكورد	www.gemyakurda.net	كردي سوري
بانوراما أون لاين[١]	www.panet.co.il/online	فلسطيني
بانيت[٢]	www.panet.co.il	الناصرة ـ فلسطين
البديل العراقي	www.albadeeliraq.com	عراقي
بنت الرافدين[٣]	www.brob.org	الحلة ـ العراق
بوابة الجياش	www.aljayyash.net	عربي
بوابة قصر السوق	www.ksarsok.com	المغرب
بوابة كوم	www.moq3.com	عربي
بوابة نركال	www.nirgagate.com	عراقي
بيت الشعر العراقي	www.iraqiculture.net	عراقي
بيت العرب	www.arabshome.com	عربي
بيتنا[٤]	www.bettna.com	فلسطيني
جار القمر	www.jaralamr.com	عربي
جدار الالكتروني	www.aljedar.com	عربي
الجديدة[٥]	www.aljadidah.com	النمسا
جزايرس[٦]	www.djazairess.com	الجزائر

(١) من واجهات مجموعة بانيت الفلسطينية.

(٢) ضمن باقة مجموعة بانوراما الالكترونية الفلسطينية.

(٣) الموقع ناطق باسم منظمة بنت الرافدين وهي احدى منظمات المجتمع المدني في بابل (العراق) وترأسه الناشطة الاجتماعية علياء الأنصاري.

(٤) تشرف عليه شركة "بيتنا للتسويق والإعلان" الفلسطينية.

(٥) تشرف على بثها على الشبكة البينية شركة آي أو تي (IOT) النمساوية.

(٦) جزايرس: مركب جزائر پرس، وهو محرك بحث اخباري حيث يقوم الموقع بجمع الأخبار والمقالات من ٦٥ صحيفة جزائرية، ويصنفها، ثم يرتبها حسب أهميتها.

الناشر	الجهة	الدولة
جماعة الفضلاء	www.alfodlaa.com	الناصرية ـ العراق
جهينة	www.johaina.sakhr.com	عربي
حزب الدعوة الإسلامية	www.al-daawa.org	بغداد ـ العراق
دليل أُنكش	www.onkosh.com	دليل محرك عربي
دليل سندباد	www.sendbad.net	عربي
دليل وصلة	www.dalil.link.co.uk	دليل المواقع العربية
الركن الأخضر(١)	www.grenc.com	عربي
زيتونة	www.zeitoonah.com	عراقي
الساحة(٢)	www.assaha.ca	عراقي ـ كندا
سميراميس نت(٣)	محمد الحداد: المدير العام	عراقي
سوريا دنت	www.syriadent.org.sy	سوري
سوريا نوبلز	www.nobles-news.com	سوري
سومريون نت	www.summereon.net	عراقي
سياسي الالكتروني	www.alsiasi.com	عمّان ـ الأردن
شبابيك المنوع(٤)	www.shababek.de	عراقي
صالون القلم الفلسطيني	www.salon.ps	فلسطيني
ضفاف الخيال	www.khyalking.net	عربي

(١) يرأس تحريره القصصي يوسف فضل وتم افتتاحه في ١/١/٢٠٠٦م، للمزيد، راجع: معجم المقالات الحسينية: ١/ ٦٢.

(٢) أسسه ويشرف عليه الإعلامي العراقي الاستاذ أحمد الحاج سعيد الصفار.

(٣) موقع سميراميس نت: توقف لفترة وصدر في العام ٢٠١٠ م مكانه موقع "كلمة حرة" (www.kelima.net).

(٤) يديره الإعلامي العراقي المهندس كريم البيضاني.

الدولة	الجهة	الناشر
برلين ـ ألمانيا	www.iraqalkalema.com	عراق الكلمة(١)
سوري	www.efrin.net	عفرين(٢)
عربي	www.news.forsannet.net	فرسان نت
إيراني	www.vistairan.com	فيزتا إيران
عربي	www.alqaim.org	القائم
الأحساء ـ السعودية	www.almoterfy.com	قرية المطيرفي
لندن	www.qalatsuker.net	قلعة سكر نت(٣)
عراقي	www.iwffo.org	كتاب من أجل الحرية(٤)
البصرة ـ العراق	www.kitabat-aaraa.com	كتابات وآراء
كربلاء ـ العراق	مجلس محافظة كربلاء المقدسة	كربلاء اليوم
عراقي	www.kerkukfeneri.com	كركوك
عربي	www.koktail.com	كوكتيل(٥)
السنابس ـ البحرين	www.alsanabislive.org	مأتم السنابس(٦)
السعودية	www.awamsun.net	مجالس شمس العوامية
عربي	www.mzaeen.com	مجموعة مزايين الاخبارية

(١) المشرف العام هو الإعلامي العراقي الأستاذ أسامة العقيلي.

(٢) المديران المشرفان على الموقع هما: فوزي شيخو وعارف جابو.

(٣) أسسه وأشرف عليه العراقي المقيم في المملكة المتحدة الأستاذ وليد حميد جاسم السعدي، وهو من سكان مدينة قلعة سكر جنوب العراق.

(٤) مدير التحرير الروائي العراقي الاستاذ جاسم الرصيف، المولود في مدينة الموصل سنة ١٩٥٠، من مؤلفاته: خط أحمر، تراتيل الوأد، ورؤوس الحرية المكيَّسة.

(٥) يعرف نفسه بانه موقع الأسرة العربية.

(٦) تشرف عليه اللجنة الاعلامية في مأتم (حسينية) قرية السنابس في البحرين.

الناشر	الجهة	الدولة
المسجد	www.almasjid.net	البحرين
المشاهير	www.news.almashaheer.com	عربي
المشهد	www.almashhad.net	الأحساء ـ السعودية
مصرس(١)	www.masress.com	مصر
مغرس(٢)	www.maghress.com	المغرب
ملتقى أدباء ومشاهير العرب	www.arabelites.com	عربي
ملتقى الشيعة الاسترالي	www.shia.com.au	عراقي ـ استراليا
ملتقى مملكة البحرين	www.bahrainvoice.net	البحرين
ممهدون	www.mumehidon	بيروت ـ لبنان
مؤسسة الرعد الإعلامية	www.raadmedia.com	عراقي
موسوعة الرافدين(٣)	www.alrafedain.net	عراقي
موسوعة النهرين	www.nahrain.com	عراقية
موسوعة نينوى(٤)	www.neinawa2.com	عراقي
ميسان ماسة العراق	www.mayssan.friendsofdemocracy.net	عراقي
نخلة والجيران	www.alnakhlawaaljeern.com	عراقي
الندوى	www.nadwaiq.com	عراقي
نوافذ الرويمي	www.alroaimi.com	عراقي

(١) مصرس: كلمة مركبة من مصر پرس، وهو محرك بحث اخباري حيث يقوم الموقع بجمع الأخبار والمقالات من ٩٩ صحيفة مصرية.

(٢) مغرس: مركب مغرب برس، وهو محرك بحث اخباري حيث يقوم الموقع بجمع الأخبار والمقالات من ١٢٧ صحيفة مغربية، ويصنفها، ثم يرتبها حسب أهميتها.

(٣) موقع عراقي تم تأسيسه في ١/١/٢٠٠٦م، ثم تحولت ملكيته إلى إدارة جديدة في ١٠/٨/٢٠١٠م.

(٤) رئيس التحرير الإعلامي العراقي الأستاذ طلال النعيمي.

الدولة	الجهة	الناشر
كندا	www.arabicwindows.ca	نوافذ عربية
كردي سوري	www.yek-dem.com	نوروز
عراقي آشوري	www.ninweh.com	نينوى
وصلة للمواقع العربية	www.newstin.ae	نيوزتين
القطيف ـ السعودية	www.qatifoasis.com	واحة القطيف
عراقي	www.alwathika.com	وثيقة. نت
عربي	www.ya3bas.com	يا عباس

المواقع الحزبية

الدولة	الجهة	الناشر
العراق	www.algalibon.net	الغالبون[١]
عراقي	www.igdf.net	التجمع من أجل الديمقراطية في العراق
بيروت ـ لبنان	www.afwajamal.com	منتديات أفواج الأمل[٢]

المدونات الالكترونية

الدولة	الجهة	الناشر
عربي	www.khaledkrom.maktoobblog.com	مدونة محبة آل البيت[٣]

(١) موقع تابع لحركة حزب الله العراق.

(٢) الموقع من نشاطات اللجنة الاعلامية في حركة أمل اللبنانية.

(٣) مدونة الكاتب المصري خالد كروم.

المؤسسات الثقافية والدينية

الناشر	الجهة	الدولة
الأشراف أون لاين[١]	www.ashraf-online.com	القاهرة ـ مصر
جمعية أكاديميي الكورد الفيليين	www.afka.org	عراقي
حسينية الرسول الأعظم	www.karbala-london.org	لندن ـ المملكة المتحدة
العراقيون في الدانمارك[٢]	www.iraker.dk	كوبنهاغن ـ الدانمارك
الكوثر الثقافية[٣]	www.alcauther.com	دنهاخ ـ هولندا
گلگامش[٤]	www.gilgamish.org	عراقي
مركز أخبار صح	www.s77.com	عربي
مركز الإعلامي العراقي	www.iraqmediacenter.com	ميتشغن ـ أميركا
مركز الإعلامي للبلاغ[٥]	www.belagh.com	النجف ـ العراق
مركز أهل البيت الإسلامي	www.ahlolbeit.net	هلسنكي ـ فنلندا
مكتب آية الله السيد فاضل الميلاني[٦]	www.almilani.com	لندن ـ المملكة المتحدة

(١) يشرف على الموقع الرابطة العلمية العالمية للأنساب الهاشمية التي يرأسها الشريف محمد بن علي الحسني.

(٢) عراقيون في الدانمارك: تغير اسمه منذ العام ٢٠٠٩م وكان من قبل اسمه "الارشيف العراقي في الدانمارك"، واختص بعد التغيير بنشر الإعلانات التجارية فقط.

(٣) واجهة مكتب مرجعية السيد علي الحسيني السيستاني في هولندا.

(٤) يشرف عليه مركز گلگامش للدراسات والبحوث الكردية.

(٥) المركز الإعلامي للبلاغ: كان الموقع لسان حال "مؤسسة شهيد المحراب" ومقرها النجف الأشرف.

(٦) موقع الفقيه آية الله الدكتور السيد فاضل بن عباس الحسيني الميلاني، نائب رئيس الجامعة العالمية للعلوم الإسلامية في لندن وعميد كلية الشريعة وإمام مركز الإمام الخوئي، المولود في مدينة كربلاء المقدسة في ٣٠/ ٥/ ١٩٤٤م، والمقيم في لندن.

الناشر	الجهة	الدولة
منتدى مركز الدراسات التخصصية في الإمام المهدي[1]	www.m-mahdi.info	النجف ـ العراق
مؤسسة الذاكرة العراقية	www.iraqmemory.org	بغداد ـ العراق
مؤسسة الرسول الأعظم[2]	www.rasoolest.com	سيهات ـ السعودية
النبأ المعلوماتية[3]	www.annabaa.org	كربلاء ـ العراق
النور للثقافة والإعلام[4]	www.alnoor.se	مالمو ـ السويد
الهدف الثقافي[5]	www.tahayati.com	ديترويت ـ أميركا

---

(١) المشرف العام هو السيد محمد القبانجي: هو ابن حسن بن علي بن صالح بن مهدي وإليه تنتسب العائلة بالقبانجي، ولد في النجف الأشرف عام ١٩٧٠م، نشأ ودرس في مسقط رأسه الدراستين النظامية والدينية، فالنظامية حتى الخامس الاعدادي العلمي والحوزة العلمية منذ سن الثالثة عشرة، تعرض للاعتقال مرات عدة، وفقد عدداً من أسرته منهم والده وخاله السيد عماد الدين الطباطبائي التبريزي وأربعة من أشقائه: عز الدين، علي، صادق، وعبد الحسين، هاجر إلى إيران بعد اطلاق سراحه عام ١٩٩١م، وواصل الدراسة والتدريس ووظائفه الدينية، عاد إلى العراق بعد عام ٢٠٠٣م، وأسس في النجف الأشرف مركز الدراسات التخصصية في الإمام المهدي، من مؤلفاته: ثقافة الانتظار تطلعات في الرؤية والانتماء، ثلاثية المعرفة المهدوية في المنتَظر والمنتِظر، ومنامات المعصومين رؤية عقائدية منهجية تاريخية.

(٢) موقع بدأ بث مواده من مدينة سيهات في القطيف من السعودية عام ٢٠٠٨م، للمزيد عن الموقع والمؤسسة، راجع: معجم المقالات الحسينية: ٣/ ٥١.

(٣) المشرف العام هو الإعلامي العراقي الشيخ مرتضى عبد الرسول معاش المولود في كربلاء المقدسة في ٣/ ٤/ ١٩٦٤م، للمزيد عن الموقع ومجلة النبأ، راجع: معجم المقالات الحسينية: ٢/ ٥٥، ومعجم المقالات الحسينية: ٣/ ٦٠.

(٤) المشرف العام الإعلامي العراقي المقيم في مالمو الأستاذ أحمد عباس الصائغ المولود في مدينة الكوفة في ٦/ ٢/ ١٩٦٢م، للمزيد عن الموقع، راجع: معجم المقالات الحسينية: ١/ ٩٥.

(٥) المشرف العام هو الشاعر العراقي المقيم في ديترويت في الولايات المتحدة الأستاذ سعيد الوائلي.

البوابات الإلكترونية

الناشر	الجهة	الدولة
بوابة المجتمع المدني العراقي	www.ngoig.org	عراقية

الملتقيات الإلكترونية

الناشر	الجهة	الدولة
ملتقى أدباء ومشاهير العرب	www.arabelites.com	عربي
ملتقى الشيعة الاسترالي	www.shia.com.au	عراقي ـ استراليا
ملتقى مملكة البحرين	www.bahrainvoice.net	البحرين

عدسة الفيحاء تدور في
أروقة دائرة المعارف الحسينية

المركز الحسيني للدراسات ـ لندن[1]

في بادرة إعلامية لتسليط الأضواء على جوانب من معالم النهضة الحسينية، قدمت قناة الفيحاء الفضائية برنامجاً خاصاً عن دائرة المعارف الحسينية لمؤلفها سماحة الفقيه الدكتور الشيخ محمد صادق الكرباسي المولود في مدينة كربلاء المقدسة عام ١٩٦٦هـ (١٩٤٧م)، يتحدث فيه كل من: الباحث والإعلامي العراقي الدكتور نضير الخزرجي، الكاتب والأكاديمي العراقي الدكتور وليد البياتي[2]، الشاعر والأكاديمي الجزائري الدكتور عبد العزيز شبِّين، والباحث والأكاديمي العراقي الدكتور عبد الحسين عواد[3]، حيث دارت عدسة الفيحاء في أروقة المركز الحسيني

---

(١) نُشر الخبر في وسائل إعلام مختلفة، منها: موقع أقلام حرة بتاريخ ٢١/١٢/٢٠٠٩م، وشبكة الرامس الثقافية وموقع المطيرفي في التاريخ نفسه.

(٢) وليد البياتي: هو ابن سعيد بن أيوب، كاتب وباحث ومحاضر، ولد في بغداد سنة ١٩٥٠م، نشأ ودرس في مسقط رأسه وواصل الدراسات الجامعية والعليا في جامعة بغداد وتخرج منها سنة ١٩٨٨م في الحضارة الإسلامية، مارس التدريس في العراق ثم انتقل للتدريس في ليبيا وغادرها بعد ذلك إلى هولندا وسكن امستردام ثم رحل إلى المملكة المتحدة وسكن لندن، له مقالات وأبحاث منشورة، من مؤلفاته: المنهاج.

(٣) عبد الحسين عواد: هو ابن مهدي بن عواد الظالمي، ولد في قضاء المناذرة في محافظة القادسية=

للدراسات في لندن الذي تصدر عنه أجزاء الموسوعة وتابعت المؤلف وهو مكب على التحقيق والتأليف.

وتعد دائرة المعارف الحسينية أكبر الموسوعات في سوح الدوائر المعرفية العالمية حيث تضم نحو ٦٠٠ مجلد[١] في ستين بابا صدر منها ستون مجلداً، وهناك العشرات تحت الطبع، بدأ العمل بها منذ عاشوراء عام ١٤٠٨هـ (١٩٨٧م)[٢].

=ثم محافظة النجف الأشرف فيما بعد في ١/٧/١٩٤٤م، نشأ ودرس في الديوانية والنجف، وواصل الدراسة الجامعية في كلية الفقه في النجف وانتقل إلى مصر لنيل الشهادة العالية (الماجستير) من كلية دار العلوم في القاهرة، ثم واصل الدراسة العليا ونال الدكتوراه من جامعة اكستر في بريطانيا سنة ١٩٨٣م، عمل مدرساً في مدارس العراق ومعاهد إعداد المعلمين ومحاضراً في كلية الفقه في النجف ثم مدرساً في كلية التربية في جامعة البصرة، استقر به الحال في بريطانيا سنة ١٩٨٨م بعد مطاردة النظام له، وعمل في مؤسسة المدارس الإسلامية في لندن ثم في قسم اللغات في كلية شمال غرب لندن، وحالياً هو مشرف في قسم الدراسات العليا في الجامعة العالمية للعلوم الإسلامية في لندن، من مؤلفاته: الظواهر التربوية في أشعار دائرة المعارف الحسينية، الضحية، وفقه اللغة العربية.

(١) تعدت الموسوعة الحسينية السبعمائة مجلد.

(٢) قامت قناة الفيحاء ببث الحلقة الخاصة يوم الإثنين ٢١/١٢/٢٠٠٩م (الساعة ٦ مساءً بتوقيت بغداد= الساعة ٣ عصراً بتوقيت گرنج)، وأعادت بثها في مواسم محرم اللاحقة.

دائرة المعارف الحسينية
ثورة معرفية وإعلامية كبرى

المركز الحسيني للدراسات ـ لندن[(١)]

تمثل دائرة المعارف الحسينية بحق ثورة معرفية وإعلامية كبرى، جاء ذلك في تصريح للإعلامي والباحث العراقي الدكتور نضير الخزرجي الذي كان يتحدث لقناة العالم الإخبارية الفضائية عصر عاشوراء ١٤٣١هـ (٢٧/ ١٢/ ٢٠٠٩م).

وكان الباحث في دائرة المعارف الحسينية يعلق ضمن برنامج (العراق اليوم) ضمه والشيخ يوسف الناصري[(٢)] من بغداد والدكتور إياد محمد

(١) نُشر الخبر في وسائل إعلام كثيرة، منها: وكالة بلاد نيوز (بنا) في ٢/ ١/ ٢٠١٠م، وشبكة الأخبار الإعلامية (الحوراء) بالتاريخ نفسه، وموقع مؤسسة النور الثقافية بتاريخ ٣/ ١/ ٢٠١٠م.

(٢) يوسف الناصري: هو ابن عماد بن إبراهيم آل شمّة، واشتهر أيام المعارضة بالشيخ يوسف الناصري ولازال، من الناشطين في الحقل الإسلامي في العراق، ولد في بغداد في ٢١/ ٨/ ١٩٦٥م وفيها نشأ وتتلمذ وحضر دروساً في الفقه والأصول، هاجر إلى إيران مرغماً عام ١٩٨٠م بعد أن تعرض للاعتقال أربع مرات وفقد من أسرته أربعة أشقاء وشقيقتين، واصل دراسته الحوزوية في المهجر ولبس العمامة عام ١٩٨٣م إلى جانب النشاط السياسي، أسس في مدينة قم الإيرانية مدرسة الإمام الحسين عليه السلام كما أدار مدرسة الشيخ الطوسي، هاجر إلى سوريا ولبنان وتنقل بينهما في الفترة ١٩٨٣ ـ ١٩٩٠م وساهم في لبنان في تأسيس هيئة علماء جبل عامل، هاجر إلى المملكة المتحدة عام ١٩٩٠م وسكن لندن، أقام في ١٨/ ٨/ ١٩٩٠م مؤتمراً للمعارضة العراقية تحت شعار "إزالة النظام ضرورة إنسانية"، كما ساهم عام ١٩٩٧م في تأسيس هيئة علماء المسلمين في بريطانيا، عاد=

علي[1] أستاذ الدراسات الإسلامية في جامعة بغداد، على سؤال لمديرة الحلقة السيدة فاطمة العباسي[2]، عن أهمية الدور الثقافي والإعلامي في نشر معالم النهضة الحسينية إلى أقطار الأرض، مضيفا: هنا في لندن موسوعة معرفية خاصة بالنهضة الحسينية وهي دائرة المعارف الحسينية للبحاثة الشيخ الدكتور محمد صادق الكرباسي في ستمائة مجلد صدر منها حتى يومنا ستون مجلداً[3]، وهي دائرة من ستين بابا ذات أبعاد معرفية مختلفة.

وألمح الباحث إلى بعض أبواب الدائرة، قائلا: نحن نعرف الكثير عن الصحيفة السجادية (أدعية وأحاديث وأقوال الإمام علي بن الحسين السجاد) ولكن بفضل الموسوعة الحسينية بدأنا نتحدث عن الصحيفة الحسينية (صدر منها مجلدان)، وفي باب التاريخ نقرأ التاريخ الإسلامي الخاص بسيرة النبي محمد ﷺ، ولكننا صرنا نقرأ سيرة الإمام الحسين عليه السلام من قبل الولادة وما بعدها (صدر منها مجلدان)، وفي باب

=إلى مسقط رأسه في أيار مايو عام ٢٠٠٣م وأسس وترأس مركز الشهيدين الصدرين في بغداد، ثم أسس عام ٢٠٠٧م شورى العلماء في العراق وتولى الأمانة العامة، كما أسس عام ٢٠٠٨م حوزة الإمام علي بن أبي طالب في النجف الأشرف، كما أسس عام ٢٠٠٩م المركز الوثائقي للدفاع عن المقدسات الإسلامية وتولى رئاسته، كما ساهم في تأسيس دار التقريب بين المذاهب في العراق، له وكالات مطلقة من الفقهاء: الشيخ حسين علي المنتظري، الشيخ ناصر مكارم الشيرازي، والسيد صادق الحسيني الشيرازي، حصل على الشهادة العالية (ماجستير في التحكيم الدولي) من كلية الحقوق في أسيوط في مصر، كما يحضر لنيل الشهادة العليا (دكتوراه فلسفة قانون) من جامعة ليفربول في بريطانيا.

(١) اياد محمد علي: أستاذ مساعد في كلية التربية قسم اللغة العربية في جامعة بغداد.

(٢) فاطمة العباسي: من المذيعات العاملات في مكتب قناة العالم الفضائية في طهران، وقد واكبت القناة منذ انطلاقها في شباط فبراير ٢٠٠٣م.

(٣) صدر منها حتى اليوم ستة وثمانون مجلداً.

التشريع نقرأ عن التشريع الإسلامي المنتهي إلى السنة النبوية، ولكننا بدأنا نقرأ التشريع الإسلامي الذي ينتهي إلى الإمام الحسين عليه السلام أو منه إلى جده محمد صلى الله عليه وآله وسلم (صدر منها ٤ مجلدات)، وهكذا الأمر في الأبواب الستين الأخرى.

ورأى الخزرجي في ختام الإجابة على سؤال السيدة العباسي في الحلقة المعنونة: لو تم طبع كامل مجلدات دائرة المعارف الحسينية الستمائة، فإنها ستشكل ثورة معرفية وإعلامية كبرى.

الفرات تتابع حركة التأليف في دائرة المعارف الحسينية[1]

المركز الحسيني للدراسات ـ لندن[2]

في قراءات متنوعة عن أكبر دائرة معارف، بثّت قناة الفرات الفضائية يوم الثلاثاء ١٢/ ١/ ٢٠١٠م الساعة الثالثة والنصف بتوقيت غرينتش حلقة كاملة عن دائرة المعارف الحسينية لمؤلفها سماحة المحقق الفقيه الدكتور محمد صادق الكرباسي المولود في مدينة كربلاء المقدسة عام ١٣٦٦هـ (١٩٤٧م)، تحدث فيها كل من: الباحث والإعلامي العراقي الدكتور نضير الخزرجي، والشاعر والأكاديمي الجزائري الدكتور عبد العزيز شبِّين، والباحث والأكاديمي العراقي الدكتور عبد الحسين عواد، حيث تابعت عدسة الفرات حركة التأليف من داخل المركز الحسيني للدراسات في لندن.

وتحدث الدكتور شبين عن الجوانب الأدبية من الموسوعة الحسينية، فيما تحدث الدكتور عواد عن الظواهر الأدبية والأخلاقية والقرآنية في

(١) رابط الحلقة على اليوتيوب: (http://www.youtube.com/watch?v=PcZskbmI57k)

(٢) نُشر الخبر في وسائل إعلام مختلفة، منها: موقع أقلام حرة بتاريخ ١٣/ ١/ ٢٠١٠م، وصحيفة العراق نت الإلكترونية، وموقع المطيرفي في التاريخ نفسه.

الموسوعة الحسينية، في حين تناول الخزرجي جوانب متعددة من تاريخ نشأة دائرة المعارف الحسينية ومعالم التأليف فيها.

وتعد موسوعة دائرة المعارف الحسينية الأكبر في سوح الدوائر المعرفية حيث تضم نحو ٦٠٠ مجلد في ستين بابا صدر منها ستون مجلداً[١]، وهناك العشرات تحت الطبع، بدأ العمل بها منذ عاشوراء عام ١٤٠٨هـ (١٩٨٧م)[٢].

---

(١) صدر منها حتى اليوم ٨٦ مجلداً.

(٢) قامت قناة الفرات بإعادة بث الحلقة الخاصة ضمن برنامج "عبر المتوسط" يوم الأربعاء ١٣/١/٢٠١٠م (الساعة ١١ مساءً بتوقيت غرينتش)، ورجعت وأعادت البث ثالثة مساء الخميس ١٥/١/٢٠١٠م.

قناة الحوار
تقلّب أجزاءً من الموسوعة الحسينية

المركز الحسيني للدراسات ـ لندن[1]

ضمن برنامج "مايسترو" الذي تبثه قناة الحوار في لندن والمختص بعرض وقراءة المؤلفات والمصنفات المتنوعة الحديثة الصدور، تحدث الإعلامي والأكاديمي العراقي الأستاذ في الجامعة الإسلامية في لندن الدكتور نضير الخزرجي عن جوانب مختلفة من معالم دائرة المعارف الحسينية لمؤلفها سماحة البحاثة والفقيه الدكتور آية الله الشيخ محمد صادق بن محمد الكرباسي.

وقد استعرض الخزرجي الباحث في المركز الحسيني للدراسات في لندن في الحلقة التي بُثت منتصف تموز يوليو ٢٠١٠م عدداً من أجزاء دائرة المعارف الحسينية، مشيراً إلى عدد من المؤلفات التي كتبها أساتذة وأدباء حول فصول من أجزاء دائرة المعارف الحسينية.

---

(١) رابط الحلقة على اليوتيوب: (http://www.youtube.com/watch?v=mzHiu1rO-0w) التي بُثت منتصف تموز يوليو ٢٠١٠م.

دائرة معرفية
حضورها يثير إعجاب رواد الثقافة والأدب

المركز الحسيني للدراسات ـ النجف الأشرف(١)

على مدار عشرة أيام زار الكثير من رواد العلم والثقافة والأدب جناح المركز الحسيني للدراسات في معرض العتبة العلوية المقدسة الدولي الرابع للكتاب في الفترة ١٧ ـ ٢٨ شباط فبراير ٢٠١١م، مبدين اعجابهم بحجم ونوعية الموسوعة المعرفية الخاصة بالنهضة الحسينية الصادرة عن المركز والتي يدأب على تأليفها المحقق والفقيه الدكتور الشيخ محمد صادق محمد الكرباسي.

وحيث إن المعرض يقام في مدينة النجف الأشرف موطن الحوزة العلمية العريقة وعاصمة الثقافة الإسلامية لعام ٢٠١٢م، فإن الموسوعة الحسينية حظيت بإعجاب علماء وطلبة الحوزة العلمية من جنسيات مختلفة، كما أن دائرة المعارف الحسينية حازت على المرتبة الأولى من مجموع ١٠٣ مؤسسات ودار نشر شاركت في معرض الكتاب الدولي الرابع في

(١) نُشر التقرير الخبري في وسائل إعلام كثيرة، منها: موقع صفوى الإخباري بتاريخ ٢٤/٣/٢٠١١م، وموقع حزب الحل الديمقراطي الكوردستاني بتاريخ ٢٥/٣/٢٠١١م، وموقع شبكة الإمامين الحسنين بتاريخ ١٧/٧/٢٠١١م.

النجف الأشرف إذ لم يسبق في المعارض السابقة للكتاب أن تم عرض أكبر موسوعة في العالم تضم أكثر من ستمائة مجلد في ستين بابا صدر منها حتى اليوم ٦٦ مجلداً.

وشهد جناح المركز الحسيني تغطية إعلامية غير مسبوقة لوسائل إعلام مرئية ومسموعة ومقروءة عدة، منها: قناة العراقية، قناة الفرقان، قناة المسار، قناة كربلاء الفضائية، قناة الكوثر، راديو المعارف، ووكالة ٧ أيام، وغيرها، كما زار الجناح عدد من الشخصيات العلمائية والسياسية والثقافية والجامعية، منها: الشيخ فايد الشمري رئيس مجلس محافظة النجف الأشرف، آية الله السيد محمد باقر الداماد من أساتذة الحوزة العلمية، الدكتور سعد الحداد أستاذ ومحقق في جامعة بابل، الشيخ صباح الساعدي عضو مجلس النواب العراقي، السيد عبد الحسين الياسري عضو مجلس النواب العراقي، العلامة السيد سامي البدري رئيس مؤسسة تراث النجف الديني والحضاري، الأديب الأستاذ علاء محمد حسن الكتبي عضو مجلس محافظة كربلاء المقدسة السابق، الدكتور عبود وحيد العبود العيساوي عضو مجلس النواب العراقي، الأستاذ الحقوقي القاضي رائد الربيعي من محافظة الناصرية، المهندس الأستاذ موسى المناعي من محافظة السماوة، الحقوقي الأستاذ صبيح العبودي من محافظة كربلاء المقدسة، الأديب حسين الحجّار الأستاذ في جامعة الكوفة، الإعلامي العراقي فراس الكرباسي، والأديب والإعلامي وجيه عباس، وغيرهم.

وأكد المشرف على جناح المركز الحسيني للدراسات الأستاذ هاشم

الطرفي الذي تحدث للإعلام أن وسائل إعلام عدة عراقية وغير عراقية أبدت استعدادها لإجراء تحقيقات حول الموسوعة الحسينية بخاصة وأنها الأولى في قائمة الموسوعات العالمية كمّاً وكيفيةً إذ لم يسبق أن صدرت موسوعة عن شخصية أممية كالإمام الحسين عليه السلام بهذا الحجم وبقلم باحث مبدع واحد كالفقيه الكرباسي.

دائرة المعارف الحسينية
ثورة في عالم الإبداع[1]

خالد محمد الجنابي[2] ـ بغداد

نزولا عند رغبة زميلي وجاري الكاتب الأستاذ صادق غانم الأسدي في زيارة معرض بغداد الدولي للكتاب المنعقد في الفترة (٢٠/ ٤ ـ ٥/ ٥/ ٢٠١١م) وإصراره على الذهاب معا، حيث لم يكن في جدول أعمالي زيارة المعرض لكثرة الارتباطات في ما يتعلق منها بأمور الكتابة والتنقيح ومتابعة ماهو قيد الطبع، ناهيك عن زحمة الشوارع التي يهدر فيها وقت ثمين وطويل، قررت زيارة المعرض برفقته.

تجولنا في أروقة المعرض، وبالتأكيد كان زميلي الأستاذ الأسدي خير دليل لنا هناك كونه زار المعرض أكثر من مرة، وخير ما رأت عيناي هناك هو ذاك الإنجاز العملاق الذي لا ترقى له كل كلمات الوصف والتعبير مهما كانت على درجة عالية من البلاغة، الإنجاز المتمثل بالمجموعة

---

(١) نُشرت المقالة في وسائل إعلام كثيرة، منها: صحيفة الجزائر تايمز الإلكترونية بتاريخ ٢٧/ ٤/ ٢٠١١م، وموقع الأردن العربي بالتاريخ نفسه وكذلك صحيفة الرفاعي نت الإلكترونية.

(٢) خالد محمد الجنابي: كاتب وإعلامي وصحافي عراقي، من سكنة بغداد، ولد عام ١٩٦١م، كتب في الصحافة العراقية والعربية، يحرر في موقع مؤسسة النور الثقافية.

العملاقة التي تحمل عنوان "دائرة المعارف الحسينية" لمؤلفها سماحة الشيخ الجليل الدكتور محمد صادق الكرباسي، دائرة المعارف الحسينية مجموعة عملاقة تتكون من ٦٣٠ مخطوطة طبع منها لحد الآن ٦٧ مجلدا، تلك المجموعة أرَّخت لكافة تفاصيل الثورة الحسينية المباركة التي لولاها لما كان الدين الإسلامي الحنيف يصل الينا، فكل ما يتعلق بالثورة الحسينية وضعه الشيخ الجليل الكرباسي بين أيدينا، مؤثراً نقل الكلمة دون أن يأبه لراحته وصحته مستغرقا في تأليف سفره الخالد على مر التاريخ "دائرة المعارف الحسينية" اعتباراً من عام ١٩٨٧م ولحد الآن، موضحا لنا ماهية القضية السياسية في ثورة الإمام الحسين عليه السلام، وبُعدها الديني من المنظور الاجتماعي والأخلاقي الذي جاءت به رسالة خاتم النبيين محمد عليه وعلى آله أفضل الصلاة والسلام.

لم يكن أمامي سوى ان أتوجه بالشكر الجزيل لزميلي الأسدي على إصراره لغرض زيارة المعرض وترك بقية الأعمال لهذا اليوم، إنه شيء يذهل الناظر، منجز عملاق ستفتخر به الأمة الإسلامية على مر الدهور وتوالي العصور، وستتشرف موسوعة غينس للأرقام القياسية بتسجيل هذا السفر الخالد في صفحاتها، وقد أحسن الباحث العراقي الدكتور نضير الخزرجي صنعاً عندما أجرى قراءة موضوعية لكل أجزاء الموسوعة الحسينية المطبوعة، وضمّن عشرين منها في كتابه الموسوم: "نزهة القلم: قراءة نقدية في الموسوعة الحسينية" الذي صدر عام ٢٠١٠م، وتكفّلت بطباعته الحكومة المحلية في كربلاء المقدسة، وقد علمنا أن عشرين قراءة أخرى لعشرين مجلدا ستظهر في كتابه القادم الموسوم: "أشرعة البيان: قراءة موضوعية في الموسوعة الحسينية".

لكنَّ ثمة شيئاً يحز في النفس ويدعو للحسرات، ذاك الشيء هو اننا كمسلمين لا نروّج لعلمائنا ومنجزاتهم العظيمة، فكم من مخطوطة تحمل بين طياتها صفحات مشرقة من تاريخنا لازالت تعاني الإهمال وتتكدس عليها طبقات الغبار تنتظر من يقوم بطبعها ونشرها، وكم من كاتب عملاق سجل تاريخ الرجال الأفذاذ في التاريخ الإسلامي، لكنه ظل جنديا مجهولا في عالم الانتشار الواسع لعدم تسليط الضوء على أعماله والأخذ بيده نحو سلم المجد، غير أنَّ هناك من هم أقل شأنا من علمائنا وأفذاذنا لكنهم يتصدرون صفحات الصحف وسائر الوسائل الإعلامية الأخرى التي تشيد بهم أكثر مما يستحقون، وعلى سبيل المثال فإنَّ هناك بيننا من يفتخر ويفاخر بأن هناك شخصاً كتب ملحمتي الالياذة والاوذيسة والتي لا تعدو أن تكون وصفاً تفصيليا مملاً لحوادث متفرقة، ولازال هناك من يفتخر بملحمة المهابهاراتا الهندية، وكل ما فيها أنها تتكون من **٢٢٠** ألف بيت من الشعر المنثور، كتبت في فترات مختلفة تمتد على مدى **٢٥٠٠** سنة، ولقد كتبها مجموعة شعراء وتم تجميعها لتصل الينا بشكلها الحالي.

اذن ماذا يجب أنْ نقول عن ملحمة دائرة المعارف الحسينية؟ انها ثورة في عالم الإبداع، ثورة في أعظم مراحل الفكر وأكثرها تطوراً وروعة، دائرة المعارف الحسينية ملحمة خالدة كخلود الدم الطاهر الذي سال من جسد الإمام الحسين عليه السلام، لنقف وقفة اجلال واحترام لمؤلف دائرة المعارف الحسينية سماحة الشيخ الجليل الدكتور محمد صادق الكرباسي، الذي سيسجل له التاريخ هذا الإنجاز الكبير في أعظم صفحاته واكثرها زهوا واشراقا.

حقاً إنه منجز العقل البشري وحالة الإبداع التي وصلها الإنسان،

والحمد لله أنَّ أهل العراق فخورون اليوم بهذا الإنجاز الرائع وأنا اطلعت على كل تفاصيل هذه الموسوعة وكيف تم العمل بها من هذا الرجل العظيم الذي كرَّس نفسه لخدمة الحركة الحسينية التي أشغلت الدنيا وأنشأت مدارس المعرفة وصروح الحق.

بارك الله بالأستاذ صادق الأسدي الزميل الوفي والمخلص للحركة الحسينية اينما حلَّ تراه يذهب ليتصيَّد ما هو متعة فكرية وإرث يفتخر به العالم العربي، اليوم فتح باباً اضافية للمعرفة لتنفذ إليه الحقائق، اتمنى لجميع من ساهم وسيساهم بهذه الموسوعة خاتمة الخير ورضا الله.

موسوعة الكرباسي سلسلة تلد أخرى[1]

رزاق إبراهيم حسن[2] ـ بغداد

يضطلع المركز الحسيني للدراسات بمهمة كبرى، لكنه أصبح جدير أهل بها بما حقق من أهداف وخطوات على طريق التحقيق المتكامل لها، وهذه المهمة تتمثل بجمع وتوثيق كلٍّ ما يتعلق بالإمام الحسين عليه السلام وإصداره في موسوعات، ويقول الإعلامي فراس الكرباسي مدير جناح المركز في معرض بغداد الدولي للكتاب (٢٠ نيسان ـ ٥ أيار ٢٠١١م): يعد المركز الحسيني للدراسات الذي تأسس في لندن من المراكز

(١) فحوى تقرير أدبي خبري نشره الأديب العراقي الأستاذ رزاق إبراهيم حسن في صحيفة الزمان بنسختها العراقية بتاريخ الأحد ـ الإثنين ٢٧ ـ ٢٨ جمادى الأولى ١٤٣٢هـ (١ ـ ٢/ ٥/ ٢٠١١م) تحت عنوان: (مركز في لندن يبذل جهداً موسوعيا.. دائرة معارف عن شخصية الحسين تضم ٦٣٠ مجلداً). وقام المركز الحسيني للدراسات بتوزيعه على وسائل الإعلام بعنوان مواز أعلاه، ونشر في الكثير، منها: جريدة الرفاعي نت الإلكترونية (الناصرية)، بتاريخ ٨/ ٥/ ٢٠١١م، شبكة أخبار الناصرية، بالتاريخ نفسه، وموقع مركز النور للدراسات (السويد) بتاريخ ٩/ ٥/ ٢٠١١م.

(٢) رزاق إبراهيم حسن، أديب وشاعر عراقي ولد في مدينة النجف الأشرف عام ١٩٤٦م، ترك الدراسة مبكراً وامتهن الأعمال اليدوية وشغف بالقراءة، حرر في مجلة وعي العمال عام ١٩٧١م وفي غيرها، نظم باللهجة المحلية ثم انصرف إلى القريض ونشر أول قصيدة له عام ١٩٦٣م في مجلة المعارف النجفية، تنقل في بلدان عربية وآسيوية واستراليا لضرورات العمل الصحفي، عضو اتحاد الأدباء العراقيين، من آثاره: أسرار قراءة الطريق (ديوان)، تاريخ الطبقة العاملة في العراق، والمدينة في القصة العراقية.

التخصصية في توثيق وتحقيق كل المعلومات والنتاجات الخاصة بالثورة الحسينية، وقد استطاع المؤلف العلامة الدكتور الشيخ محمد صادق الكرباسي جمع وتوثيق وكتابة ما يشكل **٦٣٠** مجلداً طبع منها **٦٧** مجلداً.

وماذا تتضمن هذه المجلدات؟

الكرباسي: الحقيقة أن الموسوعة تتألف من عدد من الموسوعات، فهناك موسوعة من الشعر الفصيح والعامي الذي قيل في الإمام الحسين عليه السلام وأهل بيته وأصحابه منذ الاستشهاد وحتى العصر الراهن، وهناك موسوعة توثق ما صدر عن الإمام الحسين عليه السلام من اقوال واشعار وأحاديث وأدعية، وموسوعة عن مراقد الإمام الحسين عليه السلام وأهل بيته وأصحابه في العراق وخارجه، وموسوعة عن الدراسات والمقالات التاريخية عن الثورة الحسينية، وموسوعة عن الشعر الحسيني باللغات الانجليزية والفارسية والهندية والتركية وغيرها، وموسوعة عن الطقوس والشعائر الحسينية في كل مكان من العالم، وهناك أيضاً موسوعات خاصة بالدراسات العالمية عن الإمام الحسين عليه السلام، وباختصار تتضمن الموسوعة ستين بابا في العلوم المختلفة.

وما الأهداف المتوخاة من هذه الموسوعات؟

الكرباسي: فضلا عن أهمية جمع وتوثيق وتحقيق مصادر ومراجع النهضة الحسينية لعلاقتها بشخصية ذات طابع استثنائي ومتميز في التاريخ الإسلامي وشخصية أحبها ملايين الناس على مر العصور ومنحوها ولاءهم وتقديرهم وإجلالهم وجزيل احترامهم واعتزازهم، فاننا إذ نوثق ما نسب اليها وما قيل فيها انما نبرهن للعالم عمق وشديد اعتزازنا بالشخصية التي

وقفت بصلابة واصرار في مواجهة الظلم والانحراف، ومنحت كل ما تملك في سبيل الحق والدين والعدالة، وكانت هذه الموسوعة وماتزال حافزاً على إعداد وكتابة الكثير من البحوث والدراسات عن الثورة الحسينية.

وهل تواصلون جمع وتوثيق ما يتعلق بالثورة الحسينية من نتاجات جديدة؟

الكرباسي: لقد كتب المؤلف ما يشكل (٦٣٠) مجلدا، ويواصل المركز الحسيني للدراسات في لندن طبع أجزاء الموسوعة مع حرص المؤلف على جمع وتوثيق كل ما يستجد من كتابات لاصدارها في مجلدات تضاف إلى المجلدات الجاهزة للطبع.

وهل يمكن ذكر أسماء الدراسات العلمية التي اعتمدت الموسوعة مرجعاً لها؟

الكرباسي: إنها كثيرة وانجزت في الكثير من الجامعات ومراكز البحوث، ولكن أبرزها أطروحة ماجستير نالت درجة الامتياز من الجامعة العالمية للعلوم الإسلامية في لندن (ICIS) وعنوانها (التعددية والحرية في المنظور الإسلامي) للدكتور نضير الخزرجي الباحث المشارك في دائرة المعارف الحسينية، حيث كان مفتاح الرسالة الجامعية التي نال بها الخزرجي درجة الدكتوراه عن رسالته المعنونة "مشروعية العمل الحزبي في المنظور الإسلامي" عام ٢٠٠٨م هو فكرة عرضها على الفقيه الكرباسي عام ٢٠٠٠م لبيان رأيه الفقهي في مشروعية العمل الحزبي، وقد ضمّنها المحقق الكرباسي في الجزء الثاني من كتاب "الحسين والتشريع الإسلامي" أحد أجزاء الموسوعة الحسينية.

ومن يقف وراء الموسوعة؟

الكرباسي: إنه الدكتور محمد صادق الكرباسي المولود في مدينة كربلاء المقدسة في العراق سنة **١٩٤٧**م، وله إضافة إلى الموسوعة الكثير من الدراسات والبحوث التي صدرت من قبيل "سلسلة الشرائع" و"سلسلة الإسلام في دول العالم" ودواوين شعر ومؤلفات في البحور والأوزان والعروض.

وماهية مشاركتكم في المعرض؟

الكرباسي: لقد كانت سعادتنا كبيرة بافتتاح معرض بغداد الدولي للكتاب، حيث أتاح لنا فرصة اللقاء مع الجمهور، وتعريفه بأعمالنا، وتستحق بغداد هذا العرض الثقافي الكبير، ونشكر وزارة الثقافة والشاعر الأستاذ نوفل ابو رغيف مدير عام دار الشؤون الثقافية العامة على ما بذل من جهد لاقامة هذا المعرض وما قدم لنا من تسهيلات للمشاركة فيه، والإسهام في إنجاحه.

في تظاهرة ثقافية:
بغداد تحتضن جوهرة الدوائر المعرفية

المركز الحسيني للدراسات[1] ـ بغداد

نظم المركز الحسيني للدراسات في لندن وبالتعاون مع دار الشؤون الثقافية في وزارة الثقافة العراقية ندوة ثقافية بعنوان "العمل الموسوعي في دائرة المعارف الحسينية"، بحضور أكثر من مائتي أديب وإعلامي وسياسي ونائب وناشط اجتماعي ازدحمت بهم قاعة المقهى الثقافي لمعرض بغداد الدولي الأول للكتاب، تحدث فيها الكاتب والاعلامي العراقي الأستاذ فراس الكرباسي مدير المؤسسة الاعلامية العراقية عن مفاصل مهمة من دائرة المعارف الحسينية للعلامة الفقيه الدكتور محمد صادق بن محمد الكرباسي.

استعرض الكرباسي في الندوة التي أدارها الاعلامي والأديب منذر عبد الحر[2]، مراحل إنجاز هذا السِّفر العظيم "دائرة المعارف الحسينية" وما

(١) نُشر التقرير الخبري في وسائل إعلام كثيرة عراقية وعربية، منها: موقع راديو دجلة بتاريخ الأول من حزيران يونيو ٢٠١١م، شبكة لقاء الثقافية بتاريخ ٢/ ٦/ ٢٠١١م، ومجلة ديوان العرب بتاريخ ٤/ ٦/ ٢٠١١م.

(٢) منذر عبد الحر: هو حفيد عباس بن حطاب آل بو عوض، أديب وشاعر وكاتب، ولد في مدينة=

يعانيه الباحث الدكتور الشيخ محمد صادق الكرباسي منذ ربع قرن في جمع وتأليف وتحقيق الموضوعات المختصة بالنهضة الحسينية، مشيراً إلى دور المؤلف في إحياء قضية الإمام الحسين عليه السلام عبر استخدام الوسائل العلمية كافة وبمهنية عالية وبأداء عصري وعلمي وبحثي رصين محاولاً رسم صورة جديدة لهذا العَلَم العظيم الذي دخل التاريخ من أوسع أبوابه، وقد وضع المؤلف موسوعته في نحو ٦٣٠ مجلداً مخطوطاً طبع منها لحد الآن ٦٧ مجلدا.

وأضاف المحاضر الكرباسي: "اعتمد الدكتور الكرباسي في التأليف مبدأ الفهرسة المبوبة لأكثر من ستين باباً من فنون المعرفة التي تدور حول الإمام الحسين عليه السلام من قريب أو بعيد، محاولاً نقل القضية الحسينية من أطر المجالس والحسينيات إلى أفق أوسع يغطي الإنسانية كلها، مراعيا في ذلك عالمية المشروع الحسيني النهضوي وعدم ركوده على طائفة بعينها أو قوم أو مذهب أو دين أو جنسية، وهذا ما ذكره الباحث والجامعي العراقي الدكتور نضير الخزرجي في كتابه "نزهة القلم: قراءة نقدية في الموسوعة

=البصرة جنوب العراق في ١٣/ ٥/ ١٩٦١م، درس الابتدائية في منطقة جسر ديالى جنوب بغداد، وأكمل المتوسطة والإعدادية في مسقط رأسه وواصل الدراسة في معهد التكنولوجيا وتخرج منه عام ١٩٨٤م، وفي العام ٢٠٠٤م حصل على الشهادة الجامعية (بكالوريوس إعلام) من جامعة بغداد، بدأ الكتابة والنشر أواخر سبعينيات القرن العشرين، عمل في الصحافة والتلفزيون والمذياع، وتولى القسم الثقافي في جريدة القادسية ورئيس تحرير جريدة (الكهف) الأسبوعية الثقافية ورئيس تحرير جريدة (التضامن) السياسية المنوعة، سكن لفترة دمشق ثم عاد إلى العراق ويسكن حاليا بغداد، عضو المكتب التنفيذي للاتحاد العام للأدباء والكتاب في العراق في الفترة (١٩٩٢ ـ ٢٠٠٣م)، عضو عامل في نقابة الصحفيين العراقيين بدرجة رئيس تحرير، عضو الاتحاد العام للصحفيين العرب، يتولى حاليا إدارة تحرير جريدة الدستور ورئاسة تحرير مجلة آفاق أدبية، من آثاره: قلادة الأخطاء (ديوان)، زائر الماء (رواية)، وأعشاش (مسرحية).

الحسينية" الذي صدر مؤخراً، فيجد القارئ أنَّ أكثر من عشرين شخصية عالمية من مختلف مشارب المعرفة ومن ديانات مختلفة قد أعطت رأيها بالإمام الحسين عليه السلام ونهضته المباركة وبالموسوعة الحسينية وأشادت بمؤلفها الذي استطاع بيراع المعرفة أن يَنفُضَ الغبارَ عن سجلٍّ النهضة الحسينية ويعطيها بعدها العالمي العولمي.

وتطرق الكرباسي إلى عمل المركز الحسيني للدراسات في لندن الذي يشرف على إصدار أجزاء دائرة المعارف الحسينية، ودوره العلمي والمعرفي والتربوي في الأوساط الإسلامية وغير الإسلامية في المملكة المتحدة، وما يقدمه لأبناء الجاليات وللأجانب من بحوث وإيضاحات بخصوص الإمام الحسين عليه السلام وقضيته الإنسانية، فضلا عن المكتبة الكبيرة التي تضم أكثر من ٢٢ ألف عنوان من أمّات المصادر والمراجع وبلغات مختلفة، تفتح أبوابها على مدار أيام الأسبوع لطلاب المعرفة وطلبة الدراسات العليا في الجامعات البريطانية، فهي الموردُ الذي ينهلون من معينه.

وتخلَّل التظاهرة الثقافية عرض فيلم (شريط) وثائقي من إعداد قناة الفيحاء الفضائية تم تسجيله في لندن تدور تفاصيله في أروقة المركز الحسيني شدَّ الحاضرين ونقلهم للأجواء العلمية للنهضة الحسينية وتفاصيل الحياة اليومية للمحقق الدكتور الكرباسي، تحدث فيه الدكتور نضير رشيد الخزرجي عن جوانب من نشاطات المركز الحسيني للدراسات ولمحات من مسيرة الموسوعة الحسينية، ثم تناول الباحث العراقي الدكتور وليد سعيد البياتي الأسلوب الإبداعي للدكتور الكرباسي في تأليف الموسوعة، ثم تحدث الباحث والجامعي العراقي الدكتور عبد الحسين مهدي عواد الظالمي عن الموسوعة الحسينية وخروجها عن دائرة المألوف وشموليتها

وسعتها في الموضوعات والمفردات السياسية والاجتماعية والعلمية والأدبية والتربوية والمعمارية وغيرها، ثم تطرق الشاعر الجزائري الدكتور عبد العزيز مختار شبِّين إلى مقدرة الدكتور الكرباسي في التنقيب وتسقُّط الأدب المنظوم الذي قيل في النهضة الحسينية منذ القرن الأول الهجري حتى يومنا الحاضر وتصنيف الدواوين الشعرية وتنسيق أنماطها وبحورها، فضلا عن الثروة الشعرية التي قدمها الكرباسي في إحداث ٢١٠ من البحور الجديدة إلى جانب البحور الخليلية.

وبعد عرض الشريط المسجل واصل الإعلامي فراس الكرباسي محاضرته عن الموسوعة وسط دهشة الحاضرين من ضخامة العمل الجبار الذي تصدى له الدكتور الكرباسي ونبل غايته في نصرة الإمام الحسين عليه السلام بالقلم والعلم، مشيراً إلى أن دائرة المعارف الحسينية شملت أغلب العلوم العقلية والنقلية واستوفى الدكتور الكرباسي غاية مجهوده على مدى ربع قرن في إنجازها مع مراعاة منهجية العمل الموسوعي بموضوعية بعيداً عن العواطف والآراء المسبَقة، والعمل بهمة عالية لِلَمِّ شتات تاريخ الإسلام الأصيل، محملاً في الوقت نفسه أصحاب الأقلام والأموال للتصدي معاً لإنجار موسوعات مماثلة لقادة الإسلام إيماناً منه بعالميَّة القضايا التي يحملها الإسلام الذي جاء رحمةً للعالمين.

وفي ختام الندوة أشار المحاضر إلى العديد من رسائل الماجستير والدكتوراه التي ناقشت موضوعات الموسوعة الحسينية للدكتور الكرباسي أو جاءت من وحي الموسوعة، ومنها رسالة الدكتوراه للإعلامي نضير الخزرجي حيث جاءت رسالته للماجستير بعنوان "التعددية والحرية في المنظور الإسلامي" التي صدرت حديثا (٢٠١١م) في بيروت وكربلاء في

٤٠٠ صفحة من القطع الوزيري، فيما كانت رسالته في الدكتوراه التي نالها عام ٢٠٠٨م بعنوان "العمل الحزبي في المنظور الإسلامي"، وكلتاهما حصل عليهما إلى جانب البكالوريوس من الجامعة العالمية للعلوم الإسلامية في لندن التي يعمل فيها كأستاذ مشارك. كما أكد الكرباسيُّ على أنَّ الموسوعة الحسينية تَمَّ مطلع نيسان أبريل ٢٠١١م الاحتفاءُ بها في اقليم كردستان العراق من قبل رئيس الإقليم الأستاذ مسعود البارزاني، واليوم تحتفل وزارة الثقافة العراقية بالموسوعة الحسينية في بغداد إذ تأتي التظاهرة الثقافية العلمية هذه كتعبير صادق عن رغبة الوزارة في تكريم الكفاءات أينما كانوا حيث حضر الندوة مدير عام دائرة الشؤون الثقافية الأديب السيد نوفل ابو رغيف مبديا الإعجاب الشديد بالموسوعة الحسينية والإصرار على إقامة الندوة في قلب العراق بغداد عاصمة السلم والسلام والعلم والمعرفة، كما حضرتها هيئة الإعلام والاتصال العراقية متمثلة بعضو مجلس الأمناء الإعلامي الدكتور برهان الشاوي، إلى جانب الاستاذ هاشم الطرفي عن مكتب دائرة المعارف الحسينية في كربلاء المقدسة، والكثير من أعلام العراق.

وأثريت الندوة الثقافية بمداخلات ونقاشات عدة مع التسليم والتأكيد على أهمية تسليط الأضواء على دائرة المعارف الحسينية ليطلع العالم أجمع على هذا المنجز المعرفي والإنساني الرائع.

وفود مهرجان ربيع الشهادة
تبدي إعجابها بدائرة المعارف الحسينية

المركز الحسيني للدراسات ـ كربلاء(1)

في تظاهرة إعلامية ثقافية كبرى شارك وفد دائرة المعارف الحسينية في مهرجان ربيع الشهادة السابع المنعقد في مدينة كربلاء المقدسة في العراق في الفترة ٣ ـ ٨ شعبان ١٤٣٢هـ (٥ ـ ١٠ تموز يوليو ٢٠١١م)، ومثّل في فعاليات المهرجان الدولي الذي حمل شعار (من نحر الإمام الحسين عليه السلام تفجَّرت ينابيع الحرية والكرامة) كلا من: الأستاذ علي التميمي، الدكتور وليد سعيد البياتي، الدكتور علاء الحسيني، الاستاذ بحر الحلي، والأستاذ الشيخ عباس الإمامي.

والتقى وفد دائرة المعارف الحسينية بعدد غير قليل من المسؤولين وبيوتات مراجع التقليد والوفود العربية والإسلامية الزائرة التي قدمت من نحو ثلاثين دولة، حيث اجتمع بالأمين العام للعتبة الحسينية المقدسة الشيخ عبد المهدي بن عبد الأمير الكربلائي، وأمين عام العتبة العباسية المقدسة

---

(1) نُشر التقرير الخبري في وسائل إعلام مختلفة عراقية وعربية، من قبيل: موقع عراق الأمل بتاريخ ١٨/٧/٢٠١١م، موقع كتابات في الميزان بتاريخ ١٩/٧/٢٠١١م، وشبكة أخبار الناصرية بتاريخ ٢٠/٧/٢٠١١م.

السيد أحمد بن جواد الصافي، وجرى خلال اللقائين حديث مطول عن الدور الذي تؤديه الموسوعة الحسينية في إظهار معالم النهضة الحسينية الناصعة حيث بلغت حتى الآن أكثر من ستمائة مجلد في ستين بابا متنوعا صدر منها **٦٧** مجلداً، وما يمكن أن تقدمه الجهات المعنية من دعم مادي ومعنوي لرفد هذا المعلم المعرفي الفريد من نوعه، وفي مجلس محافظة كربلاء المقدسة اجتمع أعضاء الوفد بالدكتورة سليمة سلطان الفتلاوي مديرة إعلام مجلس المحافظة وجرى خلال اللقاء سبل التعاون المشترك في مجال تبادل المعلومة، بخاصة وأن أحد أبواب الموسوعة الستين تختص بمدينة كربلاء تاريخاً وحاضراً وطرق تطويرها عمرانياً وحضارياً، وكانت حكومة كربلاء المحلية تولت في العام **٢٠١٠**م طباعة كتاب "نزهة القلم قراءة نقدية في الموسوعة الحسينية" للدكتور نضير الخزرجي الباحث المشارك في دائرة المعارف الحسينية كجزء من سياستها في تكريم أبنائها الذين سخَّروا قلمهم للمدينة المقدسة والثاوي فيها الإمام الحسين عليه السلام.

وزار أعضاء وفد الموسوعة الحسينية منفردين ومجتمعين في النجف الأشرف منزل المرجع الديني آية الله العظمى الشيخ اسحاق الفياض والمرجع الديني آية الله العظمى الشيخ بشير النجفي، كما حضر الوفد ندوة علمية تاريخية للعلامة السيد سامي البدري عن رحلة سفينة نوح ورسوها تمت في "مؤسسة تراث النجف الحضاري والديني " التي يشرف عليها المحاضر، وفي قضاء الهندية (طويريج) من توابع كربلاء المقدسة لبَّى الوفد دعوةَ الاستاذ علاء الحاج محمد حسن الكتبي رئيس تحرير جريدة أنوار كربلاء والعضو السابق لمجلس محافظة كربلاء، كما كانت للوفد زيارة للعتبات المقدسة في الكاظمية وبلد وسامراء.

وكان لوفد الموسوعة الحسينية القادم من المملكة المتحدة ومن داخل العراق حضور نشط في فعاليات مهرجان ربيع الشهادة السابع التي دأبت الأمانتان العامتان للعتبة الحسينية والعباسية على إقامته كُلَّ عام في ذكرى مولد الإمام الحسين عليه السلام وأخيه العباس عليه السلام ونجله علي السجاد عليه السلام، كما أبدت وسائل الإعلام المختلفة اهتماماً كبيراً بدائرة المعارف الحسينية التي تمثل أكبر موسوعة معرفية في الإمام الحسين عليه السلام، فقد جرت لقاءات فردية وثنائية مع أعضاء وفد الموسوعة، إذ كان للدكتور وليد سعيد البياتي لقاءات مع قناة كربلاء الفضائية، قناة الفرات، قناة الكوثر، موقع الحسينية المقدسة، جريدة أنوار كربلاء، ومجلة صدى الروضتين تَحدَّث فيها عن نشأة دائرة المعارف الحسينية والجهود المضنية التي يبذلها مؤلفها الفقيه الدكتور الشيخ محمد صادق بن محمد الكرباسي.

من جانبه أجرى عضو وفد دائرة المعارف الحسينية الدكتور علاء الحسيني لقاءاتٍ صحافيةً عدَّة مع وسائل إعلام مختلفة منفردا ومع آخرين، فقد تحدَّث مع إذاعتين محليتين في كربلاء احداهما تابعة لحزب الدعوة الإسلامية تطرق فيها إلى معالم الموسوعة الحسينية، كما تناول في حديث مع قناة الفرات الفضائية البعدَ العالميَّ للثورة الحسينية وملامح عن مشروع الموسوعة الحسينية في نشر مبادئ الحرية والكرامة كمنطلق للنهضات والتحرر، وفي لقاء مشترك مع عضو الوفد الأستاذ الشيخ عباس الإمامي في حديث مباشر من العتبة الحسينية المقدسة تحدَّثا عبر قناة آفاق الفضائية في مسائل الساعة، وتناولا جوانب من مساعي دائرة المعارف الحسينية في تسليط الأضواء على النهضة الحسينية، كما تطرق الدكتور الحسيني في حديث مفصَّلٍ مع قناة كربلاء الفضائية إلى العلاقة بين الإسلام والغرب

والدور الذي تمارسهُ الموسوعة الحسينية في تقريب وجهات النظر بين الشرق والغرب.

وأبان الأستاذ عباس الإمامي في حديث منفرد مع قناة كربلاء الفضائية مقام الموسوعة الحسينية في الوسط الثقافي العالمي، متطرقاً في الوقت نفسه إلى الدور الكبير للمرجعيَّة الدينيَّة في تنظيم الحياة السياسية في العراق مستشهدا بكتابه الصادر حديثا والموسوم بـ (الدور السياسي للمرجعية الدينية في العراق الحديث)، كما أجرت قناة كربلاء الفضائية حديثا آخر مع الشيخ الإمامي على هامش مشاركة دائرة المعارف الحسينية في معرض الكتاب الدائم، أشار إلى أهمية معرض الكتاب المقام ضمن فعاليات مهرجان ربيع الشهادة في نقل الثقافات وتبادلها وعظمة الدور الذي تُمثِّلُهُ دائرة المعارف الحسينية في نشر الثقافة الحسينية، كما أجرت وسائل إعلامية مختلفة حوارات مطوَّلة وقصيرة مع الشيخ الإمامي حول الموسوعة الحسينيَّة بخاصة ومهرجان ربيع الشهادة بعامة، من قبيل: قناة الفرات، قناة العترة، قناة الثقلين، قناة المسار، قناة العراقية، قناة العالم.

أما استاذ الاعلام المرئي في جامعة ويست لندن عضو وفد الموسوعة الحسينية الأستاذ بحر كاظم الحلي، فقد تطرق في لقاءات منفصلة مع قناة كربلاء الفضائية وقناة الحضارة وقناة الفرات إلى الجانب الإعلامي من النهضة الحسينية والدور اللامتناهي الذي تلعبه دائرة المعارف الحسينية في بيان معالم نهضة الإمام الحسين عليه السلام.

وكان جناح دائرة المعارف الحسينية قد حصل على مرتبة متميزة في معرض الكتاب الذي التأم هذا العام في المكتبة المركزية في الفترة (١ ـ ١٥ شعبان)، فالموسوعة الحسينيَّة تمثل أكبر مشروع موسوعيٍّ حول النهضة

الحسينيَّة، كما أنَّ الجناح شهد حضور نحو ٩٥ في المائة من زُوّار المعرض ورواده، وقد لفت الجناح الذي ضم إلى جانب الموسوعة العشرات من مؤلفات الدكتور الكرباسي أنظارَ وسائلِ الإعلام المختلفة، وقامت الكثير من القنوات الفضائية بتغطية الجناح والوقوف عنده طويلا، وكان لمديره الأستاذ هاشم الطرفي لقاءات عدة مع وسائل إعلام متنوعة منها : قناة العراقية الفضائية، قناة كربلاء الفضائية، قناة العهد الفضائية، قناة آفاق الفضائية، قناة الفرات الفضائية، قناة المسار الفضائية، صحيفة العهد، وإذاعة الهدى، سلط فيها الضوء على جوانب مختلفة من مسيرة الموسوعة الحسينية.

نائب عراقي يدعو إلى
انفتاح مجلس النواب على الموسوعة الحسينية

المركز الحسيني للدراسات ـ لندن[1]

عبّر نائب بارز في مجلس النواب العراقي عن قناعته التامة بضرورة أن ينفتح المجلس على دائرة المعارف الحسينية بوصفها مؤسسة علمية تحقيقية ذات بعد استيراتيجي تمارس دورها الثقافي والعلمي من المملكة المتحدة.

جاء ذلك في اللقاء الذي جمع رئيس لجنة الشهداء والضحايا والسجناء السياسيين في مجلس النواب العراقي الشيخ محمد الهنداوي براعي الموسوعة الحسينية ومؤلفها الفقيه الدكتور الشيخ محمد صادق الكرباسي في مقر المركز الحسيني للدراسات في العاصمة البريطانية لندن يوم السبت منتصف اكتوبر تشرين الأول ٢٠١١م.

وأظهر الشيخ الهنداوي الذي قدم إلى بريطانيا ضمن وفد مجلس النواب العراقي إلى بعض الدول الأوروبية الذي يترأسه رئيس المجلس الأستاذ أسامة النجيفي، رغبة شديدة في أن يطّلع القادة العراقيون على

---

(١) وُزع التقرير على وسائل الإعلام ونشر في الكثير منها، من قبيل : شبكة هجر الثقافية (القطيف) وموقع مركز النور للدراسات (السويد) بتاريخ ٢٢/ ١٠/ ٢٠١١م، وجريدة الشرق الصادرة في بغداد بتاريخ ٢٦/ ١١/ ١٤٣٢هـ، في الصفحة الخامسة.

الجهد الفريد والنوعي الذي يبذله الشيخ الكرباسي المولود عام ١٩٤٧م في مدينة كربلاء المقدسة وهو يحقق ويكتب في النهضة الحسينية ومعالمها التي يتوق إلى تقمص مفرداتها وتبني قيمها والعمل بها كل صاحب ضمير حر من مسلم أو غير مسلم.

وجرى في هذا اللقاء الذي حضره مدير المركز الحسيني للدراسات الأستاذ علي التميمي والباحث المشارك في دائرة المعارف الحسينية الدكتور نضير الخزرجي حديث مطول عن الدور الذي ينبغي أن يقوم به النائب ووكيل الأمة بوصفه شاهداً وشهيداً وكونه حلقة الوصل بين عموم الشعب والسلطة السياسية، قدّم فيه الدكتور الكرباسي عدداً من الرؤى في الإدارة الحسنة للسلطة بما يحفظ كرامة الشعب وهيبة السلطة معاً، مثنيا على الأداء الطيب الذي يمارسه كل نائب في مجلس الأمة يضع الله نصب عينيه وضميره بين جنبيه وهو يحمل أمانة الأمة بين يديه.

وفي ختام اللقاء تجول الشيخ الهنداوي رئيس لجنة الشهداء والضحايا والسجناء السياسيين في مجلس النواب العراقي في أقسام دائرة المعارف الحسينية واطلع على المئات من مخطوطاتها واستمع إلى شرح مختصر عن دائرة المعارف الحسينية قدّمه الدكتور الخزرجي مبيّنا فيه الجهد اللامحدود الذي يبذله المؤلف الفقيه الدكتور الكرباسي في تأليف هذه الموسوعة المتوزعة على ستين باباً من أبواب المعرفة والتي تفوق أعدادها الستمائة مجلد صدر منها حتى يومنا هذا ٧٦ مجلداً[١].

---

(١) كتب الأستاذ سليم صالح حافظ رئيس منظمة التدريسيين المثقفين المستقلة في العراق معلقاً على التقرير الذي نشر في موقع مؤسسة النور الثقافية في السويد بتاريخ ٢٢/١٠/٢٠١١م: (شكراً إلى=

=موقع الجمع العربي المثقف شبكة النور اسماً على مسمى وهي تضخ لنا عناوين عملاقة اثرت في الوجود العربي وارشدت المثقفين العرب على مقالات وحقائق ساهمت في سمو وعلو المكتبة العربية من طروحات وكتب رائعة وبعض من هذه الكتب لعلامة الفكر الدكتور الفقيه محمد صادق الكرباسي وهي قد أخذت حيزاً في المجتمع العربي ووقف الكثير امام هذه الموسوعة التي تجاوزت التخيلات وسطرها المؤلف بأنامله البيضاء الصافية وذهنه المملوء بالفكر والثقافة والعلم وقلبه الذائب والعاشق للحركة الحسينية، فلم يبخل المؤلف لموسوعته الرائعة المتكونة من ٦٠٠ أو اكثر من مجلد بأية صغيرة أو إشارة لهذا السفر الرائع الذي جسد معطيات الحقيقة الجهادية لفكر آل محمد صلوات الله عليهم اجمعين تحت قيادة سيد الشهداء الإمام الحسين روحي له الفداء، وقد كتب عليها زميلي الاستاذ صادق الاسدي وزار معرض الكتاب والتقى بالاخوة المسؤولين عليها وقال ان أي عمل يصغر امام هذا العمل الكبير والعملاق، متمنيا للمركز الحسيني للدراسات والأستاذ الدكتور نضير الخزرجي كل الموفقية، وإلى الدكتور العلامة الكرباسي عظيم الاجر ووفير الثواب والرحمة عندما نكون امام الله يوم الحساب).

دائرة المعارف الحسينية
تثير اهتمام موسوعي غربي
ودعوة لربط الجامعات بها

المركز الحسيني للدراسات ـ لندن[1]

وصف الموسوعي اللغوي البروفيسور ديفيد ماثيوز دائرة المعارف الحسينية بأنها عمل استثنائي لم أرَ في بابها مثيلا.

جاء ذلك في اللقاء الذي جمعه براعي الموسوعة الحسينية ومؤلفها الفقيه الدكتور محمد صادق الكرباسي في المركز الحسيني للدراسات في لندن يوم الجمعة ٢١/ ١٠/ ٢٠١١م، واصفاً أجزاء الموسوعة الصادرة حتى الآن وعددها ٧٦ جزءاً بأنها مثيرة للإعجاب للغاية.

وحضر اللقاء كوكبة من العلماء والباحثين والمشاركين في دائرة المعارف الحسينية كان في طليعتهم الفقيه والأديب الشيخ حسن رضا الغديري من كبار علماء الدين الباكستانيين المقيمين في لندن الذي تناول

---

(١) وزع المركز الحسيني للدراسات الخبر على وسائل الإعلام يوم ٢٣/ ١٠/ ٢٠١١م، ونشر في الكثير، منها: صحيفة العراقي السياسي (أميركا) بتاريخ ٢٤/ ١٠/ ٢٠١١م، موقع مركز النور للدراسات (السويد) بتاريخ ٢٦/ ١٠/ ٢٠١١م، وموقع النجف الأشرف معهد الثقافة بتاريخ ٢٨/ ١٠/ ٢٠١١م.

أطراف الحديث مع البروفيسور ماثيوز عن الأدب الأردوي بعامة والأدب الحسيني بخاصة.

وعبّر الموسوعي اللغوي عن قناعته التامة بضرورة مد حبل التواصل بين أدباء بريطانيا والموسوعة الحسينية مبديا استعداده للتعاون مع الموسوعة في مجال الأدب الحسيني باللغتين الأردوية والانكليزية، بخاصة وأن الموسوعة تضم بابا عن الأدب الحسيني باللغات الأردوية والفارسية والانكليزية والفرنسية وغيرها.

ويُذكر أن البروفيسور ديفيد ماثيوز (David Matthews) المولود في لندن سنة ١٩٤٢م والمقيم فيها خبير باللغات السامية واللغات القديمة البابلية والآشورية إضافة إلى اللغات الأردوية والفارسية والعربية والفرنسية واليونانية، ويتكلم الأردوية بطلاقة، وكان قد زار عدداً غير قليل من الدول العربية ودول شرق آسيا ومارس التدريس في باكستان والهند والنيبال وغيرها، حيث تخصص منذ عام ١٩٦٥م بتدريس اللغة الأردوية وآدابها في جامعات بريطانيا والنرويج وباكستان والهند، وله سبعة عشر كتاباً معظمها في اللغة الأردوية وآدابها وله ترجمة لمرثية الشاعر الهندي مير ببر علي أنيس (١٨٠١ ـ ١٨٧٤م) الشهيرة بمرثية "معركة كربلاء" المتداولة على الألسن في الخطابات الحسينية ومنابرها باللغتين الأردوية والانكليزية، إضافة إلى تخصصه بشعر الشاعر الباكستاني محمد إقبال المتوفى عام ١٩٣٨م وغيره، وكان آخر نشاطه الأكاديمي قبل تقاعده عام ٢٠٠٥م تدريس اللغة الأردوية في جامعة سوَس (The School of Oriental and African Studies) لغير الناطقين بها.

من جانب آخر وفي إطار التواصل المعرفي بين الجامعات ودائرة

المعارف الحسينية زار مكتبها في كربلاء المقدسة في العراق وفد نسوي أكاديمي ثقافي من محافظة السليمانية يوم الخميس (١٣/ ١٠/ ٢٠١١م) برئاسة الدكتورة نرمين سيروان إبراهيم للوقوف على آخر إصدارات الموسوعة الحسينية.

عضوة الوفد الدكتورة رغد عثمان مصطفى دعائي من طرفها أثنت على الجهد المعرفي للموسوعة داعية الجامعات العراقية والمؤسسات الثقافية والعلمية الإنفتاح على دائرة المعارف الحسينية ومد جسور التعاون والتنسيق معها موجهة طلبها إلى وزارة التعليم العالي والبحث العلمي بتعميم أمر إداري لتزويد كل مكتبات الجامعات العراقية وكلياتها بأجزاء الموسوعة بوصفها الأولى المختصة بحوادث تاريخية خلدت بأحرف من نور وبخاصة واقعة الطف الخالدة، ولتكون مورد استفادة الباحثين وأصحاب الاطروحات والرسائل في أبواب مختلفة من قبيل طلبة قسم التاريخ وطلبة اللغة والأدب العربي وطلبة الهندسة المعمارية وطلبة الشريعة، وغيرها حيث تضم دائرة المعارف الحسينية ستين بابا من أبواب المعرفة.

وأثنت الاستاذة نيران عبد الوهاب عبد الله البرزنجي على طلب الدكتورة رغد دعائي وثنَّت عليه داعية وزير التعليم العالي والبحث العلمي الدكتور علي الأديب لأن يعطي دائرة المعارف الحسينية اهتمامه لتزويد مكتبات الجامعات العراقية بأجزائها لانها تعتبر من أهم المصادر المعلوماتية التي يمكن الاعتماد عليها لما تمتاز به من التحقيق العلمي والأكاديمي الرصين، مع إيمانها الكامل بأن التاريخ سيخلّد المؤلف وموسوعته بأحرف من نور.

من جانبها رأت الأستاذة سهاد جابر روكان الدليمي (طالبة دكتوراه) أن

القلم ليعجز عن تقديم الشكر لهذه الشخصية العراقية الكبيرة (الكرباسي) التي تقدم أكبر إنجاز علمي تحقيقي في العالم حيث انتشر انجازه الموسوعي في الأقطار والأمصار. فيما عبّرت الأستاذة جنات عبد الرزاق دلشاد عن سرورها وفخرها بزيارة دائرة المعارف الحسينية في كربلاء المقدسة والاطلاع على أجزاء الموسوعة الحسينية المطبوعة داعية المثقفين وطلبة الدراسات الجامعية والعليا للاطلاع على الموسوعة المباركة والاستفادة من تحقيقاتها القويمة في الأبواب العلمية المختلفة.

آراء ونظرات في يتيمة الدوائر المعرفية

المركز الحسيني للدراسات ـ لندن[1]

عكفت إدارة العتبتين المقدستين الحسينية والعباسية في كربلاء المقدسة على تنظيم مهرجان ربيع الشهادة في ذكرى أهل البيت المولودين في شهر شعبان وبخاصة الإمام الحسين عليه السلام وأخيه العباس بن علي عليه السلام، ونجله الإمام علي السجاد عليه السلام، وكان لدائرة المعارف الحسينية مشاركة فاعلة في السنين الأخيرة، وفي مهرجان ربيع الشهادة بنسخته السابعة المنعقد في الفترة (١ ـ ١٥ شعبان ١٤٣٢هـ) شاركت الموسوعة الحسينية في معرض الكتاب الذي أقيم في المكتبة المركزية بعد أن كان في السنوات الماضية ينعقد في شارع ما بين الحرمين.

وسجل رواد جناح دائرة المعارف الحسينية من داخل العراق وخارجه انطباعاتهم عن الموسوعة الحسينية، وأدناه نماذج منها مقيدة حسب تسلسلها الزمني كما وردت في دفتر الضيوف ورواد المعرض.

* * * * *

---

(١) وزع المركز الحسيني للدراسات الخبر على وسائل الإعلام بتاريخ ٢/١١/٢٠١١م، ونشر في الكثير، منها: شبكة صوت العراق (هولندا) بتاريخ ٣/١١/٢٠١١م، وموقع مأتم السنابس (البحرين)، وموقع مركز النور للدراسات (السويد) بتاريخ ٤/١١/٢٠١١م.

* **عميد أسرة السادة الطوال الحسنيين السيد رياض جهاد الطويل ـ كربلاء المقدسة:** تشرفت بزيارة جناح المركز الحسيني للدراسات ـ لندن، المشارك بمعرض الكتاب الدولي السابع ضمن فعاليات مهرجان ربيع الشهادة بمناسبة الولادات الطاهرة، الحسين والسجاد والعباس عليهم السلام، وبهذه المناسبة المباركة أبارك لسماحة آية الله الشيخ محمد صادق الكرباسي (دام عزه) هذا الجهد المبارك بإصدار أكبر موسوعة في العالم في هذه الظروف الصعبة والمعقدة من تاريخ الإسلام عموما والعراق خصوصاً، أقول أبارك هذا الجهد الرائع وأدعو الله أن يسدد خطى الشيخ الكرباسي لتحقيق طباعة كافة أجزاء الموسوعة البالغة أكثر من ٦٣٠ مجلدا، وألف مبروك على وصول الجزء السابع والستين، وكما نعلم بأن الموسوعة كانت في معرض ربيع الشهادة السادس (شعبان ١٤٣١هـ) ستين مجلدا، ومشاركة الموسوعة الحسينية المباركة في المعارض السابقة كمعرض العتبة العلوية الرابع (النجف الأشرف) ومعرض أربيل الدولي السابع (أربيل) وكذلك معرض بغداد بدورته الأولى (بغداد)، أدعو كل الإخوة المثقفين والكتّاب والاعلاميين والأكاديميين وخطباء المنبر الحسيني أن يكونوا عوناً لهذا المشروع المبارك. أقدّم شكري وتقديري للمركز الحسيني للدراسات لإيصال اسم الحسين لكل بقاع الارض والله ولي التوفيق.

* **الأديب صالح إبراهيم الرفيعي[1] ـ كربلاء المقدسة:** في صباح

---

(١) إنتقل التربوي صالح إبراهيم الرفيعي إلى رحمة الله الواسعة يوم السبت ٢٠١٢/١١/٣م في المستشفى الحسيني في كربلاء المقدسة وهو ممن عمل قراءة لكتابنا "نزهة القلم" كما حضر مهرجان الموسوعة الحسينية في كربلاء المقدسة في شعبان ٢٠١٢م.

مبارك من شعبان الجود والخير زرت جناح الموسوعة الحسينية، وقد سبق لي أن قرظت بإسهاب عن الجهد المبذول من قبل مؤلف الموسوعة الشيخ الفاضل محمد صادق الكرباسي عندما وصلت مجلداتها إلى ٦٣٠ مجلدا بين مخطوط ومطبوع. أما اليوم وأنا أزور معرض الكتاب لمناسبة شعبان الكريم لأرى أن الموسوعة قد وصلت لحد اليوم إلى ٦٧ مجلداً معروضاً. جزى الله خيراً هذا المؤلف القدوة، وبارك الله سعيه وجهده وجهاده لأنه كتب وأثرى عن إمام الثائرين الإمام الشهيد الحسين عليه السلام لتصبح أكبر موسوعة في العالم عن هذا البطل الثائر الذي قال لا للطغاة والمتجبرين، ورفض الانصياع لما أرادوه ظلما وعدوانا ولأنهم ابتعدوا عن الإسلام بُعد السماء عن الارض. إن الموسوعة المباركة ساهمت بشكل كبير في إحياء تراث الإمام الحسين عليه السلام منذ استشهاده ولحد اليوم، واطلع عليها جهابذة الأدب والمعرفة من البروفيسور حتى الانسان البسيط. نبارك كثيراً لانتشار هذه الموسوعة في العالم الإسلامي وحفظ الله مؤلفها.

* **الأستاذ عباس جعفر الإمامي ـ المملكة المتحدة:** زرت معرض الكتاب الدولي المقام ضمن المهرجان السابع لربيع الشهادة ووجدت المعرض قد أدى الكثير مما عليه من مسؤوليات في نشر الثقافة الوطنية الراقية والتاريخ الإسلامي والفكر والعقيدة. ولما زرت جناح المركز الحسيني للدراسات فوجدت ترتيب الكتب والمواضيع بشكل ملفت للنظر ولاسيما الموسوعة الحسينية والتي تعتبر من النشاطات الثقافية والاستثنائية في تاريخ البشرية والتي تجمع كل ما كُتب عن الإمام الحسين في ٦٣٠ مجلداً وطبع منها ٦٧ مجلداً بشكل أنيق مريح للقارئ ويحتوي على ثقافة وفكر وتاريخ قد يجب للباحث الحصول عليها لندرة الكتب التاريخية،

فيجد الباحث مبتغاه في موسوعة الإمام الحسين عليه السلام. وفّق الله القائمين بهذا العمل الجبار.

* **الاعلامي ليث علي الحسناوي ـ بابل**: أتشرف بزيارة معرض الكتاب التابع لمهرجان ربيع الشهادة لاسيما جناح المركز الحسيني للدراسات الذي يزدهر بكتبه النادرة والمميزة التي تمد الباحثين في كربلاء والعراق بالمعارف الإسلامية والحسينية، بالإضافة إلى ذلك فإن ما يميز الجناح احتواؤه على شتى العلوم والتخصصات، وأُمنياتنا أن يزداد تألق المركز ويستمر بعطائه وتواجده في مصاف المراكز الدراسية الإسلامية العالمية.

* **الخطيب الشيخ عباس الناصري ـ النجف الأشرف**: قال الإمام جعفر الصادق عليه السلام: أحيوا أمرنا، رحم الله مَن أحيا أمرنا. هنا يصب الإمام رحماته ويدعو الله تعالى أن يرحم مَن يُحيي أمرهم، ومشروع دائرة المعارف الحسينية بلاشك هو موضع رحمة لكل المساهمين فيه والناشطين في إنجازه، وسيكون الحسين عليه السلام شفيعهم على هذا الصنيع المقبول عند الله إنشاء الله.

* **الشيخ صباح الدوركي ـ البصرة**: دائرة المعارف الحسينية: أول شيء أسأل الله أن يوفقكم ويوفقنا معكم لخدمة الحسين عليه السلام وأسأله ثانيا لكم التوفيق في هذا العمل الصالح، وجزاكم الله خيرا.

* **الأديب رضا كاظم الخفاجي: كربلاء المقدسة**: بسرور بالغ اطلعت على الإنجازات الباهرة التي قدمتها الموسوعة الحسينية المباركة ضمن مشاركتها بجناح خاص ومميز في معرض الكتاب الدولي الذي أقامته العتبتان المقدستان الحسينية والعباسية ضمن فعاليات ربيع الشهادة العالمي

السابع، أملنا من الله جلت قدرته أن يوفق العاملين في هذه الموسوعة المباركة، في مقدمتهم سماحة آية الله الدكتور الكرباسي دام عزه لنشر مبادئ الإمام الحسين عليه السلام والتي تجسد بحق الإسلام المحمدي الاصيل.

* **الشاعر فؤاد الشيخ علي العبادي الحياوي ـ كربلاء المقدسة**: في هذا اليوم المبارك ذكرى ولادة سيد الشهداء أبي الفداء الحسين بن علي بن أبي طالب عليه السلام، تشرفت بزيارة جناح الموسوعة الحسينية للدراسات واطلعت على الجهد الذي بذله سماحة آية الله الشيخ محمد صادق الكرباسي دام ظله الوارف التي وصلت مجلداتها إلى **٦٣٠** مجلدا والمطبوع منها **٦٧** مجلدا، فحقا ذلك سفر من الأسفار، وإني أبارك لسماحته وأتمنى أن يديم لنا وجوده وهو يرفل بالصحة والعافية والخير والسؤدد. دُمت يا شيخي معزوزا بعزِّ الله الذي لا يُظام ومكلوءاً بعينه التي لا تنام بجاه سادات الأنام محمد وآله الكرام.

* **المهندس زين العابدين شريف ـ الناصرية**: دائرة المعارف الحسينية: حقيقة حدثاً عظيماً وصنيعة كبيرة لا يمكن أن تجمع بجهود رجل واحد وتكتب بقلم واحد ما لم تحضرها تدخلات من السماء لإعطاء الحسين عليه السلام جزءاً من حقه، وأقول إنها أكبر من أن أقيّمها ولكنها الانجاز الذي يمكن أن يقال عنه "إنه دونه مفهومة الموسوعة" ولكن أعلق قليلا عن أنها تكتمل في غضون عشر سنين، فالحسين سجل مفتوح لا يُسد فهو فيه ذخيرة للزمن مهما طال، وكل تقديري واعتزازي للأستاذ الكبير الكرباسي، ويقع إن شاء الله أجره على الحسين عليه السلام.

* **رئيس الهيئة الاستشارية في محافظة كربلاء الأستاذ محمد عبد الصاحب الكعبي**: كانت لنا زيارة لجناح المركز الحسيني للدراسات ـ

بريطانيا في معرض الكتاب في كربلاء المقدسة، وكان محل بهجة وسرور لنا أثار لدينا مشاعر الفخر والاعتزاز لما تمثله هذه المؤسسة الزاخرة بالكتب القيمة والتي تستحق كل ثناء وتقدير فلهم منا فائق الشكر وأخلص الدعوات لهم بدوام التوفيق.

* **الإعلامي سلام محمد البناي ـ كربلاء المقدسة**: أبارك لكم هذا الجهد المثابر في إخراج الموسوعة الحسينية بهذه الصورة التي من خلالها تصل مفردات الثورة الحسينية والقضية الحسينية إلى مديات أبعد من المعرفة. أنا سعيد جدا بزيارتي لهذا الجناح المميز في معرض الكتاب في كربلاء، داعيا المولى العزيز أن يمد بعمر الكرباسي الجليل لإتمام المجلدات التي ستغني المهتمين بالفكر الحسيني وبالخطاب الانساني للإمام الحسين عليه السلام. بارك الله بكم ووفقكم والسلام عليكم ورحمة الله وبركاته

* **محافظ كربلاء المقدسة المهندس آمال الدين عبد المجيد الهر الأسدي**: بتاريخ ٥/ ٧/ ٢٠١١ وتزامنا مع الولادات الميمونة للأنوار الزاهرة تمّ زيارة معرض الكتاب المقام في المكتبة المركزية ـ كربلاء، وقد أعجبني وسرّني ما عرض فيه، وكذلك ما تمّ ملاحظته في قسم المركز الحسيني للدراسات ـ لندن. وفقكم الله وبوركت جهودكم.

* **الحاج سليمان يعقوب ـ غانا**: بتاريخ ٥/ ٧/ ٢٠١١ قمت بزيارة معرض الكتاب المقام في المكتبة المركزية، وفي الحقيقة تعجبت كثيراً بالكتب التي كانت غنية جدا لموسوعة الإمام الحسين عليه السلام. وقد رأيت جهود الإخوة الاعزاء الذين يساعدون في المكتب، وأتمنى من الله سبحانه وتعالى أن يوفقكم إلى ما يحب ويرضى بحق محمد وآله الطاهرين.

* **أمين عام مجلس السادة الأشراف السيد يوسف جواد كاظم الزاملي ـ كربلاء المقدسة**: كان لي شرف الزيارة للمركز الحسيني في معرض الكتاب في بناية المكتبة المركزية وكان إعجابي الكثير في تلك المنشورات وبالأخص الموسوعة الحسينية، حيث كان لها الأثر البالغ على جميع أتباع أهل البيت عليهم السلام، وأسأل الله العلي القدير أن يمكن القائمين على المعرض والموسوعة بأن يتحقق لهم التقدم الباهر في خدمة العقيدة، وكذلك أقدم شكري واعتزازي للشيخ الدكتور الكرباسي على هذا الجهد المثمر، راجين من الله العزيز القدير أن يتم تواصلهم مع المجتمع الحسيني، وآخر دعوانا أن الحمد لله رب العالمين.

* **مسؤول العلاقات العامة في مؤسسة الشهيدين الصدرين العامة الأستاذ محمد هادي العبيدي ـ بغداد**: بكل فخر واعتزاز دخلنا جناح المركز الحسيني للدراسات في المعرض الدولي للكتاب، ونحن نتصفح مجلدات الموسوعة الحسينية الكاملة حيث اقتنينا نسخة منها، ونشد على أيدي القائمين وعلى الإداريين والموزعين والعاملين في هذه الموسوعة الحسينية الشاملة والكاملة، حيث بلغ لحد الآن من طباعتها ٦٧ كتاباً، والبقية تأتي بإذن الله. وفّق الله الجميع على حب محمد وآل محمد، وأيّدهم بنصره، وخصوصاً القائمين على هذا الجناح المتميز.

* **الإداري الأستاذ عادل حاكم محيي ـ بابل**: خلال زيارة إلى جناح المركز الحسيني للدراسات ـ لندن، اطلعنا على الموسوعة القيّمة والمفصلة والمعمقة المتخصصة بالثورة الحسينية تاريخياً وأدبياً وجغرافياً وعلمياً، متضمنة للسير المفصلة للأخبار، وقد وجدنا في هذا العمل بداعة ودقّة قلَّ نظيرها.

* **مدير إعلام جامعة كربلاء الدكتور عمران كاظم عطية الكركوشي ـ كربلاء المقدسة**: فخرنا واعتزازنا الكثيران بهذا الانتاج الحضاري والانساني الذي يعبِّر عن مكنون قوة وعظيم وعي شهادة الإمام الحسين عليه السلام ودوره الرسالي الكبيرين. سددكم الله تعالى للمزيد من العطاء الرسالي.

* **المهندس كرار العبادي ـ البصرة**: دائرة المعارف الحسينية هي من المؤلفات التي تحافظ فعلا على التراث الحسيني من الضياع والنسيان والتبعثر، فتعتبر بذلك من مشاريع التخليد الحسيني وعمل ضخم لا مثيل له. فعلا كانت إسما على مسمى، فهي فعلا دائرة معارف حسينية، ووفقكم الله إلى المزيد من التقدم والنجاح في إتمام هذه الدائرة، والله ولي التوفيق.

* **الأديب جاسم عاصي ـ كربلاء المقدسة**: في مجال الفكر والطروحات المعرفية، تُعد الموسوعة جهداً صعباً ومهماً بسبب سعة المعلومات ودقتها، وما تتطلبه مثل هذه الموسوعة من تقصٍ، تعطي ثمارها عبر التاريخ المعرفي. ملاحظاتي هذه تأتي بمناسبة ما يقارب الـ ٦٧ مجلدا من موسوعة دائرة المعارف الحسينية للأستاذ محمد صادق محمد الكرباسي، وهي من أصل ٦٣٠ مجلدا. كنا جميعا نتمنى مثل هذه الموسوعة وما يجمعنا معها من صنوف هي بمثابة موسوعات أخرى، سواء ما يخص الرموز المقدسة في التاريخ الميثولوجي أو ما هو يحتوي دراسات بحثية في التاريخ والأدب متميزة بدقتها وشموليتها. أقدم الحب والاحترام للمُعِد ومَن معه من الخيرين الذين رفدوا المكتبة العربية والانسانية بهذا الجهد، وفقكم الله.

* **أمين عام المزارات الشيعية في العراق المهندس حسن مهدي الخرسان ـ بغداد**: تشرفنا بزيارة هذا الجناح المبارك للمرة الثانية، الأولى

السنة الماضية وكان الإنتاج غزيراً لسماحة الشيخ الكرباسي مثيراً للإعجاب. وفقه الله لخدمة الإسلام والمسلمين تحت راية الحسين عليه السلام.

* **رئيس تحرير مجلة أوراق فراتية الأستاذ جواد عبد الكاظم محسن ـ بابل**: تشرفت بزيارة المركز الحسيني في معرض كربلاء للكتاب، فسررت به غاية السرور لما وجدت فيه من معروضات قيمة تستحق الثناء والإطراء. نبارك لسماحة الشيخ محمد صادق الكرباسي هذه الجهود الكبيرة وللعاملين معه كافة ونخص منهم صديقنا العزيز الدكتور نضير الخزرجي حفظه الله تعالى. نتمنى للمركز ولسماحة الشيخ الكرباسي أعزه الله كل الخير والموفقية والنجاح.

* **الأستاذ محمد علي المكي الهاشمي**: لقد ورد عن المعصومين صلوات ربي عليهم أجمعين أن مداد العلماء أفضل من دماء الشهداء. فكيف إذا كانت تنبض بالتبرك بذكر فضائل سيد الشهداء صلوات الله عليه. وفق الله تعالى فضيلة الدكتور القائم على هذه الموسوعة المباركة مفخرة القلم الموالي لله تعالى ولمحمد وآل محمد صلوات الله عليهم. ووفق الله تعالى جميع العاملين في هذا المركز الكريم للدراسات الحسينية الذي طالما افتقر الفكر البشري لمثله. والله هو المسدد والمؤيد والناصر والمعين.

* **مسؤول العلاقات العامة في مكتبة مداد العامة الشيخ حميد علوان العماري الرميثي ـ السماوة**: كان من نتائج الثورة الفكرية التي انطلقت بعد زوال كابوس البعث البائد أن تأسست مراكز وهيئات ومؤسسات ثقافية لانتشال موضوع ثقافة الفرد والمجتمع، وما دائرة المعارف الحسينية إلا غصن يانع من شجرة الثقافة العامة وثقافة المعارف الحسينية خاصة. نشدّ على أيدي القائمين على هذه الدائرة الكريمة، متمنين لهم التوفيق والسداد.

* **الناقد الأكاديمي السيد مصطفى الحسني ـ الناصرية**: زرت المعرض الدولي في مدينة كربلاء المقدسة ووجدت الموسوعة الحسينية التي بلغت أكثر من ٦٣٠ مجلداً في المركز الحسيني للدراسات. إنه يعد أعظم مشروع عن الإمام الحسين عليه السلام صدر منها ٦٧ مجلداً والباقي يصدر تباعا. أتمنى من الله سبحانه وتعالى أن يحفظ القائمين على هذا المشروع العملاق، مع وافر تقديري واحترامي.

* **أمين عام العتبة العباسية المشرَّفة العلامة السيد أحمد جواد الصافي ـ كربلاء المقدسة**: الحمد لله رب العالمين والصلاة والسلام على محمد وآله الطاهرين. لاشك أن الذي يعمل مع الحسين عليه السلام سيكون رابحاً بل من أفضل الرابحين. وفق الله الإخوة العاملين مع هذه الموسوعة "دائرة المعارف الحسينية" وأخذ بأيديهم إلى كل خير.

* **المهندس حسام صاحب عباس السعدي ـ بابل**: وقفت مبهوراً ومأخوذاً بجلال ما رأيته من سعة وتبحر وعلمية مؤلفات الشيخ الفذ محمد صادق الكرباسي أدامه الله سنداً وذخراً لمذهب أهل البيت عليهم السلام وبالأخص موسوعته القيمة دائرة المعارف الحسينية التي لو ألفها مركز أو لجنة أو مؤسسة لكان ذلك مثار الإعجاب والاعتزاز، فكيف وهو شخص واحد. حفظك الله يا شيخنا وبارك في خطاك وسعيك.

* **الدكتور عبد الرزاق عبد الغني**: أتشرف أن أكون زائراً في المعرض حيث انبهرت بموسوعة دائرة المعارف الحسينية من ٦٣٠ مجلدا.

* **معتمد المرجع الأعلى السيد السيستاني فضيلة السيد محمد حيدر دايم الحسيني الفؤادي ـ الديوانية**: كان لنا الشرف بالمشاركة في مهرجان ربيع الشهادة العالمي السابع، وقد زرنا معرض الكتاب فيه، فوجدنا الجهد

المتميز لجميع العاملين فيه وخصوصاً المركز الحسيني للدراسات وما فيه من كنز المعلومة والنشاط المتميز للناشر والإخوة المشرفين على هذا الجناح، متمنين لهم دوام التوفيق للجميع.

* **الأديب علي عبود حسين ابو لحمة ـ كربلاء المقدسة**: بعد تجوالي في معرض الكتاب الدولي، فرأيت معرض الموسوعة الحسينية للعلامة المجاهد سماحة الشيخ محمد صادق الكرباسي مما يفرح القلب لهذا الانتاج الثقافي والتاريخي للموسوعة الحسينية العالمية المباركة، فكان معرضا شيقا ومنسقا، فبارك الله بجهودك ووفقكم الله لخدمة الإسلام والمسلمين والإمام الحسين الشهيد عليه السلام.

* **أمين عام العتبة الحسينية المشرَّفة العلامة الشيخ عبد المهدي الكربلائي**: تشرفت بزيارة معرض مركز الدراسات الحسينية واطلعت على روافد المعرفة الحسينية والإسلامية المتمثلة بإصدارات المركز وخصوصاً موسوعة دائرة المعارف الحسينية لسماحة العلامة الشيخ الكرباسي ـ دام عزه ـ ورفع الله تعالى مقامه في عليين، التي أسهمت في إغناء الثقافة والفكر الحسيني، وأسأل الله تعالى له كمال التوفيق لإنجاز هذه الموسوعة.

* **الأديب أبو سيف إسماعيل الوائلي ـ كربلاء المقدسة**: زرت مركز الدراسات الحسينية لندن واطلعت على الموسوعة الثرة والشاملة التي يحويها هذا المركز الحسيني الغزير وقد شمل المئات من البحوث والدراسات ودواوين الشعر من شتى أنحاء العالم، وقد ساهمت أنا شخصيا بإرسال ديواني الشعري مع الأُمسية والقرص، لأفتخر أني من المشاركين في هذا المركز والله الموفق.

* **الأديب كاظم جواد الحلفي الكربلائي ـ كربلاء المقدسة**: بكل

اعتزاز لقد زرت معرضكم القيم واطلعت على المعروضات وكانت بحق من خيرة ما شاهدت في حق الحق والفضيلة وفضائل أهل البيت. وفقكم الله لكل خير.

* **الأديب كفاح وتوت ـ كربلاء المقدسة**: هنيئا لكم السير في طريق الحسين المحفوف بالورد والرياحين والتوفيق، شكراً لهذا الإنجاز العظيم. وفقنا وإياكم لحسن العاقبة.

* **الأديب الدكتور محمد رضا فخر الروحاني ـ إيران**: لقد تشرفت بنعيم زيارة المعرض لكتبكم وبالخصوص دائرة المعارف الحسينية. أسأل الله أن يوفقكم في مشروعكم الحسيني.

* **السيدة نغم عبد الكاظم ـ بغداد**: زرت جناح مركز الدراسات الحسينية لندن واطلعت على أكبر موسوعة في العالم عن الإمام الحسين عليه السلام وكنت بحاجة إلى المصادر عن الموضوع الذي يتحدث عن "التحليل المكاني لاستعمالات الارض الحضرية في قضاء الهندية". وجدت بعض ما احتاج إليه في كتابه أضواء على مدينة الحسين الجزء الأول، وهو الجزء السادس والستون من أجزاء الموسوعة الحسينية المباركة للدكتور الشيخ محمد صادق الكرباسي، هذا الانجاز الرائع.

* **رئيس اتحاد الأدباء والكتاب في كربلاء الأستاذ عباس خلف علي**: ببالغ المحبة والتقدير زرت معرض المركز الحسيني للدراسات والبحوث ووجدت التنظيم الرائع لمعروضات الكتب القيمة التي تتناول المواضيع التي تخص الشهادة والكرامة والقيمة العليا للمعاني السامية التي اختص بها الإمام الحسين عليه السلام ومكانته التي وهبت للإنسانية العدل والتضحية

والايثار، فلا يسعني إلا أن أقف إجلالا لما تبذلونه من إعلاء كلمة الحق في الأرض. مع محبتي .

* رئيس قسم الدراسات الاجتماعية في المركز العلمي العراقي الدكتور رسول المطلق ــ بغداد: بارك الله بجهود الإخوة العاملين في المركز الحسيني للدراسات، وبارك الله في رجل تثقف ليكتب موسوعته ليثقف، فبارك الله بجهوده وسدد خطاه لجهوده التي تكاد تكون معجزة العصر حسب تصوراتي المتواضعة لأنها تفوق حدود العقل الطبيعي، ولكن على ما يبدو أدركها التوفيق الإلهي .

* السيدة آمنة حسين ــ سويسرا: أنا مسرورة كثيراً بزيارتي للعراق والمشاركة في مهرجان ربيع الشهادة السابع. الحسين ضحى ونحن ينبغي منا أن نكون مضحين. أبارك هذا الجهد الرائع، أقول الشيخ الكرباسي في الجنة، وسيدخلها بلاشك لأنه على خطى الحسين سائر. تقبلوا فائق شكري وتقديري

* الجامعي الدكتور علي الزهيري ــ بغداد: ﴿وَمَن يُؤْتَ ٱلْحِكْمَةَ فَقَدْ أُوتِيَ خَيْرًا كَثِيرًا﴾ [سورة البقرة: ٢٦٩]، وهذا هو مصداق قوله تعالى الجهد الخرافي الذي بذله ويبذله شيخنا الأكرم الكرباسي، أتمنى من الله له كل الموفقية والصحة .

* الجامعي الدكتور محمد عبود كماز ــ بغداد: بارك الله في جهودكم خدمة للدين الحنيف ومذهب أهل البيت ﷺ، وأشد على عضدكم، وجزاكم الله في الدنيا والآخرة خيرا. أتمنى التواصل في مسيرتكم لبعث تراث أهل البيت الأطهار وإثبات مظلوميتهم إلى العالمين. بارك الله في سيدنا العالم الجليل الكرباسي وأدام ظله في خدمة الإسلام وأهل بيت

النبوة، نسأل الله أن يعين الجميع، وأن ننشر مذهب آل محمد صلى الله عليه وآله على الأرض كافة ولو كره المشركون. سأُفاتح كلية آداب المستنصرية في بغداد لشراء الموسوعة إن شاء الله في ذلك.

* **الإعلامي الدكتور صلاح العميدي ـ كربلاء المقدسة**: قبل أن أزور المكان المخصص للمركز الحسيني للدراسات كان لي تصور عن هذه الموسوعة الشريفة والكبيرة التي تعنى بتراث الإمام الحسين عليه السلام وذلك من خلال لقائي مع سماحة آية الله الشيخ الكرباسي (حفظه الله) ومن خلال لقاءاتي مع الأستاذ أبو رضا علي التميمي والدكتور ابو رضا نضير الخزرجي، وأتمنى من الله القدير أن تكون لي بصمة في رفد ودعم هذا العمل العظيم لأنه عمل مرتبط بالإمام الحسين وكل ما هو مرتبط مع الإمام الحسين عليه السلام يكون خالداً. وأسعى من خلال عملي الاعلامي أن أخدم هذه الموسوعة مع الاعتذار عن التقصير. أسأل الله القدير أن يحفظ صاحب هذا المشروع ويذلل جميع الصعاب والعراقيل إنه سميع الدعاء.

* **مسؤول العلاقات العامة في محافظة كربلاء الدكتور عقيل محمود الخزعلي**: ﴿وَيُسَٰرِعُونَ فِي ٱلۡخَيۡرَٰتِۖ﴾ [سورة آل عمران: ١١٤].. عند أعتاب نتاجات يراع وفكر الاستاذ الكبير الشيخ محمد صادق الكرباسي نقف بإجلال وتواضع لعظيم هذا الإسهام الانساني الذي لم يأخذ على عاتقه تأرخة المنجز الفكري والثقافي بل تحول من تقليدية الطرح والعرض إلى الابداع في عملية التوثيق والتحليل والتمظهر، إنه جهد استثنائي يستحق أن يتسمَّر عنده الوعي والفكر لينتخب وينتقي ما يُعيد له بريقه وعنفوانه. أملنا أن يشكل هذا المنعطف الأدبي والمعرفي والديني نُقلة على صُعد الاستنهاض وإعادة التمثل لمرجعية الحضارة الإسلامية والشريعة، داعياً

المولى عزَّ وجل في أن تكون هذه المحطة زاداً لكل مَن يبتغي الارتشاف من المعين الصافي. تحياتنا ودعاؤنا للعلامة الشيخ الكرباسي ولكل الحواريين المعاونين والمرابطين معه، والسلام.

* **الجامعي الدكتور محمد نوري الموسوي ـ بابل**: فقد تشرفت بزيارة معرض الكتاب الدولي المقام على هامش مهرجان ربيع الشهادة العالمي السابع المقام في كربلاء المقدسة للعام ٢٠١١م، وتشرفت بالوقوف على الموسوعة العظيمة (موسوعة الإمام الحسين) للشيخ الأجل الشيخ الكرباسي (حفظه الله) وأعجبت بهذا العمل الكبير. أسأل الله أن يوفق المؤلف لإتمام أجزائها وله طول العمر والحمد لله رب العالمين.

* **أستاذ الدراسات القرآنية السيد حسن عبيد محيسن المعموري ـ بابل**: أحمد الله تعالى وأشكره لأن وفقني إلى التشرف بزيارة كربلاء المقدسة والمرور بالمعرض العالمي للكتاب الذي يقام في المدينة المقدسة ضمن فعاليات مهرجان ربيع الشهادة العالمي السابع، واطلعت على كتب كثيرة، وقد أذهلني ما قام به سماحة الشيخ الكرباسي من عمل علمي كبير تمثل بالموسوعة المعرفية التي كتبها عن الإمام الحسين عليه السلام التي أسماها "دائرة المعارف الحسينية" متمنيا له كل خير وتوفيق.

* **الأديب السيد جليل صاحب خليل الياسري ـ كربلاء المقدسة**: أشكر الله وأحمده على التوفيق الذي جعلني أتشرف بالمرور على المعرض العالمي للكتاب الذي يقام في مدينتنا المقدسة وعلى توافقه مع الولادات الميمونة للأئمة الأطهار. وقد اطلعت على كثير من المؤلفات ولكني توقفت كثيراً على رائعة الشيخ الكرباسي في عمله العلمي الكبير، وقد اطلعت على أحد الأجزاء ببعض التمعن واستقرأت من خلاله الكثير من النتائج الذهنية

التي تفضي إلى تمكن مُلفت في تناول الموضوعات التي اشتغل عليها وفرادةٍ في استخدام أدوات البحث التي هيّأها لتلك الموسوعة المترامية الأطراف فضلا عن ذلك، ذلك العزم الرجولي المنقطع النظير في الخوض في ميدان مثّل عبر الأزمان المتوالية رمزا إنسانيا أبدياً في الصراع بين الخير والشر، وكان لسان حال الباحث أن يهديه هذه الأبيات التي تقصر عن وصف باعه الطويل الذي أتحف الإسلام والمذهب به، وما لم يصلنا منه بالتأكيد كان أعظم:

أحِنُّ إلى حرفك المُلهب ... وأحنو على وجهك المُتعَب
وإذ ما يداك تدير الحديث ... لتمسكه طيّع المركب
وإذ أنت في القلب ملء الشغاف ... متى جفَّ عودٌ به تسكب
تروح وتغدو بطيّاته ... لترفعه في ذرى المطلب
فيا حاملا عبق الأكرمين ... نديّاً إلى الشرق والمغرب
ويا أيها الوِتر في الذائدين ... عن الوتر في الأفق الأرحب

دمت معطاءً بحفظ الله.

محافل علمية وأدبية عراقية وأخرى إيرانية
تثير اهتمامها الموسوعة الحسينية

المركز الحسيني للدراسات ـ كربلاء المقدسة[١]

في إطار التعاون الثقافي والإعلامي لبيان معالم الرسالة الإنسانية لحركة النهضة الحسينية زار مكتب دائرة المعارف الحسينية في كربلاء المقدسة في العراق مطلع تشرين الثاني (نوفمبر) ٢٠١١م وفد إعلامي من مجلس محافظة كربلاء المقدسة يتقدمهم كادر صحيفة "كربلاء اليوم" ورئيس تحريرها الأستاذ باهر غالي للوقوف على آخر مستجدات الموسوعة الحسينية التي بلغت مجلداتها المطبوعة ٧٦ جزءاً من مجموع أكثر من ستمائة مجلد مخطوط.

الشاعرة والإعلامية مديحة الكعبي قالت: "أعبّر عن سروري وفخري أن أطلع على أكبر إنجاز في العالم العربي والإسلامي وهو الموسوعة الحسينية" مباركة: "لسماحة آية الله الدكتور الكرباسي كل الجهود التي يبذلها من أجل إكمال الموسوعة" داعية: "كل شرائح المجتمع لمؤازرة

---

(١) وزع المركز الحسيني للدراسات الخبر على وسائل الإعلام المختلفة بتاريخ ١١/١١/٢٠١١م، ونشر في الكثير، منها مثل: موسوعة العراق، وموقع مركز النور للدراسات (السويد) بتاريخ ١٢/١١/٢٠١١م.

الدكتور الكرباسي، وينبغي على مكتبات الجامعات العراقية اقتناؤها" مثنية على فرع الموسوعة في كربلاء المقدسة: "لجهودهم المبذولة للمشاركة في معارض الكتاب في كربلاء المقدسة والنجف الاشرف وبغداد وأربيل".

وفي الإطار نفسه وبتاريخ ٢/١١/٢٠١١ زار وفد أكاديمي من العاصمة العراقية بغداد مكتب دائرة المعارف الحسينية في كربلاء المقدسة مظهرين دهشتهم لهذا الجهد المعرفي الفريد من نوعه، فالدكتور أحمد عبد العال أحمد عبد الله العبيدي بارك جهود الدكتور الشيخ الكرباسي من أجل إكمال الموسوعة الحسينية بكل أبوابها الستين، داعياً: "السيد وزير الثقافة العراقية بتكريم الدكتور الكرباسي"، فيما تساءل الأستاذ زيد أحمد محمد الموسوي وهو شخصية أكاديمية ثقافية: "هل يعلم السادة وزراء الثقافة، والتعليم العالي والبحث العلمي، والتربية بأن مكتباتنا بحاجة ماسة لأجزاء الموسوعة الحسينية لأنه لا يمكن لأي طالب أو باحث أو من يرغب بالحصول على شهادة عليا الاستغناء عن البحوث الموجودة في إصدارات دائرة المعارف الحسينية، وهنا لا أعرف عن أي جزء أتحدث؟ عن التاريخ أو اللغة الموجودة بأجزاء دواوين الشعر البالغة عشرين مجلداً، أم بغيرها!".

واستمع الوفد الزائر إلى جوانب من نشاطات دائرة المعارف الحسينية قدّمها الأستاذ هاشم الطرفي، فأردف الاستاذ عبد الباسط جوان البرزنجي الموسوي قائلا: "إن ثقتنا عالية بكل الشخصيات الثقافية العراقية لمساندة دائرة المعارف والاستمرار بإسهاماتها المعرفية"، مثنيا ومثنّياً على الدعوات الصادقة: "بضرورة وجود أجزاء الموسوعة بكل المكتبات العراقية وبخاصة مكتبات الإعداديات والجامعات".

الأستاذة بيان جمال عبد العزيز رعد الدليمي أثار اهتمامها الجهد المعرفي للموسوعة فقالت: "أقف بكل احترام وإجلال أمام هذه المجلدات التي يعجز القلم عن وصفها، ليس هذا فحسب بل أُبارك لأنامل الشيخ المؤلف وأقول له من يقف معك فهو في جنة الخلد كما قال الرسول الأكرم محمد ﷺ (من أحب قوماً حشر معهم، ومن أحب عمل قوم أشرك في عملهم)، وأنت ستحشر مع من تحب ومع من تكتب هذه المجلدات باسمه، ومن يكون معك ستكون له منزلة بدار الآخرة، سيدي الكرباسي لا يمكن الاستغناء عن كل ما كتبته في هذه المجلدات، والمستقبل القريب يبشر بخير تجاه الانفتاح على اصداراتكم المباركة".

على صعيد متصل، قام مؤخراً وفد من دائرة المعارف الحسينية بزيارة للجمهورية الإسلامية في إيران، وتنقل في مدن محافظة خوزستان التي يتحدث أهلها العربية حيث زار مدير مكتب دائرة المعارف الحسينية الأستاذ علي التميمي يصحبه من مدينة شادگان (الفلاحية) الإيرانية الرادود الحسيني الأستاذ عبد الرضا إبراهيم الخنيفري الموالي عدداً من المراكز والحسينيات والمنتديات الثقافية والأدبية في مدن الأهواز وخرمشهر والحميدية وشادگان والتقى بالكثير من الأدباء والشعراء والخطباء.

وتحدث الوفد الزائر في هذه اللقاءات عن دور الأدباء والشعراء والخطباء في نصرة الحق والحقيقة وهداية البشرية إلى جادة الصواب عبر الكلمة الصادقة، فمن الشخصيات الأدبية والحسينية والعلمية التي التقاها وفد دائرة المعارف الحسينية في مدينة شادگان: فاضل يعقوب السكراني الشمري، عبد الزهرة يعقوب السكراني الشمري، عباس عبد المهدي المزيدي، مهدي صالح العاشوري، محسن ناصر ألبو سليمي، رضا لطيف

٥٤٥

البعّاج، عبد الرضا مغامس صبّاحي مقدّم، عبد الله كاظم الدورقي، كمال خضير عساكر، جاسم صويلح النواصري، عبد القادر حسن المزيدي، غلام ارزيج النعيماوي، والشاعر يوسف برِّي دريد.

ومن الذين التقاهم الوفد الزائر في مدينتي الأهواز والحميدية: علي حسن الصالحي، رسول جليل العبيداوي، حسين جبار الحريبي، سعيد جبار الحريبي، علي الساعدي، صادق العبيداوي، منصور السعيداوي، والخطيب الحسيني الشيخ السواري.

وكانت للوفد زيارة لمدينة خرمشهر التي شهدت معارك دامية أثناء الحرب العراقية الإيرانية (١٩٨٠ ـ ١٩٨٨م)، والتقى بعدد من الأدباء والشعراء والخطباء والرواديد منهم: فرحان فاضل الأسدي، سامي سالم ألبو عذار، عزيز خليل الفيصلي، راضي خليل الفيصلي، اسويد شحوت آل يوالمي، محمد عبد الإمام، هاشم حبيب الأسدي، مسلم خلف المانعي، حنون البحراني، والشاعر عباس محسن الأسدي.

من جانب آخر إطلع السيد ثامر القزويني قائمقام محافظة كربلاء المقدسة السابق ورئيس الموكب العاشورائي المليوني الشهير "ركضة طويريج"، على الأجزاء المطبوعة من الموسوعة الحسينية، خلال زيارته لمكتب الدائرة في كربلاء المقدسة، مؤكداً أنه: "ينبغي اقتناء أجزاء الموسوعة الحسينية لما تحمله من معلومات هامة عن واقعة الطف الخالدة لم يسبق الاطلاع عليها، وكذلك العلوم المعرفية الأخرى المعززة بالأدلة، وهذه دعوة لكل من يهتم بالثقافة العراقية أن يولي اهتماما خاصاً بدائرة المعارف الحسينية".

وفد من مقلدي المرجع الديني اليعقوبي يزور آية الله الكرباسي في لندن

المركز الحسيني للدراسات ـ لندن[1]

زار وفد من مقلدي سماحة المرجع الديني الشيخ محمد اليعقوبي (دام ظله) سماحة آية الله الشيخ محمد صادق الكرباسي (دام ظله) وقد تمثل الوفد بسماحة الشيخ محمد الرفيعي والشيخ الأستاذ حيدر الأمطوري والحاج جلال العلوان والأخ عبد الرحمن الجوراني والمهندس رافد الأزيرجاوي، وحضر اللقاء الباحث في دائرة المعارف الحسينية الدكتور نضير الخزرجي.

بدأ اللقاء بسؤال سماحة الشيخ الكرباسي عن سماحة المرجع اليعقوبي وصحته واستفسر عن آخر أخبار ونشاطات المرجعية، وقد عرج سماحة الشيخ الكرباسي على الوضع في العراق مؤكداً وجوب المحافظة على ما وصلنا إليه من إنجازات في العراق وعدم التفريط بها، وقد علق على مسألة

---

(١) وزع المركز الحسيني للدراسات الخبر لوسائل الإعلام يوم ٢٤/١١/٢٠١١م، ونشر في الكثير، منها: المؤسسة الإعلامية العراقية الإسلامية (العراق) بتاريخ ١٤/١٢/٢٠١١م، شبكة صوت العراق (هولندا) بتاريخ ١٥/١٢/٢٠١١م، وجريدة شمس العراق (أميركا) بتاريخ ١٦/١٢/٢٠١١م.

تسقيط من يتصدى للمرجعية بقوله (على المؤمن أن يعمل لله ولا حاجة للالتفات إلى ما يقوله الآخرون ما دام عمله لله وسترون أن ما لله ينمو ويرتفع فلا تبالوا لتخرصات الآخرين ولا تذعنوا لها فإن الشجر المثمر يُضرب!) ثم ذُكرت في اللقاء الذي تم في ٢١/١١/٢٠١١م في المركز الحسيني للدراسات في لندن إنجازات المرجع اليعقوبي (دام ظله) على جميع الأصعدة الدينية والاجتماعية والسياسية وغيرها منذ سقوط النظام في ٩/٤/٢٠٠٣م وحتى وقتنا الحالي وإيمان سماحة المرجع بالعمل المؤسساتي وحثه على العمل به، فيما قُدمت بعض مؤلفات سماحة المرجع الديني الشيخ محمد اليعقوبي (دام ظله) لسماحة الشيخ محمد صادق الكرباسي وقد شكر الهدية وثمّنها وأوصى بإيصال سلامه إلى سماحة الشيخ المرجع.

والجدير ذكره أن آية الله الشيخ محمد صادق الكرباسي هو المؤلف الكبير للموسوعة الحسينية التي بلغت ٦٠٠ مجلد، والفقيه القدير الذي ألَّف ما يقارب ١٠٠٠ كراس حول شتى المواضيع الفقهية، وهو المؤسس للمركز الحسيني للدراسات في لندن في حين كان من المؤسسين للحوزة العلمية الزينبية في دمشق.

وكان سبق للدكتور نضير الخزرجي أن التقى بالمرجع اليعقوبي في مكتبه بالنجف الأشرف في ٢٣/٣/٢٠٠٨م، أثناء حضور الأول مؤتمر المصالحة الوطنية الثاني الذي دعت إليه وزارة الدولة العراقية لشؤون الحوار الوطني وعقد في قصر المؤتمرات في بغداد في الفترة ١٨ ـ ١٩ آذار مارس ٢٠٠٨م.

في حوارات متلفزة:
الخزرجي: رؤى في معالم النهضة الحسينية ومسائلها الخلافية

في إطار بيان معالم النهضة الحسينية وتسليط الأضواء على بعض النقاط الخافية أو الخلافية في بعض تفاصيلها، والدور الكبير الذي تضطلع به دائرة المعارف الحسينية في هذا المقام، عرض علينا الأستاذ وجدي المبارك[1] معد البرامج الثقافية في قناة المهدي الفضائية حزمة من الأسئلة عبر حوار تلفوني، وبثت الإجابة من خلال حوار متلفز من على شاشة القناة في الأيام العشرة من شهر محرم الحرام عام ١٤٣٣هـ[2]، اثناء

(١) وجدي المبارك: هو ابن عبد العظيم بن خليل آل مبارك، ولد في بلدة الأوجام في القطيف من المنطقة الشرقية في السعودية في ٢٢/ ٥/ ١٩٧٠م، كاتب وإعلامي وناشط اجتماعي ووكيل مدرسة ثانوية، نشأ ودرس في مسقط رأسه وأنهى الإعدادية في مدرسة صفوى الثانوية، تخرج من كلية الآداب في جامعة الملك سعود في الرياض سنة ١٩٩٣م (بكالوريوس جغرافية)، تولى مسؤولية القسم الإعلامي في مركز الأسرة للتدريب الاجتماعي في القطيف لمدة سنتين ونصف، كما تولى مسؤولية القسم الإعلامي في البيت السعيد في صفوى الذي يعنى بالاهتمام والتثقيف الأسري والاجتماعي، عضو مؤسس في لجنة الوفاء للتكريم في بلدة الأوجام، رئيس اللجنة الإعلامية لمسابقة سيدة الأخلاق في المنطقة الشرقية في المملكة العربية السعودية، من آثاره: الآجام بين الأمس واليوم، قراءة نقدية للخطاب الحسيني المعاصر (مخطوط)، والتقديم الحواري التلفزيوني.. رؤية معاصرة (مخطوط).

(٢) ١ ـ ١٠ محرم ١٤٣٣هـ = ٢٧/ ١١ ـ ٦/ ١٢/ ٢٠١١م.

استضافته لعدد من المشايخ والخطباء للحديث عن واقعة الطف، وأعيد بث الحلقات عام ١٤٣٤هـ[1].

مشروع حياة خالدة

*** قناة المهدي: آلاف الكتب والموسوعات التي كتبت في حق الإمام الحسين عليه السلام ونهضته، ماذا يعني في قراءتكم الفكرية في هذا الكم الهائل من هذه المؤلفات والموسوعات؟**

الخزرجي: ابتداءً لابد من الإقرار بأنَّ الإسلام هو مشروع حياة يجمع الدنيا والآخرة، فهو يدخل في كل مناحي الحياة، فمن الطبيعي أن يكتب فيه وعنه المصنفات والمؤلفات، وحيث يمثل أهل البيت عدل القرآن والسيرة المتممة والشارحة في آن واحد للسيرة النبوية، فمن الطبيعي أن يكتب فيهم وعنهم المؤلفات، ومن هؤلاء العدول هو الإمام الحسين عليه السلام الذي اجتمعت فيه عليه السلام أمور كثيرة لم تجتمع في غيره من الأئمة وتجد كل ما في غيره من الأئمة فيه، ولذلك فالكتابة عن الإمام الحسين عليه السلام هو كتابة عن المعصومين عليهم السلام، ولأنَّ التأليف في الإمام الحسين عليه السلام كثير للغاية فإن أحد أبواب دائرة المعارف الحسينية لسماحة الشيخ الدكتور محمد صادق الكرباسي اختصت بالمؤلفات والمصنفات، وهي في ثلاثين جزءاً قابلة للزيادة.

البعدان الغيبي والحضوري

*** قناة المهدي: لماذا التركيز على واقعة كربلاء في التاريخ البشري**

---

(١) استفدنا في عدد من الأجوبة من أفكار راعي الموسوعة الحسينية ومؤسسها سماحة الفقيه الدكتور محمد صادق الكرباسي حفظه المولى.

دون غيرها، بالمقابل هناك حوادث تاريخية كبرى كانت لها موقعيتها في تاريخ البشرية ولم تعط هذه الأهمية؟

الخزرجي: هناك بعدان في واقعة كربلاء غيبي ومادي، فالغيبي: إنَّ الله ينصر من ينصره ويرفع من شأنه، وكانت نهضة الحسين عليه السلام هي نصرة لقيم السماء الحقة، فكان حقا على الله أن ينصر ناصره، وبقاء القضية ساخنة مظهر من مظاهر النصرة.

وأما البعد الحضوري الشهودي، فالتحرر من ربقة الجبت والطاغوت هو مطمح كل إنسان يعيش على وجه البسيطة بغض النظر عن دينه ومعتقده، وحتى اللاديني يبحث عن التحرر، وهذا الأمر تحقق في كربلاء عام ٦١هـ، فمن الطبيعي أن تتوجه الأنظار إلى هذه الواقعة.

ثم لا ننسى أنَّ حدث كربلاء أكبر من أن تستوعبه ذاكرة الإنسان ولذلك يظل يلح عليها وتتضاءل كل الذكريات التاريخية أمام واقعة كربلاء، وحسب تعبير الإمام علي بن الحسين السجاد عليه السلام في وصف استشهاد والده الإمام الحسين عليه السلام: "ما من يوم أشد على رسول الله صلى الله عليه وآله وسلم من يوم أُحد، قتل فيه عمه حمزة بن عبد المطلب أسد الله وأسد رسوله، وبعده يوم مؤته، قتل فيه ابن عمّه جعفر بن أبي طالب، ثم قال عليه السلام: ولا يوم كيوم الحسين عليه السلام إزدلف إليه ثلاثون ألف رجل يزعمون أنهم من هذه الأمة، كلّ يتقرب إلى الله عز وجل بدمه، وهو بالله يذكّرهم فلا يتعظون حتى قتلوه بغياً وظلماً وعدواناً"[1].

---

(١) الصدوق، محمد بن علي، أمالي الصدوق: ٣٧٤، مجلس ٧٠.

الإصلاح قاسم مشترك

*** قناة المهدي: ماهي القواسم المشتركة بين رسالة الأنبياء ورسالة الإمام الحسين عليه السلام، وما أوجه الاختلاف إنْ وجدت؟**

الخزرجي: لعلَّ أهم قاسم مشترك بين رسالة الأنبياء ورسالة الإمام الحسين عليه السلام هو الإصلاح، كما قال عليه السلام: "إني لم أخرج أشراً ولا بطراً ولا مفسداً ولا ظالماً، وإنما خرجت لطلب الإصلاح في أمة جدي صلى الله عليه وآله وسلم، أريد أن آمر بالمعروف وأنهى عن المنكر"[1]، وفي هذا المحور يلتقي الإمام الحسين عليه السلام مع لب رسالة الأنبياء التي لخصها الباري تعالى في النصوص القرآنية التالية: ﴿ٱلَّذِينَ يَتَّبِعُونَ ٱلرَّسُولَ ٱلنَّبِيَّ ٱلْأُمِّيَّ ٱلَّذِى يَجِدُونَهُۥ مَكْتُوبًا عِندَهُمْ فِى ٱلتَّوْرَىٰةِ وَٱلْإِنجِيلِ يَأْمُرُهُم بِٱلْمَعْرُوفِ وَيَنْهَىٰهُمْ عَنِ ٱلْمُنكَرِ وَيُحِلُّ لَهُمُ ٱلطَّيِّبَٰتِ وَيُحَرِّمُ عَلَيْهِمُ ٱلْخَبَٰٓئِثَ وَيَضَعُ عَنْهُمْ إِصْرَهُمْ وَٱلْأَغْلَٰلَ ٱلَّتِى كَانَتْ عَلَيْهِمْ ۚ فَٱلَّذِينَ ءَامَنُوا۟ بِهِۦ وَعَزَّرُوهُ وَنَصَرُوهُ وَٱتَّبَعُوا۟ ٱلنُّورَ ٱلَّذِىٓ أُنزِلَ مَعَهُۥٓ ۙ أُو۟لَٰٓئِكَ هُمُ ٱلْمُفْلِحُونَ﴾[2]، وقوله تعالى: ﴿وَإِلَىٰ مَدْيَنَ أَخَاهُمْ شُعَيْبًا ۗ قَالَ يَٰقَوْمِ ٱعْبُدُوا۟ ٱللَّهَ مَا لَكُم مِّنْ إِلَٰهٍ غَيْرُهُۥ ۖ وَلَا تَنقُصُوا۟ ٱلْمِكْيَالَ وَٱلْمِيزَانَ ۚ إِنِّىٓ أَرَىٰكُم بِخَيْرٍ وَإِنِّىٓ أَخَافُ عَلَيْكُمْ عَذَابَ يَوْمٍ مُّحِيطٍ * وَيَٰقَوْمِ أَوْفُوا۟ ٱلْمِكْيَالَ وَٱلْمِيزَانَ بِٱلْقِسْطِ ۖ وَلَا تَبْخَسُوا۟ ٱلنَّاسَ أَشْيَآءَهُمْ وَلَا تَعْثَوْا۟ فِى ٱلْأَرْضِ مُفْسِدِينَ * بَقِيَّتُ ٱللَّهِ خَيْرٌ لَّكُمْ إِن كُنتُم مُّؤْمِنِينَ ۚ وَمَآ أَنَا۠ عَلَيْكُم بِحَفِيظٍ * قَالُوا۟ يَٰشُعَيْبُ أَصَلَوٰتُكَ تَأْمُرُكَ أَن نَّتْرُكَ مَا يَعْبُدُ ءَابَآؤُنَآ أَوْ أَن نَّفْعَلَ فِىٓ أَمْوَٰلِنَا مَا نَشَٰٓؤُا۟ ۖ إِنَّكَ لَأَنتَ ٱلْحَلِيمُ ٱلرَّشِيدُ * قَالَ يَٰقَوْمِ أَرَءَيْتُمْ إِن كُنتُ عَلَىٰ بَيِّنَةٍ مِّن رَّبِّى وَرَزَقَنِى مِنْهُ رِزْقًا

---

(١) المقرم، عبد الرزاق، مقتل الحسين: ١٣٩ (بيروت، دار الكتاب الإسلامي، ط٥، ١٣٩٩هـ ـ ١٩٧٩م).

(٢) سورة الأعراف: ١٥٧.

حَسَنًاۚ وَمَآ أُرِيدُ أَنْ أُخَالِفَكُمْ إِلَىٰ مَآ أَنْهَىٰكُمْ عَنْهُۚ إِنْ أُرِيدُ إِلَّا ٱلْإِصْلَٰحَ مَا ٱسْتَطَعْتُۚ وَمَا تَوْفِيقِيٓ إِلَّا بِٱللَّهِۚ عَلَيْهِ تَوَكَّلْتُ وَإِلَيْهِ أُنِيبُ﴾[1].

وبشكل عام ليس هناك وجه اختلاف بالمعنى اللفظي للكلمة وإنما المتحقق أن رسالة الأئمة هي في طول رسالة الأنبياء وهي الشارحة لها.

اليقظة المتواصلة

*** قناة المهدي: اعتبر بعض العلماء والمفكرين كربلاء نقطة تحول وتغيير لكل عصر وزمان هل يمكن القبول بهذا الرأي؟**

الخزرجي: يؤكد واقعنا الذي نعيشه والواقع الذي عاشه الأجداد عبر القرون المتمادية منذ القرن الأول الهجري هذه الحقيقة، فعندما نقرأ جانبا من السياسة الأموية القائمة على التزوير وقلب الحقائق واللعب بعواطف الناس وشراء الذمم نشعر بحجم النعمة التي نرفل بها، ولولا نهضة كربلاء لكانت الأمة الإسلامية غير الأمة الحالية التي وصفها القرآن بالأمة الوسط.

وبالقطع أنَّ النهضة الحسينية وضعت مائزا بين الحق والباطل وأوضحت الصراط المستقيم فكانت مصداق قوله تعالى: ﴿ٱهْدِنَا ٱلصِّرَٰطَ ٱلْمُسْتَقِيمَ * صِرَٰطَ ٱلَّذِينَ أَنْعَمْتَ عَلَيْهِمْ غَيْرِ ٱلْمَغْضُوبِ عَلَيْهِمْ وَلَا ٱلضَّآلِّينَ﴾[2]، فكما أن نهضة الحسين أيقظت الأمة حينها من سباتها، فإنها وضعت الأمة وعلى مر العصور على جادة الصواب.

---

(١) سورة هود: ٨٤ ـ ٨٨.

(٢) سورة الفاتحة: ٦ ـ ٧.

السلسلة الذهبية

*** قناة المهدي: رسالة خاتم الأنبياء هي رسالة خاتمة وجامعة لعموم البشر، فكان من المفترض والبديهي أن يكون التركيز عليها أكثر من التركيز على سيرة كربلاء ما هي وجهة نظرك بهذا الرأي؟**

الخزرجي: أولا: لابد من الإقرار ابتداءً أنَّ أوصياء النبي هم اللسان الناطق لرسالة النبي، فإذا تحدثوا إنما يتحدثون عن لسان النبي ﷺ الذي لا ينطق عن الهوى، وحديث السلسلة الذهبية(١) أشهر من نار على علم

---

(١) جاء عن حديث السلسلة الذهبية التالي: في كتاب أعيان الشيعة عن كتاب الفصول المهمّة لابن الصبّاغ المالكي، أنّه قال: حدّث السعيد إمام الدنيا وعماد الدين محمّد بن أبي سعيد بن عبد الكريم الوزان عن كتاب تاريخ نيسابور: أنّ علي بن موسى الرضا عليه السلام لمّا دخل نيسابور في السفرة التي خصّ فيها بفضيلة الشهادة، كان في قبّة مستورة على بغلة شهباء، وقد شقّ نيسابور.

فعرض له الإمامان الحافظان للأحاديث النبوية، والمثابران على السنّة المحمدية، أبو زرعة الرازي، ومحمّد بن أسلم الطوسي، ومعهما خلق لا يحصون من طلبة العلم والحديث والدراية، فقالا: أيّها السيّد الجليل، ابن السادة الأئمّة، بحقّ آبائك الأطهرين وأسلافك الأكرمين، إلاّ ما أريتنا وجهك الميمون المبارك، ورويت لنا حديثاً عن آبائك عن جدّك محمّد (صلى الله عليه وآله) نذكرك فيه.

فاستوقف البغلة وأمر غلمانه بكشف المظلة عن القبّة، وأقرّ عيون الخلائق برؤية طلعته المباركة، فكان له عليه السلام ذؤابتان على عاتقه، والناس كلّهم قيام على اختلاف طبقاتهم ينظرون إليه، وهم ما بين صارخ وباك، ومتمرّغ بالتراب، ومقبّل لحافر البغلة، فصاح العلماء والفقهاء: معاشر الناس، اسمعوا وعوا، وأنصتوا لسماع ما ينفعكم، ولا تؤذونا بكثرة صراخكم وبكائكم.

فقال الإمام الرضا عليه السلام: (حدّثني أبي موسى الكاظم، عن أبيه جعفر الصادق، عن أبيه محمّد الباقر، عن أبيه علي زين العابدين، عن أبيه الحسين شهيد كربلاء، عن أبيه علي بن أبي طالب، أنّه قال: حدّثني حبيبي وقرّة عيني رسول الله (صلى الله عليه وآله)، عن جبرائيل أنّه قال: سمعت ربّ العزّة سبحانه يقول: (كلمة لا إله إلاّ الله حصني، ومن قالها دخل حصني، ومن دخل حصني أمن عذابي).

ثمّ أرخى الستر على القبّة وسار، فقدّر أهل المحابر الذين يكتبون، فزادوا على عشرين ألفاً.

والحديث على ما يبدو من الأحاديث المتّفق عليها بين المحدّثين، وقد ذكره بهذا الإسناد كل من وصف رحلة الإمام الرضا عليه السلام إلى خراسان، وقال أبو نعيم الإصفهاني في حلية الأولياء، بعد أن=

حيث يقول المعصوم: حدثني أبي عن أبيه عن جده عن النبي عن جبريل عن الله، ولذلك فإن حديث الأئمة والأوصياء هو حديث النبي.

ثانيا: تذهب الأحاديث المتواترة الصحيحة السند إلى تأكيد النبي محمد ﷺ على أهمية كربلاء، وإلا لماذا يبكي النبي ﷺ الحسين عليه السلام عندما يولد مع أن المقام مقام فرح وسرور، ثم يخبر نساءه وأهل بيته بمقتله، فالرسول هو الذي وضع الأساس لهذا التركيز لأنه يعلم علم اليقين أن الحسين عليه السلام هو محيي الشريعة ومنقذها من التشويه والضياع، وهوالقائل (حسين مني وأنا من حسين)[1].

وللوقوف على هذه النقطة أرى من المفيد قراءة الجزأين الأول والثاني من كتاب "السيرة الحسينية"[2] من أجزاء دائرة المعارف الحسينية للكرباسي.

=روى الحديث المذكور: هذا حديث ثابت مشهور بهذا الإسناد، من رواية الطاهرين عن آبائهم الطيبين.

ومضى يقول: وكان بعض سلفنا من المحدّثين إذا روى هذا الإسناد يقول: لو قرئ هذا الإسناد على مجنون لأفاق.

ونقل صاحب كتاب كشف الغمّة في نهاية هذا الحديث كلاماً، عن الأستاذ أبي القاسم القشيري رحمه الله: إنّ هذا الحديث بهذا السند بلغ بعض أمراء السامانية، فكتبه بالذهب، وأوصى أن يدفن معه، فلمّا مات رُئي في المنام، فقيل: ما فعل الله بك؟ فقال: غفر الله لي بتلفّظي بـ (لا إله إلاّ الله، وتصديقي محمّداً رسول الله) مخلصاً، وأنّي كتبت هذا الحديث بالذهب تعظيماً واحتراماً.

ويروي الشيخ الصدوق في نهاية الحديث زيادة لطيفة، قال: فلمّا مرّت الراحلة نادانا: (بشروطها وأنا من شروطها)، والمقصود بأنّه إمام من قبل الله عزّ وجل على العباد، مفترض الطاعة عليه.

راجع: موقع تبيان (http://english.tebyan.net/index.aspx?pid = 38294) المنشور بتاريخ ١٣/ ٣/ ٢٠٠٧م.

(١) الجامع الصحيح (سنن الترمذي): ٥/ ٣٣٥، باب مناقب الحسن والحسين، ح ٣٧٧٥، محمد بن عيسى الترمذي.

(٢) صدر الجزء الأول عام ١٤٢٣هـ (٢٠٠٢م) عن المركز الحسيني للدراسات في لندن في ٥٠٠ صفحة، فيما صدر الجزء الثاني عام ١٤٢٤هـ (٢٠٠٣م) في ٤٦٦ صفحة.

ثالثا: فالتركز على كربلاء هو تركيز على القيم التى أتى بها النبي محمد ﷺ لإنقاذ الأمة والبشرية من الهلكة وسوقهم إلى جادة الصواب.

كانوا هنا

*** قناة المهدي: كيف استطاع بعض المستشرقين والغرب أن يقرأوا كربلاء بأبعادها المختلفة في حين لم يؤمنوا بالإسلام والحسين، لكن وقفاتهم في كربلاء وقفات فريدة من نوعها وكانت كلماتهم شاهد إثبات على موقعية كربلاء في التاريخ البشري؟**

الخزرجي: كلنا يعرف أن الاستشراق يعني الاستشراف ويعني الاكتشاف، أي اكتشاف الآخر ما لدى الشرق، ومن الطبيعي أنَّ الباحث عن المعلومة بشكل عام يمتلك قدراً من الثقافة ويكون صاحب نظر وعقلانية وفطرة منفتحة.

وفي كربلاء تحققت كل مثل الخير وظهرت أناملها الناعمة وبانت فيها زغانف الشر، فكانت فيها العقلانية وفيها الفطرة السليمة، فكانت فيها العِبرة والعَبرة، فكربلاء تناغمت مع عقلانية المستشرقين وعواطفهم وفطرتهم، والفطرة التي فطر الله الناس عليها أقرب ميلاً للحق ورجالاته ولا يقف بينها عامل الدين أو الجنس أو الوطن أو الزمن.

وعندما يلقي الانسان نظرة بسيطة على كتاب "نظرة المستشرقين والرحالة إلى الروضة الحسينية"[1] للدكتور جليل العطية، يكتشف أموراً

---

(١) صدر الكتاب عن بيت العلم للنابهين في بيروت عام ١٤٢٩هـ (٢٠٠٨م) في ١٥٩ صفحة من القطع المتوسط، وفيه أعد المؤرخ العراقي الدكتور جليل العطية المقيم في باريس ما جاء في أجزاء "تاريخ المراقد" للشيخ الكرباسي عن الرحالة والمستشرقين بخصوص كربلاء المقدسة والإمام الحسين عليه السلام.

كثيرة، فكل مستشرق ورحالة زار كربلاء خلال القرون الماضية وتحدث عن كربلاء ووصف الإمام الحسين عليه السلام بوصف يدل على عمق واقعة كربلاء في الضمير الإنساني.

فكلٌ وصف كربلاء والنهضة الحسينية من منظاره، من قبيل:

الرحالة: ابن حوقل البغدادي الموصلي[(١)] القرن الرابع الهجري.

الرحالة: ابن بطوطة المغربي[(٢)] القرن الثامن الهجري.

المؤرخ: حمد الله المستوفي القزويني[(٣)] في القرن الثامن الهجري.

الرحالة: سيدي علي الرئيس الرومي[(٤)] في القرن العاشر الهجري.

الرحالة: بيدرو تكسيرا[(٥)] وهو برتغالي في القرن الحادي عشر الهجري.

---

(١) إبن حوقل البغدادي الموصلي: هو محمد بن حوقل البغدادي الموصلي المكنى بأبي القاسم، ولد أواخر القرن الثالث الهجري وتوفي بعيد سنة ٣٦٧هـ، رحالة تاجر، رحل من بغداد سنة ٣٣١هـ إلى المغرب وصقلية، وجاب بلاد الأندلس وغيرها، وكان متعاوناً مع الفاطميين، له كتاب: المسالك والممالك.

(٢) ابن بطوطة المغربي: هو محمد بن عبد الله بن محمد بن إبراهيم اللواتي الطنجي (٧٠٤ ـ ٧٧٩هـ) ولد في طنجة وطاف في البلدان واستغرقت رحلاته الثلاث ٢٩ سنة، واستقر في فاس، من آثاره: تحفة النظّار في غرائب الأمصار، عجائب الأسفار (رحلة ابن بطوطة).

(٣) حمد الله المستوفي القزويني: هو أحمد بن أبي بكر بن نصر القزويني (٦٨٠ ـ ٧٥٠هـ) ولد في قزوين وتوفي فيها ودفن وله مقبرة، يرجع بنسبه إلى الحر بن يزيد الرياحي المستشهد في كربلاء، من آثاره: جامع التواريخ، نزهة القلوب، وظفر نامه.

(٤) سيدي علي الرئيس الرومي: هو ابن خضر بيك، ولد في أوائل القرن العاشر الهجري وتوفي سنة ٩٧٠هـ، كاتب وشاعر وقائد بحري في البحرية العثمانية، جال في البلدان، يتحدث العربية والتركية وينظم في الثانية، من آثاره: مرآة الممالك.

(٥) بيدرو تكسيرا: (Pedro Teixeira) (١٥٧٠ ـ ١٦٤١م) رحالة برتغالي ولد في مدينة كانتانهد (Cantanhede) البرتغالية ومات في مدينة بِلِم (Belém) على نهر الامازون في البرازيل، اشتهر كأول رحالة أوروبي انطلق عام ١٦٣٧م في رحلة على طول نهر الأمازون في أعماق أميركا اللاتينية.

الرحالة: عباس المكي[1] من مكة المكرمة في القرن الثاني عشر الهجري.

الرحالة: كارستن نيبور[2] من ألمانيا في القرن الثاني عشر الهجري.

قراءة واعية

*** قناة المهدي: المهاتما غاندي[3]، أنطون بارا[4] وغيرهما، أسماء كانت لهم وقفات تاريخية عن كربلاء، ماهي أهم القراءات التي قرأها هؤلاء المفكرون من سيرة الإمام الحسين عليه السلام؟**

---

(١) عباس المكي: هو ابن علي بن حسين العاملي (١١١٠ ـ ١١٨٠هـ) ولد في مكة وتوفي فيها، عالم فاضل وأديب وشاعر ورحالة، من آثاره: نزهة الجليس، وأزهار الناظرين.

(٢) كارستن نيبور: هو ابن بارتهولد (Carsten Barthold Neibuhr) (١٧٣٣ ـ ١٨١٥م)، رياضي ومصمم خرائط ورحالة، ولد في مدينة لودينغورث (Ludingworth) في ألمانيا ومات في مدينة ميلدورف (Meldorf) في ألمانيا، اشتغل بالزراعة في مقتبل العمر ثم عمل بمسح الأراضي ووضع الخرائط وتنقل في البلدان، وعاش في كوبنهاغن عاصمة الدانمارك، ثم انتقل إلى المانيا، من آثاره: وصف بلاد العرب (Description of Arabia)، رحلات عبر البلدان العربية (Travels Through Arabia)، وتكريما له أطلقت جامعة كوبنهاغن على معهدها للدراسات الشرقية اسم معهد كارستن نيبور (Carsten Niebuhr Institute).

(٣) المهاتما غاندي: هو موهنداس بن كرمشاند غاندي (Mohandas Karamchand Gandhi) (١٨٦٩ ـ ١٩٤٨ م) ولد في مدينة بوربندر في ولاية كوجارات واغتيل في نيودلهي، لقب بالمهاتما ويعني "الروح العظيمة" لقيادته حركة استقلال الهند عبر العصيان المدني والنضال السلمي، غادر إلى بريطانيا عام ١٨٨٣ م ونال منها شهادة القانون وعاد إلى الهند عام ١٨٩٠م، وفي عام ١٨٩٣ م غادر وأسرته إلى جنوب أفريقيا واستقر في مدينة ناتال على المحيط الهندي، عاد إلى الهند سنة ١٩١٥ م وتزعم حزب المؤتمر الوطني، نال استقلال الهند عام ١٩٤٥م، وإكراما لجهوده في الاستقلال اطلق عليه الشعب الهندي لقب بابو (Bapu) أي أبو الامة.

(٤) أنطون بارا: هو ابن يوسف، أديب وكاتب وإعلامي سوري مقيم في الكويت، ولد سنة ١٣٦٢هـ (١٩٤٣م) في بلدة يبرود من توابع ريف دمشق، أكمل الدراسات العليا في الأدب العربي والتاريخ الإسلامي وفلسفة الأديان، ولمؤلفاته القيمة منح شهادة الدراسات العليا (الدكتوراه) من الاتحاد العالمي للمؤلفين بالعربية خارج الوطن العربي، له نحو ١٥ كتابا في موضوعات مختلفة، منها: عشرة أيام ساخنة، دخان فوق دسمان، والأحلام تموت أولاً.

الخزرجي: كل شخصية علمية أو اجتماعية أو مثقفة هو في أمته علم من أعلامها يشار إليه بالبنان ومحل احترام الأمة، وبالقدر نفسه فإنَّ هذه الشخصية أو تلك حريصة على أن تقدم لأمتها ما ينفعها، ولذلك إذا فعلت شيئا أو قالت شيئا فإنَّ هذا الفعل أو القول يوضع في الميزان لتقييمه، ولذلك فإنَّ هذه الشخصيات لا تمثل نفسها وهي تعرف ذلك، فاذا قالت شيئا فهي تدرك حجم المسؤولية.

ثانيا: فإن ما نعرفه عن مواقف هذه الشخصيات وما كتبته عن الإمام الحسين ونهضته المباركة يمثل قمة الوعي الإنساني لحدث كبير مثل حدث الطف الذي غيَّر وجه التاريخ، ورسم خارطة جديدة للإنسانية تنحو نحو تمثّل قيم الخير المنسجمة مع الفطرة الإنسانية والمتناغمة معها.

ثالثا: من هنا فإنَّ كل شخصية من أعلام أمم البشرية قرأ النهضة الحسينية من وجهته، فالمهاتما غاندي قرأ في الإمام الحسين "المظلومية" اليقظة النابضة بالحياة، وهي غير المظلومية النائمة نوم الأموات حيث يكتوي الإنسان بنار الظلم ولا يفعل شيئا من أجل صالح نفسه وأمته.

وإذا قرأت "الحسين في الفكر المسيحي" للأديب السوري المقيم في الكويت الدكتور انطون بن يوسف بارا، تجد هنا الحسين عليه السلام ذلك الإنسان الحريص على سعادة البشرية المتماثل في رسالته مع نبيّ الله عيسى ابن مريم عليه السلام الحريص على سعادة البشرية.

وكان لي لقاء[1] جميل مع الدكتور انطون بارا في زيارتي للكويت عام

---

(١) جرى اللقاء مساء الثلاثاء ٤/٨/٢٠٠٩م وقد استضافنا الأستاذ العنيزي على مأدبة عشاء، وكنت من قبل قد التقيت بهم في مدينة كربلاء المقدسة اثناء حضورنا مؤتمر ربيع الشهادة الدولي الخامس الذي عقدته الأمانتان العامتان الحسينية والعباسية للفترة ٣ ـ ٧ شعبان ١٤٣٠هـ (٢٦ ـ ٣٠ تموز يوليو ٢٠٠٩م)

٢٠٠٩م[١] بحضور نخبة من الأعلام مثل الفنان الأستاذ عبد الكريم العنيزي والناشط الدكتور عبد الواحد الخلفان[٢] والكاتب الأردني الأستاذ مروان خليفات[٣]، وجرى حديث عن الإمام الحسين عليه السلام وعن كتابه الآنف، فوجدت فيه الإنسان المثقف المنفتح على الآخر الذي يقرأ الآخر من وحي الفطرة الإنسانية بدون تعقيد..

وكذا الأمر بالنسبة للآخرين.

رابعا: وهنا لابد من التأكيد على حقيقة مهمة وهي أنَّ الدكتور الكرباسي في أجزاء الموسوعة التي صدر منها حتى اليوم ٦٠ مجلدا[٤] وضع في نهاية كل مقدمة لأعلام من جنسيات وأديان وقوميات وأوطان مختلفة فيه رأيهم عن النهضة الحسينية.

والجديد في هذه المقدمات أن المؤلف ذهب إليهم يستنطق رأيهم عن

---

(١) حللت في الكويت يوم الأحد ٢/٨/٢٠٠٩م ضيفا على مؤسس قناة الأنوار الفضائية الوجيه الفاضل الأستاذ إسماعيل جنتي، وكان للقناة حوار مفصل معي أجراه الإعلامي الأستاذ إبراهيم الحائري صباح الثلاثاء ٤/٨/٢٠٠٩م، تناولت فيه جوانب عدة من تاريخ نشأة دائرة المعارف الحسينية والجهد المضني الذي يبذله البحاثة آية الله الدكتور محمد صادق الكرباسي في التأليف حيث يوصل ليله بنهاره. وفي اليوم التالي استضافتني قناتا الزهراء والمهدي وفيها اطلعت على شرح مفصل لعمل القناتين قدمه المدير العام الدكتور محمد علي قزاز، وفي يوم الأربعاء ٥/٨/٢٠٠٩م، أجرى الأستاذ يوسف الطباطبائي من قناة الزهراء حواراً متلفزاً شرحت فيه جوانب عدة من دائرة المعارف الحسينية. للمزيد، انظر: أشرعة البيان: ٥٦٧.

(٢) عبد الواحد الخلفان: هو ابن محمد شعبان حبيب محمد خلفان المولود في الكويت سنة ١٩٦٤م، كاتب واستاذ جامعي ومستشار في مجلس الامة الكويتي ومرشح له، استاذ كلية العلوم الإدارية قسم نظم المعلومات في جامعة الكويت، له مؤلفات عدة ومشارك في بعضها تدرس في الجامعات الأمريكية والغربية، له أكثر من ١٥ بحثاً علمياً في مجال اختصاصه.

(٣) مروان خليفات: باحث وكاتب إردني سكن سوريا والسويد، ولد في كفر جايز في محافظة اربد سنة ١٩٧٣م، من آثاره: وركبت السفينة، النبي ومستقبل الدعوة، قراءة في المسار الأموي.

(٤) بلغت أجزاء الموسوعة المطبوعة حتى يومنا هذا الستة وثمانين مجلداً.

كربلاء والإمام الحسين، فهي آراء بكر، ومنها الدلاي لاما[١]، وقد صدر بهذا الخصوص كتاب "نزهة القلم.. قراءة نقدية في الموسوعة الحسينية"[٢] قامت الحكومة المحلية في كربلاء بشخص محافظها الأستاذ آمال الدين الشيخ مجيد الهر[٣] بتولي طباعته كجزء من الوفاء لمدينة كربلاء حيث اختص الكتاب بدائرة المعارف الحسينية وتكريما لنا بوصفنا أحد أبناء مدينة كربلاء الذين نعمل في الخارج على البحث والتأليف فيها وعنها، وفيه عشرون مقدمة لعشرين علما من أعلام الإنسانية فيهم السيخي والمسيحي والبوذي واليهودي وغيرهم[٤].

---

(١) دلاي لاما: الزعيم الروحي والسياسي للبوذ في التبت، واسمه عند الولادة لهامو ضوندروب بن جوكيونغ تسرينغ (Lhamo Dhondrub Choekyong Tsering) حيث ولد في قرية تينغستر (Tengster Village) بالتبت سنة ١٩٣٥م، ثم سُمِّي بـ "تينزين جياتسو" (Tenzin Gyatso) وأسبغ عليه لقب الدلاي لاما الرابع عشر وهو في الخامسة من عمره حسب التعاليم البوذية، والدلاي بمعنى محيط الحكمة ولاما بمعنى الزعيم الروحاني، تم نفيه إلى الهند عام ١٩٥٩ م بعد سنوات من سيطرة القوات الصينية الشيوعية على التبت عام ١٩٤٩م وإسقاط مملكة البوذ، ولا زال يمارس نشاطه الديني والسياسي من أجل استقلال التبت عن الصين منطلقا من مقر إقامته في شمال الهند في مدينة دهارا مسالا في ولاية خسماتشال براديش.

(٢) صدر الكتاب في طبعته الأولى عام ١٤٣١هـ (٢٠١٠م) عن بيت العلم للنابهين في ٥٥٩ صفحة من القطع الوزيري.

(٣) آمال الدين الهر: هو ابن عبد المجيد الطهمازي الخفاجي، ولد في مدينة كربلاء سنة ١٩٥٥ م، درس المراحل الأولى في مسقط رأسه وأكمل الدراسة الجامعية في بغداد وتخرج مهندساً من كلية الزراعة في جامعة بغداد سنة ١٩٧٦ م، وبعد سنتين عمل مهندساً في دائرة زراعة الحر في كربلاء، وإلى جانب العمل مارس السياسة في صفوف حزب الدعوة الإسلامية وتعرض للاعتقال في بغداد، ثم غادر العراق عام ١٩٨١م وعمل في المهجر في التخطيط الاستراتيجي في إدارة المزارع وكذلك إنشاء المنتديات الثقافية للعراقيين، عاد إلى العراق عام ٢٠٠٣م، وفي انتخابات عام ٢٠٠٥م المحلية فاز بعضوية مجلس محافظة كربلاء، وتولى عام ٢٠٠٦م مديرية زراعة كربلاء، واعيد انتخابه في الانتخابات المحلية عام ٢٠٠٩م، وإلى جانب رئاسة الحكومة المحلية يشغل عضوية اللجنة الاستشارية في حزب الدعوة الإسلامية.

(٤) صدر لنا في العام ١٤٣٣هـ (٢٠١٢م) كتاب "أشرعة البيان.. قراءة موضوعية في الموسوعة الحسينية" وفيه عشرون مقدمة أجنبية أخرى، وقد تبنت طباعته أسرة المرحوم مصلح بن رشيد الشريمي والمرحومة مقبولة بنت عبد الله الشريمي، من المدينة المنورة.

قيم إنسانية

*** قناة المهدي: ماهي المعالم الرئيسة التي استطاع الغرب قراءتها من سيرة الإمام الحسين خصوصاً فيما يعرف الآن بمبادئ حقوق الإنسان بمختلف جوانبها؟**

الخزرجي: تنطوي مبادئ حقوق الإنسان على قيم كثيرة ومعظمها منسجمة مع الفطرة الإنسانية، ورسالة الحسين عليه السلام المتصلة برسالة النبي محمد صلى الله عليه وآله وسلم رسالة الإسلام هي رسالة الفطرة الإنسانية، وقد وقعت في كربلاء وقبلها وبعدها حوادث مثَّلت قيم الشر والخير، وكان الإمام الحسين عليه السلام إمام قيم الخير المنبثقة منها ما يعرف بحقوق الإنسان، من قبيل:

- قيمة العفو: حيث قبل الحسين توبة الحر بن يزيد الرياحي. ولا ننسى موقف الحسين عليه السلام من الحر وسقي الماء وترشيف الخيل ترشيفاً.

- عدم الإكراه: لم يُكره أصحابه على متابعة مسيرته واعطى لهم خيار البقاء أو الرحيل بل طلب منهم الرحيل، وقال لهم اتخذوا هذا الليل جملا[1].

---

(١) خطب الإمام الحسين عليه السلام في أصحابه وقال لهم: (أما بعد، فاني لا أعلم أصحابا أولى ولا خيراً من أصحابي، ولا أهل بيت أبر ولا أوصل من أهل بيتي، فجزاكم الله عنى جميعا، وقد أخبرني جدي رسول الله صلى الله عليه وآله وسلم بأني سأساق إلى العراق فأنزل أرضاً يقال لها عمورا وكربلا وفيها أستشهد وقد قرب الموعد. ألا واني أظن يومنا من هؤلاء الأعداء غدا، واني قد أذنت لكم فانطلقوا جميعا فى حل ليس عليكم منى ذمام، وهذا الليل قد غشيكم فاتخذوه جملا وليأخذ كل رجل منكم بيد رجل من أهل بيتي، فجزاكم الله جميعاً خيراً وتفرقوا في سوادكم ومدائنكم فإن القوم إنما يطلبونني ولو أصابوني لذهلوا عن طلب غيري..). مقتل الحسين: ٢١٢، عبد الرزاق الموسوي المقرّم.

ـ الحوار: حاور زهير بن القين[١] بين أن يلتحق بركب الإمام الحسين عليه السلام وكان زهير عثماني الهوى.

بل حاور قاتله فيما بعد وهو عمر بن سعد.

ـ السلم: كان مسالما كجده لم يبدأهم بقتال.

ـ الانسانية: لم يكن عنصرياً، بل كان ينظر إلى الناس بنظرة واحدة، وضع خده على خد ابنه علي الاكبر حينما استشهد ووضع خده على خد الشهيد جون[٢] مولى ابي ذر وهو عبد أسود.

البعد الغيبي

*** قناة المهدي: لكربلاء بعد غيبي وبعد واقعي، كيف للإنسان القارئ للتاريخ أن يقرأ هذه السيرة الجهادية بشقيها الغيبي والواقعي وهو في نفس الوقت لم يدرك ويؤمن ببعدها الغيبي؟**

الخزرجي: الإيمان بالغيب مسألة فطرية وإن تجافت بعض الكتابات عن الحقيقة، فحتى الملحد إذا وقع في مخمصة يبحث عن الغيب المخلِّص، لأن الغيب محفور في جوانيات الإنسان ودواخله تظهر في الأزمات لمن لا يؤمن، ولكنها حاضرة في كل وقت لمن يؤمن. ومن الثابت في السير والحديث أن الأنبياء قبل نبي الإسلام حدثوا عن الإمام

---

(١) زهير بن القين: هو حفيد قيس الأنماري البجلي المستشهد في كربلاء سنة ٦١هـ، من فرسان الكوفة، التقى مع الحسين عليه السلام في الطريق إلى الكوفة وحاوره والتحق به وتولى قيادة الميمنة، قتل أكثر من ١٢٠ من الجيش الأموي حتى استشهاده على يد كثير بن عبد الله الشعبي ومهاجر بن أوس التميمي.

(٢) جون: هو ابن حوي، كان في خدمة الإمام علي عليه السلام وظفه لخدمة أبي ذر الغفاري في رحلة الإبعاد في الربذة وبعد رحيله عاد إلى خدمة الإمام علي عليه السلام وبقي مع الإمام الحسن عليه السلام ثم الحسين عليه السلام حتى استشهاده في كربلاء عام ٦١هـ.

الحسين ومأساته، ومنهم مَن مر على أرض كربلاء واستعبر عندها، كما مرَّ فيها الإمام علي واستعبر عندها، وجلب جبريل للنبي محمد ﷺ حفنة من ترابها أعطاها فيما بعد لزوجته أم سلمة لتعرف منها خبر استشهاد الإمام الحسين عليه السلام.

ولا ننسى بكاء النبي محمد ﷺ عند ولادة الإمام الحسين عليه السلام ولثمه لنحره(١).

بل إن بقاء واقعة كربلاء حارّة في قلوب الناس وفي مداد أصحاب القلم هو دليل على المدد الغيبي، فكما لا يمكن انتزاع النهضة الحسينية من واقعها على الأرض لا يمكن انتزاعها من بعدها الغيبي، فهي نهضة مسنودة من السماء التي تريد الخير للإنسان، حيث تريد حياته لا موته.

إتمام الحجة

*** قناة المهدي: ماهو الدور الرئيس الذي لعبه سفير الإمام الحسين عليه السلام مسلم بن عقيل عليه السلام إلى أهل الكوفة بخاصة وأن لدى الإمام الحسين عليه السلام علماً بأن أغلبهم منافقون؟**

الخزرجي: أولا: لابد من الإقرار أن الوضع الذي عاشته الكوفة في تلك الفترة كان عصيبا للغاية حيث الاعتقالات بلا هوادة، وعندما نتعمق في النصوص الواردة الينا عن تلك المرحلة نكتشف أن الكوفة كانت تعيش حالة الاستنفار الأمني بالمفهوم الحديث وكان الحصار مفروضا على أطراف المدينة، ولذلك فإنَّ حبيب بن مظاهر الأسدي ومسلم بن عوسجة الأسدي تركا الكوفة ليلا متخفيين، وهذا ينبيك عن واقع أمني وعسكري

(١) للمزيد، راجع: السيرة الحسينية: ١/ ١٥٧، محمد صادق الكرباسي.

شديد، ولذلك لا يصح القول بنفاق الأكثرية، وانما يمكن القول إنَّ الأرهاب كان شديدا.

ثانيا: من الواضح وعلى مر التاريخ أنَّ المُرسل يكون شخصية على قدر كبير من تحمل المسؤولية والأمانة والشجاعة هذا في المسائل العادية فكيف برسالة كبيرة هي التمهيد لقيادة أمة مترامية الأطراف؟ وهذا يبين عظمة شخصية مسلم بن عقيل عليه السلام.

ثالثا: حتى يقطع الإمام الحسين عليه السلام الشك باليقين ولا يقول قائل لم يصلنا رسول الحسين عليه السلام حتى ننصره ونقف معه، وحتى يخلي الإمام الحسين عليه السلام المسؤولية الشرعية حيث طلبات الناس بالنصرة وكتبهم تصل إليه زرافات زرافات، أي بتعبير آخر اتمام الحجة.

أخلاق الإسلام

*** قناة المهدي: ماهي أهم الوقفات التي تريد أن تقف عندها في قراءتك لسيرة مسلم بن عقيل؟**

الخزرجي: أولاً: المسؤولية: كان أهلا لمسؤولية شريفة وخطيرة، لأن الرسول هو محل اعتماد المُرسِل وكان أهلا لها وكان كعمه علي بن أبي طالب عليه السلام الذي ذهب إلى مكة يبلغ المشركين سورة براءة يمهل فيها أهل مكة، كذلك كان مسلم في الكوفة بين ظهراني حكومة معينة من قبل يزيد بن معاوية، لا يخاف منها، وصبر على الشهادة.

ثانياً: الصبر: تخلى عنه الناس ولم يتخل عن رسالته وصبر على الأذى وهو غريب الديار.

ثالثاً: النزاهة وعدم الغدر: قصته مع والي الكوفة الجديد عبيد الله بن

زياد بن أبيه في بيت هانئ بن عروة، فلم يقتله مع قدرته على ذلك، ولكن إيمانه قيده عن الغدر به، فلم يحرج هانئ بن عروة، ومن جهة أخرى يعلم أن الإسلام قيد الفتك أو قيّد الفتك، وهذه رسالة الإسلام بخطورة الغدر، والعمليات الإرهابية والتفجيرات التي نشهدها هنا وهناك في الأسواق والمدارس والساحات العامة هو عين الغدر وهي سياسة أموية متصلة إلى يومنا هذا.

تجاوز المألوف

*** قناة المهدي: هل يعتبر الحر بن يزيد الرياحي وقفة تاريخية أساسية في حادثة كربلاء؟**

الخزرجي: أولاً: لم يكن الحر من الناحية التاريخية ممن راسل الإمام الحسين عليه السلام ودعاه إلى المجيء.

ثانياً: إن الحرَّ الرياحي خبر أخلاق الحسين عليه السلام من خلال سقي الإمام الحسين عليه السلام لجيشه وخيله، وفي المفهوم البشري يُفترض في الإمام الحسين عليه السلام أن لا يقدم خدمة لمن جاء ليبعده عن مهمته الرسالية، ولو لم يفعل الإمام عليه السلام ذلك لما كان قدوة وأسوة.

ثالثاً: أعطت توبة الحر رسالة بأن الإنسان حينما يقف على الحقيقة وإن كانت مرة وفيها حياته لابد أن يصطف إلى جانب الحق والحقيقة، وكان الحر من هؤلاء النفر الذين قبلوا بالحق والحقيقة.

ولا يخفى أن انسحاب القائد وهو يعد بألف فارس في العرف العسكري ليس فقط خيانة وانما عار يجلبه لنفسه ولعشيرته، ولكن الحر قفز على هذا العرف العشائري لما هو أجل وأكبر، فكانت توبته وشهادته موقفا

خالدا، قدمت رسالة لكل صاحب شأن بأن الحق أهم من السمعة والمال والأولاد والعشيرة والجاه الاجتماعي أو السياسي أو العسكري، في المقابل نجد عمر بن سعد الزهري وهو يعرف الحق وإمامه ولكن ملك الري كان اهم عنده من دم الحسين عليه السلام!

مسرح الحياة

*** قناة المهدي: المتتبع لحوادث الطف بهذه السيرة الطويلة يجد أنَّ كربلاء تزخر بأحداث كثيرة لا حصر لها رغم قصر المسافة الزمنية للواقعة حيث لم يتعد يوم عاشوراء سوى ساعات، كيف يمكن التوفيق بين هذه المفارقات؟**

الخزرجي: تمثل كربلاء دورة حياة فهي معين لا ينبض، وقد اختزلت في هذه السويعات كل قيم الحياة من خير وشر: ففي جانب الخير: كان للأطفال دور عبد الله الرضيع، وللصبيان دور القاسم بن الحسن[(١)]، وللشباب دور علي الاكبر، وللشيوخ دور حبيب بن مظاهر الأسدي، وللنساء دور: أم وهب[(٢)] وزينب الكبرى.

تمثلت في كربلاء الخير الأديان حيث وهب المسيحي، وتمثلت المذهبيات حيث زهير بن القين العثماني، وتمثل الجنس حيث جون العبد، وكان فيهم العربي والأعجمي.

---

(١) القاسم بن الحسن: هو حفيد علي بن أبي طالب الهاشمي (٤٦ ـ ٦١هـ) وأمه رملة، استشهد في كربلاء.

(٢) أم وهب: هي بنت نمر بن قاسط وزوجة عبد الله بن عمير الكلبي، استشهد زوجها وابنها وهب في كربلاء عام ٦١هـ، وقيل إنها استشهدت أيضاً.

وفي جانب الشر: كان الإعلام المضلل، وكانت النفوس الضعيفة التي تسرق حلي الأطفال، كان الشراذمة الأشرار الذين حرقوا خيام الحسين عليه السلام، كان القتلة الذين لم يكفهم القتل فراحوا يسحقون الأجساد ويدهسون الأطفال تحت سنابك الخيل.

كانت كربلاء مسرح حياة تمثلت امام البشرية شخصيات الخير والشر، في كربلاء كانت الغربة والجوع والعطش والبطولة والايثار والوفاء والعفو والتسامح. وباختصار فإن الحياة مسرح.

الثبات على الحق

*** قناة المهدي: ماهي أهم القراءات التي يمكن استخلاصها من مقولتين للأكبر خلدتا في كربلاء الأولى قوله: ألسنا على الحق.. إذاً لا نبالي أوقعنا على الموت أو وقع الموت علينا، والثانية قوله: وجدت لسان أبي كالخشبة اليابسة، وذلك عندما اشتد بالأكبر العطش وجاء يطلب الماء من أبيه الحسين عليه السلام؟**

الخزرجي: كان علي الأكبر ابن الحسين أشبه الناس خَلْقاً وخُلُقاً برسول الله، وفي كربلاء مثَّل علي الأكبر خُلق جده النبي محمد صلى الله عليه وآله وسلم، فهو لا يهاب الأعداء لأن رسالة الإسلام تستحق التضحية، وقدمه الإمام الحسين عليه السلام أولا للمبارزة ولكن الأنصار رفضوا، وحينما دخل المعركة كان كجده علي بن ابي طالب عليه السلام لا يهاب الموت.

فعلي الاكبر مثَّل قيم الرسول وأخلاقه في العمل من اجل إحقاق الحق وصالح البشرية وإنْ أدى ذلك إلى الموت لأنَّ موت البطل حياة للأمة، فكيف والبطل من نسل الرسول.

بالنسبة للعطش، فانَّ الكل في كربلاء كان عطشانا، ولكنَّ عطش الحسين عليه السلام أشد، فجاء علي الاكبر يطلب الماء ممن هو أشد عطشا منه ولكن لا يهاب الموت ولا يستسلم، ولهذا قال له اذهب يا بني بعد قليل سيسقيك جدك من كأسه الأوفى شربة لا تظمأ بعدها أبدا، كان بإمكان الإمام الحسين عليه السلام أن ينتصر بالغيب وقد جاءته الملائكة بالنصر ولكنه فضَّل النصر الأبدي على النصر الآني، ولذلك خلُد الإمام الحسين عليه السلام، وكما قال الشاعر الراحل الدكتور أحمد الوائلي[1]:

ظنوا بأن قتل الحسينَ يزيدُهم ... لكنما قتل الحسينُ يزيدا

وكما قال الشاعر العراقي علي محمد الحائري[2]:

كذب الموت فالحسين مخلد ... كلما أخلق الزمان تجدد

فالرسالة المستوحاة هي الثبات على المحنة والنظر بعين الله.

ولادة الفارس

*** قناة المهدي: العباس بن علي عليه السلام الشخصية الأبرز في كربلاء مع الإمام الحسين وزينب عليهما السلام، لماذا كانت لهذه الشخصية هذا البعد**

---

(1) أحمد الوائلي: هو ابن حسون بن سعيد بن حمود الليثي (١٣٤٧ ـ ١٤٢٤هـ) (١٩٢٨ ـ ٢٠٠٣ م)ولد في النجف الأشرف وتوفي في بغداد ودفن في صحن كميل بن زياد الواقع بين الكوفة والنجف في مقبرته الخاصة، من أشهر خطباء الإمامية له عدد من المؤلفات منها: أحكام السجون، ديوان شعره، حماية الحيوان بالشريعة الإسلامية.

(2) علي محمد الحائري: هو علي بن محمد بن محمد علي بن زين العابدين الحائري (١٩٣٣ ـ ١٩٩٩م) أديب وشاعر وتربوي، ولد في مدينة كربلاء المقدسة وسكن حي العباس ومات فيها، درس في مسقط رأسه وتخرج عام ١٩٥٥م، واصل تعليمه وتخرج من جامعة المستنصرية عام ١٩٧٣م قسم اللغة العربية، مارس التدريس حتى تقاعده، من آثاره: اغنيات في سهر شهرزاد، كؤوس ظمأى، والركب الضائع.

والحضور، كقول الإمام السجاد عليه السلام: إن عمي العباس كان نافذ البصيرة وصلب الإيمان؟

الخزرجي: أولا: في البعد العشائري العربي، إنهم يحتفلون بولادة الذكر بوصفه فارس المستقبل، وبولادة الشاعر بوصفه لسان حال القبيلة، والفرس الولّادة باعتبارها تمد العشيرة بأهم آلة حربية وهو الجواد. وفي العباس تمثلت ولادة الفارس الذي طلبه الإمام علي عليه السلام عندما خطب أم البنين[1].

ثانيا: في البعد العسكري أنَّ حامل الراية، هو الشخص المسؤول والمتفاني الذي يتحمل الموت من أجل أن تبقى الراية خفاقة، وتمثلت في العباس في كربلاء هذه الخصلة كما تمثلت في أبيه في معركة خيبر عندما قال النبي محمد صلى الله عليه وآله وسلم: لأعطين الراية رجلا كراراً غير فرار يحب الله ورسوله ويحبه الله ورسوله، فدعا علي بن أبي طالب عليه السلام وهو أرمد العينين، فتفل في عينيه ففتحهما[2]. فالعباس فارس وصاحب راية وهو إلى

---

(١) أم البنين: هي فاطمة بن حرام الكلابية (٤ ق.هـ ـ ٦٤هـ)، تزوجها الإمام علي عليه السلام ماتت في المدينة المنورة، فقدت في كربلاء أبناءها الأربعة العباس وعبد الله وجعفر وعثمان.

(٢) قَالَ الْحَارِثُ: حَدَّثَنَا دَاوُدُ بْنُ عَمْرٍو، حَدَّثَنَا الْمُثَنَّى بْنُ زُرْعَةَ أَبُو رَاشِدٍ، عَنْ مُحَمَّدِ بْنِ إِسْحَاقَ، حَدَّثَنِي بُرَيْدَةُ بْنُ سُفْيَانَ بْنِ فَرْوَةَ الأَسْلَمِيُّ، عَنْ أَبِيهِ، عَنْ سَلَمَةَ بْنِ الأَكْوَعِ رَضِيَ اللَّهُ عَنْهُ، قَالَ: بَعَثَ رَسُولُ اللَّهِ صلى الله عليه وسلم أَبَا بَكْرٍ الصِّدِّيقَ، بِرَايَتِهِ إِلَى بَعْضِ حُصُونِ خَيْبَرَ، فَقَاتَلَ وَرَجَعَ، وَلَمْ يَكُنْ فَتْحَ، وَقَدْ جُهِدَ، ثُمَّ بَعَثَ عُمَرَ بْنَ الْخَطَّابِ مِنَ الْغَدِ فَقَاتَلَ، ثُمَّ رَجَعَ، وَلَمْ يَكُنْ فَتْحَ، وَقَدْ جُهِدَ، فَقَالَ رَسُولُ اللَّهِ صلى الله عليه وسلم: لأُعْطِيَنَّ الرَّايَةَ رَجُلاً يُحِبُّ اللَّهَ وَرَسُولَهُ، يَفْتَحُ اللَّهُ عَلَى يَدَيْهِ ثُمَّ دَعَا صلى الله عليه وسلم بِعَلِيٍّ، فَتَفَلَ فِي عَيْنَيْهِ، ثُمَّ قَالَ: خُذْ هَذِهِ الرَّايَةَ، فَامْضِ بِهَا حَتَّى يَفْتَحَ اللَّهُ عَلَيْكَ قَالَ: يَقُولُ سَلَمَةُ: فَخَرَجَ بِهَا وَاللَّهِ يُهَرْوِلُ هَرْوَلَةً، وَنَحْنُ خَلْفَهُ، نَتَّبِعُ أَثَرَهُ، حَتَّى رَكَزَ رَايَتَهُ فِي رَضْمٍ مِنْ حِجَارَةٍ تَحْتَ الْحِصْنِ، فَاطَّلَعَ عَلَيْهِ يَهُودِيٌّ مِنْ رَأْسِ الْحِصْنِ، فَقَالَ: مَنْ أَنْتَ؟ قَالَ: عَلِيُّ بْنُ أَبِي طَالِبٍ، قَالَ: الْيَهُودِيُّ، لِأَصْحَابِهِ، غُلِبْتُمْ، وَمَا أُنْزِلَ عَلَى مُوسَى، أو كَمَا قَالَ، فَمَا رَجَعَ حَتَّى فَتَحَ اللَّهُ عَلَى يَدَيْهِ.
=

ذلك عالم وفقيه، ولذلك عندما قطعوا يمينه أخذ الراية بشماله وعندما قطعوا شماله تلقفها بين صدره وسرجه حتى استشهد، كان العباس ﵇ للحسين ﵇ كما كان علياً ﵇ للنبي محمد ﷺ.

وقوة الرجل في إخوانه وأولاده وأهل بيته، فهم العز والعزوة، ولذلك حينما سقط على الأرض قال الحسين ﵇ قولته الشهيرة: الآن انكسر ظهري وقلَّت حيلتي (١).

فيما تحملت زينب الكبرى مسؤولية: حماية الإمامة، والصدح بمظلومية الإمام الحسين ﵇ من الجانب الإعلامي، إلى جانب رعاية الاطفال والعيال، أي أنها تحملت المسؤولية بحذافيرها، ولولا زينب لما وصلت الينا اخبار كربلاء ومعالم النهضة الحسينية.

إمام السلام

* قناة المهدي: الإمام الحجة هو مصلح بينما البعض يصوره أنه سافك للدم خاصة في قضية الثأر، هل هو مصلح أو سافك للدم؟

الخزرجي: إذا كنا نؤمن بأنَّ الحجة المنتظر هو محيي الشريعة المحمدية، فعلينا أن نقرأ أولا قيم الشريعة المحمدية، فالإسلام قام على السلام وعلى المحبة والوئام وعلى التسامح وعلى العفو وعلى حب الإنسان، فلم يبدأ بقتال وكل حروبه دفاعية، ولم يُقتل خلال حروبه سوى

= المطالب العالية بزوائد المسانيد الثمانية: ١٧/ ٤٤٥، ابن حجر العسقلاني أحمد بن علي، دار العاصمة للنشر والتوزيع، دار الغيث للنشر والتوزيع، الرياض ـ السعودية، ط١، ١٤٢٠هـ (٢٠٠٠م).

(١) مقتل الحسين: ٢٧٠، عبد الرزاق المقرم الموسوي.

١٤٠٠ من الطرفين على اكثر الافتراضات[١]، وهم معروفون بالاسماء، وهذا خلاف مدعى البعض الذي يزعم ان الإسلام المحمدي انتشر بالسيف، فالإسلام المتجذر في ماليزيا واندونيسيا وجنوب شرق آسيا لم يأت بالسيف.

فرسالة الحجة هي رسالة السلام والحياة، فلا يبدأ الآخر، والذين يذهبون مذهب السفك ويظهرون الحجة المنتظر ذلك الفارس المدجج بالحديد وسيفه يقطر دما من رقاب المسلمين وغيرهم إنما يعبرون عن نوازعهم الداخلية وعن واقعهم القائم على الدم وهتك الحرمات والقفز على القانون تحت مدعى الانتصار للإسلام ولرسالة المهدي المنتظر، وهم بذلك يحاولون تبرير أفعالهم المخالفة كليا لرسالة الإسلام، لأن الفطرة الانسانية تواقة إلى السلام لا الدماء.

مصاديق الثأر

*** قناة المهدي: أثيرت تساؤلات حول راية الإمام الحجة عليه السلام وهي: يالثارات الحسين، البعض يصورها راية ثار والبعض راية إصلاح ما هي حقيقة وفلسفة هذه الراية؟**

الخزرجي: للثأر مصاديق عدة، ونحن نذهب بالمصداق الذي ينسجم مع رسالة الإسلام، الذي يقول انصر اخاك ظالما ومظلوما، بأن نردعه عن فعل الشر وهدايته لما فيه خيره إذا كان ظالما ونقف إلى جانبه إذا كان

(١) للمزيد، راجع: التعددية والحرية في المنظور الإسلامي دراسة مقارنة: ١١٩م، نضير الخزرجي، بيت العلم للنابهين (بيروت ـ لبنان)، مكتبة دار علوم القرآن (كربلاء ـ العراق)، ط١، ١٤٣٢هـ (٢٠١١م).

مظلوما، والا كان حسب مقاييس الثأر البشرية أن يقوم النبي بقتل وحشي[1] قاتل عمه حمزة، وأن يقتص من خالد بن الوليد[2] الذي قتل المسلمين في أُحد، وأنْ يهجم على بيوت المشركين في مكة ويبعدهم خارج الحدود كما فعلوا به وأصحابه.

فمصداق الثأر هو الانتصار للحق والانتصار يكون بنشر السلام وقيادة الناس إلى بر الأمان، ومواجهة أولئك الذين رضوا بفعال القوم في كربلاء.

فالحجة عندما يأتي يلقي الحجة على القوم، فهو حجة لأنه صاحب حجة، فلا يستعمل القوة قبل أن يلقي الحجة، والقوة لا يستعملها من أجل القوة، لأنه كجده محمد ﷺ وكجده الحسين عليه السلام مصلح، يملأ الأرض قسطا وعدلا بعدما ملئت ظلما وجوراً.

المسؤولية الواعية

*** قناة المهدي: الإمام الحسين مأساة ورسالة، أين نجد طرفي هذه المعادلة في قراءتنا لسيرة الإمام الحجة ابن الحسن عليه السلام؟**

الخزرجي: كان النبي محمد ﷺ إذا اشتد عليه أذى أهل مكة من المشركين يرفع إليهم يده بالدعاء لهم: اللهم إهدِ قومي فإنهم لا

---

(١) وحشي: هو أبو دسمة وحشي بن حرب الحبشي، كان غلام جبير بن مطعم، قتل في أحد حمزة بن عبد المطلب غدراً، هرب إلى الطائف بعد فتح مكة، عفا عنه النبي وعاد إلى المدينة وطلب منه أن لا يريه وجهه مادام حيا وهكذا كان حتى رحل صلوات الله عليه، مات بعد عهد الخليفة أبي بكر المتوفى عام ١٣هـ.

(٢) خالد بن الوليد: هو حفيد المغيرة المخزومي القرشي (... ـ ٢١هـ) ولد في الجاهلية قبل البعثة، حارب المسلمين قبل أن يسلم متأخراً، قاد الجيوش في عهد أبي بكر ثم عزله عمر، مات في حمص، يروي لَهُ المحدثون ١٨ حديثاً.

يعلمون[1]. وكان يشعر بالأسى لعدم ايمان الناس برسالة السماء التي تقودهم إلى خير الدنيا والآخرة، ولهذا كان الله يوصيه: ﴿فَلَا تَذْهَبْ نَفْسُكَ عَلَيْهِمْ حَسَرَاتٍ إِنَّ اللَّهَ عَلِيمٌ بِمَا يَصْنَعُونَ﴾[2]. وهو لا ينسى الناس حتى في آخر حياته يريد هدايتهم حينما قال لهم وهو على فراش الموت إئتوني بدواة وكتف أوصيكم ما ان تمسكتم بهما لن تضلوا أبدا كتاب الله وعترتي أهل بيتي.

وكان الإمام الحسين في كربلاء يبكي القوم، وحينما سئل قال لهم ابكي عليهم لأنهم سيدخلون النار بقتلهم لي، فالحسين كان يريد حياتهم ويريدون قتله.

والإمام الحجة لا يختلف من حيث أداء الرسالة عن جده محمد ﷺ والحسين عليه السلام وهو الممسك بزمام سفينة الإسلام، فكربلاء مأساة ورسالة خالدة، والحجة المنتظر بأدائه على طريق اقامة العدل والقسط إنما ينقل الأمة من حالة المأساة المستمرة إلى المسؤولية الواعية برفع الظلم والحيف.

وارث الرسل والكتب

*** قناة المهدي: ماهي أهم الإشارات التي يمكن قراءتها في زيارة الناحية فيما يتعلق بالعلاقة بين الإمام الحجة بن الحسن والإمام الحسين؟**

الخزرجي: نقرأ من الزيارة الشريفة أنَّ الإمام الحجة هو وارث كل الديانات السماوية ووارث كل كتب الأنبياء وأوصياء الأنبياء كما كان جده

---

(١) للمزيد، راجع: التعددية والحرية في المنظور الإسلامي دراسة مقارنة: ١٠٣.
(٢) سورة فاطر: ٨.

محمد ﷺ وكما كان جده الحسين عليه السلام ولهذا نقرأ في زيارة الناحية: السَّلامُ عَلى آدمَ صَفْوةِ اللَّهِ مِن خَليقَتِهِ، السَّلامُ عَلى شِيثَ وَليِّ اللَّهِ وخِيرَتِهِ، السَّلامُ عَلى إدْريسَ القائِمِ للهِ بِحُجَّتِهِ، السَّلامُ عَلى نُوحِ المُجابِ في دَعوَتِهِ، السَّلامُ عَلى هُود المَمْدودِ مِنَ اللَّهِ بِمَعونَتِه، السَّلامُ عَلى صَالِح الَّذي تَوَجَّهَ للهِ بِكَرامَتِهِ، السَّلامُ عَلى إبْراهِيم الَّذي حَباهُ اللَّهُ بِخُلَّتِهِ، السَّلامُ عَلى إسْمَاعيل الَّذي فَداهُ اللَّهُ بِذِبْحٍ عَظيمٍ مِنْ جَنَّتِهِ، السَّلامُ عَلى إسْحَاق الَّذي جَعَلَ اللَّهُ النُّبُوَّةَ في ذُرِّيَّتِه، السَّلامُ عَلى يَعقوب الَّذي رَدَّ الله عَليهِ بَصَرَهُ بِرَحمَتِهِ، السَّلامُ عَلى يُوسف الَّذي نَجَّاهُ اللَّهُ مِنَ الجُبِّ بِعَظَمَتِهِ، السَّلامُ عَلى مُوسَى الَّذي فَلَقَ اللَّهُ البَحْرَ لَهُ بِقُدرَتِهِ، السَّلامُ عَلى هَارُون الَّذي خَصَّهُ اللَّهُ بِنُبوَّتِه، السَّلامُ عَلى شُعَيب الَّذي نَصَرَهُ اللَّهُ عَلى أُمَّتِهِ، السَّلامُ عَلى دَاود الَّذي تَابَ اللَّهُ عَليهِ مِن خَطيئَتِهِ، السَّلامُ عَلى سُلَيمَان الَّذي ذُلَّتْ لَهُ الجِنُّ بِعزَّتِهِ، السَّلامُ عَلى أيُّوب الَّذي شَفَاهُ اللَّهُ مِنْ عِلَّتِهِ، السَّلامُ عَلى يُونس الَّذي أنْجزَ اللَّهُ لَهُ مَضْمُونَ عِدَّتِه، السَّلامُ عَلى عُزَير الَّذي أحياهُ اللَّهُ بَعدَ مَوتَتِهِ، السَّلامُ عَلى زَكَريَّا الصَّابِرِ فِي مِحْنَتِهِ، السَّلامُ عَلى يَحْيَى الَّذي أزْلَفَهُ اللَّهُ بِشَهادَتِهِ، السَّلامُ عَلى عِيسَى رُوحِ اللَّهِ وَكَلِمَتِه، السَّلامُ عَلى مُحمَّدٍ حَبيبِ اللَّهِ وصَفْوتِهِ، السَّلامُ عَلَى أميرِ المُؤمِنين عَليِّ بْن أبي طَالِبِ المَخْصُوص بِأخُوَّتِهِ، السَّلامُ عَلى فَاطِمَةَ الزَّهراءِ ابنَتِهِ، السَّلامُ عَلى أبِي مُحَمَّدٍ الحَسَنِ وَصِيِّ أبيهِ وخَليفَتِه، السَّلامُ عَلى الحُسينِ الَّذي سَمَحَتْ نَفْسُهُ بِمُهجَتِهِ، السَّلامُ عَلى مَنْ أطَاعَ اللَّهَ فِي سِرِّهِ وَعَلانِيَتِهِ، السَّلامُ عَلى مَنْ جَعَلَ اللَّهُ الشِّفاءَ فِي تُرْبَتِهِ، السَّلامُ عَلَى مَن الإجَابَةُ تَحْتَ قُبَّتِهِ، السَّلامُ عَلى مَن الأئمَّةُ مِنْ ذُرِّيَّتِهِ.

ثم يقول عليه السلام في الزيارة: أشْهَدُ أنَّكَ قَدْ أقَمْتَ الصَّلاةَ، وَآتَيْتَ الزَّكَاةَ،

وَأَمَرْتَ بِالمَعرُوفِ، وَنَهَيْتَ عَنِ المُنْكَرِ والعُدْوَانِ، وأَطَعْتَ اللَّهَ وَمَا عَصَيْتَهُ، وتَمَسَّكْتَ بِهِ وَبِحَبلِهِ، فأرضَيتَهُ وَخَشيْتَهُ، وَرَاقبتَهُ واسْتَجَبْتَهُ، وَسَنَنْتَ السُّنَنَ، وأطفَأْتَ الفِتَنَ، وَدَعَوْتَ إلَى الرَّشَادِ، وَأوْضَحْتَ سُبُلَ السَّدَادِ، وجَاهَدْتَ فِي اللَّهِ حَقَّ الجِّهَادِ، وكُنْتَ لله طَائِعاً، وَلِجَدِّك مُحمَّدٍ (صَلَّى اللَّهُ عَلَيه وَآلِه) تَابِعاً، وَلِقَوْلِ أبيكَ سَامِعاً، وَإلَى وَصِيَّةِ أخيكَ مُسَارِعاً، وَلِعِمَادِ الدِّينِ رَافِعاً، وَللطُّغْيَانِ قَامِعاً، وَللطُّغَاةِ مُقَارِعاً، وللأمَّة نَاصِحاً، وفِي غَمَرَاتِ المَوتِ سَابِحاً، ولِلفُسَّاقِ مُكَافِحاً، وبِحُجَجِ اللَّهِ قَائِماً، ولِلإسْلامِ وَالمُسْلِمِينَ رَاحِماً، وَلِلحَقِّ نَاصِراً، وَعِنْدَ البَلاءِ صَابِراً، وَلِلدِّينِ كَالِئاً، وَعَنْ حَوزَتِه مُرامِياً[1].

فالحجة هو المعني بتحمل الرسالة الإسلامية وتطبيقها كاملة عملا بقوله تعالى: ﴿ٱلۡيَوۡمَ أَكۡمَلۡتُ لَكُمۡ دِينَكُمۡ وَأَتۡمَمۡتُ عَلَيۡكُمۡ نِعۡمَتِي وَرَضِيتُ لَكُمُ ٱلۡإِسۡلَٰمَ دِينٗاۚ﴾[2].

وكلنا يعلم أن الإسلام هو دين الإنبياء من آدم حتى نبينا محمد.

تجهيل متعمد!

*** قناة المهدي: ماهي أهم الأسماء المغيبة خصوصاً من أصحاب الحسين عليه السلام ولم يتطرق إليهم في سيرة المنابر وكانت لهم مواقف مشرفة في كربلاء؟**

الخزرجي: المشهور على ألسنة الخطباء أن أصحاب الحسين هم **٧٢** شهيدا، في الواقع هذا الرقم ليس بصحيح، وقد عمل الشيخ الكرباسي في

(١) للوقوف على كامل الزيارة، انظر: المنتخب الحسني للأدعية والزيارات: ٩٩٠، حسن الشهرستاني، لندن، المملكة المتحدة.

(٢) سورة المائدة: ٣.

باب معجم الأنصار من الهاشميين وغير الهاشميين من الرجال والنساء جهده في هذا المجال وقد صدر من هذا الباب ثلاثة أجزاء من الرجال من الهاشميين فقط وجزء من النساء[1] وحسب الحروف الأبجدية، فهناك اخوان الإمام الحسين عليه السلام غير العباس وإخوته وأبناء الحسن غير القاسم والعشرات من غير الهاشميين الذين لا يرد ذكرهم في المنابر[2].

وقد اعتاد الخطباء على اتخاذ ايام في عشرة محرم لذكر شخصيات وبعض الوقائع هي اقرب إلى التراث منها إلى الواقع، مما ضيع على المستمع التعرف على أسماء جديدة، ولهذا اعتقد أنَّ على الخطباء الذي يعتبرون محط انظار الناس ان يخرجوا من الرتابة السنوية واطلاع الناس على الجديد.

وهذا يتطلب بالدرجة الأولى أن يتقدم الخطيب خطوات في هذا الاتجاه نحو القراءة والتجديد لأن الناس يستحقون الجديد بخاصة مع الثورة العلمية في عالم الاتصالات والانترنت والقنوات الفضائية.

المراسل الحربي

*** قناة المهدي: مسيرة الإمام الحسين عليه السلام في طريقه إلى كربلاء مليئة بالمواقف التي لها مدلولات مهمة كموقفه عليه السلام مع عبد الله الجعفي[3]، هل من الممكن أن تعطينا بعض المواقف التي كانت لها آثار مهمة في كربلاء؟**

---

(١) صدرت حتى نهاية العام ٢٠١٢م ثلاثة أجزاء من معجم أنصار الحسين.. النساء.

(٢) من المفارقات أن عدداً غير قليل من الخطباء يتعمد تجاهل أسماء استشهدت في كربلاء لمجرد أنها تتماثل مع أسماء لا يحبها، وهو تجهيل للمستمعين غير مطلوب أساساً.

(٣) عبد الله الجعفي: هو عبد الله (عبيد الله) بن الحر بن المجمع بن الخزيم الجعفي، شاعر عربي وفارس كوفي، لقي الحسين عليه السلام في الطريق ولم يلتحق به، هجا والي الكوفة عبيد الله بن زياد الأموي بعد مقتل الإمام الحسين عليه السلام فلوحِق.

الخزرجي: لمّا كان الإمام الحسين عليه السلام يريد حياة الناس وسعادتهم، فإنه يبحث عن الوسيلة والقناة التي توصل هذه الرسالة بالمباشرة أو بالواسطة، ومن ذلك القناة الإعلامية، حيث طلب من عبد الله بن الحر الجعفي النصرة، ولكن نصرة الجعفي تأخرت إلى ما بعد استشهاد الإمام الحسين حيث شارك في الثورة ضد النظام الأموي.

وكان الجعفي من وسائل اعلام النهضة الحسينية وإن تأخرت نصرته وهذا ما نقرأه في أشعاره التي بقيت حية يسجل فيها موقفه مع الإمام الحسين عليه السلام.

وعلى ذكر الإعلام فإنَّ الإمام الحسين عليه السلام كان يؤمن بأهمية المراسل الحربي، ولهذا نسمع في المقاتل باسم حميد بن مسلم[1] ونقله لجزئيات واقعة كربلاء.

كان يلتقي بكل شخصية مؤثرة حيث التقى بالشاعر الفرزدق[2] وغيره، وقوفه مع عمر بن سعد الزهري وحواره وإتمام الحجة عليه، وحواره مع الحر بن يزيد الرياحي واعطاء الماء له كان له تأثير في تحوله من جبهة الباطل إلى جبهة الحق.

---

(١) حميد بن مسلم: الكوفي الأزدي: كان من أهل الكوفة، كان من رواة معركة الطف ولم يقاتل، كانت منزلته منزلة الصحفيين في مثل هذه الأيام، حيث كان همّه جمع الأخبار، كانت له بعض المواقف منها أنه منع الشمر من حرق خيام الحسين عليه السلام وأهله وصحبه، لعب دوراً في عدم قتل شمر للإمام السجاد عليه السلام، رافق الرأس الشريف من كربلاء إلى الكوفة شارك في رصد وقائع حركة التوابين عام ٦٥هـ، وأخيراً أراد المختار أن يقتله فهرب، وقد ذكره الطوسي من جملة أصحاب الإمام السجاد عليه السلام، والظاهر أنه كان حياً بعد سنة ٦٦هـ، كما أنه في كربلاء كان له من العمر أكثر من عقدين.

(٢) الفرزدق: هو همام بن غالب الدارمي التميمي (٣٨ ـ ١١٠هـ) ولد في البصرة وفيها دفن، من شعراء الطبقة الأولى حتى قيل: لولا شعر الفرزدق لذهب ثلث العربية، اشتهر بنقائضه وهجائه مع جرير.

العرف والواقع

*** قناة المهدي: هناك وقائع حدثت في كربلاء قد يعدها البعض ثانوية في حين أنها تتطرق إلى أمور عقائدية وتربوية مهمة ولم يتم التوقف عندها، هل من الممكن أن توقفنا على بعض منها؟**

الخزرجي: في الواقع لا اتحدث عن تشخيص لحالات ما إذا كانت تصب في الجانب العقائدي أو التربوي، ولكن هناك صور قلما يذكرها الخطباء، منها:

ـ قصة أسلم بن عمرو التركي، كان مولى للامام الحسين عليه السلام وخادما له، جاء إلى الحسين يستأذنه بالبراز والقتال ولكن الحسين عليه السلام أشفق عليه، وبدلا من ذلك قدّمه إلى ابنه علي بن الحسين السجاد عليه السلام حتى يقوم بخدمته بخاصة وان السجاد كان عليلا مريضا في ذلك الحين، فبالتالي أخلى الإمام مسؤولية التركي من القتال، فالحسين عليه السلام لا يريد ان يشق على مولاه وخادمه.

ـ أوصى الإمام الحسين عليه السلام لزينب عليها السلام بتحمل اعباء الرسالة الإسلامية مع مرض السجاد عليه السلام، وهذا ما يؤشر على جواز تحمل المرأة لأعباء الرسالة، وكانت عليها السلام خير من تحمل الرسالة وقام بها.

ـ وعلى ذكر السيدة زينب عليها السلام فانها لم تنقطع عن صلاتها المفروضة منها والمستحبة ورغم هول المصاب وفضاعة الواقعة، قد شوهدت مساء العاشر من المحرم تصلي من جلوس، ويوعز معظم الخطباء والمتحدثين إلى ما أصابها من تعب ونصب في تلك الليلة، وهذا في محله ولكن أرى أنَّ زينب عليها السلام إنما صلَّت من جلوس لأنَّ الاعداء أحاطوا بهم من كل جانب بلا خيام ولا رداء، فاذا قامت إلى الصلاة ووقفت بان قوامها، فهي

حفظا على العفة صلّت من جلوس، وهذا درس بليغ لنسائنا في العفة والحياء وعدم الخروج إلى الشارع بآخر تقليعات الأزياء وصيحات "الميك آب".

ـ وهنا أتحدث عن نص ورد في زيارة الناحية جاء فيها عن نساء الحسين وأصحابه (خرجن من الخدور ناشرات الشعور) فالنشر هنا لا بالمعنى المتبادر إلى الذهن في الوقت الحاضر حيث تكشف المرأة عن شعرها للآخر، وإنما نحن بحاجة إلى معرفة العرف الاجتماعي آنذاك حتى نفهم معنى كلمة النشور، فالمرأة كانت تعصب شعرها بشريط أو أن تلف شعرها وتفتله كضفائر، فإذا ألمَّ بها مصاب نزعت عنه الشريط وأخرجته من حالة الفتل والشد متوجهة إلى الله بالدعاء تعبيراً عن شدة الطلب وشدة المصاب، وهذا عرف قائم إلى يومنا هذا في العراق وغير العراق حيث تقوم المرأة التي مات عنها زوجها أو عزيز بفتح ظفيرتها وتبقى على هذا الحال لسنة وبعضهن لسنوات طوال، وبعض النساء يقمن بقص شعرهم علامة على ذهاب صاحب العيال ومن كانت تتزين له، من هنا جاء قول الشاعر صالح الكواز[1] على لسان السيدة فاطمة الزهراء بعد رحيل والدها والهجوم على دارها:

خلوا ابن عمي أو لأكشف بالدعا رأسي وأشكو للإله شجوني[2]

فالكشف هنا هو النشر والنشر أي فتح الضفائر لا كشفه امام الغريب،

(١) صالح الكواز: هو ابن مهدي بن حمزة الشمري الحلي (١٢٣٣ ـ ١٢٩٠هـ) من فحول شعراء الحلة فيها ولد ونشأ ومات ودفن في النجف الأشرف، كان يتكسب في حياته من بيع الكيزان والأواني الخزفية وإليها نُسب، له ديوان شعر.

(٢) أدب الطف: ٧/ ٢٣٢.

وأهل البيت عليهم السلام نساءً ورجالاً قدوة الأمة، وشبيه ذلك حالة المرأة التي تفتح صدرها للدعاء كعلامة على شدة الطلب لا إظهاره للغريب، فلابد من معرفة العرف الاجتماعي حتى نقف على المعنى الصحيح للكلمة.

وزيرة عراقية تثمّن دور الموسوعة الحسينية في توثيق نضال المرأة

المركز الحسيني للدراسات ـ بغداد[1]

عبرت وزيرة شؤون المرأة العراقية الدكتورة إبتهال كاصد الزيدي عن سرورها بصدور أجزاء دائرة المعارف الحسينية وبخاصة "معجم انصار الحسين.. النساء" بمجلديه الأول والثاني، مثنية على جهود المؤلف الفقيه الدكتور محمد صادق الكرباسي الذي أحصى ووثق هذا الدور الكبير للمرأة ونصرتها لسيد الشهداء الإمام الحسين عليه السلام.

جاء ذلك خلال حضور وفد الموسوعة الحسينية ممثلاً بالأستاذ هاشم الطرفي عن مكتب دائرة المعارف الحسينية في كربلاء المقدسة والأستاذ فراس الكرباسي الناشط الاعلامي في المركز الحسيني للدراسات ومدير المؤسسة الاعلامية العراقية، الاحتفالية التي أقامتها في بغداد وزارة شؤون المرأة بمناسبة اليوم العالمي لمناهضة العنف ضد المرأة يوم ٢٦/ ١١/ ٢٠١١م والتي حضرها السيد نوري المالكي رئيس الوزراء العراقي والدكتور

---

(١) تولى المركز الحسيني للدراسات توزيع التقرير الخبري على وسائل الإعلام بتاريخ ٣٠/ ١١/ ٢٠١١م، ونشر في الكثير، منها: موقع مركز النور للدراسات (السويد) بالتاريخ نفسه، المؤسسة الإعلامية العراقية، وجريدة الدستور البغدادية بتاريخ ٧/ ١٢/ ٢٠١١م.

ابراهيم الجعفري رئيس الائتلاف العراقي الوطني وممثل الامم المتحدة في العراق السيد مارتن كوبلر وعدد من السفراء والشخصيات السياسية والحكومية بالبلد.

وأشار الطرفي إلى كتاب الشيخ الكرباسي المعنون "المرأة والدماء الثلاثة" وهو كتاب فقهي علمي تحتاجه كل امرأة، فيما قدّر الكرباسي اهتمام المؤلف بالمرأة لما لها من دور كبير في نصرة نهضة الإمام الحسين عليه السلام على الصعد كافة، ومن ذلك أنه أشركها في كتاباته كما هو ملاحظ في المقدمات النقدية التي ألحقت في نهاية كل جزء من أجزاء الموسوعة الحسينية، والتي وثَّقها الأستاذ الجامعي والباحث في دائرة المعارف الحسينية الدكتور نضير الخزرجي في كتابه "نزهة القلم" الذي صدر عام ٢٠١٠م، من قبيل مقدمة البروفيسورة الإيطالية سلفيا ألبرتو نايف، والبروفيسورة الكندية ليندا غارك كلارك، والباحثة الفرنسية الدكتورة صابرينا ليون ميرفن.

هذا واطلعت الوزيرة على بعض مؤلفات الشيخ الكرباسي مبدية إعجابها بنتاجاته وهمَّته العالية في نصرة الإمام الحسين عليه السلام وإبراز دور المرأة الرسالية، متمنية للمؤلف اكمال مشروعه العالمي الكبير.

في هذا الإطار أبدى نائب في مجلس النواب العراقي عن قناعته التامة بضرورة أن تتعاون المؤسسات المعرفية العراقية والإسلامية مع دائرة المعارف الحسينية المهتمة بالشأن الحسيني بخاصة والإسلامي بعامة.

جاء ذلك خلال زيارة الدكتور حبيب حمزة الطرفي عضو مجلس النواب العراقي عن كتلة المواطن لمكتب دائرة المعارف الحسينية في

كربلاء المقدسة داعيا الجهات العراقية المسؤولة إلى مد جسور التعاون المعرفي مع المؤلف الدكتور محمد صادق الكرباسي وذلك من أجل إزدهار وتقدم العلم في العراق.

وكان النائب العراقي وعدد من أصحاب الشأن من جامعيين وأدباء وعلماء دين منهم السيد خضير المدني مسؤول شعبة الاستفتاءات الدينية في العتبة الحسينية المشرفة قد اطلعوا على الأعداد المطبوعة من دائرة المعارف الحسينية والتي بلغت **٧٦** مجلداً من مجموع ما يزيد على **٦٠٠** مجلد مخطوط، واستمعوا إلى شرح عن تاريخ الموسوعة قدمه الأستاذ هاشم الطرفي، كما أبدى الدكتور الطرفي إعجابه الشديد بالأسلوب الحديث الذي استخدمه الشيخ الكرباسي في تفسير القرآن الكريم كما وجد ذلك في الجزء الأول من كتابه "التفسير المسترسل".

وعلى صعيد ذي صلة، دعت الأستاذة ياسمين نور الدين البياتي الحكومة العراقية الاطلاع على المطبوع من الموسوعة وبخاصة الأجزاء التي خصصها المؤلف للحديث عن النساء اللواتي شاركن الإمام الحسين عليه السلام في نهضته المباركة، باعتبار أن المرأة الحسينية أسوة لكل نساء العالم، وأن ما جاء به الشيخ الكرباسي يُعد فتحاً في باب العلوم التاريخية والإنسانية فضلا عن مؤلفاته الأخرى الخاصة بالمرأة، كما عبّرت المهندسة ضحى العامري التي كانت ضمن الوفد النسوي من أكاديميي بغداد الذي زار مكتب الموسوعة يوم **٢٣/ ١١/ ٢٠١١**م عن أملها أن يمد أصحاب الشأن الثقافي في العراق يد الاهتمام إلى مشروع الموسوعة الحسينية خدمة للعلم والتعليم في العراق لاسيما وأن الموسوعة تضم **٦٠**

باباً من أبواب المعرفة، وكل مقدمة باب تُعدُّ بحد ذاتها رسالة جامعية وتأسيسا لقواعد ذلك العلم وتأصيلاً له.

من جهة أخرى زار مكتب الموسوعة الحسينية في كربلاء المقدسة يوم ٢٥/ ١١/ ٢٠١١م وفد علمائي ثقافي من قضاء الخالص في مدينة ديالى العراقية، ووجَّه السيد غانم السيد قاسم الموسوي الذي رأس الوفد نداءه إلى رئاسة الجمهورية ورئاسة الوزراء لرعاية الموسوعة التي تعد الأولى في تاريخ التأليف حيث: "أصبحنا نباهي جميع الأمم بهذه الموسوعة المسددة من الله ولا نستطيع وصف جهد المؤلف وسنقف عاجزين حتى ولو قدمنا آلاف آيات الشكر"، وكان الوفد قد ضمَّ كلاً من الأديب السيد مؤيد الموسوي والشاعر رشيد صباح بدوي والتربوي علي غازي خلف.

هذا وكان العلامة السيد فاضل جمال الدين عميد أسرة آل جمال الدين العلمائية الأدبية والمقيم في الولايات المتحدة الأميركية قد زار فرع الدائرة في كربلاء المقدسة، معتبراً أنَّ: "الموسوعة الحسينية تمثل نصراً معرفيا مسدداً من قبل الله لا يستطيع أي مؤلف أو باحث الاستغناء عنها أو إصدار مثلها".

يُذكر أن أجزاء الموسوعة الحسينية لمؤلفها وراعيها العراقي المولد والنشأة الدكتور الشيخ محمد صادق الكرباسي المولود في مدينة كربلاء المقدسة عام ١٩٤٧م تصدر عن المركز الحسيني للدراسات في لندن منذ العام ١٩٨٧م.

الموسوعة الحسينية
تتألق في سماء الدوائر المعرفية[١]

المركز الحسيني للدراسات ـ لندن[٢]

بعد انقطاع دام عشرين عاماً استأنفت دار الشؤون الثقافية العراقية بإقامة "معرض بغداد الدولي الأول للكتاب" وذلك بمشاركة **٢٤١** دار نشر ومؤسسة ومركزاً من **٣٢** دولة و**٤٠** دار نشر عراقية توزعت على **٢٢٠** جناحا عرضت **٢٧** ألف عنوان كتاب في أبواب متفرقة.

دائرة المعارف الحسينية الصادرة أجزاؤها عن المركز الحسيني للدراسات في لندن كان لها حضور متميز في المعرض لما تمثله من فتح علمي هو الأول من نوعه في تاريخ البشرية حيث فاقت أجزاؤها المخطوطة الستمائة مجلد صدر منها حتى يومنا هذا **٧٦** مجلدا اختصت بستين علما

---

(١) قام الإعلامي المصري مدير مكتب مؤسسة النور الثقافية في مصر الأستاذ عبد الواحد محمد بعد الإستئذان من المركز الحسيني للدراسات، بنشر التقرير الخبري في وسائل إعلام مختلفة بالعنوان التالي: (المعارف الحسينية تكتب حاضراً في عاصمة الجليد لندن بأقلام عراقية)، ومن ذلك موقع "كتابات في الميزان" بتاريخ ٨/ ١٢/ ٢٠١١م، وموقع مركز النور للدراسات (السويد) بتاريخ ٩/ ١٢/ ٢٠١١م.

(٢) وزع المركز الحسيني للدراسات الخبر على وسائل الإعلام المختلفة بتاريخ ٧/ ١٢/ ٢٠١١م، ونشر في الكثير، منها: وكالة أنباء نون (العراق)، بتاريخ ٨/ ١٢/ ٢٠١١م، وكذلك شبكة صوت العراق (هولندا) بالتاريخ نفسه، ومنتدى جَنَّة الحسين بتاريخ ٢١/ ١٢/ ٢٠١١م.

من أبواب المعرفة تصب كلها في بوتقة النهضة الحسينية وشخص الإمام الحسين عليه السلام، وقد أفرد المقهى الثقافي المنبثق عن المعرض ندوة خاصة عن "العمل الموسوعي في دائرة المعارف الحسينية" بحضور أكثر من مائتي أديب وإعلامي وسياسي ونائب وناشط اجتماعي من جنسيات مختلفة، وأدارها الأديب منذر عبد الحر، أضاء فيها الناشط الإعلامي في المركز الحسيني للدراسات الأستاذ فراس الكرباسي جوانب من زوايا الموسوعة الحسينية الخافية على الآخر.

الأستاذ هاشم مزهر الطرفي من مكتب دائرة المعارف الحسينية في العراق كان حاضراً ورصد آراء ونظرات عدد من الزائرين والضيوف لجناح دائرة المعارف الحسينية حيث زودهم بكتاب "نزهة القلم" للإعلامي والباحث المشارك في دائرة المعارف الحسينية الدكتور نضير الخزرجي الذي نقد فيه وبشكل موضوعي عشرين جزءاً من أجزاء الموسوعة الحسينية.

* **نوفل هلال أبو رغيف** (مدير عام الشؤون الثقافية في وزارة الثقافة، رئيس المعرض): كل الحب والتقدير والإعجاب للجهود الطيبة والهواجس النبيلة التي تثمر عن جهود رصينة واشتغال عميق فتقدم للمتلقّي فاكهة من نوع مختلف. شكراً لأنكم هنا بين أحبتكم وقرّائكم على أرض معرض بغداد الدولي للكتاب. شكراً لما حملتم للثقافة العربية والإسلامية من جهود أستاذنا العلم الكبير الدكتور محمد صادق الكرباسي. نتمنى أن يطول مكوثكم وأن تجد مؤسستكم الزاخرة ما تستحقه من الدعم والإقبال. وتحية وفاء وامتنان مضاعف للتحفة التي تمثلت بموسوعة دائرة المعارف الحسينية.

* **عبد الكريم لعيبي باهض** (وزير النفط): سرّني أن أُشاهد ما يقوم به المركز من جمع وتحقيق للتراث الحسيني وعرضه بشكل موحد ليكون نبراساً للبشرية وكذلك يكون نواة لأبحاث ودراسات.

* **ياسين حسن الجاف** (وزير دولة): وجدت المركز الحسيني للدراسات قد قدّم جهوداً موسوعية جبارة لدراسة كل ما يتعلق بسيرة الحسين عليه السلام من تاريخ وحضارة وتضحية وفداء وثورة وعن كل مَن كتب عنه وتطرق إليه ببحث أو كتابة. وأرجو أن يكون المركز قدوة لغيره من مراكز الدراسات الأخرى في العالمين العربي والإسلامي.

* **طه درع طه** (نائب في مجلس النواب): أعجبتني كثيراً العناوين الرائعة التي أصدرها المركز وخصوصاً المشروع الكبير الذي يتحدث عن الإمام الحسين عليه السلام.

* **عيسى حسن الفريجي** (عضو مجلس محافظة بغداد): زيارتي لمعرض الكتاب أعطتني انطباعا بأن الحركة المعرفية والعلمية في تنامٍ رغم ضغوطات وسائل الاتصال الحديثة من انترنت وفضائيات. إن موسوعة الدكتور الكرباسي من الموسوعات العلمية المعرفية التي لفتت انتباهي كونها فريدة في موضوعاتها.

* **د. محمد حسين آل ياسين** (أديب شاعر): بهرني نهوض المركز الحسيني للدراسات بمشروع الموسوعة الحسينية التي طال انتظار المكتبة الإسلامية الفكرية والأدبية والتاريخية لمثلها، فقد سدّت فراغا كبيراً، وأجابت على سؤال ضخم كنّا نطرحه عن شتات الأدب الذي أُنتج عن الحسين العظيم، وأن موضوعة "كربلاء" أكبر موضوعات وأغراض الشعر والأدب والتاريخ والفكر على مدى التراث الإسلامي الكبير.

* د. بشرى الزويني (وزيرة الدولة لشؤون ضحايا الارهاب): إن في دائرة المعارف الحسينية من الجمالية والروعة يعجز اللسان عن النطق بها، ويعجز القلم أن يذكر الكلمات التي تصفها.

* حمدية جبر المحمداوي (صحفية وناشطة إعلامية): معرض كتاب في بغداد تضيئه شمعة وضعت عرضاً في ركن من أركان المعرض اسمها "الموسوعة الحسينية"، المكان فيه أشياء كثيرة متميزة وأخرى عادية، فيها كنوز، وكنزنا اليوم رتّبته أنامل توسّمت بحب الحسين المجد. أمنيتي أن أعيش لأرى الموسوعة كبرت إلى أن تكون ألفاً أو تزيد، فهي اليوم فتيّة وغدا بإذن الله شيخة تُتوج على رفوف الجامعات العراقية والعالمية.

* عمار موسى الموسوي (مدير عام العلاقات والاعلام الإسلامي ـ وزارة الأوقاف): سيدي يا أبا عبد الله الحسين (عليك كل السلام) لمن خط لك ومَن كتب فيك كل الحب والاعتزاز. أنت يا أبا عبد الله دمٌ وفمٌ لهذا الزمان. الشيخ الدكتور الكرباسي هو أحد الموفقين لخدمتك كما خدمتك الملائكة.

* د. صلاح عبد الرزاق (محافظ بغداد): زرنا جناح مركز الدراسات الحسينية في لندن واطلعنا على الجهود الكبيرة والمستمرة للدكتور محمد صادق الكرباسي وخاصة موسوعته الحسينية الخالدة.

* د. عز الدين الدولة (وزير الزراعة): ما رأيناه من مطبوعات وموسوعات في جناح المركز الحسيني للدراسات في لندن توحي بأن الثقافة لازالت بخير وأن النهضة الثقافية قادمة لا محال، وتبقى بغداد الحاضنة للكتب والمؤلفات.

* ضياء نجم الأسدي (وزير دولة): ملأتني الغبطة واعتراني السرور

وأنا أُشاهد وأتصفّح الإنجاز العظيم المتمثل في موسوعة الإمام الحسين عليه السلام. إن لهذا العمل الجليل وقعاً ومكانة خاصين سيملآن المكتبة الإسلامية فخراً وعطاءً. وكذلك كان للتآليف الأخرى طابع مميز وحاجة لسدّ فراغ المكتبة الإسلامية من نواحي الفكر والعقائد وعلوم الإسلام الأخرى.

* **خالد محمد الجنابي** (كاتب وإعلامي): لا يسعني إلا أن أسجل إعجابي وتقديري.. شيء يفوق الوصف والتعبير ولا يمكن لكل بلاغة لغتنا العربية أن تنصف هذا الانجاز الرائع لسماحة الشيخ الكرباسي.. دعوة للوقوف احتراما وإجلالا أمام دائرة المعارف الحسينية كونها سِفراً خالداً في تاريخ الأمة الإسلامية على مرّ العصور وتوالي الدهور.

* **د. حميد مجيد هدو** (عميد كلية صدر العراق الجامعية في الكاظمية): أسعدني وسرّني كثيراً زيارة جناح المركز الحسيني للدراسات، وإن دلّ هذا الجهد على شيء فإنما يدل على إخلاص النيّة وسلامة الهدف من أجل إحياء تراث أهل البيت عليهم السلام، والسعي لإبراز الدور الديني والفكري لمدينة أبي الشهداء الإمام الحسين عليه السلام. حيّا الله جهود رئيس المركز سماحة الشيخ محمد صادق ابن الحجة الشيخ محمد الكرباسي ابن عمّة والدتي العلوية رباب السيد حسين قاسم، وإنني فخور كل الفخر بتلك الانجازات الحسينية الرفيعة الخالدة.

* **إسماعيل زاير** (رئيس مجلس تحرير جريدة الصباح الجديد): إنه لمن المسعِدْ والمفرح أن ينظر المرء إلى جهد العقول النيّرة في مجموعة السيد الفاضل الكرباسي، وهي تجمع شذرات ومقالات وآراء مختلف الناس في موضوعة سيد الشهداء، فعلا نحن ممتنون لكم.

* **طاهر ناصر الحمود** (وكيل وزارة الثقافة): عمل عظيم دون شك أن يكتب عن الإمام الشهيد الحسين بن علي عليه السلام هذا القدر الكبير، إنها موسوعة مستوعبة لكل جوانب حياة الإمام، وهي بالتأكيد أكبر منجز لحد الآن، وفي هذا فخر كبير لمؤلفه وللمركز الذي يتولى نشره، كما أن فيه فائدة لا تقدر للباحثين والدارسين وطلاب الحقيقة.

* **الشيخ صلاح جاسم العبيدي** (الناطق الرسمي باسم مكتب الشهيد الصدر): قليل بحق أبي الأحرار ما كُتب بحقه، ولكن الجهد العظيم الذي بذلته هذه الموسوعة لجمع التراث المكتوب عن الإمام الحسين عليه السلام جهد نقف أمامه بإجلال وإكبار.

* **د. محمود درويش محمد** (مدير قسم الترجمة ـ دار المأمون في بغداد): سرّني هذا التفاني وهذا الاخلاص في الطباعة والنشر، مما يؤكد التوجه الرصين لخدمة القارئ الجاد التوّاق في هذا الزمن الذي نرجو أن لا يفقد طريقه وسط الهجمات الاعلامية المضادة التي تسعى إلى تزوير وتزييف كل ما هو أصيل في ثقافتنا العربية ـ الإسلامية التي نعتز بها اعتزازا شديدا والتي جسّدها رموز تلك الثقافة وعلى رأسهم الإمام الحسين عليه السلام.

* **د. جواد كاظم حسن اللامي** (رئيس اللجنة المركزية للمتضررين السياسيين في وزارة الثقافة): بإعجاب كبير تصفحت الموسوعة الحسينية وما احتوته من عظمة بما ورد في القرآن الكريم والسنّة النبوية، رغم قناعتي بشخصية الإمام الحسين، وإن ما يُكتب لا يزيده مدحا ولا ينقصه مَنْ كتبَ من النواصب أعداء أهل البيت، فالحسين مقام عالٍ وثورة متوهجة في كل زمان ومكان، وملهم لشعوب العالم في الحرية والانعتاق.

* **د. عبد الاله ابراهيم عبد الله** (الجامعة المستنصرية): لفت نظري في

جناح المركز الحسيني للدراسات كنز من كنوز المعرفة وهو الموسوعة الحسينية الموسومة بـ "دائرة المعارف الحسينية".

* **السيد محمد أبو تقي الحسني**: في هذا الاحتفال العلمي الكبير في معرض بغداد الدولي للكتاب، حيث احتفل المثقفون كعادتهم بالجديد من كتّابهم وكتاباتهم، ولكن ما ميّز هذا المعرض لهذه السنة الجهد الكبير الذي بذله العلامة آية الله محمد صادق الكرباسي دامت تأييداته، والذي تجسد في موسوعته الحسينية المباركة "دائرة المعارف الحسينية" والتي بلا شك ستكون مرجعا مهما يتعاظم شأنه على مدى الايام، كما ستكون ذخراً ورصيداً مباركاً للكُتّاب، فبورك وبورك يراعه الوضاء.

* **أحمد الزيدي** (قناة الفرات الفضائية): يمثل المركز الحسيني للدراسات الموقر من الظواهر المهمة والعلامات البارزة في هذا المعرض لما فيه من كنوز معرفية قيّمة.

* **محمد مهدي النجاري** (مدير قسم البرامج الدينية في قناة العراقية) للموسوعة الحسينية لسماحة العلامة الدكتور الكرباسي فضل كبير في ردم الهوة التاريخية لكثير من الحلقات المفقودة في التاريخ الإسلامي عموما والحسيني خصوصا، وفي نظري أنَّ رعاية أهل البيت عليهم السلام تحيط يراعه المبدع في الغوص في لجّيَّة الحوادث التاريخية التي تخص الحسين عليه السلام على كل مراحل وجوده وبعد وجوده المبارك الذي أفاض على الانسانية قيم الخلود بمعناها السماوي.

* **عز الدين أكرم سليمان البرزنجي** (محافظة أربيل): تستحق الموسوعة الحسينية أن تكون في قلوب العرب والمسلمين وكل من يعشق محبة الناس والحرية، واليوم حيث أتصفحها بكل فخر واعتزاز، أدعو كل عشاق أهل

البيت ﷺ إلى الاطلاع على الموسوعة وإيصالها إلى كل البلدان لأنها تحمل الحقائق المشرقة عن واقعة الطف الخالدة.

* **السيد مهند الموسوي** (إمام جمعة مدينة الصدر في بغداد): وجدت في الجناح المبارك للمركز الحسيني للدراسات نقلة نوعية وفكرية في تاريخ الفكر الشيعي.

* **الشيخ عبد الفتاح منصور المشهداني** (محافظة ديالى): أقول للكل لا تفوتكم فرصة اقتناء إصدارات دائرة المعارف الحسينية، ربّوا أولادكم على حب العترة الطاهرة، والموسوعة الحسينية مدرسة شاملة لكل العلوم، ينبغي علينا جميعا اقتناء هذا المشروع العالمي المهم.

* **فراس عباس الكرباسي** (مدير المؤسسة الاعلامية العراقية ـ معاً ـ): أتشرف بأن أكون ضمن جناح دائرة المعارف الحسينية الكبرى لمؤلفها العلامة الفاضل الدكتور محمد صادق الكرباسي حفظه الله، وأشكره من صميم قلبي بأن أتاح لي الفرصة للتنسيق والمساعدة في وضع هذه الموسوعة في بغداد في معرضها الدولي الأول. حقاً إنها لحظات يعجز الانسان أن يعبّر بها عن شعوره وما يحس به وهو يكتب هذه الكلمات لأنني أعتقد أنها تُكتب إلى الإمام الحسين ﷺ نفسه.

* **حنان التميمي** (إعلامية عراقية): قلت لنفسي قبل أن أكتب هذه الكلمات: هل الذين سبقوني وقفوا حائرين ماذا يكتبون عن أكبر موسوعة في العالم؟!، بعدها اطّلعت على تفاصيل أجزاء الموسوعة المخطوطة في كتاب "معالم دائرة المعارف الحسينية" للأستاذ علاء الزيدي، ثم علمت من إدارة الجناح بأن العدد أصبح ٦٣٠ مجلداً وسيصل المطبوع إنشاء الله إلى أكثر من سبعين مجلداً نهاية هذا العام، مما يجعلني أقول إنه ينبغي

على مكتبات الجامعات اقتناء هذه الموسوعة الشاملة والرائعة والتي بذل فيها مؤلفها الدكتور محمد صادق الكرباسي جهوداً لا تُثمن ولا توصف، إنه المشروع العالمي الأول، فلنكتب جميعا عن الموسوعة في الصحف والمجلات العراقية والعربية، وهذه دعوة لكل وسائل الاعلام.

* **مؤيد عزيز اللامي** (نقيب الصحفيين العراقيين): بارك الله لمن قدّم جهدا للحسين وآل الحسين، لأنَّ مَن يسير على خطى أهل البيت ستكون الحياة له فضاءً مليئاً بحب الناس وسيكون في الآخرة من الفائزين بحبه.

والمفيد ذكره أنه وعلى مدى اسبوعين من عمر المعرض الذي انطلق في **٢٠/ ٤/ ٢٠١١**م تواصلت الشخصيات العلمية والسياسية والثقافية والاجتماعية والجامعية ومن أطياف مختلفة، الوفود على جناح المركز الحسيني للدراسات، مسطّرين انطباعاتهم عن الجهد المعرفي الخارق الذي يبذله راعي الموسوعة الحسينية ومؤلفها الفقيه الدكتور الشيخ محمد صادق الكرباسي المولود في مدينـة كربلاء المقدسة في العراق سنة **١٩٤٧**م، من قبيل: السيد علي حسين العلاق رئيس لجنة الأوقاف والشؤون الدينية في مجلس النواب العراقي، الدكتور سلمان محمد الموسوي عضو مجلس النواب العراقي، الدكتورة ميادة بدري القزويني من كلية العلوم في جامعة بغداد، الدكتور محمد حسن دخيل من كلية القانون والعلوم السياسية في جامعة الكوفة، المحامية إشراق محمد الشيخلي، السيد كرار الخفاجي رئيس الهيئة السياسية لمكتب الشهيد الصدر، السيد جواد الشهيلي عضو مجلس النواب العراقي، الشيخ أحمد المطيري عضو الهيئة السياسية لمكتب الشهيد الصدر، الشاعرة بلقيس العزاوي، الشيخ سامي المسعودي إمام جامع وحسينية الرسول الأعظم ﷺ في بغداد،

مراسلة إذاعة جمهورية العراق الإعلامية داليا طارق طعيمة، السيد قيس محمد ناصر من قسم العلاقات العامة في العتبة الكاظمية المقدسة، عمار الوهج طالب دكتوراه في جامعة بغداد، الدكتورة أمينة التميمي، السيدة سامية عزيز محمد خسرو النائبة السابقة في مجلس النواب العراقي، والمستشار الثقافي في وزارة الثقافة الدكتور حامد الراوي، وغيرهم.

الخزرجي لمجلة صوت الطلبة القمّية
دائرة المعارف الحسينية:
مشروع رائد في خدمة النهضة الحسينية

حاوره[1]: رائد البصري[2]: قم – إيران

تمثل دائرة المعارف الحسينية في لندن لمؤلفها وراعيها الفقيه الدكتور محمد صادق الكرباسي مشروعاً رائداً في خدمة النهضة الحسينية، وللتعرف عليها عن قرب كان لنا هذا الحوار مع الناشط في الموسوعة الحسينية الباحث والإعلامي العراقي الدكتور نضير الخزرجي.

---

(١) جرى الحوار عبر الشبكة البينية لمجلة (صوت الطلبة) الصادرة باللغة العربية في مدينة قم المشرفة في إيران، ونشرت في الصفحة ٧ في العدد ١٢ الصادر في شهر صفر عام ١٤٣٣هـ، والمجلة شهرية خبرية ثقافية تهتم بشؤون الطلبة تصدر عن المجمع العام للحوزة العراقية في قم المقدسة ويحررها الأستاذ رائد البصري.

(٢) رائد البصري: كاتب عراقي من أهل البصرة مقيم في قم المقدسة في إيران، نال من جامعة المصطفى العالمية الشهادة العالية (ماجستير تاريخي إسلامي) عام ٢٠١٠م عن رسالته المعنونة: (الإمام الحسين وثورة عاشوراء من وجهة نظر المستشرقين).

* صوت الطلبة: حبذا لو تعطونا نبذة تاريخية حول البذرة الأولى لمشروع دائرة المعارف الحسينية؟

الخزرجي: بدأت النواة الأولى لفكرة مشروع دائرة المعارف الحسينية منذ ليلة الحادي عشر من شهر محرم الحرام عام ١٤٠٨هـ (٥/٩/ ١٩٨٧م)، حيث واصل المؤلف الليل بالنهار ولازال إلى يومنا هذا في تجميع مادة الموسوعة المتوزعة على ستين بابا في أكثر من ستمائة مجلد والتحقيق فيها، وبعد ست سنوات من العمل المضني صدر عام ١٩٩٣م تعريف عام لدائرة المعارف الحسينية من إعدادنا بعنوان: (دائرة المعارف الحسينية في خمسمائة مجلد للكرباسي: تعريف عام)، وحينها كانت أعداد الموسوعة المخطوطة والمطبوعة قد بلغت ثلاثمائة مجلد وكان في منظور المؤلف أن تصل إلى خمسمائة مجلد، وكان "ديوان القرن الأول" الذي صدر عام ١٤١٤هـ (١٩٩٤م) هو باكورة الموسوعة الحسينية، وبعد سبع سنوات بلغت الموسوعة بالمخطوط منها والمطبوع نحو خمسمائة مجلد فصدر عام ١٤٢١هـ (٢٠٠٠م) تعريف جديد من إعداد الزميل الإعلامي العراقي الأستاذ علاء جبار الزيدي بعنوان: (معالم دائرة المعارف الحسينية للكرباسي)، وبعد عشر سنوات تعدت الموسوعة الستمائة مجلد.

والمفيد ذكره أن أجزاء دائرة المعارف الحسينية تصدر تباعا عن المركز الحسيني للدراسات في لندن الذي تأسس رسميا سنة ١٤١٤هـ (١٩٩٣م)، وله مقر عام في لندن افتتح بشكل رسمي سنة ١٤٢٤هـ (٢٠٠٣م) يضم مكتبة عامة مؤلفة من نحو ٢٢ ألف كتاب في أبواب متفرقة ولغات مختلفة، إلى جانب المخطوطات، والأقراص المدمجة فضلا عن الصحف والمجلات وصفحة خاصة في الشبكة (الكهربية) البينية الدولية.

* **صوت الطلبة: ما هي السيرة العلمية والفكرية والشخصية لمؤسسي الدائرة؟**

الخزرجي: من مميزات الموسوعة الحسينية أنّ مؤلفها وراعيها هو واحد، وهي من إبداع الفقيه المحقق الأديب الدكتور آية الله الشيخ محمد صادق محمد الكرباسي المولود في مدينة كربلاء المقدسة بجوار مرقد سيد الأحرار أبي عبد الله الحسين عليه السلام في اليوم الخامس من الشهر الثاني عشر لسنة ألف وثلاثمائة وست وستين للهجرة الموافق للعشرين من تشرين الأول (أكتوبر) لعام ألف وتسعمائة وسبعة وأربعين للميلاد، في أسرة عريقة الحسب والنسب، وبيت عزّ ومجد وشرف وفضل، حيث ينتسب إلى الصحابي الجليل مالك الأشتر رضوان الله عليه.

نشأ في أسرة شريفة عُرفت بالعراقة في العلوم والمعرفة، واتّسمتْ بالفضل والتُقى، وكان أول تعليمه على يد والده الحجة آية الله محمد بن أبي تراب الكرباسي الذي وجد فيه صورة العالم الرّباني والمعلّم المثالي الذي اقتبس من ينابيعه مبادئ الشريعة، ونهل عيون الحقيقة، وكان متعلقا به أشد التعلّق، ومتأثراً به تأثراً كبيراً، ذلك لما تركته معاملة المعلّم الروحي لتلميذه الصغير الذي زرع فيه صفات العبقرية والنباهة، حيث كان شغوفاً بالبحث والتساؤل والتنقيب عن الحقيقة العلمية، ولعل هذا ما جعل الشيخ الكرباسي الوالد يتوسّم في ابنه المقام العالي والمستقبل الماجد الذي سيجعل من هذا الولد الصغير وليد مرقد الحسين عليه السلام عبقري عصره، ونسيج وحده، مُحمِّلا إياه أمانة التغيير والتجديد.

كما درس في حواضر العلم بدءاً بكربلاء المقدسة، ثم النجف الأشرف، وطهران، وقم المشرّفة، على أبرز مراجعها الآيات وعلمائها

الربّانيين كالكرباسي والشيرازي والشاهرودي، والاصفهاني محمد رضا والبيارجمندي يوسف في كربلاء، وعلى الإمام الخميني روح الله، والإمام الخوئي أبي القاسم في النجف، وعلى الخونساري أحمد، والرفيعي أبي الحسن، والآشتياني محمد باقر في طهران، وعلى الگلبايگاني محمد رضا، والشريعتمداري محمد كاظم، والشيرازي كاظم، والكرباسي محمد حسين، والآملي هاشم، والحائري مرتضى في قم المشرّفة.

نال شهادة الاجتهاد والرواية بجدارة، فأتقن علوم الشريعة الحقة معاً، وزاد عليها الفلسفة وفنون اللغات والآداب، وهو يجيد أكثر من لغة قراءة وكتابة، كما نال أربع شهادات دكتوراه فخرية من سوريا وفرنسا ولبنان والولايات المتحدة. فهو فقيه أصولي وعالم مخضرم، عروضي مُتبحِّر، وشاعر مقتدر، جمع العلوم الحوزوية والأكاديمية وأشفعهما بالعلوم الغريبة، جمع بين الفقاهة والرؤى السياسية والعمل الدؤوب بعصاميته المعروفة واستقلاليته المعهودة، إمتاز بذكائه الخارق وتبحّره في العلوم بمختلف مشاربها وألوانها وتجاربها العلمية وممارساتها الاجتماعية، لم يترك لنفسه فسحة للراحة، فقد استغل العطل والطريق والسفر ليأخذ من مناهل العلم أو يثري عالم المعرفة بشيء جديد، فهو الطّارقُ لأبواب المعرفة والعاكف في محراب العلم.

مارس التعليم والتدريس والإمامة في حوزة كربلاء والتدريس في طهران وقم المشرفة ودمشق، أنشأ عدداً من المؤسسات الثقافية والاجتماعية والدينية في بيروت ودمشق، كما أسس وشارك في إنشاء أكثر من أربعين مؤسسة اجتماعية وثقافية وعلمية في مختلف الأقطار، وتوّجها بالحوزة العلمية الزينبية في دمشق، ومؤسسة الوفاء في بيروت، وبالمركز الحسيني

للدراسات في لندن، وزيادة على هذا لم يبخل بنشاطاته العلمية والسياسية ومساهماته الفكرية والثقافية المختلفة في عدد من عواصم العالم، مع إصداره لعدد من المجلات مع ثلة من زملائه في محطات إقامته من كربلاء إلى لندن.

*** صوت الطلبة: ما هي الاسس الفكرية والدوافع التي انطلقت منها دائرة المعارف الحسينية؟**

الخزرجي: إنطلق المؤلف في تأليف الموسوعة الحسينية من أرضية بيان عظمة الإمام الحسين عليه السلام الذي جسّد بنهضته المباركة أهداف جميع المعصومين في إعمار البلاد وإصلاح العباد، وهي رسالة السماء التي ورثها من الأنبياء، ولذلك فلا غرو أن يتأثر بنهضته المباركة كل حر بغض النظر عن الدين أو المذهب، لأنّ رسالة الحسين عليه السلام هي رسالة الأنبياء عليهم السلام ورسالة النبي محمد صلى الله عليه وآله وسلم التي هي رحمة للعالمين بلا استثناء.

*** صوت الطلبة: ما هو النتاج العلمي الذي اسفر عن هذا المشروع المبارك؟**

الخزرجي: بشكل عام بلغت مؤلفات البحاثة الكرباسي أكثر من ألفي كتاب في مختلف المجالات العلمية والأدبية، والاجتماعية، وشتى العلوم الإسلامية وغيرها، وتوّجها بمؤلَّفِه الخالد الموسوم بـ "دائرة المعارف الحسينية" التي تجاوز عدد أجزائها الستمائة مجلد، طُبع منها حتى اليوم ٧٦ مجلداً، وسلسلة الشرائع نحو ألف كتاب، طُبع منها ستة عشر كتاباً(١)، وسلسلة "الإسلام في.." وتقع في ٢٥٠ كتاباً، طبع منها ستة، وتفسيره

---

(١) طُبع من سلسلة الشرائع حتى اليوم ٣٥ حلقة.

للقرآن بصورة مميّزة في ثلاثين جزءاً، طبع منه الجزء الثلاثون، ودواوينه الخمسة عشر، وقد طبع منها إثنان، وكتبَ في العَروض ثلاثة كُتب، أبرزها الذي استحدث فيه بحوراً جديدة حيث بلغت (٢١٠) بحور، ومن هنا جاء وصفه بالخليل الثاني، إلى عشرات المؤلفات الأخرى في مختلف الفنون والعلوم، وقد قيلت في موسوعته الخالدة وشخصه الكريم مئات القصائد، طُبعت خمسة دواوين منها، كما تُرجم في العديد من المعاجم العربية وغيرها.

* صوت الطلبة: ما هي المراكز الفكرية العالمية التي تفاعلت مع هذا المشروع، وما هو شكل هذا التفاعل؟

الخزرجي : ليس بالإمكان حصر الأسماء فهي كثيرة متنوعة، ولكن بشكل عام يمكن القول إن المؤسسات متوزعة على حوزات علمية ومراكز فكرية وثقافية وجامعات وكليات في أنحاء مختلفة من العالم في الأميركيتين وآسيا وأفريقيا وأوروبا، ويختلف نوع التعاون من مركز لآخر حسب التوجهات العامة.

* صوت الطلبة: ما هو رأي الشخصيات العلمية والسياسية البارزة حول الدائرة؟

الخزرجي : لا يمكن حصر الآراء في مثل هذه الموسوعة التي تعتبر الأولى في مجال بيان النهضة الحسينية من كل جوانبها، فهي بالمئات كمنثور ومنظوم، فيكفي من المنظوم أن صدر الجزء الأول من التقاريظ في ١٦٥ قصيدة لشخصيات مختلفة من جنسيات ومذاهب وأديان مختلفة ضمَّها كتاب "الزنبقة في التقاريظ المنمّقة" من إعداد الشيخ الدكتور حسين شحادة في ٨٣٢ صفحة من القطع الوزيري، ومن المنثور صدر لنا الجزء الأول من

كتاب "نزهة القلم" في ٥٦٠ صفحة من القطع الوزيري عام ٢٠١٠م، تضمَّن عشرين رأياً وتقريضاً لشخصيات أكثرها من بلدان غربية وأديان ومذاهب مختلفة، وكذلك كتاب "أشرعة البيان" في نحو ٧٣٥ صفحة من القطع الوزيري صدر حديثا عام ٢٠١٢م، تخلّله هو الآخر عشرون رأياً وتقريظاً لشخصيات مسلمة وغير مسلمة وقفت إجلالاً لشخصية الإمام الحسين عليه السلام وتعظيماً لمؤلف دائرة المعارف الحسينية.

والعناوين التالية التي صدّر بها أصحاب التقاريض تنبيكم عن عظمة الموسوعة الحسينية المتصلة بعظمة الإمام الحسين عليه السلام وشخصيته الكبيرة: المجهود الحاذق، يتيمة الدوائر المعرفية، الكتاب الكنز، العمل الموسوعي المدهش، العمل الصرحي، عمل لا نظير له، الموسوعة جامعة كبرى، المشروع الفكري الضخم، أنبل وأسمى الإنجازات الإسلامية، لم يسبق لها نظير، مشروع علمي توثيقي جليل، أشمل موسوعة ظهرت إلى الوجود، البادرة النادرة الفريدة، جنّة المؤلفات وأوسعها، دكتوراه في الإبداع، حضارة كاملة.

وللوقوف على جوانب من هذه الموسوعة وما قيل فيها وحولها راجع كتابنا "العمل الموسوعي في دائرة المعارف الحسينية".

*** صوت الطلبة: هل لدائرة المعارف حضور في المهرجانات والمؤتمرات؟**

الخزرجي: لا شك أن الإسم الذي تتبرك به دائرة المعارف تهفو إليه قلوب الأحرار من كل حدب وصوب، ولذلك لا يمكن حصر المهرجانات والمؤتمرات التي دعي إليها المركز الحسيني للدراسات الذي تصدر عنه أجزاء دائرة المعارف الحسينية في داخل المملكة المتحدة وخارجها، ولكن

يمكن الإشارة إلى الحضور المتميز في مهرجان ربيع الشهادة العالمي في كربلاء المقدسة الذي تقيمه العتبتان المقدستان الحسينية والعباسية، ومهرجان يوم كربلاء الذي تقيمه الحكومة المحلية في كربلاء، ومعارض الكتاب والندوات التي تقام فيها كما في معارض الكتاب في أربيل، بغداد، النجف الأشرف، وكربلاء المقدسة، وغيرها، ومهرجان عاشوراء الدولي الذي تقيمه مؤسسة المزدهر العالمية في السنغال حيث كانت لنا فيه مشاركة ومساهمة عبر كلمات وأبحاث كما كانت لنا مشاركة ومساهمة فكرية في مهرجان ربيع الشهادة الخامس ومهرجان يوم كربلاء، فضلا عن ندوات ومحاضرات للمركز الحسيني للدراسات في عدد من البلدان كالمملكة المتحدة وسوريا وإيران والعراق والهند وباكستان، وغيرها.

*** صوت الطلبة: هل في نيتكم توسيع عمل الدائرة ليشمل غير الشعر والأدب؟**

الخزرجي: كانت بواكير إصدارات دائرة المعارف الحسينية أجزاءً من الأدب الحسيني، مما أعطى الانطباع الأولي أن الموسوعة خاصة بالأدب الحسيني المنظوم، في حين أن الموسوعة تتوزع على ستين باباً من أبواب المعرفة، وواحدها الأدب، والإصدارات التالية تنبيكم عن معالم من أبواب الموسوعة الحسينية، وهذه إشارة إليها وإلى عدد الأجزاء الصادرة منها وليس كلها، فبعض الأبواب تضم العشرات من الأجزاء: الحسين والتشريع الإسلامي (٤ أجزاء)، العامل السياسي لنهضة الحسين (جزء واحد)، تاريخ المراقد (٧ أجزاء)، الحسين الكريم في القرآن العظيم (جزء واحد)، الحسين في السنَّة (جزء واحد)، ديوان الأبوذية (١٠ أجزاء)، المدخل إلى الشعر الحسيني (جزءان)، المدخل إلى الشعر الفارسي

(جزءان)، ديوان الشعر الفارسي (جزء واحد)، ديوان القرون من الأول حتى الثالث عشر (٢٠ جزءاً)، السيرة الحسينية (جزءان)، الصحيفة الحسينية (جزءان)، معجم المصنفات الحسينية (٣ أجزاء)، ديوان الإمام الحسين (جزء واحد)، ديوان السريع (جزء واحد)، ديوان الموال (الزهيري ـ ١)، الرؤيا مشاهدات وتأويل (جزء واحد)، المدخل إلى الشعر الأردوي (جزء واحد)، (معجم خطباء المنبر الحسيني (جزء واحد)، معجم الشعراء (٣ أجزاء)، معجم أنصار الحسين عليه السلام.. النساء (٣ أجزاء)، معجم أنصار الحسين عليه السلام.. الهاشميون (٣ أجزاء)، معجم المشاريع الحسينية (جزء واحد)، معجم المقالات الحسينية (جزءان)، أضواء على مدينة الحسين (جزء واحد).

*** صوت الطلبة: هل في نيتكم مد جسور التواصل والتعاون مع الحوزات العلمية لتوسيع آفاق البحث العلمي؟**

الخزرجي: كما تعلمون أن مؤلف دائرة المعارف الحسينية وراعيها هو ابن الحوزة العلمية وأحد فقهائها، وله اليد الطولى في تأسيس الحوزة العلمية الزينبية في دمشق، فمن الطبيعي أن تكون هناك صلات معرفية بين الموسوعة الحسينية والحوزات العلمية.

*** صوت الطلبة: هل لدائرة المعارف تواصل مع شخصيات علمية وفكرية من قبيل حوارات ولقاءات؟**

الخزرجي: كما أشرت قبل قليل فإن ما ظهر من التقاريض عن الموسوعة الحسينية ولا زال هو في واقعه حاك عن حجم اللقاءات والحوارات مع شخصيات علمية وفكرية من بلدان وجنسيات وأديان مختلفة، فديدن المؤلف هو تعريف النهضة الحسينية إلى الأمم الأخرى

ولذلك فهو لا ينفكُّ يُصرُّ على إشراك أعلام البشرية للكتابة عن الإمام الحسين عليه السلام كمقدمة للتعرف عليه أكثر فأكثر، لإيمان المؤلف الكامل بأنّ البشرية إذا تعرفت على الإمام الحسين عليه السلام ونهجه الإصلاحي لعرفت محاسن الدين الإسلامي الذي جاء رحمة للعالمين فهو يريد أن يأخذ بأيدي البشرية من مسلم أو غيره إلى شاطئ الأمن المجتمعي والسلم العالمي[1].

---

(1) كانت للبصري مع المركز الحسيني للدراسات مراسلات خلال فترة دراساته العليا، وقد كتب لي يوم ٦/١٢/٢٠١٠م بعد أن نوقشت رسالته ونال بها الماجستير بدرجة ممتاز قائلا: (إني أوجّه لكم وللدكتور الكرباسي فائق شكري حيث كان عونكم لي بتزويدي العديد من مقالات وأقوال للمستشرقين وسأرسل لكم ملخصاً من الرسالة)، ومما كتبت إليه في اليوم نفسه: (إنه لخبر أفرحنا وأفرح سماحة الشيخ الدكتور محمد صادق الكرباسي، وأبارك لكم من كل قلبي حصولكم على الماجستير وهي الخطوة الأخيرة لنيل الدكتوراه بإذن الله، ونحن بإذن الله سنكون في خدمتكم وخدمة العلم والعلماء...).

دائرة المعارف الحسينية
في سلّم اهتمامات محافل عربية وإسلامية[1]

المركز الحسيني للدراسات ـ خوزستان[2]

عبّر وفد دائرة المعارف الحسينية الذي زار مدينة شادگان في مقاطعة خوزستان جنوب إيران عن قناعته التامة بأنَّ استذكار خاتم الرسل والأنبياء محمد بن عبد الله ﷺ في ميلاده ورحيله، إنما هو استذكار للرسالة الإسلامية وقيمها الخالدة وإحياءٌ لها والقناعة بصوابيتها وديمومتها.

وقال الأستاذ عبد الرضا الخنيفري الذي ألقى كلمة المركز الحسيني للدراسات في لندن في المهرجان الشعري الذي أقيم في مدينة شادگان (الفلاحية) تحت عنوان "شعر عاشوراء وتأثيره على الصحوة الإسلامية" أن استذكار النبي محمد ﷺ هو استذكار للإمام الحسين: (ليس لأنَّ الإمام الحسين عليه السلام هو سبط النبي محمد ﷺ فحسب، بل لأنّ شهيد كربلاء عليه السلام

(١) قام الإعلامي المصري مدير مكتب مؤسسة النور الثقافية في مصر الأستاذ عبد الواحد محمد، بنشر التقرير الخبري في وسائل إعلام مختلفة بالعنوان التالي: (المعارف الحسينية ومضات بحلي عربية وإسلامية)، ومن ذلك موقع "كتابات في الميزان" بتاريخ ٢٠١٢/٢/١١م.

(٢) نُشر التقرير الخبري يوم الجمعة ٢٠١٢/٢/١٠م، ونشر في العشرات من وسائل الإعلام، منها: شبكة صوت العراق (هولندا) بتاريخ ٢٠١٢/٢/١٠م، وموقع المطيرفي (الأحساء) ووكالة نون الخبرية (كربلاء المقدسة) بتاريخ ٢٠١٢/٢/١١م.

هو جزء من النبي محمد ﷺ بل إنَّ أحدهما جزء من الآخر كما قال ﷺ: "حسينٌ منِّي وأنا من حسين"، ولذلك: فإنَّ أي عمل أو مشروع يصب في خدمة النهضة الحسينية إنما يصب في بوتقة الرسالة الإسلامية، وأيَّ حديث عن الإمام الحسين عليه السلام هو حديث عن جده النبي الأكرم محمد ﷺ، ولذلك ما ذُكر النبي ﷺ في محفل من محافل المسلمين إلاّ وكان ذكر السبط الشهيد عليه السلام حاضراً، فلولا الدماء التي أريقت في كربلاء لكان الإسلام قد وصلنا مشوهاً ولتعرضَّ ذكر النبي محمد ﷺ للتشويش والتزييف، فحياة المسلمين وحضارتهم مَدينة إلى دماء كربلاء، فكل ما عندنا من الإسلام هو من كربلاء، فأي خدمة تُقدم في سبيل النهضة الحسينية، صغيرة كانت أو كبيرة، من صغير أو كبير، من إمرأة أو رجل، إنما هي خدمة تُقدَّم لإحياء تعاليم النبي محمد ﷺ ورسالته الإسلامية الخالدة).

وأكد الأستاذ الخنيفري في الكلمة التي افتتح بها المهرجان الشعري الدولي أنه: (وعلى طريق الإسلام تأتي دائرة المعارف الحسينية الصادرة عن المركز الحسيني للدراسات في لندن، وهي موسوعة فريدة من نوعها تبحث في النهضة الحسينية في ستين باباً من أبواب المعرفة حيث بدأت فكرة كتابة الموسوعة لدى المؤلف ليلة الحادي عشر من محرم عام ١٤٠٨هـ (١٩٨٧م) في لندن) مضيفا: (وما يميز الموسوعة الحسينية عن بقية الدوائر المعرفية في العالم أنّ مؤلفها وراعيها هو واحد وفي شخصية كونية واحدة، وهي بقلم الفقيه الدكتور آية الله الشيخ محمد صادق محمد الكرباسي من مواليد عام ١٩٤٧م في مدينة كربلاء المقدسة مجاوراً مرقد سيد الأحرار أبي عبد الله الحسين عليه السلام ومستلهما منه، وهو من أسرة عريقة الحسب

والنسب، وبيت عزّ ومجد وشرف وفضل، حيث ينتسب إلى الصحابي الجليل مالك الأشتر والي الإمام علي عليه السلام على مصر والمستشهد فيها سنة ٣٧ هجرية).

وخلصت كلمة دائرة المعارف الحسينية إلى التأكيد: (إن هذا العدد الكبير من أجزاء الموسوعة الحسينية التي تتناول شخصية الإمام الحسين عليه السلام تدّلنا وبلا شك على عظمة الرسالة الإسلامية وعظمة شخصية النبي الأكرم محمد صلى الله عليه وآله الذي أتانا بنعمة الإسلام، فكل ما يُكتب عن الإمام الحسين عليه السلام إنما يُكتب عن النبي محمد صلى الله عليه وآله، ولا يمكن الفصل بينهما فهما نسيج واحد، وهذا الأمر يدعونا إلى قراءة رسالة النبي محمد صلى الله عليه وآله من منظار النهضة الحسينية وبصورة واعية، قراءة إسلامية حقيقية تجمع بين الواقع والمشاعر، قراءة صادقة تقربنا من الله ورسوله والأئمة الطاهرين عليهم السلام).

وكان المهرجان الشعري الدولي الذي التأم في قاعة الإرشاد في مدينة شادگان جنوب إيران قد شهد حضوراً متميزاً لشعراء من بلدان عربية وإسلامية كالعراق والبحرين والسعودية، مثل الشاعر النجفي زيد السلامي.

وفي هذا الإطار استضاف الأستاذ علي التميمي موفد دائرة المعارف الحسينية، الذي حضر المهرجان الشعري، في مقر إقامته في مدينة شادگان يوم ٢٢/ ١/ ٢٠١٢م عدداً من الأدباء والأكاديميين والشاعرات من محافظة خوزستان الإيرانية، منهم الدكتور رسول حميد بللاوي أستاذ الأدب العربي في جامعة پيام نور، والأستاذ حسين عباس الطرفي استاذ الأدب العربي، والإعلامي أحمد صالح الحيدري والشاعرة نجاة جبار الكاظمي، والشاعرة نصرت عبد الكاظم العقيلي، حيث اطلعت الشخصيات الزائرة على نبذة

مختصرة عن مشروع دائرة المعارف الحسينية في أكثر من ستمائة مجلد صدر منها حتى الآن ٧٦ مجلداً.

على صعيد آخر، استضاف مكتبة دائرة المعارف الحسينية في مدينة كربلاء المقدسة في العراق في الأيام الأخيرة المنصرمة عدداً من الشخصيات العلمائية والسياسية والأدبية، منهم الشخصية العلمائية البارزة السيد طاهر الشميمي من مدينة العوامية في المنطقة الشرقية، والخطيب الشيخ محمد الصفار من القطيف في المنطقة الشرقية، والسيد حيدر مهدي الخطيب وهو من الخطباء الفاعلين في المجالات الثقافية والإنسانية في العراق.

وفي إطار التواصل العلمي والمعرفي بين الموسوعة الحسينية والمؤسسات العراقية الرسمية زار رئيس لجنة الشهداء والضحايا والسجناء السياسيين في مجلس النواب العراقي النائب عن كتلة الفضيلة الشيخ محمد الهنداوي مكتب دائرة المعارف الحسينية في كربلاء المقدسة تعزيزاً للقائه السابق مع راعي الموسوعة ومؤلفها المحقق الدكتور محمد صادق الكرباسي الذي تم في العاصمة البريطانية لندن في ١٥/١٠/٢٠١١م، معبراً عن سروره وسعادته بالإنجاز المعرفي الكبير الذي يشكل انتصاراً للحق والحقيقة، وحضر اللقاء عدد من الباحثين والكتاب والأدباء منهم: صالح إبراهيم الرفيعي، رحيم كاظم الأمارة، صبيح العبودي، ميثم الهنداوي، عبد الهادي البابي، أحمد حسنين، والسيد جلال محمود الموسوي، حيث استمع الوفد الزائر إلى شرح عام عن الموسوعة الحسينية قدمه الأستاذ هاشم مزهر الطرفي.

"أشرعة البيان"
قراءة موضوعية في دائرة موسوعية

الرأي الآخر للدراسات ـ لندن[1]

عن بيت العلم للنابهين في بيروت صدر حديثا (١٤٣٣هـ ـ ٢٠١٢م) للباحث والأكاديمي العراقي الدكتور نضير الخزرجي كتاب "أشرعة البيان" في ٧٣٥ صفحة من القطع الوزيري.

ويمثل الكتاب قراءة موضوعية في اتجاهات عدة تاريخية وسياسية وأدبية وعمرانية وعلمية وتشريعية لعشرين مجلداً من أجزاء دائرة المعارف الحسينية لمؤلفها وراعيها الدكتور الشيخ محمد صادق الكرباسي، وظّف فيها الدكتور الخزرجي المقيم في لندن خبرته في مجال الكتابة الصحافية لنحو ثلاثين عاماً في التوليف بين الأسلوبين الإعلامي والأكاديمي، ليقدم منهجاً خاصّاً به في استعراض الكتاب وقراءته وتقديمه للقراء بما يساعد على فهم الكتاب الأم بخطوطه العريضة.

---

[1] وزع المركز الحسيني للدراسات في لندن خبر صدور كتاب "أشرعة البيان.. قراءة موضوعية في دائرة موسوعية" على وسائل الإعلام، ونشر في العشرات منها، من قبيل: موقع كتابات في الميزان بتاريخ ٢٠١٢/٢/١٨م، جريدة العرب اللندنية الصادرة في ٢٠١٢/٢/١٩م، وموقع البديع نت بتاريخ ٢٠١٢/٢/٢١م.

وضم "أشرعة البيان" إلى جانب قراءات الخزرجي عشرين مقدمة لعشرين علماً من أعلام البشرية أظهر كل واحد منهم رأيه في جزء من أجزاء الموسوعة مع بيان وجهة نظره تجاه الرسالة الإسلامية بعامَّة والنهضة الحسينية بخاصَّة، فكان فيهم المسيحي الكاثوليكي والأرثوذكسي واليهودي والمسلم الحنفي والحنبلي والسلفي والإمامي والدرزي، وكان فيهم الأكاديمي ورجل الدين والأديب والمثقف، من بلدان: النرويج، النمسا، لبنان، روسيا، اليابان، إيطاليا، فلسطين، المملكة المتحدة، استراليا، الصين، الجزائر، أميركا، باكستان، وطاجيكستان، حيث وضع الخزرجي بصماته المعرفية على المقدمات تعليقاً وتضميناً.

والكتاب بحلَّته الجميلة أخرج غلافه الفنان هاشم الصابري، كما ضمّ ملاحق تابعت المؤلف الخزرجي في نشاطاته وكتاباته وحواراته والندوات التي حاضر فيها في عدد من البلدان كالسنغال ومصر والعراق والمملكة المتحدة للتعريف برسالة الإمام الحسين عليه السلام الإصلاحية.

إستطلاع:
دائرة المعارف الحسينية الأكثر إصداراً

مؤسسة أعلام التقى الإعلامية[١] ـ العراق

أجرت مؤسسة أعلام التقى الإعلامية الثقافية العراقية المستقلة استطلاعا متنوع المضمون لعدد من المواقع الالكترونية لأعضاء مجلس النواب العراقي والصحف والفضائيات ومعارض الكتاب الدولية والاصدارات، وأسفر الاستطلاع الذي اجري بين ٦٠٠ شخص من مختلف الثقافات، حصول إصدارات دائرة المعارف الحسينية (الموسوعة الحسينية في ٦٣٠ مجلدا) والتي صدر منها ٧٥ مجلدا لمؤلفها نابغة العصر الدكتور آية الله محمد صادق الكرباسي على المرتبة الأولى[٢].

---

(١) نُشر التقرير الخبري في منتديات شبكة العترة الطاهرة بتاريخ ٢٦/ ٣/ ٢٠١٢م، كما نشره موقع النائب الشيخ محمد الهنداوي بتاريخ ٢٧/ ٣/ ٢٠١٢م بالعنوان التالي: (موقع النائب الهنداوي يتصدر قائمة الأكثر متابعة بين مواقع النواب).

(٢) وجاء في بقية التقرير التالي: (كما أظهر الاستطلاع حصول موقع النائب الشيخ محمد كاظم الهنداوي على المرتبة الأولى من حيث الأكثر متابعة ومراسلة والأروع تنظيماً، فيما جاء موقع الدكتورة مها الدوري في المركز الثاني واحتل موقع الدكتور السيد ابراهيم الجعفري المركز الثالث والمركز الرابع موقع النائب سيد بهاء الاعرجي، أما على صعيد الصحف فاحتلت صحيفة الشرق العراقية المركز الأول كونها أسرع الصحف العراقية نفاذا، وصحيفة الصباح جاءت في المركز=

=الأول كأفضل ملحقات ثقافية، وحصلت جريدة البرلمان على المركز الثاني لمتابعتها لأسرع الأخبار، اما على صعيد القنوات الفضائية فقد جاءت قناة البغدادية من خلال برامجها السياسية بالمركز الأول، والمركز الثاني كان لقناة العراقية وذلك لمتابعتها الأحداث أولاً بأول، وقناة الاتجاه احتلت المركز الأول من خلال تقديمها لبرامج تستقبل شخصيات متنوعة وبثها المباشر، وجاءت قناة التغيير كأسرع قناة عراقية إخبارية ناقلة للأخبار بسرعة جيدة، وجاءت قناة الفيحاء بالمركز الأول لمعالجتها هموم الناس من خلال برامجها في هذا المجال، واعتلت قناة المسار مرتبة مميزة من خلال تقديمها للبرامج الثقافية الهامة، وتنافست قناتا الأنوار وكربلاء على المركز الأول من خلال تقديمهما تغطية شاملة لمراسيم الزيارات المليونية والمناسبات الدينية، كما شمل الاستطلاع عدداً من المواقع المتنوعة الأخرى فحصل موقع عراق الخير والمحبة على المرتبة الأولى كونه موقعا تاريخيا يهتم بالأنساب يتناول القضايا المهمة بحيادية تامة وبه باحثون من جميع البلدان العربية، وجاء موقع شبكة العترة الطاهرة الثقافية في المركز الثاني كونه يهتم بالسيرة النبوية وسيرة أهل البيت عليهم السلام، وتصدر معرض ربيع الشهادة الدولي للكتاب التابع للأمانتين العامتين الحسينية والعباسية المرتبة الأولى وحل معرض اربيل الدولي للكتاب في المرتبة الثانية ومعرض بغداد الدولي بدورته الأولى جاء في المركز الثالث).

الموسوعة الحسينية تلقي بظلالها على معرض أربيل الدولي للكتاب[1]

المركز الحسيني للدراسات ـ أربيل

في تظاهرة ثقافية شهدتها أربيل عاصمة إقليم كردستان العراق في الفترة (٢ ـ ١١/ ٤/ ٢٠١٢م)، ألقت دائرة المعارف الحسينية بظلالها على معرض أربيل الدولي السابع للكتاب، وأثارت انتباه جماهير المثقفين والكتاب والجامعيين والسياسيين، بوصفها نادرة ثقافية فاقت أجزاؤها الستمائة مجلد صدر منها حتى يومنا ٧٧ مجلداً، وكلها تغرف من مداد واحد لمؤلفها المحقق الدكتور محمد صادق الكرباسي المولود في مدينة كربلاء المقدسة في العراق سنة ١٩٤٧م والمقيم حاليا في لندن في المملكة المتحدة.

وعبَّر وزير خارجية العراق الأستاذ هوشيار زيباري الذي زار الجناح بمعيِّة الأستاذ فخري كريم زنگنه راعي المعرض عن قناعته بأهمية مثل هذه المعارض وما يُعرض فيها مؤكداً أنَّ دائرة المعارف الحسينية: (أسرَّتنا كثيراً وخصوصاً ما وجدنا من مؤلفات رائعة للمؤلف القدير الدكتور محمد صادق

---

(١) تقرير عن معرض أربيل الدولي السابع ومشاركة المركز الحسيني للدراسات فيه، وتم توزيع التقرير على وسائل الإعلام المختلفة بعيد انتهاء المعرض مباشرة، وظهر بتاريخ ٢٦/ ٤/ ٢٠١٢م في المواقع التالية: مؤسسة الرسول الأعظم (سيهات)، شبكة أخبار الناصرية، موقع بانيت الفلسطيني.

الكرباسي)، فيما أظهر وزير الأوقاف والشؤون الدينية لحكومة إقليم كوردستان الأستاذ كامل الحاج علي إرتياحاً كبيراً لمشاركة المركز الحسيني للدراسات في لندن التي تصدر عنه أجزاء دائرة المعارف الحسينية، إذ: (شعرت بأنّ المركز الحسيني للدراسات يتوجه لترسيخ مفاهيم التعايش ونشر ثقافة المعايشة ووضع برنامج وخطوات للتآخي والمواطنة، وهو يصب بالتالي في مصلحة السياسة الناجحة)، فيما اعتبر الدكتور محمد فؤاد معصوم خضر عضو مجلس النواب العراقي والقيادي في التحالف الوطني الكردستاني أن الموسوعة الحسينية مشروع كبير وزاخر مبدياً سعادته إذ: (شعرت باغتباط عندما وجدت المشروع ـ الموسوعة الحسينية ـ صادراً بعدة لغات حيث يوجد بين مجلدات الموسوعة لغات متنوعة وسيضاف قريبا عنوان جديد من عناوين دائرة المعارف الحسينية باللغة الكردية).

أما النائب في مجلس النواب العراقي الأستاذ حسن العلوي، فإنه وقف أمام جناح المركز الحسيني للدراسات متأملاً أجزاء الموسوعة المطبوعة، فكتب: (يا شيخنا المهاجر في المكان القائم في المكان السائر مع بيدرة الزمان كم أنا محب من العشق لك شخصاً وعلماً وعالماً وسيرة... لعن الله من جعل علماءنا غرباء.. لعن الله من جعل آية الله الشيخ الدكتور محمد صادق الكرباسي بعيداً عن نوبل التي تعطى لكتبة صغار هي لا تدري أنّ العلمَ مخبوءٌ في عباءة شيخنا، أدام الله علمه وعزته ونفع به من لم ينتفع منه)، فيما وصف البروفيسور الألماني الأستاذ الزائر في كلية جامعة صلاح الدين في أربيل وكلية أربيل الطبية الدكتور وولف كونك هوفمان (Wolf.K.Hofmann) المعرض بأنه تظاهرة علمية كبيرة وفيه كتب كثيرة: (ولكن لفت انتباهي أكبر موسوعة في العالم وهي بلغات عدة وهي إنجاز

كبير)، فيما اعتبر النائب السابق في مجلس النواب العراقي عن كتلة الفضيلة الأستاذ محمد إسماعيل الخزعلي: (إن دائرة المعارف الحسينية إنجاز علمي وتاريخي قلَّ نظيره في عالم المعرفة والكتاب، ولعل من بركات سيد الشهداء عليه السلام هو تواصلنا مع جناب الدكتور الفاضل نضير الخزرجي (دام توفيقه) إذ كان ولا زال يزودنا بكل جديد من المجلدات الصادرة بهذا الشأن)، فيما وجد أمين عام مسجد السهلة المعظم السيد مضر السيد علي خان المدني أن الموسوعة الحسينية فاقت كل تصور: (وإذ أكتب فإن هالات الدهشة تحيطني أمام هذا الجهد الخلاق والعطاء الثر)، ولم تخف الدكتورة سجى عثمان سرمد عبد القادر من أربيل دهشتها: (وأنا أرى الموسوعة الحسينية التي أصبحت حديث كل الطوائف في أربيل وها أنا أقف أمامها في البداية أقول: الموسوعة أروع إصدار يستوقف ويفاجئ زائري المعرض وهذه حقيقة معروفة لدى الجميع وخصوصاً أصحاب الشأن الثقافي والمعرفي).

من جانبه اعتبر السيد علي الموازني ممثل مرجعية الشيخ محمد اليعقوبي: (إنَّ الموسوعة الحسينية هي الوحيدة التي كُتبت بها رسائل ماجستير وقراءات تقويمية ونقدية وهي بعد لم تكمل طبعتها النهائية) في إشارة إلى كتابي الباحث والجامعي العراقي المقيم في لندن الدكتور نضير الخزرجي وهما "نزهة القلم قراءة نقدية في الموسوعة الحسينية"، و"أشرعة البيان قراءة موضوعية في الموسوعة الحسينية" وغيرهما، وأبدى الدكتور محمد شريف أحمد رئيس منتدى الفكر الإسلامي في إقليم كوردستان العضو السابق في مجلس النواب العراقي دهشته فقد: (وجدتها ـ الموسوعة الحسينية ـ كالكنز المحيط الذي ما ترى شيئاً من الآثار الأدبية

والعلمية والدينية إلا احتواه، فهذه فرصة لطلاب المعرفة وعشاق البحث)، ولأن الموسوعة الحسينية تبحث في ستين باباً من أبواب المعرفة القديمة والحديثة فكانت مثار إعجاب الدكتور أحمد دزه ئي رئيس جامعة صلاح الدين في أربيل الذي أعلن أنه: (سوف أطالب رؤساء هذه الأقسام بزيارة هذا الجناح للاطلاع على هذه الموسوعة وفي حالة الاطلاع على محتوياتها تتم التوصية بشرائها لمكتبات الجامعة).

وتضمن سجل الزائرين توصيات كثيرة للحكومة العراقية باحتضان دائرة المعارف الحسينية ودعمها بوصفها أكبر دائرة معرفية على طول التاريخ الإنساني يتولى التحقيق فيها وتحريرها شخصية علمائية متعددة المعارف ولدت في مدينة كربلاء المقدسة (العراق) ومحور الدائرة شخصية إنسانية عظيمة غيّرت مسار التاريخ البشري كله ألا وهو الإمام الحسين بن علي عليه السلام، ومن الأسماء الواردة في سجل الزائرين وأبانت عن توصياتها وآرائها ونظراتها: الأديب ضمد كاظم وسمي (ديالى)، الأستاذة جنات خسرو إبراهيم عز الدين (دهوك)، الدكتور عمار فوزي كاظم المياحي (بغداد)، المهندس صديق صفوة بناميل (أربيل)، الدكتور أحمد فكاك أحمد البدراني (جامعة الموصل)، المهندس مجيد آزاد خسرو إبراهيم (أربيل)، الأستاذة اجوان درير سردار عز الإسلام (السليمانية)، الدكتور أنور جمال مصطفى شوكت الشمري (أربيل)، المهندس عبد الله عبد الواحد البرزنجي (أربيل)، الدكتور حسين شرواني، الشيخ سليمان شعيب آزاد سماران (السليمانية)، الأستاذ حيدر علي طه (أربيل)، الأستاذ ريبر محمد البرزاني (أربيل)، الدكتور شكر محمود ياحسيني (جامعة صلاح الدين)، الأستاذ فاروق أدهم عبد القادر سهلان (دهوك)، المهندس عبد

الودود رفعت عبد العزيز (أربيل)، الأستاذة رؤى عبد المنعم عبد الكريم شعبان (السليمانية)، الدكتور إبراهيم أديب، إمام وخطيب جامع بوردش الشيخ عبد الرحمن حسين محمد علي (أربيل)، الأستاذ حسين رسم (مسجد الكوفة المعظم)، الأستاذ لقمان عثمان (أربيل)، الباحث صباح علي البياتي (الموصل)، الجامعية أفين أرسلان (أربيل) الدكتور شوقي يوسف بنهام (جامعة الموصل)، الأديب كمال شكر الله عبد الله (السليمانية)، الدكتور كاظم محمد حسين اللامي (جامعة جيهان اربيل)، السيد عبد الله عبد العزيز نور الإسلام الرفاعي (أربيل)، مدير مؤسسة العهد الصادق السيد سالم الموسوي التلعفري (تلعفر الموصل)، والسيدة نهلة جبار عبد الله عبد الصمد من مدينة أربيل.

ويُذكر أن الأستاذ هاشم الطرفي مدير جناح المركز الحسيني للدراسات أسهم من خلال أحاديثه الثنائية والعامة في تقديم صورة عامة عن الموسوعة الحسينية، كما كان للناشط الإعلامي في دائرة المعارف الحسينية الأستاذ فراس الكرباسي وجوده البارز خلال أيام المعرض الأولى في التعريف بالموسوعة الحسينية التي تشارك للمرة الثانية في معرض أربيل للكتاب التي تنظمه مؤسسة المدى للإعلام والثقافة والفنون، وكان للأستاذ عثمان رشاد المفتي دور مشهود في التعريف بالموسوعة الحسينية بين الأوساط الكردية المثقفة، كما قام جناح المركز الحسيني للدراسات بإهداء نسخ من كتابي نزهة القلم وأشرعة البيان لعدد من المؤسسات العلمية والثقافية والجامعية بوصفهما كتابين يقدم فيهما المؤلف خريطة عامة عن أربعين مجلداً من دائرة المعارف الحسينية المطبوعة، كما ضم الجناح إلى جانب أجزاء

الموسوعة الحسينية مؤلفات الأديب الفقيه الشيخ محمد صادق الكرباسي في مجالات الفقه والتفسير والأدب وغيرها.

عراقيون يطالبون حكومتهم بالتعاطي إيجابياً
مع نادرة الموسوعات المعرفية [1]

المركز الحسيني للدراسات ـ لندن

تمثل معارض الكتاب إحدى الظواهر الإيجابية الدالة على الحراك الثقافي الذي تنشده الأمة وعلامة بارزة على النهج السليم للسلطة السياسية التي تعمل على إيجاد الوشائج الثقافية مع المحيط الخارجي، وفي هذا الإطار شهد العراق منذ عقد من الزمان حركة كبيرة على صعيد معارض الكتاب من البصرة حتى الموصل وأربيل مروراً ببغداد وكربلاء والأنبار والنجف وغيرها من مدن العراق، وفي إقليم كوردستان العراق يعتبر معرض أربيل الدولي للكتاب الذي ترعاه مؤسسة المدى للإعلام والثقافة والفنون من التظاهرات الثقافية البارزة في عراق اليوم.

وكان للمركز الحسيني للدراسات في لندن الذي تصدر عنه أجزاء دائرة المعارف الحسينية في أكثر من ستمائة مجلد للمحقق الفقيه الدكتور محمد صادق الكرباسي، حضوره المتميز في معارض الكتاب في بغداد وكربلاء

---

(1) وُزِّع التقرير الخبري في العشرات من وسائل الإعلام بتاريخ ٢٠١٢/٥/٣م، منها: جريدة الوسط الصادرة في المنامة عاصمة البحرين في العدد (٣٥٢٨) بتاريخ السبت ٢٠١٢/٥/٥م. وكالة الأنباء القرآنية العالمية ومقرها طهران بتاريخ الجمعة ٢٠١٢/٥/٤م.

والنجف وأربيل وغيرها، وللمرة الثانية يكون له حضوره المشهود في معرض أربيل الدولي للكتاب في نسخته السابعة الذي التأَمَ في أربيل في الفترة (٢ ـ ١١/ ٤/ ٢٠١٢م)، وكان محط اهتمام الزائرين من مثقفين وكتاب وجامعيين وسياسيين، فتركوا نظراتهم ورؤاهم داعين الجهات الرسمية والثقافية في العراق الاهتمام بالموسوعة الحسينية بوصفها نادرة الموسوعات ترعاها شخصية علمية مرموقة كانت كربلاء المقدسة مسقط رأسها سنة ١٩٤٧م.

* وزير خارجية العراق الأستاذ **هوشيار زيباري** كتب: (أسرَّتنا كثيراً وخصوصاً ما وجدنا من مؤلفات رائعة للمؤلف القدير الدكتور محمد صادق الكرباسي).

* وكتب وزير الأوقاف والشؤون الدينية لحكومة إقليم كردستان الأستاذ **كامل الحاج علي**: (شعرت بأنّ المركز الحسيني للدراسات يتوجه لترسيخ مفاهيم التعايش ونشر ثقافة المعايشة ووضع برنامج وخطوات للتآخي والمواطنة، وهو يصب بالتالي في مصلحة السياسة الناجحة).

* وعلى مستوى نواب الشعب العراقي قال الأستاذ **حسن العلوي**: (يا شيخنا المهاجر في المكان القائم في المكان السائر مع بيدرة الزمان كم أنا محب من العشق لك شخصاً وعلماً وعالماً وسيرة... لعن الله من جعل علماءنا غرباء.. لعن الله من جعل آية الله الشيخ الدكتور محمد صادق الكرباسي بعيداً عن نوبل التي تعطى لكتبة صغار هي لا تدري أنَّ العلمَ مخبوءٌ في عباءة شيخنا، أدام الله علمه وعزته ونفع به من لم ينتفع منه).

* وعبّر الدكتور **محمد فؤاد معصوم خضر** عضو مجلس النواب العراقي والقيادي في التحالف الوطني الكردستاني عن سعادته إذ: (شعرت باغتباط

عندما وجدت المشروع ـ الموسوعة الحسينية ـ صادراً بعدة لغات حيث توجد بين مجلدات الموسوعة لغات متنوعة وسيضاف قريبا عنوان جديد من عناوين دائرة المعارف الحسينية باللغة الكردية).

* فيما اعتبر النائب السابق في مجلس النواب العراقي عن كتلة الفضيلة الأستاذ **محمد إسماعيل الخزعلي**: (إن دائرة المعارف الحسينية إنجاز علمي وتاريخي قلَّ نظيره في عالم المعرفة والكتاب، ولعل من بركات سيد الشهداء عليه السلام هو تواصلنا مع جناب الدكتور الفاضل نضير الخزرجي (دام توفيقه) إذ كان ولا زال يزودنا بكل جديد من المجلدات الصادرة بهذا الشأن) في إشارة إلى القراءات الموضوعية المتنوعة لأجزاء الموسوعة الحسينية التي يحررها الإعلامي العراقي الدكتور نضير الخزرجي.

* وأبدى الدكتور **محمد شريف أحمد** رئيس منتدى الفكر الإسلامي في إقليم كوردستان العضو السابق في مجلس النواب العراقي دهشته فقد: (وجدتها ـ الموسوعة الحسينية ـ كالكنز المحيط الذي ما ترى شيئاً من الآثار الأدبية والعلمية والدينية إلا احتواه، فهذه فرصة لطلاب المعرفة وعشاق البحث).

* ومن جانب آخر قال أمين عام مسجد السهلة المعظم في مدينة النجف الأشرف السيد **مضر السيد علي خان المدني**: (وإذ أكتب فإن هالات الدهشة تحيطني أمام هذا الجهد الخلاق والعطاء الثر).

* فيما اعتبر السيد **علي الموازني** ممثل مرجعية الشيخ محمد اليعقوبي: (إنَّ الموسوعة الحسينية هي الوحيدة التي كُتبت عنها رسائل ماجستير وقراءات تقويمية ونقدية وهي بعد لم تكمل طبعتها النهائية) في إشارة إلى مؤلفي الباحث المشارك في دائرة المعارف الحسينية الدكتور نضير

الخزرجي وهما "نزهة القلم قراءة نقدية في الموسوعة الحسينية"، و"أشرعة البيان قراءة موضوعية في الموسوعة الحسينية" اللّذان تم إهداؤهما إلى عدد من الأدباء والساسة والجامعيين وعلماء الدين الزائرين.

* فيما كتب الشيخ **سليمان شعيب آزاد سماران** من مدينة السليمانية: (لقد اطلعنا على كتب السنة والشيعة فلم نجد تفصيلاً دقيقاً إلا بإصدارات دائرة المعارف الحسينية وخصوصاً الموسوعة الحسينية ومجموعة الشرائع، وهذه المجموعة العلمية الفقهية التي لا يستطيع الخوض بها إلا عالمٌ فقيهٌ يصعب وصفه) في إشارة إلى سلسلة (الشرائع) لمؤلف الموسوعة الفقيه الشيخ محمد صادق الكرباسي وهي في نحو ألف عنوان صدر منها العشرات تجمع بين الشريعة وواقع الحال.

* على صعيد عالمي وصف البروفيسور الألماني الأستاذ الزائر في كلية جامعة صلاح الدين في أربيل وكلية أربيل الطبية الدكتور **ولف كونك هوفمان** (Wolf.K.Hofmann) المعرض بأنه تظاهرة علمية كبيرة وفيه كتب كثيرة: (ولكن لفت انتباهي أكبر موسوعة في العالم وهي بلغات عدة وهي إنجاز كبير).

* وهو ما أثار دهشة الدكتورة **سجى عثمان سرمد عبد القادر** من أربيل التي وجدت أن الموسوعة الحسينية أصبحت حديث كل الطوائف في أربيل وها أنا أقف أمامها في البداية أقول: (الموسوعة أروع إصدار يستوقف ويفاجئ زائري المعرض وهذه حقيقة معروفة لدى الجميع وخصوصاً أصحاب الشأن الثقافي والمعرفي).

* وفي الإطار الجامعي فإن الموسوعة الحسينية التي تبحث في ستين باباً من أبواب المعرفة القديمة والحديثة كانت مثار إعجاب الدكتور **أحمد**

دزه ئي رئيس جامعة صلاح الدين في أربيل الذي أعلن أنه: (سوف أطالب رؤساء هذه الأقسام بزيارة هذا الجناح للاطلاع على هذه الموسوعة وفي حالة الاطلاع على محتوياتها تتم التوصية بشرائها لمكتبات الجامعة).

* ويؤيد ذلك قول مدرس علم النفس في جامعة الموصل الأستاذ **شوقي يوسف بهنام** الذي عبّر عن سعادته: (بزيارته لجناح المركز الحسيني للدراسات (لما يزخر به من مراجع وكتب قيمة عن هذا الرجل ـ الإمام الحسين عليه السلام ـ الذي طبع ذكراه التاريخ، وكم كانت سعادتي عندما أهداني المركز كتاب ديوان الإمام الحسين الذي هو مادة لدراستي التي أعمل بها لإخراج كتاب عن هذا الرجل).

* وهذا السرور طبع أيضاً صدر الأستاذ في كلية العلوم السياسية في جامعة الموصل الدكتور **أحمد فكاك أحمد البدراني** الذي زار المعرض: (ولعلَّ ما يسر أكثر عثورنا على موسوعة عملاقة عن أدبيات سيد الشهداء بأعداد متنوعة)، وهي بالقطع واليقين ينبغي أن تتصدر مكتبات الجامعات والمعاهد والمراكز العلمية، وهو ما يذهب إليه لفيف من طلبة الدراسات العليا الذين زاروا جناح دائرة المعارف الحسينية وقيدوا في سجله ملاحظاتهم.

* فطالبة الدراسات العليا السيدة **اجوان درير سردار عز الإسلام** من مدينة السليمانية تساءلت: (من يعرف الدكتور محمد صادق الكرباسي فهو من الموفقين ربانيا، ومن لا يعرفه عليه الوقوف دقائق معدودة أمام جناح المركز الحسيني للدراسات.. وبعدها ستكون الدقائق ساعات ثم أياماً ثم شهوراً وستصبح سنوات كي يتمكن من قراءة الموسوعة فهي تحتاج لسنين لكي ينتهي المرء من قراءتها وفهمها.. واليوم يرفع الدكتور الكرباسي علم

الفكر والمعرفة كي تتعلم الأمة وترفع من مكانتها، هناك من يدافع عن أعداء الدين ويدفعُ لهم الدعم المالي والمعنوي ويفتخرون بذلك فلماذا لا نستفيد من التجارب أيُّها العراقيونَ الأعزاءُ؟ عليكم بدعم مشروع الكرباسي المعرفي لأنه سيرفع رؤوسكم عالياً).

* وهل يدرك المسؤولون والمعنيون ذلك؟ ربما نستشفُّ الجواب من حديث طالب الدراسات العليا في أربيل المهندس **صديق صفوة بنيامين** الذي خاطب المؤلف: (إلى حضرة الأستاذ الكبير صاحب الفكر الذي لا يوصف، هناك من يتكلم عن سور الصين وهناك من يتكلم عن شخصيات لا تتجاوز عطاؤها نسبة ١٪ من عطاء سيادتكم.. ولكن وا أسفاه لسياسة التهميش والإقصاء التي يتعرض لها أصحاب الفكر الذي ينقذ الأمة من التخلف والضياع، أيها المؤلف الجليل نحن في أربيل نتابع إصدارتكم بكل شوق لأن موسوعتكم أصبحت حديث زائري معرض الكتاب وإنني مسرور كثيراً بما أراه من جهد كبير).

* كما كانت الموسوعة الحسينية محط انبهار الأدباء، فقد كتب الأديب القادم من محافظة ديالى الأستاذ **ضمد كاظم وسمي**: (لقد أبهرتنا الموسوعة العالمية للعلامة القدير الكرباسي، لاسيما وأنها مشروع عملاق يحكي النهضة الحسينية.. الشريفة، ويتطرق إلى التاريخ العربي الإسلامي وقضايا الدين والدنيا في عالم الأمس واليوم).

* والسعادة عند الأديب **صباح علي البياتي** القادم من الموصل كبيرة: (لما اطلعت عليه من آثار علمية مهمة جدا أهمها الموسوعة الحسينية الشريفة التي بلغت غاية الكمال والجمال).

* وقد يصعب على البعض تصديق ما سطره يراع الباحث الكرباسي، فيرى أن الموسوعة مجرد أرقام على ورق، ولكن الذي يقف على الموسوعة المخطوط منها والمطبوع يكتشف الحقيقة، وهذا ما جعل مدير مؤسسة العهد الصادق في مدينة تلعفر في الموصل السيد **سالم الموسوي التلعفري** يقف منبهراً فيكتب: (في البداية كنت غير مقتنع ولم يقبل العقل بأن هناك مشروعاً كبيراً وبهذه الوُسْعَةِ وبلغات متعددة وبعناوين ودراسات لا توصف.. هذه ثروة كبيرة وهي مكتبة في حد ذاتها، فالموسوعة الحسينية خير من كثير من المكتبات وإن تعددت الكتب فيها).

* وهي ثروة بحق فيما لو أحسن الآخرون التعاطي معها بروحية علمية، ولهذا يعبر الأستاذ الجامعي المهندس **مجيد آزاد خسرو إبراهيم** من مدينة أربيل عن سعادته ويطلق البشرى لأهل العراق: (بشراك يا عراق ستكون عند أهلك أكبر موسوعة عالمية متخصصة وستندهش عقول البشرية بهذا الإنجاز).

* وهي بشرى للمسلمين أجمع كما يرى الأديب الجامعي من السليمانية الأستاذ **كمال شكر الله عبد الله**: (فالموسوعة والعناوين المتفرقة تستحق من المسلمين الشكر والاحترام، وما يحمله المؤلف من صفات علمية لا يستطيع المسلمون البالغ عددهم المليارين وصفها لأنها تكتب عن سيد الشهداء عليه السلام فينبغي منّا أن نكون بمستوى المسؤولية العالية أمام هذا الإنجاز العربي والإسلامي).

* وعدم التصديق كان هو الآخر محل تساؤل طالبة الدراسات العليا من السليمانية السيدة **رؤى عبد المنعم عبد الكريم شعبان** التي كتبت تقول: (اطلعت على خبر منشور بموقع العترة الطاهرة به ذكر رقم **٧٥** مجلداً من

أصل ٦٣٠ مجلداً، فقلت لمن حولي هل هذه المجلدات موجودة على أرض الواقع؟ فقالوا نعم)، في إشارة إلى الاستبيان الذي أجرته مؤسسة أعلام التقى الإعلامية الثقافية المستقلة في صفوف ٦٠٠ شخصية عراقية من شرائح مختلفة ونالت دائرة المعارف الحسينية المرتبة الأولى في مقام الإصدارات.

* وهنا تخاطب طالبة الدراسات العليا من دهوك السيدة جنات خسرو إبراهيم عز الدين أصحاب الشأن: (يا أمّة محمد هذا الإنجاز قدم إليكم من شيخنا آية الله محمد صادق الكرباسي فهل أنتم تعرفون ماذا تحتوي هذه المجلدات فعليكم القراءة والمتابعة..).

* فيما توجهت السيدة نهلة جبار عبد الله عبد الصمد من أربيل بخطابها إلى بغداد: (أطالب حكومة العراق بوضع الموسوعة في كل المكتبات وخصوصاً مكتبات الجامعات فهذا طلب يسير ونحن نصرف المليارات..).

ومما تجدر الإشارة إليه أن الأستاذ هاشم الطرفي مدير جناح المركز الحسيني للدراسات قدّم لرواد الزائرين شروحات عامة عن الموسوعة الحسينية، ونشط الإعلامي العراقي الأستاذ فراس الكرباسي خلال الأيام الأولى من المعرض في التعريف بدائرة المعارف الحسينية، كما كان للشخصية الكردية المعروفة المتمثلة بالأستاذ عثمان رشاد محمد المفتي دور مشهود في التعريف بالموسوعة الحسينية بين الأوساط الكردية المثقفة في أربيل وعموم إقليم كردستان.

قراءة سريعة
في دائرة معرفية تسابق الزمن[1]

جواد عبد الكاظم محسن[2] ـ المسيب (العراق)

إطلعت على كراس التعريف العام بدائرة المعارف الحسينية الصادر عن المركز الحسيني للدراسات في لندن بقلم الباحث العراقي الدكتور نضير الخزرجي، فسررت بفكرة الموسوعة الحسينية غاية السرور، وانبهرت بمحتواها الرائع عمقاً وسعة، إذ لم يقع تحت بصري أو يتناه إلى سمعي

---

(١) نُشرت المقالة في وسائل إعلام مختلفة، منها: صحيفة البشاير المصرية بتاريخ ٤/٥/٢٠١٢م، وموقع المطيرفي (الأحساء) بتاريخ ١٠/٥/٢٠١٢م.

(٢) جواد عبد الكاظم محسن: من آل فتلة، أديب وكاتب عراقي، ولد في مدينة المسيب في العراق سنة ١٩٥٤م، وفيها أكمل تعليمه الابتدائي والثانوي، وواصل الدراسات الجامعية في كلية الإدارة والاقتصاد في الجامعة المستنصرية في بغداد منذ سنة ١٩٧٣م، وانتقل للدراسات المسائية إلى جانب العمل موظفاً في الشركة العامة لصناعة الحرير في سدة الهندية، وأنهى البكالوريوس عام ١٩٧٨م، واصل تدرجه الوظيفي فيها، وبعد ستة وثلاثين عاماً طلب إحالته على التقاعد سنة ٢٠٠٩م متفرغاً للكتابة والتأليف، نشر أول قصيدة له في مجلة (المتفرج) البغدادية سنة ١٩٧٢م، ولازال، أصدر في الفترة (٢٠٠٥ ـ ٢٠٠٧م) جريدة "عروس الفرات" ومنذ مطلع عام ٢٠١٠م أصدر مجلة "أوراق فراتية"، له عضوية في عدد من الاتحادات والمنتديات والجمعيات، منها: الاتحاد العام للأدباء والكتاب في العراق، نقابة الصحفيين العراقيين، وجمعية الرواد في الحلة، من آثاره: ولدا مسلم بن عقيل عليهما السلام (قصة الشهادة وتأريخ المرقد)، تراجم علماء المسيب وخطبائها المنبريين، ومن تراث المسيب الشعبي.

عمل موسوعي آخر مماثل لهذا الجهد المبارك في ضخامة مادته وعظيم فائدته.

ووجدت نفسي قبل كل أمر أتضرع إلى الله العلي القدير بأن يبارك هذا الجهد المشكور، ويرعاه ويحيطه بعنايته وحفظه، ويأخذ بيد صاحبه إلى مرافئ النجاح والتوفيق، ثم عدت ثانية بعد التضرع والدعاء الخالصين إلى الكراس الذي كتبه مؤلفه وصدر في طبعته الأولى سنة ١٩٩٣م باللغات العربية والإنكليزية والفرنسية والفارسية والأردوية، فرأيت أنَّ التكليف الشرعي والواجب العلمي يقضيان على الجميع المساهمة والمؤازرة حسب المستطاع حبّاً للإمام أبي عبد الله الحسين عليه السلام، وأملاً في نيل شفاعته يوم ﴿لَّا تَنفَعُ ٱلشَّفَٰعَةُ إِلَّا مَنْ أَذِنَ لَهُ ٱلرَّحْمَٰنُ وَرَضِىَ لَهُۥ قَوْلًا﴾ سورة طه: ١٠٩، وفي الرواية الشهيرة التي نقلت عن الصحابي الجليل جابر بن عبد الله الأنصاري حين قدم مع عطية العوفي زائرين قبر الحسين عليه السلام قوله لعطية: "سمعت حبيبي رسول الله صلى الله عليه وآله وسلم يقول من أحبّ قوماً حشر معهم ومن أحب عمل قوم أُشرك في عملهم".

ورحت أتصفح كراس تعريف هيكلها العام متجولاً بين عناوين المواد وما خصص لها من أجزاء في الموسوعة، وما جاء في الشروحات الموجزة وأنا أزداد إعجاباً بها، وإكباراً وتقديراً لسماحة الشيخ مؤلفها، وتمنيت لو أن كل الأقلام المؤمنة تطوعت معه، وآزرته لإكمال هذه الموسوعة الفريدة في منهجها القويم وهدفها الشريف، ويرتفع بها صرح شامخ في عالم المؤلفات الإسلامية الخالدة. وكأن المؤلف الفاضل هو ممن عناه الإمام جعفر بن محمد الصادق عليه السلام بقوله: "رحم الله امرءاً أحيا أمرنا".

ولابد لمن يقرأ هذه الدائرة العلمية الرائدة أن يتذكر الأحاديث الشريفة للرسول الأعظم ﷺ: "قيدوا العلم بالكتابة"، و"فضل العلم أحب إليَّ من فضل العبادة"، و"ما تصدق الناس بصدقة مثل علم ينشر"، وفي الرواية أنَّ معاوية بن عمار يسأل الإمام جعفر الصادق عليه السلام: "رجل راوية لحديثكم يبث ذلك في الناس، ويشد به قلوبهم وقلوب شيعتكم، ولعل عابداً من شيعتكم ليست له هذه الرواية، أيهما أفضل؟ أجاب عليه السلام: الراوية لحديثنا يشد به قلوب شيعتنا أفضل من ألف عابد".

إنَّ دراسة تراث الإمام الحسين عليه السلام وشخصيته المقدسة وثورته الإسلامية الكبرى في حياة الأمة، وما رسمه لها من منهاج أصيل ومتجدد على مرور الزمن، كل ذلك أمر ضروري يتطلب اهتماماً متزايداً لجمع هذا التراث الثمين للاستفادة منه في حاضرنا ومستقبلنا، في مسيرة حياتنا العامة، ومفردات سلوكنا اليومي، ومن هنا تنبع ضرورة إكمال إصدار بقية أجزاء دائرة المعارف الحسينية بعد أن صدر منها ٧٧ مجلداً كما نبعت من قبل فكرة تأليفها الصائبة في ٣٥٠ مجلداً ثم ازداد العدد بعد عقد من الزمان إلى ٥٠٠ مجلد ثم إلى أكثر من ٦٠٠ مجلد في الوقت الراهن.

نادرة الزمان[1]

ساهرة المنگوشي[2] ـ كربلاء المقدسة

من الصعب الإلمام بمحتويات (أكثر من ٦٣٠ مخطوطة) لغاية منتصف ٢٠١٢ والعدد بتزايد مستمر وإعطاء فكرة وافية عن هذا الإنجاز المعرفي الكبير والمهم والذي يعني بتدوين وتوثيق تراث أهل بيت النبوة ومعدن الرسالة ومهبط الوحي والتنزيل عليهم السلام ومنه تراث ملحمة الطف الخالدة تلك الملحمة التي انتصر بها دم ريحانة رسول الله صلى الله عليه وآله وسلم وسبطه الحسين بن علي عليه السلام على سيوف ابن الطلقاء سنة ٦١هـ، لكن يمكن القول إن مَن يتسنى له الاطلاع على إصدارات دائرة المعارف الحسينية من الدارسين والباحثين والأكاديميين والعلماء والأدباء والمثقفين والإعلاميين والمهتمين بالتراث الإسلامي سيقف مبهوراً مندهشاً أمام هذا العمل الفكري الجديد بالاعتزاز والتقدير والثناء ويزداد انبهاراً إذا علم أن هذا المنجز التراثي التوثيقي الموسوعي ينهمك به شخص واحد هو العالم والمفكر والأديب

---

(١) نشرت وكالة نون الخبرية المقالة على موقعها في ١٣/ ٥/ ٢٠١٢م.

(٢) ساهرة المنگوشي: هي إبنة زهير بن حسين بن عبود المنگوشي البحراني، ولدت في مدينة كربلاء المقدسة في ٩/ ٧/ ١٩٧٣م، تربوية وناشطة اجتماعية، نشأت ودرست في مسقط رأسها، أنهت إعدادية التجارة وأكملت دبلوم معهد المعلمات المركزي، تمارس التعليم وتسهم في نشاطات ثقافية واجتماعية ودينية عبر رابطة صفوة الأنبياء الثقافية النسوية التي أسستها سنة ٢٠٠٤م، لها مقالات منشورة.

نابغة العصر الشيخ محمد صادق الكرباسي مع نفر قليل من ذوي الخبرة والكفاءة والإخلاص، وقد نذر الدكتور الكرباسي أعزه الله ومن معه أنفسهم لخدمة آل الرسول ﷺ، من خلال تحقيق وشرح ما كتب عنهم من شعر ونثر وبحوث ومقالات ودراسات تناولت مناقبهم ومآثرهم وفضائلهم وسيرهم المضيئة العطرة وبينت ما حباهم الله من عظيم القدر وسمو المنزلة وعلو الشأن وسلّطت الأضواء على دَورهم الرسالي في تثبيت أركان الدين الحنيف ونشرهم قيم الخير والشرف والفضيلة والدعوة إلى الحق والعدل والحرية والكرامة والجهاد في سبيل إعلاء كلمة لا إله إلا الله، وإخراج الناس من ظلمات الجهل والكفر إلى نور العلم والإيمان والمعرفة.

لذلك من حق المتتبعين لإصدارات دائرة المعارف الحسينية من مختلف الأديان والمذاهب أن يسألوا: كيف استطاع الدكتور الكرباسي وهو الرجل العراقي المغترب عن وطنه أن يؤسس أكبر مركز للبحوث والدراسات التحقيقية التخصصية بالإمام الحسين بن علي عليه السلام في بريطانيا، وأن يجمع هذا الكم الهائل من المصادر والمعلومات الدقيقة والمفصلة ويقوم بإصدار أكثر من ٧٧ مجلداً لغاية كتابة هذه السطور بهذا اليوم ١٣/ ٥/ ٢٠١٢م من أصل أكثر من ٦٣٠ مخطوطة كما ذكرت في بداية المقال التي تندرج تحت عنوان الموسوعة الحسينية، فضلاً عن مؤلفاته الخاصة التي بلغت أكثر من ثمانين عنواناً، يضاف إلى ذلك أكثر من ١٠٠٠ كراس في الشرائع وعشرات الدراسات في الفكر والأدب والشعر والتاريخ وبلغات متعددة وهو لا يزال متواصلاً مع مشروعه العالمي الثقافي الذي اكتسب شهرة في العالَمين العربي والإسلامي يثريه بإبداعاته ومهارته إضافة إلى تحمّله أعباء الإشراف والتخطيط والتوجيه والمتابعة المفصّلة الدقيقة وتوفير متطلبات ديمومة

المشروع ونجاحه وانتشاره، كيف لا يندهش ولا يتحيّر مَن يقرأ أجزاء هذه الموسوعة الحسينية العالمية النفيسة والنادرة، وهنا يحق لنا أن نقول وبكل ثقة بالنفس أن دائرة المعارف الحسينية متميزة بالدقة والعلمية والرصانة والسعة والعمق.

حقاً إن كتابات الشيخ الكرباسي تفصح عن مؤهلاته العلمية والفكرية الفنية وطاقاته الروحية الخلاقة كما تفصح عن ثقافته الموسوعية ومواهبه المتعددة، إنها تتَّسم بقوة التعبير وبلاغة المعنى وجمال اللغة وتتوهج بالحسّ الصادق والحُبّ النّقي والإيمان العميق والإخلاص اللامحدود للأهداف السامية التي من أجلها تأسس المركز الحسيني للدراسات في لندن، بحيث لم يترك الدكتور الكرباسي شأناً من شؤون الحياة أو جانباً من جوانب الفكر لاسيما فكرة النهضة الحسينية إلا وكتبَ فيه معتمداً الحقيقة والموضوعية والرؤية العلمية في التحليل أو الاستقراء أو الاستنباط في ضوء منهج أكاديمي رصين ومشوِّق.

ولم ينسَ المرأة في إطار الكتابة عن ملحمة الطف الخالدة إيمانا منه بمكانة المرأة ومنزلتها الرفيعة في الإسلام كذلك بأهمية دورها الجهادي في مؤازرة ومناصرة أهل بيت النبي صلى عليه وآله مع الحق ضد الباطل، فقد أفرد لها ثلاثة مجلدات من أجزاء الموسوعة تحت عنوان أنصار الحسين (النساء) ١ ـ ٢ ـ ٣ ضمن معجم أنصار الحسين البالغ ستة أجزاء، مبرزاً إسهاماتها في نصرة الإمام الحسين ومشيداً بثباتها وصبرها في مقارعة الظلم والظالمين وتحديها للسياسة الأموية القمعية الدموية، يضاف إلى ذلك وصفه للمرأة بأنها صاحبة الخلق الفاضل والصفات الحميدة، مؤكداً بأن الأخلاق الفاضلة تحقق في الإنسان معاني الإنسانية الرفيعة وتحيطه بهالة

نورانية فمن حق المرأة المسلمة أن تقول بأن إصدار كل مجلد جديد من دائرة المعارف الحسينية يُعدُّ نصراً جديداً على الظالمين حيث أصبحت هذه المجلدات نبراساً ومناراً لأنها تتوارث عن ثورة كبيرة في معانيها حيث استطاعت هذه الثورة أن تغيّر وجه التاريخ ليس هذا فحسب بل أغلب الشعوب تعلمت من ثورة الحسين عليه السلام كيف تُقارع الظالمين وتعشق الحرية وخصوصاً حرية الرأي والتعبير والرأي الآخر وعدم الخضوع للظالمين، واليوم الأجيال تستفيد من أجزاء دائرة المعارف الحسينية وهنا أقصد الأجيال التي يفصلها بُعد زمني عن واقعة الطف لمعرفة الحقيقة، لأن الأمويين كانوا يستأجرون الكتّاب ويصنعون الخطباء من أجل تحسين صورتهم الدموية البغيضة، وكذلك استخدام وسائل الإرهاب المتنوعة من أجل منع الشعراء والكتاب من تخليد ثورة الإمام الحسين عليه السلام.

وكلما تبحث بالمصادر التاريخية تجد جيوشاً من الفاسقين والظالمين أنفقوا الأموال الطائلة والهبات والهدايا الجزيلة من أجل أن تُصدّقهم الإنسانية بأن يزيداً الفاسق شارب الخمر هو خليفة للمسلمين، وهنا نطرح هذا التساؤل: مسؤولية مَنْ تكون توضيح الحقائق لكل الإنسانية؟ فالعقل والمنطق يقولان أنها تقع على العلماء والباحثين والمنصفين والمثقفين والخطباء في مشارق الأرض ومغاربها، فكان سماحة آية الله الدكتور محمد صادق الكرباسي المبادر والباذل للجهد الكبير والمال الوفير بهذا الخصوص، نرجو الله تعالى أن يكتب له التوفيق والنجاح، ولله الحمد فقد حصل الكرباسي على منزلة رفيعة بإصداره لهذه الموسوعة وبها استحق لقب نابغة العصر، وهنا ينبغي مطالبة الحكومة العراقية الاهتمام بهذا الإنجاز العالمي من أجل تقدم وازدهار الحركة الثقافية في عراقنا الجديد الذي

يملك إرثاً حضارياً عمره أكثر من سبعة آلاف سنة، ولا ننسى الجهد الكبير للدكتور نضير الخزرجي لإصداره كتاب نزهه القلم، الذي استطاع بواسطته إيصال فكر الموسوعة الحسينية إلى بقاع العالم، والمتصفح لهذا الكتاب يجد في الصفحة ٣١ العشرات من الباحثين والشخصيات السياسية والأكاديمية ومن جنسيات وديانات متنوعة كتبوا وأعدوا الكثير من الدراسات والبحوث عن موسوعة دائرة المعارف الحسينية التي تستحق من كل باحث ومن كل مؤلف أن يدلو بدلوه ويعطي رأيه بهذا السفر العظيم.

في رحاب دائرة المعارف الحسينية[1]

الدكتور علاء الكتبي[2] ـ طويريج (العراق)

من المعروف أنَّ الثورة الحسينية لم تحقق النصر العسكري الآني، ولكنها انتصرت في عالم الفكر والمبادئ وفي مبادئ المقدسات، وفي مجال تحريك الضمائر، وبث روح الجهاد وأما النصر العسكري فقد تحقق بعد فترة على يد العديد من الثورات، أولها ثورة التوابين، وثورة المدينة، وثورة المختار الثقفي، وثورة زيد بن علي، وثورة عبد الرحمان بن الأشعث، وثورة مطرف بن المغيرة وآخرها ثورة العلويين التي أسقطت حكم بني أمية الجائر.

ثورة الحسين عليه السلام لم تكن لتؤتي ثمارها لعصرها فقط بل امتدت لسنين

(١) نشرت المقالة في موقع مؤسسة النور الثقافية في ٢١/٥/٢٠١٢م.

(٢) علاء الكتبي: هو ابن محمد حسن بن علي الفتلاوي، أديب ورجل أعمال، ولد في قضاء الهندية في كربلاء المقدسة سنة ١٩٥٢م، نشأ ودرس في مسقط رأسه ونال الشهادة الجامعية (بكالوريوس لغة عربية) من كلية الفقه في النجف الأشرف سنة ١٩٧٦م، تعرض للاعتقال مرات عدة لأسباب سياسية قبل عام ٢٠٠٣م، واصل دراساته العليا ونال عام ٢٠١٢م الدكتوراه في تاريخ الحضارة الإسلامية، عضو مجلس سابق لمحافظة كربلاء سنة ٢٠٠٥م، رئيس تحرير جريدة أنوار كربلاء، له مساهمات مشهودة في بناء عدد من المساجد والمكتبات والمشاريع الخيرية والثقافية، له عضوية في اتحاد المقاولين العراقيين، واتحاد الصناعات العراقية، وغرفة تجارة كربلاء، واتحاد رجال أعمال كربلاء، فتح ديوانه العامر لأعلام وأدباء ومثقفي العراق، له عدد من المطبوعات والمخطوطات، منها: فارس الحلبات محمد حسن الكتبي.

طوال وظلت الصوت المعارض والتيار المضاد لكل من يحارب الإسلام وأهله على جادة الشرع إلى يوم القيامة وإن كان للمسلمين دين ورسالة، التزام، أخلاق، شعائر، مشاريع، منبر، قلم، روح تتدفق بالأمل، قلب ينبض بالحياة وعقل يخطط، فما ذلك إلا نتيجة الإمداد الرسالي الذي فجرته ثورة سيد الشهداء، فقد ولد الحسين عليه السلام في بيت اجتمعت فيه النبوة والإمامة، حيث كان جده سيد الأنبياء، وأبوه سيد البلغاء عليهم السلام وأمه سيدة النساء وبيتهم بيت الرسالة ومهبط الوحي والتنزيل وكان كتاب الله الخالد القرآن المجيد ينزل في هذا البيت ويقرأ فيه بالليل والنهار، فكان سيد الشهداء النموذج الأسمى للتربية النبوية والعلوية والفاطمية، والأسرة الحسنة في الأخلاق والتواضع والشجاعة والمروءة والجهاد لإعلاء كلمة التوحيد ورفع راية الجهاد بوجه الظالمين.

ومن يطالع أجزاء دائرة المعارف يتبادر إلى ذهن القارئ بأنها ثورة فكرية في عالم الكتابة وفي هذا العصر ونحن في القرن الحادي والعشرين الميلادي، نعم إنها ثورة عملاقة في عالم التأليف والتحقيق من حيث العدد والعدة، فالموسوعة تضم بين طياتها مادة دسمة تزداد بين يوم وآخر، وبين عام وآخر وليس لي الباع الطويل لأقول كلمة واحدة في حق هذه الموسوعة، وأصابُ بحالة من الذهول عندما أفكر بذلك ولأنَّ إشعاع شخصية الإمام الحسين عليه السلام قد تجاوز حد الإحصاء والحصر ولا يدركه إلا من يفكر بذلك فموضوعها سيد الشهداء عليه السلام وهو خامس أهل الكساء وأتوقع أن تربو أجزاؤها على الألف مجلد فهي مكتبة فريدة من نوعها كبيرة حافلة بأجزائها ولأنَّ عطاءها زاخر بمعاني الخير والإصلاح مترعة بما يلذ من الإبداع والمفاخر، وقد ولجت بوابة التاريخ العريضة لتطبع لها ذكراً

جميلاً، فالموسوعة ضمت على صفحاتها تاريخ الثورة الحسينية وما قيل في حقها من الشعراء والأدباء والخطباء أي تاريخ زاخر، إذ ليس بمقدور أي كاتب الإحاطة بمعالم من شخصية سيد الشهداء إلا ما ندر. نعم لقد قام بهذا الجهد الكبير والسعي المرير والعزم الشديد والعمل الحثيث سماحة صديقنا الشيخ الجليل الدكتور محمد صادق الكرباسي ابن كربلاء البار فهو اسم معروف في أواسط البحث والتحقيق في التراث الإسلامي له كتابات مهمة وعديدة في التراث نشرت أغلبها في وسائل الإعلام المقروءة والمسموعة فنمت عنده فكرة الكتابة حول ما قيل في حق سيد الشهداء وقد امتاز الشيخ بصلات كبيرة وكثيرة أهّلته في هذا الموضوع الكبير فأعطى السنين من عمره الشريف لهذه الموسوعة فكان المنفذ والمبرمج والمشاور، فهو من أبرز العلماء المثقفين الموسوعيين الذين قدموا للأمة الإسلامية عطاءات فكرية واسعة تنهض بواقعها الثقافي والعلمي وصاحَب العلماء والأدباء وترعرع في المدن المقدسة كربلاء والنجف وقم حيث أثر كل ذلك على سلوكه وأخلاقه وسيرته العلمية وكان من أهداف هذه الموسوعة عرض الحوادث وفق تسلسلها الزمني وترابطها المرحلي فراعى التسلسل الزمني والتاريخي لتلك الوقائع قدر الإمكان ونهج على تقسيم موسوعته إلى قرون التاريخ الهجري.

وتجربة الكرباسي حري بالأمة أن تستفيد منها ومن واقع تجربته الشخصية والعامة ومن عطائه العلمي ومن نضاله الفكري والثقافي لقد ساير الشيخ العزيز الإمام الحسين عليه السلام منذ أيامه الأولى حتى شهادته على يد أرذل خلق الله من الأمويين حتى اعتبر كتابه بحق اكبر موسوعة في لغة الضاد حيث عاش رحلة طويلة وقصة شيقة عاشها المؤلف مع سيد

الشهداء، فالشيخ الصادق من أسرة علمية ودينية ترعرعت في أحضان هذه الحوزة العلمية في مدينة سيد البلغاء النجف الأشرف ما يربو على الألف سنة. وقد استهل حياته في بيت الطهر والعفاف[1].

إن مدرسة أهل البيت عليهم السلام التي كانت ولا تزال مهداً لتربية الأعلام والشخصيات الإسلامية قدمت كتّاباً نوابغ أمثال الشيخ الكرباسي الذي كان يشعر بمسؤوليته الكبرى وواجباته المتعددة الجوانب، ولكي يعرف العالم بالثورة الحسينية بادر إلى إغناء التراث الإسلامي بمؤلفه الكبير (دائرة المعارف الحسينية) وبالرغم من مهامه المتعددة ومقامه العلمي المعروف إلا أنه كان مهتماً بتربية أبناء المسلمين والتخطيط لإعداد كوادر تكمل المسيرة الإسلامية فقام بتأليف كتب (الشرايع). كان يتحمل المشاق والمصاعب والشدائد ليبلغ رغبته في التحقيق والتدقيق ويكثر من رحلاته إلى العراق وإيران وسوريا ولبنان ومصر وكان حريصاً على توثيق بحوثه وآرائه، ومن خلال ما كتبه الشيخ الكرباسي يتبين للقاري أنَّ الشيخ الكرباسي كان محدثاً فاضلاً جامعاً متتبعاً للأخبار بما لم يسبق إليه سابق سوى عدد محدود من المشاهير البررة من محدثي الشيعة وعلمائهم الحافظين لآثار أهل البيت عليهم السلام خلدهم التاريخ أمثال الشيخ المفيد (ت ٤١٣ هجرية) والشيخ الطوسي (ت ٤٦٠ هجرية) والسيدين الجليلين المرتضى (ت ٤٣٦ هجرية) والرضي (ت ٤٠٦ هجرية) والعلامة الحلي (ت ٧٢٦ هجرية) وآخرهم شيخنا المجلسي (ت ١١١١ هجرية)، وفاق عليه وانه كتب أضخم موسوعة

---

(١) ولد المؤلف في مدينة كربلاء حيث يرجع بنسبه إلى الولي الصالح مالك بن الأشتر النخعي، وفيها نشأ ودرس، وتتوزع الزعامات الدينية لهذه الأسرة الكريمة على النجف الأشرف وكربلاء المقدسة وإيران، وقد استقر المؤلف في المملكة المتحدة منذ عام ١٩٨٦م.

ظهرت في لغة الضاد. كان فقيهاً أصولياً أديباً مطلعاً على الفنون العقلية والنقلية واقفا على أقوال العامة والخاصة ورواياتهما في الفقه والكلام والحديث مستنبطا للأحكام عن أدلتها ومستخرجاً لفروع المسائل من أصولها. الشيخ الكرباسي عالم متبحر وشخصية لامعة يعتز بها الفكر الشيعي المعاصر وهو بمؤلفاته وموسوعته وأبحاثه ومقالاته يتميز بالموضوعية البعيدة عن التحيز والانطواء تحت لواء العاطفة والمصالح الشخصية لذلك جاءت أبحاثه في كل ما كتب أشبه بالقيم العسكرية إن صح التعبير، وهو من العلماء القلائل الذين يجمعون في أسلوبهم بين دعامتي الأصالة في التعبير من خلال الأسلوب العلمي أولاً وثانياً التصوير الفنّي وحين يكتب هذه الموسوعة ذات الموضوع الخطير فإنما يضيف رصيداً جديداً للثورة الحسينية.

وأخيراً فإنَّ دائرة المعارف الحسينية تعتبر كملجأ ومأوى لرواد العلم والفضيلة ومرجع للعلماء والمؤلفين ولطلاب المعرفة من شباب وشيوخ وكهول، أساتذة وعلماء لينهلوا من بركات الحسين عليه السلام من مصدره الصحيح الوارد عن طريق أهل البيت عليهم السلام من تاريخ وتراث وتراجم ولغة وأدب وغير ذلك مما له صلة بالعلوم الإسلامية التي لا يستغني عنها الجميع.

وقبل أن أختم كلمتي المتواضعة لا أستطيع أن أكتم ثنائي على ما كتبه يراع الشيخ الجليل على هذا الجهد الكبير والمنهج العلمي الجديد.

بروز الكرباسي في لندن مثير للاهتمام ساعده ذكاؤه وأخلاقه الذي لقي أرضاً خصبة فسرعان ما لمع نجمه وزاد ألقه تدريساً وتأليفاً وعملاً وتصنيفاً، ولم يقتصر في دراسته على نوع معين من العلوم فالأديب مثل

المرآة على قدر أخذه يعطي والعلوم التي عاصرها كانت في التفسير والحديث والفقه والأصول والأدب والنحو واللغة والعلوم الأخرى، وحين كتب كتب في جميع الميادين، وقد أدرك العلماء سعة علمه فأفاضوا في الثناء عليه ولاسيما موسوعته الفريدة التي أثارت نقاشاً بين العلماء الأفذاذ فبرز في هذا العمل الجبار.

إن الأقلام التي تناولت الكتابة عن حياة الإمام الحسين عليه السلام في عصوره الأولية لم تكن نزيهة ولا بريئة على الإطلاق فكانت تخيم عليها النزعة المذهبية أو التزلف إلى السلطة الحاكمة فلابد إذن أن تخضع لمجاهر الفحص وأضواء الدراسة وان التاريخ الإسلامي في أمسّ الحاجة لأن يتحرر من التقديس ويكون كغيره من البحوث خاضعاً للنقد والتحليل والشك والرفض كما تخضع المادة لتجارب العلماء حتى يستقيم ويزدهر ويؤتي ثمراً طيباً، فلابد لي أن اذكر بفخر واعتزاز بمواقف الأخوين الكريمين الحاج علي التميمي [(١)] والدكتور نضير الخزرجي [(٢)] فهما صورة

---

(١) علي التميمي: هو ابن محمد بن قاسم التميمي، ولد في مدينة كربلاء المقدسة سنة ١٣٦٩هـ، وفيها نشأ ودرس، هاجر خارج العراق لأسباب سياسية، سكن طهران ثم انتقل إلى لندن عام ١٩٩٠م ولازال متنقلا بين لندن ومسقط رأسه الذي عاد إليه بعد عام ٢٠٠٣م، يتولى حاليا إدارة مكتب دائرة المعارف الحسينية في كربلاء المقدسة إلى جانب اشتغاله في المكتب العام في لندن، له مؤلفات مطبوعة ومخطوطة منها: دائرة المعارف الحسينية في سطور، دول المسلمين في العالم، ويوميات كربلاء.

(٢) كتبت في الموقع نفسه يوم ٢٦/ ٥/ ٢٠١٢م تعليقا قلت فيه: (الأستاذ الفاضل الحاج علاء الشيخ محمد حسن الكتبي اكرمه الله.. السلام عليكم ورحمة الله وبركاته.
قرأت مقالتكم التي وصلتنا عبر المركز الحسيني للدراسات، في الواقع عندما كنت اقرأها كانت مشاهد لقائنا في الهندية على ضيافتكم الهنية تتبادر إلى شبكة ذهني الندية.
خالص شكري وتقديري لكلماتكم الرقيقة، ربما سيكون لنا لقاء ثان مع جنابكم الكريم في القريب باذن الله انه سميع مجيب.
محبكم: نضير الخزرجي). =

مشرفة رائعة وخالدة، وقد قاما بخدمات مشكورة في دفع الشيخ الجليل بهذا العمل الجبار، واني أقول للتاريخ أنهما من أندر من عرفتهم في ولائهم وتفانيهم في حب الحسين الشهيد عليه السلام وهما يدا الشيخ الكريم في حله وترحاله كثَّر الباري من أمثالهم لحفظ بيضة الإسلام بأمثال الشيخ الكرباسي فأتمنى لهما مزيداً من العطاء الفكري والروحي. ولا أنسى موقف سماحة الشاعر والمؤرخ البارع الحجة الشيخ سلطان علي الصابري التستري(1) بتقريظ الموسوعة لمعظم أجزائها وقد بلغت الآلاف من الأبيات الشعرية فبارك الله بهذه الأريحية المباركة وكما كتب عنها العديد من أفضل كتاب والشعراء الذين قرّضوا هذه الموسوعة فهم من فئات متنوعة وأطراف مختلفة.

وأخيراً أقول للتاريخ إن الموسوعة حجة في البيان وخالدة عبر الأجيال ولا يستغني عنها الباحثون وفريدة في بابها وسدت فراغاً واسعاً في المكتبة الإسلامية، وأرجو من الباري ببركة الحسين عليه السلام أن يكتب الأجر الجزيل

= فعلق فضيلته يوم ٢٠١٢/٦/٥م في الموقع نفسه قائلا: (الدكتور والاديب نضير الخزرجي المحترم.. السلام عليكم.

تعليقكم اثلج صدري بارك الله بكم وسدد خطاكم وانا عند حسن ظنكم، عشت يا بن كربلاء البار وجعلك الباري فخراً وذخراً لمذهب أهل البيت عليهم السلام ودمتم محروسين).

وبحمد الله التقيت بفضيلته أكثر من مرّة خلال وجودي في العراق في رحلة عمل في الفترة (٦/٢١ - ٢٠١٢/٩/٩م) وآخرها كان في مربده في مدينة طويريج.

(1) سلطان علي الصابري: هو ابن حسين الشوشتري، ولد في مدينة تستر (شوشتر) جنوب إيران سنة ١٣٥٨هـ، وفيها نشأ ودرس، هاجر إلى العراق سنة ١٣٧٥هـ وسكن كربلاء المقدسة وتخرج من حوزتها العلمية، عاد إلى إيران مرغماً وسكن قم سنة ١٣٩١هـ، هاجر إلى سوريا سنة ١٤٢٢هـ وسكن دمشق، عاد إلى كربلاء المقدسة سنة ١٤٢٤هـ ولازال، مارس التدريس والخطابة والتأليف والنظم باللغات العربية والفارسية، له أكثر من عشرين مؤلفاً في النحو والشعر، منها: الألفين في تقريظ موسوعة الحسين، شرح قصيدة الفرزدق وتخاميسها، ومنظومة حديث الكساء.

لسماحة الشيخ الجليل والعالم الزاهد والمحقق المدقق والشاعر الناثر والأديب الأريب آية الله الشيخ محمد صادق الكرباسي ولكل من ساهم معه بالفكر والقلم واللسان وتحمل العناء المادي والنفسي في سبيل إحياء شعائر الإمام الحسين عليه السلام وتعظيمها.

"قريبون" يقترب من عمل الكرباسي في دائرة المعارف الحسينية

قناة الفرات الفضائية ـ لندن

زار طاقم[١] برنامج "قريبون" في قناة الفرات الفضائية دائرة المعارف الحسينية في العاصمة البريطانية لندن، ووقف عن قرب على عمل سماحة المحقق آية الله الشيخ محمد صادق بن محمد الكرباسي "حفظه الله" في كتابة الموسوعة الحسينية، وسأل عدداً من الباحثين المشاركين، واطلع على جانب من طبيعة العمل اليومي لسماحة الفقيه الكرباسي الذي استطاع بمثابرته وتوفيق الله طباعة ٧٧ مجلداً من مجموع أكثر من ٧٠٠ مجلد من دائرة المعارف الحسينية.

وكانت قناة الفرات الفضائية حلّت ضيفا عزيزاً على المركز الحسيني للدراسات في لندن، وأعد الأستاذ مصطفى الواسطي[٢] تقريراً مختصراً عن

---

(١) أعدَّ الحلقة طاقم إعلامي عراقي وهم: الأستاذ كريم الرشيدي (تصوير) الأستاذ حارث عبد المنعم الأعسم (مونتاج)، وقدمتها الإعلامية السيدة أنفال الموسوي، وبُثَّ في تشرين الثاني نوفمبر ٢٠١٢م.

(٢) مصطفى الواسطي: هو ابن محمود مرجان الواسطي، وهو إلى جانب العمل الإعلامي من قراء القرآن الكريم ومجوّديه، ولد في قضاء الحي في محافظة واسط في العراق سنة ١٩٧٠م، هاجر=

دائرة المعارف الحسينية بثته في نشرتها الخبرية يوم الخميس ١٥/ ١١/ ٢٠١٢م عشية العام الهجري الجديد ١٤٣٤هـ، ثم أعاد برنامج "قريبون" بث كامل الحلقة يوم السبت ١/ ١٢/ ٢٠١٢م[١] حيث يظهر في التقرير راعي الموسوعة الحسينية ومؤلفها سماحة الفقيه آية الله الشيخ محمد صادق الكرباسي، والمتحدثون حسب الظهور: الدكتور وليد سعيد البياتي، الأستاذ عمر آلاي بيگ[٢]، الدكتور نضير رشيد الخزرجي، والشيخ ميرزا محمد جواد[٣].

=من العراق صغيراً عام ١٩٨٠م وانهى في المهجر دراسة الإعدادية ثم استقر به المقام في لندن.

(١) رابط الحلقة على الشبكة البينية:

(www.youtube.com/watch?v=RQp1D38LnOY).

(٢) عمر آلاي بيگ: هو ابن عزيز آلاي بيگ، ولد في مدينة تلعفر بالعراق سنة ١٩٦٦م، نشأ ودرس في مسقط رأسه، وواصل الدراسة الجامعية ونال شهادة البكالوريوس في اللغة الفرنسية وآدابها من جامعة الموصل، وشهادة في اللغة التركية من جامعة أيجة في أزمير في تركيا، وشهادة في الإدارة من شركة فوريفر الأمريكية، بسبب الظروف السياسية ترك العراق عام ١٩٩٢م وسكن تركيا ثم انتقل للسكن في لندن عام ١٩٩٨م ولازال، يجيد اللغات الفرنسية والإنكليزية إلى جانب التركية والعربية.

(٣) ميرزا محمد جواد: هو ميرزا محمد جواد شبير بن مجتبى أحمد بن محمد رضا بن علي جواد، يرجع بنسبه إلى مالك الأشتر النخعي، ولد في ١٦/ ١/ ١٤٠١هـ (٢٥/ ١١/ ١٩٨٠م) في مدينة حيدر آباد الدكن في الهند، ناشط ديني وخطيب وإمام جمعة وكاتب، نشأ ودرس في مسقط رأسه، انتقل إلى مدينة گلبركه وله من العمر ١٢ عاماً، واشتغل بالدراسة الحوزوية في مدرسة الصادقَين في الفترة ١٩٩٣ ـ ١٩٩٧م، ثم واصل دراسة مرحلة السطوح في الحوزة العلمية في قم المشرفة وانتهى منها عام ٢٠٠٧م، وتنقل في عواصم إسلامية وعالمية عدة للخطابة والتبليغ مثل بريطانيا وأميركا والكويت، ولازال، مارس وظيفته الدينية في مركز الحيدرية جنوب لندن لأربع سنوات، ويمارس الآن عمله عبر المركز الحسيني للدراسات، من مؤلفاته: التجليات الحسينية (تجليات حسين)، آثار كربلاء في الأدب الأردوي (اردو ادب پر نقوش كربلاء)، ودائرة المعارف الحسينية في سطور (اجمالي تعارف حسيني دائرة المعارف) (ترجمة).

الملا يلتقي الكرباسي في لندن
والأمة العراقية محور الحديث

المركز الحسيني للدراسات ـ لندن[1]

عبَّر الفقيه الدكتور محمد صادق الكرباسي عن قناعته، بأن النظرة الثاقبة إلى الشعب العراقي بمذاهبه وأديانه وأعراقه كأمة عراقية هو أقرب السبل لنزع فتيل الخلافات الطائفية والمذهبية والقومية التي يحاول البعض النفخ فيها جاهلاً أو متعمداً تاركا للأطراف الدولية والأقليمية مساحة واسعة للتدخل في الشأن العراقي وتمزيق نسيج وحدته.

جاء ذلك في اللقاء الذي جمعه ورئيس جماعة علماء العراق الدكتور خالد عبد الوهاب الملا في المركز الحسيني للدراسات في لندن ظهر الأربعاء ٢٠١٢/١٢/٥م.

وأكد الفقيه الكرباسي في اللقاء الذي حضره جمع من العلماء والأدباء والأكاديميين من العراق وإيران والجزائر والهند تيمناً بزيارة الدكتور الشيخ خالد الملا إلى مقر دائرة المعارف الحسينية، أن خطاب الإسلام الوسطي

---

(١) وزع المركز الحسيني للدراسات الخبر على وسائل الإعلام بتاريخ ٢٠١٢/١٢/٦م، ونشر في الكثير، منها: موقع مركز النور للدراسات (السويد) بتاريخ نشر الخبر، وموقع مأتم السنابس (البحرين)، وموقع كتابات في الميزان (العراق) بتاريخ ٢٠١٢/١٢/٧م.

٦٤٩

ينبغي أن يتوجه إلى الجمهور العام وينزل في أوساطه لتحصينه من التيارات التخريبية التي تعمل تحت دعوى المذهبية والطائفية إلى تمزيق العراق والفت من عضد الأمة العراقية، معتبراً أن وحدة الأمة العراقية عامل أساس في ترشيد سياسة الحكومة وتثبيت الدولة العراقية وتعزيز دورها في العالم.

من جانبه عبر الدكتور خالد الملا عن قناعته بأن معرفة الآخر وتفهمه أقرب السبل لنزع فتيل الخلافات الطائفية والمذهبية والتعايش معه، وهذا ما يحتاجه العراق من شيعته وسنته، مثنياً على حديث الكرباسي، منتقداً في الوقت نفسه تصرفات بعض السياسيين العراقيين الذين يتحدثون بلسانين وينظرون بعينين غير آبهين بمصلحة العراق العامة وطبيعة المكونات العراقية.

وفي ختام اللقاء قدّم الدكتور نضير الخزرجي للوفد الزائر من العراق شرحاً مختصراً عن طبيعة عمل الموسوعة الحسينية التي تعدت أجزاؤها السبعمائة وصدر منها حتى اليوم ٧٧ مجلداً وكلها من تأليف المحقق الشيخ محمد صادق الكرباسي، فضلاً عن سلسلة "الشرايع" في ألف عنوان، وسلسلة "الإسلام في...." في ثلاثمائة كتاب وغيرها.

أنطون بارا:
دائرة المعارف الحسينية أغنت الساحة الأدبية كثيراً

المركز الحسيني للدراسات ـ لندن[(١)]

يمثل الأديب السوري الدكتور أنطون يوسف بارا، معلماً بارزاً من أدباء عالمنا المعاصر الذين أبحروا في سفينة الإمام الحسين عليه السلام بكتابه المشهور "الحسين في الفكر المسيحي" المترجم إلى أربعين لغة.

وكان للأديب والروائي والمفكر السوري المقيم في الكويت وقفة حوارية عاشورائية في قناة المنار الفضائية[(٢)]، تطرق خلالها، بحضور الأديب الدكتور محمد علي شمس الدين والأديب الشاعر طارق ناصر الدين، إلى دائرة المعارف الحسينية لمؤلفها الفقيه الدكتور محمد صادق الكرباسي بوصفها أول موسوعة معرفية تبنَّت حفظ التراث الحسيني بأبوابها الستين.

وحول سؤال الدكتور خضر نبها، مقدم حلقة "عاشوراء في الشعر

---

(١) وزع المركز الحسيني للدراسات الخبر على وسائل الإعلام بتاريخ ١٩/ ١٢/ ٢٠١٢م، ونشر في الكثير، منها: موقع المطيرفي (الأحساء) بتاريخ ٢٠/ ١٢/ ٢٠١٢م، موقع نبض سوريا (سوريا)، وموقع السيد حسين الصدر (الكاظمية ـ العراق) بتاريخ ٢١/ ١٢/ ٢٠١٢م.

(٢) رابط الحلقة على الشبكة البينية:

(www.almanar.com.lb/programs/pdetails.php?did=487776&pid=4301&eid=51851&wid=1926)

والأدب" من برنامج "أنوار الطف" المبثوثة مساء الثلاثاء ٤/ ١٢/ ٢٠١٢م، عما إذا كان الشعر المنظوم في الإمام الحسين عليه السلام منذ واقعة كربلاء حتى اليوم قد تم جمعه وحفظه؟ قال الأديب بارا: (تقوم بجمع الشعر الحسيني الآن دائرة المعارف الحسينية للشيخ الكرباسي في لندن، وهو قد تصدى لإصدار ٦٠٠ مجلد من الحجم الكبير، وقدّم لكل مجلد أديب أو مفكر أجنبي من مسيحيين أو بوذيين أو هندوس، وصدر منها حتى الآن ٦٠ مجلداً، وهو جهد يُشكر عليه، جمع فيه الكرباسي الشعر كله من الواقعة حتى الآن، وتجد فيه غنًى كبيراً مع تفاسيره، والدكتور نضير الخزرجي عمل كتباً يحلل هذه الأشعار كلها).

وكان الدكتور أنطون بارا المولود في بلدة يبرود في سوريا عام ١٩٤٣م، من أسرة مسيحية، من المساهمين في كتابة المقدمات الأجنبية، إذ كتب مقدمة للجزء الأول من كتاب: "المدخل إلى الشعر الحسيني" للمحقق محمد صادق الكرباسي الصادر عن المركز الحسيني في لندن عام ٢٠٠٠م، ونشرت في كتاب: "نزهة القلم قراءة نقدية في الموسوعة الحسينية" للدكتور نضير الخزرجي الصادر عن بيت العلم للنابهين عام ٢٠١٠م.

والجدير بالذكر أن أعداد دائرة المعارف الحسينية تعدت السبعمائة مجلد صدر منها حتى الآن ٧٧ مجلداً، كما أن الباحث العراقي الدكتور نضير الخزرجي عمل قراءة موضوعية لكل مجلد جديد حسب بابه، ومنها الأجزاء الخاصة بالأدب الحسيني، نشر أربعون منها في كتابين هما: "نزهة القلم" و"أشرعة البيان"، كما أنّ الطف إسم للأرض التي استشهد فيها الإمام الحسين عليه السلام مع أهل بيته وأنصاره في مدينة كربلاء المقدسة في اليوم العاشر من المحرم عام ٦١ للهجرة.

فهرس الأعلام والشخصيات

٦٥٣

ابن أبي الحديد = عبد الحميد بن محمد المدايني

ابن أبي الدنيا = عبد الله بن محمد القرشي

ابن أبي شافين = داود بن محمد بن عبد الله الجدحفصي

ابن الأثير = علي بن محمد الجزري

ابن الأثير = محمد الشيباني

ابن الحنفية = محمد ابن الحنفية ابن علي بن أبي طالب ﷺ

ابن الزبير = عبد الله بن الزبير بن العوام القرشي

ابن الصباغ المالكي : ٥٥٤هـ

ابن المتوج = أحمد بن عبد الله بن محمد البحراني

ابن بطوطة = محمد بن عبد الله بن محمد اللواتي المغربي

ابن تيمية = أحمد بن عبد الحليم الحراني

ابن جنّي = عثمان بن جنّي الموصلي

ابن حجر = أحمد بن علي بن محمد العسقلاني

ابن حوقل = محمد بن حوقل البغدادي الموصلي

ابن زياد = عبيد الله بن زياد بن أبيه الأموي

ابن سينا = حسين بن عبد الله بن حسن

ابن طاوس = علي بن موسى بن أحمد الحسيني

ابن عباس = عبد الله بن عباس بن عبد المطلب القرشي

ابن عساكر = علي بن الحسن الشافعي

ابن عقيل = عبد الله بن عقيل العقيلي

ابن عمر : ٨٨هـ، ٤٠٣

ابن قيم الجوزية = محمد بن أبي بكر بن أيوب

ابن كثير = إسماعيل بن عمر البصري الدمشقي

ابن ماجة = محمد بن يزيد القزويني

ابن مالك = محمد بن عبد الله بن محمد الطائي

ابن مسكان = عبد الله بن مُسْكان السجستاني

ابن ميسون = يزيد بن معاوية بن أبي سفيان الأموي

ابن نما = محمد بن جعفر بن أبي البقاء الحلي

ابن هتيمل = قاسم بن علي هتيمل الخزاعي

أبو إبراهيم = محمد بن جعفر بن أبي البقاء الحلي

أبو إسحاق = إبراهيم بن محمد بن إبراهيم الاسفراييني

أبو إسحاق السبيعي = عمرو بن عبد الله

أبو البقاء = صالح بن يزيد بن صالح الرندي الأندلسي

أبو الحسن = خسرو بن محمد البخاري الدهلوي

أبو الحسن = راجي بن علي أكبر راجي التبريزي

أبو الحسن = شريف بن محمد طاهر الفتوني

أبو الحسن = مهيار بن مرزويه الديلمي

أبو الحسن بن إبراهيم بن مير رفيع القزويني: ٦٠٠

أبو الزناد: ٨٨هـ

أبو الطفيل = عامر بن واثلة بن الأسقع الكناني

أبو الطيب = أحمد بن حسين بن حسن المتنبي الجعفي

ابو العتاهية = إسماعيل بن القاسم بن سويد العيني

أبو الفداء = عبد الله القاضي

أبو الفرج الاصفهاني = علي بن حسين بن محمد

أبو الفضل = العباس (الأكبر) ابن علي بن أبي طالب ﷺ

أبو القاسم القشيري = عبد الكريم بن عبد الملك بن طلحة

أبو القاسم بن علي أكبر بن هاشم الخوئي: ٤٨٢هـ، ٦٠٠

أبو الكلام آزاد = أحمد بن خير الدين

أبو المحاسن = يوسف بن إسماعيل الشواء

أبو بكر = عبد الله بن عثمان بن عامر التيمي

أبو بكر الاسماعيلي: ٧٣هـ

أبو بكر البيهقي: ٧٣هـ

أبو تمام = حبيب بن أوس الحارث الطائي

أبو جرول الجشمي = زهير بن صرد

أبو حامد = محمد بن محمد الغزالي

أبو حنيفة: ٧٢هـ

أبو داود = سليمان بن الأشعث السجستاني

أبو دسمة = وحشي بن حرب الحبشي

أبو ذئب = يوسف بن عبد الله بن محمد القطيفي

أبو ذر الغفاري = جندب بن جنادة بن سفيان

أبو رضا = علي التميمي

أبو رضا = نضير بن رشيد الخزرجي

أبو زرعة الرازي: ٥٥٤هـ

أبو سعيد = سعد بن مالك بن سنان الخزرجي

أبو سعيد الخدري = سعد بن مالك بن سنان الخدري الخزرجي

أبو سهل = موسى بن نصير الرازي

أبو سيف = إسماعيل الوائلي

أبو طالب المطلبي = عبد مناف بن عبد المطلب بن عبد مناف

أبو طالب بن عبد المطلب الهاشمي: ٨٠

أبو ظاهر = محسن بن حسن الطويرجاوي

أبو عبد الله = مالك بن أنس بن مالك الأصبحي

أبو عبد الله = محمد بن عمران بن موسى المرزباني

أبو عبد الله بن محمد: ٧٤هـ

أبو علي = دعبل بن علي بن رزين الخزاعي

أبو فراس الحمداني = الحارث بن سعيد بن حمدان التغلبي

أبو مؤيد = محمد بن قاسم الجراخ

أبو محفوظ = عبد الكريم بن حمود الكربلائي

أبو مخنف = لوط بن يحيى بن سعيد الأزدي

أبو منصور = محمد بن أحمد الدقيقي الطوسي

أبو نعيم الاصفهاني = أحمد بن عبد الله بن أحمد

أبو هذيل العلاف: ٣٤٧هـ

أبو هريرة = عبد الرحمان بن صخر الدوسي

أبو هلال العسكري: ٦٦

أبو يقظان = عباس بن كريم الحلي

اجوان درير سردار عز الإسلام: ٦١٨، ٦٢٥

أحمد الأرض بن عبد الصمد الزنجي البحريني: ٣١٤، ٣١٤هـ

أحمد بن... التبرزيپرغم: ١٣٢، ١٣٢هـ

أحمد بن أبي بكر بن نصر القزويني: ٥٥٧، ٥٥٧هـ

أحمد بن جواد الصافي: ٥١٤، ٥٣٦

أحمد بن محمد الميداني النيشابوري: ٣٤٧هـ

أحمد بن محمد بن حنبل الشيباني: ٢١٣هـ، ٤٠٤هـ، ٤٠٤هـ، ٤٠٥هـ

أحمد بن محمد مهدي النراقي: ٣١٤

أحمد بن مطلب بن علي الحويزي: ٣٥١، ٣٥١هـ

أحمد بن يحيى بن زيد الكوفي النحوي: ٢٥٠، ٢٥٠هـ

أحمد الحداد: ٧٤هـ

أحمد حسنين: ٦١٠

أحمد حسين الركابي: ٤٧١هـ

أحمد الحوفي: ٣٩٠هـ

أحمد الخونساري: ٦٠٠

أحمد دزهئي: ٦١٨، ٦٢٤، ٦٢٥

أحمد الدهلوي: ٢٦٢هـ

أحمد الزيدي: ٥٩٣

أحمد سعيد الصفار: ٤٧٨هـ

أحمد شوقي بن عبد السلام ضيف: ٩٢هـ

أحمد صالح الحيدري: ٦٠٩

أحمد عباس الصائغ: ٤٨٣هـ

أحمد عبد العال أحمد عبد الله العبيدي: ٥٤٤

أحمد بن حسن الخياط النحوي: ٣٠٩، ٣٠٩هـ

أحمد بن حسون بن سعيد الوائلي: ٥٦٩، ٥٦٩هـ

أحمد بن حسين البيهقي: ٢٢٩هـ

أحمد بن حسين بن حسن المتنبي الجعفي: ٥٧، ٥٧هـ

أحمد بن خير الدين آزاد: ١٧٣هـ

أحمد بن زياد المؤدب: ٨٩هـ

أحمد بن صالح البلادي الأحسائي: ٤٣١، ٤٣١هـ، ٤٣٤،

أحمد بن عبد الحليم الحراني: ٣٨هـ

أحمد بن عبد الرؤوف بن حسين الجدحفصي: ٤٣٠، ٤٣٠هـ

أحمد بن عبد الله بن أحمد الاصفهاني: ٥٥٤هـ

أحمد بن عبد الله بن محمد البحراني: ٣٩٧، ٣٩٧هـ

أحمد بن علي بن أحمد النجاشي: ٦٠، ٦٠هـ

أحمد بن علي بن محمد العسقلاني: ٦٠، ٦٠هـ، ٧٩هـ، ١٢٣هـ، ٥٧١هـ

أحمد بن علي ثابت البغدادي: ٨٩هـ

أحمد بن محمد الجويني: ٨٠هـ

أحمد عبد العزيز الجار الله : ٤٦٦هـ

أحمد فكاك أحمد البدراني : ٦١٨،
٦٢٥

أحمد فيرسي : ٤٥٩هـ

أحمد محمد شاكر : ٤٥٠هـ

أحمد المطيري : ٥٩٥

أحمد نجدت سيزر : ٣٤٤هـ

أحمد هادي الچلبي : ٤٦٧هـ

أحمد الهندي : ١٨٥

إدريس بن يرد بن مهلائيل ﷺ : ٥٧٥

أدولف بن أولـويس هتـلر : ١٠٤،
١٠٤هـ، ٢٧٩، ٢٧٩هـ

أردوغان = رجب طيب بن أحمد

أرشـد بـن جبـار بـن ضيـاء الـدين
الهرمزي : ١٩، ٣٣٩، ٣٤٤، ٣٥٧

إرميا ﷺ : ٢٩٤هـ

أسامة العقيلي : ٤٧٩هـ، ٥١٩

أسامة بن زياد : ٢١٤هـ، ٤٠٥هـ

إسحاق بن إبراهيم بن تارخ ﷺ :
٥٧٥

إسحاق بن إسحـاق نيوتـن : ١٠٥،
١٠٥هـ

إسحاق فياض : ٥١٤

الأسدي = تيسير بن سعيد بن بهاء

الأسدي = صادق غانم

الاسفراييني = إبراهيم بن محمد بن
إبراهيم

أسلم بن عمرو التركي : ٥٧٩

إسماعيل بن إبراهيم بن تارخ ﷺ :
٥٧٥

إسماعيل بن عمر البصري الدمشقي :
١٧٢هـ

إسماعيل بن عيدان المشعلي : ١٨٥

إسماعيل بن القاسم بن سويد العيني :
٨٩هـ، ١٨٠، ١٨٠هـ، ١٨١هـ

إسماعيل بن محمد بن يزيد الحميري :
٨٨، ٨٨هـ، ٨٩هـ

إسماعيل جنتي : ٥٦٠هـ

إسماعيل زاير : ٥٩١

إسماعيل الوائلي : ٥٣٧

اسويدشحوت آل يوالمي : ٥٤٦

إشراق محمد الشيخلي : ٥٩٥

الأصبغ بن نباتـة بن الـحارث
المجاشعي : ٧١، ٧١هـ

الاصفهاني = محمد رضا

الأعرجي = نعمان الحسيني الأعرجي
الحلي

الأعسم = محمد علي بن حسين بن
محمد

٦٥٨

٦٥٩

أيوب بن موص بن رزاح ﷺ: ١٧٩،
١٧٩هـ، ٥٧٥

- ب -

باهر غالي: ٥٤٣
البحتري: ٣٩٣هـ
بحر العلوم = محمد مهدي بن مرتضى
بن محمد الطباطبائي
بحر كاظم الحلي: ٢٣٢هـ، ٥١٣،
٥١٦
البحراني = سليمان بن عبد الله بن
علي الماحوزي
البخاري = محمد بن إسماعيل بن
إبراهيم
بدوي طبانة: ٣٩٠هـ
برهان الشاوي: ٥١١
بريدة بن حصيب بن عبد الله
الأسلمي: ٤٠٥، ٤٠٥هـ
بريدة بن سفيان بن فروة الأسلمي:
٥٧٠هـ
بشار بن عواد معروف: ٨٩هـ
بشرى الزويني: ٥٩٠
بشير الشهابي: ٢٤٩هـ
بشير النجفي: ٥١٤
بطرس بن إبراهيم كرامة: ٢٤٨،
٢٤٨هـ

بلج بن مثنى العبدي: ١٦٤هـ
بلقيس العزاوي: ٥٩٥
بهاء الأعرجي: ٦١٣هـ
بهاء الدين = محمد بن محمد بن باقر
العبيدلي
بهاء الدين العاملي = محمد بن حسين
بن عبد الصمد
بو قرينة = عبد القادر بن أبو جمعة بن
عبد القادر
بولس بن يوسف سلامة: ٩٦
بولس بن يوسف عقل: ١٩، ٢٩٧،
٣٠٤، ٣١٦، ٣١٧
بولنت أجاويد: ٣٤٤هـ
البيارجمندي = يوسف
بيازيتوف بن راشد جبار: ١٢٥،
١٢٥هـ، ١٤٤
بيدرو تكسيرا: ٥٥٧، ٥٥٧هـ
بيير جوزف برودون: ٢٢٥، ٢٢٥هـ

- پ -

پرغم = أحمد بن... التبرزي
پيير بن خدر بن سليمان الجرواني:
١٨، ١٤٧، ١٥٣، ١٦٦، ١٦٨

- ت -

الترمذي = محمد بن عيسى بن سورة

٦٦٠

تماضر بنت عمرو بن الحارث السلمية: ٨١، ٨١هـ، ٣٨٦
التميمي = عامر بن عبد قيس بن ثابت
تيسير بن سعيد بن بهاء الأسدي: ٤٥٣، ٤٥٣هـ، ٤٧١هـ
تيموجين بن يشوكيجنگيز خان: ٢٧٩، ٢٧٩هـ
تينزغياستو بن جوكيونغتسرنغ: ٣٥٩، ٣٦١، ٣٦١هـ، ٣٧٦، ٥٦١، ٥٦١هـ

- ث -

ثامر القزويني: ٥٤٦
ثروت بن محمود باشا عكاشة: ٢٩٦، ٢٩٦هـ
ثريا بنت عطية بن علي الجمري: ١٣٥، ١٣٥هـ
ثيودور نولدكه: ٢٤٤هـ

- ج -

جابر بن جليل بن كرم البديري الكاظمي: ١٣٨، ١٣٨هـ، ١٥٩، ١٨٥، ٣٧٢، ٣٧٥، ٤١٧، ٤١٧هـ
جابر بن حيان بن عبد الله الأزدي: ١٠٤، ١٠٤هـ
جابر بن عبد الله الخزرجي الأنصاري: ٢١٢هـ، ٦٣٠
جابر بن هادي أبو الريحة: ١٨٥، ٣٧٥
جابر بن يزيد بن الحارث الجعفي: ٧١، ٧١هـ
الجاحظ = عمرو بن بحر بن محبوب الليثي
جاسم بن محمد بن جعفر طوزلو: ١٧، ٤٧، ٥٢
جاسم صويلح النواصري: ٥٤٦
جاسم عاصي: ٥٣٤
جاسم عثمان مرغي: ٤٥٥هـ
جاسم محمد جعفر: ٦٣
جاغديش بن جانغبهادور بن بي دوكواه: ١٨، ٩٩، ١٠٢، ١١٧
جاگجيت بن سنكه تونك: ١٨، ٢٥٥، ٢٥٨، ٢٧٠
جبرئيل عليه السلام: ٤١٠، ٥٥٤هـ، ٥٥٥، ٥٦٤
جبير بن مطعم: ٥٧٣هـ
الجرجاني = عبد القاهر بن عبد الرحمن
جرير: ١١١هـ، ٥٧٨هـ
جرير بن عبادة البكري: ٤٠هـ
جعفر بن أبي طالب بن عبد المطلب

٦٦٢

جواد عبد الكاظم محسن آل فتلة :
٥٣٥، ٦٢٩، ٦٢٩هـ

جواد كاظم حسن اللامي : ٥٩٢

الجوادي = خورشيد أنور بن علي
طاهر أعظمي

جورج جرجورة بن إيليا قنازع : ١٧،
٦٥، ٧١، ٧٦، ٩٦، ٩٧

جون بن حوي : ٥٦٣، ٥٦٣هـ، ٥٦٧

جوي نيومير : ١٢٥هـ

- ح -

الحائري = مرتضى

الحائري = نصر الله بن حسين

حاتم بن عارف العوني : ١٨٠هـ

حاجم الخياط : ١٨٦

الحارث بن سعيد بن حمدان التغلبي
الحمداني : ٣١١، ٣١١هـ، ٥٧٠هـ

حارث عبد المنعم الأعسم : ٦٤٧هـ

حافظ الشيرازي = محمد بن بهاء
الدين

حامد الراوي : ٥٩٦

حبيب بن أوس الحارث الطائي :
٣٩٠، ٣٩٠هـ، ٣٩٣هـ

حبيب بن مظاهر بن رئاب الأسدي :
٥٦، ٢٨٢، ٢٨٥، ٢٨٥هـ، ٥٦٤،
٥٦٧

حبيب حمزة الطرفي : ٥٨٤

حبيبة بنت عبد الله بن جحش
الأسدي : ٢٨٩هـ

الحجاج الثقفي : ٦٨هـ، ٣٧٠هـ،
٤١٢هـ

حدة حزام : ٤٦٦هـ

الحر العاملي : ٤٢٩هـ

الحر بن يزيد بن ناجية التميمي
الرياحي : ٢٨٢، ٢٨٥، ٢٨٥هـ،
٣٧٥، ٥٥٧هـ، ٥٦٢، ٥٦٦، ٥٧٨

حسام الشلاه : ٤٥٣هـ

حسام صاحب عباس السعدي : ٥٣٦

حسان بن ثابت بن المنذر الأنصاري :
٧٩، ٧٩هـ، ٨٠هـ، ٢٠٥، ٣٥٠،
٤٢٥، ٤٣٢

الحسن (المثنى) بن الحسن بن
علي ﷺ : ١١٢، ١١٢هـ، ١١٦،
١٣٨هـ

حسن أحمد الطوخي : ٢٤٩هـ

حسن بن حسن الحلي : ٣٠٩هـ

حسن بن حسين الموسوي : ١٨٦

حسن بن حسين النعمة : ٩٣

حسن بن رشيق القيرواني الأزدي :
٨٨هـ

الحسن بن علي بن أبي طالب ﷺ :

٦٦٤

حميد بن ثور بن عبد الله الهلالي:
٨١، ٨١هـ

حميد بن مسلم الكوفي الأزدي:
٥٧٨، ٥٧٨هـ

حميد علوان العماري الرميثي: ٥٣٥

حميد مجيد هدو: ٥٩١

حميدة بنت مسلم بن عقيل: ٢٨٥،
٢٨٥هـ، ٢٨٩

الحميري = إسماعيل بن محمد

حنان التميمي: ٥٩٤

حنون البحراني: ٥٤٦

حُنين بن محمود بن أحمد القدو:
١٨، ١٦٩، ١٧٤هـ، ١٧٦، ١٨٨،
١٨٩

حواء: ٥٣هـ، ١٥٢، ٢١٩

الحويزي = أحمد بن مطلب بن علي

حيدر الأمطوري: ٥٤٧

حيدر بن فاضل بن عباس الميلاني:
٤٧٤هـ

حيدر علي بن محمد حسن بن محمد
ذاكر الفيض آبادي: ٣٣٤، ٣٣٤هـ

حيدر علي طه: ٦١٨

حيدر علي عبد الحمزة: ٤٢٩هـ

حيدر مهدي الخطيب: ٦١٠

-خ-

خالد بن سعيد بن عقيل الهاشمي:
١١٥هـ

خالد بن الوليد بن المغيرة المخزومي
القرشي: ٥٧٣، ٥٧٣هـ

خالد عبد الوهاب الملا: ٦٤٩، ٦٥٠،

خالد فوزي عبده: ٩٥

خالد كروم: ٤٨١هـ

خالد محمد الجنابي: ٤٩٩، ٤٩٩هـ،
٥٩١

خديجة بنت خويلد بن أسد القرشية:
٣٥هـ، ٦٠هـ، ٦٢، ١٠٩، ٢٢٦،
٢٢٦هـ

خديجة بنت كرم نوروز: ١٧٨،
١٧٨هـ، ١٨٦

الخزرجي = نضير بن رشيد

خزعل: ٤١٣هـ

خسرو إبراهيم عز الدين: ٦٢٨

خسرو بن محمد البخاري الدهلوي:
٢٦٢، ٢٦٢هـ

الخصيبي = حسين بن حمدان بن
الخطيب

خصيف الجزري: ٨٨هـ

خضر نبها: ٦٥١

خضير المدني: ٥٨٥

خضير بن....: ١٨٦
خضير عساكر: ٥٤٦
الخطيب = صلاح
خلاف بن حسن العفراوي الطرفي: ١٨٦
خليفة بن خياط العصفري: ٤٢٣هـ
خليل بن أحمد بن عمرو الفراهيدي: ١٠٥، ١٠٥هـ، ٤٢٩، ٤٣٠
خليل بن أيبك الصفدي: ٩٠هـ
الخليل بن عمرو بن تميم الأزدي الفراهيدي: ١٦١، ١٦١هـ
خليل بن مصطفى عكاش الموسوي: ٩٤
الخميني = روح الله
الخنساء = تماضر بنت عمرو بن الحارث السلمية
خنيس بن حذافة السهمي: ٨٠هـ،
الخنيفري = عبد الرضا
الخوئي = أبو القاسم بن علي أكبر بن هاشم
الخوارزمي = موفق بن أحمد بن محمد
خورشيد أنور بن علي طاهر أعظمي الجوادي: ١٩، ٣١٩، ٣٢٤، ٣٣٦
خورشيد بنت مهدي قلي خان ناتوان: ١٣٢، ١٣٢هـ
خولة بنت الحسين بن علي عليه السلام: ٢٨٢، ٢٨٥، ٢٨٥هـ، ٢٩٠
خولة بنت جعفر الحنفية: ١٣٧هـ
خولة بنت منظور بن زبان الفزارية: ١١٢هـ
الخونساري = أحمد
خيثمة: ١٧١هـ
خير الدين الزركلي: ٢٢٣هـ
خير الله محمود العمري: ٣١٢هـ

- د -

داريوش الأول الكبير: ٢٧٥، ٢٧٥هـ
داود باشا: ٢٤٩، ٢٤٩هـ
داود بن إيشا بن عوفيد عليه السلام: ١٠٤هـ، ٥٧٥
داود بن عمرو: ٥٧٠هـ
داود بن محمد بن عبد الله الجدحفصي: ٤٣٠، ٤٣٠هـ
دخيل = حسين (محمد حسين) بن...
دخيل المراغي
دعبل بن علي بن رزين الخزاعي: ٣٩٣، ٣٩٣هـ
دعد بنت عبد الحي الكيالي: ٩٣
دعلج بن أحمد السجزي: ٧٣هـ

رسول المطلق: ٥٣٩

رسول جليل العبيداوي: ٥٤٦

رسول محمد بللاوي: ٦٠٩

الرشيد العباسي = هارون بن محمد المهدي بن عبد الله المنصور

رشيد صباح بدوي: ٥٨٦

رضا بن سليم بن علي بن موسى المرتضى: ٢٩٣، ٢٩٣هـ

رضا بن محمد الصراف التبريزي: ١٣٢، ١٣٢هـ

رضا شاه الأول: ٣٢٨هـ

رضا كاظم الخفاجي: ٥٣٠

رضا لطيف البعاج: ٥٤٥، ٥٤٦

الرضي = محمد بن الحسين بن موسى

رغد عثمان مصطفى دعائي: ٥٢٥

رفاعة بن شداد البجلي: ٦٩هـ

الرفيعي = أبو الحسن

الرقاشي = عبد الصمد بن الفضل بن عيسى

رقية الصغرى بنت علي بن أبي طالب ﷺ: ٢٨٥هـ

رقية بنت الحسين بن علي ﷺ: ٨٧هـ

رمضان بن شريف برواية: ١٨٦

رملة بنت صخر بن حرب: ٢٨٩، ٢٨٩هـ

دلاي لاما = تينـزغيـاسـتو بـن جوكيونغتسرنغ

الدمستاني = حسن بن محمد

ديفيد ماثيوز: ٥٢٣، ٥٢٤

ـ ذ ـ

الذهبي = محمد بن أحمد بن عثمان

ـ ر ـ

رؤى عبد المنعم عبد الكريم شعبان: ٦١٩، ٦٢٧

رائد البصري: ٥٩٧، ٥٩٧هـ

رائد الربيعي: ٤٩٦

راجي بن علي أكبر راجي التبريزي: ١٣١، ١٣١هـ

راضي خليل الفيصلي: ٥٤٦

رافد الأزيرجاوي: ٥٤٧

رباب بن حسين قاسم: ٥٩١

الرباب بنت امرىء القيس بن عدي الكلبية: ٨٧، ٨٧هـ، ٢٣٠، ٢٨٩هـ

رتن ناته دار سرشار: ٢٦٤، ٢٦٤هـ

رجب طيب بن أحمد أردوغان: ٣٤٢، ٣٤٢هـ، ٣٤٣، ٣٤٤هـ، ٣٥٧

رحيم الخفاجي: ٤٧٠هـ

رحيم كاظم الأمارة: ٦١٠

رزاق إبراهيم حسن: ٥٠٣، ٥٠٣هـ

رزگار رشيد العقراوي: ٤٦٨هـ

٦٧٠

سري القدوة: ٤٦٦هـ

سعاد عزوز: ٤٦٧هـ

سعد الحداد: ٤٩٦

سعد بن مالك بن سنان الخزرجي:
٣٥هـ، ٤٠٥، ٤٠٥هـ

سعد كامل حسون الكعبي: ٤٧٢هـ

سعدي الشيرازي: ١٣٢هـ

سعيد بن العاص: ٣٧٠هـ

سعيد بن عقيل بن أبي طالب
الهاشمي: ١١٥، ١١٥هـ

سعيد بن كاظم بن سعيد العذاري:
٣٣٣، ٣٣٣هـ

سعيد بن المسيب: ٣٥هـ

سعيد جبار الحريبي: ٥٤٦

سعيد فخر: ١١

سعيد الوائلي: ٤٨٣هـ

سفو قوال سليمان: ٤٦٨هـ

سقراط: ١٠٤هـ

السكاكي = يوسف بن محمد بن علي

سكينة بنت الحسين بن علي ﷺ:
٨٧، ٨٧هـ ــ، ١٣٥، ١٣٦، ١٨١،
١٨٢، ٢٣٠، ٢٨٩

سلام محمد البناي: ٥٣٢

سلطان علي بن حسين الصابري:
٦٤٥، ٦٤٥هـ

سلفيا ألبرتو نايف: ٥٨٤

سلمان بن أنيس بن أحمد رشدي:
٣٧، ٣٧هـ

سلمان شعيب آزادسماران: ٦٢٤

سلمان محمد الموسوي: ٥٩٥

سلمان هادي آل طعمة: ٤٥٥هـ

سلمة بن الأكوع: ٥٧٠هـ

سليفاني = حسن

سليم بن علي بن موسى المرتضى:
٢٩٣، ٢٩٣هـ

سليم صالح: ٥٢٠هـ

سليمان باشا: ٢٤٩هـ

سليمان بن أحمد الطبراني: ٤٠٥هـ

سليمان بن الأشعث السجستاني:
٤١هـ

سليمان بن داود بن إيشا ﷺ: ٥٧٥

سليمان بن صرد بن الجون الخزاعي:
٦٩هـ، ١٦٤، ١٦٤هـ

سليمان بن عبد الله بن علي الماحوزي
البحراني: ٢٤٨، ٢٤٨هـ

سليمان بن قتة بن حبيب العدوي:
١١١، ١١١هـ

سليمان بن مهران الأعمش: ٧٢هـ

سليمان شعيب آزادسماران: ٦١٨

سليمان يعقوب: ٥٣٢

الصاحب بن عباد: ٣١١هـ
صادق الحسيني الشيرازي: ٤٨٨هـ
صادق الطباطبائي التبريزي: ٤٨٣هـ
صادق العبيداوي: ٥٤٦
صادق غانم الأسدي: ٤٩٩، ٥٠٠، ٥٠٢، ٥٢١هـ
صادقة بنت أمير توكل بن أمير زعفرانلو: ٣٢٩، ٣٢٩هـ
صالح إبراهيم الرفيعي: ٥٢٨، ٥٢٨هـ، ٦١٠
صالح بن ثمود بن عابر عليه السلام: ٥٧٥
صالح بن حسين الحلي: ١٨٦
صالح بن مهدي البصري: ١٨٦
صالح بن مهدي بن حمزة الكواز: ٥٨٠، ٥٨٠هـ
صالح بن يزيد بن صالح الرندي الأندلسي: ٩٢، ٩٢هـ
صباح الدوركي: ٥٣٠
صباح الساعدي: ٤٩٦
صباح علي البياتي: ٦١٩، ٦٢٦
صبيح العبودي: ٤٩٦، ٦١٠
صخر بن عمرو بن الحارث السلمي: ٨١هـ
صدام حسين بن عبد المجيد (مسلط) التكريتي: ٣٧١هـ، ٣٧٤هـ
الصدوق = محمد بن علي الصدوق القمي
صديق صفوة بنيامين: ٦١٨، ٦٢٦
صرّاف = رضا بن محمد الصراف التبريزي
صلاح الخطيب: ٤٤١هـ
صلاح العميدي: ٥٤٠
صلاح جاسم العبيدي: ٥٩٢
صلاح عبد الرزاق: ٥٩٠
صلاح علي الحيدري: ٤٦٩هـ
صلاح مهدي التكمه جي التميمي: ٤٧٤هـ

- ض -

ضحى العامري: ٥٨٥
ضمد كاظم وسمي: ٦١٨، ٦٢٦
ضياء بن حمزة الزبيدي: ٤٥٧هـ
ضياء نجم الأسدي: ٥٩٠

- ط -

طارق ناصر الدين: ٦٥١
طاهر سيف الدين بن محمد برهان الدين: ٩٥
طاهر ناصر الحمود: ٥٩٢
الطبراني = سليمان بن أحمد
الطبري = محمد بن جرير
الطرفي = هاشم مزهر

عباس بن سليم بن علي بن موسى المرتضى: ۲۹۲هـ، ۲۹۳، ۲۹۳هـ

العباس بن عبد المطلب بن هاشم الهاشمي: ۸۱، ۸۱هـ

عباس بن علي الترجمان: ۱۸٦

عباس بن علي المكي العاملي: ۰۵۸، ۰۵۸هـ

العباس بن علي بن أبي طالب ﷺ: ٦۲، ۱٤۱، ۱٤۲، ۱٤۳، ۲۳۱، ۰۱۵، ۰۲۷، ۰۲۸، ۰٦۹، ۰۷۰، ۰۷۰هـ، ۰۷۱، ۰۷۷

عباس بن علي بن راهي الحزباوي: ۱۸٦

عباس بن غانم المشعل: ۱۸٦

عباس بن كريم الحلي: ۱۸٦، ۳۷۱، ۳۷۱هـ، ۳۷۵

عباس بن محمد رضا القمي: ٦۲هـ، ۷۳هـ

عباس بن ناصر البحراني: ۱۸٦

عباس البياتي: ۰۵۱هـ

عباس جعفر الامامي: ٤۱۹هـ، ۰۱۳، ۰۱۵، ۰۱٦، ۰۲۹

عباس الحميدي: ۱٤۱، ۱٤۱هـ، ۱۸٦

عباس خلف علي: ۰۳۸

طلال النعيمي: ٤۸۰هـ

طه الولي = محمد طه بن محمد الولي الطرابلسي

طه درع طه: ۰۸۹

طه محمد الزيني: ٤۳۰هـ

الطهراني = محمد محسن بن علي

الطوسي = محمد بن الحسن بن نصر

-ع-

عائشة بنت عبد الله بن عثمان التيمية: ۳۵، ۳۵هـ، ٦۹هـ، ۷۹

عادل بن محمد بن عبد الرحمن الوزوز: ٤۷۰هـ

عادل حكيم محيي: ۰۳۳

عادل زعيتر: ۲۲۸هـ

عادل عبد المهدي المنتفكي: ٤٦٦هـ

عارف جابو: ٤۷۹هـ

عامر الشعبي: ۳۵هـ

عامر العظم: ٤۷۱

عامر بن عبد قيس بن ثابت التميمي: ۱۵۵، ۱۵۵هـ، ۱۵٦هـ

عامر بن واثلة بن الأسقع الكناني: ۲۱۳هـ

العباس (الأصغر) ابن علي بن أبي طالب ﷺ: ۱٤۱هـ

عباس البصري: ۳۷۵

٦۷٤

عباس عبد المهدي المزيدي: ٥٤٥

عباس محسن الأسدي: ٥٤٦

عباس الناصري: ٥٣٠

العباسي = فاطمة

عبد الإله إبراهيم عبد الله: ٥٩٢

عبد الأمير بن علي بن موسى الفتلاوي: ١٤٣، ١٤٣هـ، ١٨٦

عبد الأمير بن مؤيد الكنعاني: ١٨٦، ٣٧٥

عبد الأمير نجم النصراوي: ٣٧٥

عبد الباسط جوان البرزنجي الموسوي: ٥٤٤

عبد الباقي بن سليمان بن أحمد العمري: ٢٤٩، ٢٤٩هـ، ٣١١

عبد الحسن بن راشد بن سعيد دهيني: ١٤٤هـ، ٢٩١، ٢٩١هـ

عبد الحسن بن محمد الكاظمي: ١٨٦

عبد الحسين الطباطبائي التبريزي: ٤٨٣هـ

عبد الحسين الياسري: ٤٩٦

عبد الحسين بن أحمد بن نجف علي الأميني: ٨٠هـ، ٢٠٦هـ، ٢٤٧، ٢٤٧هـ

عبد الحسين بن علي بن جعفر الشرع: ١٤٢، ١٤٢هـ، ١٨٦

عبد الحسين بن عواد الديراوي: ١٨٦

عبد الحسين بن قاسم بن محمد الجامعي: ٢٤٩، ٢٤٩هـ

عبد الحسين بن مهدي بن عواد الظالمي: ٢٠٩هـ، ٤٨٥، ٤٨٥هـ، ٤٩١، ٥٠٩

عبد الحميد بن محمد المدايني: ١٠هـ

عبد الحميد هنداوي: ١٥٨هـ

عبد الرحمان بن الأشعث: ٦٣٩

عبد الرحمان بن صخر الدوسي: ٤٠٥، ٤٠٥هـ

عبد الرحمن ابن الجوزي البغدادي: ٤٢٢هـ

عبد الرحمن الجوراني: ٥٤٧

عبد الرحمن المصطاوي: ٥٤هـ، ٢٣٠هـ

عبد الرحمن بن أبي الكنود: ١٨٢هـ

عبد الرحمن بن أبي بكر بن أبي قحافة التيمي: ٤٠٣، ٤٠٣هـ

عبد الرحمن بن ملجم المرادي: ٣٧٩هـ

عبد الرحمن حسين محمد علي: ٦١٩

عبد الرحيم بن خزعل المقدم: ١٨٦

عبد الرزاق بن عبد الواحد فياض المراني: ٩٦

٦٧٦

عبد الله الأكبر ابن الحسين بن علي ﷺ : ٨٧هـ، ١٣٦

عبد الله القاضي : ٥٥هـ

عبد الله المحض ابن الحسين بن علي ﷺ : ١٣٨هـ

عبد الله بن أحمد حمدي غول : ٣٤٠، ٣٤٢هـ، ٣٤٤، ٣٤٤هـ، ٣٥٧

عبد الله بن الحر بن المجمع الجعفي : ٥٧٧، ٥٧٧هـ، ٥٧٨

عبد الله بن الزبير بن العوام القرشي : ٦٨، ٦٨هـ، ٦٩، ٤٠٣

عبد الله بن جحش بن رئاب الأسدي : ٢٨٩هـ

عبد الله بن جعفر الطيار : ٣٥هـ

عبد الله بن رواحة بن ثعلبة الأنصاري : ٨١، ٨١هـ

عبد الله بن سعد بن نفيل الأزدي : ٦٩هـ

عبد الله بن عباس بن عبد المطلب القرشي : ٣٥هـ، ٨٨هـ، ٢١٢هـ، ٣٩٦، ٣٩٦هـ، ٤٠٣

عبد الله بن عبد الأسد بن هلال المخزومي : ٣٥هـ

عبد الله بن عبد الزهرة : ١٨٦

عبد الله بن عبد الله الطيب : ٩٣

عبد الله بن عبد المحسن التركي : ٢٢٠هـ

عبد الله بن عثمان العلايلي : ٩٥

عبد الله بن عثمان بن عامر التيمي : ٣٥هـ، ١٢١، ١٢١هـ، ٥٧٠هـ، ٥٧٣هـ

عبد الله بن عقيل العقيلي : ١١٣هـ

عبد الله بن علي السدراني : ٩٣

عبد الله بن علي بن أبي طالب ﷺ : ١٤١هـ، ٥٧٠هـ

عبد الله بن عمار بن عبد يغوث البارقي : ٣١٠، ٣١٠هـ

عبد الله بن عمر بن الخطاب العدوي : ٢١٢هـ، ٢١٤، ٢١٤هـ

عبد الله بن عمرو بن العاص السهمي : ٤١، ٤١هـ

عبد الله بن عمير الكلبي : ٥٦٧

عبد الله بن عوف بن الأحمر الأزدي : ٧١، ٧١هـ

عبد الله بن محمد : ٧٣، ٧٣هـ

عبد الله بن محمد القرشي : ١٨١هـ

عبد الله بن محمد بن عامر الشبراوي : ٢٥١، ٢٥١هـ، ٣١٥

عبد الله بن محمد علي العباسي : ٨٩هـ

عبد الله بن مُسْكان السجستاني : ١٧١هـ

عروة بن أذينة بن يحيى الليثي : ٨٨،
٨٨هـ

عز الدين أكرم سليمان البرزنجي :
٥٩٣

عز الدين الدولة : ٥٩٠

عز الدين السعيدي : ٤٠١هـ

عز الدين الطباطبائي التبريزي : ٤٨٣هـ

عزة بنت جميل الضمرية : ٢٠٤هـ

عزير بن شرحيا ﷺ : ٥٧٥

عزيز خليل الفيصلي : ٥٤٦

عطاء بن أبي رباح : ٣٥هـ

عطية العوفي : ٦٣٠

عطيـة بـن عـلـي بـن عبـد الـرسـول
الجمري : ١٣٥هـ، ١٨٦

عقيل بن أبي طالب : ٢٨٩

عقيل محمود الخزعلي : ٥٤٠

علاء الحسيني : ٥١٣، ٥١٥

علاء بن محمد حسن بن علي الكتبي :
٤٩٦، ٥١٤، ٦٣٩هـ، ٦٤٤

علاء جبار الزيدي : ٥٩٤، ٥٩٨

العلامة الحلي = الحسن بن يوسف بن
علي بن مطهر

عـلـي أكـبـر دهـخـدا بـن خـان بـابـا
الطهراني : ٢٦٣، ٢٦٣هـ

علي الأديب : ٥٢٥

علي الأكبر أبن الحسين بن علي ﷺ :
١١٥، ١١٥هـ، ١٨١هـ، ٥٦٣، ٥٦٧،
٥٦٨، ٥٦٩

علي التميمي : ٥١٣، ٥٢٠، ٥٤٠،
٥٤٥، ٦٠٩

علي الجازم : ٣٩٤هـ

علي الزهيري : ٥٣٩

علي الساعدي : ٥٤٦

علي الطباطبائي التبريزي : ٤٨٣هـ

علي الغبان : ٤٦٩هـ

علي المحلاتي الحائري : ٨٠هـ

علي الموازني : ٦١٧، ٦٢٣

علي بن أبي طالب ﷺ : ١٠، ٢٤،
٢٥، ٢٥هـ، ٣٠، ٣٥هـ، ٣٨، ٤١،
٤١هـ، ٤٤، ٥٤، ٥٩، ٦١، ٦٧هـ،
٦٨هـ، ٧١هـ، ٧٢هـ، ٧٩، ٨٠، ٨١،
٨٢، ٩٣، ١٠٢هـ، ١٠٩، ١٢٢،
١٢٢هـ، ١٢٣هـ، ١٢٧، ١٤١هـ،
١٥٠، ١٦٤هـ، ١٦٦، ١٦٧، ١٨٠،
١٨٥، ١٩٧، ٢١٣هـ، ٢١٧، ٢٢٠،
٢٢٦، ٢٣٠، ٢٣٢، ٢٥٢، ٢٦٧،
٢٧٠، ٢٨٥هـ، ٢٨٩، ٢٩٣هـ،
٣١٠هـ، ٣١٣، ٣٦١، ٣٦٢، ٣٧٠،
٣٧٠هـ، ٣٧٦، ٣٧٩، ٣٧٩هـ، ٣٩٦،
٣٩٦هـ، ٤٠٥هـ، ٤٢١، ٤٢٢هـ،

علي بن عبد علي بن علي الخاقاني: ١٦٠، ١٦٠هـ

علي بن كريم الموسوي: ١٨٤، ١٨٤هـ، ١٨٦

علي بن محمد الجزري: ٣٩٠هـ

علي بن محمد الهادي ﷺ: ٢٠٣هـ

علي بن محمد باقر بن علي السيستاني: ٤٨٢هـ، ٥٣٦

علي بن محمد بن حسن الدريكيشي: ٩٦

علي بن محمد بن قاسم التميمي: ٢٩١، ٢٩١هـ، ٦٤٤، ٦٤٤هـ

علي بن محمد بن محمد علي الحائري: ٥٦٩، ٥٦٩هـ

علي بن محمد دخل الله: ٤٢٥هـ

علي بن موسى الحسيني: ٧٣هـ،

علي بن موسى الرضا ﷺ: ٣٣، ٣٣هـ، ٣٩٣، ٣٩٣هـ، ٥٥٤هـ

علي بن موسى بن أحمد الحسيني: ٢٠٣، ٢٠٣هـ

علي حسن الصالحي: ٥٤٦

علي حسين العلاق: ٥٩٥

علي عاشور: ٨٣هـ

علي عبود حسين أبو لحمة: ٥٣٧

علي غازي خلف: ٥٨٦

٤٣٠، ٤٣٠، ٤٣٥، ٥٥٤هـ، ٥٦٣، ٥٦٤،
٥٦٥، ٥٦٨، ٥٧٠، ٥٧٠هـ، ٥٧١،
٥٧٥، ٦٠٩

علي بن أحمد بن عبد الرؤوف الجدحفصي: ٢٥٢، ٢٥٢هـ

علي بن الحسن الشافعي: ٤٢٢هـ، ٤٥٥هـ

علي بن الحسن بن موسى المروي العاملي: ٧٤هـ

علي بن الحسين الأصفهاني: ١١٧هـ

علي بن الحسين السجاد ﷺ: ٣٢هـ، ٣٥هـ، ٤٠هـ، ٧٢هـ، ٧٤هـ، ١٠٦هـ، ١٠٩، ١١٦، ١٨١، ١٨٦، ٢٩٣هـ، ٣٤٦، ٤١٣، ٤٢٩، ٤٨٨، ٥١٥، ٥٢٧، ٥٢٨، ٥٥١، ٥٥٤هـ، ٥٧٠، ٥٧٨هـ، ٥٧٩

علي بن الطاهر: ٢٠٤هـ

علي بن حسين السبعي: ٤٣١، ٤٣١هـ، ٤٣٤

علي بن حسين الموسوي: ٨٩، ٨٩هـ، ٦٤٢

علي بن حسين بن محمد الإصبهاني: ٦٠، ٦٠هـ

علي بن عبد الحميد بن عمران البغدادي: ٤٥٤، ٤٥٤هـ

علي فاعور: ٨٧هـ
علي كريشان: ٤٦٩هـ
علي كريم الموسوي: ٣٧٥
عماد الدين الطباطبائي التبريزي: ٤٨٣هـ
عمار الوهج: ٥٩٦
عمار فوزي كاظم المياحي: ٦١٨
عمار موسى الموسوي: ٥٩٠
عمر الخيام: ٣٩٨
عمر بن إبراهيم الخيام النيشابوري: ٣٨٣، ٣٨٣هـ
عمر بن الخطاب بن نفيل العدوي: ١٢١، ١٢١هـ، ١٢٢، ٢٢٠هـ، ٥٧٠هـ، ٥٧٣هـ
عمر بن سعد بن أبي وقاص الزهري: ٥٥، ٥٥هـ، ١٢٤، ٥٦٣، ٥٦٧، ٥٧٨
عمر بن عبد العزيز: ٨٨هـ
عمر بن عزيز آلاييگ: ٦٤٨، ٦٤٨هـ
عمر بن مختار بن عمر المنفي: ٣٨٠، ٣٨٠هـ، ٣٩٧، ٣٩٨
عمران كاظم عطية الكركوشي: ٥٣٤
عمرو بن بحر بن محبوب الليثي: ١٥٦، ١٥٦هـ، ٣٤٧هـ
عمرو بن عبد الله السبيعي: ١٦٤هـ
عمرو بن عبد مناف بن قصي العدناني: ٥٩، ٥٩هـ
عمرو بن عثمان بن قنبر سيبويه: ١٠٥هـ
العمري = عبد الباقي بن سليمان بن أحمد
العنيزي = عبد الكريم
عواد = عبد الحسين بن مهدي بن عواد الظالمي
عون بن جعفر بن أبي طالب الطيار: ٢٨٥هـ
عيسى ابن مريم بنت عمران عليه السلام: ١٧٣هـ، ٢١٩، ٥٥٩، ٥٧٥
عيسى بطارسة: ٤٧٦هـ
عيسى بن أيوب الباروني: ٩٤
عيسى بن جعفر: ٤٦٦هـ
عيسى بن علي الحياوي: ١٤١، ١٤١هـ، ١٨٦
عيسى حسن الفريجي: ٥٨٩
عيسى علي الجصاني: ٣٧٥
عيسى فيروز: ١٧٨هـ

- غ -

غالب الموسوي: ١٨٦
غاليلو بن فينسنزو غاليلي: ١٠٥، ١٠٥هـ

غاندي = موهانداسكرمشاند
غانم بن قاسم الموسوي: ٥٨٦
الغزالي = محمد بن محمد بن أحمد الطوسي
غسان عبد الله: ٤٦٧هـ
غلام ارزيجالنعيماوي: ٥٤٦
غوستاف لوبون: ٢٢٧، ٢٢٧هـ
غياث بن جواد بن حسين طعمة الموسوي: ٤٣٧، ٤٣٧هـ

- ف -

فؤاد علي العبادي الحياوي: ٥٣١
فاتك الأسدي: ٥٧هـ
فاخر بن طاهر الموسوي: ١٨٦
الفارابي = محمد بن محمد بن طرخان
فارس حسون كريم: ٤١٢هـ
فاروق أدهم عبد القادر سهلان: ٦١٨
الفاضل الهندي: ٤٢٩هـ
فاضل بن عباس الميلاني: ٤٨٢، ٤٨٢هـ
فاضل جمال الدين: ٥٨٦
فاضل خضير الصفار: ٣٧٥
فاضل محمد الصفار: ٣٧٥
فاضل يعقوب السكراني الشمري: ٥٤٥
فاطمة (الصغرى) بنت الحسين بن علي عليه السلام: ١٣٨، ١٣٨هـ، ٢٠٤هـ
فاطمة (الكبرى) بنت الحسين بن علي عليه السلام: ٨٧هـ، ١١٢هـ، ١٣٨هـ، ٢٨٩، ٢٨٩هـ
فاطمة (الوسطى) بنت الحسين بن علي عليه السلام: ١٣٨هـ
فاطمة العباسي: ٤٨٨، ٤٨٨هـ، ٤٨٩
فاطمة بنت حرام بن خالد الكلابية: ١٤١هـ، ٥٧٠، ٥٧٠هـ
فاطمة بنت محمد بن عبد الله صلى الله عليه وآله: ٣٠، ٣٥، ٣٥هـ، ٤١، ٨٠، ١٠٨، ١١٥، ١٢٧، ١٦٦، ٢١٧، ٢٣٠، ٢٣٢، ٢٦٧، ٢٨٥هـ، ٢٨٩، ٢٩٣هـ، ٣٩١هـ، ٥٧٥، ٥٨٠
فايد الشمري: ٤٩٦
الفتوني = شريف بن محمد طاهر
فخر الدين بن محمد علي بن أحمد الطريحي: ٧٠، ٧٠هـ
فخري كريم رنگنه: ٦١٥
فراس عباس الكرباسي: ٤٧٠هـ، ٤٩٦، ٥٠٣، ٥٠٧، ٥١٠، ٥٨٣، ٥٨٨، ٥٩٤، ٦١٩، ٦٢٨
الفراهيدي = خليل بن أحمد بن عمرو
فرحات بن حسين بيراني: ٩٥

محمد بن الحسين بن موسى: ٣٨٩هـ،
٦٤٢

محمد بن حوقل البغدادي الموصلي:
٥٥٧، ٥٥٧هـ

محمد بن رضا بن سليم المرتضى:
٢٩٣هـ

محمد بن سليمان أبو القاسم: ٩٦

محمد بن سليمان فضولي الحائري:
١٣١، ١٣١هـ

محمد بن السمين الحلي: ٤٣١،
٤٣١هـ

محمد بن طاهر السماوي: ١٤٠هـ

محمد بن عبد الرضا بن عواد
الحائري: ٣٥٤، ٣٥٤هـ

محمد بن عبد الله ﷺ: ١٥، ١٦،
٢٤هـ، ٢٥هـ، ٢٦، ٣٠، ٣٥،
٣٥هـ، ٣٨، ٤٠، ٤١، ٤١هـ، ٤٤،
٤٩، ٥٥، ٥٩، ٦٠هــ، ٦١، ٦٢،
٧٩، ٧٩هـ، ٨٠هـ، ٨١، ٨١هـ، ٨٢،
٨٦، ٨٦هــ، ٨٧، ٨٩، ٩٣، ١٠٢،
١٠٢هـ، ١٠٦، ١٠٧، ١٠٨، ١٠٩،
١١١، ١١١هـ، ١١٥، ١١٧، ١١٨،
١١٨هـ، ١٢١، ١٢١هـ، ١٢٣هـ،
١٢٦، ١٢٧، ١٢٨، ١٢٩، ١٢٩هـ،
١٣٠، ١٤٢، ١٦٤هـ، ١٦٥هـ، ١٧٢،

١٧٢هـ، ١٧٣هـ، ١٧٤هـ، ١٨٠،
١٨٥، ٢٠٥، ٢١١، ٢١٢، ٢١٣،
٢١٣، ٢١٤، ٢١٤هـ، ٢١٧، ٢٢٢،
٢٢٦، ٢٢٧، ٢٢٩، ٢٢٩هـ، ٢٣٠،
٢٣٢، ٢٣٤، ٢٣٧، ٢٤٧، ٢٥١،
٢٥٣، ٢٥٧، ٢٦٨، ٢٦٩، ٢٧٩هـ،
٢٨٥، ٢٨٧، ٢٨٩، ٢٨٩هـ، ٣٠٦،
٣٠٨، ٣١٢، ٣١٣، ٣١٥، ٣٢٢،
٣٢٦، ٣٤٢، ٣٤٣، ٣٥١، ٣٥٧،
٣٧٩، ٣٧٩هـ، ٣٨٠، ٣٩٥، ٣٩٦هـ،
٣٩٧، ٣٩٩، ٤٠٣، ٤٠٣هـ، ٤٠٥، ٤٠٥هـ،
٤٠٦، ٤٠٨، ٤١٠، ٤١١، ٤١٢،
٤١٣، ٤١٦، ٤٢١، ٤٢٢، ٤٢٣هـ،
٤٢٤، ٤٢٦، ٤٣٢، ٤٣٥، ٤٣٦،
٤٤٣، ٤٤٤، ٤٤٨، ٤٥٠، ٤٥٠،
٤٨٨، ٤٨٩، ٥٠٠، ٥٢١هـ، ٥٣١،
٥٣٢، ٥٣٣، ٥٣٥، ٥٣٦، ٥٤٠،
٥٤٥، ٥٥١، ٥٥٤، ٥٥٤هـ، ٥٥٥،
٥٥٥هـ، ٥٥٦، ٥٦٢، ٥٦٢هـ، ٥٦٤،
٥٦٨، ٥٧٠، ٥٧٠هـ، ٥٧١، ٥٧٣،
٥٧٣هـ، ٥٧٤، ٥٧٥، ٥٧٦، ٥٩٥،
٦٠١، ٦٠٧، ٦٠٨، ٦٠٩، ٦٣٠،
٦٣١، ٦٣٣، ٦٣٤، ٦٣٥

محمد بن عبد الله بن محمد الطائي:
١١٢، ١١٢هـ

محمد بن محمد بن أبي بكر المرابط الدلائي: ٤٣٣، ٤٣٣هـ

محمد بن محمد بن أحمد الطوسي الغزالي: ٣٨٣، ٣٨٣هـ، ٣٩٨

محمد بن محمد بن باقر العبيدلي: ٤٢٩، ٤٢٩هـ

محمد بن محمد بن طرخان الفارابي: ٣٨٢، ٣٨٢هـ، ٣٩٨

محمد بن محمد بن نفيع الحلي: ٤٣١، ٤٣١هـ

محمد بن هارون بن المهدي العباسي: ٣٩٣هـ

محمد بن يحيى بلابل: ٩٤، ٩٥

محمد بن يزيد القزويني: ٣٣٥هـ

محمد بن يعقوب الكليني: ١٧١هـ

محمد بويا بن محمد فال: ٩٤

محمد تقي الإصفهاني: ٨٣هـ

محمد تقي بن إبراهيم قمري گلزارالدربندي: ١٣١، ١٣١هـ

محمد تقي بن سبهرالكاشاني: ١١١هـ

محمد تقي بن محمد كاظم المدرسي: ٤٧١هـ

محمد جمال الدين: ١١٢، ١١٢هـ

محمد جواد الجزائري: ٤٥٣هـ

محمد بن عبد الله بن محمد اللواتي المغربي: ٥٥٧، ٥٥٧هـ

محمد بن عبد الله الثاني ابن محمد العباسي: ١٨٠هـ

محمد بن علي الباقر ﷺ: ٣٢هـ، ٤٠هـ، ٧١هـ، ٧٢هـ، ٢٠٤، ٢٠٤هـ، ٢٠٥، ٢٠٦هـ، ٢٩٣هـ، ٥٥٤هـ

محمد بن علي الجواد ﷺ: ٣٣هـ

محمد بن علي الحسيني: ٤٨٢

محمد بن علي الصدوق القمي: ١٠٦هـ، ٣٤٦هـ، ٤٣٢، ٥٥١هـ، ٥٥٥هـ

محمد بن علي بن شهرآشوب‌المازندراني: ١١١هـ، ١٧٤هـ

محمد بن عمران بن موسى المرزباني: ٧١، ٧١هـ

محمد بن عيسى بن سورة الترمذي: ٢١٤، ٢١٤هـ، ٤٥٠هـ، ٥٥٥هـ

محمد بن الفتال النيسابوري: ٤١٠هـ

محمد بن فريد وجدي: ٢٢٥هـ

محمد بن قاسم الجراخ: ١٨٧

محمد بن محمد العكبري المفيد: ١٧٤هـ، ٣٩٦هـ، ٦٤٢

محمد بن محمد الغزالي: ٣٧٠هـ

محمد بن محمد القطبشاهي: ٢٤٦هـ

محمد جواد شبير بن مجتبى أحمد الأشتر النخعي: ٦٤٨، ٦٤٨هـ

محمد حسن بن عيسى بن مال الله دكسن: ١٨٧، ٣٧٥، ٤١٢، ٤١٢هـ، ٤١٦

محمد حسن دخيل: ٥٩٥

محمد حسين آل ياسين: ٥٨٩

محمد حسين الكاظمي: ٩١هـ

محمد حسين الكرباسي: ٦٠٠

محمد حسين بن أحمد الطريحي: ٧٠هـ

محمد حيدر دايم الحسيني الفؤادي: ٥٣٦

محمد خان بن شودري فيروز الدين القادري: ١٧، ٢١، ٢٧، ٤٣، ٤٤، ٤٥

محمد رضا الاصفهاني: ٦٠٠

محمد رضا البهبهاني: ١١

محمد رضا الشيرازي: ١١

محمد رضا الگلبايگاني: ٦٠٠

محمد رضا بن حسن الحلي: ٣٠٩هـ

محمد رضا بن حسين فتح الله: ١٨٧

محمد رضا فخر الروحاني: ٥٣٨

محمد رضا مرتضى: ٢٩٢هـ

محمد زهير بن ناصر الناصر: ٤٢٣هـ

محمد سرور: ٤٥٩، ٤٥٩هـ

محمد سعيد بن سلمان آل مانع: ١٨٧

محمد سعيد بن علي الخنيزي: ٩٣

محمد سعيد بن محمود بن قاسم الحبوبي: ٩٠، ٩٠هـ، ٩١هـ، ٢٩١هـ

محمد سعيد بن موسى المنصوري: ١٨٧

محمد شريف أحمد: ٦١٧، ٦٢٣

محمد صادق بن محمد الكرباسي: ٩، ١٢، ١٣، ١٤، ٣١، ٣٢، ٣٣، ٣٤، ٣٥، ٣٦، ٣٧، ٣٩، ٤٠، ٤١، ٤٢، ٤٣، ٤٤، ٥٠، ٥٣هـ، ٥٥هـ، ٥٦، ٥٧، ٥٨، ٥٩، ٦٣، ٦٨هـ، ٦٩هـ، ٧١هـ، ٧٥، ٧٦، ٧٨، ٧٩، ٨١، ٨٢، ٨٣، ٨٥، ٨٨هـ، ٩٠هـ، ٩٢، ٩٣، ٩٥، ٩٥هـ، ٩٦، ٩٨، ١٠٢، ١٠٧، ١٠٩، ١١١، ١١١هـ، ١١٢، ١١٣، ١١٤، ١١٤هـ، ١١٥هـ، ١١٦، ١١٧، ١١٨، ١٢١، ١٢٦، ١٢٦هـ، ١٢٧، ١٢٨، ١٢٩، ١٢٩هـ، ١٣٠، ١٣٤، ١٤٥، ١٤٧، ١٤٨هـ، ١٥٣، ١٥٦، ١٥٩، ١٦٠، ١٦١، ١٦٤هـ، ١٦٨، ١٧١، ١٧٦، ١٧٩، ١٨٣، ١٨٩، ١٩٤، ١٩٩، ٢٠٠، ٢٠١، ٢٠٢، ٢٠٢هـ، ٢٠٥هـ

٢٠٧، ٢١٥، ٢٢١، ٢٢٢، ٢٢٤،
٢٢٦، ٢٢٨، ٢٢٩، ٢٣١، ٢٣٢،
٢٣٢هـ، ٢٤٢، ٢٤٣، ٢٤٤، ٢٤٥،
٢٤٦، ٢٥٠، ٢٥٢، ٢٥٧، ٢٥٩،
٢٦٠، ٢٦١، ٢٦٢، ٢٦٥، ٢٦٧،
٢٦٨، ٢٧٠، ٢٨١هـ، ٢٨٢، ٢٨٤،
٢٨٦، ٢٨٧، ٢٨٨، ٢٨٩، ٢٩٠،
٢٩٥، ٢٩٦، ٣٠٧، ٣١٣، ٣٢٣،
٣٢٤، ٣٢٤هـ، ٣٢٧، ٣٢٨، ٣٢٩،
٣٣١، ٣٣٤، ٣٣٦، ٣٤٤، ٣٤٧،
٣٥٥، ٣٦٣، ٣٦٦، ٣٦٨، ٣٦٩،
٣٧٦، ٣٨١، ٣٨٢، ٣٨٣، ٣٨٧،
٣٨٨، ٣٨٩هـ، ٣٩٢، ٣٩٣، ٣٩٣هـ،
٣٩٧، ٣٩٨، ٤٠١، ٤٠٤هـ، ٤٠٦،
٤٠٩، ٤١٤، ٤١٥، ٤١٦، ٤٢٦،
٤٢٨، ٤٣٧، ٤٤٥، ٤٤٨، ٤٤٩،
٤٥١، ٤٥٦، ٤٦٠، ٤٦٥، ٤٦٦هـ،
٤٦٨هـ، ٤٧٢هـ، ٤٨٥، ٤٨٨، ٤٩١،
٤٩٣، ٤٩٥، ٤٩٧، ٥٠٠، ٥٠١
٥٠٤، ٥٠٥، ٥٠٦، ٥٠٧، ٥٠٨،
٥٠٩، ٥١٠، ٥١١، ٥١٥، ٥١٧،
٥١٩، ٥٢٠، ٥٢١هـ، ٥٢٣، ٥٢٦،
٥٢٨، ٥٢٩، ٥٣١، ٥٣٢، ٥٣٣،
٥٣٤، ٥٣٥، ٥٣٦، ٥٣٧، ٥٣٨،
٥٣٩، ٥٤٠، ٥٤١، ٥٤٣، ٥٤٤،

٥٤٧، ٥٤٨، ٥٥٠، ٥٥٠هـ، ٥٥٥،
٥٥٦هـ، ٥٦٠، ٥٦٠هـ، ٥٦٤هـ،
٥٧٦، ٥٨٣، ٥٨٤، ٥٨٥، ٥٨٦،
٥٨٨، ٥٨٩، ٥٩٠، ٥٩١، ٥٩٣،
٥٩٤، ٥٩٥، ٥٩٧، ٥٩٨، ٥٩٩،
٦٠١، ٦٠٦هـ، ٦٠٨، ٦١٠، ٦١١،
٦١٣، ٦١٥، ٦١٦، ٦٢٠، ٦٢١،
٦٢٢، ٦٢٤، ٦٢٥، ٦٢٦، ٦٢٧،
٦٢٨، ٦٣٤، ٦٣٥، ٦٣٦، ٦٤١،
٦٤٢، ٦٤٣، ٦٤٥، ٦٤٦، ٦٤٧،
٦٤٨، ٦٤٩، ٦٥٠، ٦٥١، ٦٥٢

محمد صالح بن محمد البرغاني: ٧٣هـ

محمد صديق الجليلي: ٣١٣هـ

محمد طه بن محمد الولي الطرابلسي: ٢٩٦، ٢٩٦هـ

محمد طه نجف: ٩١هـ

محمد عبد الإمام: ٥٤٦

محمد عبد الرحيم: ٧٤، ٧٥

محمد عبد الصاحب الكعبي: ٥٣١

محمد عبد المنعم خفاجي: ٤٣٠هـ

محمد عبود كماز: ٥٣٩

محمد علي المكي الهاشمي: ٥٣٥

محمد علي النجار: ٤٥٣هـ

محمد علي بن إبراهيم قلي القطبشاهي: ٢٦٤، ٢٦٤هـ

محمد علي بن حسن بن محمدي حيدرة الحسني: ٤٣٩، ٤٤٠، ٤٤٦، ٤٦٠

محمد علي بن حسين بن محمد الأعسم: ١٤٠، ١٤٠هـ

محمد علي بن راضي المظفر: ١٨٧

محمد علي بن شهرآشوب‌المازندراني: ٨٠هـ

محمد علي بن محمد الموسوي النجار: ٤٥٢، ٤٥٢هـ

محمد علي بن ناصر بن محمد الصفار الناصري: ١٨٧

محمد علي جواد تقي: ٤٦٧هـ

محمد علي حيدرة الحسني: ١٩

محمد علي راضي المظفر: ٣٧٥

محمد علي شمس الدين: ٦٥١

محمد علي قزاز: ٥٦٠هـ

محمد علي ناصر الناصري: ٣٧٥

محمد عمرو: ٤٦٧هـ

محمد فؤاد عبد الباقي: ٣٣٥هـ

محمد فؤاد معصوم خضر: ٦١٦، ٦٢٢

محمد قاسم الچراخ: ٣٧٥

محمد كاظم الهنداوي: ٦١٠، ٦١٣هـ

محمد كاظم شريعتمداري: ٦٠٠

محمد ماشي الطائي: ٤٧١هـ

محمد محسن بن علي الطهراني: ٧٣هـ

محمد محسن بن علي بن محمد رضا الطهراني: ٧١، ٧١هـ

محمد محيي الدين عبد الحميد: ٥٤هـ، ٨٨هـ

محمد مهدي الإدريسي: ٣٨٠هـ

محمد مهدي الحائري: ٣٥٠هـ

محمد مهدي النجاري: ٥٩٣

محمد مهدي بحر العلوم: ١٤٠هـ، ٣١٤

محمد مهدي بن عبد الحسين الجواهري: ٩٣

محمد مهدي بن محمد السويج البصري: ١٨٧

محمد مهدي بن محمد العاملي: ٣٧٣

محمد مهدي بن محمد صالح بن عبد الحميد الفتوني: ٣١٤، ٣١٤هـ

محمد مهدي بن مرتضى بن محمد الطباطبائي: ٦٠، ٦٠هـ

محمد مهدي بيات: ٤٦٨هـ

محمد نبيل طريفي: ٢٠٥هـ

محمد نوري الموسوي: ٥٤١

محمد هادي العبيدي: ٥٣٣

محمد واجد علي شاه ابن أمجد علي
شاه: ٢٦٣، ٢٦٣هـ

محمود إبراهيم: ٨٥، ٩٤

محمود الأول ابن مصطفى الثاني بن
محمد العثماني: ٢٤٧، ٢٤٧هـ

محمود باشا عكاشة: ٢٩٦هـ

محمود بن عبد الفتاح جلال: ٢٠٩،
٢١٨

محمود بن عمر الزمخشري: ٣٨٨هـ

محمود جيلاني: ٣٦٢، ٣٦٢هـ

محمود درويش محمد: ٥٩٢

محمود عبد الفتاح جلال: ١٨،
٢٣٢، ٢٣٣

المختار بن أبي عبيدة بن مسعود
الثقفي: ٥٥هـ، ٦٨، ٦٨هـ، ٦٩،
٧٤هـ، ١١١هـ، ١٦٤هـ، ١٨٢هـ،
٢١٣هـ، ٥٧٨هـ، ٦٣٩

مديحة الكعبي: ٥٤٣

مرة بن منقذ العبدي: ١١٥هـ

المرتضى = علي بن الحسين الموسوي

مرتضى بن أحمد قاو: ١٨٧

مرتضى بن محسن بن رفيع السندي:
١٨٧

مرتضى بن محمد بن حسين الوهاب:
٤٥٤، ٤٥٤هـ، ٤٥٥هـ

مرتضى الحائري: ٦٠٠

مرتضى حسين بن سردار حسين
النقوي: ٢٦٥، ٢٦٥هـ

مرتضى عبد الرسول معاش: ٤٨٣هـ

مرجانة (أم عبيد الله بن زياد): ١٢٣هـ

المرزباني = محمد بن عمران بن
موسى

مروان بن الحكم بن أبي العاص
الأموي: ٦٠هـ، ٦٨هـ

مروان خليفات: ٥٦٠، ٥٦٠هـ

مسعود البارزاني: ٥١١

مسلم بن الحجاج بن مسلم
النيسابوري: ٢١٢، ٢١٢هـ، ٢١٣هـ،
٣٣٥هـ

مسلم بن عقيل بن أبي طالب: ١١٢،
١١٢هـ، ١٢٣، ١٢٤، ٤٠٣، ٥٦٤،
٥٦٥

مسلم بن عوسجة الأسدي: ٥٦٤

مسلم بن قتيبة الباهلي: ١١١، ١١١هـ

مسلم خلف المانعي: ٥٤٦

المسيب بن نجبة الفزاري: ٦٩هـ

المسيح = عيسى ابن مريم بنت
عمران عليه السلام

٦٩٣

مصطفى البابي الحلبي : ٤٣٠هـ

مصطفى الحسيني : ٤٧٣هـ، ٥٣٦

مصطفى أمين : ٣٩٤هـ

مصطفى بن جعفر جمال الدين : ٩٥

مصطفى بن محمد الجهاني : ١٩،
٣٧٧، ٣٨٣، ٣٩٧، ٣٩٨

مصطفى بن محمود مرجان الواسطي :
٦٤٧، ٦٤٧هـ

مصطفى عبد الشافي : ١٥٨هـ

مصطفى عبد القادر عطا : ١٨١هـ

مصطفى ناصر جهلان : ٤٠١هـ

مصعب بن الزبير : ٦٨هـ، ١٢٤هـ

مصلح بن رشيد الشريمي : ٥٦١هـ

مضر السيد علي خان المدني : ٦١٧،
٦٢٣

مطرف بن المغيرة : ٦٣٩

معاوية بن أبي سفيان الأموي : ٢٥هـ،
٤١هـ، ٦٧، ٦٧هـ، ٦٨، ٦٩هـ،
١٠٢هـ، ١٢٢، ١٢٢هـ، ١٢٣هـ،
١٥٥هـ، ٢٨١هـ، ٣٤٩هـ، ٤٠٣،
٤٠٤، ٤٢١هـ

معاوية بن عمار : ٦٣١

المعتصم العباسي = محمد بن هارون
بن المهدي

المفيد = محمد بن محمد العكبري

مقبولة بنت عبد الله الشريمي : ٥٦١هـ

المقرم = عبد الرزاق بن محمد

ملك محمد الجائيسي = محمد بن أبي
محمد الحنفي

منـذر عبـد الـحـر بـن عـبـاس آل بـو
عوض : ٥٠٧، ٥٠٧هـ، ٥٨٨

منصور إبراهيم الشهابي : ٣٧٥

منصور السعيداوي : ٥٤٦

المنصور العباسي = عبد الله بن محمد
علي

منظور بن زيّان بن سيار الفزاري :
١١٧، ١١٧هـ

مها الدوري : ٦١٣هـ

مهاتما بده : ٣٦٣هـ

المـهـاتمـا غـانـدي = مـوهنداس بن
كرمشاند

مهاجر بن أوس التميمي : ٥٦٣هـ

مهاديوي تولسي نانجي : ٣٥٩

المهدي العباسي = محمد بن عبد الله
الثاني ابن محمد العباسي

مهدي بن حسن الخضيري : ١٨٧

مهدي بن راضي الأعرجي : ١٨٧

مهدي بن صاحي الموسوي : ١٨٧

مهدي بن مـحـمـد السويج = محمد

مهدي بن محمد السويج البصري

٦٩٤

مهدي بن محمد رضا بن مهدي مرتضى: ٢٩٢هـ

مهدي صالح العاشوري: ٥٤٥

مهدي مرتضى: ٢٩٢هـ

مهند الموسوي: ٥٩٤

مهيار بن مرزويهالديلمي: ٣٨٩، ٣٨٩هـ

موسى الصيادي: ١٨٧

موسى المناعي: ٤٩٦

موسى بن جعفر الكاظم ﷺ: ٣٢هـ، ١٤٢هـ، ٢٥٢هـ، ٢٩٣هـ، ٥٥٤هـ

موسى بن شريف بن محمد الجامعي: ٢٥٠، ٢٥٠هـ

موسى بن عمران بن وهيب ﷺ: ١٠٤، ١٠٤هـ، ٥٧٠هـ، ٥٧٥

موسى بن نصير الرازي: ٥٤هـ

موفق بن أحمد بن محمد الخوارزمي: ٣٨٨، ٣٨٨هـ، ٤٠٤هـ

مونسينغور فيتور فورمنتي: ٤٥٠، ٤٥٠هـ

موهنداس بن كرمشاند غاندي: ١٠٦، ١٠٦هـ، ١٧٢، ١٧٣هـ، ٥٥٨، ٥٥٨هـ، ٥٥٩

ميادة بدري القزويني: ٥٩٥

ميثم التمار: ٢٧٠هـ

ميثم العطواني: ٤٧٠هـ

ميثم الهنداوي: ٦١٠

مير ببر علي أنيس: ٥٢٤

مير بن شاؤل البصري: ٩٦

ميسون بنت بجدل الكلبية: ١٨٥

ميمون بن قيس بن جندل الوائلي: ٨٠، ٨٠هـ

- ن -

ناتوان = خورشيد بنت مهدي قلي خان

ناصر الدين بن... آل جهلان: ١٩، ٤٠١، ٤٠١هـ، ٤٠٦، ٤١٦،

ناصر بن مسلم الفقيه: ٣٩٤، ٣٩٤هـ

ناصر عيسى الصخراوي: ٣٧٥

ناصر مكارم الشيرازي: ٤٨٨هـ

ناظم جواد محسن الجابري: ٤٦٨هـ

نجاة جبار الكاظمي: ٦٠٩

النجاشي = أحمد بن علي بن أحمد

نجم الحسن ابن أكبر حسين الرضوي: ٢٦٦هـ

نجم الدين = جعفر بن محمد بن جعفر الحلي

نجم الدين العسكري: ٦١هـ

نجم بن عبود الكواز الحلي: ١٣٧، ١٣٧هـ، ١٨٧

٦٩٥

النراقي = أحمد بن محمد مهدي

نرمين سيروان إبراهيم: ٥٢٥

نزار بن مصطفى الباز: ٥٤هـ

نزار فخر: ١١

نزار مصطفى الباز: ٣٠٢هـ

نصر الله بن حسين بن علي الحائري: ٩٠، ٩٠هـ، ٢٤٧، ٣٠٩هـ، ٣٣٤هـ

نصر المجالي: ٤٦٧هـ

نصرت عبد الكاظم العقيلي: ٦٠٩

نضير بن رشيد الخزرجي: ١٢٠هـ، ٢٩١، ٣٢٤هـ، ٣٤٦هـ، ٤٨٥، ٤٨٧، ٤٨٩، ٤٩١، ٤٩٢، ٤٩٣، ٥٠٠، ٥٠٥، ٥٠٨، ٥٠٩، ٥١٠، ٥١٤، ٥٢٠، ٥٢١هـ، ٥٤٠، ٥٤٧، ٥٤٨، ٥٤٩، ٥٥٠، ٥٥١، ٥٥٢، ٥٥٣، ٥٥٤، ٥٥٦، ٥٥٩، ٥٦٢، ٥٦٣، ٥٦٤، ٥٦٥، ٥٦٦، ٥٦٧، ٥٦٨، ٥٧٠، ٥٧١، ٥٧٢، ٥٧٢هـ، ٥٧٣، ٥٧٤، ٥٧٦، ٥٧٨، ٥٨٤، ٥٨٨، ٥٩٧، ٥٩٨، ٥٩٩، ٦٠١، ٦٠٢، ٦٠٣، ٦٠٤، ٦٠٥، ٦١١، ٦١٢، ٦١٧، ٦٢٣، ٦٢٤، ٦٢٩، ٦٣٧، ٦٤٤، ٦٤٤هـ، ٦٤٥هـ، ٦٤٨، ٦٥٠، ٦٥٢

نعمان الحسيني الأعرجي الحلي: ٤٣١، ٤٣١هـ، ٤٣٢

نعمان سالم التميمي: ٤٦٧هـ

نغم عبد الكاظم: ٥٣٨

نفوينتاث ثانه هوشي متّه: ١٠٦، ١٠٦هـ

نمرود بن كنعان البابلي: ١٠٣، ١٠٣هـ

نهلة جبار عبد الله عبد الصمد: ٦١٩، ٦٢٨

نواف الجراح: ٨٩هـ

نوح بن لامك بن متوشلخ ﷺ: ٣٠٦، ٣٧٩هـ، ٤٠٨، ٥٧٥

نور الدين بن محمد الشاهرودي: ٦٠٠

نور الدين محمد عتر الحلبي: ٢٢٨هـ

نوري بن كامل بن محمد حسن المالكي: ٥١، ٥١هـ، ٥٨٣

نوفل هلال أبو رغيف: ٥٠٦، ٥١١، ٥٨٨

نيتشه = فردريك ويلهلم

نيران عبد الوهاب عبد الله البرزنجي: ٥٢٥

نيوتن = إسحاق نيوتن بن إسحاق

الهرمزي = أرشد بن جبار بن ضياء الدين

هشام بن عبد الذماري: ١٨١هـ

هشام عقراوي: ٤٧٣هـ

هلال بن بحر ألبو سعيدي: ٩٥

همام بن غالب الدارمي التميمي: ٥٧٨، ٥٧٨هـ

هند بنت حذيفة بن المغيرة المخزومية: ٣٥، ٣٥هـ، ٨٨هـ، ٢٨٩، ٥٦٤

الهنداوي = محمد

هنري فرديناندوسننفلد: ٧٢، ٧٢هـ

هود بن عبد الله بن رباح ﷺ: ٥٧٥

هوشي منّه = نفوينتاث ثانه

هوشيار زيباري: ٦١٥، ٦٢٢

هيثم بن شاكر بن سعودي الحسناوي: ١٨٧

هيثم محسن الجاسم: ٤٦٨هـ

هيثم محمد الزبيدي: ٤٧٤هـ

ـ و ـ

الواثق العباسي = هارون بن محمد بن هارون

واجد علي = محمد واجد علي شاه ابن أمجد علي شاه

واشنطن إيرفينج: ١٧٣هـ

ـ هـ ـ

هابيل بن آدم ﷺ: ٥٣، ٥٣هـ، ١٠٣

هادي بن حسن الحلي: ٣٠٩هـ

هادي جاسم البحراني: ٣٧٥

هارون بن عمران بن وهيب ﷺ: ٥٧٥

هارون بن محمد بن هارون العباسي: ٣٩٣هـ

هارون بن محمد المهدي بن عبد الله المنصور العباسي: ٣٩٣هـ

هاشم الآملي: ٦٠٠

هاشم البحراني: ٢٤٨هـ

هاشم بن سلطان بن علي بن حسين الصابري: ٢٩١، ٢٩١هـ

هاشم بن عبد مناف = عمرو بن عبد مناف بن قصي العدناني

هاشم حبيب الأسدي: ٥٤٦

هاشم مزهر الطرفي: ٤٩٦، ٤٩٧، ٥١١، ٥١٧، ٥٤٤، ٥٨٣، ٥٨٤، ٥٨٥، ٥٨٨، ٦١٠، ٦١٩، ٦٢٨

هاني بن محسن بن عباس مرتضى: ٢٩٢هـ

هانئ بن عروة: ٥٦٦

هانيبال: ٢٧٩، ٢٧٩هـ

هتلر = أدولف بن أولويس

وجدي بن عبد العظيم بن خليل المبارك: ٥٤٩، ٥٤٩هـ
وجيه الدين الصوفي: ٢٦٤، ٢٦٤هـ
وجيه عباس: ٤٩٦
وحشي بن حرب الحبشي: ٥٧٣، ٥٧٣هـ
ورام بن أبي فراس المالكي الأشتري: ٣٢٥هـ
وليد بن سعيد بن أيوب البياتي: ٤٨٥، ٤٨٥هـ
الوليد بن عبد الملك: ١١٢هـ
الوليد بن مصعب بن معاوية: ١٠٤، ١٠٤هـ
وليد حميد جاسم السعدي: ٤٧٩هـ
وليد سعيد البياتي: ٥٠٩، ٥١٣، ٥١٥، ٦٤٨
ونديداد بن... گلشني: ١٨، ٢٧٣، ٢٨١هـ، ٢٨٢، ٢٩٥
وهب: ٥٦٧
وهب بن عبد الله بن عمير الكلبي: ٥٦٧هـ
وولف كونك هوفمان: ٦١٦، ٦٢٤

- ي -

ياسر بن نعمة الساري: ١٨٧
ياسمين نور الدين البياتي: ٥٨٥
ياسين بن علي بن عباس المخزومي الكوفي: ١٤٠، ١٤٠هـ
ياسين حسن الجاف: ٥٨٩
يحيى بن حسين بن جعفر العقيقي العبيدلي: ٣٣١، ٣٣١هـ
يحيى بن زكريا بن برخياء عليه السلام: ٥٧٥
يزيد بن الحصين: ١٦٤هـ
يزيد بن معاوية بن أبي سفيان الأموي: ٦٧، ٦٧هـ، ٦٨، ٦٩هـ، ١٠٩، ١٢٢، ١٢٣، ١٢٣هـ، ١٢٤، ١٥١، ١٥٣، ١٦٧، ١٨١، ١٨٥، ٢١٤، ٢١٧، ٢٧٨، ٢٨١، ٢٨١هـ، ٢٨٢، ٢٨٥هـ، ٣٢١، ٣٧٥، ٤٠٣، ٤٠٤، ٤١٣، ٥٦٥
يعقوب بن إسحاق بن إبراهيم عليه السلام: ٤٠٧، ٥٧٥
اليعقوبي = محمد
يوسف البحراني: ٣٣هـ
يوسف البيارجمندي: ٦٠٠
يوسف الطباطبائي: ٥٦٠هـ
يوسف برّي دريد: ٥٤٦
يوسف بن إسماعيل الشواء: ٣٩١، ٣٩١هـ
يوسف بن عبد الله بن محمد القطيفي: ٣٥١، ٣٥١هـ، ٣٥٣

الفهرس

نضير الخزرجي
السيرة الذاتية

* نضير بن رشيد بن حميد بن علي البغدادي الخزرجي.

* وُلد في مدينة كربلاء المقدسة (العراق) عام ١٩٦١م (١٣ رجب ١٣٨٠هـ).

* باحث مشارك ومحرر في دائرة المعارف الحسينية في لندن في الفترة (١٩٩٣ ـ ٢٠٠١م)، ومن العام ٢٠٠٧م حتى الآن.

* أستاذ مشارك في الجامعة العالمية للعلوم الإسلامية في لندن منذ عام ٢٠١٠م.

* مدير الرأي الآخر للدراسات في لندن الذي تأسس عام ٢٠٠٢م.

الشهادات:

* نال شهادة (البكالوريا) من إعدادية القدس (كربلاء) عام ١٩٨٠م.

* نال شهادة الدبلوم في الدراسات الإسلامية من جامعة لندن ـ كلية بيركبك (birkbeck college) عام ١٩٩٧م، ببحثه المعنون (نظم القصيد في مرآة السُّنَّة النبوية) (Poetry and Islam).

* أجيز في علوم الشريعة الإسلامية (بكالوريوس) من الجامعة العالمية للعلوم الإسلامية في لندن (ICIS) بدرجة إمتياز عام ١٩٩٧م، ببحثه المعنون (مشروعية العمل الحزبي في الإسلام).

* نال الشهادة العالية (ماجستير فلسفة) من الجامعة العالمية للعلوم الإسلامية في لندن عام٢٠٠٣م، برسالته المعنونة: (التعددية والحرية في المنظور الإسلامي .. دراسة مقارنة).

* نال الشهادة العليا (دكتوراه فلسفة) من الجامعة العالمية للعلوم الإسلامية عام ٢٠٠٨م، برسالته المعنونة: (العمل الحزبي في المنظور الإسلامي).

عهد الكتابة والتأليف:

* بدأ الكتابة في مقتبل العمر وساهم في مسقط رأسه بكتابة وتحرير نشرات سياسية وتثقيفية عدة، منها: أوراق الوعي الثائرة (نشرة).

* ساهم منذ عام ١٩٨١م وخلال هجراته المتعددة إلى سوريا وإيران والمملكة المتحدة الكتابة والتحرير في مؤسسات إعلامية عدة، منها: محرر ثم مدير تحرير مجلة الشهيد (طهران)، رئيس تحرير مجلة الرأي الآخر (لندن)، مدير تحرير مجلة الكلمة (لندن)، محرر في مجلة الجهاد (طهران)، محرر في صحيفة العمل الإسلامي (طهران)، محرر في جريدة الأحداث (لندن)، محرر وكاتب في جريدة بغداد (لندن)، وكاتب في مجلة النور (لندن)، وغيرها.

الكتابة والنشر

* له دراسات وأبحاث وقراءات ومقالات منشورة في مئات الجرائد والمجلات والمواقع والشبكات والصحف الإلكترونية، من قبيل: جريدة

الوقت (البحرين)، جريدة البيّنة (العراق)، جريدة السياسة (الكويت)، جريدة الدار (الكويت)، جريدة العدالة (العراق)، جريدة الصباح (فلسطين)، مجلة صدى الروضتين (العراق)، جريدة المواطن (العراق)، جريدة العراق (العراق)، جريدة الفجر (الجزائر)، جريدة البينة الجديدة (العراق)، جريدة النهار الجديد (الجزائر)، جريدة الهدى (العراق)، مجلة الوحدة الإسلامية (لبنان)، جريدة بدر (العراق)، جريدة أنوار كربلاء (العراق)، جريدة الشرق (قطر)، جريدة العرب (المملكة المتحدة)، مجلة الطلبة (إيران)، جريدة الدعوة (العراق)، مجلة الروضة الحسينية (العراق)، جريدة الزمان (المملكة المتحدة)، جريدة إعمار كربلاء (العراق)، جريدة الوسط (البحرين).

المؤلفات:

* له مؤلفات مطبوعة ومخطوطة عدة، منها : (نزهة القلم .. قراءة نقدية في الموسوعة الحسينية)، (التعددية والحرية في المنظور الإسلامي .. دراسة مقارنة)، (العمل الموسوعي في دائرة المعارف الحسينية)، (أشرعة البيان .. قراءة موضوعية في الموسوعة الحسينية)، (المسلكية الإسلامية في العمل السياسي)، (أجنحة المعرفة .. قراءة موضوعية في الموسوعة الحسينية)، (مؤمن الطاق طائر لا يُقص)، (أرومة المداد .. قراءة موضوعية في الموسوعة الحسينية) (نظم القصيد في مرآة السنة النبوية)، (دائرة المعارف الحسينية .. تعريف عام)، (العمل الحزبي في المنظور الإسلامي .. دراسة مقارنة) وغيرها، فضلا عن عشرات الدراسات والأبحاث وأكثر من ١٥٠٠ مقالة في موضوعات شتى.

ترجمات السيرة:

* ترجمه المؤرخ العراقي الدكتور هادي سلمان آل طعمة، ضمن أعلام كربلاء المقدسة، في كتابه: "معجم رجال الفكر والأدب في كربلاء" الصادر في بيروت عام ١٩٩٩م.

* ترجمه في عام ١٩٩٩م الدكتور الشيخ محمد صادق محمد الكرباسي في "دائرة المعارف الحسينية" ضمن المؤلفين للمصنّفات الحسينية.

* ترجمه الدكتور صباح نوري المرزوك في كتابه: "معجم المؤلفين والكتاب العراقيين ١٩٧٠ ـ ٢٠٠٠م" الصادر في بغداد عام ٢٠٠٢م.

* كما له ترجمات منشورة في مواقع وشبكات الكترونية عدة.

حوارات ولقاءات:

* له مشاركات في العشرات من الحوارات والمقابلات التلفزيونية والإذاعية والصحافية في المجالات السياسية والإعلامية والثقافية، من قبيل: قناة ٢٤ ساعة الفرنسية، قناة العالم، قناة الفيحاء، قناة الحوار، قناة المستقلة، قناة كربلاء، قناتا الأنوار الأولى والثانية، قناة بلادي، قناة الزهراء، قناة الفرات، قناة أي أن أن، قناة الكوثر، إذاعة طهران، إذاعة دويتش فيل الألمانية، إذاعة محافظة كربلاء، إذاعة وتلفزة البحر الأبيض المتوسط (طنجة ـ المغرب)، وكالة أنباء التقريب، قناة المهدي، إذاعة لورا السويسرية، قناة الثقلين، إذاعة الجوادين، قناة صچ (الصدق) اللاهورية، وغيرها.

محاضرات وأبحاث

* خلال حياته العملية والعلمية حاضر في مؤتمرات وندوات سياسية وثقافية عدة، في بريطانيا وإيران والعراق والسنغال وباكستان، منها:

- حلقة نقاش عن (التعددية والحرية في المنظور الإسلامي) عقدت في الجامعة العالمية للعلوم الإسلامية يوم الخميس ٣/ ٣/ ٢٠٠٥م تناول فيها موضوع التعددية والحرية.

- محاضرة ناقش فيها (نشأة الأحزاب الإسلامية في العراق والعالم) قدّمها في ديوان مؤسسة الإمام الخوئي في لندن مساء الجمعة ١٤/ ١٠/ ٢٠٠٥م، مع حلقة حوار.

- ورقة عمل ألقاها في المؤتمر الثاني للقوى السياسية العراقية لدعم المصالحة الوطنية الذي انعقد في قصر المؤتمرات في المنطقة الخضراء من بغداد للفترة (١٨ ـ ١٩/ ٣/ ٢٠٠٨م).

- ورقة ألقاها ضمن ورشة عمل حول دور المرأة في المصالحة الوطنية العراقية أقامها "تحالف نساء الرافدين" في فندق الرشيد في بغداد يوم ٢٠/ ٣/ ٢٠٠٨م.

- مداخلة عن الطائفية قدّمها في ندوة ثقافية عقدها المركز الحسيني للدراسات في لندن يوم السبت ١٧/ ٥/ ٢٠٠٨م ناقشت "خطر الطائفية على السلم الاجتماعي".

- مداخلة ورئاسة الجلسة الصباحية لليوم الثاني (٢/ ٧/ ٢٠٠٨م) من مؤتمر الوحدة الإسلامية الدولي الأول الذي عقده في لندن منتدى الوحدة الإسلامية تحت شعار (الوحدة الإسلامية رسالة مقدسة

وضرورة لنهضة الأمة)، وحمل اليوم الثاني عنوان: "العلاقات بين الأمم والشعوب من وجهة نظر الإسلام".

- دراسة استشرافية عن مستقبل العراق قدّمها في ندوة عقدتها رابطة علماء الدين في بريطانيا يوم ١٤/ ١١/ ٢٠٠٨م تحت عنوان (الاتفاقية الأمنية آفاقها وتداعياتها على مستقبل العراق).

- بحث عن (مفردات الحدث الإعلامي) ألقاه في مؤسسة دار الإسلام في لندن يوم السبت ٢٥/ ٤/ ٢٠٠٩م في ندوة عامة أقامتها رابطة الشباب المسلم تحت عنوان (الجانب الإعلامي في النهضة الحسينية).

- بحث بعنوان (وعي الأمة من وعي قادتها) ألقاه في المهرجان الذي حمل العنوان نفسه في الذكرى السنوية لميلاد الإمام الحسين عليه السلام وأقيم في مؤسسة الأبرار الإسلامية في لندن مساء الخميس ٢٣/ ٧/ ٢٠٠٩م.

- كلمة بعنوان (دلالات التسامح الحسيني في عالم متغير) ألقاها يوم الثلاثاء ٢٨/ ٧/ ٢٠٠٩م في مهرجان ربيع الشهادة الخامس المنعقد في كربلاء المقدسة (العراق) في الفترة ٢٦ ـ ٣٠/ ٧/ ٢٠٠٩م.

- كلمة بعنوان (نبذة عامة عن دائرة المعارف الحسينية) ألقاها يوم الأربعاء ٢٩/ ٧/ ٢٠٠٩م في المدرسة الهندية الكبرى للعلوم الدينية في كربلاء المقدسة.

- مداخلة أكاديمية قدّمها يوم الخميس ٣٠/ ٧/ ٢٠٠٩م في مؤتمر الأكاديميين العلمي الثالث المنعقد في إطار مهرجان ربيع الشهادة الخامس في كربلاء المقدسة.

- دراسة ألقاها في الندوة التي عقدتها رابطة الشباب المسلم في لندن

تحت عنوان (الجانب الإعلامي في النهضة الحسينية) في مؤسسة دار الإسلام مساء السبت ٢٥/٤/٢٠٠٩م.

ـ كلمة بعنوان (الحراك السياسي يبدأ من هنا) ألقاها في مهرجان يوم كربلاء الذي أقامته الحكومة المحلية في كربلاء المقدسة في متنزه الإمام الحسين الكبير مساء الأربعاء ١٤/٧/٢٠١٠م.

ـ دراسة عن (تطور المنبر الحسيني عبر التاريخ) قدّمها في ندوة عامة أقامتها مؤسسة الأبرار الإسلامية في لندن مساء الخميس ٢/١٢/ ٢٠١٠م.

ـ كلمة بعنوان (الإمام الحسين مشروع حضارة وحياة) قدّمها وألقاها في مؤتمر عاشوراء الدولي الخامس الذي انعقد في جامعة داكار في السنغال يوم السبت ٢٩/١/٢٠١١م.

ـ كلمة بشأن (دائرة المعارف الحسينية .. النشأة والتطور) ألقاها في المهرجان الجماهيري الذي أقامته مؤسسة المزدهر العالمية في إحدى ضواحي العاصمة السنغالية داكار يوم الأحد ٣٠/١/٢٠١١م.

ـ محاضرة وحوار عن (التعددية والحرية في المنظور الإسلامي) تيمنا بصدور كتابه بالعنوان نفسه، رعت حفل التكريم والتوقيع على الكتاب رابطة الشباب المسلم في مؤسسة دار الإسلام في لندن يوم السبت ١١/٦/٢٠١١م.

ـ محاضرة وحوار عن (دور المثقف في التعامل الإيجابي مع وقائع التاريخ) ألقاها في مؤسسة دار الإسلام في لندن مساء السبت ١٤/٨/ ٢٠١١م في ندوة عامة دعت إليها رابط الشباب المسلم.

- كلمة وحلقة نقاشية عن (صلة الدين بالتنمية البشرية) ألقاها في مؤسسة الحوار الإنساني في لندن مساء الأربعاء ١٥/ ٢/ ٢٠١٢م.

- بحث عن نظرية الصدر في التغيير الاجتماعي تحت عنوان "الصدر وتجليات الحبر الأسود في المداد البنفسجي" ألقاه في المؤتمر الفكري السنوي للمفكر الشهيد محمد باقر الصدر المنعقد في لندن يوم الأحد ٢٢/ ٤/ ٢٠١٢م تحت شعار: (الشعوب أقوى من الطغاة .. التغيير الاجتماعي العوامل والتاريخ" رعته رابطة الشباب المسلم.

- بحث عن (البعد الأكاديمي في دائرة المعارف الحسينية) قدّمه في جامعة بابل (العراق) صباح الخميس ٢١/ ٦/ ٢٠١٢م في ندوة تحت شعار "بابل جامعة الحضارات تحتضن الموسوعة الحسينية" رعاها مركز بابل للدراسات الحضارية والتاريخية.

- بحث عن (البعد الميداني في دائرة المعارف الحسينية) قدّمه في مدينة الناصرية (العراق) عصر الجمعة ٢٢/ ٦/ ٢٠١٢م في ندوة تحت شعار "الإمام الحسين نهضة تلد أخرى" رعتها المؤسسة العراقية للثقافة والإعلام (ناس).

- بحث عن (منهج الكرباسي في دائرة المعارف الحسينية) قدّمه في مدينة واسط (العراق) عصر السبت ٢٣/ ٦/ ٢٠١٢م في ندوة تحت شعار "دائرة سيد الإباء في ضيافة واسط الخضراء" رعاها اتحاد الإذاعيين والتلفزيونيين العراقيين.

- بحث عن (القراءة الواعية للنهضة الحسينية من منظار الموسوعة الحسينية) قدّمه في مدينة النجف الأشرف (العراق) عصر الجمعة ٢٩/

٦/ ٢٠١٢م في ندوة تحت شعار "الموسوعة الحسينية تخترق دائرة العقائد الأخرى" رعاها إتحاد الأدباء والكتاب في النجف الأشرف.

- كلمة عن (إرهاصات دائرة المعارف الحسينية) ألقاها في المهرجان الجماهيري الذي انعقد في مدينة كربلاء المقدسة (العراق) عصر السبت ٣٠/ ٦/ ٢٠١٢م تحت شعار "موسوعة حسينية أمْ ثورة معرفية" رعاها رئيس لجنة الشهداء والسجناء السياسيين في مجلس النواب العراقي الشيخ محمد الهنداوي.

- بحث عن (تأثير النهضة الحسينية في نشأة اللغات الحيّة) قدّمه في كلية التربية في جامعة الكوفة (العراق) صباح الأحد ١/ ٧/ ٢٠١٢م في ندوة تحت شعار "موسوعة سيد الإباء تسطع في سماء نجف الولاء" رعاها رئيس لجنة العشائر في مجلس النواب العراقي الدكتور عبود الشيخ وحيد عبود العيساوي.

- كلمة عن (الزوايا الخفية في عمل الموسوعة الحسينية) ألقاها في المهرجان الجماهيري الذي انعقد في قضاء الهندية (طويريج) في محافظة كربلاء المقدسة (العراق) عصر الأحد ١/ ٧/ ٢٠١٢م تحت شعار "دائرة المعارف الحسينية تتألق في سماء الموسوعات العلمية"، ورعاه رئيس عشائر ألبو حسون الفتلاوية الشيخ مالك كامل حبيب ألبو حسون الفتلاوي.

- بحث عن (البعد التوثيقي في عمل الموسوعة الحسينية) قدّمه في ندوة ثقافية في مدينة كربلاء المقدسة (العراق) مساء الأحد ١/ ٧/ ٢٠١٢م تحت شعار: "الموسوعة الحسينية عطاء خالد في زمن التحديات) رعاها رئيس عشائر الطرف الشيخ عزيز الطرفي.

- محاضرة عن (السيرة الكرباسية وخطوات التوثيق المضنية) قدّمها في ندوة ثقافية في مدينة كربلاء المقدسة (العراق) مساء الثلاثاء ٣/ ٧/ ٢٠١٢م تحت شعار: "الثورة الحسينية صوت الحق الإلهي تتجلى صورها في الموسوعة الحسينية" رعاها الأستاذ في جامعة كربلاء السيد محمد السيد وسام المحنّا.

- بحث عن (المنهجية في دائرة المعارف الحسينية) قدّمه في ندوة ثقافية في مدينة الخالص في محافظة ديالى (العراق) انعقدت عصر السبت ٦/ ٧/ ٢٠١٢م تحت شعار: "دائرة المعارف الحسينية منهجية رائعة تفتح آفاق الباحثين" رعتها رابطة شعراء ورواديد المنبر الحسيني وأقيمت في قاعة تربية الخالص.

- بحث عن (البعد الجغرافي في عمل الموسوعة الحسينية) قدّمه في مدينة تلعفر في محافظة الموصل (العراق) في ندوة عامة انعقدت عصر الأحد ٨/ ٧/ ٢٠١٢م، تحت شعار: "استقبلت تلعفر ركب الرسالة وتستضيف اليوم موسوعة الحسين" أقامها الاتحاد الإسلامي لتركمان العراق في مركز شباب تلعفر.

- بحث عن (البعد الأدبي في دائرة المعارف الحسينية) قدّمه في مدينة أربيل (العراق) في ندوة عامة انعقدت عصر الإثنين ٩/ ٧/ ٢٠١٢م تحت شعار: "عاصمة نابضة بالحياة تحتضن موسوعة الحياة" رعاها إتحاد الأدباء الكُرد في أربيل.

- بحث عن (البعد العملي والميداني في دائرة المعارف الحسينية) قدّمه في مدينة دهوك (العراق)، في ندوة عامة انعقدت عصر الثلاثاء ١٠/

٧/ ٢٠١٢م تحت شعار: "دائرة حفيد سيد الأنام في ضيافة مدينة التسامح والوئام" رعاها إتحاد الأدباء الكُرد في دهوك.

- كلمة عن (جوانب تاريخية وأدبية في دائرة المعارف الحسينية) ألقاها في مدينة السليمانية (العراق)، في مهرجان جماهيري عام انعقد عصر الأربعاء ١١/ ٧/ ٢٠١٢م تحت شعار: "السليمانية ملتقى الثقافات تحتضن يتيمة الموسوعات المعرفية" رعته رئاسة الجمهورية العراقية وافتتحه الدكتور أحمد سيد محمد البرزنجي مستشار رئيس الجمهورية العراقية السيد جلال الطالباني للشؤون الدينية والقانونية.

- بحث عن (البعد الوحدوي في دائرة المعارف الحسينية) قدّمه في مدينة كركوك (العراق)، في ندوة جماهيرية عامة انعقدت صباح الخميس ١٢/ ٧/ ٢٠١٢م تحت شعار : "النهضة الحسينية تنوع قومي ومذهبي ووحدة هدف" ، رعتها مؤسسة أئمة وخطباء كركوك.

- محاضرة عن (جوانب من منهجية الكرباسي في الموسوعة الحسينية) ألقاها في مدينة بلد (العراق) في ندوة عامة انعقدت مساء الخميس ١٢/ ٧/ ٢٠١٢م رعتها اللجنة الثقافية في جامع بلد الكبير.

- كلمة بعنوان (قراءة جديدة للتاريخ عبر نافذة الموسوعة الحسينية) ألقاها في قضاء بلد - سيد محمد - في محافظة صلاح الدين (العراق) في مهرجان ثقافي عام انعقد صباح الجمعة ١٣/ ٧/ ٢٠١٢م تحت شعار: "بلد العتبات والكرامات تستقبل موسوعة الحضارات، رعته الأمانة الخاصة لمرقد السيد محمد بن علي الهادي.

- بحث عن (البعد الأممي في النهضة الحسينية) قدّمه في مدينة الديوانية - القادسية - (العراق) في ملتقى ثقافي عام انعقد صباح السبت ١٤/

٧/ ٢٠١٢م تحت شعار: "دائرة الإباء في ضيافة مدينة الفداء" رعاه عضو اللجنة المالية في مجلس النواب العراقي المهندس إحسان السيد ياسين العوادي.

ـ بحث عن (آثار الموسوعة الحسينية على حياة الأمم والشعوب) قدّمه في مدينة السماوة ـ المثنى ـ (العراق) في مهرجان عام انعقد يوم الأحد ١٥/ ٧/ ٢٠١٢م تحت شعار: "دائرة المعارف الحسينية تحط الرجال في أرض الجهاد والنضال"، رعته مؤسسة الأمل الثقافية.

ـ بحث عن (معالم الأدب في دائرة المعارف الحسينية) قدّمه في مدينة البصرة (العراق) في ندوة ثقافية انعقدت عصر الإثنين ١٦/ ٧/ ٢٠١٢م تحت شعار: "دائرة حفيد سيد البطحاء تطرق بوابة العراق الفيحاء"، استضافها البيت الثقافي (وزارة الثقافة العراقية).

ـ بحث عن (دور الكتاب الورقي منظومة النتاج المعرفي) قدّمه في مدينة العمارة ـ ميسان ـ (العراق) في مهرجان ثقافي عام انعقد عصر الثلاثاء ١٧/ ٧/ ٢٠١٢م تحت شعار: "مدينة العمارة والولاء تعانق دائرة الحسين وكربلاء"، رعته مؤسسة الرسالة للثقافة والتطوير الفكري.

ـ بحث عن (البعد العقلاني والوجداني في دائرة المعارف الحسينية) قدّمه في بغداد (العراق) في مهرجان ثقافي عام انعقد صباح الأربعاء ١٨/ ٧/ ٢٠١٢م تحت شعار: "دائرة المعارف الحسينية تتربع فوق قلب العراق النابض"، رعاه وزير الثقافة الدكتور سعدون الدليمي.

ـ محاضرة عن (دلالة الأسوة في عمل الموسوعة الحسينية) ألقاها في النجف الأشرف (العراق) في أمسية ثقافية انعقدت يوم الثلاثاء ٢٤/ ٧/ ٢٠١٢م، رعتها نقابة المحامين.

- مداخلة عن (العلاقة الطردية بين الحواضر العلمية والنتاجات الأدبية) قدّمها في احتفالية عقدها الاتحاد العام للأدباء والكتاب العراقيين فرع كربلاء مساء السبت ١/ ٩/ ٢٠١٢ للاحتفاء بالأديب الدكتور عبود جودي الحلي بمناسبة صدور ديوانه المعنون (في رحاب كربلاء).
- كلمة عن (معالم التأليف لدى المحقق الكرباسي) ألقاها في احتفال التكريم الذي أقامه مربد الكتبي في مدينة الهندية ـ طويريج ـ (العراق) مساء الأحد ٢/ ٩/ ٢٠١٢م بحضور مؤلف الموسوعة الحسينية وراعيها الفقيه آية الله الدكتور الشيخ محمد صادق الكرباسي.
- بحث عن (قيمة الزمن والتنظيم في نجاح العمل الموسوعي) قدّمه في النجف الأشرف (العراق) في ندوة ثقافية عقدتها جامعة الزهراء للعلوم الدينية عصر الثلاثاء ٤/ ٩/ ٢٠١٢م.
- بحث عن (أهمية التأليف في نشوء المدنيات والحضارات) قدّمه في مدينة الكاظمية (العراق) في ندوة عامة انعقدت عصر الخميس ٦/ ٩/ ٢٠١٢م تحت شعار: "موسوعة سبط سيد البرية في مدينة الكاظم والجواد الأبية" رعاها مجلس مكتبة الجوادين الثقافية العام في العتبة الكاظمية المشرفة.
- بحث وحوار بعنوان (كيف أصبح شعر الأبوذية شاقول الشعر الشعبي؟) قدّمه في ندوة عامة انعقدت في لندن مساء الأربعاء ٦/ ٢/ ٢٠١٣م ودعت اليها مؤسسة الحوار الإنساني.
- بحث عن (منهج الأئمة الأطهار عليهم السلام في التعامل مع الآخر) قدّمه في ندوة فكرية عقدتها مؤسسة الأبرار الإسلامية في لندن يوم الخميس ١٦/ ٥/ ٢٠١٣م وبالعنوان نفسه.

ـ كلمة عن (معالم خاصة عن الموسوعة الحسينية ومؤلفها) ألقاها في مدينة لاهور (باكستان) في "مؤتمر الإمام الحسين الدولي على ضوء دائرة المعارف الحسينية" الذي انعقد يوم الأحد ١٦/٦/٢٠١٣م ورعته مؤسسة إدارة منهاج الحسين.

ـ كلمة عن (مصداق القلة والأقلية في عملية التغيير) ألقاها في حفل تكريم الزعيم السنغالي الشريف محمد علي حيدرة الحسني أمين عام مؤسسة المزدهر الدولية، والذي أقيم في المركز الحسيني للدراسات في لندن يوم الجمعة ٢٦/٧/٢٠١٣م.

ـ كلمة عن (النهضة الحسينية والمجتمع الباكستاني .. انطباعات عامة) ألقاها في أمسية ثقافية لتكريم الزعيم الباكستاني العلامة الشيخ محمد حسين أكبر أمين عام مؤسسة إدارة منهاج الحسين في لاهور، والذي أُقيم في المركز الحسيني للدراسات في لندن يوم الاثنين ٥/٨/ ٢٠١٣م.

ـ بحث وحوار عن (حركة التاريخ واسقاطاته المتجددة على الحاضر والمستقبل) قدّمه مساء الجمعة ٢٠/٩/٢٠١٣م في دار الحكمة في لندن.

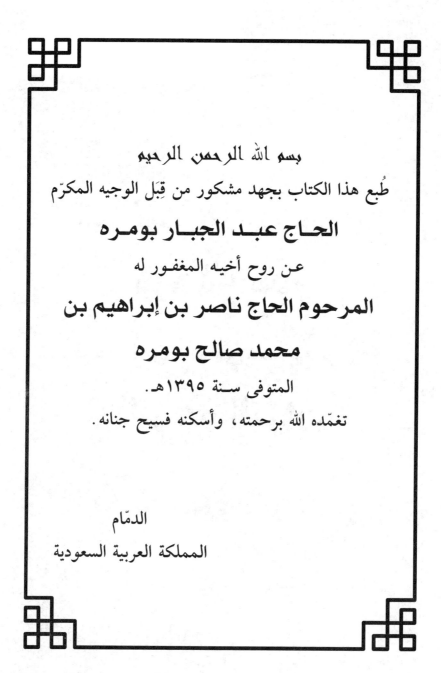

بسم الله الرحمن الرحيم

طُبع هذا الكتاب بجهد مشكور من قِبَل الوجيه المكرّم

الحـاج عبـد الجبـار بومـره

عـن روح أخيه المغفـور له

المرحوم الحاج ناصر بن إبراهيم بن

محمد صالح بومره

المتوفى سـنة ١٣٩٥هـ.

تغمّده الله برحمته، وأسكنه فسيح جنانه.

الدمّام

المملكة العربية السعودية

صدر الجزء الأول منه بعنوان:

نزهة القلم

صدر الجزء الثاني منه بعنوان:

أشرعة البيان